VOYAGES

PITTORESQUES ET ROMANTIQUES

DANS L'ANCIENNE FRANCE.

DEUXIÈME VOLUME. PREMIÈRE PARTIE.

Gide fils, Libraire, rue Saint-Marc, n° 20.
G. Engelmann, Cité-Bergère, n° 2.

VOYAGES

PITTORESQUES ET ROMANTIQUES

DANS L'ANCIENNE FRANCE

Par MM. J. TAYLOR, Ch. NODIER et Alph. DE CAILLEUX.

A PARIS.
DE L'IMPRIMERIE DE FIRMIN DIDOT FRÈRES,
IMPRIMEURS DE L'INSTITUT,
RUE JACOB, N° 56.

M. DCCC XXXV.

Château de Carcassonne.

P. 121

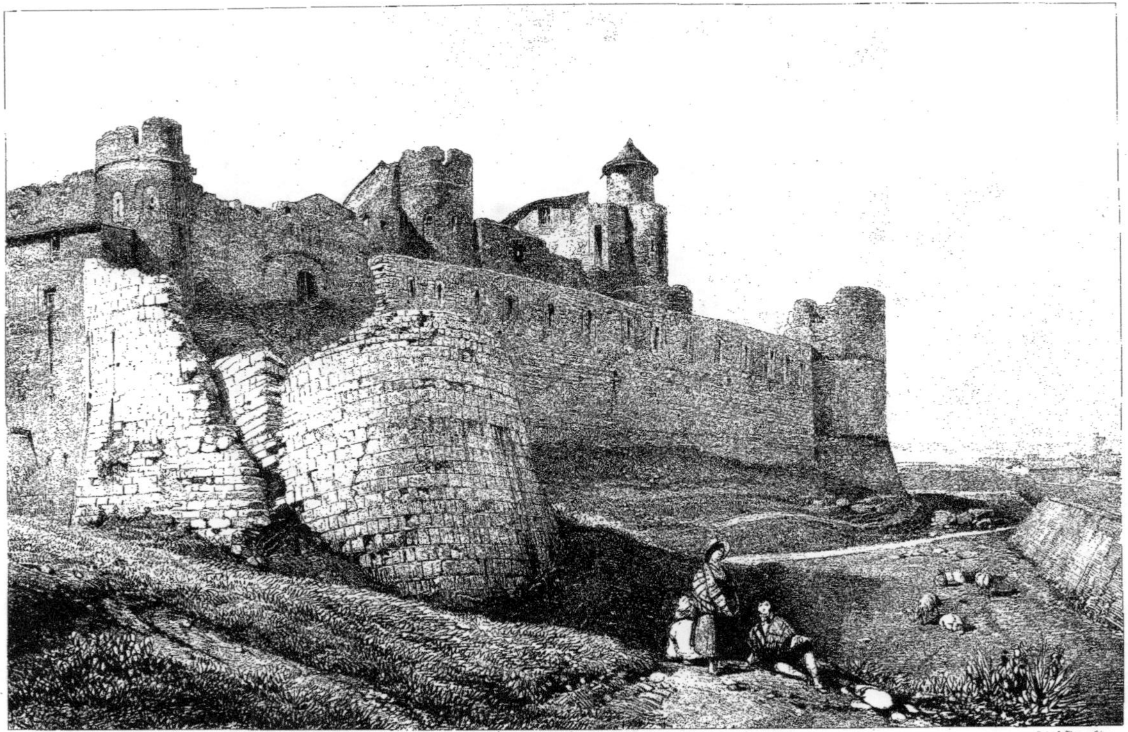

Villeneuve 1835

Lith. de Thierry frères.

Murailles de la Cité, vieille ville de Carcassonne.

Languedoc.

Porte de Narbonne, cité de Carcassonne
(Languedoc)

Porte du Trésor
à Carcassonne.

Chemin couvert à Carcassonne
Languedoc.

Intérieur de la cathédrale de la vieille ville de Carcassonne

VOYAGES
PITTORESQUES ET ROMANTIQUES
DANS L'ANCIENNE FRANCE.

LANGUEDOC.

Carcassonne, Castelnaudary.

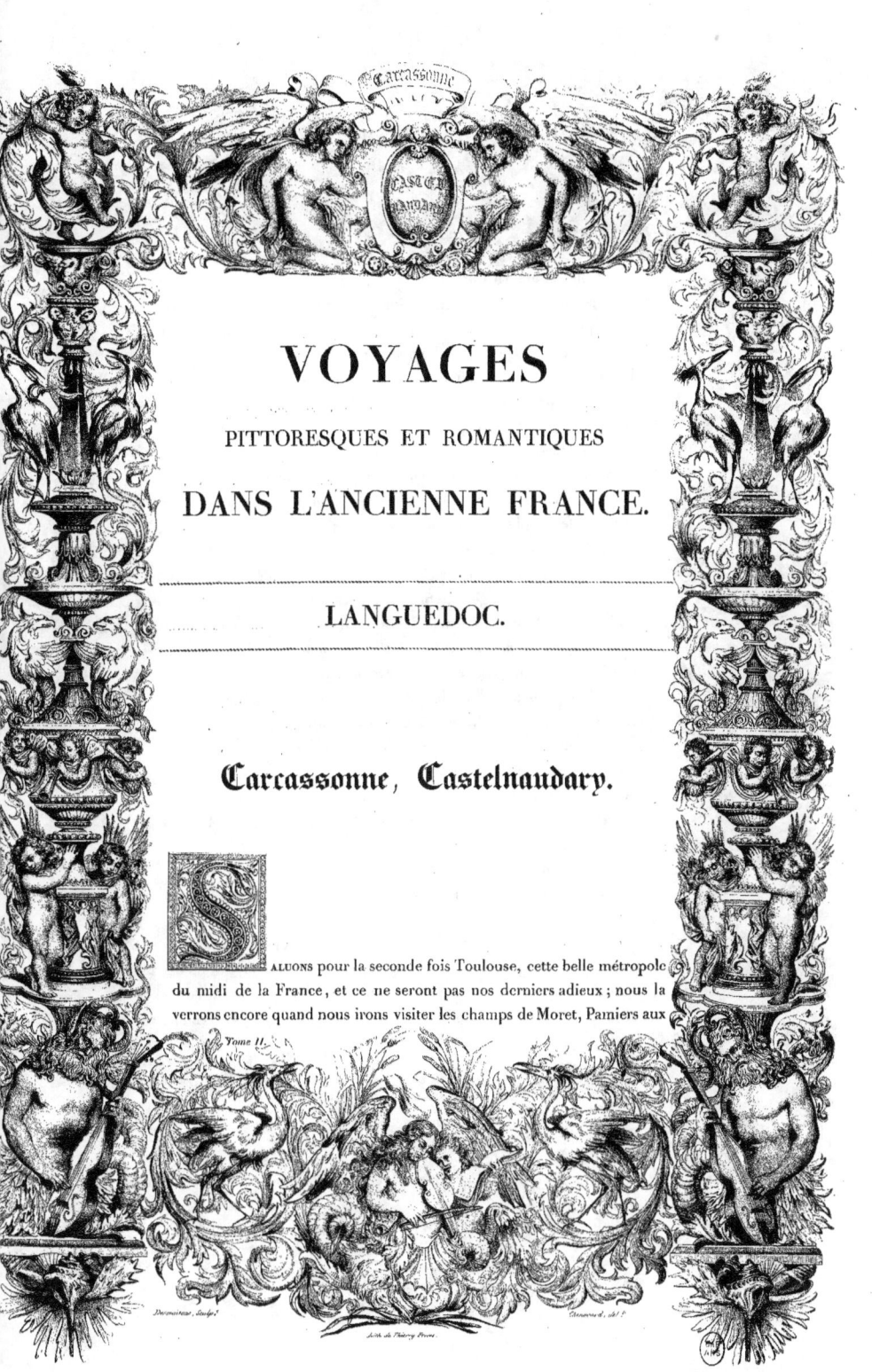

Saluons pour la seconde fois Toulouse, cette belle métropole du midi de la France, et ce ne seront pas nos derniers adieux; nous la verrons encore quand nous irons visiter les champs de Moret, Pamiers aux

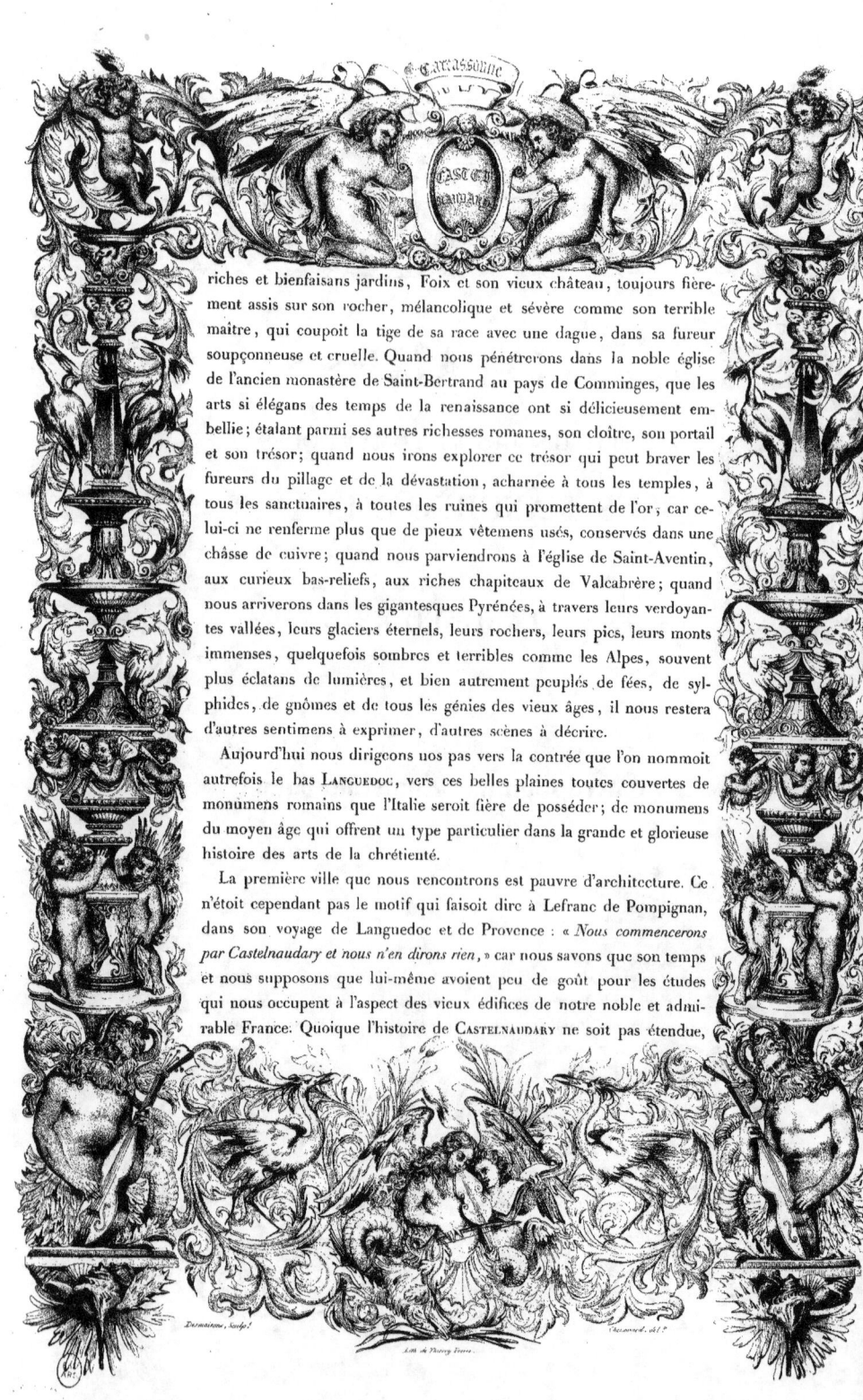

riches et bienfaisans jardins, Foix et son vieux château, toujours fièrement assis sur son rocher, mélancolique et sévère comme son terrible maître, qui coupoit la tige de sa race avec une dague, dans sa fureur soupçonneuse et cruelle. Quand nous pénétrerons dans la noble église de l'ancien monastère de Saint-Bertrand au pays de Comminges, que les arts si élégans des temps de la renaissance ont si délicieusement embellie; étalant parmi ses autres richesses romanes, son cloître, son portail et son trésor; quand nous irons explorer ce trésor qui peut braver les fureurs du pillage et de la dévastation, acharnée à tous les temples, à tous les sanctuaires, à toutes les ruines qui promettent de l'or, car celui-ci ne renferme plus que de pieux vêtemens usés, conservés dans une châsse de cuivre; quand nous parviendrons à l'église de Saint-Aventin, aux curieux bas-reliefs, aux riches chapiteaux de Valcabrère; quand nous arriverons dans les gigantesques Pyrénées, à travers leurs verdoyantes vallées, leurs glaciers éternels, leurs rochers, leurs pics, leurs monts immenses, quelquefois sombres et terribles comme les Alpes, souvent plus éclatans de lumières, et bien autrement peuplés de fées, de sylphides, de gnomes et de tous les génies des vieux âges, il nous restera d'autres sentimens à exprimer, d'autres scènes à décrire.

Aujourd'hui nous dirigeons nos pas vers la contrée que l'on nommoit autrefois le bas LANGUEDOC, vers ces belles plaines toutes couvertes de monumens romains que l'Italie seroit fière de posséder; de monumens du moyen âge qui offrent un type particulier dans la grande et glorieuse histoire des arts de la chrétienté.

La première ville que nous rencontrons est pauvre d'architecture. Ce n'étoit cependant pas le motif qui faisoit dire à Lefranc de Pompignan, dans son voyage de Languedoc et de Provence : « *Nous commencerons par Castelnaudary et nous n'en dirons rien,* » car nous savons que son temps et nous supposons que lui-même avoient peu de goût pour les études qui nous occupent à l'aspect des vieux édifices de notre noble et admirable France. Quoique l'histoire de CASTELNAUDARY ne soit pas étendue,

un grand souvenir s'y rattache. Montmorency fut vaincu par Henri, maréchal de Schomberg, sous les murs de cette ville.

En 1627, un grand combat avoit eu lieu dans les environs entre les troupes royales, commandées par le duc de Montmorency, et les huguenots rebelles, sous les ordres du duc de Rohan.

Ce fut presque dans les mêmes champs que, cinq ans après, le même duc de Montmorency, que la générosité de son caractère avoit porté à embrasser la cause de la veuve et du second fils de Henri IV, combattit l'armée royale,

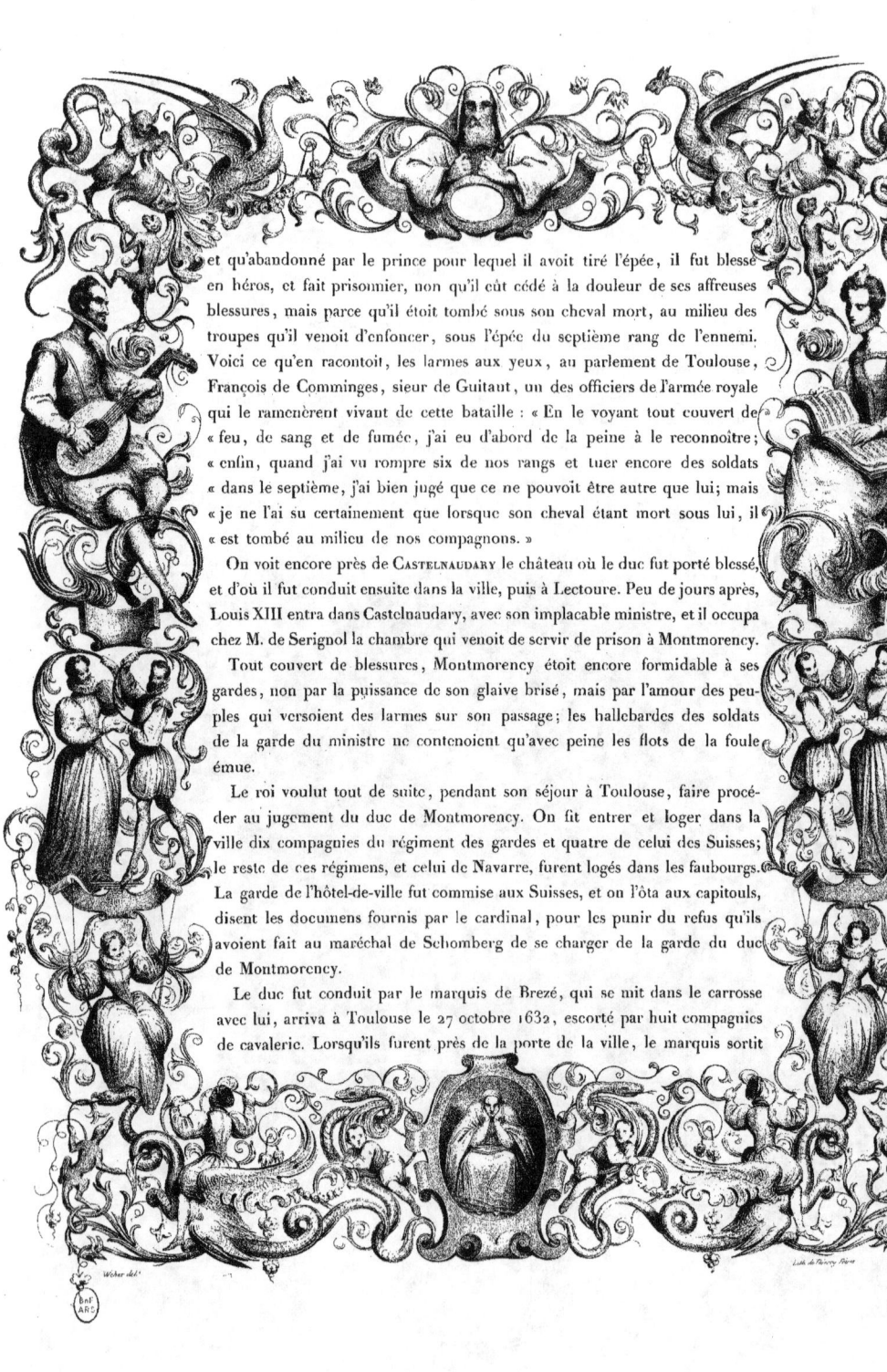

et qu'abandonné par le prince pour lequel il avoit tiré l'épée, il fut blessé en héros, et fait prisonnier, non qu'il eût cédé à la douleur de ses affreuses blessures, mais parce qu'il étoit tombé sous son cheval mort, au milieu des troupes qu'il venoit d'enfoncer, sous l'épée du septième rang de l'ennemi. Voici ce qu'en racontoit, les larmes aux yeux, au parlement de Toulouse, François de Comminges, sieur de Guitaut, un des officiers de l'armée royale qui le ramenèrent vivant de cette bataille : « En le voyant tout couvert de « feu, de sang et de fumée, j'ai eu d'abord de la peine à le reconnoître; « enfin, quand j'ai vu rompre six de nos rangs et tuer encore des soldats « dans le septième, j'ai bien jugé que ce ne pouvoit être autre que lui; mais « je ne l'ai su certainement que lorsque son cheval étant mort sous lui, il « est tombé au milieu de nos compagnons. »

On voit encore près de CASTELNAUDARY le château où le duc fut porté blessé, et d'où il fut conduit ensuite dans la ville, puis à Lectoure. Peu de jours après, Louis XIII entra dans Castelnaudary, avec son implacable ministre, et il occupa chez M. de Serignol la chambre qui venoit de servir de prison à Montmorency.

Tout couvert de blessures, Montmorency étoit encore formidable à ses gardes, non par la puissance de son glaive brisé, mais par l'amour des peuples qui versoient des larmes sur son passage; les hallebardes des soldats de la garde du ministre ne contenoient qu'avec peine les flots de la foule émue.

Le roi voulut tout de suite, pendant son séjour à Toulouse, faire procéder au jugement du duc de Montmorency. On fit entrer et loger dans la ville dix compagnies du régiment des gardes et quatre de celui des Suisses; le reste de ces régimens, et celui de Navarre, furent logés dans les faubourgs. La garde de l'hôtel-de-ville fut commise aux Suisses, et on ôta aux capitouls, disent les documens fournis par le cardinal, pour les punir du refus qu'ils avoient fait au maréchal de Schomberg de se charger de la garde du duc de Montmorency.

Le duc fut conduit par le marquis de Brezé, qui se mit dans le carrosse avec lui, arriva à Toulouse le 27 octobre 1632, escorté par huit compagnies de cavalerie. Lorsqu'ils furent près de la porte de la ville, le marquis sortit

de la voiture, et ayant fait fermer les portières, il monta à cheval, et le suivit immédiatement. Les mousquetaires du roi environnèrent alors le carrosse avec la cavalerie, et le conduisirent à l'hôtel de ville; le marquis de Brezé remit ce seigneur entre les mains de Launay, lieutenant des gardes du corps, qui fut chargé de s'en assurer avec vingt gardes du corps et cent Suisses. « Le duc de Montmorency descendit de carrosse les yeux bandés. » On avoit grillé la cheminée de la chambre où il fut conduit; les fenêtres « étoient murées, et la porte garnie de grosses barres de fer (1). » Puis, à quelques jours de là, un des plus grands seigneurs du royaume tomboit sous la hache du bourreau, et la féodalité expiroit à Toulouse, étouffée dans la robe d'un cardinal; la couronne reçut peut-être plus d'éclat de cette révolution, mais la monarchie, attaquée dans son germe, commença dès lors à mûrir pour une révolution future.

Dans les monumens les plus anciens qui nous restent de CASTELNAUDARY, cette ville porte le nom de *Castellum novum*, ou *Castrum novum arri*; ce qui indique déjà une construction antérieure, et probablement minée par le temps. Astruc fait remarquer que *Sostomagus*, qui figure dans l'itinéraire de Bordeaux, n'étoit pas éloigné, et touchoit même en quelque sorte au lac qui sert de port à la ville; des historiens ont prétendu que c'étoit effectivement là que cette cité avoit pris naissance. On repousse généralement l'opinion de Catel, d'Hauteresse et de Lafaille, qui ont pensé que l'ancien CASTELNAUDARY étoit le *Caput Arietis* de Grégoire de Tours, et c'est le cas d'observer que l'étymologie est elle-même un guide souvent trompeur dans l'étude de l'histoire, car il n'y a point de généalogie de mots mieux marquée que celle de CASTELNAUDARY, fait de *Castellum novum arietis* par *Castellum novum arri*. On doit plus que de la reconnoissance aux savans difficiles qui ne se sont pas arrêtés à une telle présomption pour fixer l'emplacement d'une ancienne cité, et qui ont mieux

(1) *Histoire générale du* LANGUEDOC, *par D. Vaissette.*

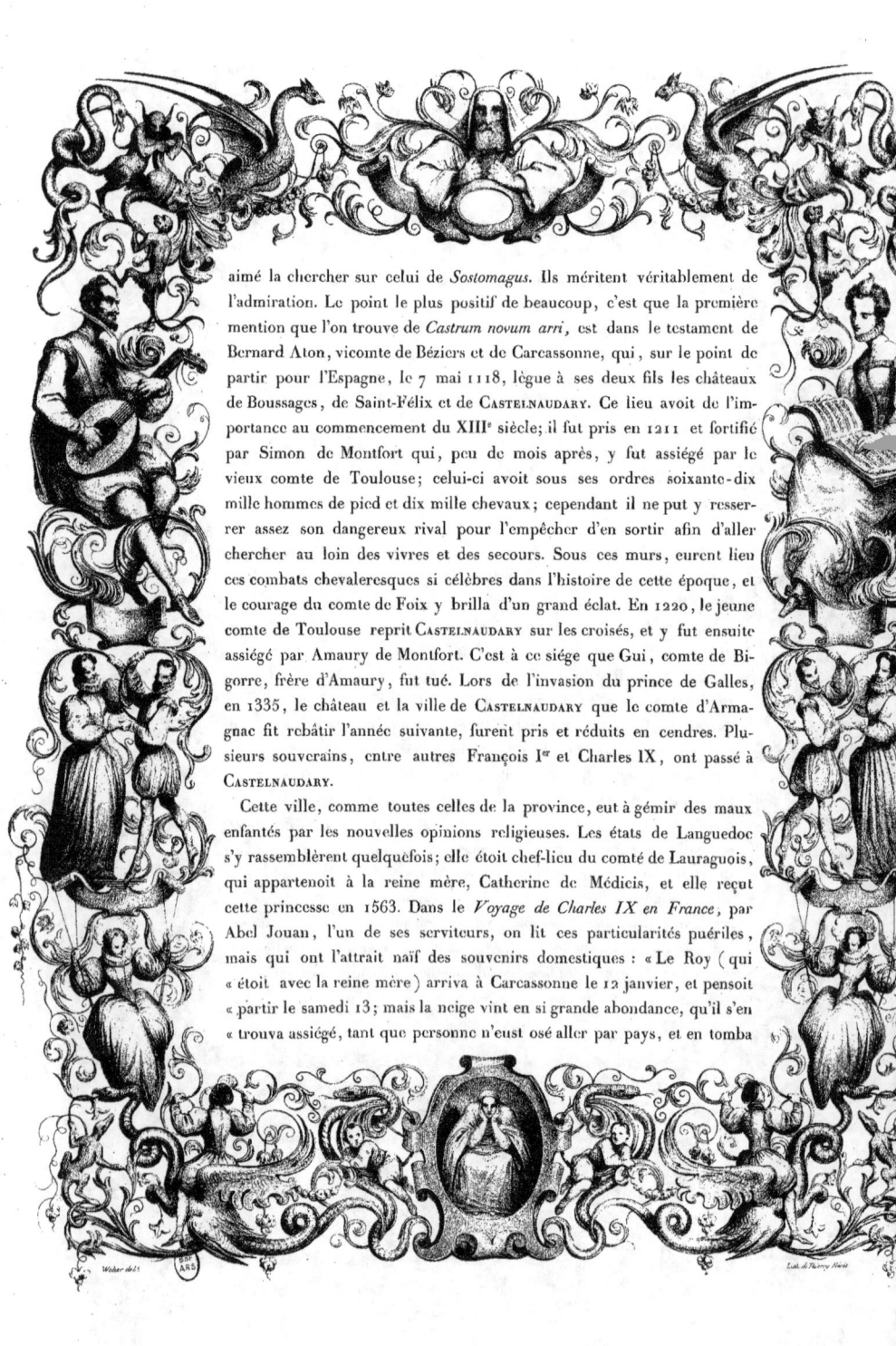

aimé la chercher sur celui de *Sostomagus*. Ils méritent véritablement de l'admiration. Le point le plus positif de beaucoup, c'est que la première mention que l'on trouve de *Castrum novum arri*, est dans le testament de Bernard Aton, vicomte de Béziers et de Carcassonne, qui, sur le point de partir pour l'Espagne, le 7 mai 1118, lègue à ses deux fils les châteaux de Boussages, de Saint-Félix et de CASTELNAUDARY. Ce lieu avoit de l'importance au commencement du XIIIe siècle; il fut pris en 1211 et fortifié par Simon de Montfort qui, peu de mois après, y fut assiégé par le vieux comte de Toulouse; celui-ci avoit sous ses ordres soixante-dix mille hommes de pied et dix mille chevaux; cependant il ne put y resserrer assez son dangereux rival pour l'empêcher d'en sortir afin d'aller chercher au loin des vivres et des secours. Sous ces murs, eurent lieu ces combats chevaleresques si célèbres dans l'histoire de cette époque, et le courage du comte de Foix y brilla d'un grand éclat. En 1220, le jeune comte de Toulouse reprit CASTELNAUDARY sur les croisés, et y fut ensuite assiégé par Amaury de Montfort. C'est à ce siége que Gui, comte de Bigorre, frère d'Amaury, fut tué. Lors de l'invasion du prince de Galles, en 1355, le château et la ville de CASTELNAUDARY que le comte d'Armagnac fit rebâtir l'année suivante, furent pris et réduits en cendres. Plusieurs souverains, entre autres François Ier et Charles IX, ont passé à CASTELNAUDARY.

Cette ville, comme toutes celles de la province, eut à gémir des maux enfantés par les nouvelles opinions religieuses. Les états de Languedoc s'y rassemblèrent quelquefois; elle étoit chef-lieu du comté de Lauraguois, qui appartenoit à la reine mère, Catherine de Médicis, et elle reçut cette princesse en 1563. Dans le *Voyage de Charles IX en France*, par Abel Jouan, l'un de ses serviteurs, on lit ces particularités puériles, mais qui ont l'attrait naïf des souvenirs domestiques : « Le Roy (qui « étoit avec la reine mère) arriva à Carcassonne le 12 janvier, et pensoit « partir le samedi 13; mais la neige vint en si grande abondance, qu'il s'en « trouva assiégé, tant que personne n'eust osé aller par pays, et en tomba

« tant, qu'elle étoit, en pleine campagne, de la hauteur de quatre pieds
« pour le moins : et fust ainsi assiégé en ce lieu dix jours durant, pen-
« dant lesquels le Roy prenoit plaisir à un bastillon qu'il fist faire tout
« de neige, en la cour de son logis, lequel fit deffendre, par ceux de sa
« maison, contre tous ceux des deux villes, haute et basse Carcassonne. »
Le 28, il coucha de nouveau à CASTELNAUDARY, et le 29 il séjourna dans
cette cité, où les habitans lui donnèrent, sous les halles de la ville, le
spectacle d'une danse qu'on appelle la *martingale*.

On approchoit des jours de la paix; il y avoit même depuis quelque
temps une suspension d'armes en LANGUEDOC, lorsque, le 25 avril 1593,
les protestans essayèrent de se rendre maîtres de CASTELNAUDARY. Le
capitaine Las Planals plaça une embuscade près de la ville, et afin d'y
attirer la garnison, envoya près des remparts quelques soldats qui in-
sultèrent les sentinelles. On sortit sans beaucoup d'ordre, et l'on alloit
donner dans le piége tendu par l'ennemi; mais Guillaume de Marc, de
la compagnie des gendarmes de Montmorency, qui soupçonna le dessein
des agresseurs, retint les plus empressés à poursuivre les protestans, et
les força à combattre avec prudence; il sauva ainsi ses compagnons et
peut-être la ville. Las Planals attaqua Guillaume de Marc et fut tué de
sa main.

Le nom de CASTELNAUDARY, depuis l'illustration qu'il a reçue de la sanglante défaite de Montmorency, est resté sans retentissement dans l'histoire.
Aucun souvenir ne pouvoit fermer ses annales avec plus de solennité.

CASTELNAUDARY a donné le jour au célèbre Arnaud Vidal, qui obtint,
en 1324, à Toulouse, la violette d'or, offerte, pour la première fois,
par la très-gaie compagnie des Sept Troubadours de Toulouse, mainte-
neurs du gai savoir; à Blaise Auriol, savant jurisconsulte, créé comte ès
lois, sous François Ier; à Pierre-Jérôme de Fabry, docteur en médecine, et
un des premiers chimistes de France, sous le règne de Louis XIII; à Guillaume de Lafaille, *bel esprit*, auteur des Annales de Toulouse; à plusieurs

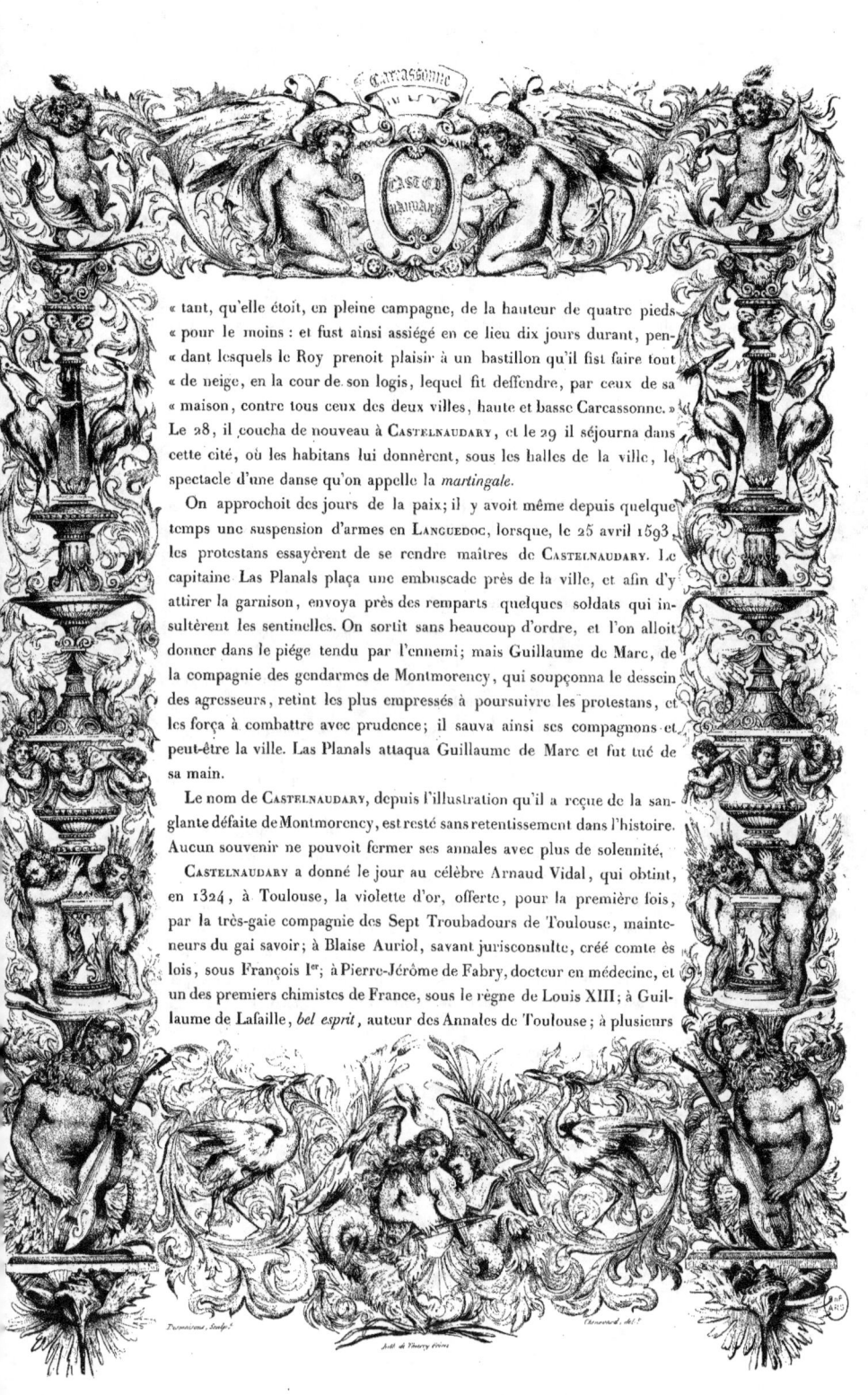

ingénieurs célèbres, parmi lesquels on distingue le nom d'Andréossy; cette ville est aussi la patrie de l'abbé Gros de Besplas, prédicateur, et du littérateur Ferlus.

Après cinq siècles, CASTELNAUDARY compta encore un poëte; les vers de celui-là ont obtenu de l'admiration de ses contemporains quelque chose de plus qu'une humble violette, et, des fleurs que les Muses lui ont données, il peut se former une couronne. Il ne lira peut-être jamais ces mots tracés par de pauvres pèlerins, qui, de temps en temps, au milieu des ruines qu'ils parcourent et qu'ils décrivent, rencontrent un souvenir doux à leurs cœurs, la trace et le nom d'un ami; qu'il sache bien, si ces pages s'ouvrent à ses yeux, que le nom d'Alexandre Soumet a été dans cette ville où ils se reposent un moment, la préoccupation la plus tendre et la plus délicieuse de leur esprit.

A peine sortis de CASTELNAUDARY, nous apercevons les remparts de la vieille cité de CARCASSONNE.

Encore une ville de la Gaule celtique, dont il faut demander l'origine à la tradition. Les historiens du LANGUEDOC, dans leurs laborieuses recherches, n'ont pu découvrir la véritable époque de sa fondation.

Par un grand nombre d'auteurs anciens, qui n'indiquent point d'étymologie, cette cité est nommée *Carcassum, Carasum, Carcasso, Carcasona*. Astruc prétend que ce nom peut venir de *car* ou *caer*, qui, dans les langues celtiques, signifie *ville*, et *casi* ou *cassi*, qui vouloit dire *limite*. Ce seroit, d'après lui, la ville des limites, ainsi appelée, parce qu'elle se trouvoit sur les frontières communes des Volces-Tectosages et des Volces-Arécomiques. Ce qu'il y a de certain, c'est que ces premiers peuples sont les plus anciens habitans de CARCASSONNE dont l'histoire fasse mention.

Sur une petite montagne, à la rive droite de l'Aude, les Volces-Tectosages bâtirent une ville, qui, sous la domination romaine, fut comprise dans la Narbonnoise, et jouit du droit latin. Elle étoit forte par sa position et les ouvrages de défenses qui l'environnoient; dans un ancien Itinéraire, elle est déjà nommée *Castellum Carcassonna*. Elle fournit des

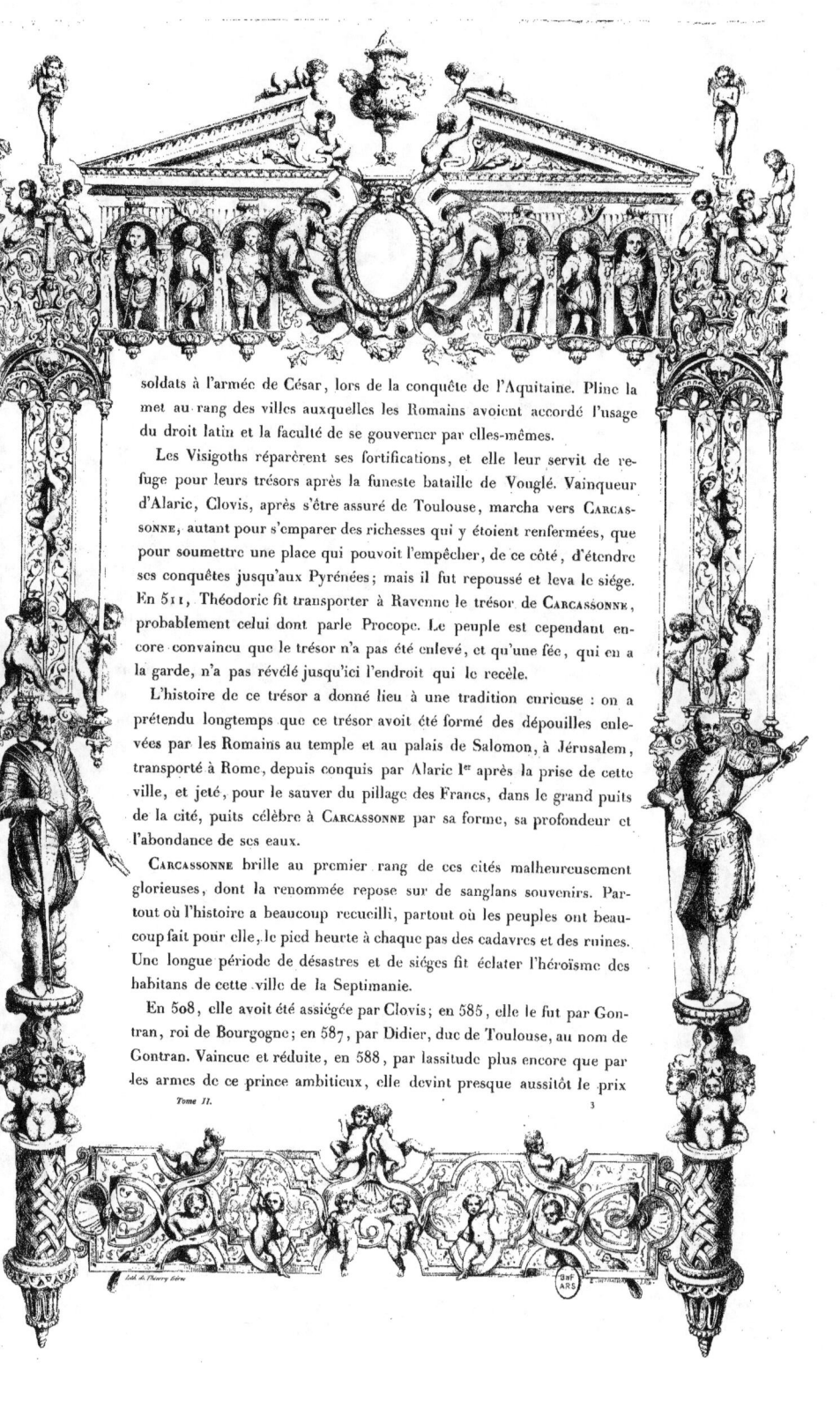

soldats à l'armée de César, lors de la conquête de l'Aquitaine. Pline la met au rang des villes auxquelles les Romains avoient accordé l'usage du droit latin et la faculté de se gouverner par elles-mêmes.

Les Visigoths réparèrent ses fortifications, et elle leur servit de refuge pour leurs trésors après la funeste bataille de Vouglé. Vainqueur d'Alaric, Clovis, après s'être assuré de Toulouse, marcha vers Carcassonne, autant pour s'emparer des richesses qui y étoient renfermées, que pour soumettre une place qui pouvoit l'empêcher, de ce côté, d'étendre ses conquêtes jusqu'aux Pyrénées; mais il fut repoussé et leva le siége. En 511, Théodoric fit transporter à Ravenne le trésor de Carcassonne, probablement celui dont parle Procope. Le peuple est cependant encore convaincu que le trésor n'a pas été enlevé, et qu'une fée, qui en a la garde, n'a pas révélé jusqu'ici l'endroit qui le recèle.

L'histoire de ce trésor a donné lieu à une tradition curieuse: on a prétendu longtemps que ce trésor avoit été formé des dépouilles enlevées par les Romains au temple et au palais de Salomon, à Jérusalem, transporté à Rome, depuis conquis par Alaric Ier après la prise de cette ville, et jeté, pour le sauver du pillage des Francs, dans le grand puits de la cité, puits célèbre à Carcassonne par sa forme, sa profondeur et l'abondance de ses eaux.

Carcassonne brille au premier rang de ces cités malheureusement glorieuses, dont la renommée repose sur de sanglans souvenirs. Partout où l'histoire a beaucoup recueilli, partout où les peuples ont beaucoup fait pour elle, le pied heurte à chaque pas des cadavres et des ruines. Une longue période de désastres et de siéges fit éclater l'héroïsme des habitans de cette ville de la Septimanie.

En 508, elle avoit été assiégée par Clovis; en 585, elle le fut par Gontran, roi de Bourgogne; en 587, par Didier, duc de Toulouse, au nom de Gontran. Vaincue et réduite, en 588, par lassitude plus encore que par les armes de ce prince ambitieux, elle devint presque aussitôt le prix

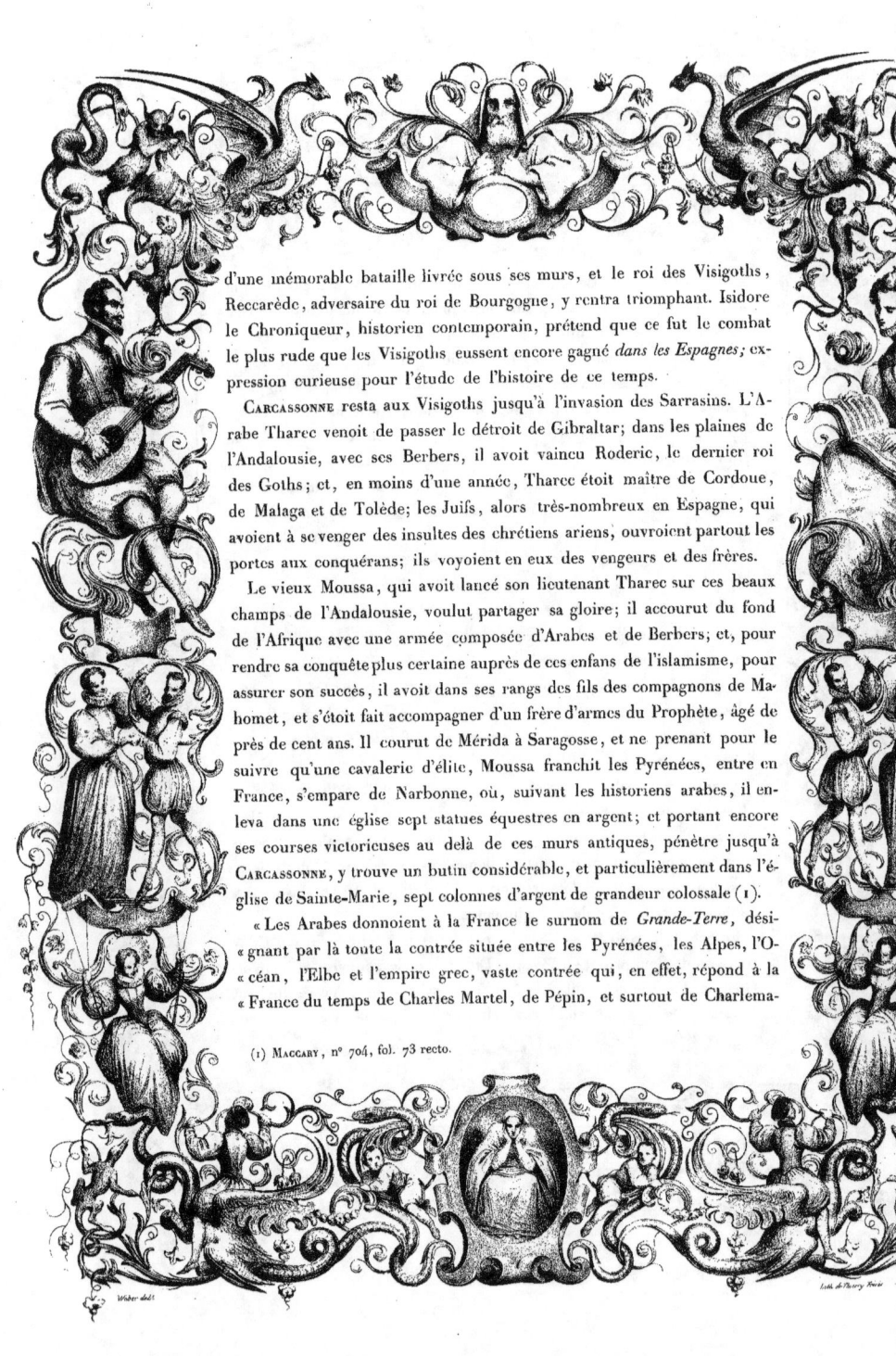

d'une mémorable bataille livrée sous ses murs, et le roi des Visigoths, Reccarède, adversaire du roi de Bourgogne, y rentra triomphant. Isidore le Chroniqueur, historien contemporain, prétend que ce fut le combat le plus rude que les Visigoths eussent encore gagné *dans les Espagnes;* expression curieuse pour l'étude de l'histoire de ce temps.

CARCASSONNE resta aux Visigoths jusqu'à l'invasion des Sarrasins. L'Arabe Tharec venoit de passer le détroit de Gibraltar; dans les plaines de l'Andalousie, avec ses Berbers, il avoit vaincu Roderic, le dernier roi des Goths; et, en moins d'une année, Tharec étoit maître de Cordoue, de Malaga et de Tolède; les Juifs, alors très-nombreux en Espagne, qui avoient à se venger des insultes des chrétiens ariens, ouvroient partout les portes aux conquérans; ils voyoient en eux des vengeurs et des frères.

Le vieux Moussa, qui avoit lancé son lieutenant Tharec sur ces beaux champs de l'Andalousie, voulut partager sa gloire; il accourut du fond de l'Afrique avec une armée composée d'Arabes et de Berbers; et, pour rendre sa conquête plus certaine auprès de ces enfans de l'islamisme, pour assurer son succès, il avoit dans ses rangs des fils des compagnons de Mahomet, et s'étoit fait accompagner d'un frère d'armes du Prophète, âgé de près de cent ans. Il courut de Mérida à Saragosse, et ne prenant pour le suivre qu'une cavalerie d'élite, Moussa franchit les Pyrénées, entre en France, s'empare de Narbonne, où, suivant les historiens arabes, il enleva dans une église sept statues équestres en argent; et portant encore ses courses victorieuses au delà de ces murs antiques, pénètre jusqu'à CARCASSONNE, y trouve un butin considérable, et particulièrement dans l'église de Sainte-Marie, sept colonnes d'argent de grandeur colossale (1).

« Les Arabes donnoient à la France le surnom de *Grande-Terre,* dési-
« gnant par là toute la contrée située entre les Pyrénées, les Alpes, l'O-
« céan, l'Elbe et l'empire grec, vaste contrée qui, en effet, répond à la
« France du temps de Charles Martel, de Pépin, et surtout de Charlema-

(1) MACCARY, n° 704, fol. 73 recto.

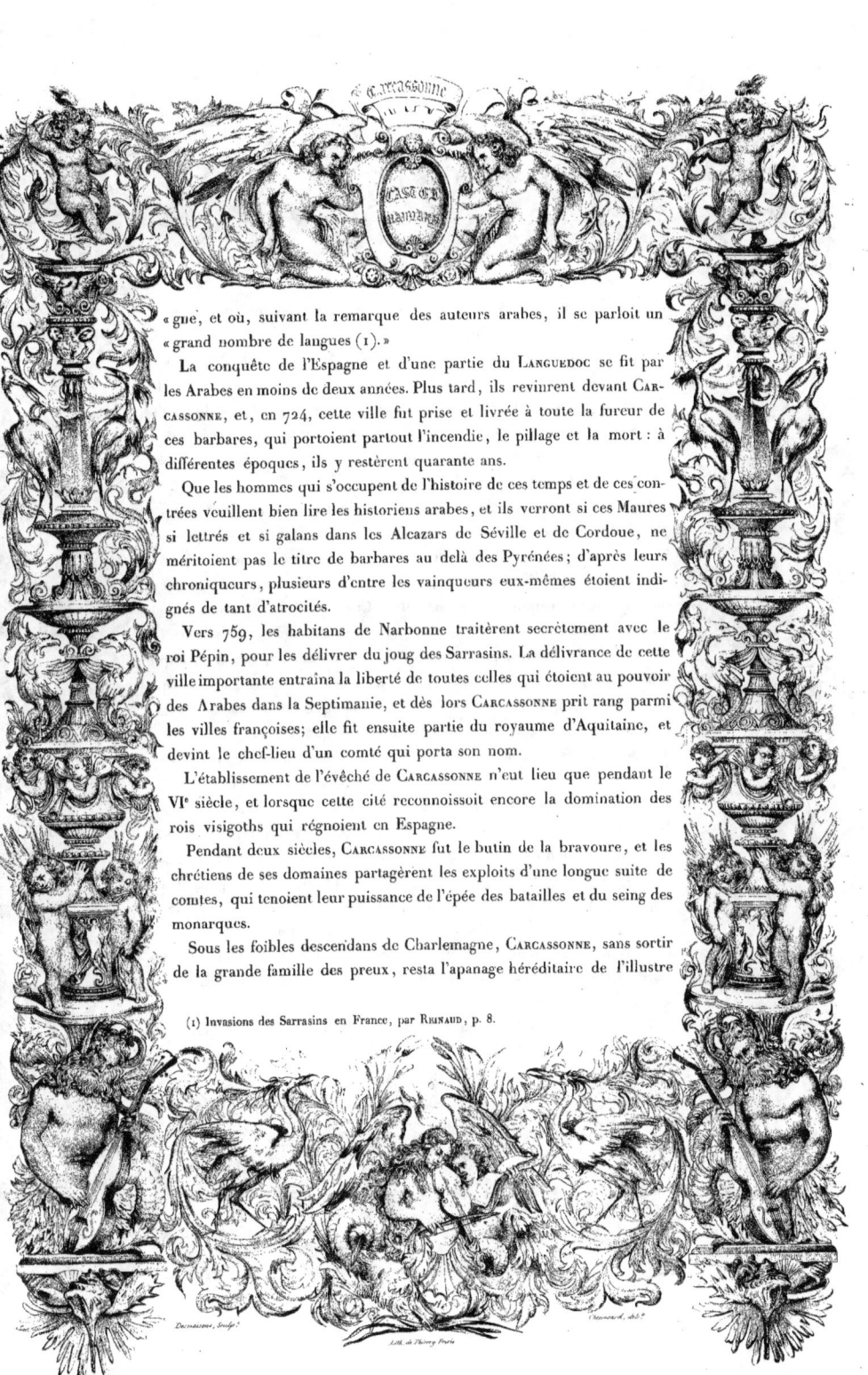

« gue, et où, suivant la remarque des auteurs arabes, il se parloit un
« grand nombre de langues (1). »

La conquête de l'Espagne et d'une partie du LANGUEDOC se fit par les Arabes en moins de deux années. Plus tard, ils revinrent devant CARCASSONNE, et, en 724, cette ville fut prise et livrée à toute la fureur de ces barbares, qui portoient partout l'incendie, le pillage et la mort : à différentes époques, ils y restèrent quarante ans.

Que les hommes qui s'occupent de l'histoire de ces temps et de ces contrées veuillent bien lire les historiens arabes, et ils verront si ces Maures si lettrés et si galans dans les Alcazars de Séville et de Cordoue, ne méritoient pas le titre de barbares au delà des Pyrénées ; d'après leurs chroniqueurs, plusieurs d'entre les vainqueurs eux-mêmes étoient indignés de tant d'atrocités.

Vers 759, les habitans de Narbonne traitèrent secrètement avec le roi Pépin, pour les délivrer du joug des Sarrasins. La délivrance de cette ville importante entraîna la liberté de toutes celles qui étoient au pouvoir des Arabes dans la Septimanie, et dès lors CARCASSONNE prit rang parmi les villes françoises; elle fit ensuite partie du royaume d'Aquitaine, et devint le chef-lieu d'un comté qui porta son nom.

L'établissement de l'évêché de CARCASSONNE n'eut lieu que pendant le VIe siècle, et lorsque cette cité reconnoissoit encore la domination des rois visigoths qui régnoient en Espagne.

Pendant deux siècles, CARCASSONNE fut le butin de la bravoure, et les chrétiens de ses domaines partagèrent les exploits d'une longue suite de comtes, qui tenoient leur puissance de l'épée des batailles et du seing des monarques.

Sous les foibles descendans de Charlemagne, CARCASSONNE, sans sortir de la grande famille des preux, resta l'apanage héréditaire de l'illustre

(1) Invasions des Sarrasins en France, par REINAUD, p. 8.

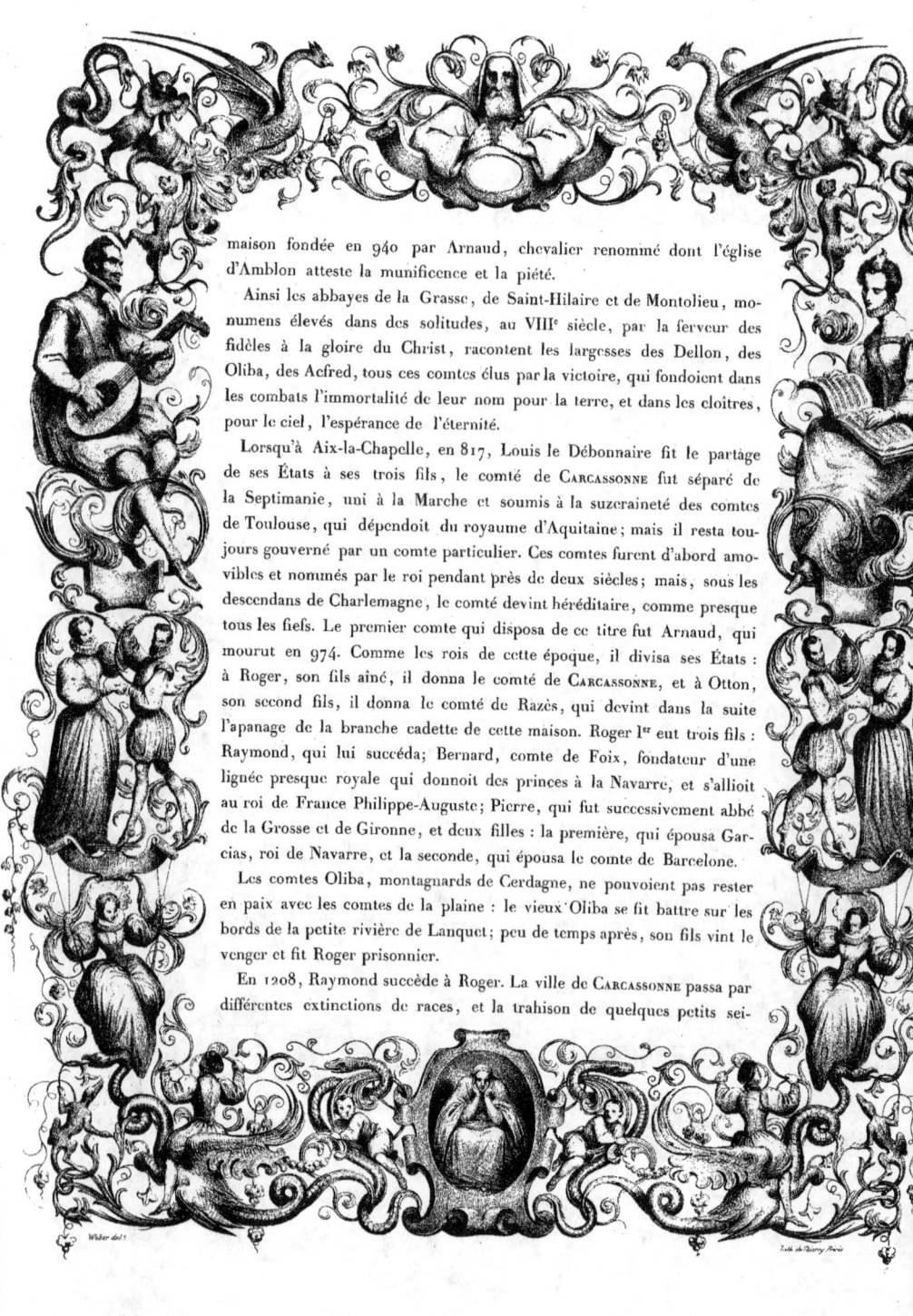

maison fondée en 940 par Arnaud, chevalier renommé dont l'église d'Amblon atteste la munificence et la piété.

Ainsi les abbayes de la Grasse, de Saint-Hilaire et de Montolieu, monumens élevés dans des solitudes, au VIIIe siècle, par la ferveur des fidèles à la gloire du Christ, racontent les largesses des Dellon, des Oliba, des Acfred, tous ces comtes élus par la victoire, qui fondoient dans les combats l'immortalité de leur nom pour la terre, et dans les cloitres, pour le ciel, l'espérance de l'éternité.

Lorsqu'à Aix-la-Chapelle, en 817, Louis le Débonnaire fit le partage de ses États à ses trois fils, le comté de CARCASSONNE fut séparé de la Septimanie, uni à la Marche et soumis à la suzeraineté des comtes de Toulouse, qui dépendoit du royaume d'Aquitaine ; mais il resta toujours gouverné par un comte particulier. Ces comtes furent d'abord amovibles et nommés par le roi pendant près de deux siècles ; mais, sous les descendans de Charlemagne, le comté devint héréditaire, comme presque tous les fiefs. Le premier comte qui disposa de ce titre fut Arnaud, qui mourut en 974. Comme les rois de cette époque, il divisa ses États : à Roger, son fils ainé, il donna le comté de CARCASSONNE, et à Otton, son second fils, il donna le comté de Razès, qui devint dans la suite l'apanage de la branche cadette de cette maison. Roger 1er eut trois fils : Raymond, qui lui succéda; Bernard, comte de Foix, fondateur d'une lignée presque royale qui donnoit des princes à la Navarre, et s'allioit au roi de France Philippe-Auguste ; Pierre, qui fut successivement abbé de la Grasse et de Gironne, et deux filles : la première, qui épousa Garcias, roi de Navarre, et la seconde, qui épousa le comte de Barcelone.

Les comtes Oliba, montagnards de Cerdagne, ne pouvoient pas rester en paix avec les comtes de la plaine : le vieux Oliba se fit battre sur les bords de la petite rivière de Lanquet; peu de temps après, son fils vint le venger et fit Roger prisonnier.

En 1208, Raymond succède à Roger. La ville de CARCASSONNE passa par différentes extinctions de races, et la trahison de quelques petits sei-

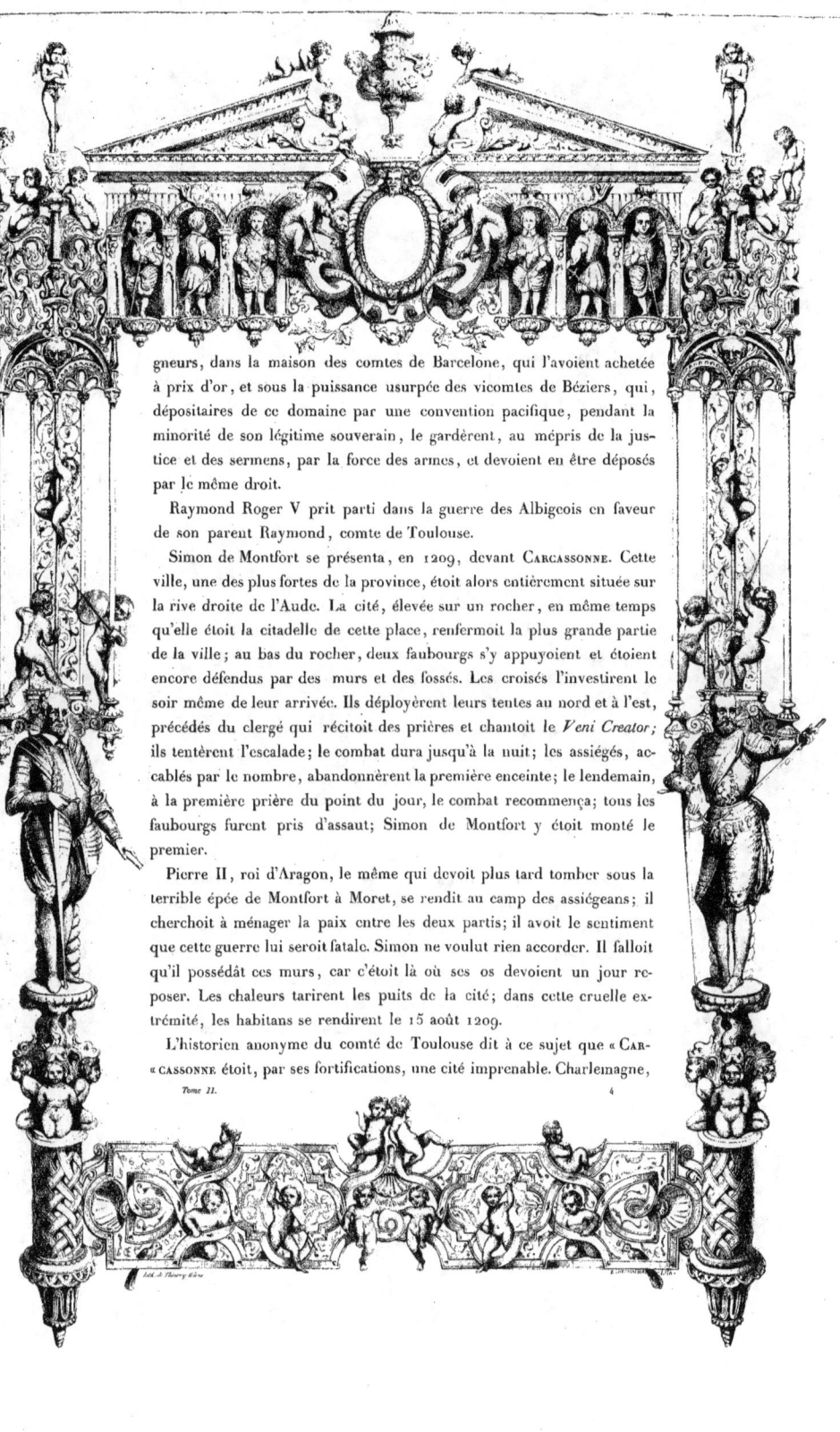

gneurs, dans la maison des comtes de Barcelone, qui l'avoient achetée à prix d'or, et sous la puissance usurpée des vicomtes de Béziers, qui, dépositaires de ce domaine par une convention pacifique, pendant la minorité de son légitime souverain, le gardèrent, au mépris de la justice et des sermens, par la force des armes, et devoient en être déposés par le même droit.

Raymond Roger V prit parti dans la guerre des Albigeois en faveur de son parent Raymond, comte de Toulouse.

Simon de Montfort se présenta, en 1209, devant CARCASSONNE. Cette ville, une des plus fortes de la province, étoit alors entièrement située sur la rive droite de l'Aude. La cité, élevée sur un rocher, en même temps qu'elle étoit la citadelle de cette place, renfermoit la plus grande partie de la ville ; au bas du rocher, deux faubourgs s'y appuyoient et étoient encore défendus par des murs et des fossés. Les croisés l'investirent le soir même de leur arrivée. Ils déployèrent leurs tentes au nord et à l'est, précédés du clergé qui récitoit des prières et chantoit le *Veni Creator*; ils tentèrent l'escalade ; le combat dura jusqu'à la nuit ; les assiégés, accablés par le nombre, abandonnèrent la première enceinte ; le lendemain, à la première prière du point du jour, le combat recommença ; tous les faubourgs furent pris d'assaut ; Simon de Montfort y étoit monté le premier.

Pierre II, roi d'Aragon, le même qui devoit plus tard tomber sous la terrible épée de Montfort à Moret, se rendit au camp des assiégeans ; il cherchoit à ménager la paix entre les deux partis ; il avoit le sentiment que cette guerre lui seroit fatale. Simon ne voulut rien accorder. Il falloit qu'il possédât ces murs, car c'étoit là où ses os devoient un jour reposer. Les chaleurs tarirent les puits de la cité ; dans cette cruelle extrémité, les habitans se rendirent le 15 août 1209.

L'historien anonyme du comté de Toulouse dit à ce sujet que « CAR-« CASSONNE étoit, par ses fortifications, une cité imprenable. Charlemagne,

« dit-il, l'avoit assiégée pendant sept ans sans pouvoir s'en rendre maître.
« Lassé enfin d'une si longue résistance, il levoit le siége, lorsque Dieu,
« qui aimoit cet empereur, pour lui voulut montrer sa puissance : une
« des tours s'inclina vers Charlemagne, comme on le voit encore à pré-
« sent, et la ville, frappée de ce miracle, se rendit à ce héros. Il n'étoit
« donc pas possible aux croisés de faire ce que n'avoit pas fait ce grand
« prince; ils seroient restés sept ans devant CARCASSONNE sans aucun succès,
« si la chaleur et le manque d'eau n'eussent réduit le peuple aux abois. »

Raymond Roger fut fait prisonnier et enfermé dans une des tours du palais vicomtal de CARCASSONNE ; il ne survécut pas longtemps à une si dure captivité; il est probable que les vainqueurs n'attendirent pas qu'il mourût de sa douleur. Des chroniqueurs albigeois prétendent qu'il avoit été pris par trahison. Que ne croiroit-on pas quand on lit dans Pierre de Vauxsernois l'histoire des croisés : « On admit les vaincus à pardon, en « exceptant seulement les hérétiques reconnus. » Et voici ce pardon : « Il « fut ordonné que les gens de la ville en sortiroient tout nuds, et il fut fait « ainsi. Ils sortirent donc tout nuds, n'emportant rien, hors leurs péchés. »

Raymond Trincavel, fils puîné du vicomte Raymond Roger, fut contraint de faire cession de tous ses biens à Simon de Montfort.

Par un concile tenu à Toulouse vingt ans après la prise de CARCAS-SONNE, l'inquisition est établie dans la province, et, en 1232, le pape Grégoire IX confie ce tribunal aux frères prêcheurs ou dominicains. En 1229, saint Louis réunissoit ce domaine au domaine de la couronne, et sa puissance royale y bravoit, en 1240, la témérité du dernier des Trincavel, qui tenta vainement d'y rétablir la domination de sa famille. En 1247, le roi permit aux familles qui avoient suivi la malheureuse fortune de Raymond Trincavel, de s'établir entre la cité et l'Aude, et d'y bâtir un nouveau faubourg dont le siége fut transféré, quelque temps après, de l'autre côté de la rivière.

Ici commence pour CARCASSONNE une ère nouvelle. Ici, à côté de la cité des Volces, s'élève une ville neuve, la ville de Louis IX. Le pont de l'Aude,

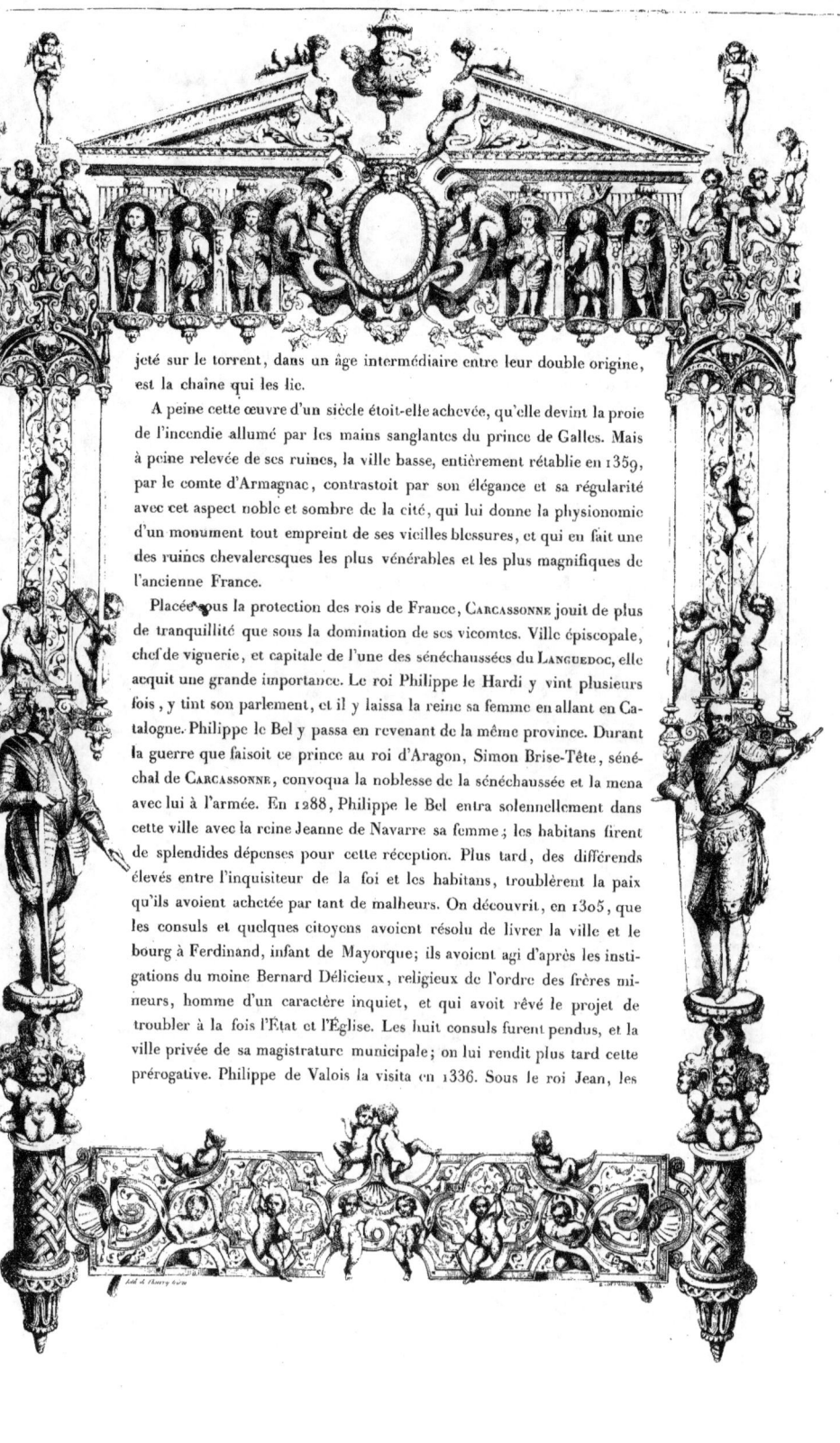

jeté sur le torrent, dans un âge intermédiaire entre leur double origine, est la chaîne qui les lie.

A peine cette œuvre d'un siècle étoit-elle achevée, qu'elle devint la proie de l'incendie allumé par les mains sanglantes du prince de Galles. Mais à peine relevée de ses ruines, la ville basse, entièrement rétablie en 1359, par le comte d'Armagnac, contrastoit par son élégance et sa régularité avec cet aspect noble et sombre de la cité, qui lui donne la physionomie d'un monument tout empreint de ses vieilles blessures, et qui en fait une des ruines chevaleresques les plus vénérables et les plus magnifiques de l'ancienne France.

Placée sous la protection des rois de France, CARCASSONNE jouit de plus de tranquillité que sous la domination de ses vicomtes. Ville épiscopale, chef de viguerie, et capitale de l'une des sénéchaussées du LANGUEDOC, elle acquit une grande importance. Le roi Philippe le Hardi y vint plusieurs fois, y tint son parlement, et il y laissa la reine sa femme en allant en Catalogne. Philippe le Bel y passa en revenant de la même province. Durant la guerre que faisoit ce prince au roi d'Aragon, Simon Brise-Tête, sénéchal de CARCASSONNE, convoqua la noblesse de la sénéchaussée et la mena avec lui à l'armée. En 1288, Philippe le Bel entra solennellement dans cette ville avec la reine Jeanne de Navarre sa femme; les habitans firent de splendides dépenses pour cette réception. Plus tard, des différends élevés entre l'inquisiteur de la foi et les habitans, troublèrent la paix qu'ils avoient achetée par tant de malheurs. On découvrit, en 1305, que les consuls et quelques citoyens avoient résolu de livrer la ville et le bourg à Ferdinand, infant de Mayorque; ils avoient agi d'après les instigations du moine Bernard Délicieux, religieux de l'ordre des frères mineurs, homme d'un caractère inquiet, et qui avoit rêvé le projet de troubler à la fois l'État et l'Église. Les huit consuls furent pendus, et la ville privée de sa magistrature municipale; on lui rendit plus tard cette prérogative. Philippe de Valois la visita en 1336. Sous le roi Jean, les habitans de Carcassonne, décidés à résister aux Anglois, qui annonçoient une irruption dans la province, firent réparer les fortifications; l'ennemi se présenta en effet sous ces murs; il s'empara du bourg et de la ville basse; mais, après y avoir mis le feu, il fut forcé de s'éloigner.

Le roi Charles VI fit son entrée à Carcassonne en 1389; un auteur contemporain assure que ce prince y demeura huit jours; et « feit le roy « crier, dit cet écrivain, que tous gens à qui on avoit forfaict vinssent « devers luy, car il estoit venu au païs pour faire raison à un chacun, et « en cette ville expédia moult de besoignes, et ce qu'à faire restoit, assigna « jour aux personnes qu'à luy venissent en Tholose où il alloit. »

En 1414, une très-vive sédition eut lieu à Carcassonne, pour cause de subsides. Le maréchal Boucicaut punit sévèrement les coupables; les consuls et les habitans de la ville basse de Carcassonne furent privés pendant quatre ans de la garde des clefs de la ville. Carcassonne embrassa, dès lors, le parti des Bourguignons, et, à partir de cette époque, ses annales n'offrent d'intérêt qu'au moment des troubles religieux du XVIe siècle. Le peuple demeura attaché à l'église catholique, mais il ne voulut point entrer dans la ligue. Le duc de Joyeuse attaqua et soumit la ville; cette conquête, qui ne lui coûta pas beaucoup de peine, excita la verve des étudians du collége de Toulouse, et les annalistes rapportent que l'on joua une pièce dans laquelle sa victoire fut célébrée sur le ton de la plaisanterie.

La cité vieille possède un édifice remarquable : là, est la cathédrale primitive de Carcassonne, Saint-Nazaire, la plus ancienne de ses églises, basilique dont l'histoire commence à Clovis et finit à Charlemagne. Toutefois l'antique cathédrale, enrichie des libéralités de ces puissans conquérans, n'est point celle que l'on voit encore debout. Il en reste des fragmens, mais le plan primitif a été changé. Urbain II, à son passage dans cette ville, en 1096, bénit les matériaux d'une partie des constructions qui s'élèvent de nos jours sur les débris du premier temple.

La nef est romane : la date ne sauroit en être déterminée; ce n'est qu'à partir

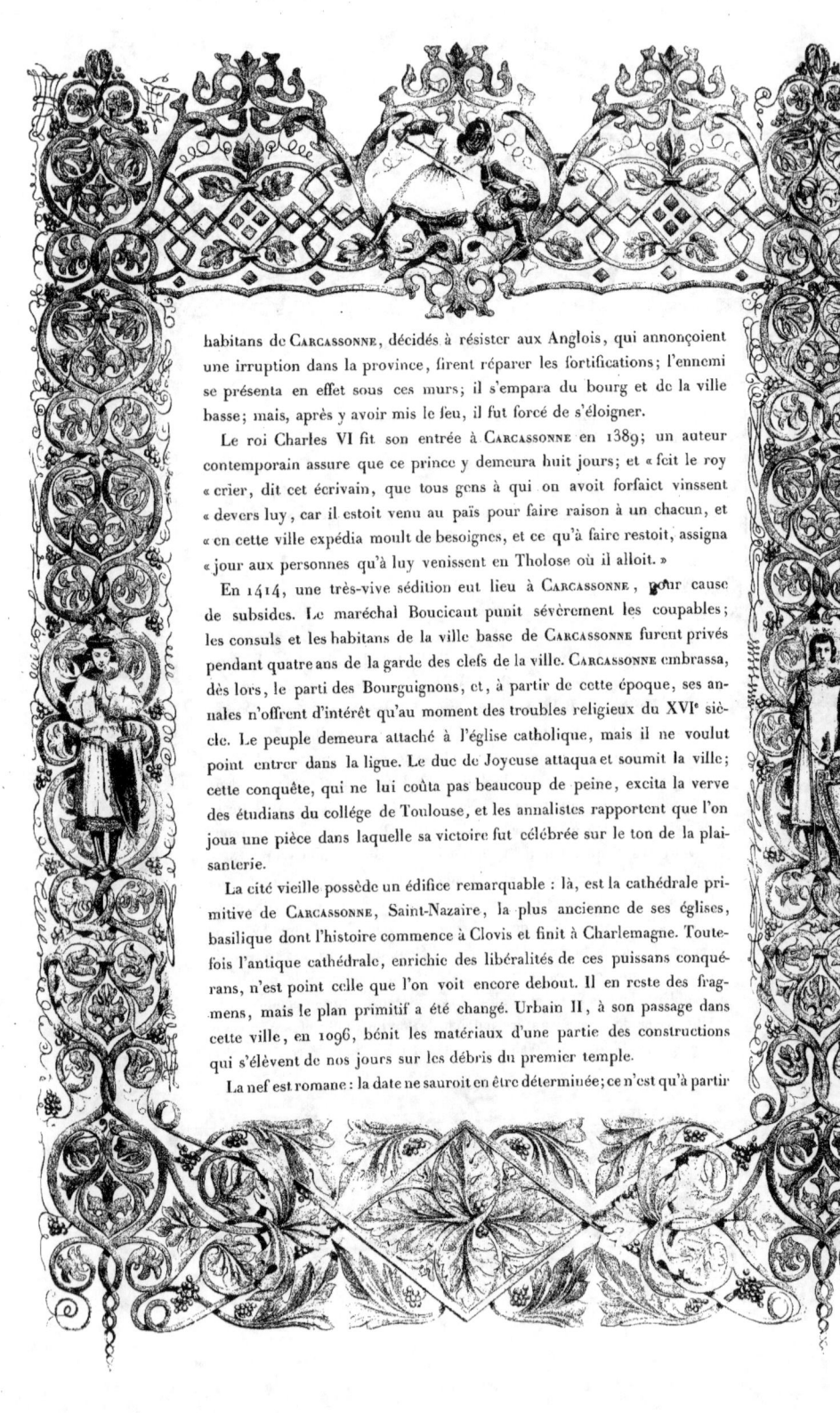

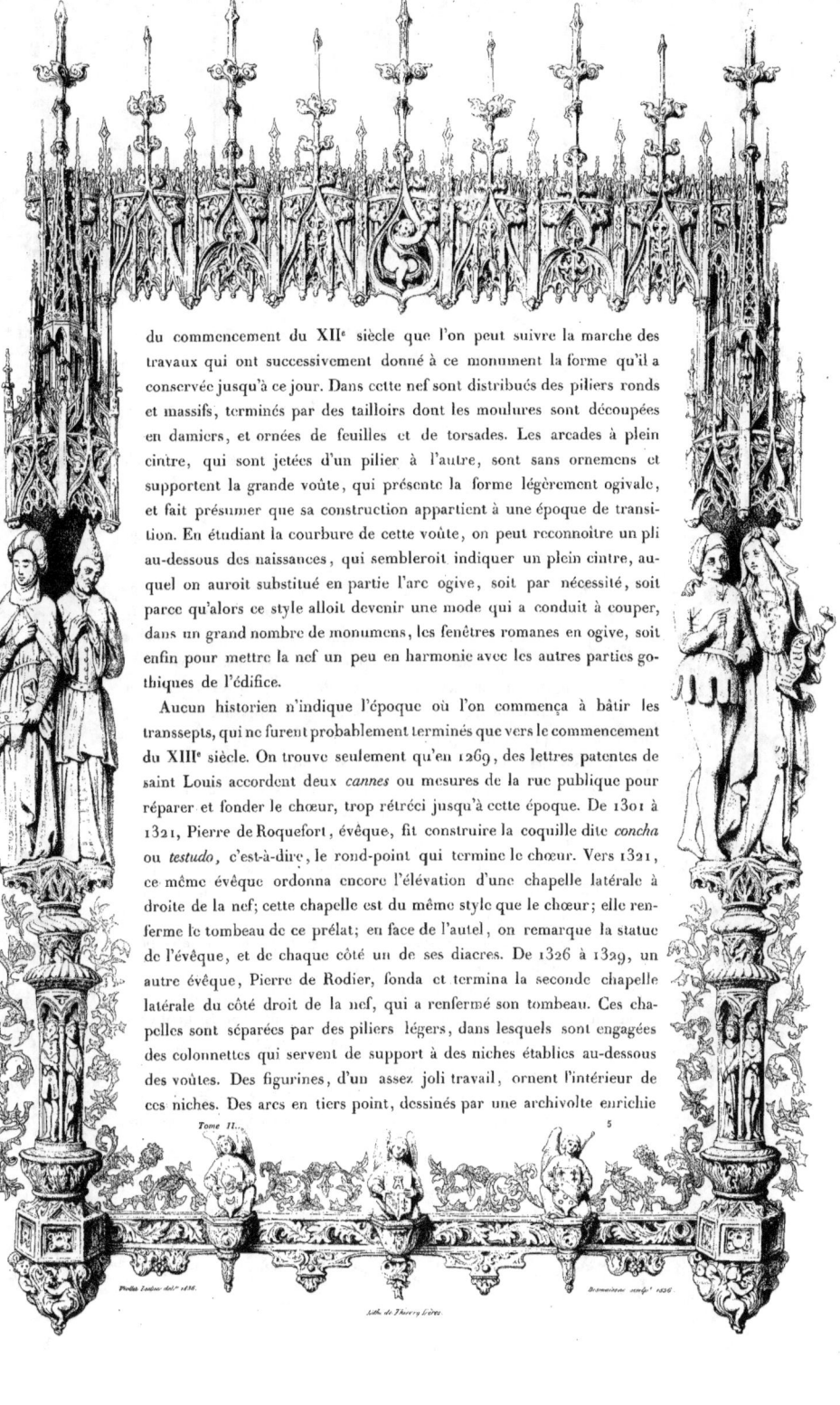

du commencement du XIIe siècle que l'on peut suivre la marche des travaux qui ont successivement donné à ce monument la forme qu'il a conservée jusqu'à ce jour. Dans cette nef sont distribués des piliers ronds et massifs, terminés par des tailloirs dont les moulures sont découpées en damiers, et ornées de feuilles et de torsades. Les arcades à plein cintre, qui sont jetées d'un pilier à l'autre, sont sans ornemens et supportent la grande voûte, qui présente la forme légèrement ogivale, et fait présumer que sa construction appartient à une époque de transition. En étudiant la courbure de cette voûte, on peut reconnoître un pli au-dessous des naissances, qui sembleroit indiquer un plein cintre, auquel on auroit substitué en partie l'arc ogive, soit par nécessité, soit parce qu'alors ce style alloit devenir une mode qui a conduit à couper, dans un grand nombre de monumens, les fenêtres romanes en ogive, soit enfin pour mettre la nef un peu en harmonie avec les autres parties gothiques de l'édifice.

Aucun historien n'indique l'époque où l'on commença à bâtir les transsepts, qui ne furent probablement terminés que vers le commencement du XIIIe siècle. On trouve seulement qu'en 1269, des lettres patentes de saint Louis accordent deux *cannes* ou mesures de la rue publique pour réparer et fonder le chœur, trop rétréci jusqu'à cette époque. De 1301 à 1321, Pierre de Roquefort, évêque, fit construire la coquille dite *concha* ou *testudo*, c'est-à-dire, le rond-point qui termine le chœur. Vers 1321, ce même évêque ordonna encore l'élévation d'une chapelle latérale à droite de la nef; cette chapelle est du même style que le chœur; elle renferme le tombeau de ce prélat; en face de l'autel, on remarque la statue de l'évêque, et de chaque côté un de ses diacres. De 1326 à 1329, un autre évêque, Pierre de Rodier, fonda et termina la seconde chapelle latérale du côté droit de la nef, qui a renfermé son tombeau. Ces chapelles sont séparées par des piliers légers, dans lesquels sont engagées des colonnettes qui servent de support à des niches établis au-dessous des voûtes. Des figurines, d'un assez joli travail, ornent l'intérieur de ces niches. Des arcs en tiers point, dessinés par une archivolte enrichie

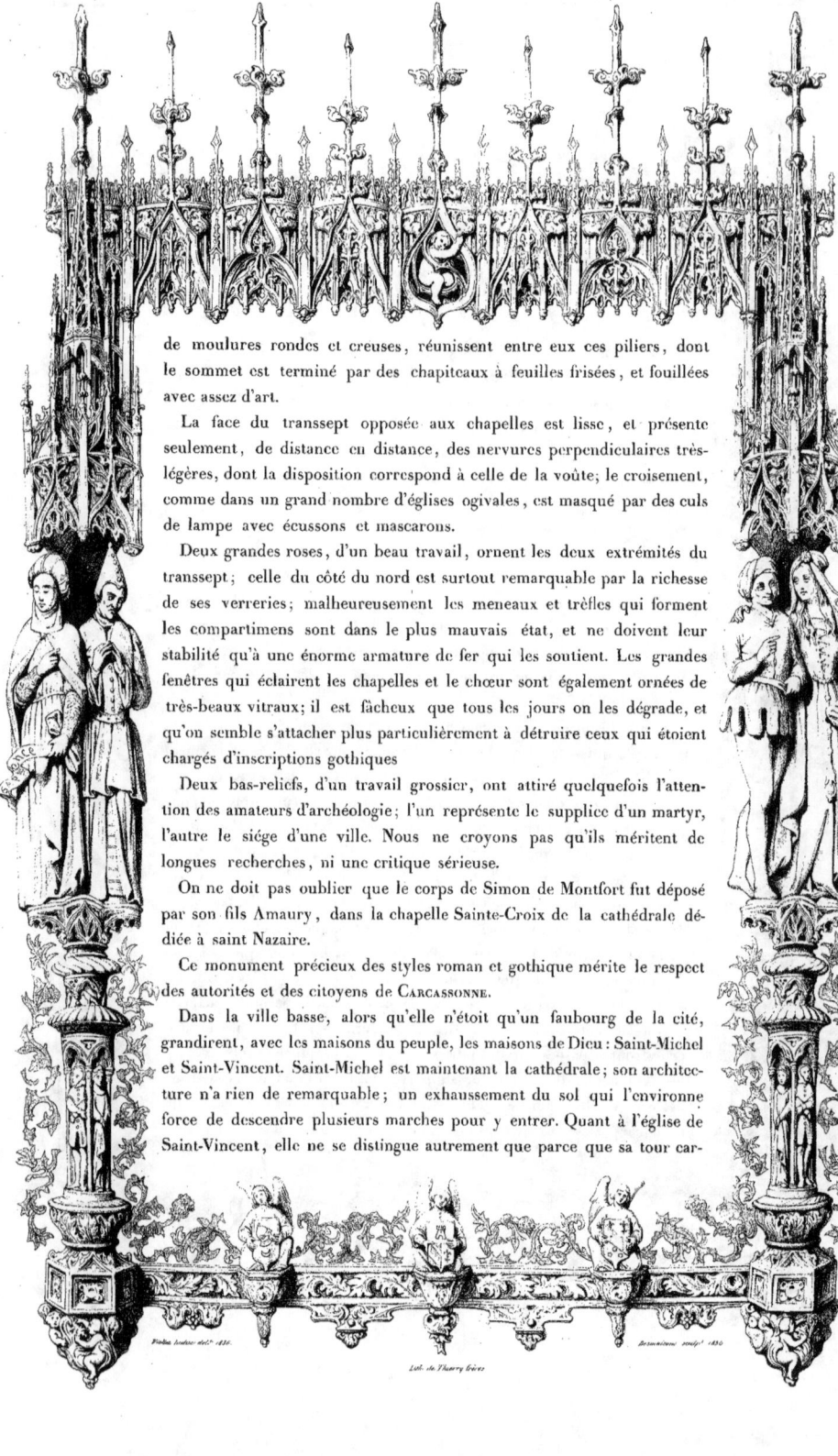

de moulures rondes et creuses, réunissent entre eux ces piliers, dont le sommet est terminé par des chapiteaux à feuilles frisées, et fouillées avec assez d'art.

La face du transsept opposée aux chapelles est lisse, et présente seulement, de distance en distance, des nervures perpendiculaires très-légères, dont la disposition correspond à celle de la voûte; le croisement, comme dans un grand nombre d'églises ogivales, est masqué par des culs de lampe avec écussons et mascarons.

Deux grandes roses, d'un beau travail, ornent les deux extrémités du transsept; celle du côté du nord est surtout remarquable par la richesse de ses verreries; malheureusement les meneaux et trèfles qui forment les compartimens sont dans le plus mauvais état, et ne doivent leur stabilité qu'à une énorme armature de fer qui les soutient. Les grandes fenêtres qui éclairent les chapelles et le chœur sont également ornées de très-beaux vitraux; il est fâcheux que tous les jours on les dégrade, et qu'on semble s'attacher plus particulièrement à détruire ceux qui étoient chargés d'inscriptions gothiques

Deux bas-reliefs, d'un travail grossier, ont attiré quelquefois l'attention des amateurs d'archéologie; l'un représente le supplice d'un martyr, l'autre le siége d'une ville. Nous ne croyons pas qu'ils méritent de longues recherches, ni une critique sérieuse.

On ne doit pas oublier que le corps de Simon de Montfort fut déposé par son fils Amaury, dans la chapelle Sainte-Croix de la cathédrale dédiée à saint Nazaire.

Ce monument précieux des styles roman et gothique mérite le respect des autorités et des citoyens de CARCASSONNE.

Dans la ville basse, alors qu'elle n'étoit qu'un faubourg de la cité, grandirent, avec les maisons du peuple, les maisons de Dieu : Saint-Michel et Saint-Vincent. Saint-Michel est maintenant la cathédrale; son architecture n'a rien de remarquable; un exhaussement du sol qui l'environne force de descendre plusieurs marches pour y entrer. Quant à l'église de Saint-Vincent, elle ne se distingue autrement que parce que sa tour car-

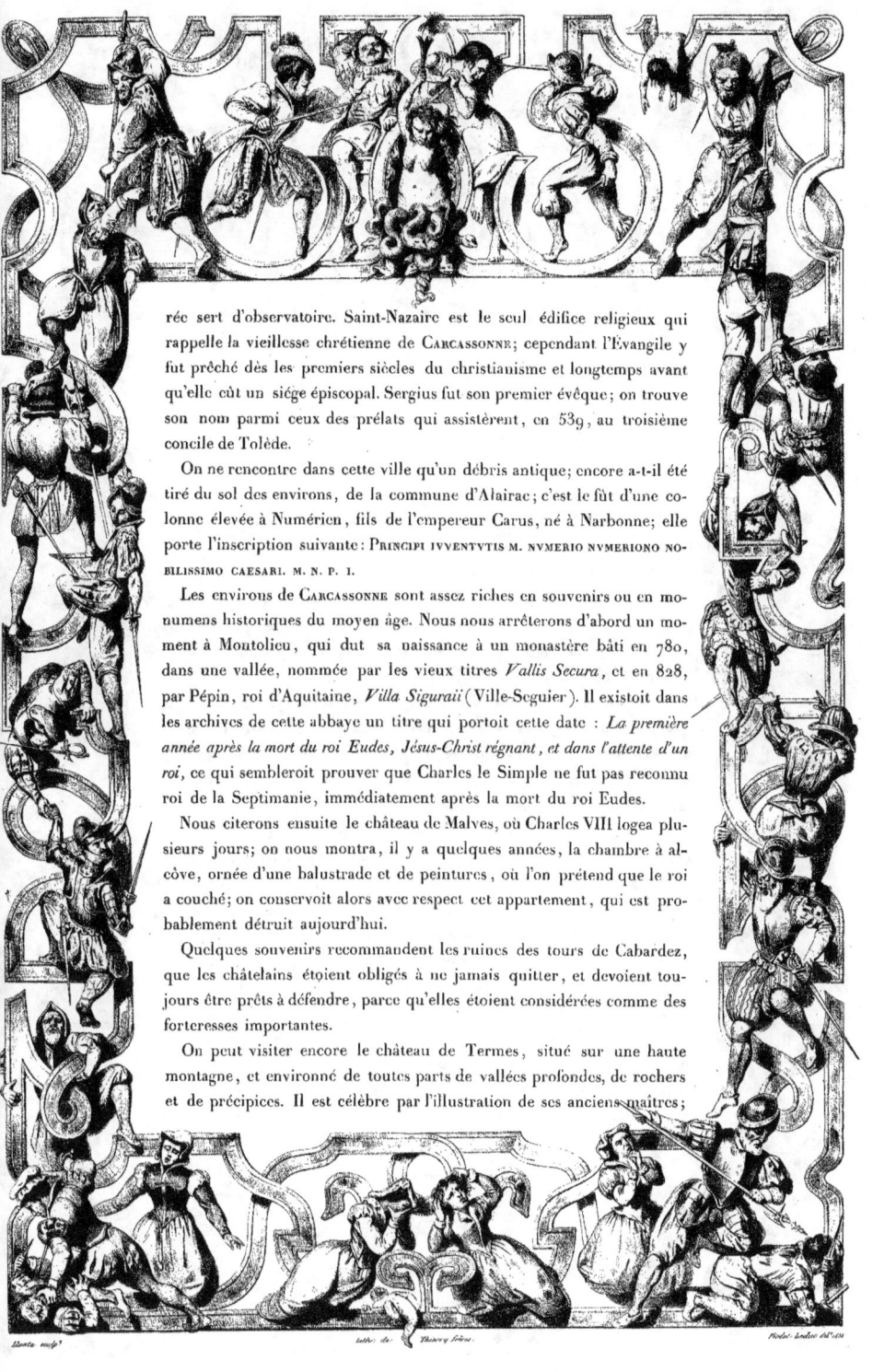

réc sert d'observatoire. Saint-Nazaire est le seul édifice religieux qui rappelle la vieillesse chrétienne de Carcassonne; cependant l'Évangile y fut prêché dès les premiers siècles du christianisme et longtemps avant qu'elle eût un siége épiscopal. Sergius fut son premier évêque; on trouve son nom parmi ceux des prélats qui assistèrent, en 539, au troisième concile de Tolède.

On ne rencontre dans cette ville qu'un débris antique; encore a-t-il été tiré du sol des environs, de la commune d'Alairac; c'est le fût d'une colonne élevée à Numérien, fils de l'empereur Carus, né à Narbonne; elle porte l'inscription suivante : Principi ivventvtis m. nvmerio nvmeriono nobilissimo caesari. m. n. p. i.

Les environs de Carcassonne sont assez riches en souvenirs ou en monumens historiques du moyen âge. Nous nous arrêterons d'abord un moment à Moutolieu, qui dut sa naissance à un monastère bâti en 780, dans une vallée, nommée par les vieux titres *Vallis Secura*, et en 828, par Pépin, roi d'Aquitaine, *Villa Siguraii* (Ville-Seguier). Il existoit dans les archives de cette abbaye un titre qui portoit cette date : *La première année après la mort du roi Eudes, Jésus-Christ régnant, et dans l'attente d'un roi*, ce qui sembleroit prouver que Charles le Simple ne fut pas reconnu roi de la Septimanie, immédiatement après la mort du roi Eudes.

Nous citerons ensuite le château de Malves, où Charles VIII logea plusieurs jours; on nous montra, il y a quelques années, la chambre à alcôve, ornée d'une balustrade et de peintures, où l'on prétend que le roi a couché; on conservoit alors avec respect cet appartement, qui est probablement détruit aujourd'hui.

Quelques souvenirs recommandent les ruines des tours de Cabardez, que les châtelains étoient obligés à ne jamais quitter, et devoient toujours être prêts à défendre, parce qu'elles étoient considérées comme des forteresses importantes.

On peut visiter encore le château de Termes, situé sur une haute montagne, et environné de toutes parts de vallées profondes, de rochers et de précipices. Il est célèbre par l'illustration de ses anciens maîtres;

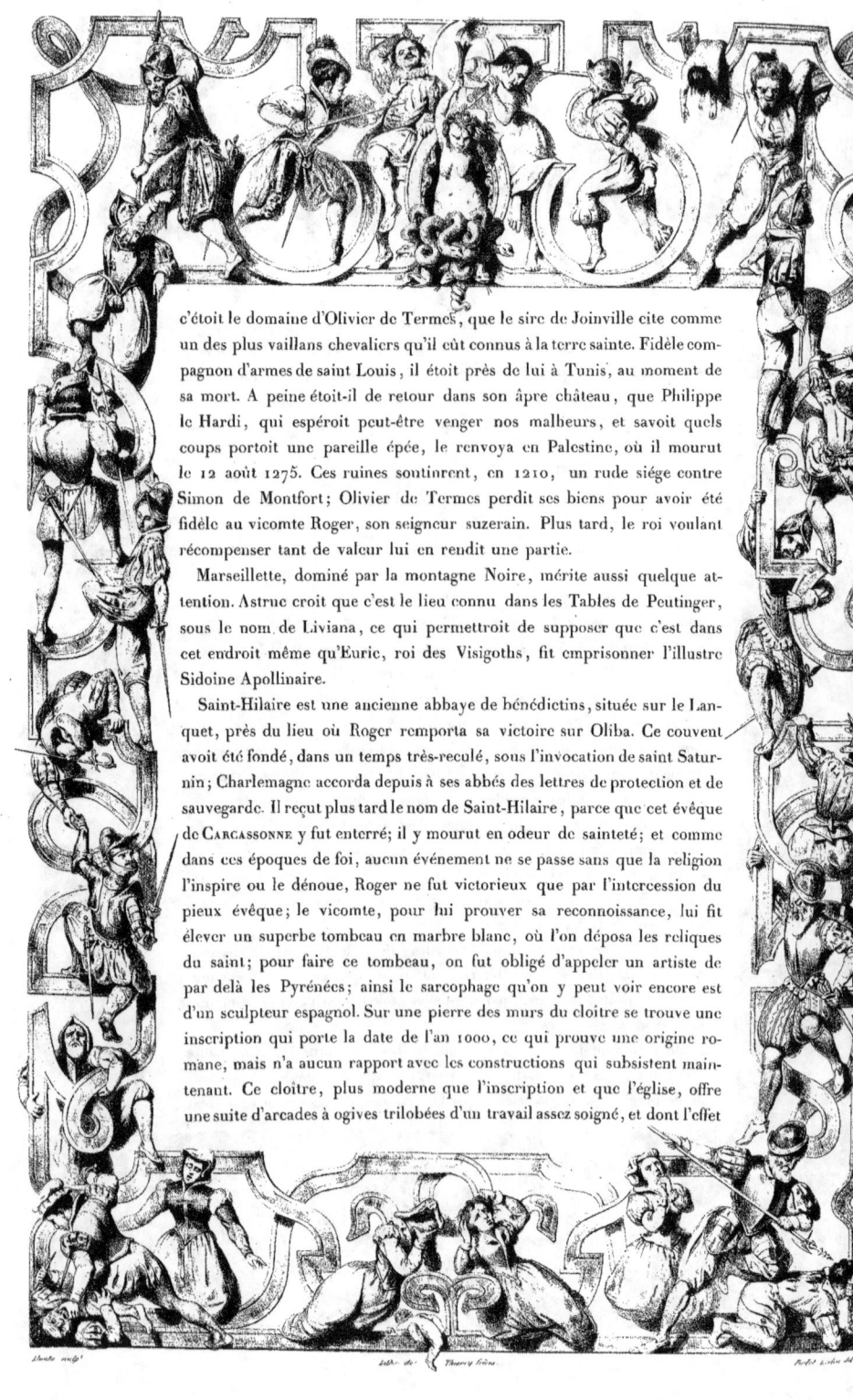

c'étoit le domaine d'Olivier de Termes, que le sire de Joinville cite comme un des plus vaillans chevaliers qu'il eût connus à la terre sainte. Fidèle compagnon d'armes de saint Louis, il étoit près de lui à Tunis, au moment de sa mort. A peine étoit-il de retour dans son âpre château, que Philippe le Hardi, qui espéroit peut-être venger nos malheurs, et savoit quels coups portoit une pareille épée, le renvoya en Palestine, où il mourut le 12 août 1275. Ces ruines soutinrent, en 1210, un rude siège contre Simon de Montfort; Olivier de Termes perdit ses biens pour avoir été fidèle au vicomte Roger, son seigneur suzerain. Plus tard, le roi voulant récompenser tant de valeur lui en rendit une partie.

Marseillette, dominé par la montagne Noire, mérite aussi quelque attention. Astruc croit que c'est le lieu connu dans les Tables de Peutinger, sous le nom de Liviana, ce qui permettroit de supposer que c'est dans cet endroit même qu'Euric, roi des Visigoths, fit emprisonner l'illustre Sidoine Apollinaire.

Saint-Hilaire est une ancienne abbaye de bénédictins, située sur le Lanquet, près du lieu où Roger remporta sa victoire sur Oliba. Ce couvent avoit été fondé, dans un temps très-reculé, sous l'invocation de saint Saturnin; Charlemagne accorda depuis à ses abbés des lettres de protection et de sauvegarde. Il reçut plus tard le nom de Saint-Hilaire, parce que cet évêque de CARCASSONNE y fut enterré; il y mourut en odeur de sainteté; et comme dans ces époques de foi, aucun événement ne se passe sans que la religion l'inspire ou le dénoue, Roger ne fut victorieux que par l'intercession du pieux évêque; le vicomte, pour lui prouver sa reconnoissance, lui fit élever un superbe tombeau en marbre blanc, où l'on déposa les reliques du saint; pour faire ce tombeau, on fut obligé d'appeler un artiste de par delà les Pyrénées; ainsi le sarcophage qu'on y peut voir encore est d'un sculpteur espagnol. Sur une pierre des murs du cloître se trouve une inscription qui porte la date de l'an 1000, ce qui prouve une origine romane, mais n'a aucun rapport avec les constructions qui subsistent maintenant. Ce cloître, plus moderne que l'inscription et que l'église, offre une suite d'arcades à ogives trilobées d'un travail assez soigné, et dont l'effet a toujours du charme; mais la distance énorme qui les sépare du mur qui leur est opposé, et la lourde toiture qui couvre cette galerie, prouvent le peu d'ensemble que l'on a mis dans ces constructions, et leur ôtent la plus grande partie de leur caractère mélancolique.

Mais un des monumens les plus curieux de ces localités, et qui appartient, au reste, aussi bien aux environs de Narbonne que de Carcassonne, est l'église de Rieux Mérinville.

Ce monument est au nombre de ces églises remarquables du midi de la France qui méritent l'attention particulière des archéologues et des amis des arts en France. Depuis vingt ans que nous nous occupons des antiquités de nos provinces, et particulièrement d'archéologie chrétienne, nous avons trop souvent combattu les origines païennes de nos églises, pour nous arrêter à l'opinion que cet édifice étoit d'abord un temple romain. La forme de son plan circulaire a pu accréditer cette opinion parmi des personnes peut-être lettrées, mais peu versées dans les études architecturales de l'antiquité ou du moyen âge; cette forme circulaire a été souvent donnée aux premières églises, jusqu'au dixième siècle, et il en subsiste encore en France plusieurs exemples. En thèse générale, les plans circulaires sont des baptistères du Bas-Empire, ou des églises bâties à l'imitation des baptistères, et alors ils sont de l'époque romane, plus ou moins anciens dans cette période.

Rieux Mérinville est un édifice roman, qui, comme la plupart de nos églises, a éprouvé des changemens, soit parce que ce n'est pas le même architecte qui l'a commencé et terminé, soit qu'ayant subi des dévastations, il ait dû être réparé ou achevé vers le XIe siècle. L'arc à plein cintre se montrant concurremment avec l'ogive, prouve évidemment deux époques très-distinctes dans sa construction.

La voûte demi-sphérique du chœur est soutenue par trois colonnes et par quatre piliers qui forment un polygone régulier à sept faces; ces sept faces correspondent à un second polygone à quatorze côtés, aux angles desquels sont placées de petites colonnettes ornées d'un chapiteau à feuilles recourbées, non taillées, qui supportent des arcades en ogive avec archi-

voltes. Quelques-uns de ses côtés sont ouverts et donnent entrée à des chapelles dont le plan s'élargit et forme un trapèze. Le fond de ces chapelles est éclairé par une petite fenêtre en ogive trilobée. Ces dernières constructions ainsi ornées, sont du XIe ou même du XIIe siècle; elles prouvent que ce temple, commencé au VIIe ou au VIIIe, a subi plus tard l'influence du style ogival. Mais l'effet de ce beau plan circulaire, donnant tant de mystère aux rayons de la lumière qui pénètrent dans l'intérieur, est resté complet. Cette lumière traverse les élégans portiques du chœur et devient le seul jour qui éclaire l'église; elle joue admirablement autour des colonnes et des piliers qui soutiennent les voûtes, disposées en arête au-dessus des chapelles, en quart de cercle au-dessus des bas côtés, et combinées de manière à contre-bouter la poussée de la grande coupole reposant sur les piliers et sur les colonnes du cintre. Cette construction remarquable, admirablement étudiée, a donné une telle solidité à ce monument que les voûtes, qui, lorsqu'elles ont une aussi longue durée, sont les premières parties qui fléchissent, sont dans un état parfait de conservation. La décoration moderne de l'intérieur ne répond malheureusement pas au beau style de ce temple chrétien; l'intérieur du dôme, au-dessus du sanctuaire, a été grossièrement recouvert d'un ton bleu, semé d'étoiles blanches, à l'imitation de quelques peintures de nos églises gothiques, mais qu'il faut bien se garder de confondre avec celles qui ornent les baptistères du Bas-Empire ou les églises romanes; si l'on vouloit jamais dignement enrichir cette coupole, et l'effet en seroit admirable, il faudroit qu'elle fût couverte d'un fond d'or, sur lequel seroit peint le Père éternel ou le Christ, les évangélistes et les apôtres.

Il existe au-dessous du chœur une crypte qui, s'il étoit nécessaire, confirmeroit encore l'origine connue de ce monument, que nous recommandons aux magistrats de la province et aux amis éclairés de nos antiquités nationales et des beaux-arts de la France.

Ce département possède encore une admirable ruine. Celle de l'abbaye d'Alet, dont nous parlerons plus loin, et dans la montagne Noire, d'innombrables restes de châteaux et de couvens; mais il nous est impossible de tout nommer, de tout dessiner, de tout décrire; et, malgré notre zèle, le midi de la France est trop riche pour le carton du peintre et les tablettes du pèlerin.

En quittant cette partie de la province, nous nous reposerons un seul moment encore sur un mamelon de la chaîne des Pyrénées qui porte presque entière la vieille forteresse de Puylaurens, avec les tours qui s'appuyoient à ses angles, et la belle esplanade de son enceinte : et puis nous dirons un adieu, peut-être éternel, aux noires ruines semées de toutes parts sur ces montagnes neigeuses; aux torrens qui se précipitent de ces vallons austères où ils ont pris naissance, et qui les abandonnent aussi pour ne les revoir jamais; à la tour d'Alaric, à ces nobles tours de la cité de Carcassonne, que nous saluons en partant avec autant de vénération qu'elles ont mis autrefois de solennité et de respect à saluer Charlemagne.

Porte de Perpignan à Narbonne.

Porte de Béziers à Narbonne

Cathédrale de Plachignac.

Cathédrale de Narbonne. Portique méridional.
Languedoc.

Pl. 131.

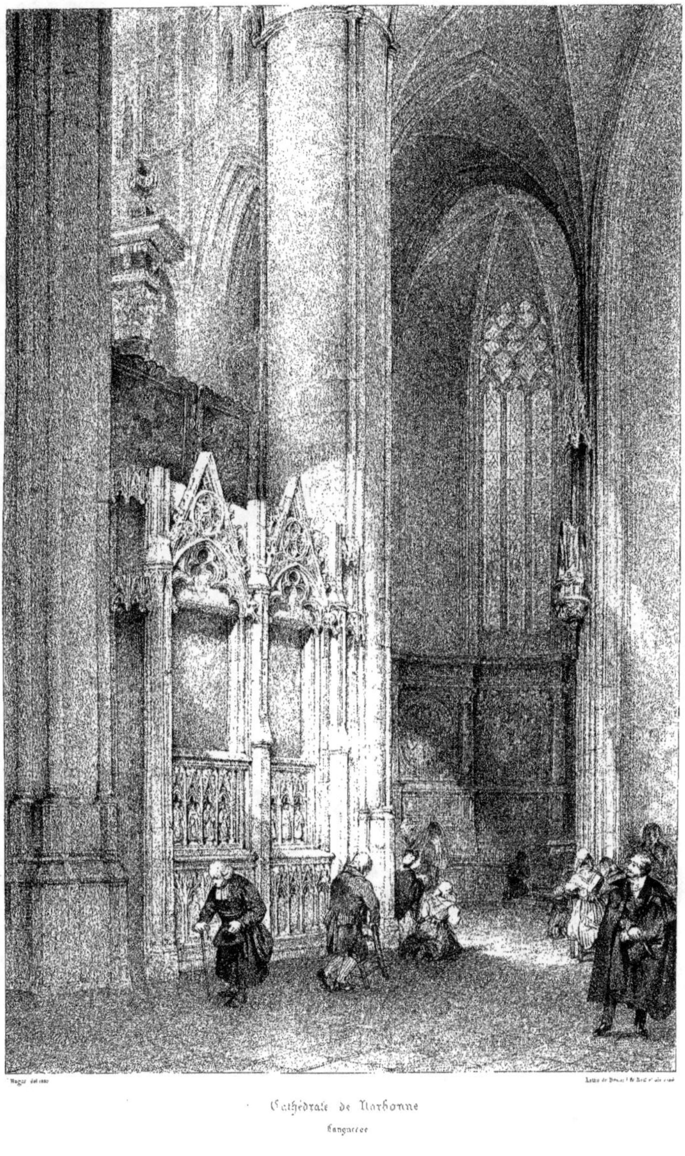

Cathédrale de Narbonne

Languedoc

Tombeau de Rasbœuf, Cathédrale de Narbonne.

Porche et Cloitre de l'Église de St Just à Narbonne.
Languedoc.

Tour du Palais Archiépiscopal, à Narbonne.

Portions intérieur des remparts près la porte d'Andernasse.

Maison des Nourrices à Narbonne

Maison des Nourrices à Narbonne.
Languedoc.

Portail des Gendarmes, dans le Palais Archiepiscopal à Narbonne.

Salle Capitulaire de Fontfroide.
Languedoc.

Cloître de Brouspruide.

Intérieur du Cloître de Fontevrault.

Intérieur de l'Église de l'Abbaye de Mouzon.

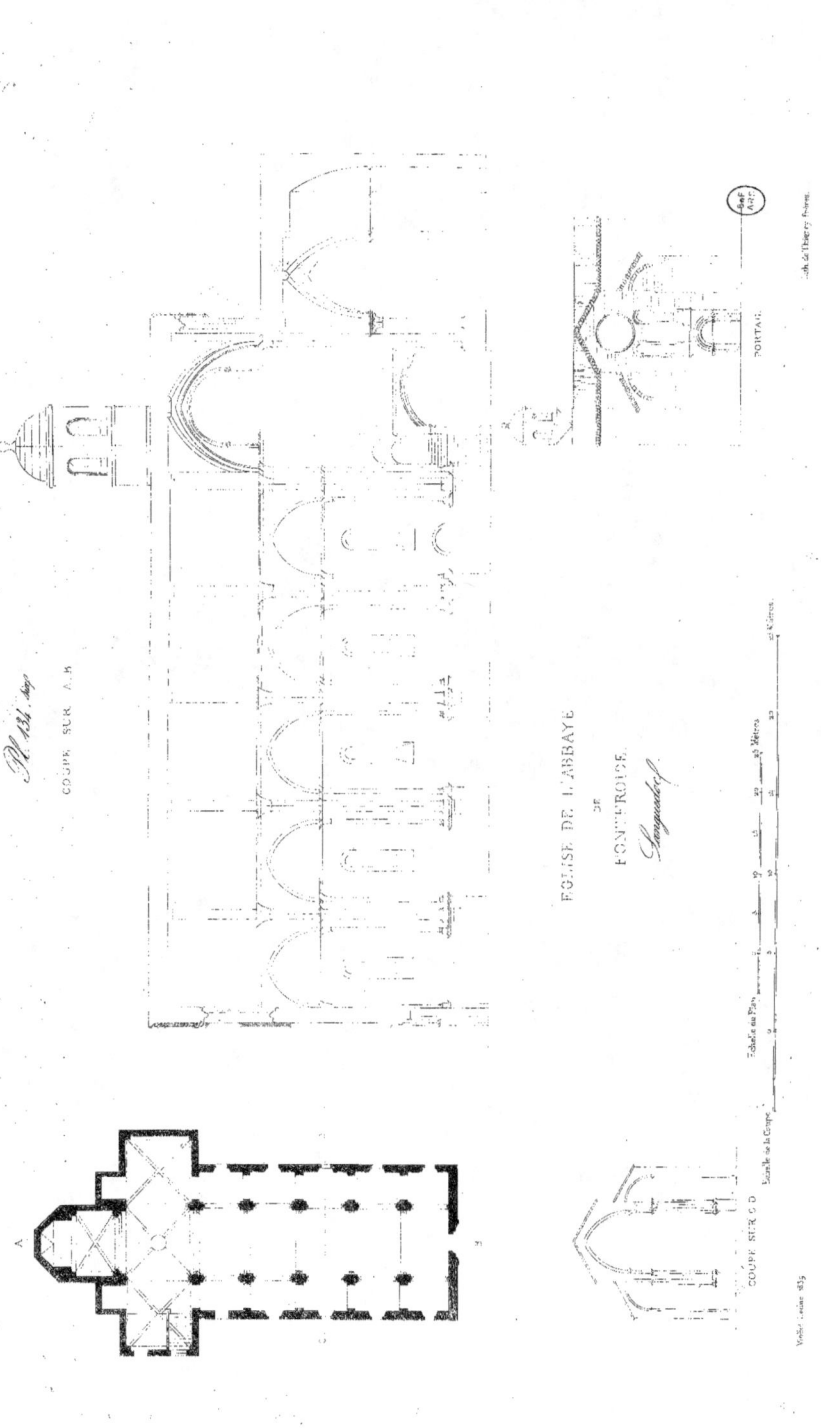

Fort de Salses

Escalier du Musée de Narbonne.

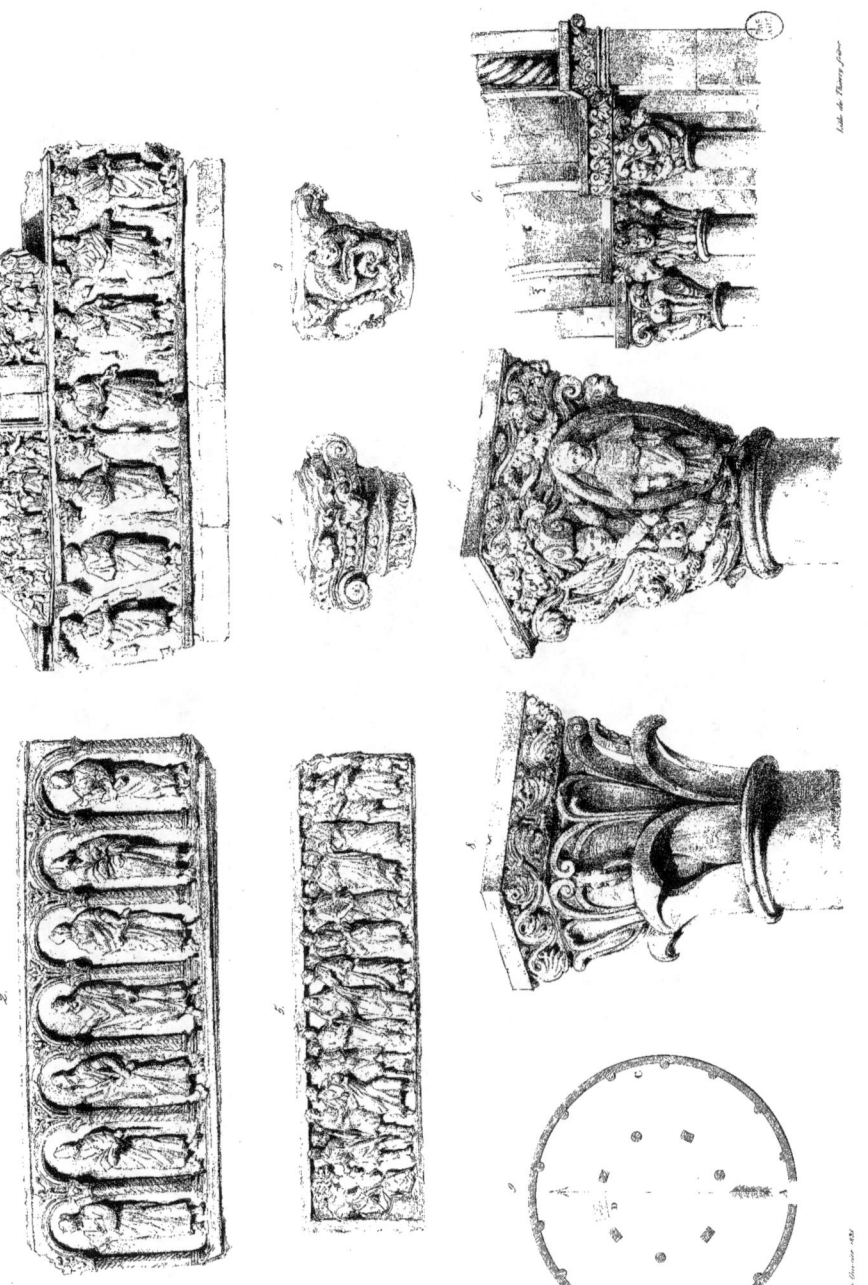

Église de Rieux

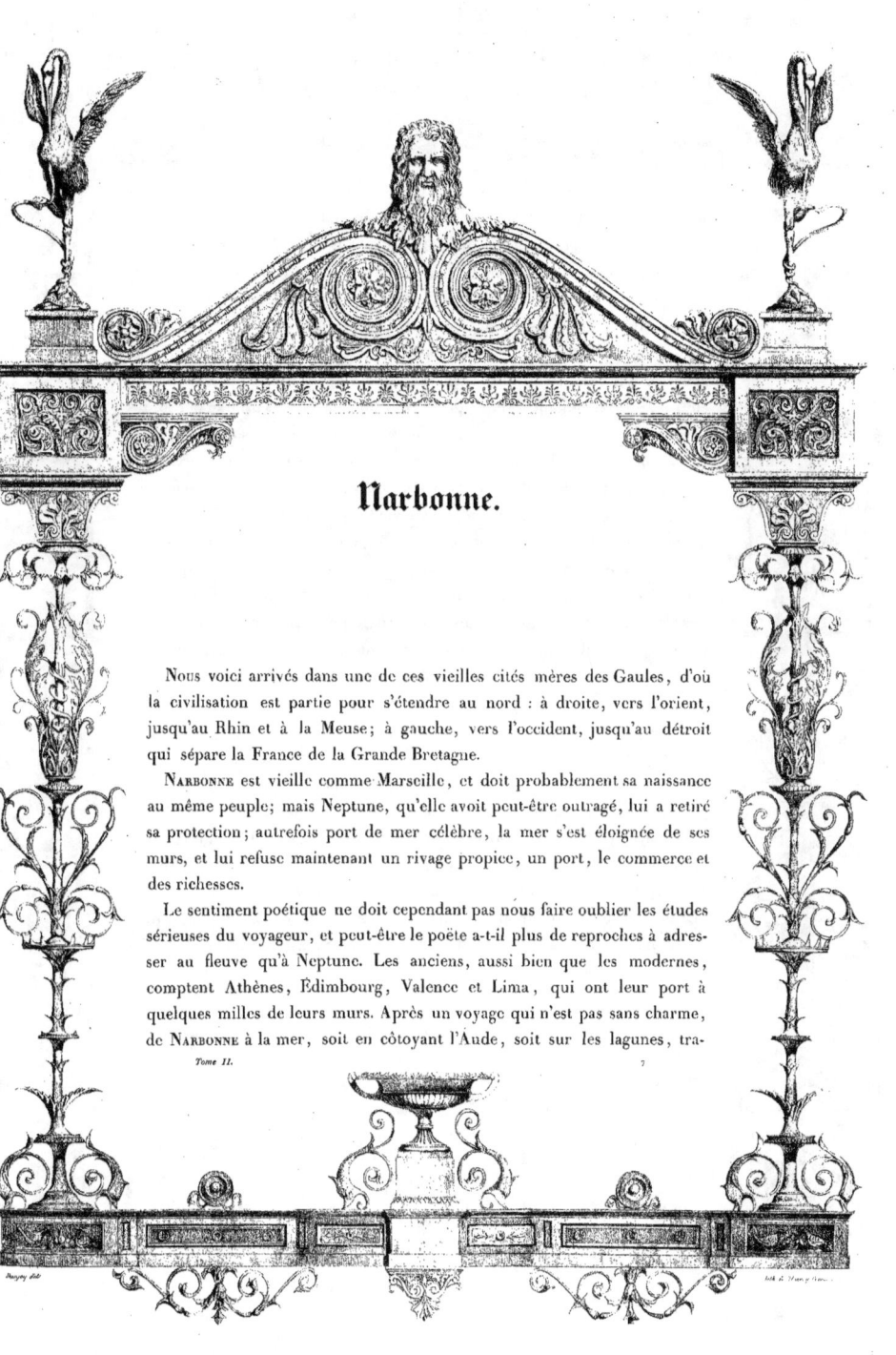

Narbonne.

Nous voici arrivés dans une de ces vieilles cités mères des Gaules, d'où la civilisation est partie pour s'étendre au nord : à droite, vers l'orient, jusqu'au Rhin et à la Meuse ; à gauche, vers l'occident, jusqu'au détroit qui sépare la France de la Grande Bretagne.

NARBONNE est vieille comme Marseille, et doit probablement sa naissance au même peuple ; mais Neptune, qu'elle avoit peut-être outragé, lui a retiré sa protection ; autrefois port de mer célèbre, la mer s'est éloignée de ses murs, et lui refuse maintenant un rivage propice, un port, le commerce et des richesses.

Le sentiment poétique ne doit cependant pas nous faire oublier les études sérieuses du voyageur, et peut-être le poëte a-t-il plus de reproches à adresser au fleuve qu'à Neptune. Les anciens, aussi bien que les modernes, comptent Athènes, Édimbourg, Valence et Lima, qui ont leur port à quelques milles de leurs murs. Après un voyage qui n'est pas sans charme, de NARBONNE à la mer, soit en côtoyant l'Aude, soit sur les lagunes, tra-

versées par un canal d'une dimension considérable, nous avons admiré ces travaux antiques qui nous rappeloient ceux d'Ostie, qui étoit aussi le port de Rome. Ici, on remarque, dans un vaste étang, un canal d'environ deux cent cinquante pieds de largeur et trente pieds de profondeur, formé par deux digues parallèles en pierres de taille, dont le fond est pavé, construit pour conduire l'Atax ou l'Aude jusqu'à la mer ; mais le fleuve portant ses sables, et les flots les repoussant sans cesse, ont formé la barre et ces lagunes, qui ont détruit le port de Narbonne (1); qui perdroient Cette, s'il étoit un jour abandonné, et qui détruiront un jour la plus grande partie des ports de la péninsule espagnole, presque abandonnés maintenant, après avoir vu des flottes qui alloient conquérir un monde, et revenoient chargées d'or.

L'époque de la fondation de Narbonne remonte à des temps inconnus ; ce mystère qui couvre son origine, cette vieillesse, perdue dans la nuit des temps, est le premier fleuron de sa noble couronne. L'aigle des conquérans de l'ancien monde n'avoit point encore vu les cimes des Alpes s'abaisser sous les pas de leurs invincibles légions, que déjà célèbre parmi les peuples, Narbonne, qui n'avoit pas attendu pour être une puissance le patronage des Romains, comptoit avec orgueil dans son port les vaisseaux des premiers commerçans, des peuples de l'Afrique et de l'Asie.

Pythéas fait un magnifique tableau de son opulence avant sa conquête par le peuple-roi. Première colonie des Romains qui fût aussi éloignée des Alpes, et leur forteresse même, selon l'expression de Cicéron, Narbonne a été comptée au nombre des premières cités de l'empire. Suivant Strabon, ce port des Volces arécomiques jouissoit d'une haute célébrité.

Les maîtres du monde avoient déjà fait passer dans cette ville toute la grandeur de Rome, ses palais, ses temples, ses cirques, ses amphithéâtres, son Capitole, son forum, ses thermes, ses portiques, ses statues, que le peuple de Dieu attendoit encore l'accomplissement des destinées saintes promises par l'Éternel à la race de David. La république de Cincinnatus, avec

(1) Les atterrissements de l'Aude, plus rapides que ceux du Nil, ont entièrement comblé le lac *Lubresus*, célèbre chez les géographes anciens, et qui entouroit Narbonne. Il existe encore dans les lagunes formées par ces atterrissements, un point que l'on désigne sous le nom de *Port de los galeros*.

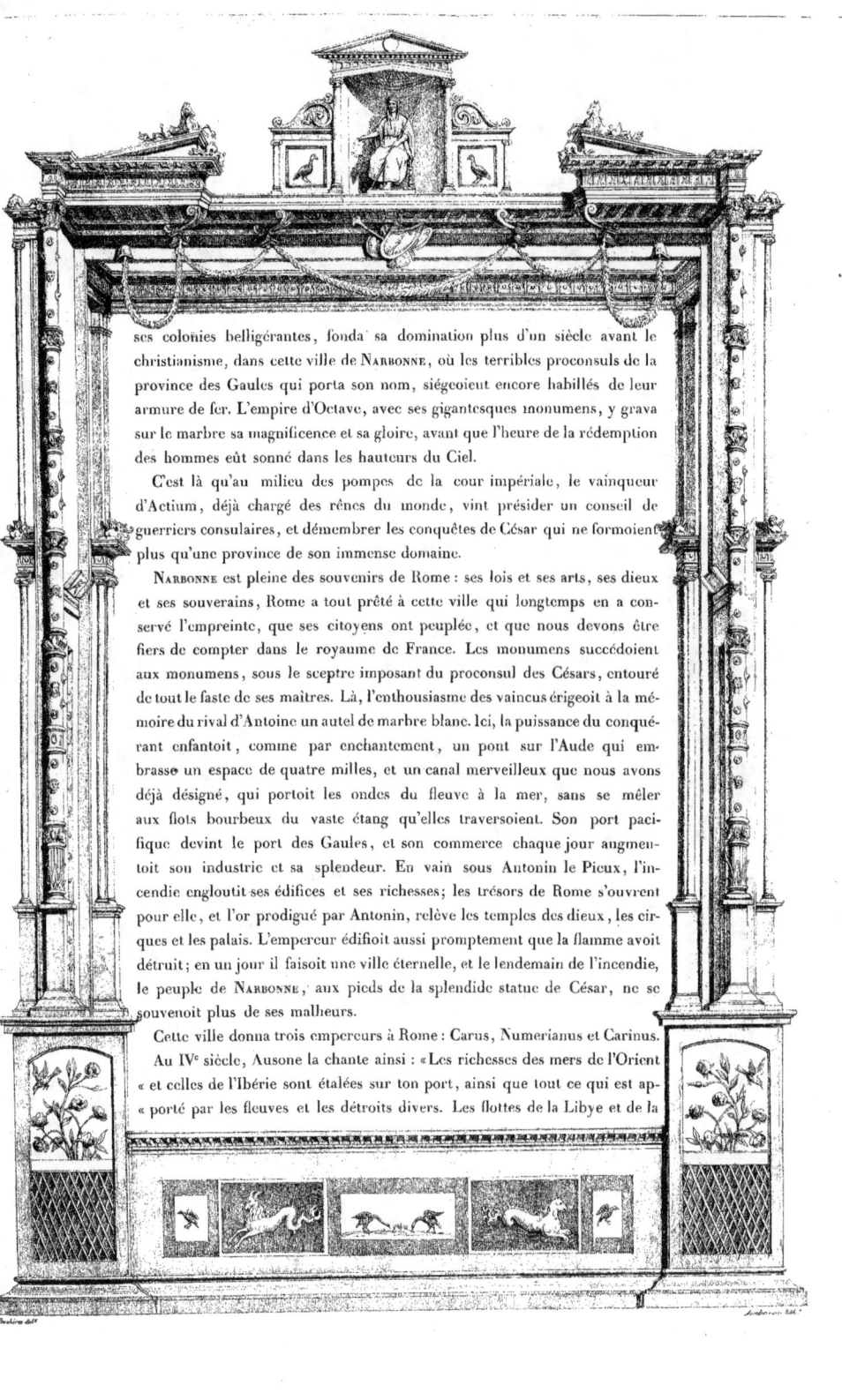

ses colonies belligérantes, fonda sa domination plus d'un siècle avant le christianisme, dans cette ville de Narbonne, où les terribles proconsuls de la province des Gaules qui porta son nom, siégeoient encore habillés de leur armure de fer. L'empire d'Octave, avec ses gigantesques monumens, y grava sur le marbre sa magnificence et sa gloire, avant que l'heure de la rédemption des hommes eût sonné dans les hauteurs du Ciel.

C'est là qu'au milieu des pompes de la cour impériale, le vainqueur d'Actium, déjà chargé des rênes du monde, vint présider un conseil de guerriers consulaires, et démembrer les conquêtes de César qui ne formoient plus qu'une province de son immense domaine.

Narbonne est pleine des souvenirs de Rome : ses lois et ses arts, ses dieux et ses souverains, Rome a tout prêté à cette ville qui longtemps en a conservé l'empreinte, que ses citoyens ont peuplée, et que nous devons être fiers de compter dans le royaume de France. Les monumens succédoient aux monumens, sous le sceptre imposant du proconsul des Césars, entouré de tout le faste de ses maîtres. Là, l'enthousiasme des vaincus érigeoit à la mémoire du rival d'Antoine un autel de marbre blanc. Ici, la puissance du conquérant enfantoit, comme par enchantement, un pont sur l'Aude qui embrasse un espace de quatre milles, et un canal merveilleux que nous avons déjà désigné, qui portoit les ondes du fleuve à la mer, sans se mêler aux flots bourbeux du vaste étang qu'elles traversoient. Son port pacifique devint le port des Gaules, et son commerce chaque jour augmentoit son industrie et sa splendeur. En vain sous Antonin le Pieux, l'incendie engloutit ses édifices et ses richesses; les trésors de Rome s'ouvrent pour elle, et l'or prodigué par Antonin, relève les temples des dieux, les cirques et les palais. L'empereur édifioit aussi promptement que la flamme avoit détruit; en un jour il faisoit une ville éternelle, et le lendemain de l'incendie, le peuple de Narbonne, aux pieds de la splendide statue de César, ne se souvenoit plus de ses malheurs.

Cette ville donna trois empereurs à Rome : Carus, Numerianus et Carinus. Au IVe siècle, Ausone la chante ainsi : « Les richesses des mers de l'Orient « et celles de l'Ibérie sont étalées sur ton port, ainsi que tout ce qui est ap- « porté par les fleuves et les détroits divers. Les flottes de la Libye et de la

« Sicile ne traversent l'humide empire que pour déposer sur ton rivage les
« tributs du monde entier. »

Sidoine Apollinaire, l'homme épiscopal, l'homme consulaire, le grand prosateur, le grand poëte, notre Châteaubriand du cinquième siècle, y reçut de Consentius les honneurs dus à son rang et à son génie. Dans un poëme (1) qui lui est adressé, il lui parle ainsi d'abord, avant de s'adresser à Narbonne elle-même :

NARBONNE.

A CONSENTIUS, ILLUSTRE CITOYEN DE NARBONNE.

« Illustre Consentius, ma foible muse se disposoit à vous célébrer, vous,
« la gloire et le soutien de l'honnêteté antique; j'allois chanter le gracieux
« accueil que vous m'avez fait, lorsque votre amitié m'a prévenu : vos vers
« ont ranimé ma verve; ma muse va vous obéir, mais ses chants seront mo-
« destes : vous avez l'art de persuader qu'il est facile de vous imiter; mais
« veut-on vous satisfaire? alors la lyre devient muette, surtout sous les
« doigts de ceux qui ont lu vos écrits. Vous conseillez à vos amis d'écrire
« aussi, et vous les forcez à se taire.

« Monté sur un coursier rapide, vous venez de visiter *Phocida* (2) et
« la ville renommée par les bains de Sextius (3), cités qui rendent à jamais
« célèbres les combats qu'y ont livrés plusieurs consuls, et les victoires qu'ils
« y ont remportées. L'une a fléchi sous les armes victorieuses de Jules Cé-
« sar, et n'a pu résister à la flotte que commandoit Brutus. L'autre a été
« témoin des sanglants combats livrés aux Teutons, et de la honte des Cim-
« bres, dont la défaite a couvert Marius d'une gloire immortelle. C'est en
« visitant ces cités illustres, que vous m'avez adressé un Poëme où sont
« réunis tous les agrémens de la poésie, le savoir, la noblesse, l'énergie et
« l'élégance du style : . . . .
« . . . .
« . . . . Il est juste de payer

---

(1) *Sidonius Apollinaris*, carmen *XXIII*.

(2) Marseille, parce que cette ville a été bâtie par une colonie venue de Phocée, ville de Carie en Asie.

(3) Aix.

« l'intérêt de ce qu'on nous prête; je vais donc tâcher de m'acquitter; mes
« vers cependant ne contiendront pas la centième partie des éloges qui
« vous sont dus.

« Après vous, c'est à votre Patrie que j'offrirai mes hommages, et je les
« présenterai ensuite à votre père : ce vieillard pourroit être jaloux de la
« préférence; mais c'est de la patrie que nous tenons nos parens, et, selon
« moi, il est juste de commencer par elle. »

« Salut, Narbonne, ville également belle à voir, dans tes murs et dans tes
« campagnes; ville puissante et célèbre par la pureté de son ciel, par ses
« bâtiments, par ses portes, par ses portiques, par ses places et ses édifices
« publics, par son théâtre, par ses temples, par ses hôtels des monnoies,
« par ses bains, par ses arcs de triomphe, par ses greniers, par ses marchés,
« par ses prés, par ses fontaines, par ses îles, par ses salines, par ses étangs,
« par son fleuve, par son commerce, par son pont, par son port. »

« L'excellent vin de tes côteaux, tes riches moissons, tes gras pâturages,
« tes pressoirs à olives, ne donnent qu'à toi seule le droit d'honorer Bac-
« chus, Cérès, Palès et Minerve. Sûre du courage et de la valeur de tes
« habitans, tu n'as d'autre défense que leurs bras; tu n'es entourée ni d'un
« large fossé, ni de remparts hérissés de piques; ta tête altière s'élève au-des-
« sus des montagnes qui l'environnent. On ne voit sur tes murs ni marbre, ni
« lames d'or, ni verres transparens; ils ne sont enrichis ni de l'écaille écla-
« tante de la tortue de l'Inde, ni de plaques d'ivoire de la Marmarique : tes
« portes dorées ne sont point embellies de pierres taillées à la mosaïque;
« mais, fière au milieu de tes forteresses à demi ruinées, tu sembles t'enor-
« gueillir des traces que les guerres ont laissées dans ton sein; ces ruines
« sont bien plus glorieuses pour toi que tous ces vains et fastueux ornemens. »

« Combien de villes ne doivent leur force qu'à leur situation! Bâties sur
« des hauteurs, et environnées de précipices, elles se sont fait de sûrs rem-
« parts contre la foiblesse de leurs habitans, et jamais aucuns revers n'ont
« illustré leur pacifique enceinte. »

« Mais toi, Narbonne, le souvenir de tes hauts faits inspire la vénération;
« les attaques que tu as généreusement soutenues prouvent ta force et ta
« fidélité. »

« C'est par tant d'avantages que tu plais à Théodoric, l'appui et le salut
« de la république romaine. Ce prince belliqueux, plus grand encore que
« son magnanime père, voit dans la constance avec laquelle tu as supporté
« les plus grands revers, un sûr garant de ce qu'il doit attendre de ta fidé-
« lité; loin de regarder tes ruines comme des marques de ta défaite, tu dois
« t'honorer de les renfermer dans ton sein; les cicatrices des guerriers ne
« sont que la preuve de la gloire qu'ils ont acquise. Après la journée de
« Marathon, quiconque avoit combattu sans recevoir de blessures étoit cou-
« vert d'opprobre; et, parmi les guerriers qui défendirent les intérêts du
« peuple romain, le courageux Mutius Scævola se glorifioit d'avoir vu son
« poing consumé par la flamme. Lorsque le grand Pompée attaqua au dé-
« pourvu les retranchemens du camp de César, Sæva, qui avoit été chargé
« de défendre le côté le plus foible du camp, et qui fut privé d'un de ses
« yeux, recueillit plus de gloire que tous les autres chefs. Il est beau
« de soutenir avec courage une entreprise difficile; cette manière de s'il-
« lustrer n'est point connue de ces hommes lâches et timides, qui, peu
« jaloux de la gloire, ne rougissent point de passer leur vie dans une hon-
« teuse oisiveté.

« Illustre par les héros qui sont sortis de ton sein, tu as encore eu l'hon-
« neur, ô NARBONNE, de produire plusieurs Césars; la république te doit
« des empereurs qui ont partagé avec leurs fils le souverain pouvoir: jamais
« on n'oubliera l'expédition de l'empereur Carus contre les Perses, et les lé-
« gions romaines traversant sous sa conduite le mont Niphatès. Ce prince
« étoit né dans tes murs; mais, atteint de la foudre au milieu de ses con-
« quêtes, il termina trop tôt sa glorieuse carrière; son règne eut la rapidité
« de la foudre qui l'a frappé. »

Ainsi, cette ville romaine, où tous les Césars avoient eu des statues ou
des autels, cette ville où le Capitole rivalisoit de splendeur avec le forum,
le cirque avec le théâtre, les portiques avec les arcs de triomphe, avoit déjà
la majesté des ruines. Brisées par les formidables attaques des Visigoths, ses
murailles, dont les pans déchirés avoient gardé leurs glorieuses dévastations,
n'étoient plus que les lambeaux de l'armure des Césars. Ce magnifique temple,
en marbre de Paros, où peut-être Ataulphe avoit scellé son alliance avec les

maîtres déchus d'un monde qui leur échappoit, par son union avec une sœur d'un empereur de Rome, avec la fille du grand Théodose, ce temple s'ébranloit; marbre, bronze, porphyre, alloient devenir poussière; il ne devoit arriver jusqu'à nous qu'un peu d'or à l'effigie des empereurs, que les peuples effrayés confioient à la terre pour le sauver de la cupidité des barbares.

Désormais ses annales retentiront de ses combats. Chacune de ses gloires sera achetée au prix du sang de ses citoyens. Tous ses souvenirs vont devenir funèbres. L'empereur Honorius la cède à Ataulphe par peur; reprise par Constance, général d'Honorius, elle est assiégée en 438, réduite à la plus affreuse famine, par un roi visigoth, et résiste à ses armes avec le secours de Litorius, vieux débris de la gloire romaine.

A cette époque, NARBONNE avoit déjà des églises, car le Musée de cette ville possède maintenant une inscription gravée sur un linteau monolithe en marbre blanc, datée de l'an 445, et que nous donnons comme un des monumens curieux de nos antiquités chrétiennes (1). Il constate que, sous le consulat de Valentinien III, et pendant que NARBONNE étoit encore sous la domination romaine, saint Rustique, aidé par le préfet des Gaules converti à la foi chrétienne, par Dyname, évêque de Béziers, par Venere, évêque de Marseille, etc., fit construire une église chrétienne en remplacement de la précédente, qui avoit été brûlée.

Théodoric II l'assiége de nouveau en 462; ce que le fer ne lui accorde pas, sa politique l'obtient d'un Lucanien, nommé Vibius Severus, qui devint empereur sous le nom de Sévère, et alors NARBONNE tombe pour toujours au pouvoir des Visigoths, dont la paix est achetée au prix de cette belle ville, si désirée des barbares.

Dans son Capitole, devenu une forteresse, les rois visigoths placèrent leur trône; durant les siècles postérieurs cette forteresse-palais fut nommée *Capdueil* (*Capitolium*, *Campidoglio*). Sa situation remarquable avoit une belle vue au nord-ouest de Narbonne; elle se prolongeoit dans la plaine de Livière, arrosée par l'Aude, et qui forme un délicieux paysage, où se trouvoient alors les manufactures de pourpre. On y découvre encore quelquefois des mosaïques bien conservées.

Les Mérovingiens poursuivirent les partisans couronnés de l'Arianisme jusque dans les murs de leur capitale. Tour à tour prise et reprise par les Bourguignons, les Francs et les Visigoths, ses gloires, ses richesses monumentales disparurent dans ces tourmentes. Un moment Linva, roi des Visigoths, y rétablit sa résidence, et elle recouvre une splendeur passagère; mais la peste bientôt devoit venir en aide à la guerre; elle tombe enfin, en 673, au pouvoir du duc Paul, rebelle au roi visigoth son maître, qui brûle ses portes, escalade ses murailles et reprend sa métropole, qui ne tardera pas à s'effacer avec ses monumens sous le fer des Sarrasins.

Avant de passer à une autre époque, nous devons conduire l'ami de nos études à la montagne de *Laric*, nommée aussi *Alaric*, où il trouvera les ruines d'un vieux château, dont on attribue la fondation à ce prince; fondé peut-être par lui, il a été évidemment reconstruit au XIIIe siècle.

Quoique les Visigoths aient gouverné le midi de la France pendant trois siècles, et que plusieurs de leurs rois eussent fixé leur résidence à Narbonne, il n'y existe pas de monumens, proprement dits, qui appartiennent à cette période. Les Visigoths, comme les autres peuples qui envahirent les Gaules, trouvèrent les édifices romains et du Bas-Empire debout; ils s'en servirent; mais le goût de tous ces peuples alloit modifier l'art; chaque race devoit y apporter son génie; sous leur règne naissoit le style roman, qui lui-même plus tard devoit se perdre dans le gothique, comme ce dernier devoit se marier un jour à la *renaissance*. Toutefois deux grandes divisions en France devoient toujours résulter de l'influence plus prononcée du style romain et byzantin dans le midi, et du goût des peuples septentrionaux, plus abandonné à lui-même dans tout le reste de la France.

Il existe à Narbonne, dans la cour des postes, ancien palais de la vicomté,

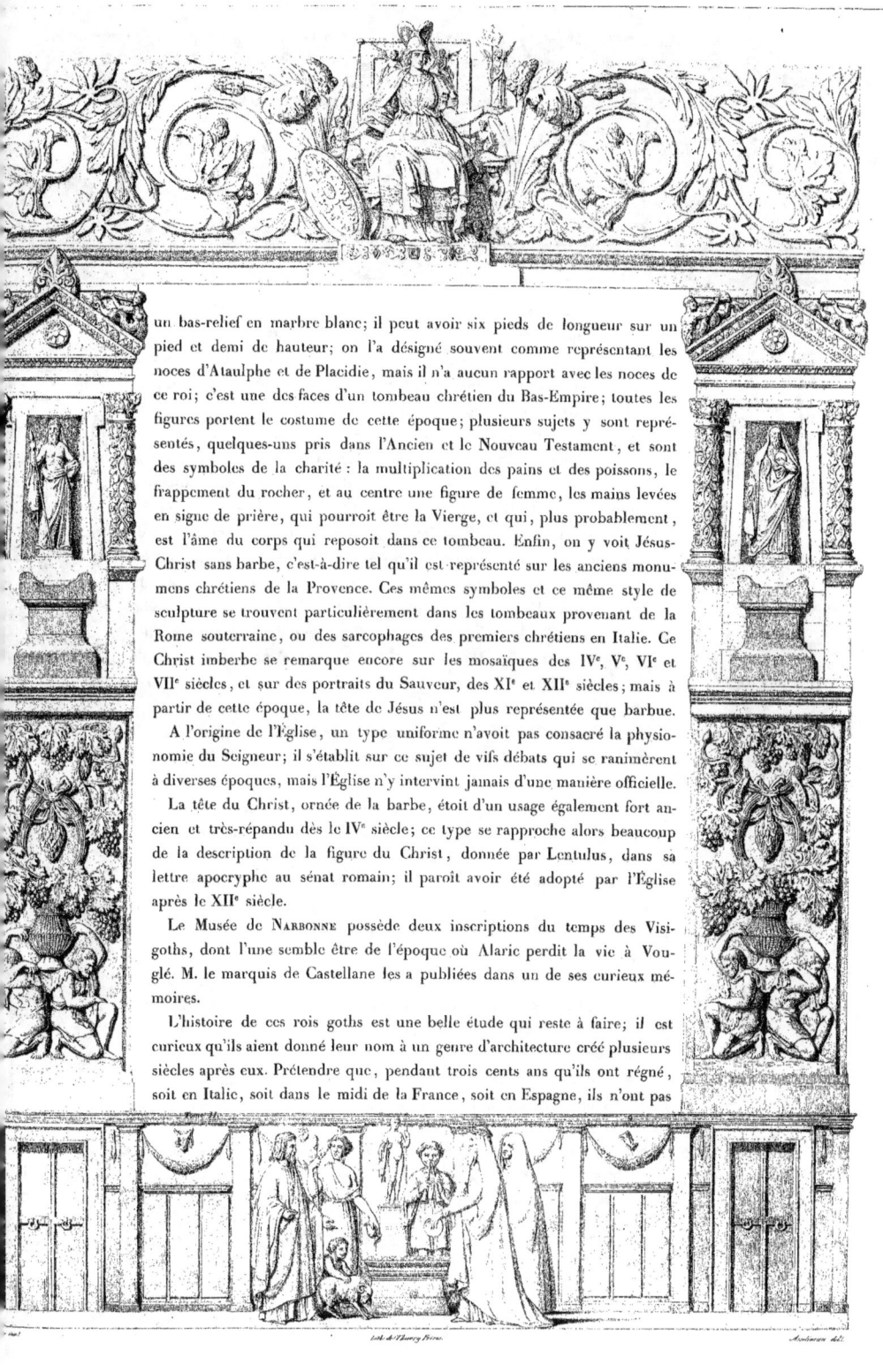

un bas-relief en marbre blanc; il peut avoir six pieds de longueur sur un pied et demi de hauteur; on l'a désigné souvent comme représentant les noces d'Ataulphe et de Placidie, mais il n'a aucun rapport avec les noces de ce roi; c'est une des faces d'un tombeau chrétien du Bas-Empire; toutes les figures portent le costume de cette époque; plusieurs sujets y sont représentés, quelques-uns pris dans l'Ancien et le Nouveau Testament, et sont des symboles de la charité : la multiplication des pains et des poissons, le frappement du rocher, et au centre une figure de femme, les mains levées en signe de prière, qui pourroit être la Vierge, et qui, plus probablement, est l'âme du corps qui reposoit dans ce tombeau. Enfin, on y voit Jésus-Christ sans barbe, c'est-à-dire tel qu'il est représenté sur les anciens monumens chrétiens de la Provence. Ces mêmes symboles et ce même style de sculpture se trouvent particulièrement dans les tombeaux provenant de la Rome souterraine, ou des sarcophages des premiers chrétiens en Italie. Ce Christ imberbe se remarque encore sur les mosaïques des IVe, V^e, VIe et VIIe siècles, et sur des portraits du Sauveur, des XIe et XIIe siècles; mais à partir de cette époque, la tête de Jésus n'est plus représentée que barbue.

À l'origine de l'Église, un type uniforme n'avoit pas consacré la physionomie du Seigneur; il s'établit sur ce sujet de vifs débats qui se ranimèrent à diverses époques, mais l'Église n'y intervint jamais d'une manière officielle.

La tête du Christ, ornée de la barbe, étoit d'un usage également fort ancien et très-répandu dès le IVe siècle; ce type se rapproche alors beaucoup de la description de la figure du Christ, donnée par Lentulus, dans sa lettre apocryphe au sénat romain; il paroit avoir été adopté par l'Église après le XIIe siècle.

Le Musée de Narbonne possède deux inscriptions du temps des Visigoths, dont l'une semble être de l'époque où Alaric perdit la vie à Vouglé. M. le marquis de Castellane les a publiées dans un de ses curieux mémoires.

L'histoire de ces rois goths est une belle étude qui reste à faire; il est curieux qu'ils aient donné leur nom à un genre d'architecture créé plusieurs siècles après eux. Prétendre que, pendant trois cents ans qu'ils ont régné, soit en Italie, soit dans le midi de la France, soit en Espagne, ils n'ont pas

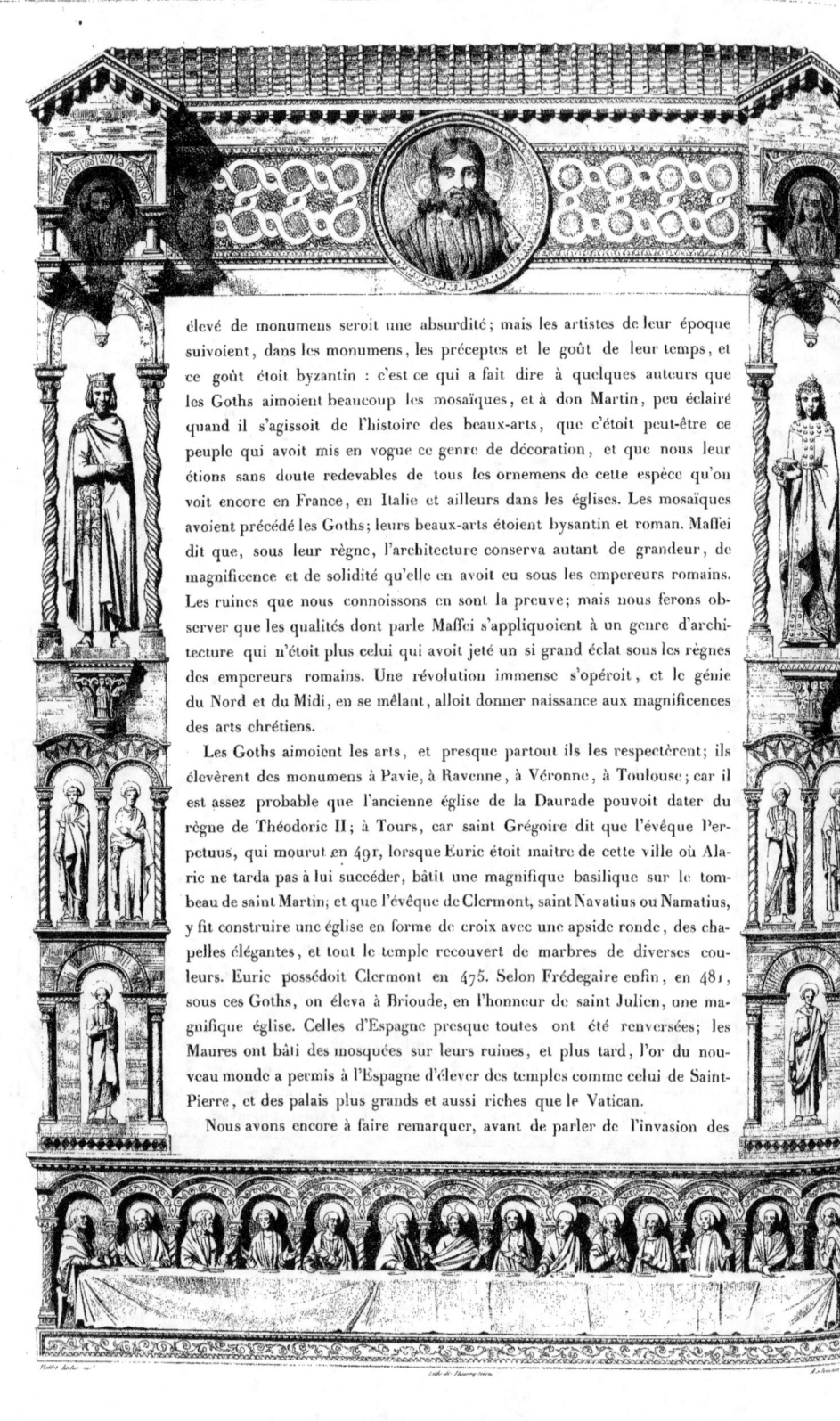

élevé de monumens seroit une absurdité ; mais les artistes de leur époque suivoient, dans les monumens, les préceptes et le goût de leur temps, et ce goût étoit byzantin : c'est ce qui a fait dire à quelques auteurs que les Goths aimoient beaucoup les mosaïques, et à don Martin, peu éclairé quand il s'agissoit de l'histoire des beaux-arts, que c'étoit peut-être ce peuple qui avoit mis en vogue ce genre de décoration, et que nous leur étions sans doute redevables de tous les ornemens de cette espèce qu'on voit encore en France, en Italie et ailleurs dans les églises. Les mosaïques avoient précédé les Goths ; leurs beaux-arts étoient byzantin et roman. Maffei dit que, sous leur règne, l'architecture conserva autant de grandeur, de magnificence et de solidité qu'elle en avoit eu sous les empereurs romains. Les ruines que nous connoissons en sont la preuve ; mais nous ferons observer que les qualités dont parle Maffei s'appliquoient à un genre d'architecture qui n'étoit plus celui qui avoit jeté un si grand éclat sous les règnes des empereurs romains. Une révolution immense s'opéroit, et le génie du Nord et du Midi, en se mêlant, alloit donner naissance aux magnificences des arts chrétiens.

Les Goths aimoient les arts, et presque partout ils les respectèrent ; ils élevèrent des monumens à Pavie, à Ravenne, à Véronne, à Toulouse ; car il est assez probable que l'ancienne église de la Daurade pouvoit dater du règne de Théodoric II ; à Tours, car saint Grégoire dit que l'évêque Perpetuus, qui mourut en 491, lorsque Euric étoit maître de cette ville où Alaric ne tarda pas à lui succéder, bâtit une magnifique basilique sur le tombeau de saint Martin ; et que l'évêque de Clermont, saint Navatius ou Namatius, y fit construire une église en forme de croix avec une apside ronde, des chapelles élégantes, et tout le temple recouvert de marbres de diverses couleurs. Euric possédoit Clermont en 475. Selon Frédégaire enfin, en 481, sous ces Goths, on éleva à Brioude, en l'honneur de saint Julien, une magnifique église. Celles d'Espagne presque toutes ont été renversées ; les Maures ont bâti des mosquées sur leurs ruines, et plus tard, l'or du nouveau monde a permis à l'Espagne d'élever des temples comme celui de Saint-Pierre, et des palais plus grands et aussi riches que le Vatican.

Nous avons encore à faire remarquer, avant de parler de l'invasion des

Arabes, que l'évêque Migecius y convoqua, en 589, le premier concile qui fut tenu à Narbonne; on s'y occupa de dogme et de politique, mais surtout des mesures à prendre contre la propagation de l'arianisme. Ces plaids généraux ont eu une grande influence plus tard sur la liberté des peuples du midi de la France, et, si vers le nord on a droit de prétendre avec quelque raison que les assemblées des guerriers septentrionaux qui venoient s'établir dans les Gaules ont pu fonder dans l'esprit des peuples les états généraux, il n'est pas douteux que les conciles, d'abord purement religieux, ont souvent en France été mêlés d'intérêts politiques; aussi on vit bientôt, dans ces réunions, se joindre aux évêques les comtes, les vicomtes et successivement les barons des provinces. Ajoutons que les états généraux du Languedoc, qui furent toujours présidés par les archevêques de Narbonne, ne furent longtemps, pour ainsi dire, que la continuation des conciles, et qu'il seroit curieux de rechercher comment les conciles de l'église de Narbonne et les états de la province ont leur origine commune dans les assemblées provinciales de la période gallo-romaine, et probablement dans les *conventus* de la Gaule libre.

Nous ne devons pas oublier de mentionner, dans la même époque, l'importance qu'acquirent à Narbonne les écoles israélites, et de donner encore quelques détails sur ces rois goths qui, après Toulouse, firent de Narbonne leur capitale. Il paroît assuré qu'Amalaric établit son séjour à Narbonne; il est certain, selon don Vaissette, que cette ville fut la capitale de ses états. Amalaric, après la mort de Théodoric, épousa Clotilde, fille de Clovis; par cette alliance, il détournoit, du moins durant quelque temps, les sujets de haine qui pouvoient armer contre lui les François; mais ce prince, arien fanatique, voulut que la reine son épouse embrassât les dogmes qu'il professoit; elle s'y refusa, et son mari se porta contre elle aux plus grandes violences. Alors elle chercha dans les armes des rois ses frères des secours contre cette tyrannie. A la vue d'un linge teint de son sang, qu'elle envoya à Childebert, ce prince jura de la venger, entra dans la Septimanie, et s'avança jusqu'auprès de Narbonne. Dans un combat où Amalaric ne montra pas un grand courage, ce roi des Visigoths fut vaincu; mais il put se réfugier sur la flotte qu'il avoit réunie dans le port de Narbonne, et fut chercher un asile

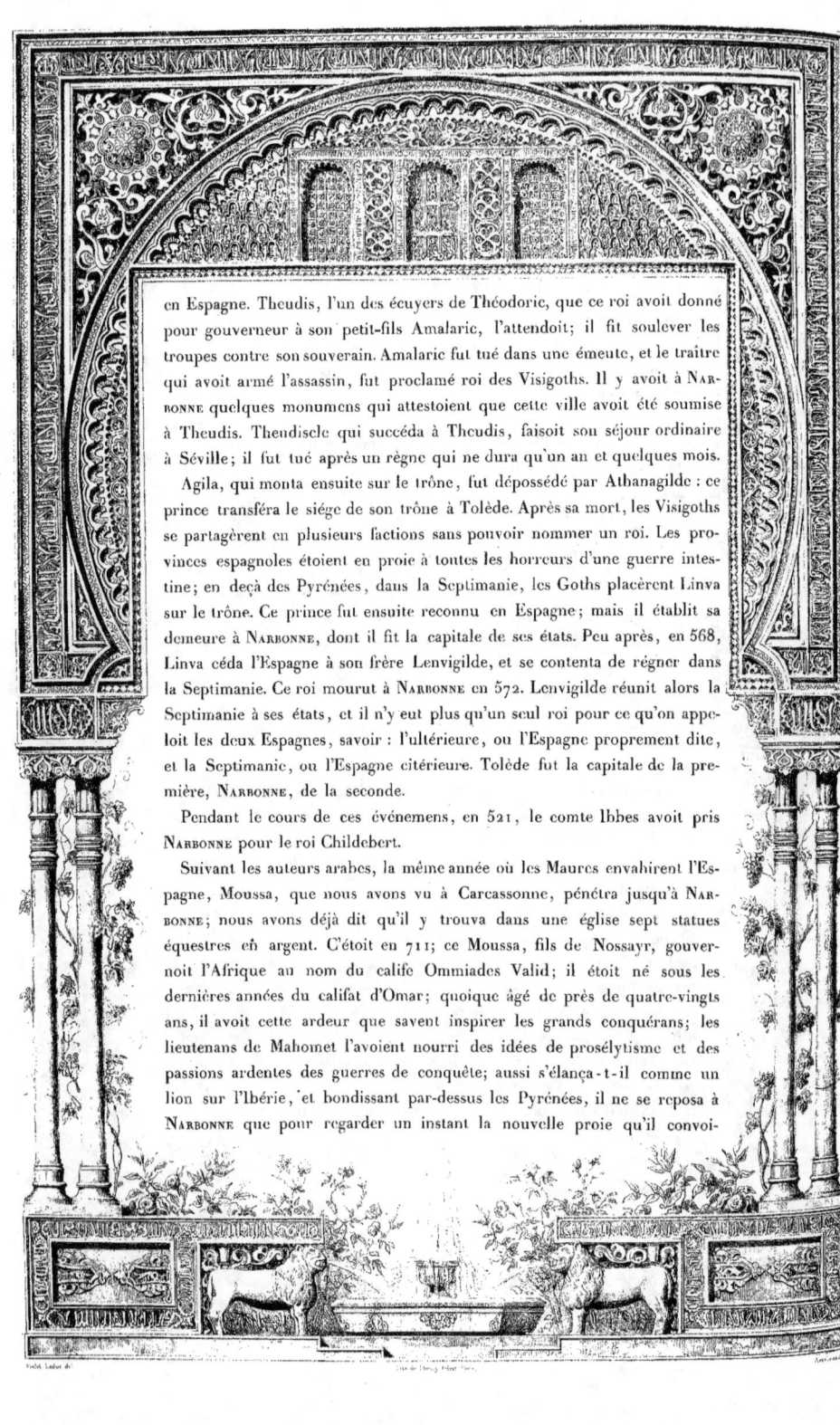

en Espagne. Theudis, l'un des écuyers de Théodoric, que ce roi avoit donné pour gouverneur à son petit-fils Amalaric, l'attendoit; il fit soulever les troupes contre son souverain. Amalaric fut tué dans une émeute, et le traître qui avoit armé l'assassin, fut proclamé roi des Visigoths. Il y avoit à Narbonne quelques monumens qui attestoient que cette ville avoit été soumise à Theudis. Thendiscle qui succéda à Theudis, faisoit son séjour ordinaire à Séville; il fut tué après un règne qui ne dura qu'un an et quelques mois.

Agila, qui monta ensuite sur le trône, fut dépossédé par Athanagilde: ce prince transféra le siége de son trône à Tolède. Après sa mort, les Visigoths se partagèrent en plusieurs factions sans pouvoir nommer un roi. Les provinces espagnoles étoient en proie à toutes les horreurs d'une guerre intestine; en deçà des Pyrénées, dans la Septimanie, les Goths placèrent Linva sur le trône. Ce prince fut ensuite reconnu en Espagne; mais il établit sa demeure à Narbonne, dont il fit la capitale de ses états. Peu après, en 568, Linva céda l'Espagne à son frère Lenvigilde, et se contenta de régner dans la Septimanie. Ce roi mourut à Narbonne en 572. Lenvigilde réunit alors la Septimanie à ses états, et il n'y eut plus qu'un seul roi pour ce qu'on appeloit les deux Espagnes, savoir: l'ultérieure, ou l'Espagne proprement dite, et la Septimanie, ou l'Espagne citérieure. Tolède fut la capitale de la première, Narbonne, de la seconde.

Pendant le cours de ces événemens, en 521, le comte Ibbes avoit pris Narbonne pour le roi Childebert.

Suivant les auteurs arabes, la même année où les Maures envahirent l'Espagne, Moussa, que nous avons vu à Carcassonne, pénétra jusqu'à Narbonne; nous avons déjà dit qu'il y trouva dans une église sept statues équestres en argent. C'étoit en 711; ce Moussa, fils de Nossayr, gouvernoit l'Afrique au nom du calife Ommiades Valid; il étoit né sous les dernières années du califat d'Omar; quoique âgé de près de quatre-vingts ans, il avoit cette ardeur que savent inspirer les grands conquérans; les lieutenans de Mahomet l'avoient nourri des idées de prosélytisme et des passions ardentes des guerres de conquête; aussi s'élança-t-il comme un lion sur l'Ibérie, et bondissant par-dessus les Pyrénées, il ne se reposa à Narbonne que pour regarder un instant la nouvelle proie qu'il convoi-

toit dans une campagne prochaine. Heureusement son butin l'arrêta ; il falloit reporter ses trésors en Syrie, et quel voyage alloit-il entreprendre! se rendre de Narbonne à Damas sans navire, sans flotte : traverser toute l'Espagne jusqu'à Gibraltar, longer toute la côte d'Afrique jusqu'en Égypte, pour arriver enfin en Asie, traînant avec lui ses otages chrétiens au nombre de trente mille, parmi lesquels on comptoit les chefs des familles les plus illustres, au nombre de quatre cents, qui, au rapport des auteurs arabes, avoient le droit de porter une ceinture et une couronne d'or. Nul doute que, dans ce nombre, il n'y eût des citoyens de Narbonne et des habitans des autres parties du Languedoc et du Roussillon. Les auteurs arabes prétendent que le projet de Moussa étoit de s'en retourner à Damas, en parcourant toute l'Allemagne, de frapper aux portes de Constantinople avec sa lance, d'inscrire un souvenir de son passage sur les murs de Byzance avec son cimeterre, de poursuivre sa course à travers l'Asie Mineure, en gravissant le Taurus comme il avoit franchi les Pyrénées, et touchant presque à l'Euphrate, après avoir traversé l'Èbre, le Rhône, la Loire, la Seine, le Rhin et le Danube, de se reposer enfin dans la ville sainte de l'islamisme, menaçant trois mondes, par sa course audacieuse, et faisant de la mer Méditerranée un grand lac qui lui donnoit l'Adriatique, le conduisoit à subjuguer l'Italie, et ne devoit plus servir que de voie de communications aux diverses provinces de cet immense empire (1).

La période mauresque n'a pas laissé de monumens à Narbonne, ni même dans la province. Jusqu'à ce jour, nous n'en avons pas trouvé la moindre trace. Les Maures, campés en France, et ne se croyant pas très-sûrs de conserver leur nouvelle conquête, ne construisirent point d'édifices publics, et se bornèrent probablement à adapter à leur convenance les monumens byzantins, et à élever des fortifications. Philomène, dans sa ravissante histoire romanesque de la conquête du Languedoc par Charlemagne, parle d'une statue en vermeil de Mahomet que les Arabes de Narbonne avoient érigée dans une chapelle qui étoit devenue mosquée, et qu'ils considéroient comme le plus ferme soutien de leur sécurité et de leur autorité. Mais cette idée

(1) Maccary, n° 704, fol. 62 verso, et 73 recto.

antique et chrétienne que les images révérées préservent le fervent et le fidèle, est tellement contraire aux idées iconoclastes des ismaélites, qu'elle n'a d'autre autorité que l'imagination épique du poëte.

Mais, comme partout où passèrent en France et en Europe les Sarrazins, ils ont laissé des noms de lieux; ainsi, une montagne près de Fontfroide, se nomme encore *Albufalim;* un marais près de NARBONNE, *Maro sanc*, et un château dans l'arrondissement de NARBONNE se nomme *Castel Maure*. Nous pourrions citer beaucoup d'autres exemples, et nous trouverons, quand nous visiterons le Roussillon, dans le langage du peuple, un grand nombre de mots arabes ou d'origine arabe.

NARBONNE fut une des villes où les chrétiens, comme à Marseille et à Arles, menoient les captifs musulmans, soit qu'on se proposât de les échanger contre les captifs chrétiens, soit qu'ils fussent destinés à être rachetés par les guerriers sarrazins qui profitoient des descentes qu'ils faisoient sur nos côtes pour les réclamer.

Dans un combat où les Narbonnois avoient fait un grand nombre de prisonniers, ils en réservèrent une vingtaine qui étoient d'une taille très-élevée, et les donnèrent à Josfred, abbé de Saint-Martial de Limoges.

Arnaud, archevêque de NARBONNE en 1149, légua des Sarrazins de ses domaines à l'évêque de Béziers (1). Les historiens ne sont pas d'accord sur la durée du séjour des Maures à NARBONNE; quelques-uns comptent soixante ans; il est cependant probable qu'ils n'y en passèrent que quarante, comme le prouve la série des dates que présente notre récit.

Moussa avoit paru à NARBONNE en 712 ou 714; en 720, Zamba, après avoir détruit Tarragone, et s'être emparé d'Urgel, vint assiéger NARBONNE. Charles Martel, après avoir battu les Maures, soit dans les plaines de Tours, soit sous les murs de Poitiers, en 737, leur livra encore une bataille près de Sigean, dans la vallée de la Berre, au lieu désigné de nos jours sous le nom de *Gratias*, non loin de NARBONNE, dont il commença le siège, qu'il fut forcé d'abandonner bientôt, parce que la mort de Thierry IV lui laissoit un trône vacant. Son fils, Pépin le Bref, assiégea inutilement NARBONNE en 752; le

---

(1) *Gallia Christiana*, t. *VI*, instrum., col. 39.

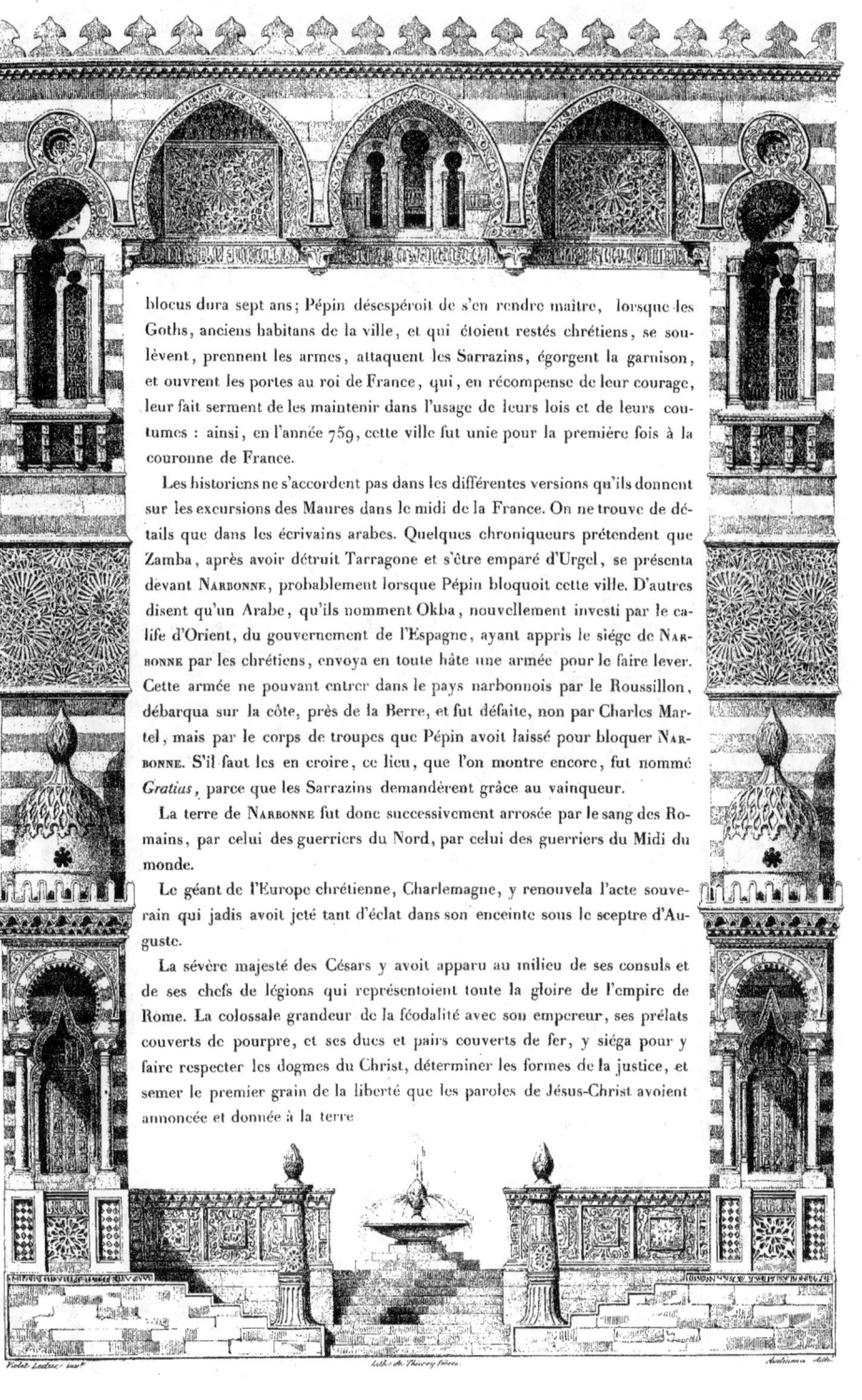

blocus dura sept ans; Pépin désespéroit de s'en rendre maître, lorsque les Goths, anciens habitans de la ville, et qui étoient restés chrétiens, se soulèvent, prennent les armes, attaquent les Sarrazins, égorgent la garnison, et ouvrent les portes au roi de France, qui, en récompense de leur courage, leur fait serment de les maintenir dans l'usage de leurs lois et de leurs coutumes : ainsi, en l'année 759, cette ville fut unie pour la première fois à la couronne de France.

Les historiens ne s'accordent pas dans les différentes versions qu'ils donnent sur les excursions des Maures dans le midi de la France. On ne trouve de détails que dans les écrivains arabes. Quelques chroniqueurs prétendent que Zamba, après avoir détruit Tarragone et s'être emparé d'Urgel, se présenta devant Narbonne, probablement lorsque Pépin bloquoit cette ville. D'autres disent qu'un Arabe, qu'ils nomment Okba, nouvellement investi par le calife d'Orient, du gouvernement de l'Espagne, ayant appris le siège de Narbonne par les chrétiens, envoya en toute hâte une armée pour le faire lever. Cette armée ne pouvant entrer dans le pays narbonnois par le Roussillon, débarqua sur la côte, près de la Berre, et fut défaite, non par Charles Martel, mais par le corps de troupes que Pépin avoit laissé pour bloquer Narbonne. S'il faut les en croire, ce lieu, que l'on montre encore, fut nommé *Gratius*, parce que les Sarrazins demandèrent grâce au vainqueur.

La terre de Narbonne fut donc successivement arrosée par le sang des Romains, par celui des guerriers du Nord, par celui des guerriers du Midi du monde.

Le géant de l'Europe chrétienne, Charlemagne, y renouvela l'acte souverain qui jadis avoit jeté tant d'éclat dans son enceinte sous le sceptre d'Auguste.

La sévère majesté des Césars y avoit apparu au milieu de ses consuls et de ses chefs de légions qui représentoient toute la gloire de l'empire de Rome. La colossale grandeur de la féodalité avec son empereur, ses prélats couverts de pourpre, et ses ducs et pairs couverts de fer, y siéga pour y faire respecter les dogmes du Christ, déterminer les formes de la justice, et semer le premier grain de la liberté que les paroles de Jésus-Christ avoient annoncée et donnée à la terre

Vers 793 ou 800, les Sarrazins conduits par Abdel-Melek entrèrent dans la Septimanie à la tête d'une armée nombreuse; ils se présentèrent de nouveau pour faire le siége de Narbonne et brûlèrent les faubourgs; mais les habitans firent une sortie vigoureuse qui décida les assiégeans à s'éloigner, pour se répandre dans la contrée. Ils se vengèrent de leur défaite sur le duc Guillaume, qu'ils battirent près de l'Orbien, et, à ce qu'on croit, dans la Vallée de Villedoigre, sans retirer aucun fruit de ce succès. Sur la terre d'Europe leur gloire étoit à son terme, mais leur retraite fut sublime; ils mirent quatre cents ans à reculer devant les épées chrétiennes depuis les Pyrénées jusqu'à la mer, près du lieu où, sept siècles auparavant, ils avoient pénétré.

En 849, Charles le Chauve, après s'être rendu maître de Toulouse, s'avança dans la Septimanie, il vint à Narbonne, et y passa plusieurs jours; il y étoit le 7 octobre.

Neuf ans après, les Normands débarquèrent sur les côtes de cette province, que nous verrons souvent ravagée par des pirates; il paroît qu'ils prirent et pillèrent Narbonne.

La Septimanie ou Gothie ayant été séparée en deux marquisats, on croit que les comtes de Narbonne administroient aussi la Septimanie. Charles le Chauve donna ce marquisat à Bernard II : il comprenoit le diocèse de Narbonne, de Bézier, d'Adge, de Lodève, de Nîmes et d'Elne. Narbonne en fut la capitale. Hunfried, Leibulfe, Magnaius, Milon, Sturmion, Uldaric, furent marquis de Gothie.

Des vidames ou des vicomtes furent aussi établis à Narbonne; ils y exercèrent une grande autorité. Lindoin est le plus ancien vicomte de Narbonne que l'on connoisse, au temps où ils étoient amovibles. A l'exemple des princes carlovingiens, qui avoient pris les biens des églises pour les donner à leurs leudes, Lindoin bannit les prêtres de leurs temples et les religieux de leurs couvents, dans tout le diocèse, et donna leurs bénéfices à ses officiers ou aux créatures de Miron, comte de Roussillon, qui, comme lui et tous les grands du royaume, ne cherchoit qu'à se rendre indépendant et absolu.

Selon Catel, les vicomtes de Narbonne prenoient assez indifféremment les titres de comte, vicomte, marquis et duc.

Tous les historiens ne sont pas d'accord, cependant, sur le nom de ce pre-

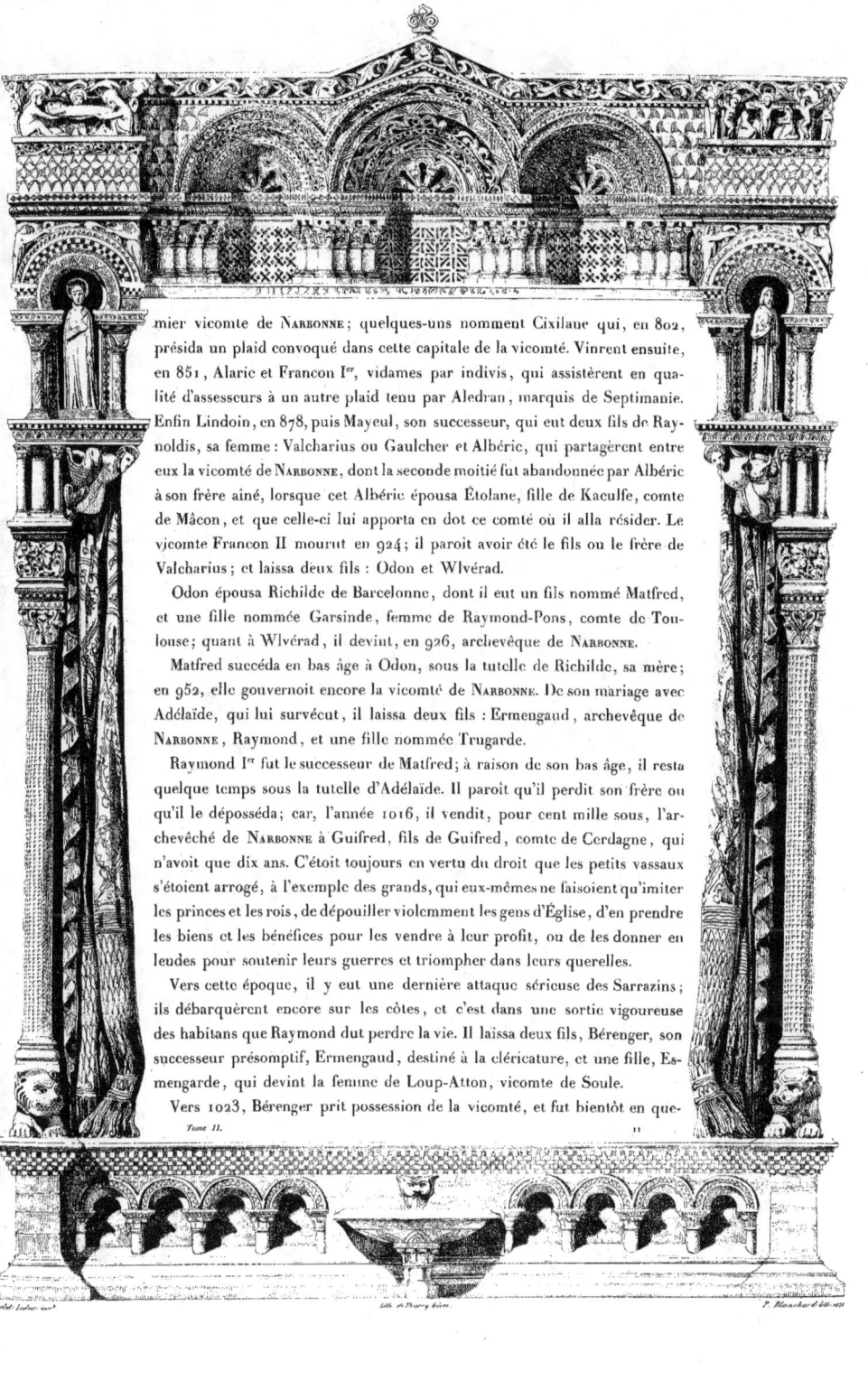

mier vicomte de Narbonne; quelques-uns nomment Cixilane qui, en 802, présida un plaid convoqué dans cette capitale de la vicomté. Vinrent ensuite, en 851, Alaric et Francon I*er*, vidames par indivis, qui assistèrent en qualité d'assesseurs à un autre plaid tenu par Aledran, marquis de Septimanie. Enfin Lindoin, en 878, puis Mayeul, son successeur, qui eut deux fils de Raynoldis, sa femme: Valcharius ou Gaulcher et Albéric, qui partagèrent entre eux la vicomté de Narbonne, dont la seconde moitié fut abandonnée par Albéric à son frère aîné, lorsque cet Albéric épousa Étolane, fille de Kaculfe, comte de Mâcon, et que celle-ci lui apporta en dot ce comté où il alla résider. Le vicomte Francon II mourut en 924; il paroit avoir été le fils ou le frère de Valcharius; et laissa deux fils: Odon et Wlvérad.

Odon épousa Richilde de Barcelonne, dont il eut un fils nommé Matfred, et une fille nommée Garsinde, femme de Raymond-Pons, comte de Toulouse; quant à Wlvérad, il devint, en 926, archevêque de Narbonne.

Matfred succéda en bas âge à Odon, sous la tutelle de Richilde, sa mère; en 952, elle gouvernoit encore la vicomté de Narbonne. De son mariage avec Adélaïde, qui lui survécut, il laissa deux fils: Ermengaud, archevêque de Narbonne, Raymond, et une fille nommée Trugarde.

Raymond I*er* fut le successeur de Matfred; à raison de son bas âge, il resta quelque temps sous la tutelle d'Adélaïde. Il paroit qu'il perdit son frère ou qu'il le déposséda; car, l'année 1016, il vendit, pour cent mille sous, l'archevêché de Narbonne à Guifred, fils de Guifred, comte de Cerdagne, qui n'avoit que dix ans. C'étoit toujours en vertu du droit que les petits vassaux s'étoient arrogé, à l'exemple des grands, qui eux-mêmes ne faisoient qu'imiter les princes et les rois, de dépouiller violemment les gens d'Église, d'en prendre les biens et les bénéfices pour les vendre à leur profit, ou de les donner en leudes pour soutenir leurs guerres et triompher dans leurs querelles.

Vers cette époque, il y eut une dernière attaque sérieuse des Sarrazins; ils débarquèrent encore sur les côtes, et c'est dans une sortie vigoureuse des habitans que Raymond dut perdre la vie. Il laissa deux fils, Bérenger, son successeur présomptif, Ermengaud, destiné à la cléricature, et une fille, Esmengarde, qui devint la femme de Loup-Atton, vicomte de Soule.

Vers 1023, Bérenger prit possession de la vicomté, et fut bientôt en que-

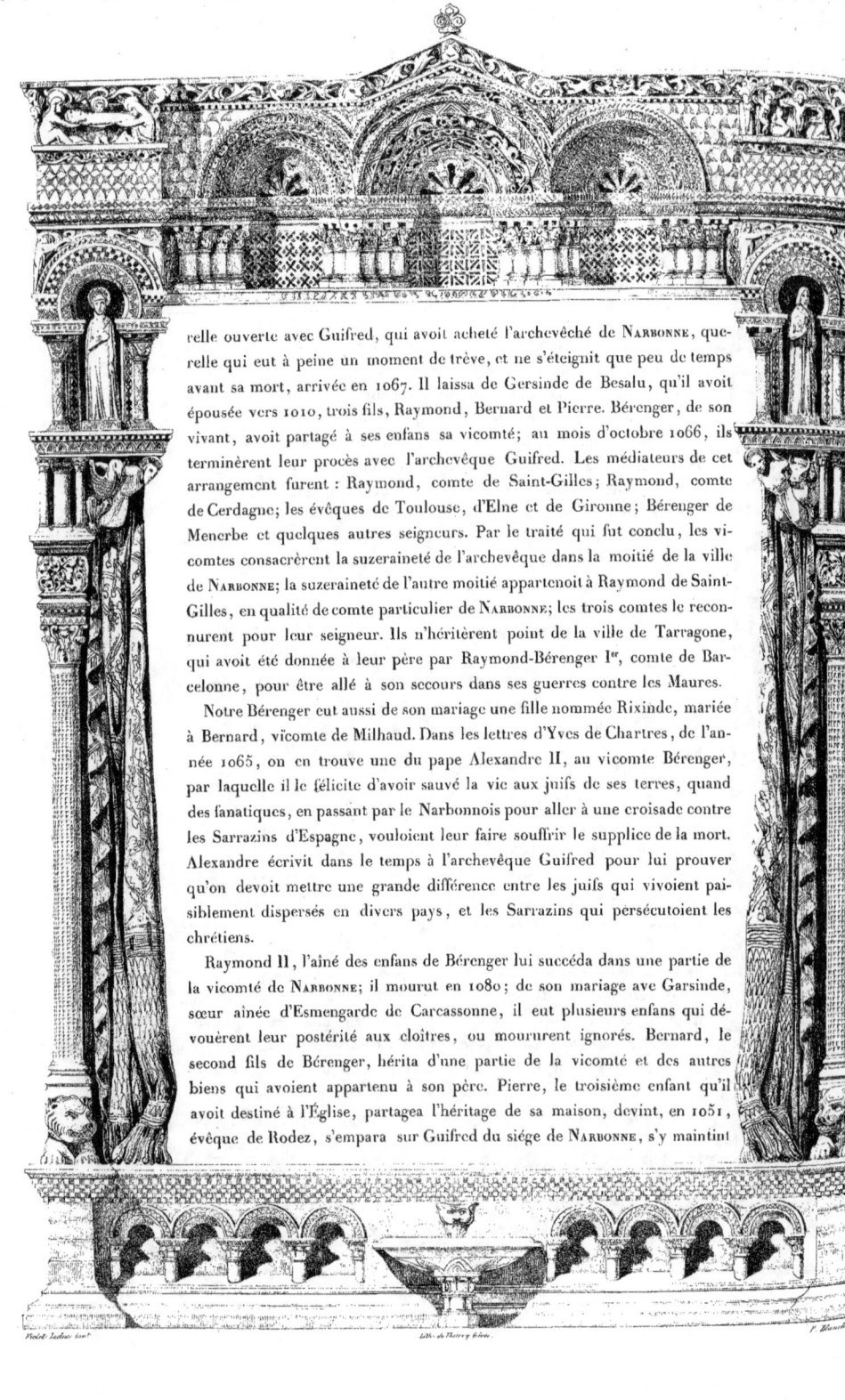

relle ouverte avec Guifred, qui avoit acheté l'archevêché de Narbonne, querelle qui eut à peine un moment de trève, et ne s'éteignit que peu de temps avant sa mort, arrivée en 1067. Il laissa de Gersinde de Besalu, qu'il avoit épousée vers 1010, trois fils, Raymond, Bernard et Pierre. Bérenger, de son vivant, avoit partagé à ses enfans sa vicomté; au mois d'octobre 1066, ils terminèrent leur procès avec l'archevêque Guifred. Les médiateurs de cet arrangement furent : Raymond, comte de Saint-Gilles; Raymond, comte de Cerdagne; les évêques de Toulouse, d'Elne et de Gironne; Bérenger de Menerbe et quelques autres seigneurs. Par le traité qui fut conclu, les vicomtes consacrèrent la suzeraineté de l'archevêque dans la moitié de la ville de Narbonne; la suzeraineté de l'autre moitié appartenoit à Raymond de Saint-Gilles, en qualité de comte particulier de Narbonne; les trois comtes le reconnurent pour leur seigneur. Ils n'héritèrent point de la ville de Tarragone, qui avoit été donnée à leur père par Raymond-Bérenger Ier, comte de Barcelonne, pour être allé à son secours dans ses guerres contre les Maures.

Notre Bérenger eut aussi de son mariage une fille nommée Rixinde, mariée à Bernard, vicomte de Milhaud. Dans les lettres d'Yves de Chartres, de l'année 1065, on en trouve une du pape Alexandre II, au vicomte Bérenger, par laquelle il le félicite d'avoir sauvé la vie aux juifs de ses terres, quand des fanatiques, en passant par le Narbonnois pour aller à une croisade contre les Sarrazins d'Espagne, vouloient leur faire souffrir le supplice de la mort. Alexandre écrivit dans le temps à l'archevêque Guifred pour lui prouver qu'on devoit mettre une grande différence entre les juifs qui vivoient paisiblement dispersés en divers pays, et les Sarrazins qui persécutoient les chrétiens.

Raymond II, l'aîné des enfans de Bérenger lui succéda dans une partie de la vicomté de Narbonne; il mourut en 1080; de son mariage avec Garsinde, sœur aînée d'Esmengarde de Carcassonne, il eut plusieurs enfans qui dévouèrent leur postérité aux cloîtres, ou moururent ignorés. Bernard, le second fils de Bérenger, hérita d'une partie de la vicomté et des autres biens qui avoient appartenu à son père. Pierre, le troisième enfant qu'il avoit destiné à l'Église, partagea l'héritage de sa maison, devint, en 1051, évêque de Rodez, s'empara sur Guifred du siége de Narbonne, s'y maintint

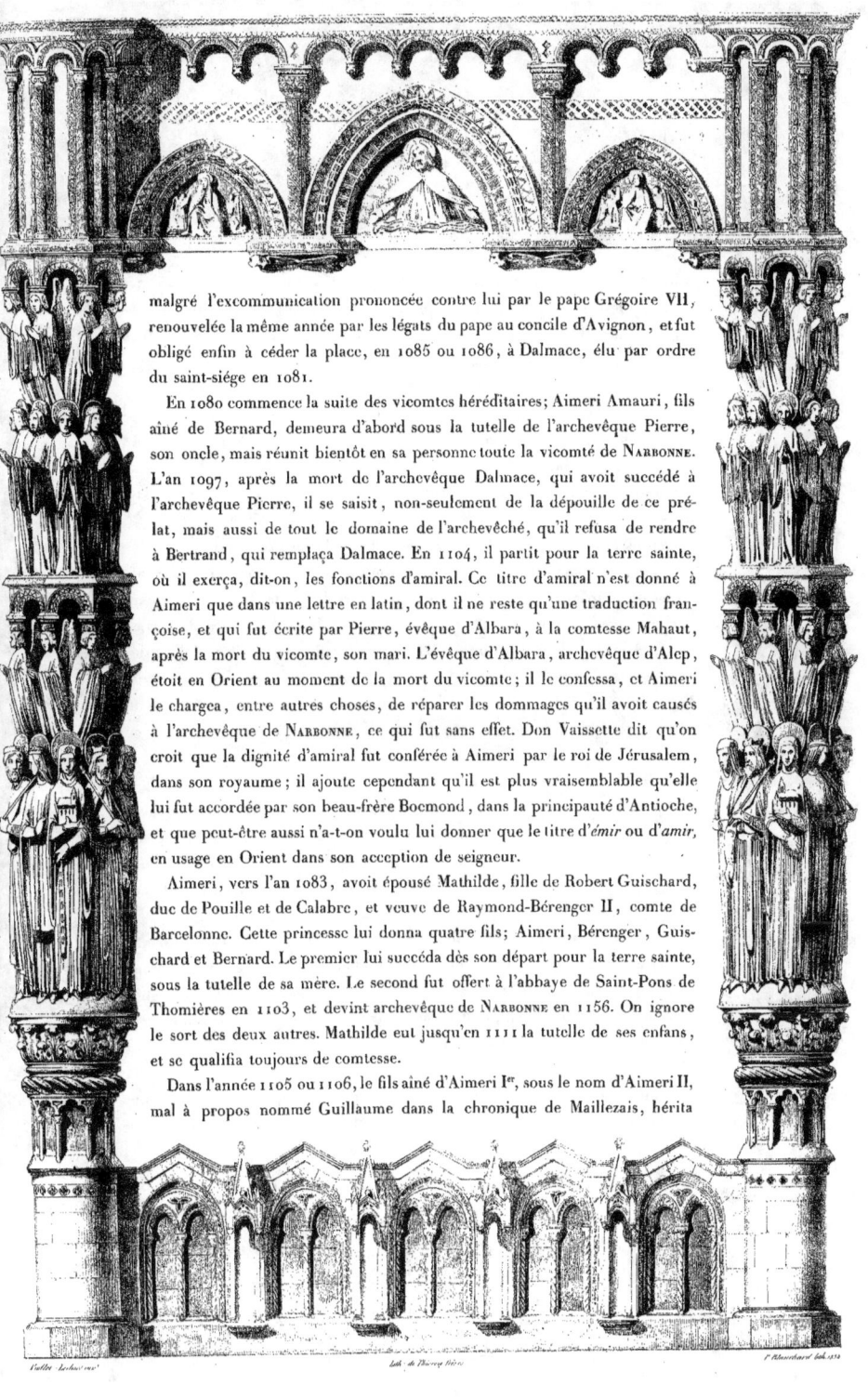

malgré l'excommunication prononcée contre lui par le pape Grégoire VII, renouvelée la même année par les légats du pape au concile d'Avignon, et fut obligé enfin à céder la place, en 1085 ou 1086, à Dalmace, élu par ordre du saint-siége en 1081.

En 1080 commence la suite des vicomtes héréditaires; Aimeri Amauri, fils aîné de Bernard, demeura d'abord sous la tutelle de l'archevêque Pierre, son oncle, mais réunit bientôt en sa personne toute la vicomté de NARBONNE. L'an 1097, après la mort de l'archevêque Dalmace, qui avoit succédé à l'archevêque Pierre, il se saisit, non-seulement de la dépouille de ce prélat, mais aussi de tout le domaine de l'archevêché, qu'il refusa de rendre à Bertrand, qui remplaça Dalmace. En 1104, il partit pour la terre sainte, où il exerça, dit-on, les fonctions d'amiral. Ce titre d'amiral n'est donné à Aimeri que dans une lettre en latin, dont il ne reste qu'une traduction françoise, et qui fut écrite par Pierre, évêque d'Albara, à la comtesse Mahaut, après la mort du vicomte, son mari. L'évêque d'Albara, archevêque d'Alep, étoit en Orient au moment de la mort du vicomte; il le confessa, et Aimeri le chargea, entre autres choses, de réparer les dommages qu'il avoit causés à l'archevêque de NARBONNE, ce qui fut sans effet. Don Vaissette dit qu'on croit que la dignité d'amiral fut conférée à Aimeri par le roi de Jérusalem, dans son royaume; il ajoute cependant qu'il est plus vraisemblable qu'elle lui fut accordée par son beau-frère Boemond, dans la principauté d'Antioche, et que peut-être aussi n'a-t-on voulu lui donner que le titre d'*émir* ou d'*amir*, en usage en Orient dans son acception de seigneur.

Aimeri, vers l'an 1083, avoit épousé Mathilde, fille de Robert Guischard, duc de Pouille et de Calabre, et veuve de Raymond-Bérenger II, comte de Barcelonne. Cette princesse lui donna quatre fils; Aimeri, Bérenger, Guischard et Bernard. Le premier lui succéda dès son départ pour la terre sainte, sous la tutelle de sa mère. Le second fut offert à l'abbaye de Saint-Pons de Thomières en 1103, et devint archevêque de NARBONNE en 1156. On ignore le sort des deux autres. Mathilde eut jusqu'en 1111 la tutelle de ses enfans, et se qualifia toujours de comtesse.

Dans l'année 1105 ou 1106, le fils aîné d'Aimeri Ier, sous le nom d'Aimeri II, mal à propos nommé Guillaume dans la chronique de Maillezais, hérita

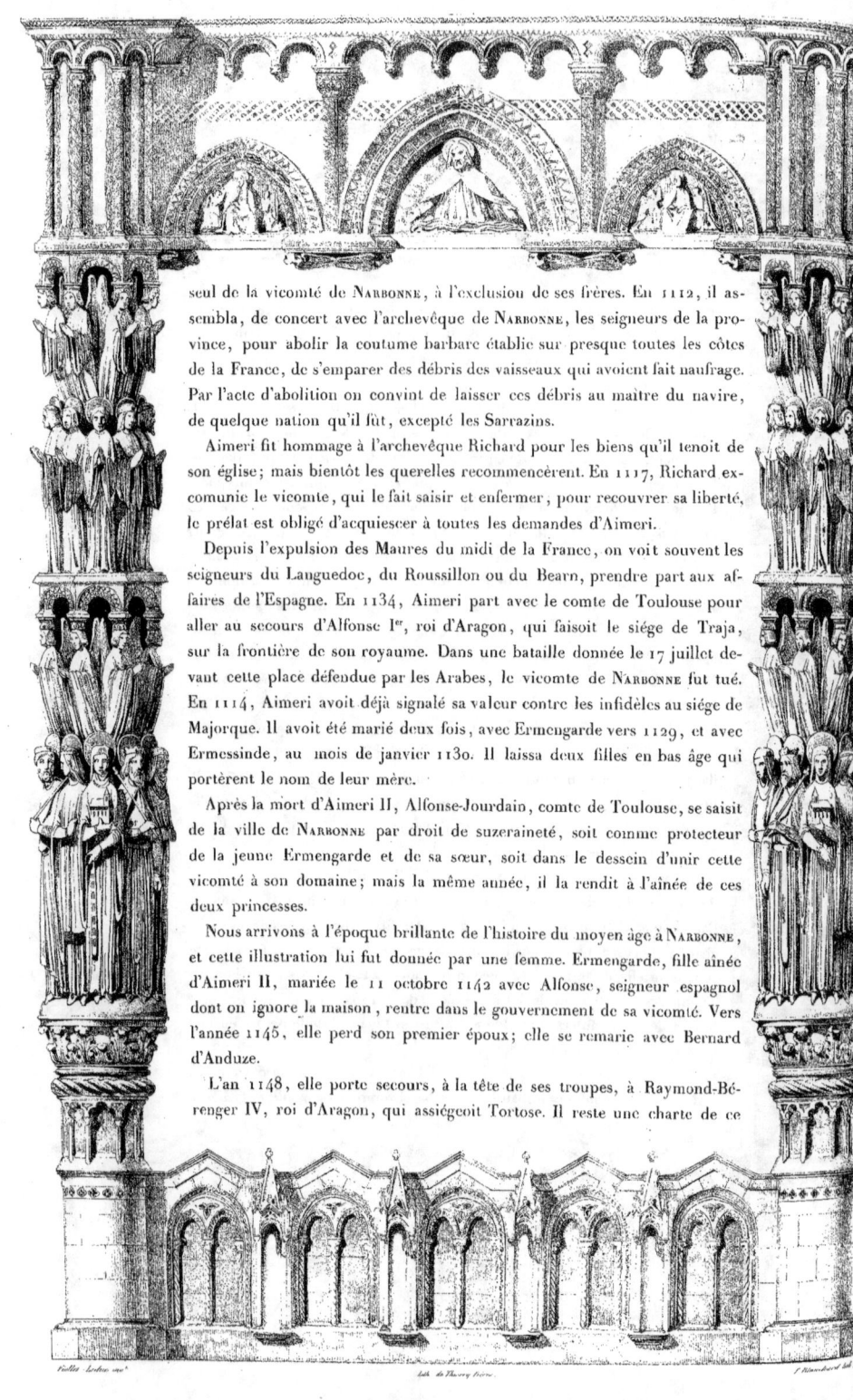

seul de la vicomté de Narbonne, à l'exclusion de ses frères. En 1112, il assembla, de concert avec l'archevêque de Narbonne, les seigneurs de la province, pour abolir la coutume barbare établie sur presque toutes les côtes de la France, de s'emparer des débris des vaisseaux qui avoient fait naufrage. Par l'acte d'abolition on convint de laisser ces débris au maître du navire, de quelque nation qu'il fût, excepté les Sarrazins.

Aimeri fit hommage à l'archevêque Richard pour les biens qu'il tenoit de son église; mais bientôt les querelles recommencèrent. En 1117, Richard excomunie le vicomte, qui le fait saisir et enfermer, pour recouvrer sa liberté, le prélat est obligé d'acquiescer à toutes les demandes d'Aimeri.

Depuis l'expulsion des Maures du midi de la France, on voit souvent les seigneurs du Languedoc, du Roussillon ou du Béarn, prendre part aux affaires de l'Espagne. En 1134, Aimeri part avec le comte de Toulouse pour aller au secours d'Alfonse Ier, roi d'Aragon, qui faisoit le siége de Traja, sur la frontière de son royaume. Dans une bataille donnée le 17 juillet devant cette place défendue par les Arabes, le vicomte de Narbonne fut tué. En 1114, Aimeri avoit déjà signalé sa valeur contre les infidèles au siége de Majorque. Il avoit été marié deux fois, avec Ermengarde vers 1129, et avec Ermessinde, au mois de janvier 1130. Il laissa deux filles en bas âge qui portèrent le nom de leur mère.

Après la mort d'Aimeri II, Alfonse-Jourdain, comte de Toulouse, se saisit de la ville de Narbonne par droit de suzeraineté, soit comme protecteur de la jeune Ermengarde et de sa sœur, soit dans le dessein d'unir cette vicomté à son domaine; mais la même année, il la rendit à l'aînée de ces deux princesses.

Nous arrivons à l'époque brillante de l'histoire du moyen âge à Narbonne, et cette illustration lui fut donnée par une femme. Ermengarde, fille aînée d'Aimeri II, mariée le 11 octobre 1142 avec Alfonse, seigneur espagnol dont on ignore la maison, rentre dans le gouvernement de sa vicomté. Vers l'année 1145, elle perd son premier époux; elle se remarie avec Bernard d'Anduze.

L'an 1148, elle porte secours, à la tête de ses troupes, à Raymond-Bérenger IV, roi d'Aragon, qui assiégeoit Tortose. Il reste une charte de ce

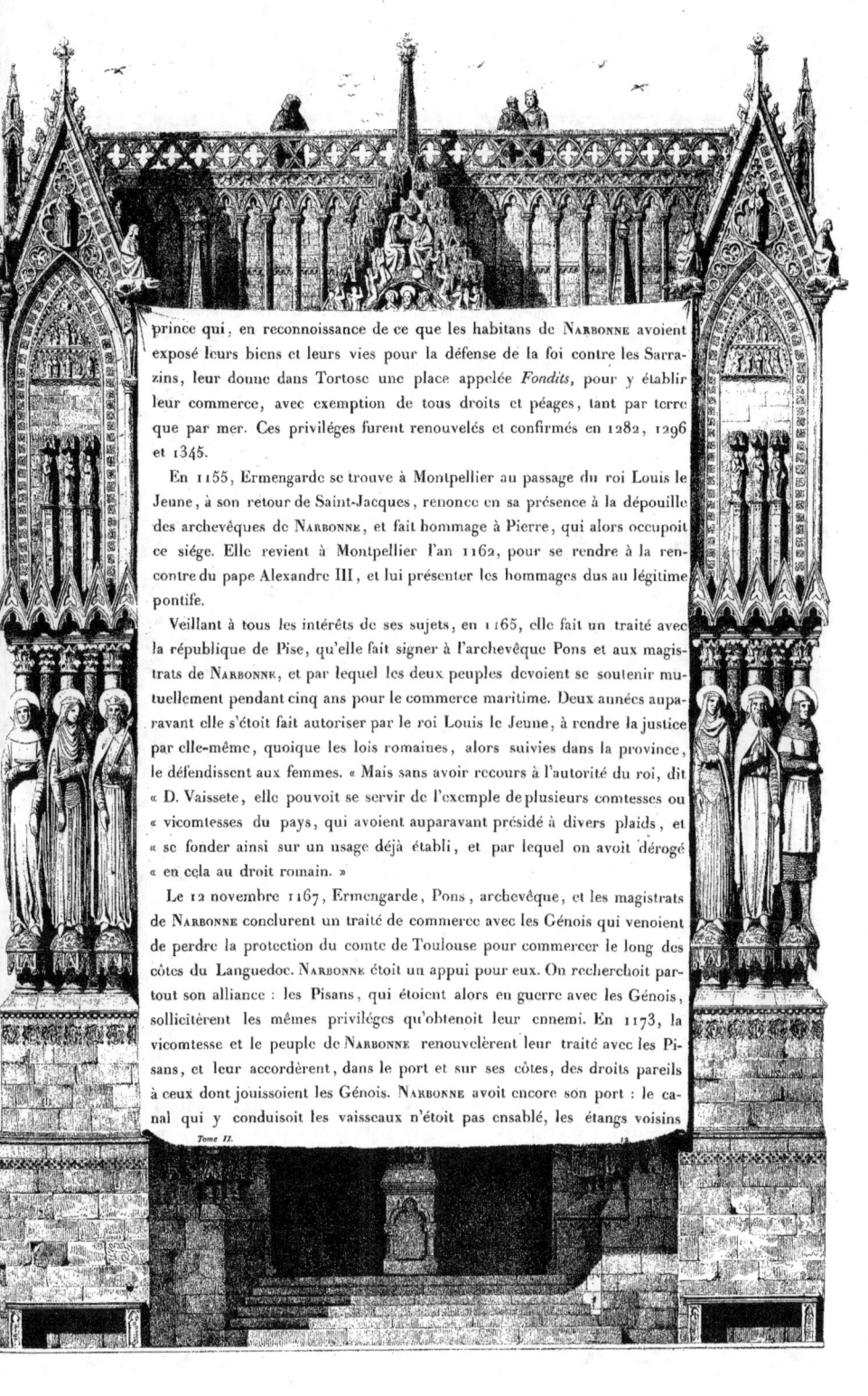

prince qui, en reconnoissance de ce que les habitans de Narbonne avoient exposé leurs biens et leurs vies pour la défense de la foi contre les Sarrazins, leur donne dans Tortose une place appelée *Fondits*, pour y établir leur commerce, avec exemption de tous droits et péages, tant par terre que par mer. Ces priviléges furent renouvelés et confirmés en 1282, 1296 et 1345.

En 1155, Ermengarde se trouve à Montpellier au passage du roi Louis le Jeune, à son retour de Saint-Jacques, renonce en sa présence à la dépouille des archevêques de Narbonne, et fait hommage à Pierre, qui alors occupoit ce siége. Elle revient à Montpellier l'an 1162, pour se rendre à la rencontre du pape Alexandre III, et lui présenter les hommages dus au légitime pontife.

Veillant à tous les intérêts de ses sujets, en 1165, elle fait un traité avec la république de Pise, qu'elle fait signer à l'archevêque Pons et aux magistrats de Narbonne, et par lequel les deux peuples devoient se soutenir mutuellement pendant cinq ans pour le commerce maritime. Deux années auparavant elle s'étoit fait autoriser par le roi Louis le Jeune, à rendre la justice par elle-même, quoique les lois romaines, alors suivies dans la province, le défendissent aux femmes. « Mais sans avoir recours à l'autorité du roi, dit
« D. Vaissete, elle pouvoit se servir de l'exemple de plusieurs comtesses ou
« vicomtesses du pays, qui avoient auparavant présidé à divers plaids, et
« se fonder ainsi sur un usage déjà établi, et par lequel on avoit dérogé
« en cela au droit romain. »

Le 12 novembre 1167, Ermengarde, Pons, archevêque, et les magistrats de Narbonne conclurent un traité de commerce avec les Génois qui venoient de perdre la protection du comte de Toulouse pour commercer le long des côtes du Languedoc. Narbonne étoit un appui pour eux. On recherchoit partout son alliance : les Pisans, qui étoient alors en guerre avec les Génois, sollicitèrent les mêmes priviléges qu'obtenoit leur ennemi. En 1173, la vicomtesse et le peuple de Narbonne renouvelèrent leur traité avec les Pisans, et leur accordèrent, dans le port et sur ses côtes, des droits pareils à ceux dont jouissoient les Génois. Narbonne avoit encore son port : le canal qui y conduisoit les vaisseaux n'étoit pas ensablé, les étangs voisins

n'étoient pas obstrués ; ce n'étoit plus sans doute la cité qui recevoit les richesses et les tributs du monde entier; mais c'étoit encore une ville commerciale, florissante et riche par l'industrie de ses habitans.

Divers traités de paix ou de commerce avec Toulon et Marseille, en 1230, avec Frédéric, roi de Sicile, avec Savonne, le renouvellement pour une troisième fois des traités faits avec Pise en 1275, et avec le grand maître de Rhodes, existent encore dans ses archives municipales.

Mais cette petite Catherine, qui rendoit à Narbonne sa gloire passée, et qui traitoit avec les rois et les républiques, se voyoit sans espérance de laisser une postérité directe à sa Comté : elle mande à sa cour Aymeri de Lara, fils de sa sœur Ermessinde, l'adopte, et le désigne pour son héritier.

Ce jeune prince meurt sans enfans vers le mois de juillet 1177. L'esprit d'indépendance d'Ermengarde, ses vues politiques, son génie véritablement supérieur, éveillent l'attention d'un puissant seigneur, son voisin. Raymond V, comte de Toulouse, veut, comme suzerain, s'assurer de Narbonne, et empêcher Ermengarde de se donner un héritier sans son aveu. Alors la vicomtesse, pour traverser ses desseins, fait une ligue contre lui avec le roi d'Aragon, les vicomtes de Nîmes et de Carcassonne, et le seigneur de Montpellier. Dans cette lutte, où la fortune n'est pas toujours favorable aux projets qu'elle forme pour l'indépendance de sa belle Narbonne, et à ses projets d'ambition, elle va jusqu'à aider l'ennemi étranger. L'an 1182, à la prière de Henri II, roi d'Angleterre, elle amène des troupes à Richard, fils de ce monarque, qui malheureusement portoit le titre de duc d'Aquitaine, pour l'aider à réduire ce qu'il nommoit ses vassaux révoltés. Elle se lasse enfin de ces luttes, de ces intrigues, de ces guerres interminables, qui n'avoient d'autre but que d'assurer l'héritage d'un prince. Comme tant d'âmes supérieures que fatigue à la longue l'énorme puissance des petites difficultés, elle se rebuta des obstacles et se démit, en 1192, de la vicomté de Narbonne, en faveur de Pierre de Lara, son neveu, qu'elle avoit appelé auprès d'elle, depuis la mort d'Aymeri de Lara, son frère. Après cette abdication, elle se retira à Perpignan, dans les états d'Alfonse II, roi d'Aragon, son parent, et y mourut le 14 octobre 1197. Elle avoit choisi pour le lieu de sa sépulture le monastère de Fontfroide, au diocèse de Narbonne et l'enrichit de ses bienfaits.

L'histoire place Ermengarde au rang des femmes illustres. «Elle ne se distingua pas moins, disent les historiens du Languedoc, par les vertus civiles, « que par celles qui sont propres à son sexe, et par la sagesse de son gou- « vernement. Sa cour fut une des plus brillantes de la province. » Elle tint *cour d'amour* en son palais, et ce fait est constaté, nonobstant l'opposition de quelques érudits. On y vit réunis quelques-uns des troubadours de cet âge, qui ne consacroient pas tous leur vie entière aux innocens exercices de la *gaie science*, qui portoient en même temps le haubert et l'épée, et venoient se délasser, chez les nobles châtelaines, des fatigues de leurs éternels combats. Tous les poëtes y étoient bien reçus, mais plus particulièrement ceux de Provence.

L'année 1102, Pierre, fils d'Ermessinde, la sœur de notre belle et toute poétique Ermengarde, d'Ermessinde, femme de Manrique de Lara, seigneur de Molina, Pierre avoit pris possession de la vicomté de Narbonne, toujours convoitée par Raymond V. Le jeune vicomte qui devoit craindre un ennemi aussi redoutable, chercha un auxiliaire dans la protection du comte de Foix, fit alliance avec ce prince, et le désigna pour lui succéder, en cas qu'il mourût sans enfans : donation éventuelle qui ne se réalisa pas selon les désirs du comte de Foix. Pierre, l'an 1194, se démit à son tour de sa vicomté; mais ce fut en faveur d'Aymeri, son fils; il se retira ensuite en Espagne, où il possédoit de grandes dignités : il y mourut le 10 juin 1202.

En 1194, Aymeri III, fils de Pierre de Lara, jouit, sans contestations, de la vicomté de Narbonne; dix ans après seulement, il rendit hommage au comte de Toulouse, sans que le roi d'Aragon, que ses prédécesseurs avoient reconnu pour suzerain, y formât opposition. Un acte de 1209, signé par Aymeri, et Bérenger, archevêque de Narbonne, contient des statuts très-sévères contre les hérétiques. La ville de Béziers ayant cependant été emportée d'assaut par Simon de Montfort et ses croisés, Aymeri se rendit avec Bérenger auprès du vainqueur, et détourna la guerre de son territoire par une soumission prudente. Toutefois, cette soumission sans servilité n'engagea ni ses droits ni son courage; car, sur le refus de Montfort de renvoyer dans son royaume le jeune prince Jacques, fils de Pierre, roi d'Aragon, tué à la bataille de Muret, il se ligua, en 1214, avec plusieurs

seigneurs, pour le contraindre à remplir ce devoir de justice, et il y réussit. Montfort n'étoit pas homme à oublier cette révolte chevaleresque, et la réconciliation fut à haut prix. Aymeri se vit obligé de lui rendre hommage en qualité de duc de Narbonne. Un ancien abbé de Cîteaux, nommé Arnaud, devenu évêque de ce duché, protesta contre cet hommage et se porta lui-même duc de Narbonne. Soit abnégation, soit artifice et en vertu d'une convention secrète avec l'évêque, le vicomte se prêta aux vues de cette étrange ambition, et se soumit. Plus tard, en 1223, il se vengea sur le fils du farouche ennemi des Albigeois, se déclara contre Amauri de Montfort, son fils, et prêta serment de fidélité au comte de Toulouse.

Raymond de Toulouse fait sa paix avec le roi saint Louis; le vicomte de Narbonne, a besoin alors de pardon pour le serment de fidélité qu'il a prêté au comte de Toulouse; il l'obtient en considération des services rendus à l'État par Mathieu de Montmorenci, son beau-frère. Mais la réconciliation du vicomte avec Pierre, successeur d'Arnaud dans l'archevêché de Narbonne, et qui avoit hérité de la haine de son prédécesseur pour Aymeri échappé à sa suzeraineté, ne fut pas si facile. Tous les deux étoient hautains. Le vicomte ne pouvant se résoudre à plier sous le prélat, il appela à son aide un renfort de Catalans, avec l'aide desquels il l'obligea de sortir de la ville. L'épée de soldats mercenaires avoit décidé la question, ce qui se voyoit souvent alors, et ce qui se voit quelquefois encore de nos jours; mais le fer ne tranche pas toutes les difficultés; car le prêtre rentra, et le vicomte fut contraint de lui faire solennellement hommage, en présence des évêques de Béziers et d'Agde, du comte de Foix, et d'autres témoins distingués, pour tout ce qu'il possédoit dans le bourg de Narbonne et pour la moitié de la cité. D. Vaissete fait remarquer que dans l'acte qui en fut dressé, il est fait mention du Capitole de Narbonne, situé dans la partie de la ville qui étoit soumise au vicomte. Et comme une foiblesse a ordinairement les mêmes résultats qu'une défaite, et qu'elle enhardit toutes les prétentions, Aymeri fut obligé, au mois d'octobre suivant, à la demande de la noblesse, de faire rédiger le texte des lois et des coutumes qui régissoient le pays, et de le confirmer solennellement. Le vicomte, l'archevêque et l'abbé de Saint-Paul, confirmèrent ensuite les priviléges ou coutumes des autres ha-

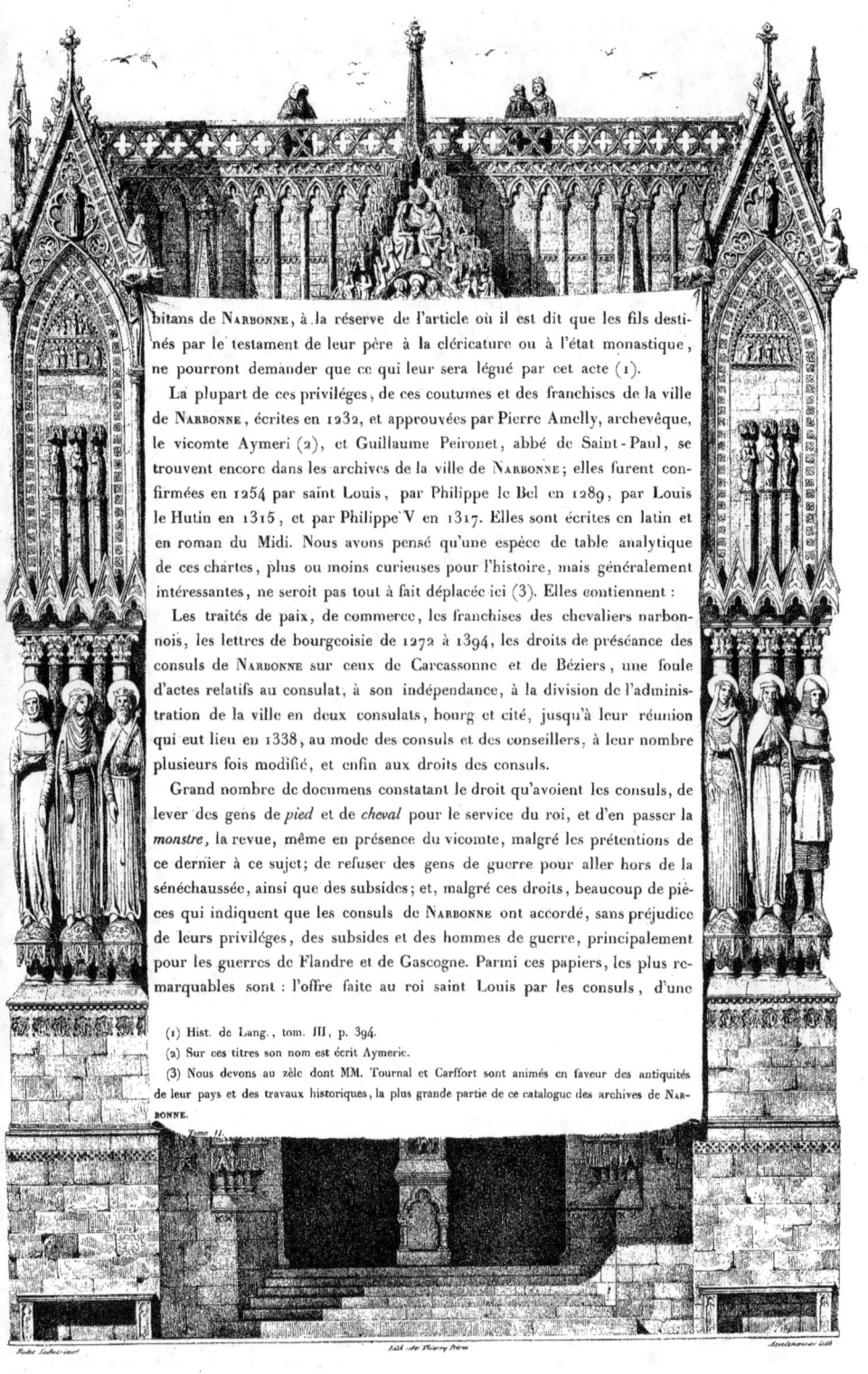

bitans de Narbonne, à la réserve de l'article où il est dit que les fils destinés par le testament de leur père à la cléricature ou à l'état monastique, ne pourront demander que ce qui leur sera légué par cet acte (1).

La plupart de ces priviléges, de ces coutumes et des franchises de la ville de Narbonne, écrites en 1232, et approuvées par Pierre Amelly, archevêque, le vicomte Aymeri (2), et Guillaume Peironet, abbé de Saint-Paul, se trouvent encore dans les archives de la ville de Narbonne; elles furent confirmées en 1254 par saint Louis, par Philippe le Bel en 1289, par Louis le Hutin en 1315, et par Philippe V en 1317. Elles sont écrites en latin et en roman du Midi. Nous avons pensé qu'une espèce de table analytique de ces chartes, plus ou moins curieuses pour l'histoire, mais généralement intéressantes, ne seroit pas tout à fait déplacée ici (3). Elles contiennent :

Les traités de paix, de commerce, les franchises des chevaliers narbonnois, les lettres de bourgeoisie de 1272 à 1394, les droits de préséance des consuls de Narbonne sur ceux de Carcassonne et de Béziers, une foule d'actes relatifs au consulat, à son indépendance, à la division de l'administration de la ville en deux consulats, bourg et cité, jusqu'à leur réunion qui eut lieu en 1338, au mode des consuls et des conseillers, à leur nombre plusieurs fois modifié, et enfin aux droits des consuls.

Grand nombre de documens constatant le droit qu'avoient les consuls, de lever des gens de *pied* et de *cheval* pour le service du roi, et d'en passer la *monstre*, la revue, même en présence du vicomte, malgré les prétentions de ce dernier à ce sujet; de refuser des gens de guerre pour aller hors de la sénéchaussée, ainsi que des subsides; et, malgré ces droits, beaucoup de pièces qui indiquent que les consuls de Narbonne ont accordé, sans préjudice de leurs priviléges, des subsides et des hommes de guerre, principalement pour les guerres de Flandre et de Gascogne. Parmi ces papiers, les plus remarquables sont : l'offre faite au roi saint Louis par les consuls, d'une

(1) Hist. de Lang., tom. III, p. 394.
(2) Sur ces titres son nom est écrit Aymeric.
(3) Nous devons au zèle dont MM. Tournal et Carffort sont animés en faveur des antiquités de leur pays et des travaux historiques, la plus grande partie de ce catalogue des archives de Narbonne.

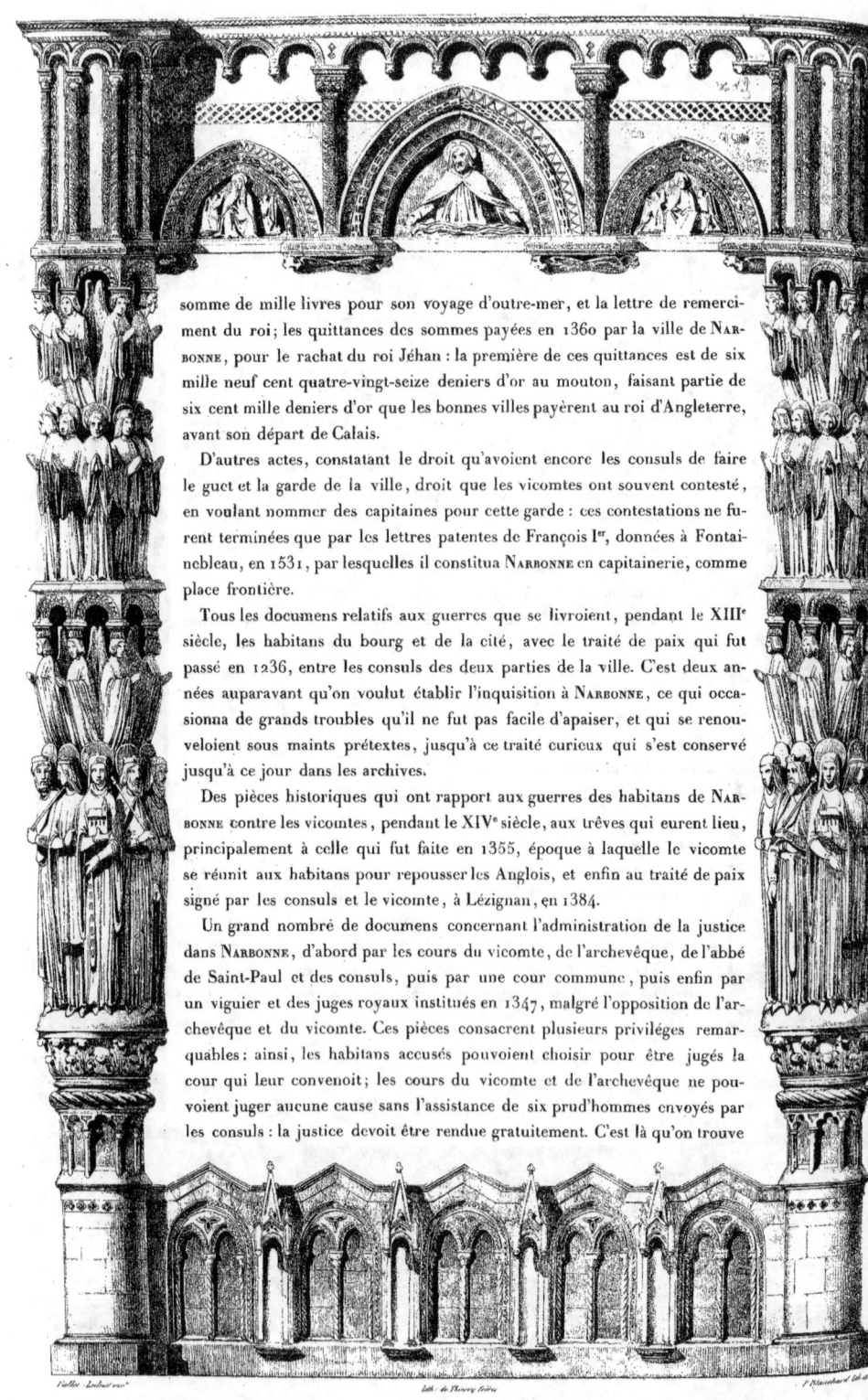

somme de mille livres pour son voyage d'outre-mer, et la lettre de remerciment du roi; les quittances des sommes payées en 1360 par la ville de Narbonne, pour le rachat du roi Jéhan : la première de ces quittances est de six mille neuf cent quatre-vingt-seize deniers d'or au mouton, faisant partie de six cent mille deniers d'or que les bonnes villes payèrent au roi d'Angleterre, avant son départ de Calais.

D'autres actes, constatant le droit qu'avoient encore les consuls de faire le guet et la garde de la ville, droit que les vicomtes ont souvent contesté, en voulant nommer des capitaines pour cette garde : ces contestations ne furent terminées que par les lettres patentes de François Ier, données à Fontainebleau, en 1531, par lesquelles il constitua Narbonne en capitainerie, comme place frontière.

Tous les documens relatifs aux guerres que se livroient, pendant le XIIIe siècle, les habitans du bourg et de la cité, avec le traité de paix qui fut passé en 1236, entre les consuls des deux parties de la ville. C'est deux années auparavant qu'on voulut établir l'inquisition à Narbonne, ce qui occasionna de grands troubles qu'il ne fut pas facile d'apaiser, et qui se renouveloient sous maints prétextes, jusqu'à ce traité curieux qui s'est conservé jusqu'à ce jour dans les archives.

Des pièces historiques qui ont rapport aux guerres des habitans de Narbonne contre les vicomtes, pendant le XIVe siècle, aux trêves qui eurent lieu, principalement à celle qui fut faite en 1355, époque à laquelle le vicomte se réunit aux habitans pour repousser les Anglois, et enfin au traité de paix signé par les consuls et le vicomte, à Lézignan, en 1384.

Un grand nombre de documens concernant l'administration de la justice dans Narbonne, d'abord par les cours du vicomte, de l'archevêque, de l'abbé de Saint-Paul et des consuls, puis par une cour commune, puis enfin par un viguier et des juges royaux institués en 1347, malgré l'opposition de l'archevêque et du vicomte. Ces pièces consacrent plusieurs priviléges remarquables : ainsi, les habitans accusés pouvoient choisir pour être jugés la cour qui leur convenoit; les cours du vicomte et de l'archevêque ne pouvoient juger aucune cause sans l'assistance de six prud'hommes envoyés par les consuls : la justice devoit être rendue gratuitement. C'est là qu'on trouve

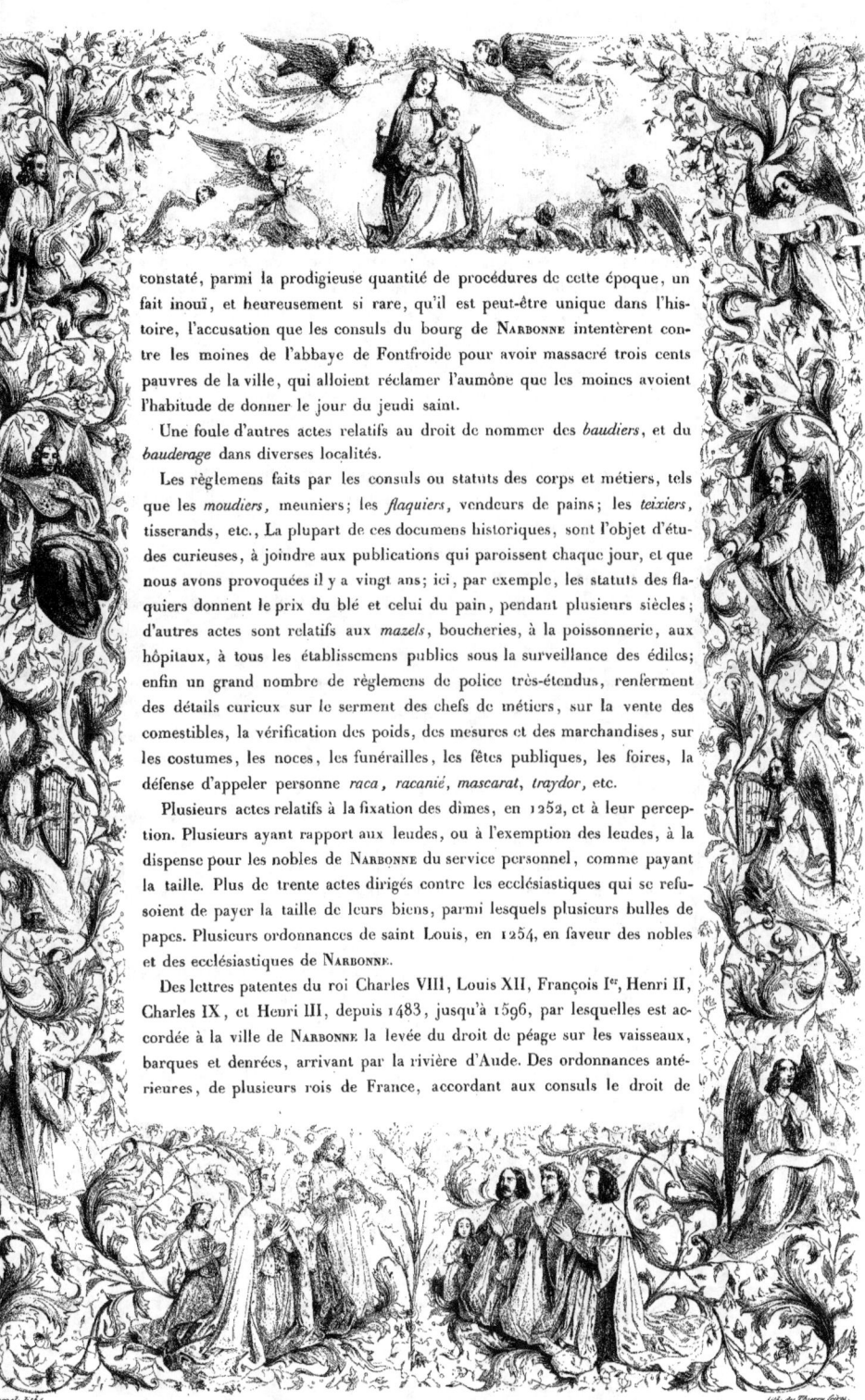

constaté, parmi la prodigieuse quantité de procédures de cette époque, un fait inouï, et heureusement si rare, qu'il est peut-être unique dans l'histoire, l'accusation que les consuls du bourg de NARBONNE intentèrent contre les moines de l'abbaye de Fontfroide pour avoir massacré trois cents pauvres de la ville, qui alloient réclamer l'aumône que les moines avoient l'habitude de donner le jour du jeudi saint.

Une foule d'autres actes relatifs au droit de nommer des *baudiers*, et du *bauderage* dans diverses localités.

Les règlemens faits par les consuls ou statuts des corps et métiers, tels que les *moudiers*, meuniers; les *flaquiers*, vendeurs de pains; les *teixiers*, tisserands, etc., La plupart de ces documens historiques, sont l'objet d'études curieuses, à joindre aux publications qui paroissent chaque jour, et que nous avons provoquées il y a vingt ans; ici, par exemple, les statuts des flaquiers donnent le prix du blé et celui du pain, pendant plusieurs siècles; d'autres actes sont relatifs aux *mazels*, boucheries, à la poissonnerie, aux hôpitaux, à tous les établissemens publics sous la surveillance des édiles; enfin un grand nombre de règlemens de police très-étendus, renferment des détails curieux sur le serment des chefs de métiers, sur la vente des comestibles, la vérification des poids, des mesures et des marchandises, sur les costumes, les noces, les funérailles, les fêtes publiques, les foires, la défense d'appeler personne *raca*, *racanié*, *mascarat*, *traydor*, etc.

Plusieurs actes relatifs à la fixation des dîmes, en 1252, et à leur perception. Plusieurs ayant rapport aux leudes, ou à l'exemption des leudes, à la dispense pour les nobles de NARBONNE du service personnel, comme payant la taille. Plus de trente actes dirigés contre les ecclésiastiques qui se refusoient de payer la taille de leurs biens, parmi lesquels plusieurs bulles de papes. Plusieurs ordonnances de saint Louis, en 1254, en faveur des nobles et des ecclésiastiques de NARBONNE.

Des lettres patentes du roi Charles VIII, Louis XII, François Ier, Henri II, Charles IX, et Henri III, depuis 1483, jusqu'à 1596, par lesquelles est accordée à la ville de NARBONNE la levée du droit de péage sur les vaisseaux, barques et denrées, arrivant par la rivière d'Aude. Des ordonnances antérieures, de plusieurs rois de France, accordant aux consuls le droit de

barrage sur certains points pour le même objet, ainsi que la permission d'enlever tous les empêchemens au cours de l'Aude. Ces ordonnances constatent que les vicomtes, par des actes d'accord avec les consuls, les papes par des bulles, les archevêques par des exhortations, ont également contribué à ces réparations. L'archevêque Maurin, entre autres, en 1268, engage tous les ecclésiastiques séculiers et réguliers de la province à contribuer à la réparation du pont Serma, *Pons Septimus*, ancienne voie romaine, et leur accorde pour cela quarante jours d'indulgence.

Plusieurs pièces relatives au serment que les consuls devoient prêter au roi, à celui que les vicomtes devoient prêter devant les consuls et les habitans, et réciproquement.

Quarante actes constatant que les archevêques et les vicomtes ont le droit de battre monnoie; qu'ils en sont requis par les consuls toutes les fois qu'il en est besoin, sous la condition que les vicomtes et les archevêques sont tenus de prêter serment entre les mains des consuls que la monnoie nouvelle est conforme au titre, et les consuls ne lui donnant cours qu'après l'avoir fait examiner et contrôler. Parmi ces pièces, plusieurs sont importantes pour indiquer la valeur des monnoies à diverses époques.

Un grand nombre de pièces relatives à la demande du renvoi des Lombards et des Toscans, faite au roi par les consuls de NARBONNE; à l'expulsion des juifs, à leur rétablissement par le roi de France en 1323, à l'acquisition des biens du *roi* des juifs par les consuls de la ville, à quelques documens curieux trouvés dans leurs maisons, lors de leur bannissement.

Une lettre de saint Louis, ayant pour objet d'exhorter les habitans de NARBONNE à se maintenir dans la foi catholique, et à se prémunir contre les Albigeois.

Une bulle du pape Grégoire sur le même sujet.

L'acte du serment fait par les consuls, en 1244, de conserver la foi catholique et de ne pas porter d'obstacle à l'établissement de l'inquisition.

Une lettre de l'inquisiteur de la foi, en 1237, adressée aux consuls de NARBONNE, pour les prier de rechercher les hérétiques.

L'engagement pris, en 1242, par le comte Raymond de Toulouse et le

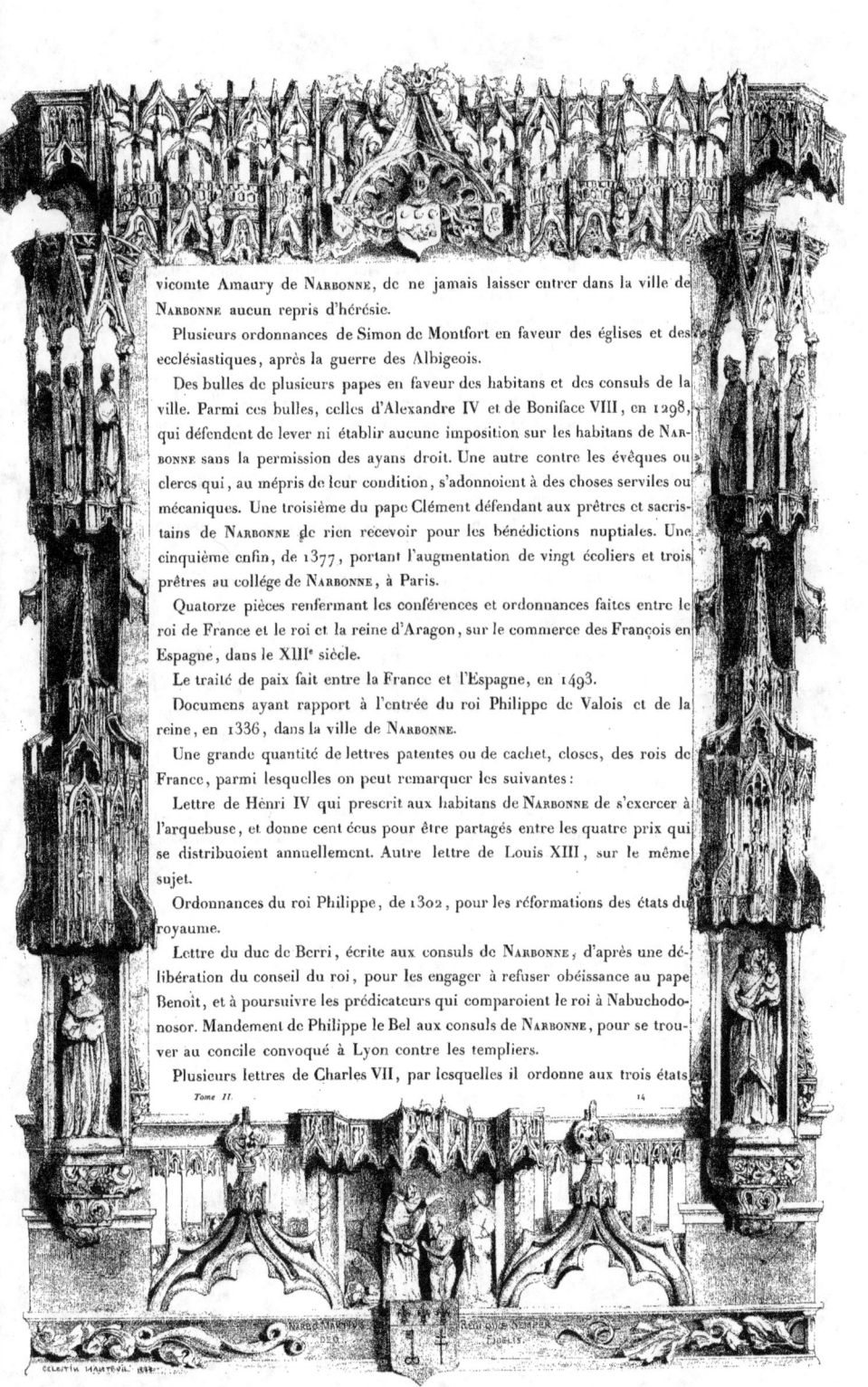

vicomte Amaury de Narbonne, de ne jamais laisser entrer dans la ville de Narbonne aucun repris d'hérésie.

Plusieurs ordonnances de Simon de Montfort en faveur des églises et des ecclésiastiques, après la guerre des Albigeois.

Des bulles de plusieurs papes en faveur des habitans et des consuls de la ville. Parmi ces bulles, celles d'Alexandre IV et de Boniface VIII, en 1298, qui défendent de lever ni établir aucune imposition sur les habitans de Narbonne sans la permission des ayans droit. Une autre contre les évêques ou clercs qui, au mépris de leur condition, s'adonnoient à des choses serviles ou mécaniques. Une troisième du pape Clément défendant aux prêtres et sacristains de Narbonne de rien recevoir pour les bénédictions nuptiales. Une cinquième enfin, de 1377, portant l'augmentation de vingt écoliers et trois prêtres au collége de Narbonne, à Paris.

Quatorze pièces renfermant les conférences et ordonnances faites entre le roi de France et le roi et la reine d'Aragon, sur le commerce des François en Espagne, dans le XIIIe siècle.

Le traité de paix fait entre la France et l'Espagne, en 1493.

Documens ayant rapport à l'entrée du roi Philippe de Valois et de la reine, en 1336, dans la ville de Narbonne.

Une grande quantité de lettres patentes ou de cachet, closes, des rois de France, parmi lesquelles on peut remarquer les suivantes :

Lettre de Henri IV qui prescrit aux habitans de Narbonne de s'exercer à l'arquebuse, et donne cent écus pour être partagés entre les quatre prix qui se distribuoient annuellement. Autre lettre de Louis XIII, sur le même sujet.

Ordonnances du roi Philippe, de 1302, pour les réformations des états du royaume.

Lettre du duc de Berri, écrite aux consuls de Narbonne, d'après une délibération du conseil du roi, pour les engager à refuser obéissance au pape Benoît, et à poursuivre les prédicateurs qui comparoient le roi à Nabuchodonosor. Mandement de Philippe le Bel aux consuls de Narbonne, pour se trouver au concile convoqué à Lyon contre les templiers.

Plusieurs lettres de Charles VII, par lesquelles il ordonne aux trois états

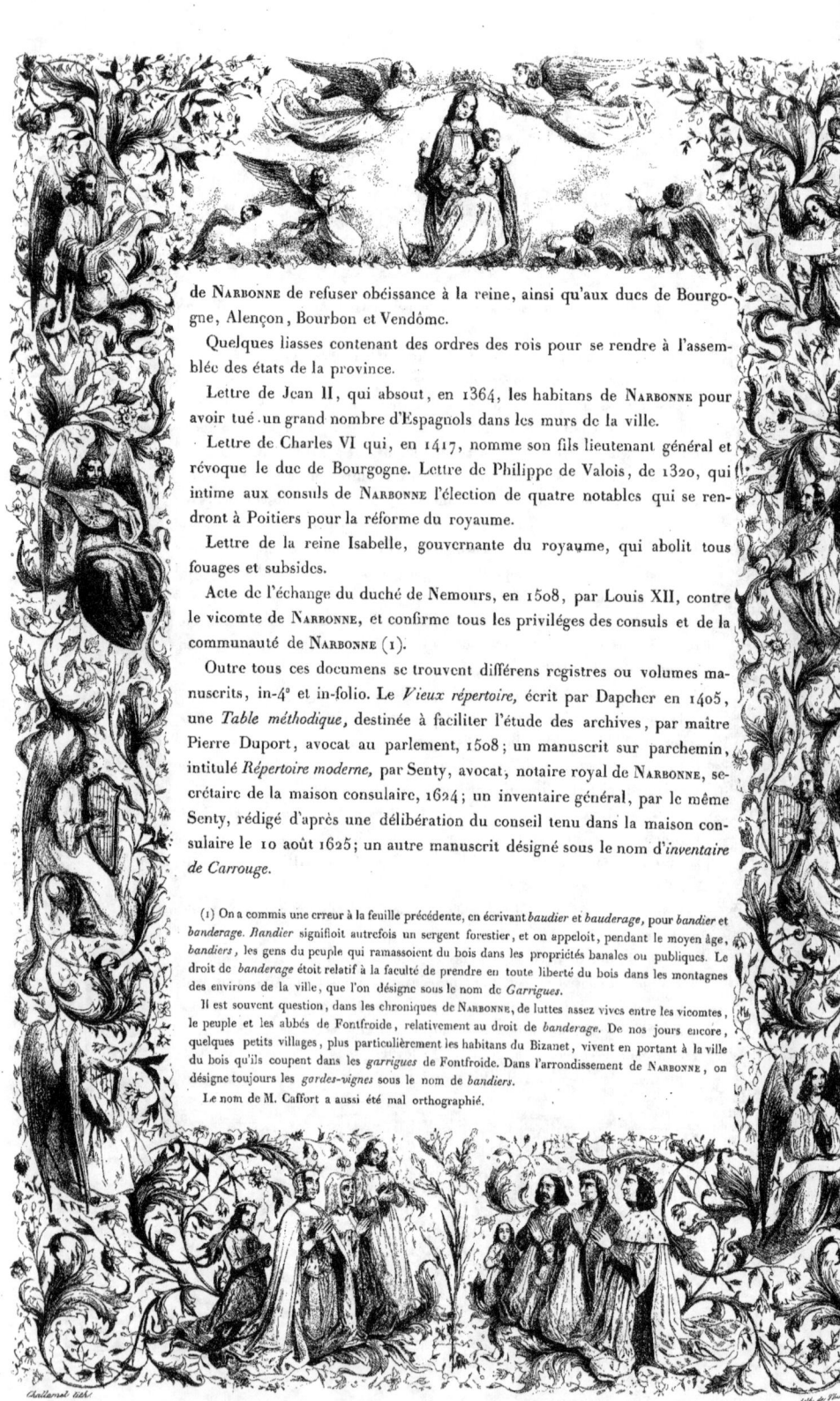

de Narbonne de refuser obéissance à la reine, ainsi qu'aux ducs de Bourgogne, Alençon, Bourbon et Vendôme.

Quelques liasses contenant des ordres des rois pour se rendre à l'assemblée des états de la province.

Lettre de Jean II, qui absout, en 1364, les habitants de Narbonne pour avoir tué un grand nombre d'Espagnols dans les murs de la ville.

Lettre de Charles VI qui, en 1417, nomme son fils lieutenant général et révoque le duc de Bourgogne. Lettre de Philippe de Valois, de 1320, qui intime aux consuls de Narbonne l'élection de quatre notables qui se rendront à Poitiers pour la réforme du royaume.

Lettre de la reine Isabelle, gouvernante du royaume, qui abolit tous fouages et subsides.

Acte de l'échange du duché de Nemours, en 1508, par Louis XII, contre le vicomte de Narbonne, et confirme tous les priviléges des consuls et de la communauté de Narbonne (1).

Outre tous ces documens se trouvent différens registres ou volumes manuscrits, in-4° et in-folio. Le *Vieux répertoire*, écrit par Dapcher en 1405, une *Table méthodique*, destinée à faciliter l'étude des archives, par maître Pierre Duport, avocat au parlement, 1508; un manuscrit sur parchemin, intitulé *Répertoire moderne*, par Senty, avocat, notaire royal de Narbonne, secrétaire de la maison consulaire, 1624; un inventaire général, par le même Senty, rédigé d'après une délibération du conseil tenu dans la maison consulaire le 10 août 1625; un autre manuscrit désigné sous le nom d'*inventaire de Carrouge*.

(1) On a commis une erreur à la feuille précédente, en écrivant *baudier* et *bauderage*, pour *bandier* et *banderage*. *Bandier* signifioit autrefois un sergent forestier, et on appeloit, pendant le moyen âge, *bandiers*, les gens du peuple qui ramassoient du bois dans les propriétés banales ou publiques. Le droit de *banderage* étoit relatif à la faculté de prendre en toute liberté du bois dans les montagnes des environs de la ville, que l'on désigne sous le nom de *Garrigues*.

Il est souvent question, dans les chroniques de Narbonne, de luttes assez vives entre les vicomtes, le peuple et les abbés de Fontfroide, relativement au droit de *banderage*. De nos jours encore, quelques petits villages, plus particulièrement les habitans du Bizanet, vivent en portant à la ville du bois qu'ils coupent dans les *garrigues* de Fontfroide. Dans l'arrondissement de Narbonne, on désigne toujours les *gardes-vignes* sous le nom de *bandiers*.

Le nom de M. Caffort a aussi été mal orthographié.

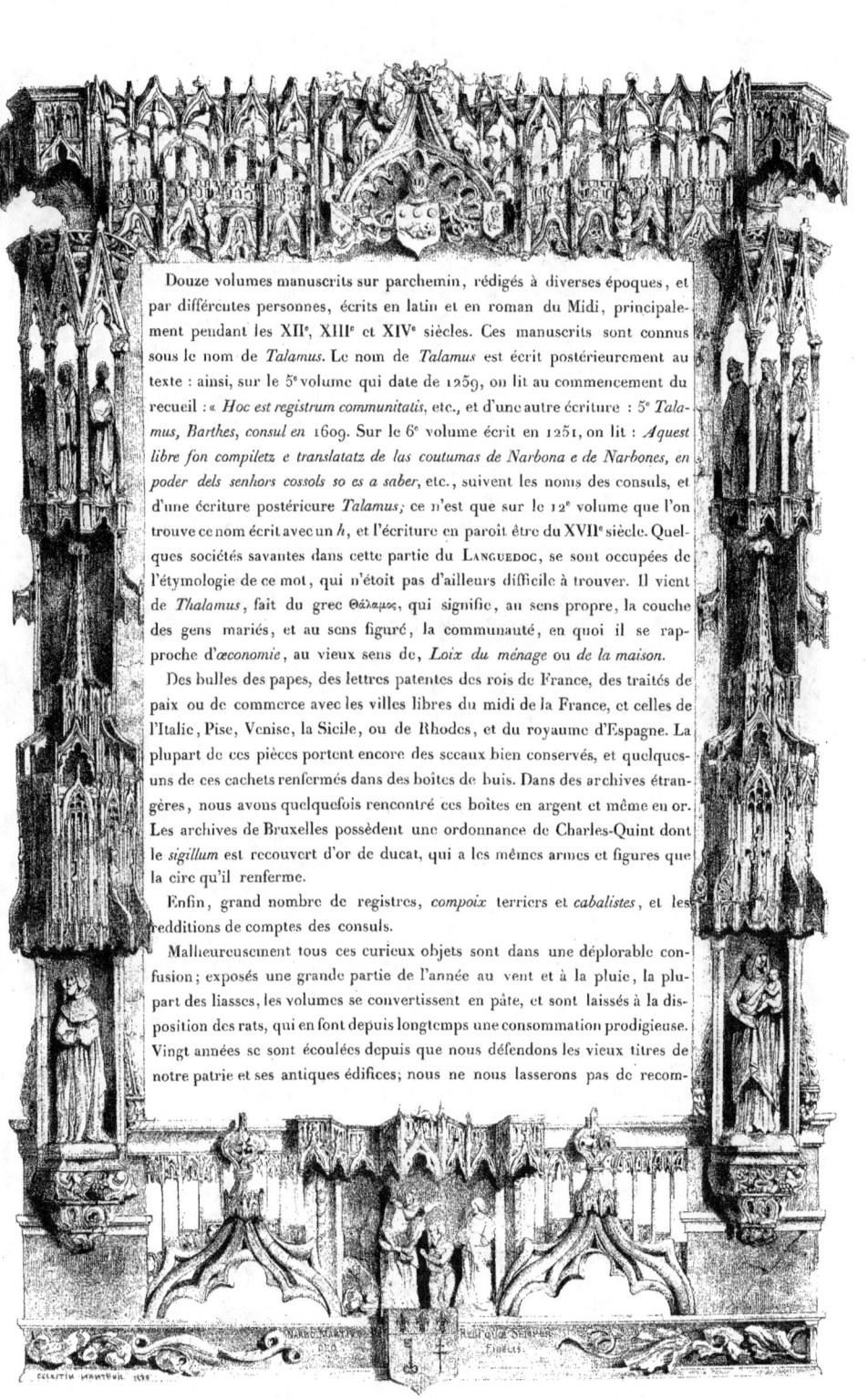

Douze volumes manuscrits sur parchemin, rédigés à diverses époques, et par différentes personnes, écrits en latin et en roman du Midi, principalement pendant les XIIe, XIIIe et XIVe siècles. Ces manuscrits sont connus sous le nom de *Talamus*. Le nom de *Talamus* est écrit postérieurement au texte : ainsi, sur le 5e volume qui date de 1259, on lit au commencement du recueil : « *Hoc est registrum communitatis*, etc., et d'une autre écriture : 5e *Talamus, Barthes, consul en* 1609. Sur le 6e volume écrit en 1251, on lit : *Aquest libre fon compiletz e translatatz de las coutumas de Narbona e de Narbones, en poder dels senhors cossols so es a saber*, etc., suivent les noms des consuls, et d'une écriture postérieure *Talamus;* ce n'est que sur le 12e volume que l'on trouve ce nom écrit avec un *h*, et l'écriture en paroît être du XVIIe siècle. Quelques sociétés savantes dans cette partie du LANGUEDOC, se sont occupées de l'étymologie de ce mot, qui n'étoit pas d'ailleurs difficile à trouver. Il vient de *Thalamus*, fait du grec Θάλαμος, qui signifie, au sens propre, la couche des gens mariés, et au sens figuré, la communauté, en quoi il se rapproche d'*œconomia*, au vieux sens de, *Loix du ménage* ou *de la maison*.

Des bulles des papes, des lettres patentes des rois de France, des traités de paix ou de commerce avec les villes libres du midi de la France, et celles de l'Italie, Pise, Venise, la Sicile, ou de Rhodes, et du royaume d'Espagne. La plupart de ces pièces portent encore des sceaux bien conservés, et quelques-uns de ces cachets renfermés dans des boîtes de buis. Dans des archives étrangères, nous avons quelquefois rencontré ces boîtes en argent et même en or. Les archives de Bruxelles possèdent une ordonnance de Charles-Quint dont le *sigillum* est recouvert d'or de ducat, qui a les mêmes armes et figures que la cire qu'il renferme.

Enfin, grand nombre de registres, *compoix* terriers et *cabalistes*, et les redditions de comptes des consuls.

Malheureusement tous ces curieux objets sont dans une déplorable confusion; exposés une grande partie de l'année au vent et à la pluie, la plupart des liasses, les volumes se convertissent en pâte, et sont laissés à la disposition des rats, qui en font depuis longtemps une consommation prodigieuse. Vingt années se sont écoulées depuis que nous défendons les vieux titres de notre patrie et ses antiques édifices; nous ne nous lasserons pas de recom-

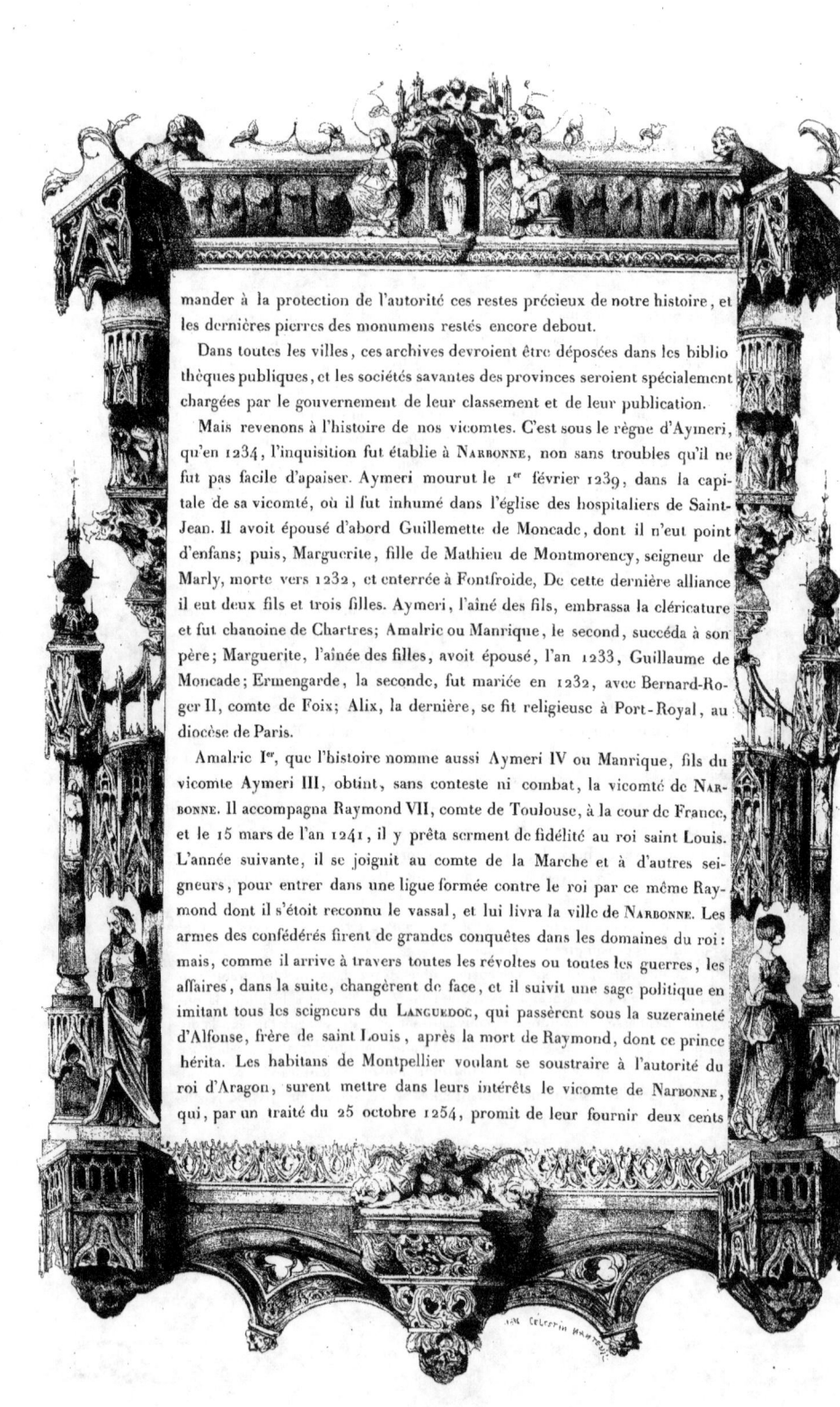

mander à la protection de l'autorité ces restes précieux de notre histoire, et les dernières pierres des monuments restés encore debout.

Dans toutes les villes, ces archives devroient être déposées dans les bibliothèques publiques, et les sociétés savantes des provinces seroient spécialement chargées par le gouvernement de leur classement et de leur publication.

Mais revenons à l'histoire de nos vicomtes. C'est sous le règne d'Aymeri, qu'en 1234, l'inquisition fut établie à NARBONNE, non sans troubles qu'il ne fut pas facile d'apaiser. Aymeri mourut le 1er février 1239, dans la capitale de sa vicomté, où il fut inhumé dans l'église des hospitaliers de Saint-Jean. Il avoit épousé d'abord Guillemette de Moncade, dont il n'eut point d'enfans; puis, Marguerite, fille de Mathieu de Montmorency, seigneur de Marly, morte vers 1232, et enterrée à Fontfroide, De cette dernière alliance il eut deux fils et trois filles. Aymeri, l'aîné des fils, embrassa la cléricature et fut chanoine de Chartres; Amalric ou Manrique, le second, succéda à son père; Marguerite, l'aînée des filles, avoit épousé, l'an 1233, Guillaume de Moncade; Ermengarde, la seconde, fut mariée en 1232, avec Bernard-Roger II, comte de Foix; Alix, la dernière, se fit religieuse à Port-Royal, au diocèse de Paris.

Amalric Ier, que l'histoire nomme aussi Aymeri IV ou Manrique, fils du vicomte Aymeri III, obtint, sans conteste ni combat, la vicomté de NARBONNE. Il accompagna Raymond VII, comte de Toulouse, à la cour de France, et le 15 mars de l'an 1241, il y prêta serment de fidélité au roi saint Louis. L'année suivante, il se joignit au comte de la Marche et à d'autres seigneurs, pour entrer dans une ligue formée contre le roi par ce même Raymond dont il s'étoit reconnu le vassal, et lui livra la ville de NARBONNE. Les armes des confédérés firent de grandes conquêtes dans les domaines du roi: mais, comme il arrive à travers toutes les révoltes ou toutes les guerres, les affaires, dans la suite, changèrent de face, et il suivit une sage politique en imitant tous les seigneurs du LANGUEDOC, qui passèrent sous la suzeraineté d'Alfonse, frère de saint Louis, après la mort de Raymond, dont ce prince hérita. Les habitans de Montpellier voulant se soustraire à l'autorité du roi d'Aragon, surent mettre dans leurs intérêts le vicomte de NARBONNE, qui, par un traité du 25 octobre 1254, promit de leur fournir deux cents

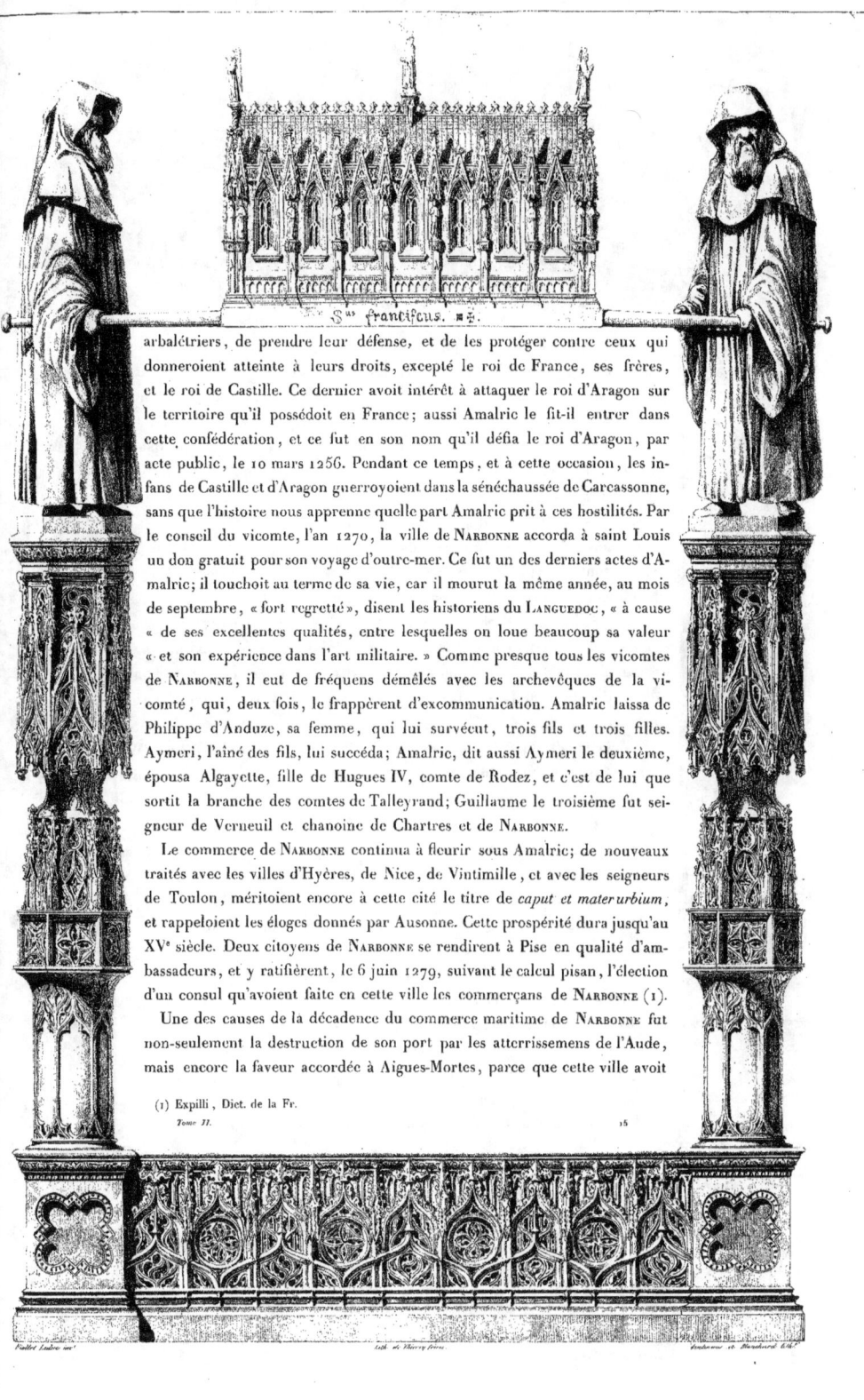

arbalétriers, de prendre leur défense, et de les protéger contre ceux qui donneroient atteinte à leurs droits, excepté le roi de France, ses frères, et le roi de Castille. Ce dernier avoit intérêt à attaquer le roi d'Aragon sur le territoire qu'il possédoit en France; aussi Amalric le fit-il entrer dans cette confédération, et ce fut en son nom qu'il défia le roi d'Aragon, par acte public, le 10 mars 1256. Pendant ce temps, et à cette occasion, les infans de Castille et d'Aragon guerroyoient dans la sénéchaussée de Carcassonne, sans que l'histoire nous apprenne quelle part Amalric prit à ces hostilités. Par le conseil du vicomte, l'an 1270, la ville de Narbonne accorda à saint Louis un don gratuit pour son voyage d'outre-mer. Ce fut un des derniers actes d'Amalric; il touchoit au terme de sa vie, car il mourut la même année, au mois de septembre, « fort regretté », disent les historiens du Languedoc, « à cause « de ses excellentes qualités, entre lesquelles on loue beaucoup sa valeur « et son expérience dans l'art militaire. » Comme presque tous les vicomtes de Narbonne, il eut de fréquens démêlés avec les archevêques de la vicomté, qui, deux fois, le frappèrent d'excommunication. Amalric laissa de Philippe d'Anduze, sa femme, qui lui survécut, trois fils et trois filles. Aymeri, l'aîné des fils, lui succéda; Amalric, dit aussi Aymeri le deuxième, épousa Algayette, fille de Hugues IV, comte de Rodez, et c'est de lui que sortit la branche des comtes de Talleyrand; Guillaume le troisième fut seigneur de Verneuil et chanoine de Chartres et de Narbonne.

Le commerce de Narbonne continua à fleurir sous Amalric; de nouveaux traités avec les villes d'Hyères, de Nice, de Vintimille, et avec les seigneurs de Toulon, méritoient encore à cette cité le titre de *caput et mater urbium*, et rappeloient les éloges donnés par Ausonne. Cette prospérité dura jusqu'au XVe siècle. Deux citoyens de Narbonne se rendirent à Pise en qualité d'ambassadeurs, et y ratifièrent, le 6 juin 1279, suivant le calcul pisan, l'élection d'un consul qu'avoient faite en cette ville les commerçans de Narbonne (1).

Une des causes de la décadence du commerce maritime de Narbonne fut non-seulement la destruction de son port par les atterrissemens de l'Aude, mais encore la faveur accordée à Aigues-Mortes, parce que cette ville avoit

(1) Expilli, Dict. de la Fr.

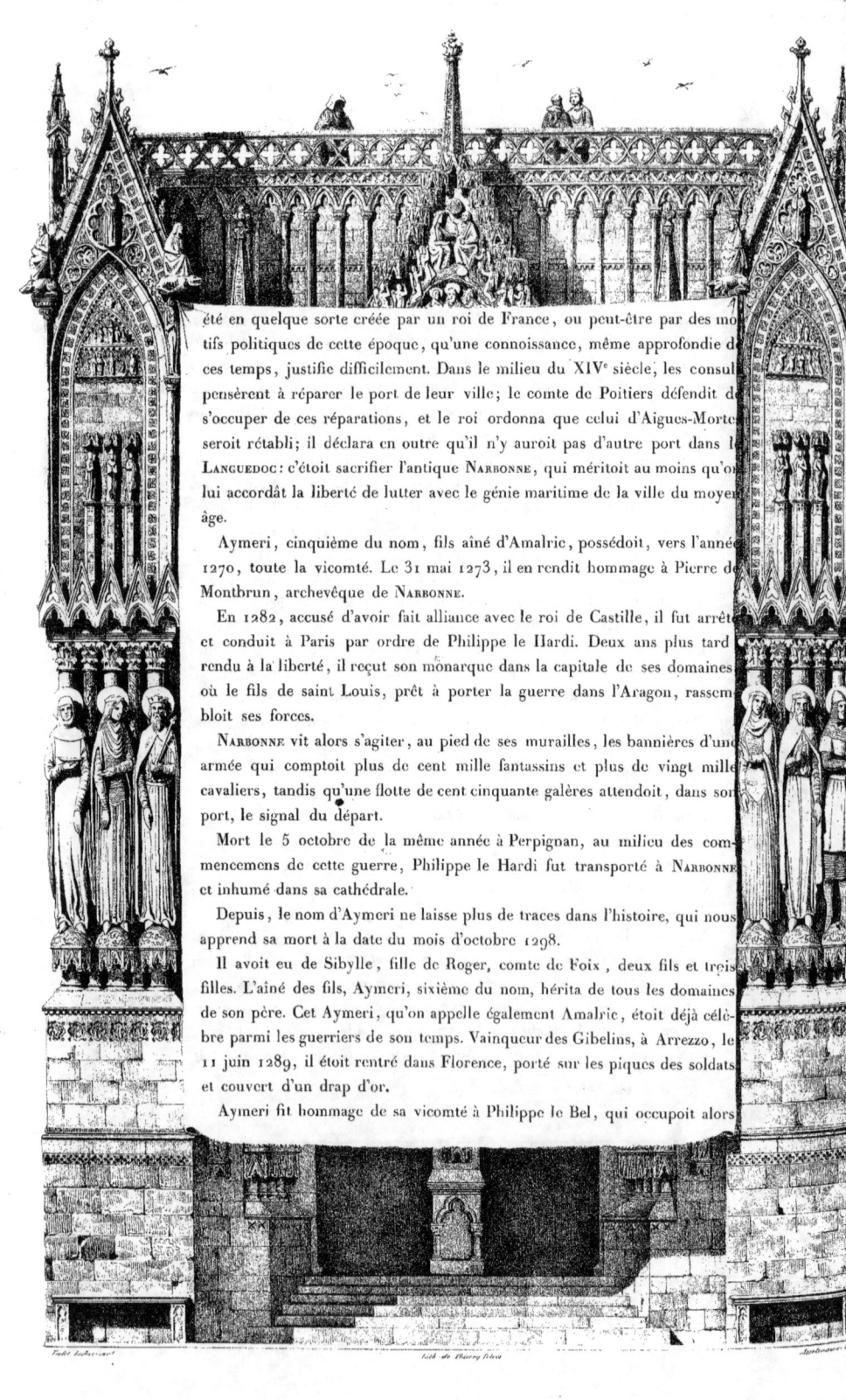

été en quelque sorte créée par un roi de France, ou peut-être par des motifs politiques de cette époque, qu'une connoissance, même approfondie de ces temps, justifie difficilement. Dans le milieu du XIVe siècle, les consuls pensèrent à réparer le port de leur ville; le comte de Poitiers défendit de s'occuper de ces réparations, et le roi ordonna que celui d'Aigues-Mortes seroit rétabli; il déclara en outre qu'il n'y auroit pas d'autre port dans le LANGUEDOC: c'étoit sacrifier l'antique NARBONNE, qui méritoit au moins qu'on lui accordât la liberté de lutter avec le génie maritime de la ville du moyen âge.

Aymeri, cinquième du nom, fils aîné d'Amalric, possédoit, vers l'année 1270, toute la vicomté. Le 31 mai 1273, il en rendit hommage à Pierre de Montbrun, archevêque de NARBONNE.

En 1282, accusé d'avoir fait alliance avec le roi de Castille, il fut arrêté et conduit à Paris par ordre de Philippe le Hardi. Deux ans plus tard rendu à la liberté, il reçut son monarque dans la capitale de ses domaines, où le fils de saint Louis, prêt à porter la guerre dans l'Aragon, rassembloit ses forces.

NARBONNE vit alors s'agiter, au pied de ses murailles, les bannières d'une armée qui comptoit plus de cent mille fantassins et plus de vingt mille cavaliers, tandis qu'une flotte de cent cinquante galères attendoit, dans son port, le signal du départ.

Mort le 5 octobre de la même année à Perpignan, au milieu des commencemens de cette guerre, Philippe le Hardi fut transporté à NARBONNE et inhumé dans sa cathédrale.

Depuis, le nom d'Aymeri ne laisse plus de traces dans l'histoire, qui nous apprend sa mort à la date du mois d'octobre 1298.

Il avoit eu de Sibylle, fille de Roger, comte de Foix, deux fils et trois filles. L'aîné des fils, Aymeri, sixième du nom, hérita de tous les domaines de son père. Cet Aymeri, qu'on appelle également Amalric, étoit déjà célèbre parmi les guerriers de son temps. Vainqueur des Gibelins, à Arezzo, le 11 juin 1289, il étoit rentré dans Florence, porté sur les piques des soldats et couvert d'un drap d'or.

Aymeri fit hommage de sa vicomté à Philippe le Bel, qui occupoit alors

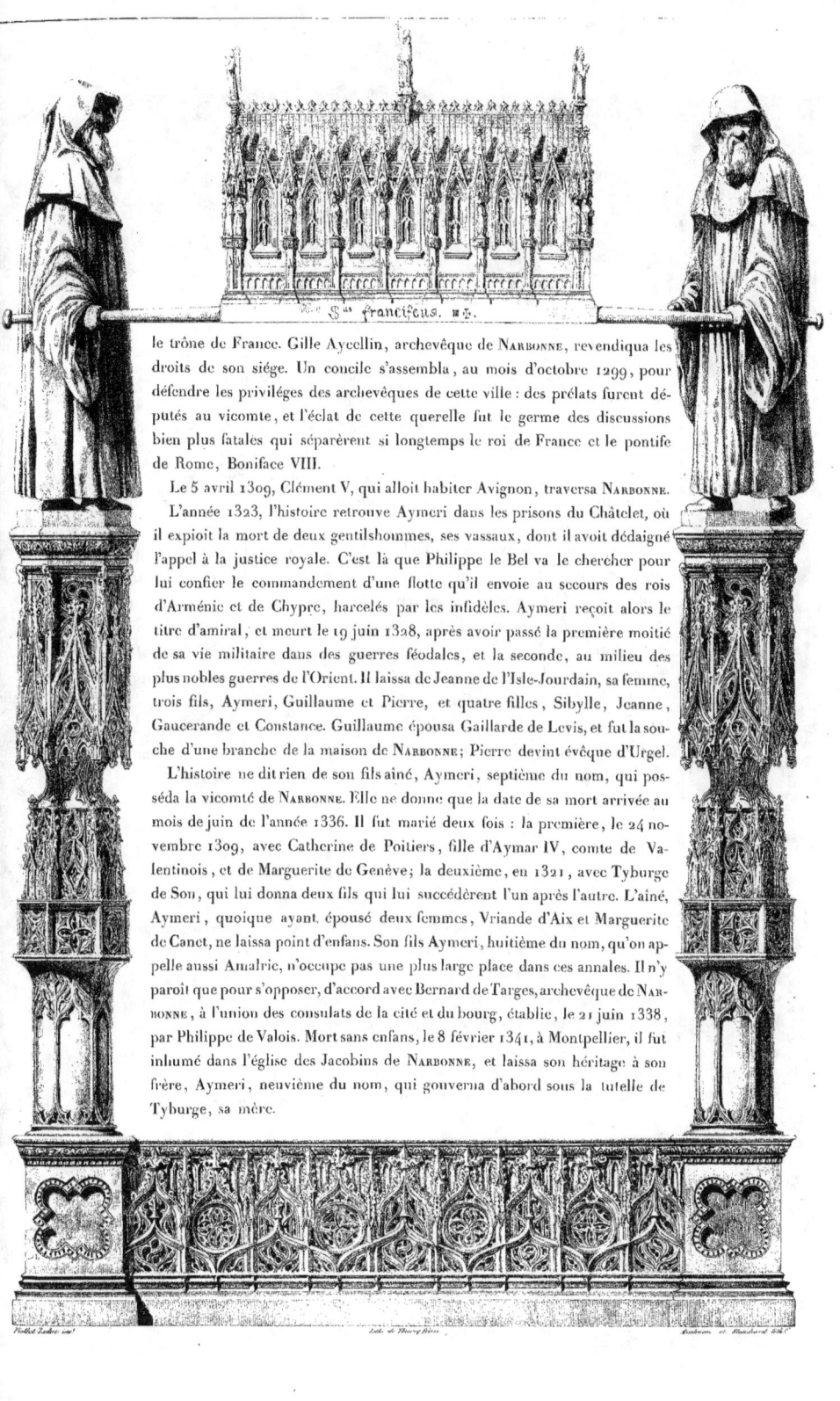

le trône de France. Gille Aycellin, archevêque de NARBONNE, revendiqua les droits de son siége. Un concile s'assembla, au mois d'octobre 1299, pour défendre les priviléges des archevêques de cette ville : des prélats furent députés au vicomte, et l'éclat de cette querelle fut le germe des discussions bien plus fatales qui séparèrent si longtemps le roi de France et le pontife de Rome, Boniface VIII.

Le 5 avril 1309, Clément V, qui alloit habiter Avignon, traversa NARBONNE.

L'année 1323, l'histoire retrouve Aymeri dans les prisons du Châtelet, où il expioit la mort de deux gentilshommes, ses vassaux, dont il avoit dédaigné l'appel à la justice royale. C'est là que Philippe le Bel va le chercher pour lui confier le commandement d'une flotte qu'il envoie au secours des rois d'Arménie et de Chypre, harcelés par les infidèles. Aymeri reçoit alors le titre d'amiral, et meurt le 19 juin 1328, après avoir passé la première moitié de sa vie militaire dans des guerres féodales, et la seconde, au milieu des plus nobles guerres de l'Orient. Il laissa de Jeanne de l'Isle-Jourdain, sa femme, trois fils, Aymeri, Guillaume et Pierre, et quatre filles, Sibylle, Jeanne, Gaucerande et Constance. Guillaume épousa Gaillarde de Levis, et fut la souche d'une branche de la maison de NARBONNE; Pierre devint évêque d'Urgel.

L'histoire ne dit rien de son fils aîné, Aymeri, septième du nom, qui posséda la vicomté de NARBONNE. Elle ne donne que la date de sa mort arrivée au mois de juin de l'année 1336. Il fut marié deux fois : la première, le 24 novembre 1309, avec Catherine de Poitiers, fille d'Aymar IV, comte de Valentinois, et de Marguerite de Genève; la deuxième, en 1321, avec Tyburge de Son, qui lui donna deux fils qui lui succédèrent l'un après l'autre. L'aîné, Aymeri, quoique ayant épousé deux femmes, Vriande d'Aix et Marguerite de Canet, ne laissa point d'enfans. Son fils Aymeri, huitième du nom, qu'on appelle aussi Amalric, n'occupe pas une plus large place dans ces annales. Il n'y paroît que pour s'opposer, d'accord avec Bernard de Targes, archevêque de NARBONNE, à l'union des consulats de la cité et du bourg, établie, le 21 juin 1338, par Philippe de Valois. Mort sans enfans, le 8 février 1341, à Montpellier, il fut inhumé dans l'église des Jacobins de NARBONNE, et laissa son héritage à son frère, Aymeri, neuvième du nom, qui gouverna d'abord sous la tutelle de Tyburge, sa mère.

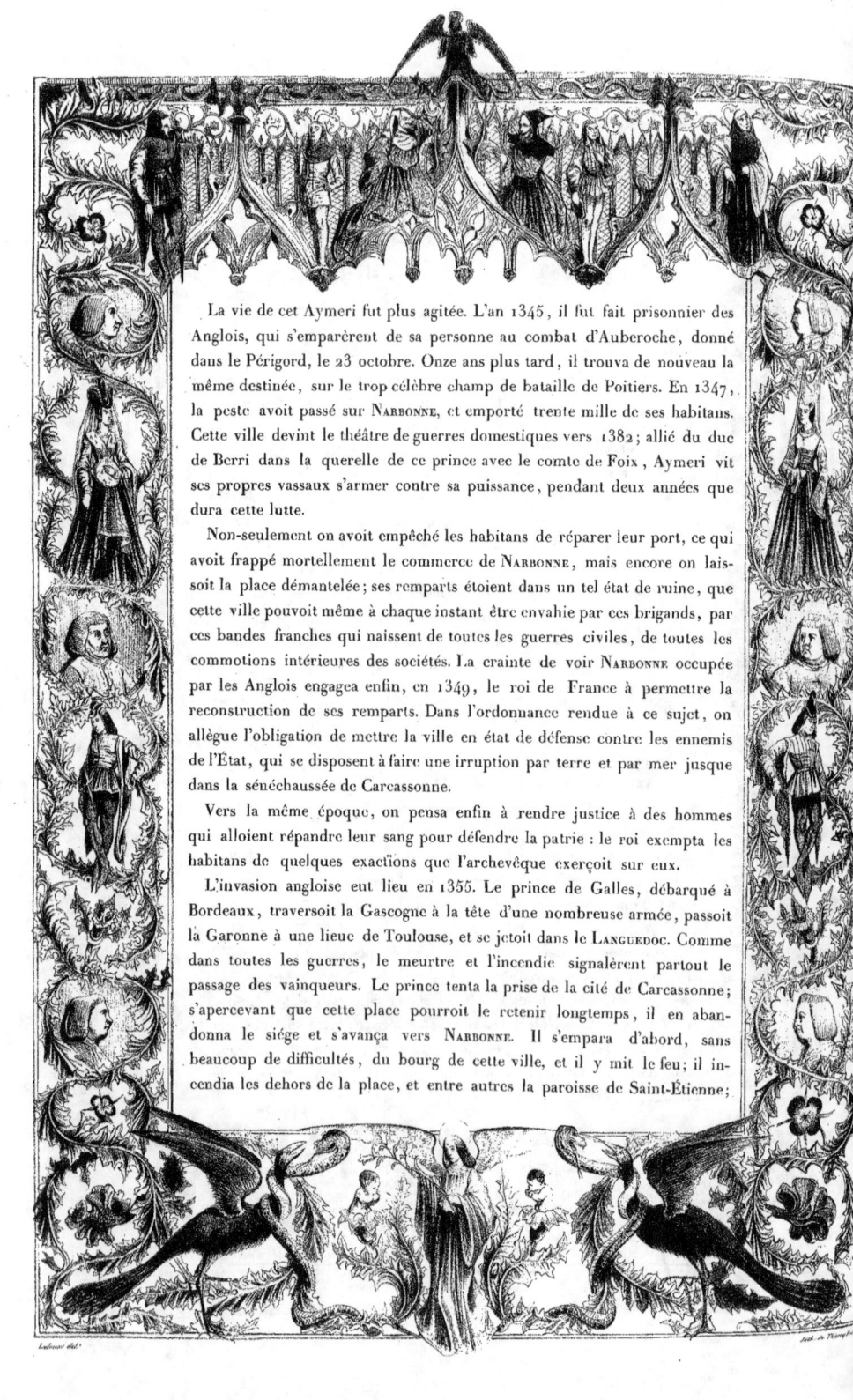

La vie de cet Aymeri fut plus agitée. L'an 1345, il fut fait prisonnier des Anglois, qui s'emparèrent de sa personne au combat d'Auberoche, donné dans le Périgord, le 23 octobre. Onze ans plus tard, il trouva de nouveau la même destinée, sur le trop célèbre champ de bataille de Poitiers. En 1347, la peste avoit passé sur Narbonne, et emporté trente mille de ses habitans. Cette ville devint le théâtre de guerres domestiques vers 1382; allié du duc de Berri dans la querelle de ce prince avec le comte de Foix, Aymeri vit ses propres vassaux s'armer contre sa puissance, pendant deux années que dura cette lutte.

Non-seulement on avoit empêché les habitans de réparer leur port, ce qui avoit frappé mortellement le commerce de Narbonne, mais encore on laissoit la place démantelée; ses remparts étoient dans un tel état de ruine, que cette ville pouvoit même à chaque instant être envahie par ces brigands, par ces bandes franches qui naissent de toutes les guerres civiles, de toutes les commotions intérieures des sociétés. La crainte de voir Narbonne occupée par les Anglois engagea enfin, en 1349, le roi de France à permettre la reconstruction de ses remparts. Dans l'ordonnance rendue à ce sujet, on allègue l'obligation de mettre la ville en état de défense contre les ennemis de l'État, qui se disposent à faire une irruption par terre et par mer jusque dans la sénéchaussée de Carcassonne.

Vers la même époque, on pensa enfin à rendre justice à des hommes qui alloient répandre leur sang pour défendre la patrie : le roi exempta les habitans de quelques exactions que l'archevêque exerçoit sur eux.

L'invasion angloise eut lieu en 1355. Le prince de Galles, débarqué à Bordeaux, traversoit la Gascogne à la tête d'une nombreuse armée, passoit la Garonne à une lieue de Toulouse, et se jetoit dans le Languedoc. Comme dans toutes les guerres, le meurtre et l'incendie signalèrent partout le passage des vainqueurs. Le prince tenta la prise de la cité de Carcassonne; s'apercevant que cette place pourroit le retenir longtemps, il en abandonna le siège et s'avança vers Narbonne. Il s'empara d'abord, sans beaucoup de difficultés, du bourg de cette ville, et il y mit le feu; il incendia les dehors de la place, et entre autres la paroisse de Saint-Étienne;

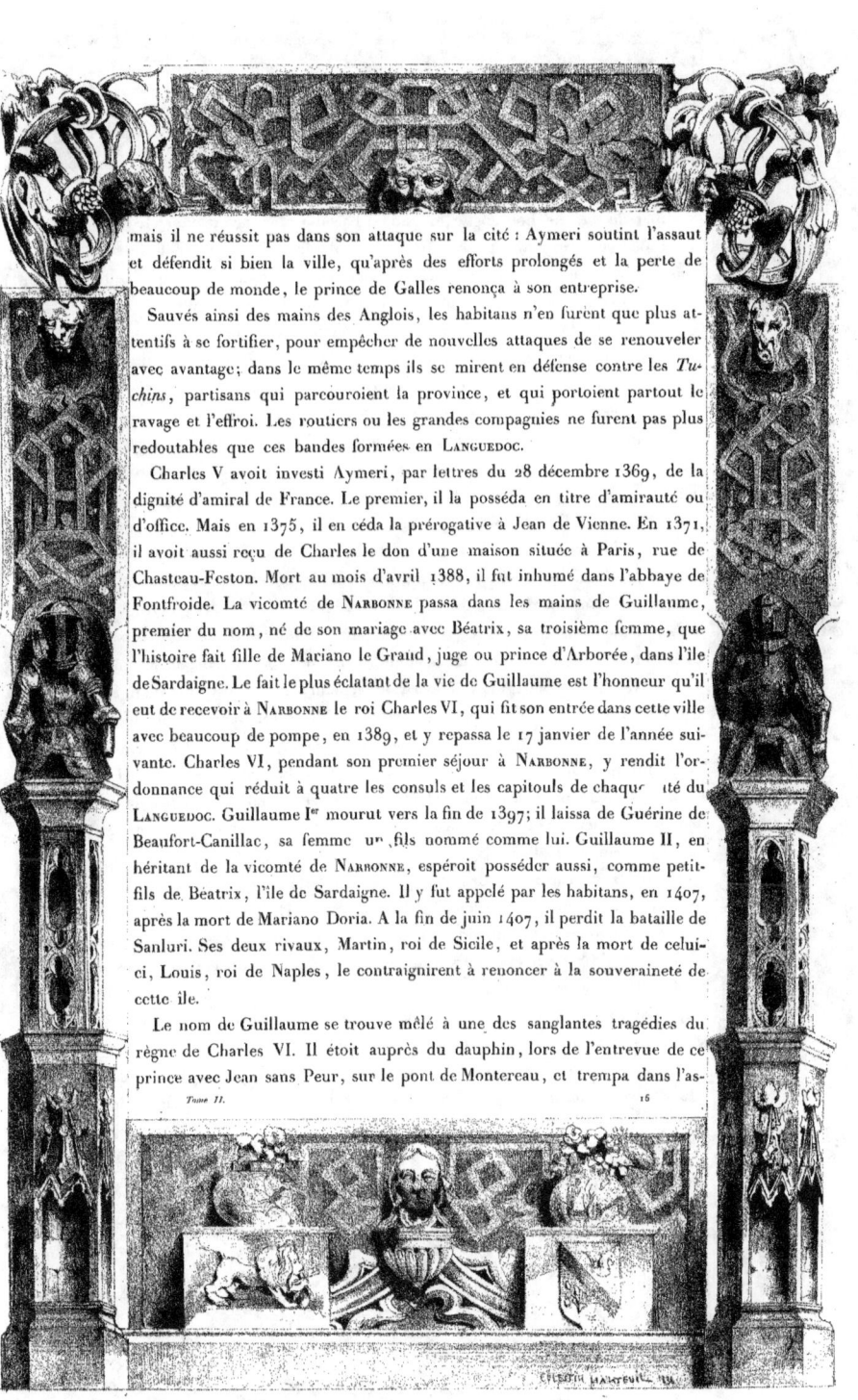

mais il ne réussit pas dans son attaque sur la cité : Aymeri soutint l'assaut et défendit si bien la ville, qu'après des efforts prolongés et la perte de beaucoup de monde, le prince de Galles renonça à son entreprise.

Sauvés ainsi des mains des Anglois, les habitans n'en furent que plus attentifs à se fortifier, pour empêcher de nouvelles attaques de se renouveler avec avantage; dans le même temps ils se mirent en défense contre les *Tuchins*, partisans qui parcouroient la province, et qui portoient partout le ravage et l'effroi. Les routiers ou les grandes compagnies ne furent pas plus redoutables que ces bandes formées en Languedoc.

Charles V avoit investi Aymeri, par lettres du 28 décembre 1369, de la dignité d'amiral de France. Le premier, il la posséda en titre d'amirauté ou d'office. Mais en 1375, il en céda la prérogative à Jean de Vienne. En 1371, il avoit aussi reçu de Charles le don d'une maison située à Paris, rue de Chasteau-Feston. Mort au mois d'avril 1388, il fut inhumé dans l'abbaye de Fontfroide. La vicomté de Narbonne passa dans les mains de Guillaume, premier du nom, né de son mariage avec Béatrix, sa troisième femme, que l'histoire fait fille de Mariano le Grand, juge ou prince d'Arborée, dans l'île de Sardaigne. Le fait le plus éclatant de la vie de Guillaume est l'honneur qu'il eut de recevoir à Narbonne le roi Charles VI, qui fit son entrée dans cette ville avec beaucoup de pompe, en 1389, et y repassa le 17 janvier de l'année suivante. Charles VI, pendant son premier séjour à Narbonne, y rendit l'ordonnance qui réduit à quatre les consuls et les capitouls de chaque cité du Languedoc. Guillaume Ier mourut vers la fin de 1397; il laissa de Guérine de Beaufort-Canillac, sa femme un fils nommé comme lui. Guillaume II, en héritant de la vicomté de Narbonne, espéroit posséder aussi, comme petit-fils de Béatrix, l'île de Sardaigne. Il y fut appelé par les habitans, en 1407, après la mort de Mariano Doria. A la fin de juin 1407, il perdit la bataille de Sanluri. Ses deux rivaux, Martin, roi de Sicile, et après la mort de celui-ci, Louis, roi de Naples, le contraignirent à renoncer à la souveraineté de cette île.

Le nom de Guillaume se trouve mêlé à une des sanglantes tragédies du règne de Charles VI. Il étoit auprès du dauphin, lors de l'entrevue de ce prince avec Jean sans Peur, sur le pont de Montereau, et trempa dans l'assassinat du duc de Bourgogne; quand on l'accusa plus tard d'avoir été complice de ceux qui avoient assassiné le duc, il répondit qu'en effet il avoit mis la main sur lui, parce qu'il s'approchoit trop du dauphin, et que cette action lui faisant craindre quelque perfidie, il avoit repoussé le duc de Bourgogne : ce qui donneroit à ce fait grave de l'histoire le caractère d'une simple lutte entre les seigneurs des deux partis, survenue sans aucune préméditation d'assassinat, et dans laquelle le duc Jean auroit succombé. Mais une autre version l'accuse. On dit que lorsque les serviteurs du duc sortirent de prison, où on les avoit mis après les avoir saisis sur le pont de Montereau, tous affirmèrent sur serment que le duc de Bourgogne n'avoit donné nul motif de colère ou d'inquiétude au dauphin; qu'il avoit été traîtreusement assassiné par les seigneurs du parti Dauphinois, et que le vicomte de NARBONNE avoit pris part à cette horrible action, en levant sa hache, et s'écriant : « si quelqu'un bouge, il est mort. » L'éclat de cette triste catastrophe est effacé par l'éclat plus glorieux de ses armes. Envoyé par le dauphin sur les côtes de Normandie, il défit les Anglois à Bernai, et longtemps après concourut aux conquêtes de la Charité sur Loire et de Cosne. Cette existence tumultueuse fut couronnée par la mort des braves. Le 17 août 1424, il périt à Verneuil, et, s'il est vrai qu'il ait causé par son impatience la perte de cette bataille, du moins il a noblement racheté sa faute. Avant d'être inhumé dans l'abbaye de Fontfroide, son corps fut écartelé et attaché à un gibet, par ordre du duc de Bedfort; il fut ensuite racheté pour être enseveli. Guillaume n'eut point d'enfans de sa femme Marguerite, fille de Jean III, comte d'Armagnac, qu'il avoit épousée le 30 novembre de l'an 1415.

Le traité de l'antipape Benoît, nommé la capitulation de NARBONNE, se rattache encore au souvenir du règne de Guillaume II. Dans les années 1414 ou 1415, l'empereur Sigismond reçut dans cette ville les ambassadeurs des rois de Castille, de Navarre et d'Aragon, et ceux des comtes de Foix et d'Armagnac; et le 13 décembre, il y arrêta, de concert avec eux, les articles de cette capitulation, qui furent approuvés par le concile de Constance, lorsque ce concile s'occupa de l'extinction du schisme qui désoloit l'Église.

La vicomté de NARBONNE ne passa des mains de Guillaume dans celles de son frère utérin Pierre de Temières que pour entrer dans la maison des

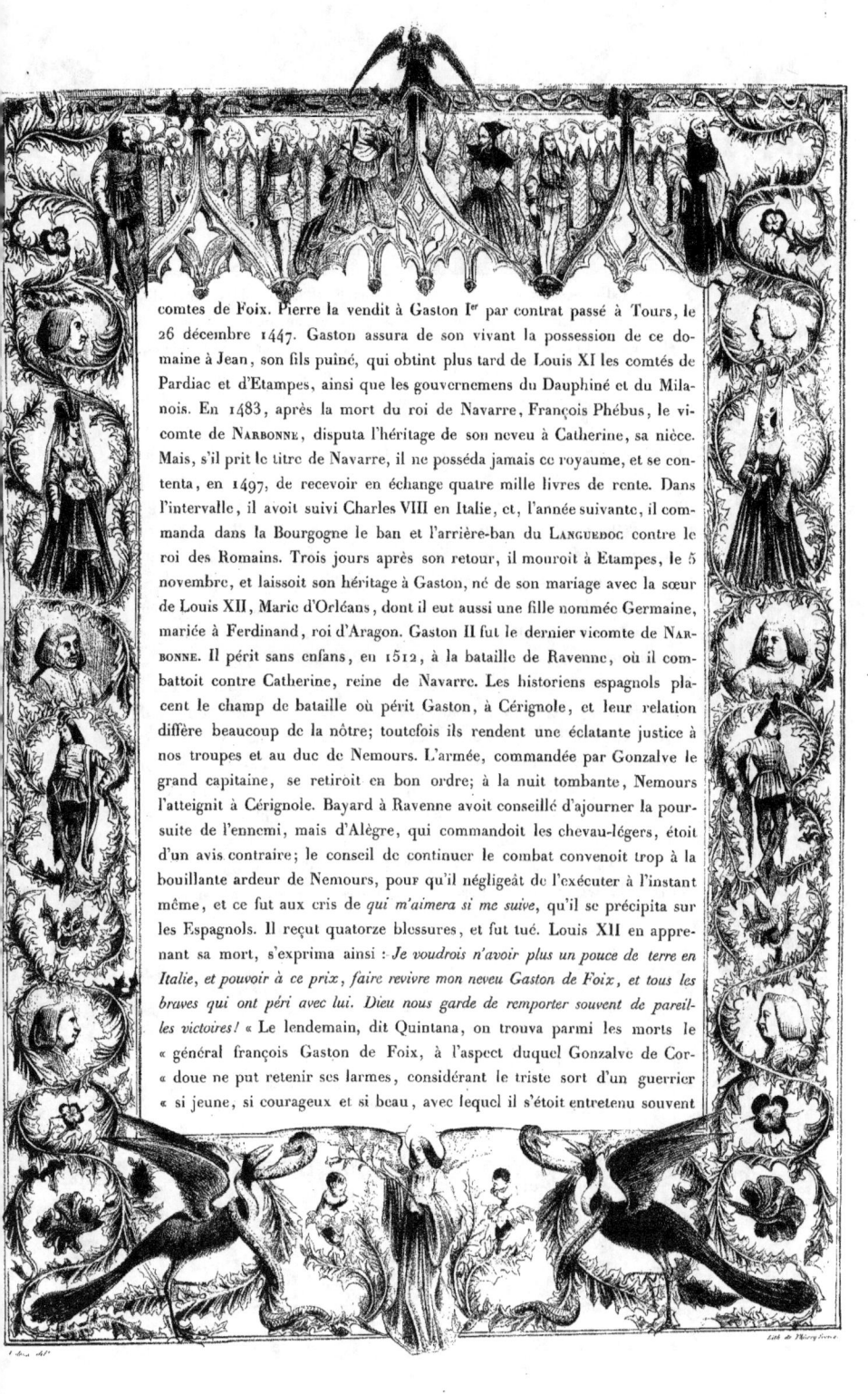

comtes de Foix. Pierre la vendit à Gaston Ier par contrat passé à Tours, le 26 décembre 1447. Gaston assura de son vivant la possession de ce domaine à Jean, son fils puiné, qui obtint plus tard de Louis XI les comtés de Pardiac et d'Etampes, ainsi que les gouvernemens du Dauphiné et du Milanois. En 1483, après la mort du roi de Navarre, François Phébus, le vicomte de NARBONNE, disputa l'héritage de son neveu à Catherine, sa nièce. Mais, s'il prit le titre de Navarre, il ne posséda jamais ce royaume, et se contenta, en 1497, de recevoir en échange quatre mille livres de rente. Dans l'intervalle, il avoit suivi Charles VIII en Italie, et, l'année suivante, il commanda dans la Bourgogne le ban et l'arrière-ban du LANGUEDOC contre le roi des Romains. Trois jours après son retour, il mouroit à Etampes, le 5 novembre, et laissoit son héritage à Gaston, né de son mariage avec la sœur de Louis XII, Marie d'Orléans, dont il eut aussi une fille nommée Germaine, mariée à Ferdinand, roi d'Aragon. Gaston II fut le dernier vicomte de NARBONNE. Il périt sans enfans, en 1512, à la bataille de Ravenne, où il combattoit contre Catherine, reine de Navarre. Les historiens espagnols placent le champ de bataille où périt Gaston, à Cérignole, et leur relation diffère beaucoup de la nôtre; toutefois ils rendent une éclatante justice à nos troupes et au duc de Nemours. L'armée, commandée par Gonzalve le grand capitaine, se retiroit en bon ordre; à la nuit tombante, Nemours l'atteignit à Cérignole. Bayard à Ravenne avoit conseillé d'ajourner la poursuite de l'ennemi, mais d'Alègre, qui commandoit les chevau-légers, étoit d'un avis contraire; le conseil de continuer le combat convenoit trop à la bouillante ardeur de Nemours, pour qu'il négligeât de l'exécuter à l'instant même, et ce fut aux cris de *qui m'aimera si me suive*, qu'il se précipita sur les Espagnols. Il reçut quatorze blessures, et fut tué. Louis XII en apprenant sa mort, s'exprima ainsi : *Je voudrois n'avoir plus un pouce de terre en Italie, et pouvoir à ce prix, faire revivre mon neveu Gaston de Foix, et tous les braves qui ont péri avec lui. Dieu nous garde de remporter souvent de pareilles victoires!* « Le lendemain, dit Quintana, on trouva parmi les morts le « général françois Gaston de Foix, à l'aspect duquel Gonzalve de Cor- « doue ne put retenir ses larmes, considérant le triste sort d'un guerrier « si jeune, si courageux et si beau, avec lequel il s'étoit entretenu souvent

St-JAUST ET St-PASTEUR.

« comme allié et comme ami. Il le fit transporter à Barleta, où ses funérailles
« furent célébrées avec la même pompe et la même magnificence que si
« elles eussent été commandées par ses généraux et ses soldats vainqueurs. »
« Gonzalve ajoute dans son rapport : que la témérité des François fut ex-
« trême, et que de longtemps on n'avoit vu en Italie pareils escadrons
« d'hommes d'armes. » Après la mort de Gaston, la vicomté de Narbonne
fut sans retour au domaine de la couronne.

Ville frontière et clef de la France du côté de l'Espagne, Narbonne fut
fortifiée avec art. Ce fut surtout à l'époque des guerres d'Italie que l'on prit
soin de cette place. A la nouvelle de la perte de la bataille de Pavie, on craignit qu'une armée espagnole ne s'en emparât; et, pendant que le roi étoit
prisonnier, on éleva la plus grande partie de l'enceinte qui existe encore
aujourd'hui. Alors disparurent les restes des temples, des monumens qui em-
bellissoient autrefois cette capitale de la province romaine; on n'en trouveroit
plus aucune trace, si l'ingénieur militaire, plus habile et plus éclairé que
ceux de nos jours, et nous en sommes désolés pour la réputation de l'école
d'où ils sortent, école qui a donné tant d'illustration et qui a rendu tant de
services à la patrie (1), n'avoit eu soin de placer, d'une manière apparente
et souvent avec beaucoup de goût, dans les murs des bastions aux portes, les débris de frises et de corniches, les bas-reliefs et les inscriptions provenant des monumens détruits ou découverts dans les fouilles faites pour asseoir les nouveaux remparts.

L'histoire de Narbonne, durant le XVIe siècle, n'offre qu'un intérêt mé-
diocre. Charles IX y fit, après les premiers troubles, une entrée so-

(1) Ce n'est pas sans un chagrin profond qu'on voit des hommes qui ont appartenu, dans une des
premières écoles du monde, à la brillante élite de la jeunesse françoise, enchérir sur les barbares dans
la destruction des monumens, quand ils sont parvenus aux honneurs civils et militaires : ingénieurs des
ponts et chaussées, en faisant sauter des bâtimens du Xe siècle, et en se servant des sculptures d'une
église merveilleuse pour paver un grand chemin, comme cela s'est passé à Aleth près de Limoux;
ingénieurs militaires, en achevant de détruire les plus belles ruines de France, comme à Saint-Jean
des Vignes, à Soissons ; membres de l'administration de la guerre, en ne rougissant pas de percevoir
deux cents francs de loyer pour l'emplacement d'un musée où se recueillent les antiquités de Narbonne,
la ville bien-aimée de César et d'Auguste. Le nom de César ne pouvoit-il obtenir du génie militaire que les débris de ses aigles eussent un asile sans rançon ?

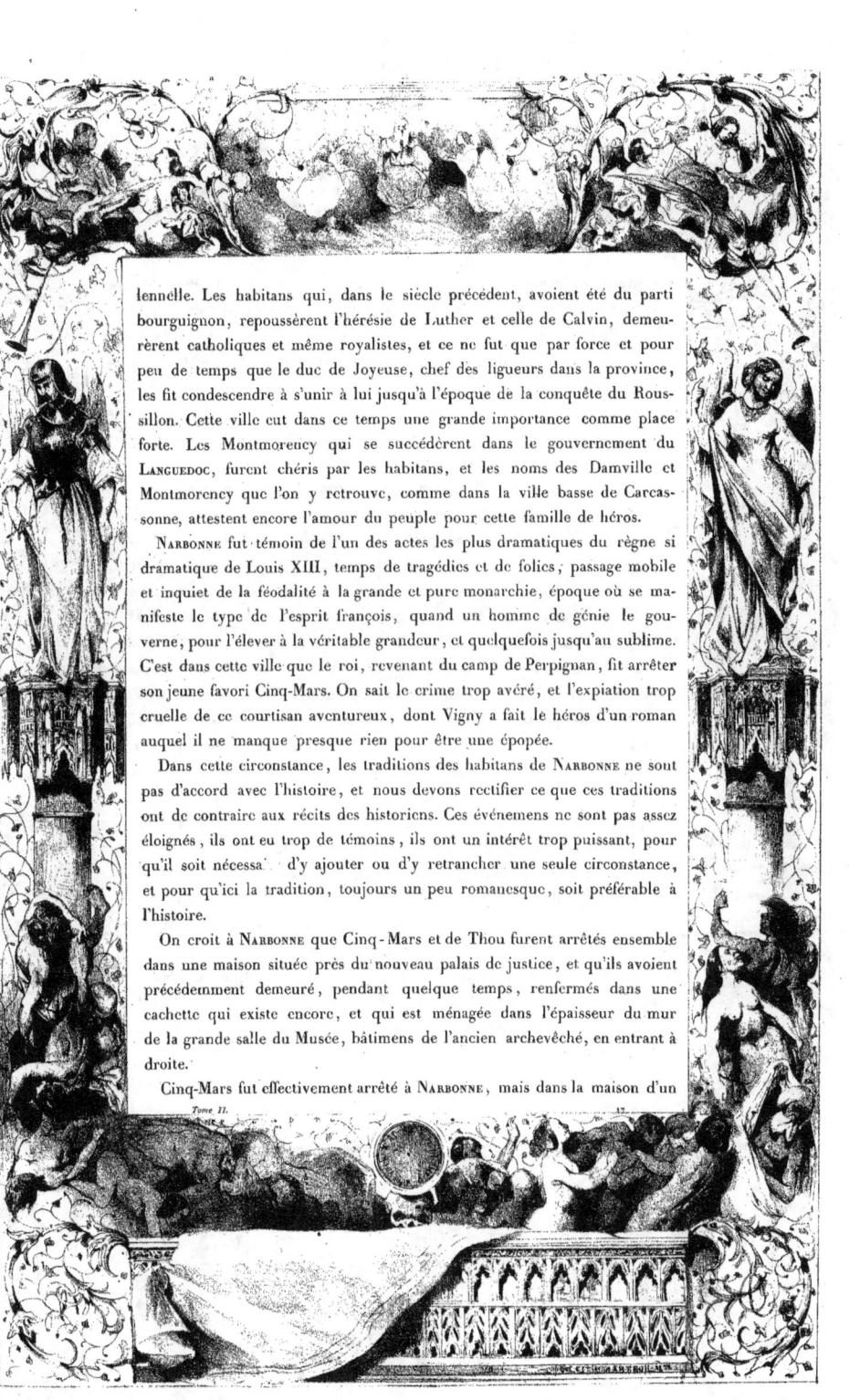

lennelle. Les habitans qui, dans le siècle précédent, avoient été du parti bourguignon, repoussèrent l'hérésie de Luther et celle de Calvin, demeurèrent catholiques et même royalistes, et ce ne fut que par force et pour peu de temps que le duc de Joyeuse, chef des ligueurs dans la province, les fit condescendre à s'unir à lui jusqu'à l'époque de la conquête du Roussillon. Cette ville eut dans ce temps une grande importance comme place forte. Les Montmorency qui se succédèrent dans le gouvernement du LANGUEDOC, furent chéris par les habitans, et les noms des Damville et Montmorency que l'on y retrouve, comme dans la ville basse de Carcassonne, attestent encore l'amour du peuple pour cette famille de héros.

NARBONNE fut témoin de l'un des actes les plus dramatiques du règne si dramatique de Louis XIII, temps de tragédies et de folies; passage mobile et inquiet de la féodalité à la grande et pure monarchie, époque où se manifeste le type de l'esprit françois, quand un homme de génie le gouverne, pour l'élever à la véritable grandeur, et quelquefois jusqu'au sublime. C'est dans cette ville que le roi, revenant du camp de Perpignan, fit arrêter son jeune favori Cinq-Mars. On sait le crime trop avéré, et l'expiation trop cruelle de ce courtisan aventureux, dont Vigny a fait le héros d'un roman auquel il ne manque presque rien pour être une épopée.

Dans cette circonstance, les traditions des habitans de NARBONNE ne sont pas d'accord avec l'histoire, et nous devons rectifier ce que ces traditions ont de contraire aux récits des historiens. Ces événemens ne sont pas assez éloignés, ils ont eu trop de témoins, ils ont un intérêt trop puissant, pour qu'il soit nécessaire d'y ajouter ou d'y retrancher une seule circonstance, et pour qu'ici la tradition, toujours un peu romanesque, soit préférable à l'histoire.

On croit à NARBONNE que Cinq-Mars et de Thou furent arrêtés ensemble dans une maison située près du nouveau palais de justice, et qu'ils avoient précédemment demeuré, pendant quelque temps, renfermés dans une cachette qui existe encore, et qui est ménagée dans l'épaisseur du mur de la grande salle du Musée, bâtimens de l'ancien archevêché, en entrant à droite.

Cinq-Mars fut effectivement arrêté à NARBONNE, mais dans la maison d'un

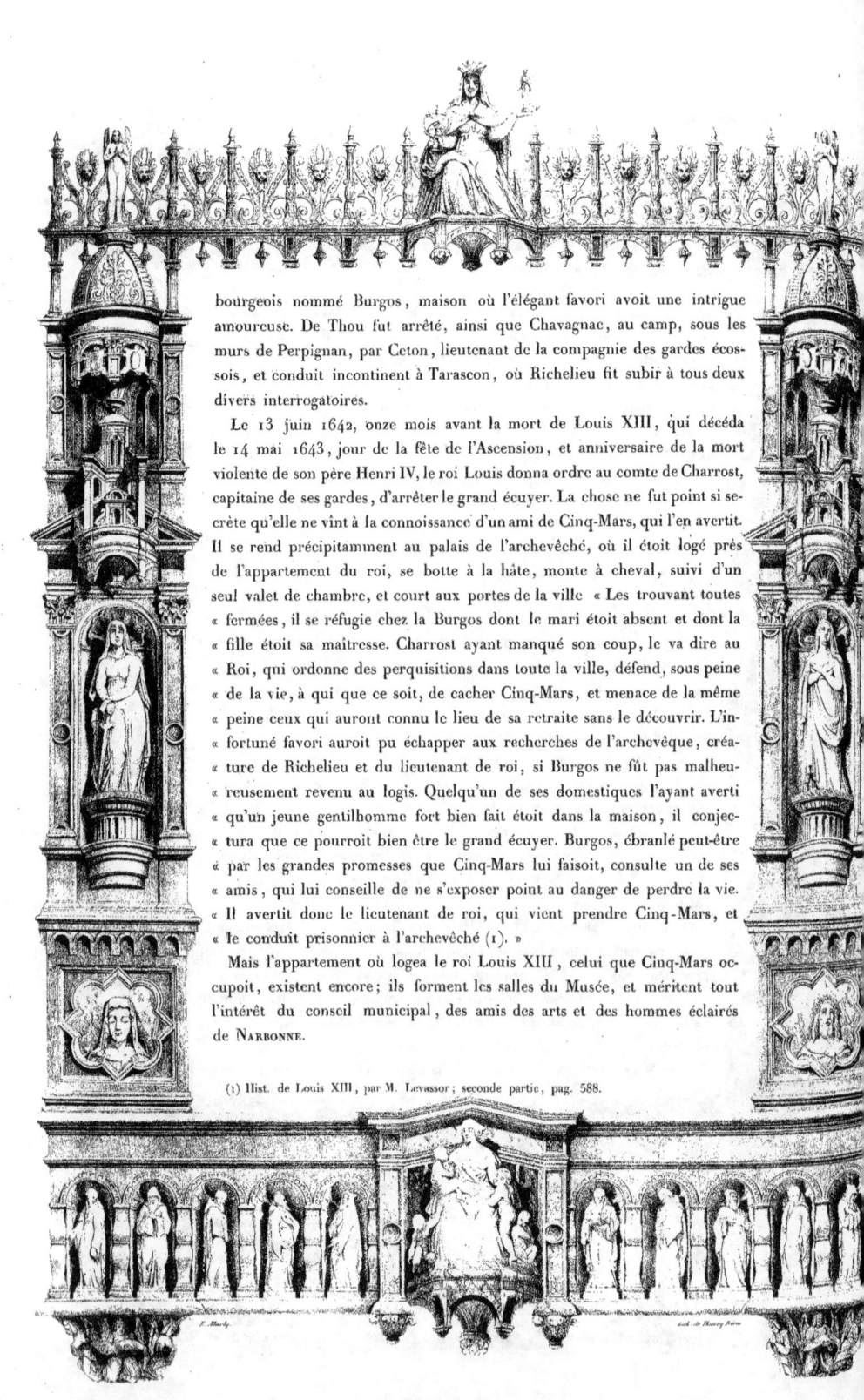

bourgeois nommé Burgos, maison où l'élégant favori avoit une intrigue amoureuse. De Thou fut arrêté, ainsi que Chavagnac, au camp, sous les murs de Perpignan, par Ceton, lieutenant de la compagnie des gardes écossois, et conduit incontinent à Tarascon, où Richelieu fit subir à tous deux divers interrogatoires.

Le 13 juin 1642, onze mois avant la mort de Louis XIII, qui décéda le 14 mai 1643, jour de la fête de l'Ascension, et anniversaire de la mort violente de son père Henri IV, le roi Louis donna ordre au comte de Charrost, capitaine de ses gardes, d'arrêter le grand écuyer. La chose ne fut point si secrète qu'elle ne vînt à la connoissance d'un ami de Cinq-Mars, qui l'en avertit. Il se rend précipitamment au palais de l'archevêché, où il étoit logé près de l'appartement du roi, se botte à la hâte, monte à cheval, suivi d'un seul valet de chambre, et court aux portes de la ville « Les trouvant toutes « fermées, il se réfugie chez la Burgos dont le mari étoit absent et dont la « fille étoit sa maîtresse. Charrost ayant manqué son coup, le va dire au « Roi, qui ordonne des perquisitions dans toute la ville, défend, sous peine « de la vie, à qui que ce soit, de cacher Cinq-Mars, et menace de la même « peine ceux qui auront connu le lieu de sa retraite sans le découvrir. L'in- « fortuné favori auroit pu échapper aux recherches de l'archevêque, créa- « ture de Richelieu et du lieutenant de roi, si Burgos ne fût pas malheu- « reusement revenu au logis. Quelqu'un de ses domestiques l'ayant averti « qu'un jeune gentilhomme fort bien fait étoit dans la maison, il conjec- « tura que ce pourroit bien être le grand écuyer. Burgos, ébranlé peut-être « par les grandes promesses que Cinq-Mars lui faisoit, consulte un de ses « amis, qui lui conseille de ne s'exposer point au danger de perdre la vie. « Il avertit donc le lieutenant de roi, qui vient prendre Cinq-Mars, et « le conduit prisonnier à l'archevêché (1). »

Mais l'appartement où logea le roi Louis XIII, celui que Cinq-Mars occupoit, existent encore; ils forment les salles du Musée, et méritent tout l'intérêt du conseil municipal, des amis des arts et des hommes éclairés de NARBONNE.

(1) Hist. de Louis XIII, par M. Levassor; seconde partie, pag. 588.

Et puisque nous venons à parler de ces appartemens et de ce Musée, qui a été créé par un des hommes les plus distingués de cette province, qui renferme tant de savans et de lettrés, et qui a toute notre estime, nous donnerons brièvement la notice de ce qu'il renferme.

Grand nombre de poteries romaines, quelques antiquités égyptiennes. Quatre bas-reliefs grecs et quelques vases étrusques.

De la période gallo-romaine, grand nombre de vases funéraires, en plomb, en verre, en marbre, en pierre, en terre cuite, contenant des ossemens brûlés.

Un petit tombeau carré en terre cuite, renfermant des lacrymatoires, des vases à alimens, des ustensiles de fer, des épingles en ivoire, un miroir en métal, une dent de sanglier, des coquilles marines et une petite figurine en plomb.

Plusieurs sarcophages importans, des meules à bras en lave d'Agde, des briques à rebords et anté-fixes, des poteries de fabrique gauloise et latine avec le cachet de la fabrique, un grand nombre de cippes funéraires.

Plusieurs pavés mosaïques.

Une inscription constatant la fondation d'un autel à Vulcain, en vertu d'un décret des décurions ; un bas-relief du temple élevé par Auguste à Jupiter tonnant Conservateur ; l'inscription désignée sous le nom de tables d'Auguste ; des bas-reliefs et des sculptures provenant d'un arc de triomphe ; grand nombre de morceaux de la frise de l'ancien théâtre ; des représentations de repas funèbres, des tauroboles, des chapiteaux, des bases, des têtes antiques, des fragments de statues, nombre de médailles ; et pour le moyen âge, l'inscription curieuse de l'évêque Rustique, et deux inscriptions du temps des rois visigoths, dont nous avons déjà parlé ; des sarcophages des Ve et VIe siècles ; des inscriptions romanes ; une curieuse collection de chapiteaux romans et gothiques ; des statues de guerriers et de femmes de différens siècles ; un très-beau fragment en albâtre gypseux du tombeau de Philippe le Hardi ; un bas-relief représentant le néophyte qui vient de recevoir le baptême par submersion, et l'onction du saint chrême des mains d'un évêque. On y remarque surtout une inscription hébraïque, genre de monument assez rare ; elle fut faite en mémoire d'une permission

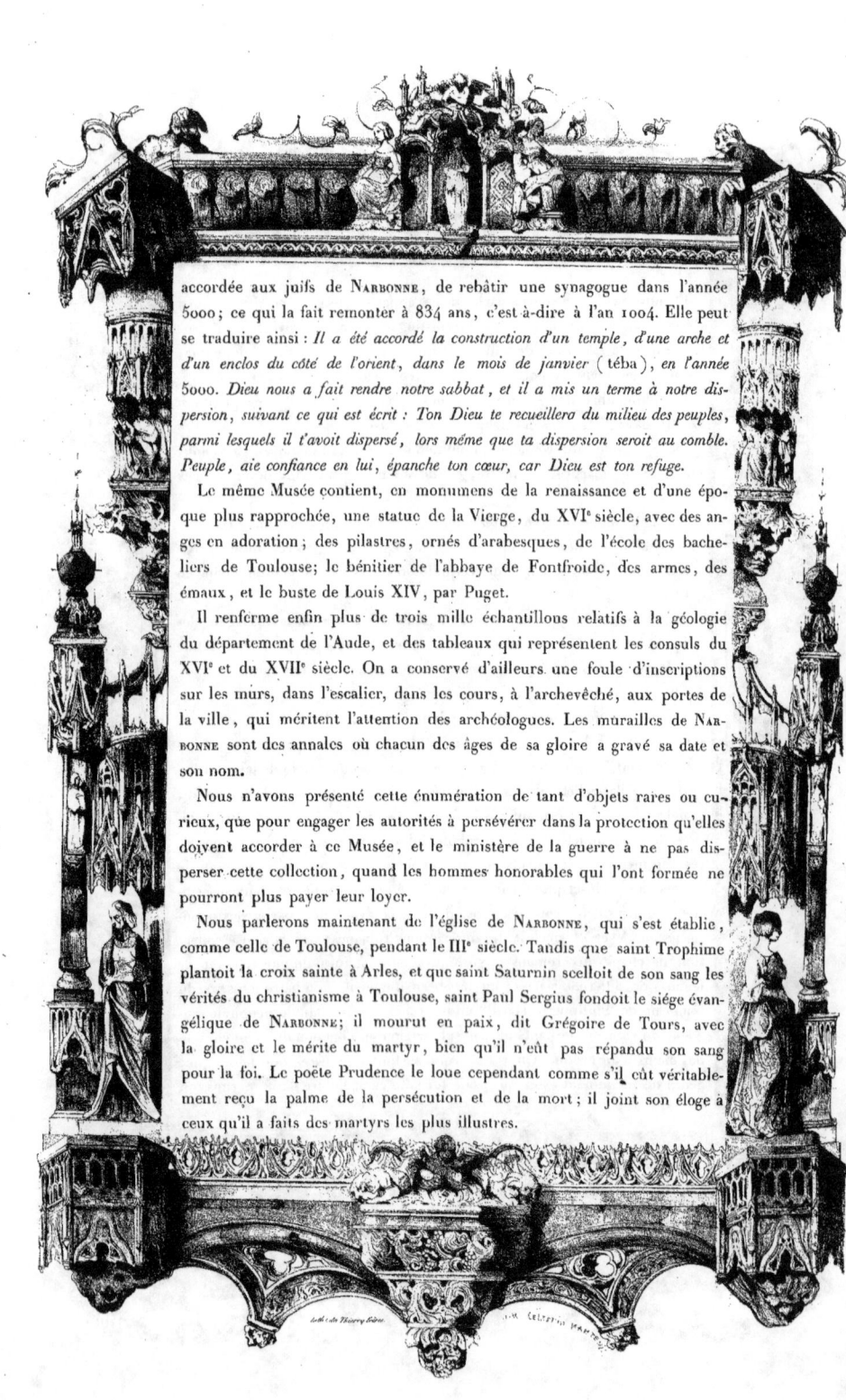

accordée aux juifs de Narbonne, de rebâtir une synagogue dans l'année 5000 ; ce qui la fait remonter à 834 ans, c'est-à-dire à l'an 1004. Elle peut se traduire ainsi : *Il a été accordé la construction d'un temple, d'une arche et d'un enclos du côté de l'orient, dans le mois de janvier (téba), en l'année 5000. Dieu nous a fait rendre notre sabbat, et il a mis un terme à notre dispersion, suivant ce qui est écrit : Ton Dieu te recueillera du milieu des peuples, parmi lesquels il t'avoit dispersé, lors même que ta dispersion seroit au comble. Peuple, aie confiance en lui, épanche ton cœur, car Dieu est ton refuge.*

Le même Musée contient, en monumens de la renaissance et d'une époque plus rapprochée, une statue de la Vierge, du XVI⁰ siècle, avec des anges en adoration ; des pilastres, ornés d'arabesques, de l'école des bacheliers de Toulouse ; le bénitier de l'abbaye de Fontfroide, des armes, des émaux, et le buste de Louis XIV, par Puget.

Il renferme enfin plus de trois mille échantillons relatifs à la géologie du département de l'Aude, et des tableaux qui représentent les consuls du XVI⁰ et du XVII⁰ siècle. On a conservé d'ailleurs une foule d'inscriptions sur les murs, dans l'escalier, dans les cours, à l'archevêché, aux portes de la ville, qui méritent l'attention des archéologues. Les murailles de Narbonne sont des annales où chacun des âges de sa gloire a gravé sa date et son nom.

Nous n'avons présenté cette énumération de tant d'objets rares ou curieux, que pour engager les autorités à persévérer dans la protection qu'elles doivent accorder à ce Musée, et le ministère de la guerre à ne pas disperser cette collection, quand les hommes honorables qui l'ont formée ne pourront plus payer leur loyer.

Nous parlerons maintenant de l'église de Narbonne, qui s'est établie, comme celle de Toulouse, pendant le III⁰ siècle. Tandis que saint Trophime plantoit la croix sainte à Arles, et que saint Saturnin scelloit de son sang les vérités du christianisme à Toulouse, saint Paul Sergius fondoit le siége évangélique de Narbonne ; il mourut en paix, dit Grégoire de Tours, avec la gloire et le mérite du martyr, bien qu'il n'eût pas répandu son sang pour la foi. Le poëte Prudence le loue cependant comme s'il eût véritablement reçu la palme de la persécution et de la mort ; il joint son éloge à ceux qu'il a faits des martyrs les plus illustres.

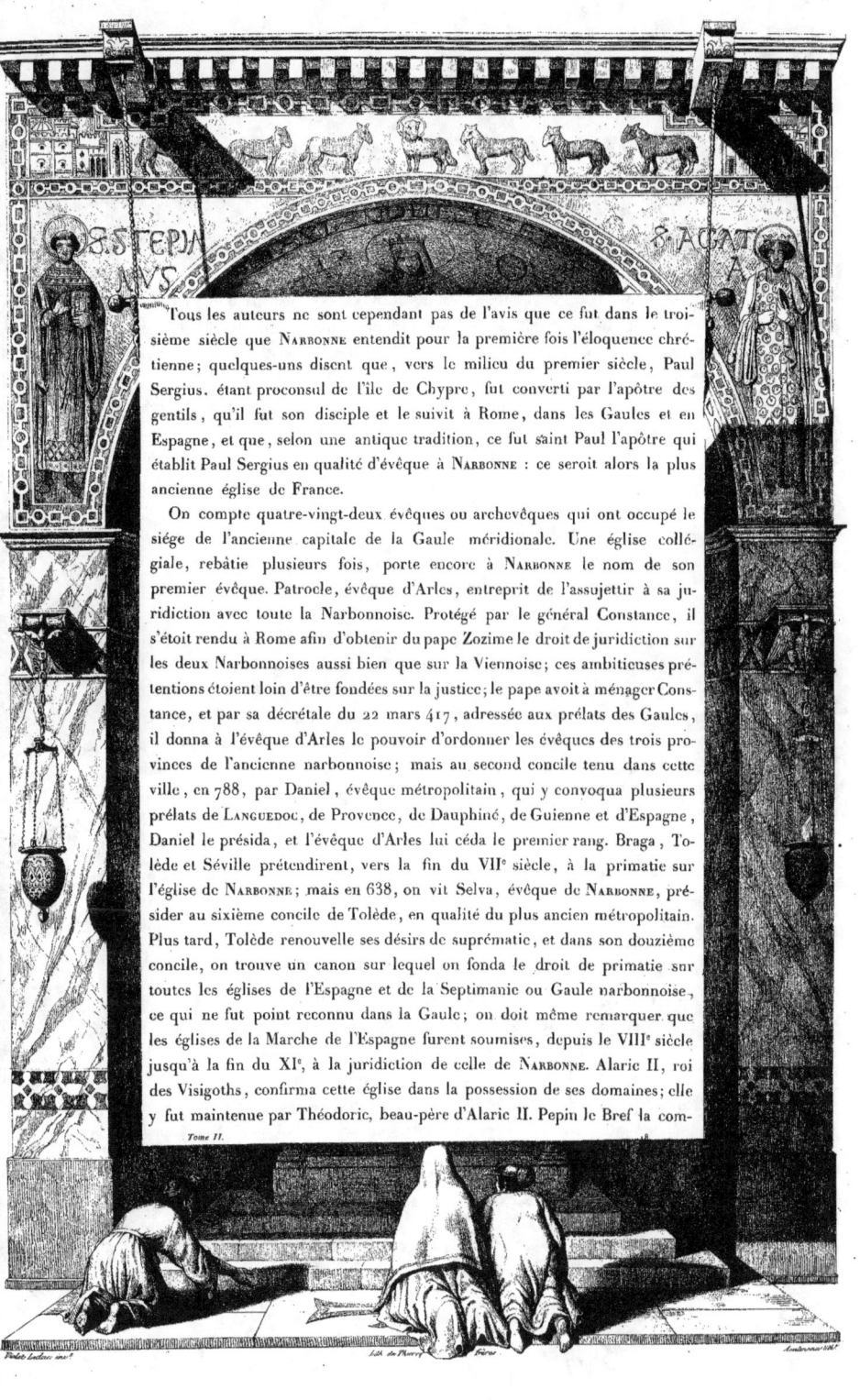

Tous les auteurs ne sont cependant pas de l'avis que ce fut dans le troisième siècle que Narbonne entendit pour la première fois l'éloquence chrétienne; quelques-uns disent que, vers le milieu du premier siècle, Paul Sergius, étant proconsul de l'île de Chypre, fut converti par l'apôtre des gentils, qu'il fut son disciple et le suivit à Rome, dans les Gaules et en Espagne, et que, selon une antique tradition, ce fut saint Paul l'apôtre qui établit Paul Sergius en qualité d'évêque à Narbonne : ce seroit alors la plus ancienne église de France.

On compte quatre-vingt-deux évêques ou archevêques qui ont occupé le siége de l'ancienne capitale de la Gaule méridionale. Une église collégiale, rebâtie plusieurs fois, porte encore à Narbonne le nom de son premier évêque. Patrocle, évêque d'Arles, entreprit de l'assujettir à sa juridiction avec toute la Narbonnoise. Protégé par le général Constance, il s'étoit rendu à Rome afin d'obtenir du pape Zozime le droit de juridiction sur les deux Narbonnoises aussi bien que sur la Viennoise; ces ambitieuses prétentions étoient loin d'être fondées sur la justice; le pape avoit à ménager Constance, et par sa décrétale du 22 mars 417, adressée aux prélats des Gaules, il donna à l'évêque d'Arles le pouvoir d'ordonner les évêques des trois provinces de l'ancienne narbonnoise; mais au second concile tenu dans cette ville, en 788, par Daniel, évêque métropolitain, qui y convoqua plusieurs prélats de Languedoc, de Provence, de Dauphiné, de Guienne et d'Espagne, Daniel le présida, et l'évêque d'Arles lui céda le premier rang. Braga, Tolède et Séville prétendirent, vers la fin du VII⁰ siècle, à la primatie sur l'église de Narbonne; mais en 638, on vit Selva, évêque de Narbonne, présider au sixième concile de Tolède, en qualité du plus ancien métropolitain. Plus tard, Tolède renouvelle ses désirs de suprématie, et dans son douzième concile, on trouve un canon sur lequel on fonda le droit de primatie sur toutes les églises de l'Espagne et de la Septimanie ou Gaule narbonnoise, ce qui ne fut point reconnu dans la Gaule; on doit même remarquer que les églises de la Marche de l'Espagne furent soumises, depuis le VIII⁰ siècle jusqu'à la fin du XI⁰, à la juridiction de celle de Narbonne. Alaric II, roi des Visigoths, confirma cette église dans la possession de ses domaines; elle y fut maintenue par Théodoric, beau-père d'Alaric II. Pepin le Bref la com-

bla de bienfaits, et si Milon, comte de Narbonne, usurpa une partie des biens qu'elle possédoit, ils lui furent rendus sous le règne de Charlemagne. Louis le Débonnaire et Charles le Chauve lui assurèrent la continuation de ses priviléges.

Dès le temps où Constantin se convertit à la foi catholique, Narbonne fut une des principales églises de la chrétienté. Incendiée le 13 octobre 441, on mit quatre ans à sa reconstruction; nous avons déjà parlé deux fois de l'inscription qui constate ces faits. Charlemagne la fit rebâtir sous l'invocation de saint Just et de saint Pasteur; ses chanoines embrassèrent la règle de Saint-Augustin. Au XIIIe siècle, cet édifice tomboit en ruine; Guy-Fulcoldi, archevêque de Narbonne, depuis pape, sous le nom de Clément IV, avoit conçu le projet de la rééditier; Maurin, son successeur, qui avoit accompagné saint Louis en Afrique, en fit commencer la construction : le pape avoit envoyé de Rome, toute bénite, la pierre fondamentale ornée d'une croix d'or. Les travaux commencèrent le 13 avril 1272; le chœur, les chapelles et les deux grandes tours, ne furent achevées qu'en 1332, et le chœur est la seule partie qui soit véritablement terminée; on y établit l'office divin le jour de Pâques de la même année. L'édifice resta ainsi imparfait jusqu'au commencement du XVIIe siècle; la nef étoit abandonnée lorsque M. de Laberchère, archevêque, en fit reprendre les travaux le 17 juin 1708; on employa des sommes assez considérables pour faire élever les murs et les piliers jusqu'à la naissance des voûtes; mais les temps de ferveur et de foi étant passés, l'argent manqua, et la mort du digne archevêque, arrivée en 1719, fit suspendre les travaux; M. de Beauvau, son successeur, essaya de les faire reprendre, et certes l'époque étoit encore moins fervente; aussi ne fut-on pas plus heureux; il est probable maintenant que ce monument ne sera jamais achevé. Cette noble église qui, comme la cathédrale de Cologne, n'a voulu laisser sortir de la terre que sa tête élégante et parée, est une des belles productions de l'architecture ogivale. La pureté du style, la richesse et le bon goût des ornemens, le grand nombre de ses vitraux, la hardiesse de ses voûtes, qui ont cent pieds d'élévation, et qui reposent sur des piliers dont le diamètre n'a que cinq pieds, en font un des plus beaux édifices gothiques du midi de la France. Ses chapelles

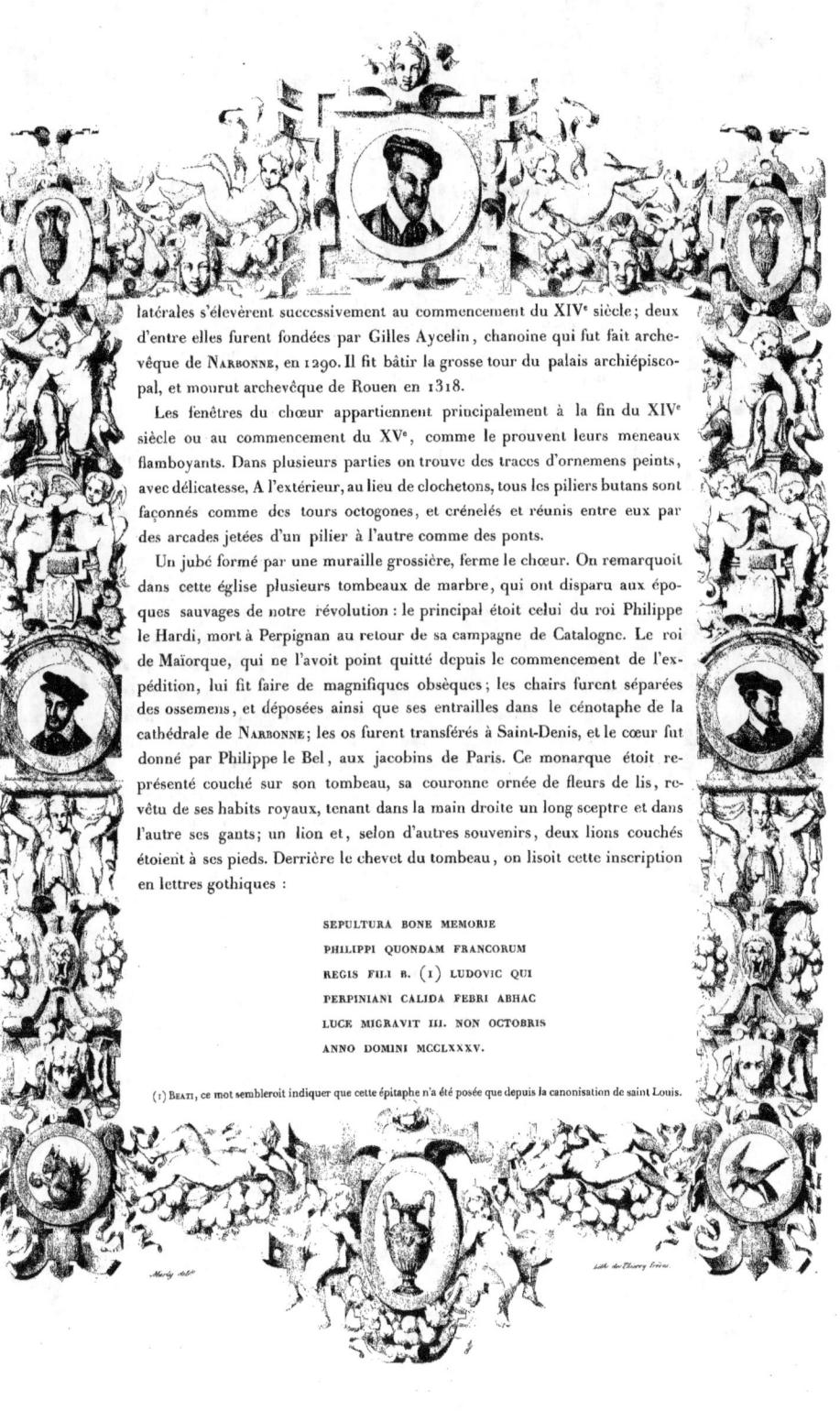

latérales s'élevèrent successivement au commencement du XIV° siècle ; deux d'entre elles furent fondées par Gilles Aycelin, chanoine qui fut fait archevêque de NARBONNE, en 1290. Il fit bâtir la grosse tour du palais archiépiscopal, et mourut archevêque de Rouen en 1318.

Les fenêtres du chœur appartiennent principalement à la fin du XIV° siècle ou au commencement du XV°, comme le prouvent leurs meneaux flamboyants. Dans plusieurs parties on trouve des traces d'ornemens peints, avec délicatesse, A l'extérieur, au lieu de clochetons, tous les piliers butans sont façonnés comme des tours octogones, et crénelés et réunis entre eux par des arcades jetées d'un pilier à l'autre comme des ponts.

Un jubé formé par une muraille grossière, ferme le chœur. On remarquoit dans cette église plusieurs tombeaux de marbre, qui ont disparu aux époques sauvages de notre révolution : le principal étoit celui du roi Philippe le Hardi, mort à Perpignan au retour de sa campagne de Catalogne. Le roi de Maïorque, qui ne l'avoit point quitté depuis le commencement de l'expédition, lui fit faire de magnifiques obsèques ; les chairs furent séparées des ossemens, et déposées ainsi que ses entrailles dans le cénotaphe de la cathédrale de NARBONNE ; les os furent transférés à Saint-Denis, et le cœur fut donné par Philippe le Bel, aux jacobins de Paris. Ce monarque étoit représenté couché sur son tombeau, sa couronne ornée de fleurs de lis, revêtu de ses habits royaux, tenant dans la main droite un long sceptre et dans l'autre ses gants ; un lion et, selon d'autres souvenirs, deux lions couchés étoient à ses pieds. Derrière le chevet du tombeau, on lisoit cette inscription en lettres gothiques :

> SEPULTURA BONE MEMORIE
> PHILIPPI QUONDAM FRANCORUM
> REGIS FILI B. (1) LUDOVIC QUI
> PERPINIANI CALIDA FEBRI ABHAC
> LUCE MIGRAVIT III. NON OCTOBRIS
> ANNO DOMINI MCCLXXXV.

(1) BEATI, ce mot sembleroit indiquer que cette épitaphe n'a été posée que depuis la canonisation de saint Louis.

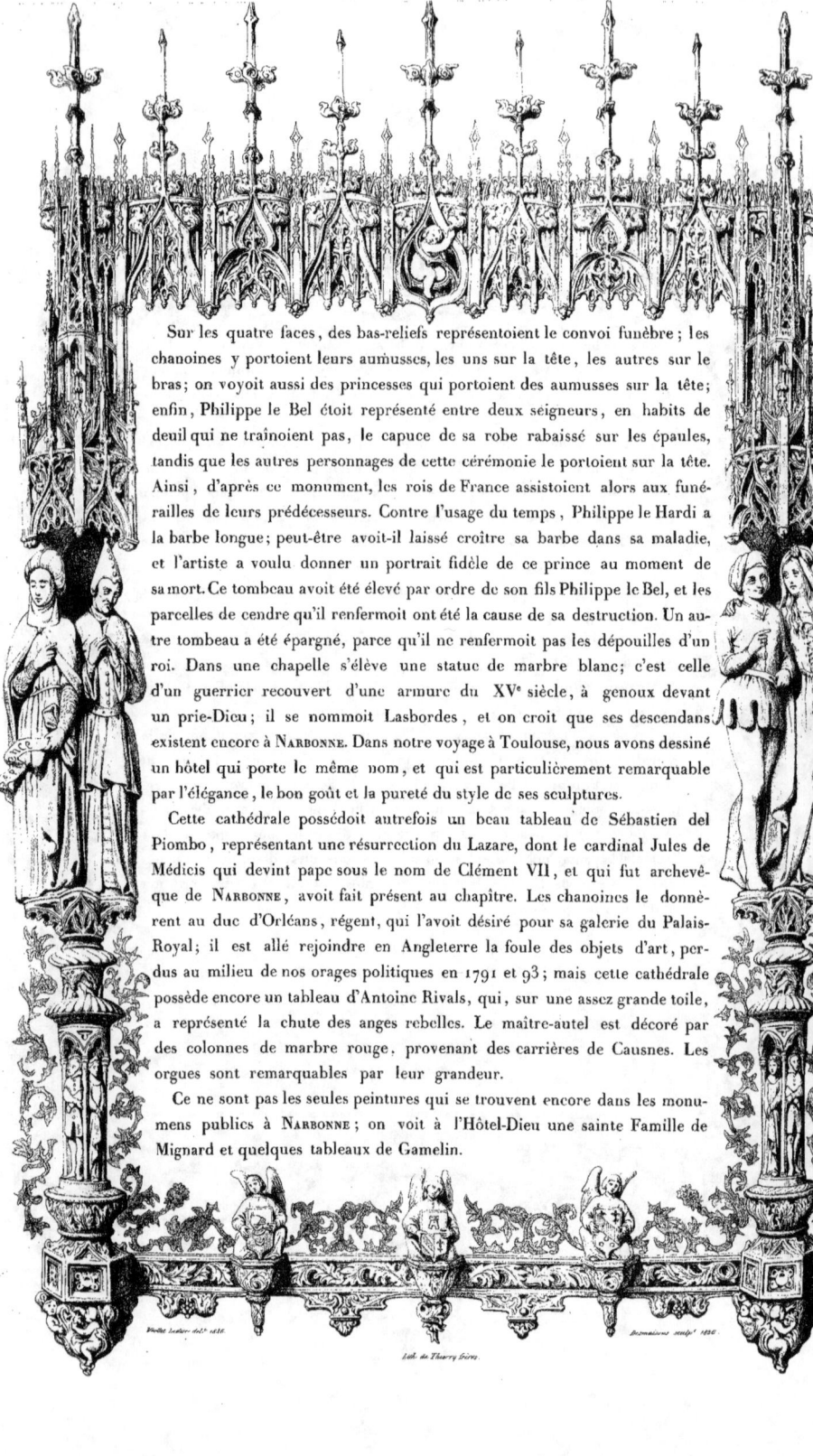

Sur les quatre faces, des bas-reliefs représentoient le convoi funèbre; les chanoines y portoient leurs aumusses, les uns sur la tête, les autres sur le bras; on voyoit aussi des princesses qui portoient des aumusses sur la tête; enfin, Philippe le Bel étoit représenté entre deux seigneurs, en habits de deuil qui ne traînoient pas, le capuce de sa robe rabaissé sur les épaules, tandis que les autres personnages de cette cérémonie le portoient sur la tête. Ainsi, d'après ce monument, les rois de France assistoient alors aux funérailles de leurs prédécesseurs. Contre l'usage du temps, Philippe le Hardi a la barbe longue; peut-être avoit-il laissé croître sa barbe dans sa maladie, et l'artiste a voulu donner un portrait fidèle de ce prince au moment de sa mort. Ce tombeau avoit été élevé par ordre de son fils Philippe le Bel, et les parcelles de cendre qu'il renfermoit ont été la cause de sa destruction. Un autre tombeau a été épargné, parce qu'il ne renfermoit pas les dépouilles d'un roi. Dans une chapelle s'élève une statue de marbre blanc; c'est celle d'un guerrier recouvert d'une armure du XV⁰ siècle, à genoux devant un prie-Dieu; il se nommoit Lasbordes, et on croit que ses descendans existent encore à Narbonne. Dans notre voyage à Toulouse, nous avons dessiné un hôtel qui porte le même nom, et qui est particulièrement remarquable par l'élégance, le bon goût et la pureté du style de ses sculptures.

Cette cathédrale possédoit autrefois un beau tableau de Sébastien del Piombo, représentant une résurrection du Lazare, dont le cardinal Jules de Médicis qui devint pape sous le nom de Clément VII, et qui fut archevêque de Narbonne, avoit fait présent au chapitre. Les chanoines le donnèrent au duc d'Orléans, régent, qui l'avoit désiré pour sa galerie du Palais-Royal; il est allé rejoindre en Angleterre la foule des objets d'art, perdus au milieu de nos orages politiques en 1791 et 93; mais cette cathédrale possède encore un tableau d'Antoine Rivals, qui, sur une assez grande toile, a représenté la chute des anges rebelles. Le maître-autel est décoré par des colonnes de marbre rouge, provenant des carrières de Causnes. Les orgues sont remarquables par leur grandeur.

Ce ne sont pas les seules peintures qui se trouvent encore dans les monumens publics à Narbonne; on voit à l'Hôtel-Dieu une sainte Famille de Mignard et quelques tableaux de Gamelin.

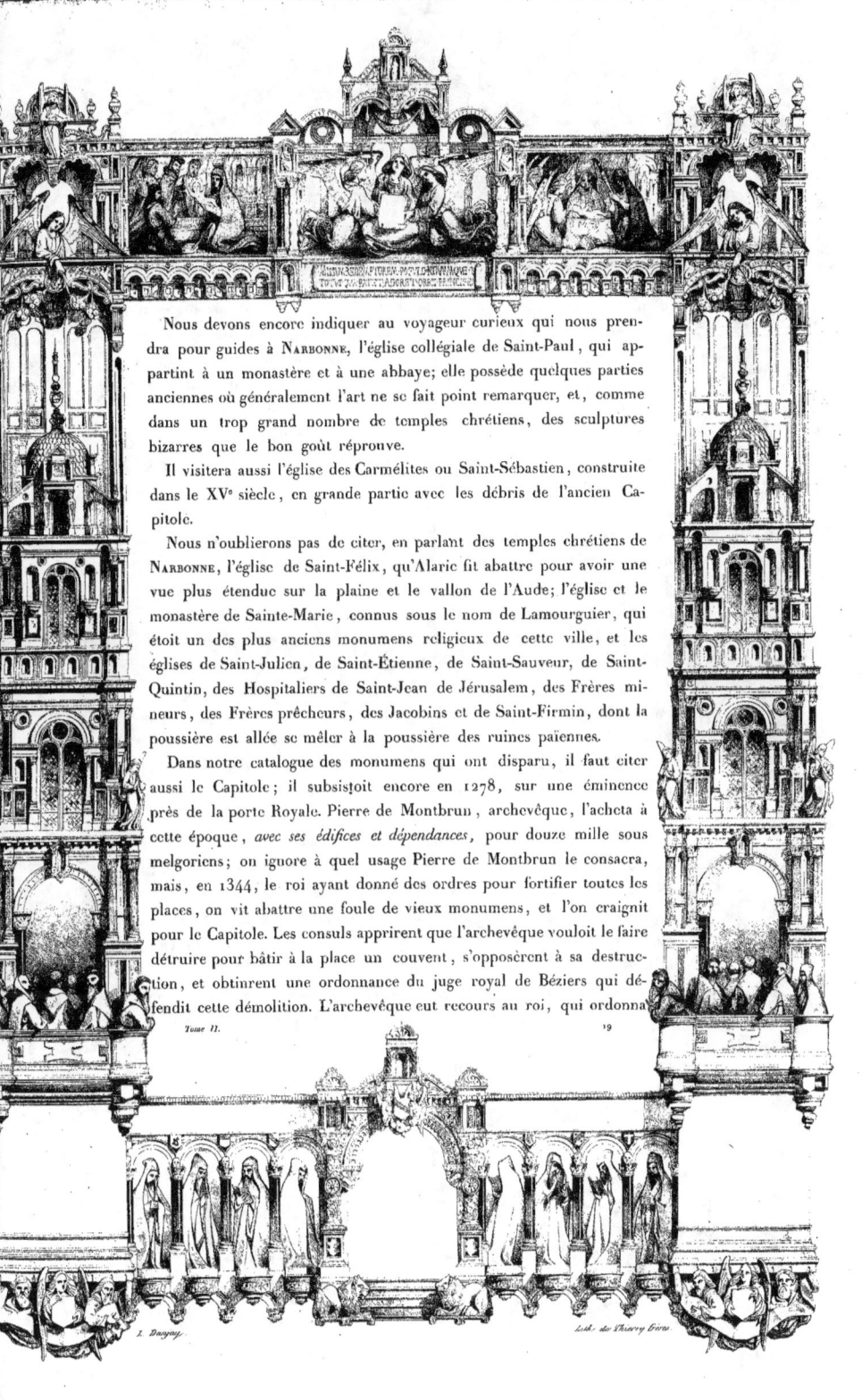

Nous devons encore indiquer au voyageur curieux qui nous prendra pour guides à Narbonne, l'église collégiale de Saint-Paul, qui appartint à un monastère et à une abbaye; elle possède quelques parties anciennes où généralement l'art ne se fait point remarquer, et, comme dans un trop grand nombre de temples chrétiens, des sculptures bizarres que le bon goût réprouve.

Il visitera aussi l'église des Carmélites ou Saint-Sébastien, construite dans le XVe siècle, en grande partie avec les débris de l'ancien Capitole.

Nous n'oublierons pas de citer, en parlant des temples chrétiens de Narbonne, l'église de Saint-Félix, qu'Alaric fit abattre pour avoir une vue plus étendue sur la plaine et le vallon de l'Aude; l'église et le monastère de Sainte-Marie, connus sous le nom de Lamourguier, qui étoit un des plus anciens monumens religieux de cette ville, et les églises de Saint-Julien, de Saint-Étienne, de Saint-Sauveur, de Saint-Quintin, des Hospitaliers de Saint-Jean de Jérusalem, des Frères mineurs, des Frères prêcheurs, des Jacobins et de Saint-Firmin, dont la poussière est allée se mêler à la poussière des ruines païennes.

Dans notre catalogue des monumens qui ont disparu, il faut citer aussi le Capitole; il subsistoit encore en 1278, sur une éminence près de la porte Royale. Pierre de Montbrun, archevêque, l'acheta à cette époque, *avec ses édifices et dépendances*, pour douze mille sous melgoriens; on ignore à quel usage Pierre de Montbrun le consacra, mais, en 1344, le roi ayant donné des ordres pour fortifier toutes les places, on vit abattre une foule de vieux monumens, et l'on craignit pour le Capitole. Les consuls apprirent que l'archevêque vouloit le faire détruire pour bâtir à la place un couvent, s'opposèrent à sa destruction, et obtinrent une ordonnance du juge royal de Béziers qui défendit cette démolition. L'archevêque eut recours au roi, qui ordonna

d'informer. Il paroît que l'information, si elle eut lieu, ne fut point favorable aux prétentions du prélat, puisque le Capitole subsistoit encore en 1451; Narbonne n'eut pas alors des magistrats aussi zélés pour sa vieille gloire qu'en 1344, et l'archevêque, Jean de Harcourt, patriarche de Jérusalem, le fit abattre; de ses débris on construisit l'église collégiale de Saint-Sébastien et une partie des murs de la ville

Le palais de l'archevêché est un de ces monumens curieux du midi de la France, qui, comme le palais des papes à Avignon, et la cathédrale de Béziers, offrent l'aspect d'un caractère d'architecture noble, sévère et imposante, semblable à celle des palais de Florence; il ressemble plus à une forteresse qu'à un palais; mais sa haute tour carrée, que le temps a couverte de cette belle teinte d'or qu'il accorde à ses monumens bien-aimés de l'Espagne, de l'Italie ou de l'Orient, cette tour, située au centre de la ville, dont elle domine presque tous les édifices en même temps qu'elle semble les protéger; la cour irrégulière de ce palais; son large escalier couvert des débris et des inscriptions de l'antique Narbo; son silence, sa solitude, ses souvenirs, en font un des beaux monumens historiques de la France.

Narbonne a possédé jusqu'à près d'un millier d'inscriptions antiques; mais les deux plus importantes, les belles tables votives, dans lesquelles la ville de Narbonne a consacré sa reconnaissance à l'empereur Auguste, et qui furent trouvées dans les fondemens des anciens murs de la ville, en 1566, posées d'abord au coin du palais, du côté de la place, et ensuite, à la sollicitation du chanoine Pech, de Saint-Paul, dans l'archevêché, à l'angle du mur de la salle où l'on tenoit le synode, ne sauroient être négligées dans nos foibles essais historiques sur cette illustre ville. En voici la traduction :

« Titus Statilius Taurus, Lucius Cassius Longinus Taurus, étant con-
« suls, le X (1) des calendes d'octobre, vœu fait à perpétuité par le
« peuple de Narbonne, à la divinité d'Auguste.

« Que cela soit bon, favorable et heureux à l'empereur César-Auguste, fils

(1) *Kalendas octobris* : le 22 septembre, selon notre calendrier.

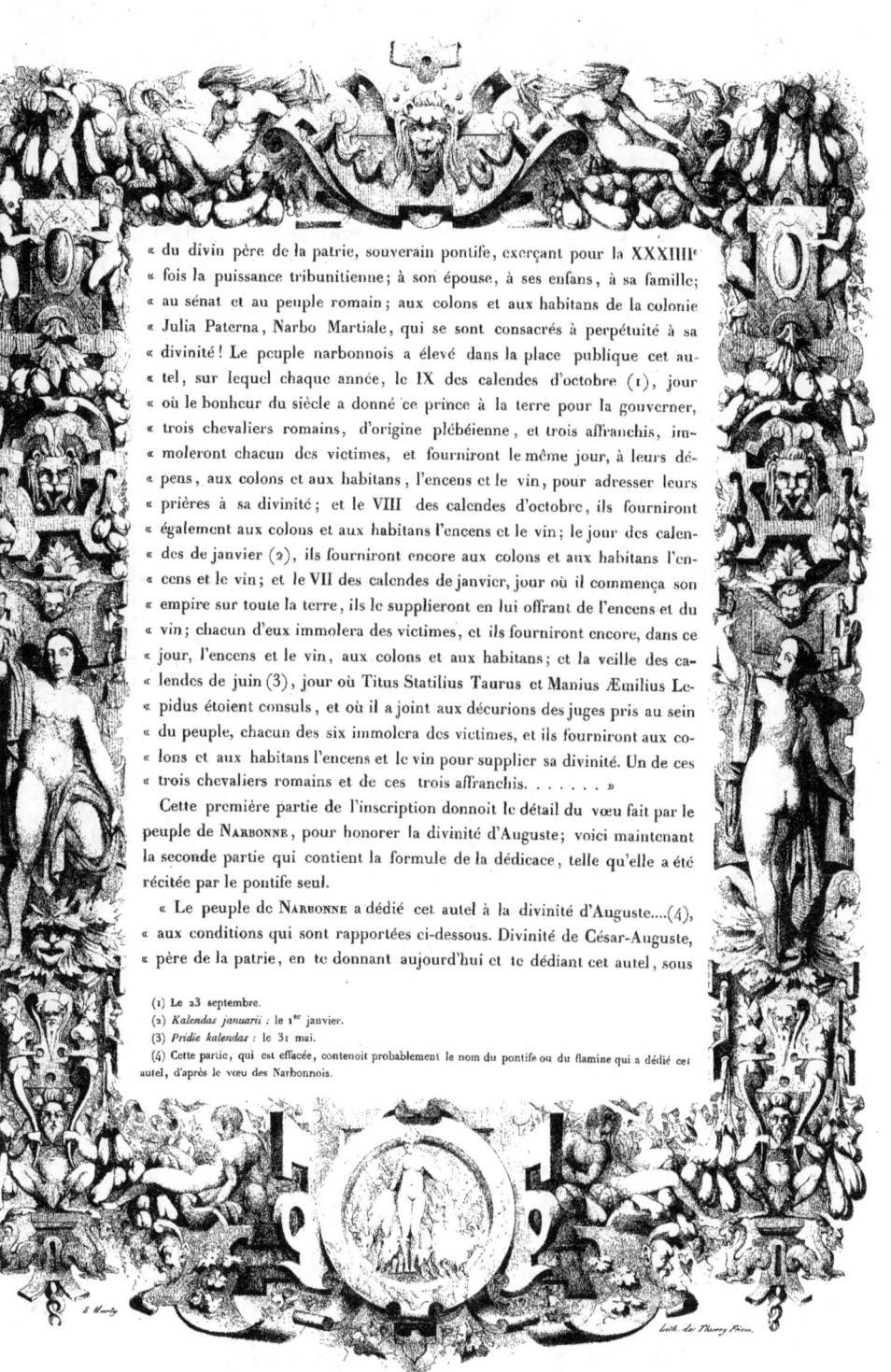

« du divin père de la patrie, souverain pontife, exerçant pour la XXXIIIIe
« fois la puissance tribunitienne ; à son épouse, à ses enfans, à sa famille ;
« au sénat et au peuple romain ; aux colons et aux habitans de la colonie
« Julia Paterna, Narbo Martiale, qui se sont consacrés à perpétuité à sa
« divinité ! Le peuple narbonnois a élevé dans la place publique cet au-
« tel, sur lequel chaque année, le IX des calendes d'octobre (1), jour
« où le bonheur du siècle a donné ce prince à la terre pour la gouverner,
« trois chevaliers romains, d'origine plébéienne, et trois affranchis, im-
« moleront chacun des victimes, et fourniront le même jour, à leurs dé-
« pens, aux colons et aux habitans, l'encens et le vin, pour adresser leurs
« prières à sa divinité ; et le VIII des calendes d'octobre, ils fourniront
« également aux colons et aux habitans l'encens et le vin ; le jour des calen-
« des de janvier (2), ils fourniront encore aux colons et aux habitans l'en-
« cens et le vin ; et le VII des calendes de janvier, jour où il commença son
« empire sur toute la terre, ils le supplieront en lui offrant de l'encens et du
« vin ; chacun d'eux immolera des victimes, et ils fourniront encore, dans ce
« jour, l'encens et le vin, aux colons et aux habitans ; et la veille des ca-
« lendes de juin (3), jour où Titus Statilius Taurus et Manius Æmilius Le-
« pidus étoient consuls, et où il a joint aux décurions des juges pris au sein
« du peuple, chacun des six immolera des victimes, et ils fourniront aux co-
« lons et aux habitans l'encens et le vin pour supplier sa divinité. Un de ces
« trois chevaliers romains et de ces trois affranchis. . . . . . . »

Cette première partie de l'inscription donnoit le détail du vœu fait par le peuple de Narbonne, pour honorer la divinité d'Auguste ; voici maintenant la seconde partie qui contient la formule de la dédicace, telle qu'elle a été récitée par le pontife seul.

« Le peuple de Narbonne a dédié cet autel à la divinité d'Auguste....(4),
« aux conditions qui sont rapportées ci-dessous. Divinité de César-Auguste,
« père de la patrie, en te donnant aujourd'hui et te dédiant cet autel, sous

(1) Le 23 septembre.
(2) *Kalendas januarii* : le 1er janvier.
(3) *Pridie kalendas* : le 31 mai.
(4) Cette partie, qui est effacée, contenoit probablement le nom du pontife ou du flamine qui a dédié cet autel, d'après le vœu des Narbonnois.

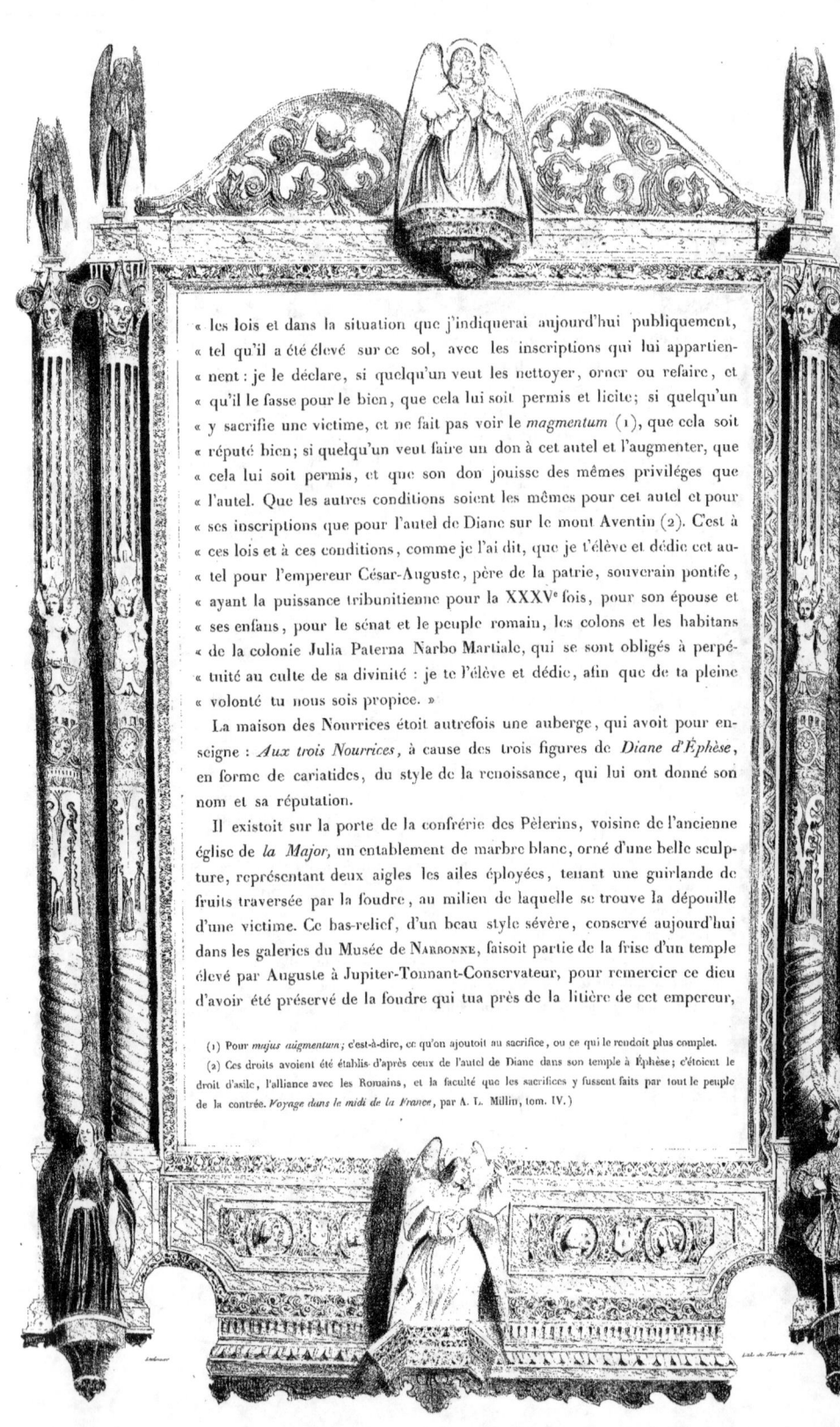

« les lois et dans la situation que j'indiquerai aujourd'hui publiquement,
« tel qu'il a été élevé sur ce sol, avec les inscriptions qui lui appartien-
« nent : je le déclare, si quelqu'un veut les nettoyer, orner ou refaire, et
« qu'il le fasse pour le bien, que cela lui soit permis et licite ; si quelqu'un
« y sacrifie une victime, et ne fait pas voir le *magmentum* (1), que cela soit
« réputé bien ; si quelqu'un veut faire un don à cet autel et l'augmenter, que
« cela lui soit permis, et que son don jouisse des mêmes privilèges que
« l'autel. Que les autres conditions soient les mêmes pour cet autel et pour
« ses inscriptions que pour l'autel de Diane sur le mont Aventin (2). C'est à
« ces lois et à ces conditions, comme je l'ai dit, que je t'élève et dédie cet au-
« tel pour l'empereur César-Auguste, père de la patrie, souverain pontife,
« ayant la puissance tribunitienne pour la XXXVe fois, pour son épouse et
« ses enfans, pour le sénat et le peuple romain, les colons et les habitans
« de la colonie Julia Paterna Narbo Martiale, qui se sont obligés à perpé-
« tuité au culte de sa divinité : je t'élève et dédie, afin que de ta pleine
« volonté tu nous sois propice. »

La maison des Nourrices étoit autrefois une auberge, qui avoit pour enseigne : *Aux trois Nourrices*, à cause des trois figures de *Diane d'Éphèse*, en forme de cariatides, du style de la renaissance, qui lui ont donné son nom et sa réputation.

Il existoit sur la porte de la confrérie des Pèlerins, voisine de l'ancienne église de *la Major*, un entablement de marbre blanc, orné d'une belle sculpture, représentant deux aigles les ailes éployées, tenant une guirlande de fruits traversée par la foudre, au milieu de laquelle se trouve la dépouille d'une victime. Ce bas-relief, d'un beau style sévère, conservé aujourd'hui dans les galeries du Musée de NARBONNE, faisoit partie de la frise d'un temple élevé par Auguste à Jupiter-Tonnant-Conservateur, pour remercier ce dieu d'avoir été préservé de la foudre qui tua près de la litière de cet empereur,

---

(1) Pour *majus augmentum* ; c'est-à-dire, ce qu'on ajoutoit au sacrifice, ou ce qui le rendoit plus complet.

(2) Ces droits avoient été établis d'après ceux de l'autel de Diane dans son temple à Éphèse ; c'étoient le droit d'asile, l'alliance avec les Romains, et la faculté que les sacrifices y fussent faits par tout le peuple de la contrée. *Voyage dans le midi de la France*, par A. L. Millin, tom. IV.)

lorsqu'il venoit de se soumettre les Cantabres, le valet qui tenoit un flambeau pour éclairer sa marche.

Près du cloître de la cathédrale, une tour, qui rappelle l'architecture carlovingienne, mérite quelque attention.

Les murailles de cette ville sont couvertes d'un ornement qui représente un boulet à demi enfoncé dans le mur; non-seulement l'ingénieur Garrigues, qui a construit ces remparts, a voulu donner une image de leur résistance, qui ne laissoit pas pénétrer plus avant les forces projectiles du canon, mais il rappeloit par là que, dans le moyen âge, on employoit des boulets de pierre qui, jetés des murs sur les assiégeans, les écrasoient, ou, lancés du haut des tours dans l'intérieur des escaliers, acquéroient par leur chute une force énorme et balayoient tout ce qu'ils rencontroient sur leur passage. A NARBONNE, ces boulets étoient en lave d'Agde; on en trouve encore un très-grand nombre dans la ville.

Les bastions de Saint-Félix, de Saint-Côme, de Saint-François, de Montmorency, de Damville, les portes Connétable ou d'Espagne, de Perpignan, Royale ou de Béziers, sont ornées d'une foule de bas-reliefs ou de fragmens d'antiquités extrêmement curieux et de l'effet le plus pittoresque. Enfin, l'énorme quantité de substructions, de voûtes antiques, sur lesquelles NARBONNE est bâtie, feroient de cette ville une nouvelle Pompéi, si l'on fouilloit ses bains, ses arènes et son amphithéâtre.

Nous ne terminerons point cette notice sans citer les noms de ses enfans célèbres.

Publius Terentius Varro, surnommé Atacinus, parce qu'il étoit né dans un endroit appelé *Atax* ou *Vicus atacis*, près de NARBONNE, en l'an de Rome 672, quatre-vingts ans avant J. C.; ce poëte, qu'il ne faut pas confondre avec l'illustre grammairien Terentius Varro, étoit le contemporain et l'ami de Virgile.

Valerius Cato, grammairien et poëte, du temps de Sylla, mort aux îles Baléares, où il avoit été exilé.

Votienius Montanus, orateur célèbre au siècle d'Auguste, et dont le nom est avantageusement cité par Tacite.

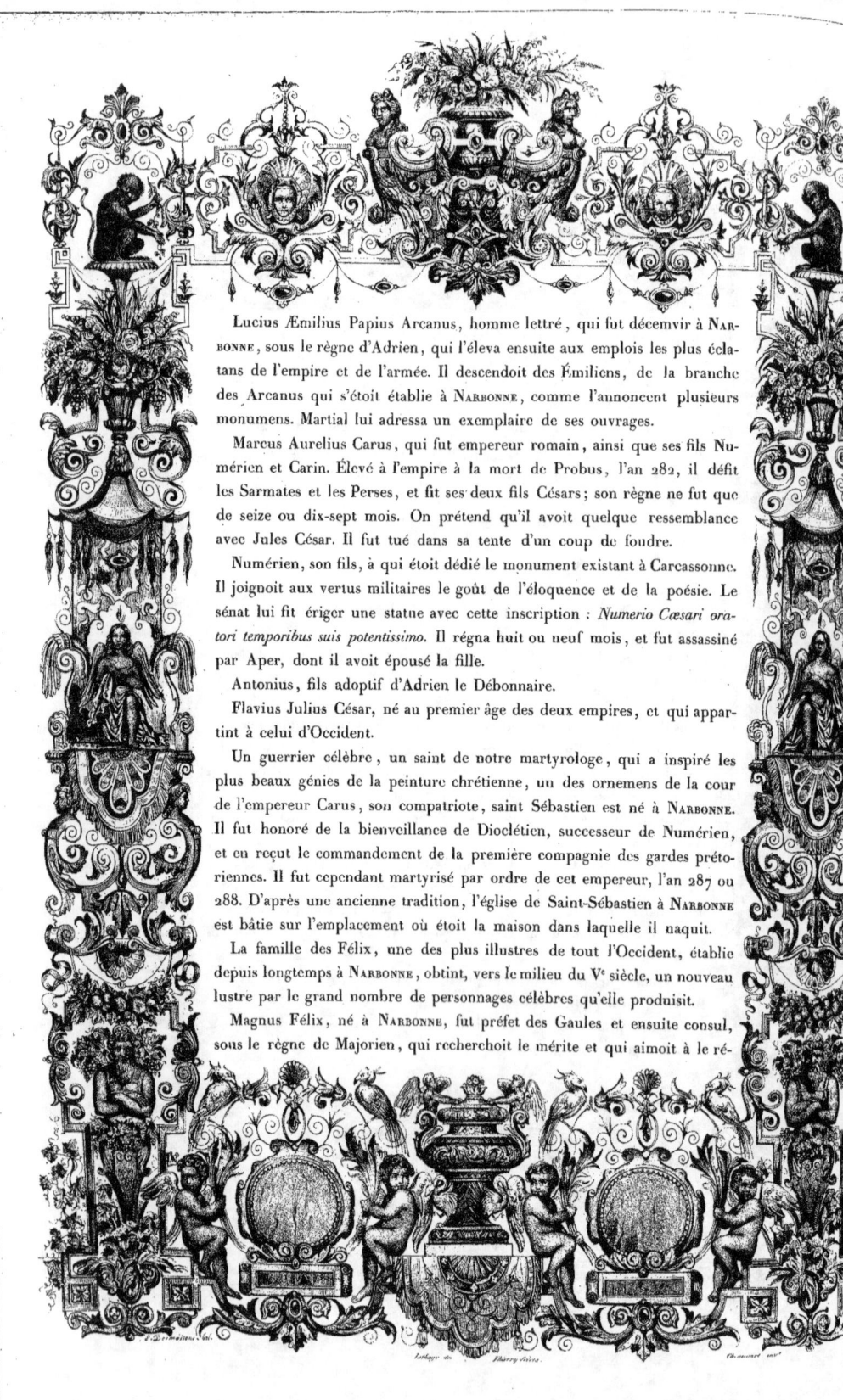

Lucius Æmilius Papius Arcanus, homme lettré, qui fut décemvir à Narbonne, sous le règne d'Adrien, qui l'éleva ensuite aux emplois les plus éclatans de l'empire et de l'armée. Il descendoit des Émiliens, de la branche des Arcanus qui s'étoit établie à Narbonne, comme l'annoncent plusieurs monumens. Martial lui adressa un exemplaire de ses ouvrages.

Marcus Aurelius Carus, qui fut empereur romain, ainsi que ses fils Numérien et Carin. Élevé à l'empire à la mort de Probus, l'an 282, il défit les Sarmates et les Perses, et fit ses deux fils Césars; son règne ne fut que de seize ou dix-sept mois. On prétend qu'il avoit quelque ressemblance avec Jules César. Il fut tué dans sa tente d'un coup de foudre.

Numérien, son fils, à qui étoit dédié le monument existant à Carcassonne. Il joignoit aux vertus militaires le goût de l'éloquence et de la poésie. Le sénat lui fit ériger une statue avec cette inscription : *Numerio Cæsari oratori temporibus suis potentissimo.* Il régna huit ou neuf mois, et fut assassiné par Aper, dont il avoit épousé la fille.

Antonius, fils adoptif d'Adrien le Débonnaire.

Flavius Julius César, né au premier âge des deux empires, et qui appartint à celui d'Occident.

Un guerrier célèbre, un saint de notre martyrologe, qui a inspiré les plus beaux génies de la peinture chrétienne, un des ornemens de la cour de l'empereur Carus, son compatriote, saint Sébastien est né à Narbonne. Il fut honoré de la bienveillance de Dioclétien, successeur de Numérien, et en reçut le commandement de la première compagnie des gardes prétoriennes. Il fut cependant martyrisé par ordre de cet empereur, l'an 287 ou 288. D'après une ancienne tradition, l'église de Saint-Sébastien à Narbonne est bâtie sur l'emplacement où étoit la maison dans laquelle il naquit.

La famille des Félix, une des plus illustres de tout l'Occident, établie depuis longtemps à Narbonne, obtint, vers le milieu du Ve siècle, un nouveau lustre par le grand nombre de personnages célèbres qu'elle produisit.

Magnus Félix, né à Narbonne, fut préfet des Gaules et ensuite consul, sous le règne de Majorien, qui recherchoit le mérite et qui aimoit à le ré-

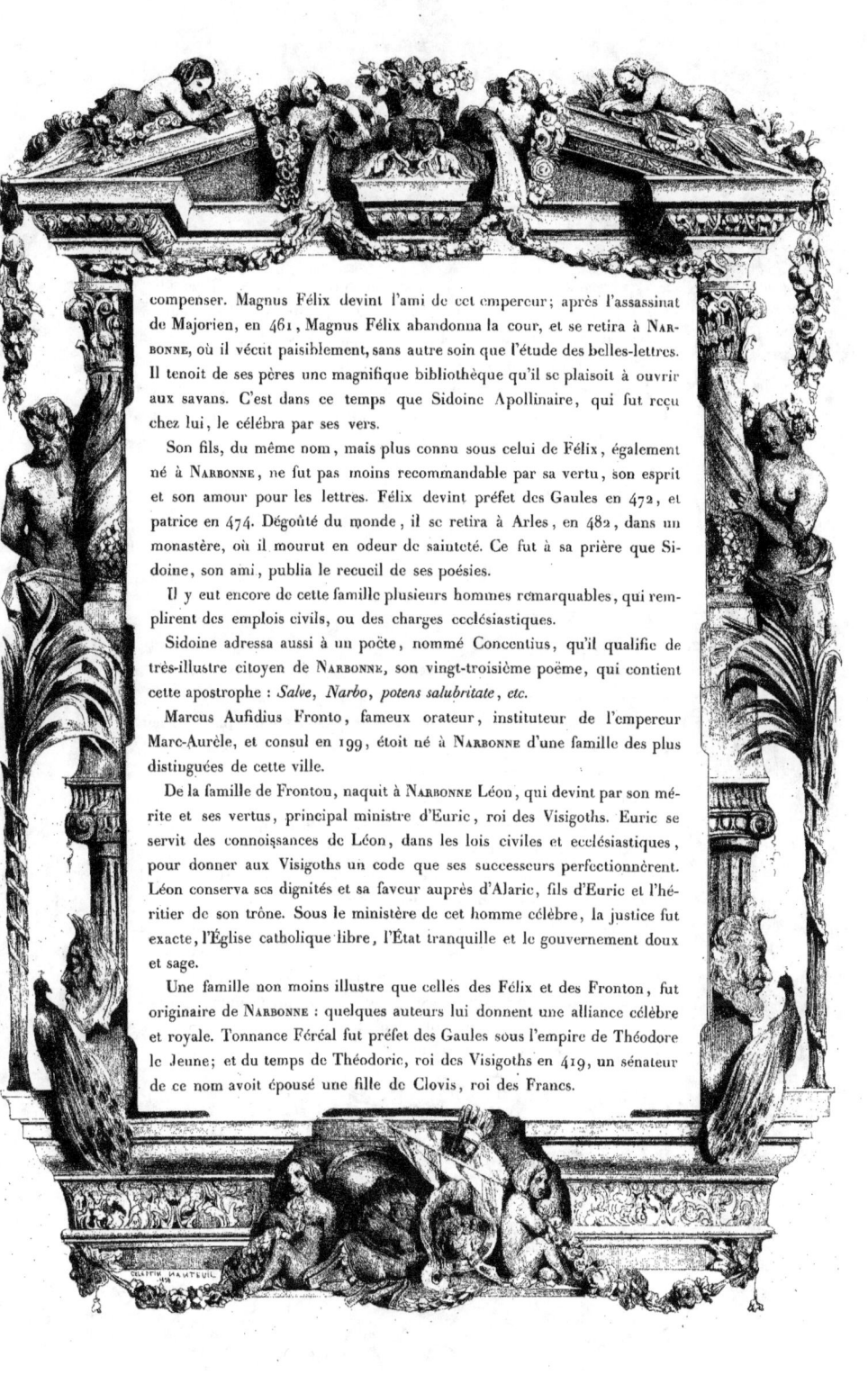

compenser. Magnus Félix devint l'ami de cet empereur; après l'assassinat de Majorien, en 461, Magnus Félix abandonna la cour, et se retira à Narbonne, où il vécut paisiblement, sans autre soin que l'étude des belles-lettres. Il tenoit de ses pères une magnifique bibliothèque qu'il se plaisoit à ouvrir aux savans. C'est dans ce temps que Sidoine Apollinaire, qui fut reçu chez lui, le célébra par ses vers.

Son fils, du même nom, mais plus connu sous celui de Félix, également né à Narbonne, ne fut pas moins recommandable par sa vertu, son esprit et son amour pour les lettres. Félix devint préfet des Gaules en 472, et patrice en 474. Dégoûté du monde, il se retira à Arles, en 482, dans un monastère, où il mourut en odeur de sainteté. Ce fut à sa prière que Sidoine, son ami, publia le recueil de ses poésies.

Il y eut encore de cette famille plusieurs hommes remarquables, qui remplirent des emplois civils, ou des charges ecclésiastiques.

Sidoine adressa aussi à un poëte, nommé Concentius, qu'il qualifie de très-illustre citoyen de Narbonne, son vingt-troisième poëme, qui contient cette apostrophe : *Salve, Narbo, potens salubritate,* etc.

Marcus Aufidius Fronto, fameux orateur, instituteur de l'empereur Marc-Aurèle, et consul en 199, étoit né à Narbonne d'une famille des plus distinguées de cette ville.

De la famille de Fronton, naquit à Narbonne Léon, qui devint par son mérite et ses vertus, principal ministre d'Euric, roi des Visigoths. Euric se servit des connoissances de Léon, dans les lois civiles et ecclésiastiques, pour donner aux Visigoths un code que ses successeurs perfectionnèrent. Léon conserva ses dignités et sa faveur auprès d'Alaric, fils d'Euric et l'héritier de son trône. Sous le ministère de cet homme célèbre, la justice fut exacte, l'Église catholique libre, l'État tranquille et le gouvernement doux et sage.

Une famille non moins illustre que celles des Félix et des Fronton, fut originaire de Narbonne : quelques auteurs lui donnent une alliance célèbre et royale. Tonnance Féréal fut préfet des Gaules sous l'empire de Théodore le Jeune; et du temps de Théodoric, roi des Visigoths en 419, un sénateur de ce nom avoit épousé une fille de Clovis, roi des Francs.

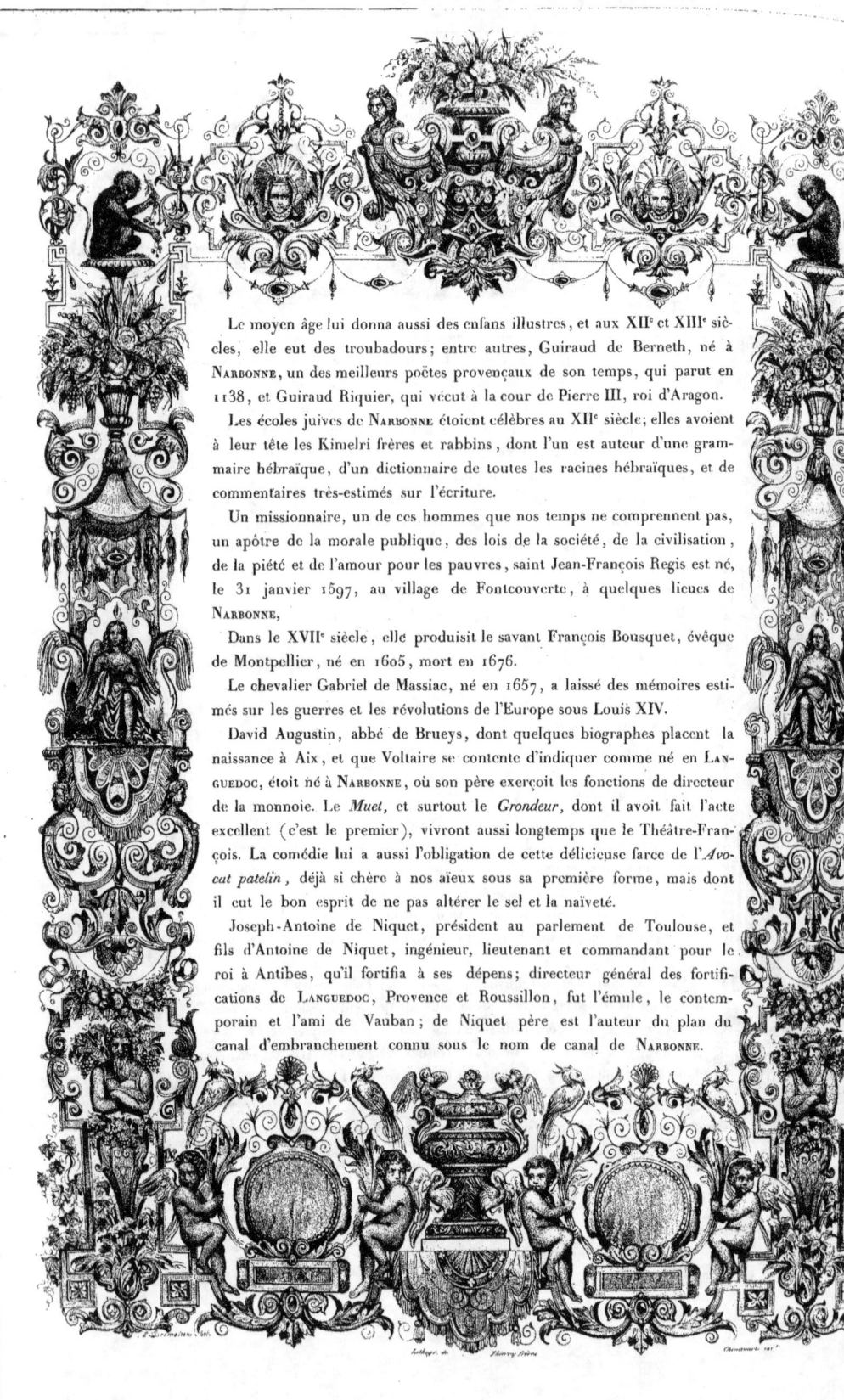

Le moyen âge lui donna aussi des enfans illustres, et aux XIIe et XIIIe siècles, elle eut des troubadours; entre autres, Guiraud de Berneth, né à Narbonne, un des meilleurs poëtes provençaux de son temps, qui parut en 1138, et Guiraud Riquier, qui vécut à la cour de Pierre III, roi d'Aragon.

Les écoles juives de Narbonne étoient célèbres au XIIe siècle; elles avoient à leur tête les Kimelri frères et rabbins, dont l'un est auteur d'une grammaire hébraïque, d'un dictionnaire de toutes les racines hébraïques, et de commentaires très-estimés sur l'écriture.

Un missionnaire, un de ces hommes que nos temps ne comprennent pas, un apôtre de la morale publique, des lois de la société, de la civilisation, de la piété et de l'amour pour les pauvres, saint Jean-François Régis est né, le 31 janvier 1597, au village de Fontcouverte, à quelques lieues de Narbonne.

Dans le XVIIe siècle, elle produisit le savant François Bousquet, évêque de Montpellier, né en 1605, mort en 1676.

Le chevalier Gabriel de Massiac, né en 1657, a laissé des mémoires estimés sur les guerres et les révolutions de l'Europe sous Louis XIV.

David Augustin, abbé de Brueys, dont quelques biographes placent la naissance à Aix, et que Voltaire se contente d'indiquer comme né en Languedoc, étoit né à Narbonne, où son père exerçoit les fonctions de directeur de la monnoie. Le *Muet*, et surtout le *Grondeur*, dont il avoit fait l'acte excellent (c'est le premier), vivront aussi longtemps que le Théâtre-François. La comédie lui a aussi l'obligation de cette délicieuse farce de l'*Avocat patelin*, déjà si chère à nos aïeux sous sa première forme, mais dont il eut le bon esprit de ne pas altérer le sel et la naïveté.

Joseph-Antoine de Niquet, président au parlement de Toulouse, et fils d'Antoine de Niquet, ingénieur, lieutenant et commandant pour le roi à Antibes, qu'il fortifia à ses dépens; directeur général des fortifications de Languedoc, Provence et Roussillon, fut l'émule, le contemporain et l'ami de Vauban; de Niquet père est l'auteur du plan du canal d'embranchement connu sous le nom de canal de Narbonne.

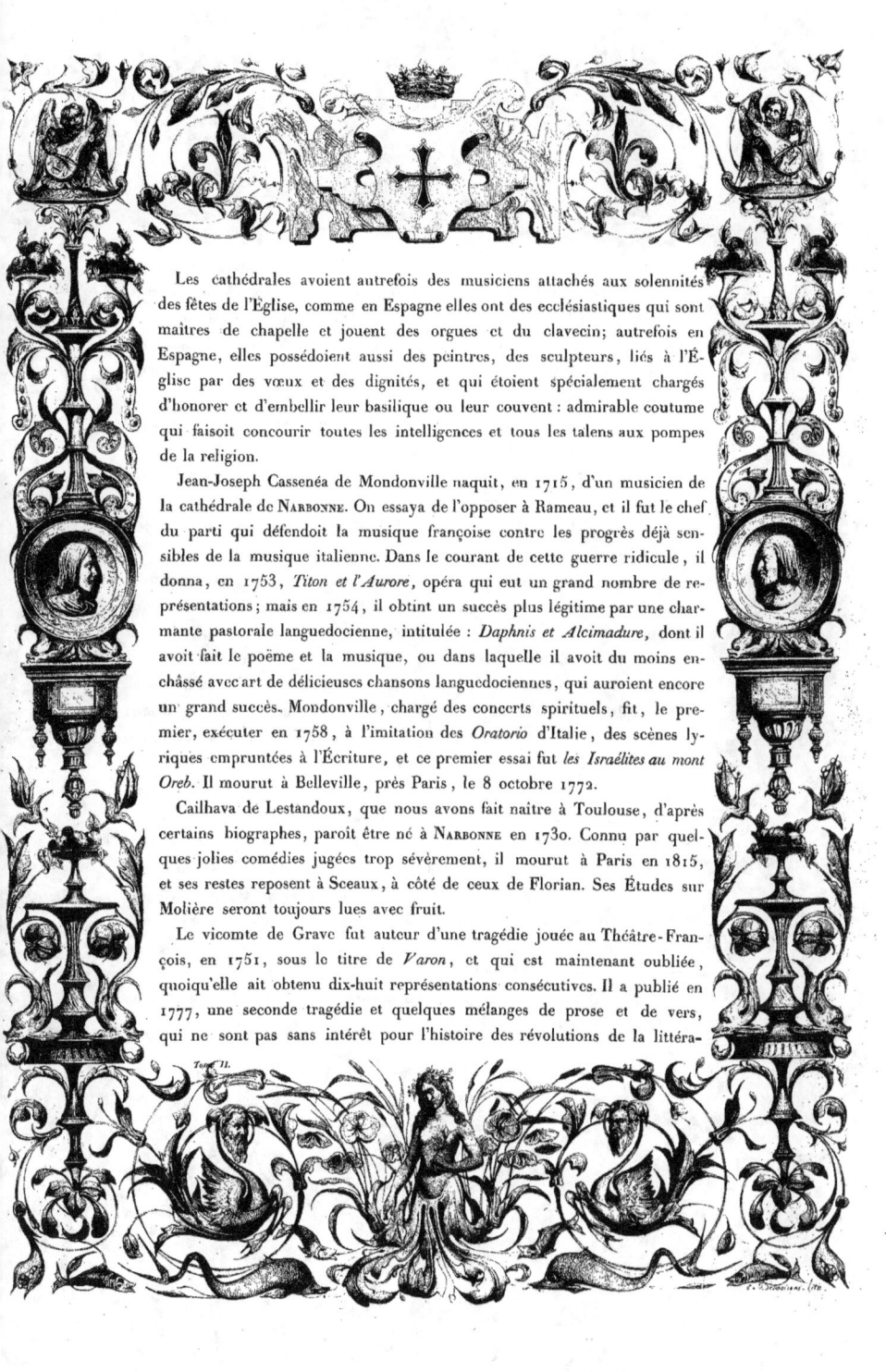

Les cathédrales avoient autrefois des musiciens attachés aux solennités des fêtes de l'Église, comme en Espagne elles ont des ecclésiastiques qui sont maîtres de chapelle et jouent des orgues et du clavecin; autrefois en Espagne, elles possédoient aussi des peintres, des sculpteurs, liés à l'Église par des vœux et des dignités, et qui étoient spécialement chargés d'honorer et d'embellir leur basilique ou leur couvent : admirable coutume qui faisoit concourir toutes les intelligences et tous les talens aux pompes de la religion.

Jean-Joseph Cassenéa de Mondonville naquit, en 1715, d'un musicien de la cathédrale de Narbonne. On essaya de l'opposer à Rameau, et il fut le chef du parti qui défendoit la musique françoise contre les progrès déjà sensibles de la musique italienne. Dans le courant de cette guerre ridicule, il donna, en 1753, *Titon et l'Aurore*, opéra qui eut un grand nombre de représentations; mais en 1754, il obtint un succès plus légitime par une charmante pastorale languedocienne, intitulée : *Daphnis et Alcimadure*, dont il avoit fait le poëme et la musique, ou dans laquelle il avoit du moins enchâssé avec art de délicieuses chansons languedociennes, qui auroient encore un grand succès. Mondonville, chargé des concerts spirituels, fit, le premier, exécuter en 1758, à l'imitation des *Oratorio* d'Italie, des scènes lyriques empruntées à l'Écriture, et ce premier essai fut *les Israélites au mont Oreb*. Il mourut à Belleville, près Paris, le 8 octobre 1772.

Cailhava de Lestandoux, que nous avons fait naître à Toulouse, d'après certains biographes, paroît être né à Narbonne en 1730. Connu par quelques jolies comédies jugées trop sévèrement, il mourut à Paris en 1815, et ses restes reposent à Sceaux, à côté de ceux de Florian. Ses Études sur Molière seront toujours lues avec fruit.

Le vicomte de Grave fut auteur d'une tragédie jouée au Théâtre-François, en 1751, sous le titre de *Varon*, et qui est maintenant oubliée, quoiqu'elle ait obtenu dix-huit représentations consécutives. Il a publié en 1777, une seconde tragédie et quelques mélanges de prose et de vers, qui ne sont pas sans intérêt pour l'histoire des révolutions de la littérature. Le vicomte de Grave étoit le prédécesseur des *romantiques*, et sa touchante nouvelle intitulée : *la Folle de Saint-Joseph*, n'a pas été surpassée.

Le célèbre médecin Barthez, fils de l'ingénieur Barthez de la Marmorières, étoit né à Montpellier en 1734; mais il appartient à NARBONNE, puisque son enfance y fut élevée, et que cette ville fut toujours sa principale résidence comme celle de sa famille. On rapporte de lui qu'à neuf ans il étoit familier comme Pascal avec les Élémens d'Euclide. Ses ouvrages de science et de philosophie n'ont pas besoin de nos éloges.

Le général Mirabel est né à NARBONNE, où sa maison est signalée aux voyageurs par une inscription un peu fastueuse.

Nous ne parlerons qu'en passant de l'histoire assez suspecte d'un certain Besse, Narbonnois, qui avoit en cette ville un frère libraire. On prétend que, fait prisonnier par les Barbaresques, et mené esclave à Maroc, il eut le bonheur d'entrer assez avant dans les grâces du souverain, pour en obtenir la communication des manuscrits orientaux les plus rares et les plus précieux, ce qui est assez difficile à comprendre pour les personnes qui connoissent les mœurs de l'Afrique et de l'Orient. Nous avons été dans le Maroc, et il n'y a pas dans tout le royaume, nous ne disons pas une bibliothèque, mais une collection de manuscrits qui renferme la vingtième partie de ce que possède l'Escurial. Il trompa donc le crédule empereur, prit la fuite, et débarqua en Espagne, où le roi lui donna quarante mille écus de ces trésors littéraires; et ce seroit ainsi qu'auroient commencé les premières richesses de la bibliothèque de l'Escurial. Tout est si merveilleux à l'Escurial, que ce n'est que comme harmonie que nous acceptons cette histoire, et, dans tous les cas, nous croyons encore moins au genre de mort de Besse, qu'on auroit empoisonné pour se débarrasser de lui; puisqu'on avoue qu'il avoit reçu le prix de son trésor, le crime étoit inutile.

Nous ne citerons pas avec plus de détails que nous l'avons déjà fait, dans cette liste de personnages célèbres, Ermengarde et Gaston de Foix (1); il

---

(1) Gaston de Foix, vicomte de NARBONNE, duc de Nemours, est, des deux Nemours morts en Italie, celui

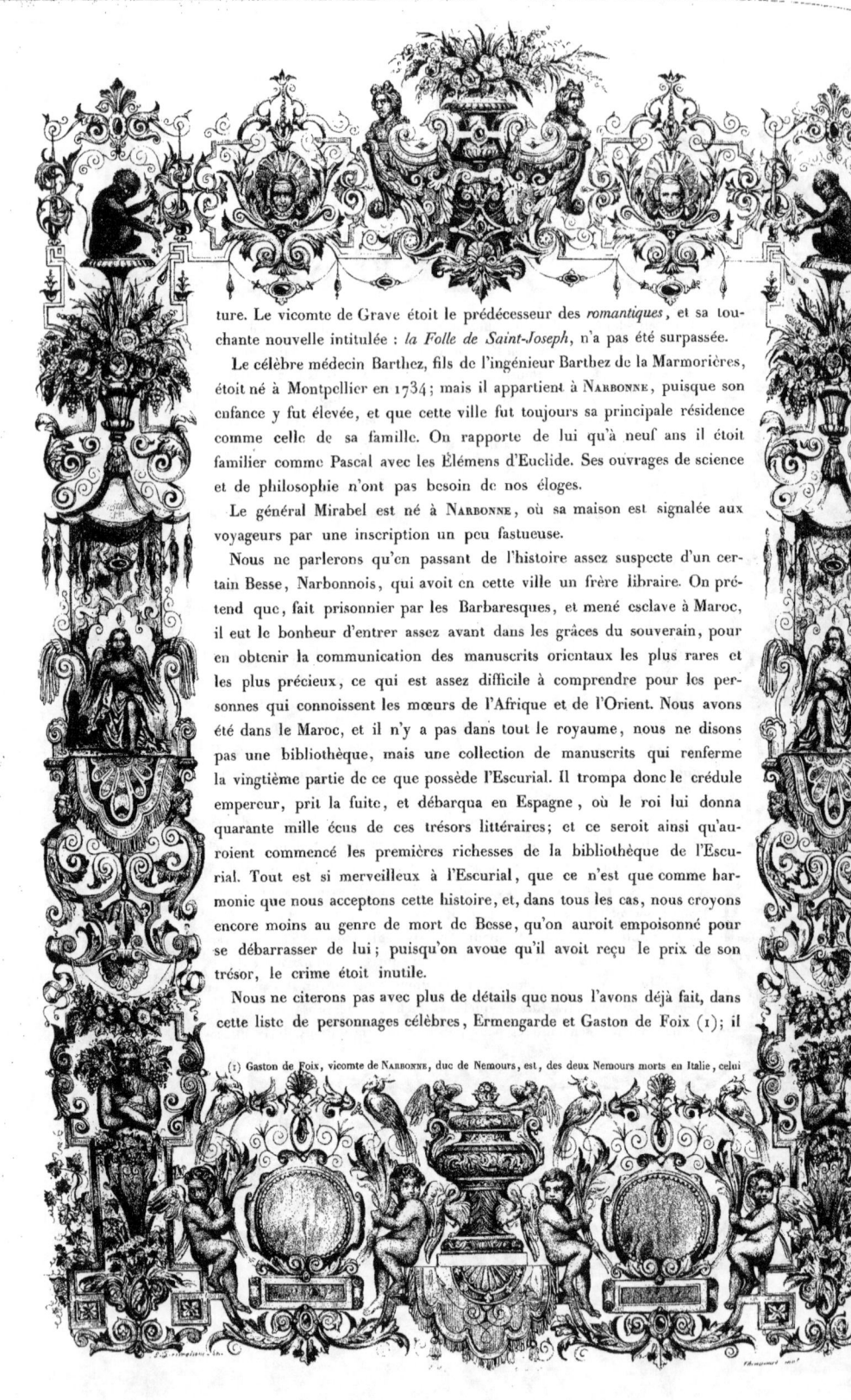

faudroit des articles de biographie spéciale, pour cette reine et ce héros.

Ce n'est pas là que se bornent sans doute les illustrations de NARBONNE, dans les sciences, dans la littérature et dans les arts; et l'avenir lui en promet d'autres que nous nous plaisons à présager.

Nous allons maintenant parcourir rapidement les environs de NARBONNE. De la période celtique, il existe à Malves et près de Minerve, des *Dolmens* et des *Menhirs*, et près de Bize, dans la vallée de la Cesse, à *las Balmos*, des cavernes renfermant des vases, des poteries et des ossemens sculptés qui paroissent remonter à des temps très-reculés, puisque ces restes d'industrie humaine sont confondus et réunis par un ciment spathique avec des ossemens d'animaux d'espèces perdues.

De la période romaine, au lieu désigné sous le nom de *Traouc dé la Grabo*, on voit des pavés en mosaïque, une piscine recouverte d'un enduit rouge parfaitement conservé et très-brillant. Plusieurs conduits en plomb et en briques, trouvés dans cette localité, constatent qu'il y existoit, sous les Romains, un établissement de bains. On y découvre encore tous les jours des fragmens de peinture à fresque, des meules en lave, des amphores, des vases en poterie rouge, divers objets en os, en ivoire, en bronze; enfin, depuis peu, on y a découvert un vase en terre, renfermant une immense quantité de médailles en argent, consulaires et impériales; il étoit caché sous un pavé mosaïque.

A la campagne de Mont-Laurès (1), il existe des sources abondantes qui sourdent au pied d'un rocher calcaire, et que l'on désigne sous le nom d'*Euillals* (2). Dans les temps antiques, il existoit là une teinturerie de pourpre. On y remarque encore un pavé mosaïque représentant des dauphins.

Sur le chemin d'Armissan, près de l'*Angel*, on trouve une fontaine de construction romaine, avec des fragmens de sculpture en marbre blanc; à Saint-Couat, deux grandes bornes milliaires, qui supportent en partie le clocher de ce village. A Pont-Serme (3), et sur le chemin qui conduit

qui fut tué à Ravenne le jour de Pâques 1512. Louis d'Armagnac, duc de Nemours, le compagnon d'armes de Charles VIII, nommé vice-roi du royaume de Naples par Louis XII, fut tué, le 28 avril 1503, à Cérignole.

(1) *Mons Laurorum.*
(2) *Oculi Liguriæ.*
(3) *Pons Septimus.*

au rivage, on remarque un grand nombre de ponts, qui devoient faire partie de la voie romaine, mais qui, pour la plupart, ont été reconstruits sous le règne des Visigoths, ou dans le courant du moyen âge. Les atterrissemens de l'Aude élevant la plaine d'un pied par siècle environ, les arceaux antiques sont ensevelis maintenant à une grande profondeur. Un autel votif existe au beau domaine de Celeyran, et à Peyriac de Mer, une inscription funéraire constate qu'au temps des Romains on retiroit le sel du lac *Rubresus*.

De la période romane : à Malard (1), ancienne léproserie, plusieurs colonnes romanes de forte proportion, à chapiteau pseudo-corinthien; à Montplaisir, des arceaux en marbre blanc, très-ornés, représentant les signes du zodiaque, exécutés avec beaucoup de soin, et provenant de l'ancien cloître de Saint-Paul de NARBONNE; à Marmorières et à Montels, les ruines d'un château fort du XIVe siècle; à Notre-Dame de Ginestas, une chapelle très-ancienne, peut-être du Xe siècle, et construite sur un plan des siècles antérieurs : une seule nef terminée par un hémicycle, les pilastres engagés à ornemens très-grossiers, supportant les arcs doubleaux de la voûte; une seule porte d'entrée régulièrement en face du chœur, petite et présentant des voussoirs très-larges; les fenêtres cintrées et en retraite, l'abside décorée de pilastres et de petits arceaux ornés d'une mosaïque en briques et en lave, en font un monument curieux pour l'archéologue. A Escales, l'église romane à trois nefs, avec trois absides à pans coupés, et les églises et chapelles des mêmes temps de Marmorières, de Fleury, de Canos, de Ville-Rouge, avec ses tableaux de l'école allemande, de Villeneuve; à Ouveilhan, les ruines d'un château féodal. On voit autour de l'enceinte de ce château plusieurs anciens silos creusés dans le rocher, qui méritent les études du savant et de l'artiste. Entre autres observations curieuses, il convient de faire remarquer que plusieurs dévotions à Notre-Dame se trouvent généralement placées à côté des grandes sources.

De l'époque gothique et de la renaissance : à Capestang, autrefois *Ca-*

(1) *Mal ladre.*

put stagni, une église du XVe siècle, analogue à Saint-Just de Narbonne, évidemment copiée de cet édifice, mais dans de plus petites proportions. Dans le même village, château de la renoissance, renfermant des salles parfaitement conservées de la même époque, ornées de peintures à fresque, qui représentent des caricatures contre les moines avec des maximes en vieux langage.

Dans l'église des pénitens bleus d'Ouveilhan que nous venons de citer pour les ruines de son château, des bas-reliefs du XVe siècle, représentant dans une série de tableaux, les événemens de la vie de Jésus-Christ, espèce de Bible des pauvres, qui provient de l'église de Notre-Dame de Ginestas; à Lezignan, Peyriac, Caunes, Tuchan, Pépieux, leurs églises des XIVe et XVe siècles, et enfin à Sallèles d'Aude, son château de la renoissance, qui fut habité par François Ier, lors de son voyage dans le midi de la France.

Avant de quitter cette belle terre, presque toute formée de la poussière des monumens antiques et du moyen âge, nous devons une visite au Saint-Denis des vicomtes de Narbonne, à l'abbaye de Fontfroide, où, depuis Ermengarde, l'église et le cloître leur servoient de sépulture.

Fontfroide doit son origine à l'abbaye de Grandselve; les premières constructions subsistoient déjà à la fin du XIe siècle; cette abbaye avoit, en 1118 un abbé nommé Bernard; elle dépendoit, en 1143, de celle de Grandselve. Vers 1172, on trouve dans l'histoire du temps qu'Alphonse, roi d'Aragon, prit ce couvent sous sa protection, et lui confirma la possession de tous ses domaines, avec exemption de leudes et de péages dans tous ses États; et dans la même année, on voit encore que Guinard, dernier comte de Roussillon, s'étant donné à cette abbaye, pendant sa vie et après sa mort, avec la promesse de s'y faire religieux et *pauvre chevalier de Jésus-Christ*, s'il venoit à quitter le siècle, y choisit sa sépulture, et lui légua onze mille marabotins d'or.

La vicomtesse Ermengarde est considérée comme la fondatrice de ce monastère, parce que Vital, qui en étoit abbé en 1157, reçut d'elle la donation du lieu de Fontfroide et de ses dépendances, qu'en 1180, elle le combla encore de bienfaits, et qu'elle lui donna jusqu'à la fin de son règne, ainsi

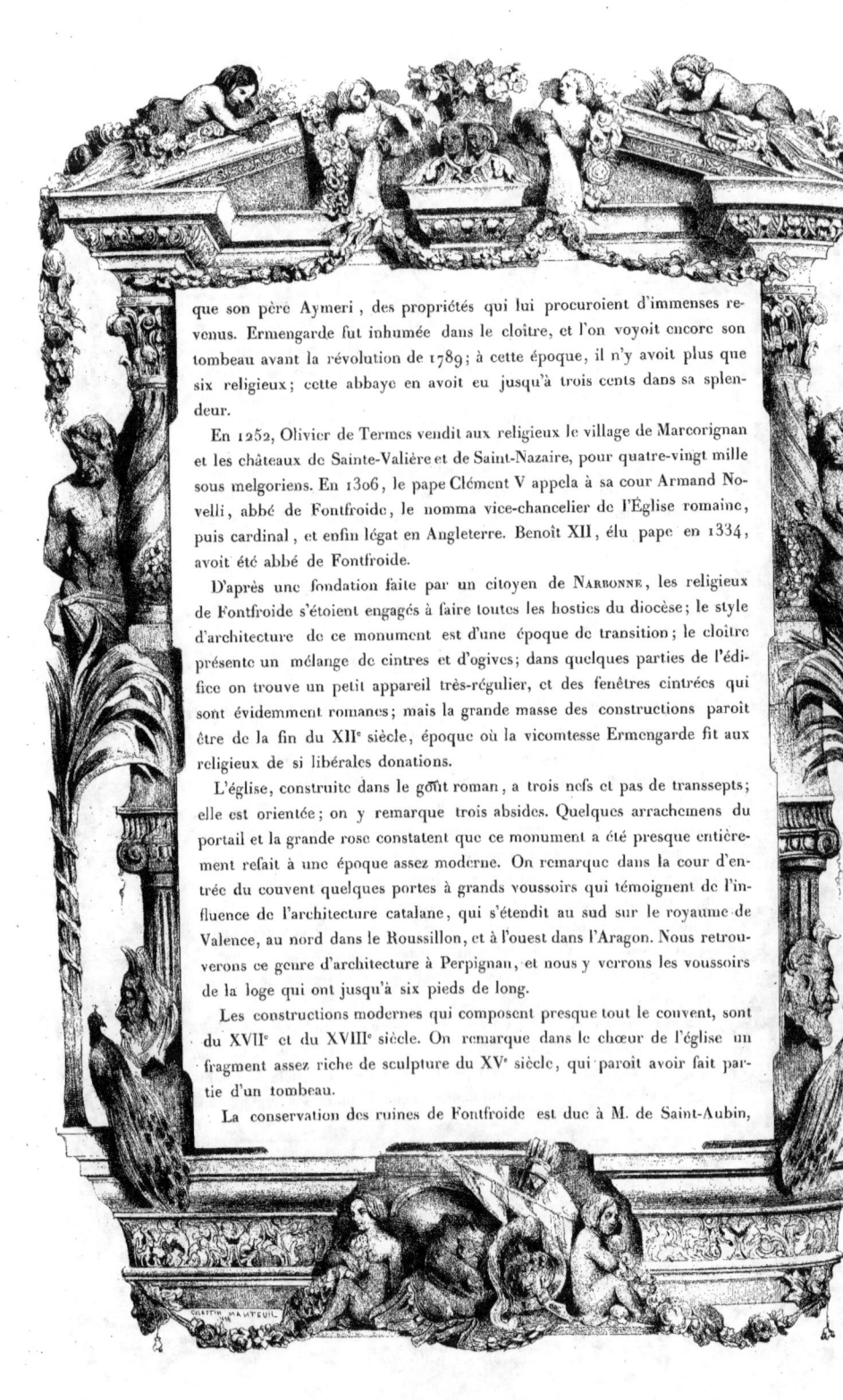

que son père Aymeri, des propriétés qui lui procuroient d'immenses revenus. Ermengarde fut inhumée dans le cloître, et l'on voyoit encore son tombeau avant la révolution de 1789; à cette époque, il n'y avoit plus que six religieux; cette abbaye en avoit eu jusqu'à trois cents dans sa splendeur.

En 1252, Olivier de Termes vendit aux religieux le village de Marcorignan et les châteaux de Sainte-Valière et de Saint-Nazaire, pour quatre-vingt mille sous melgoriens. En 1306, le pape Clément V appela à sa cour Armand Novelli, abbé de Fontfroide, le nomma vice-chancelier de l'Église romaine, puis cardinal, et enfin légat en Angleterre. Benoît XII, élu pape en 1334, avoit été abbé de Fontfroide.

D'après une fondation faite par un citoyen de Narbonne, les religieux de Fontfroide s'étoient engagés à faire toutes les hosties du diocèse; le style d'architecture de ce monument est d'une époque de transition; le cloître présente un mélange de cintres et d'ogives; dans quelques parties de l'édifice on trouve un petit appareil très-régulier, et des fenêtres cintrées qui sont évidemment romanes; mais la grande masse des constructions paroit être de la fin du XIIe siècle, époque où la vicomtesse Ermengarde fit aux religieux de si libérales donations.

L'église, construite dans le goût roman, a trois nefs et pas de transsepts; elle est orientée; on y remarque trois absides. Quelques arrachemens du portail et la grande rose constatent que ce monument a été presque entièrement refait à une époque assez moderne. On remarque dans la cour d'entrée du couvent quelques portes à grands voussoirs qui témoignent de l'influence de l'architecture catalane, qui s'étendit au sud sur le royaume de Valence, au nord dans le Roussillon, et à l'ouest dans l'Aragon. Nous retrouverons ce genre d'architecture à Perpignan, et nous y verrons les voussoirs de la loge qui ont jusqu'à six pieds de long.

Les constructions modernes qui composent presque tout le couvent, sont du XVIIe et du XVIIIe siècle. On remarque dans le chœur de l'église un fragment assez riche de sculpture du XVe siècle, qui paroit avoir fait partie d'un tombeau.

La conservation des ruines de Fontfroide est due à M. de Saint-Aubin,

qui mérite, pour ce soin honorable, la reconnaissance de tous les hommes éclairés et amis de l'humanité.

Les sites qui environnent ces ruines sont très-pittoresques; les montagnes renferment des forêts de pins maritimes, et plusieurs de ces localités sont connues des botanistes pour les nombreuses variétés de plantes rares que l'on y peut recueillir. La végétation se compose cependant généralement d'arbousiers, de buis, de lentisques, de lavande, de thyms, de romarins, de genevriers.

A une petite distance de Fontfroide, existent deux châteaux gothiques de Saint-Pierre et de Saint-Martin; ce dernier est situé sur un rocher de grès très-élevé; ses principales constructions appartiennent à la première moitié du XVe siècle, et en portent la date. On remarque aussi à Fontfroide quelques phénomènes géologiques intéressans. Le sol, qui fait partie des terrains de la période crayeuse, renferme des ossemens et des carapaces de grandes tortues.

VUE DE NARBONNE

Porte Notre Dame Castillet.
Perpignan.

N° 135.

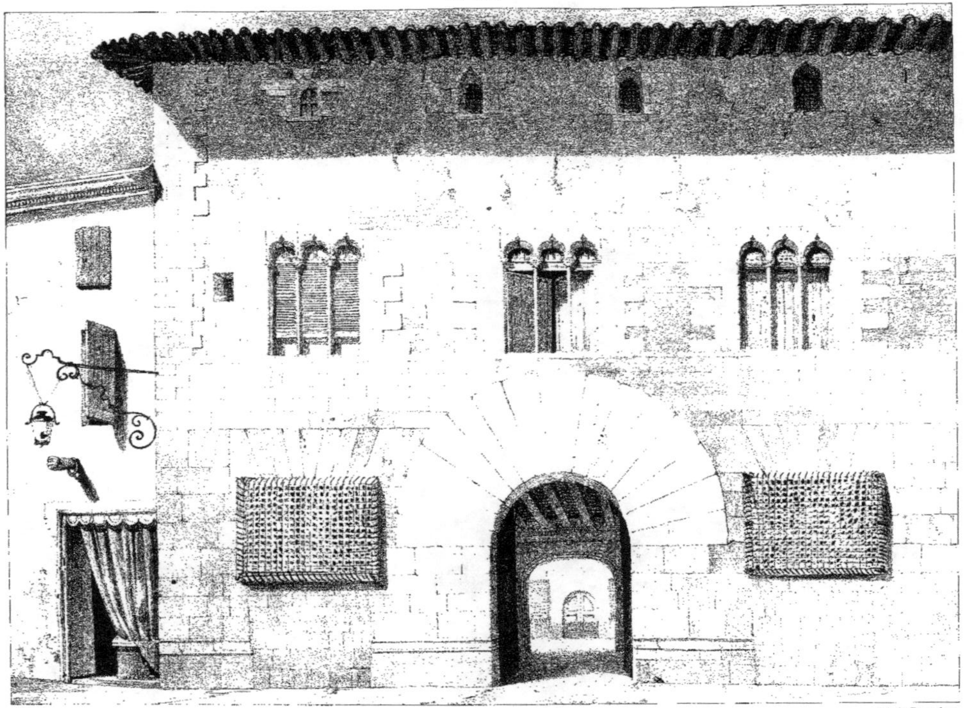

A. Dauzats — Lith. de Thierry frères

Palais de Justice à Perpignan

(Roussillon)

Environs du Castillet.

Maître Autel dans la Cathédrale de Perpignan.

Cathédrale de Perpignan Chapelle N. D. de la Conception.
Roussillon.

Chapelle N. D. de la Conception, Cathédrale de Perpignan.
Roussillon.

Ancien Hôtel de Ville de Perpignan

Palais ou mourut Philippe III dit le Hardi à Perpignan

Citerne gothique, vue de la main de fer.

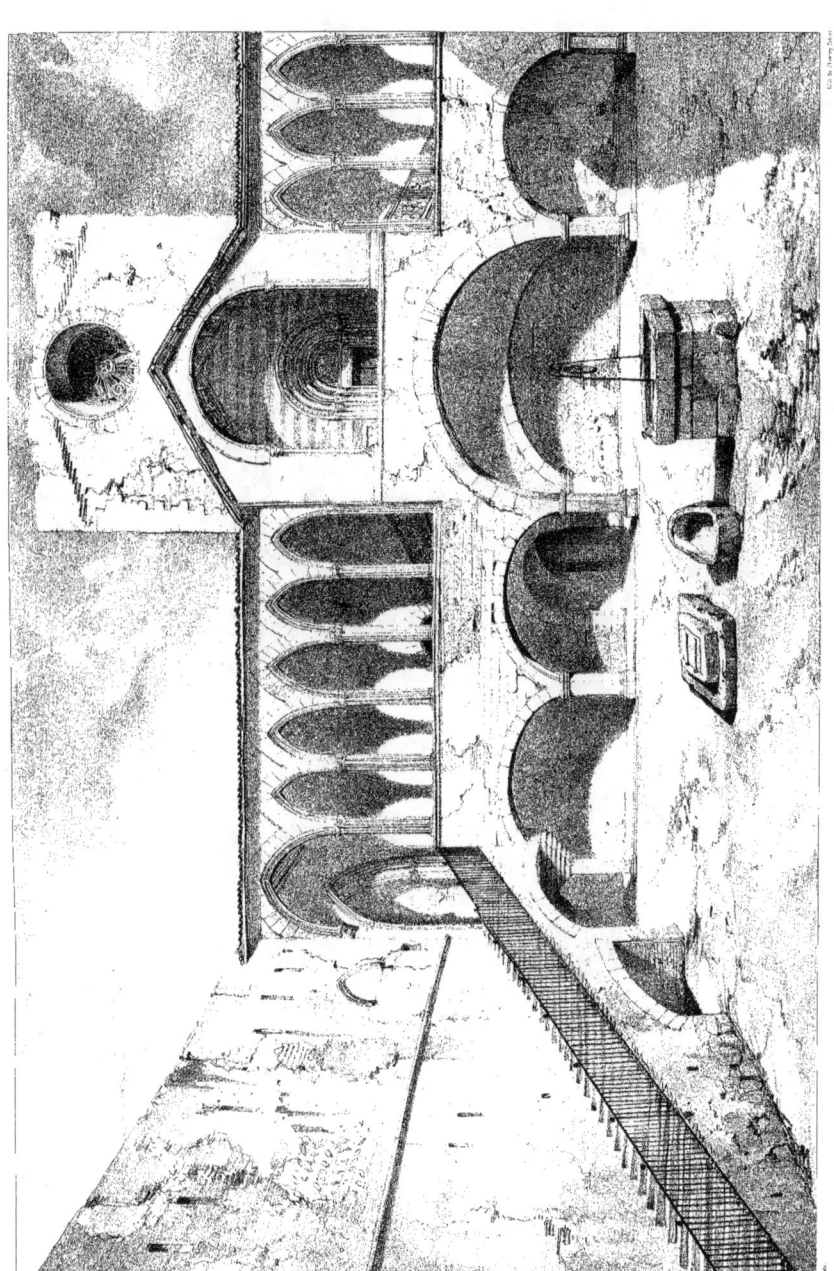

Palais des Rois de Majorque à Perpignan.

Citadelle de Perpignan. — Bastion de Charles Quint.

Tombeau dans la Cathédrale de Perpignan.

Porte de l'église de Cadrete à Saragosse

Portail de St Jean le vieux.
Perpignan.

Cathédrale de Perpignan. Volet de l'Orgue.

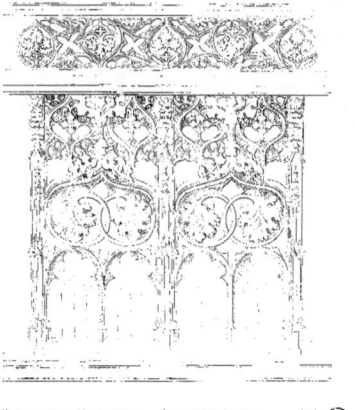

BUFFET D'ORGUE
du XV.ᵐᵉ Siècle
DANS LA CATHÉDRALE DE
PERPIGNAN
ET DÉTAIL
Roussillon

Abside extérieur de l'Église d'Elne.

Cloître d'Elne.
(Roussillon).

Cloître d'Oine (Galerie de l'Est.)

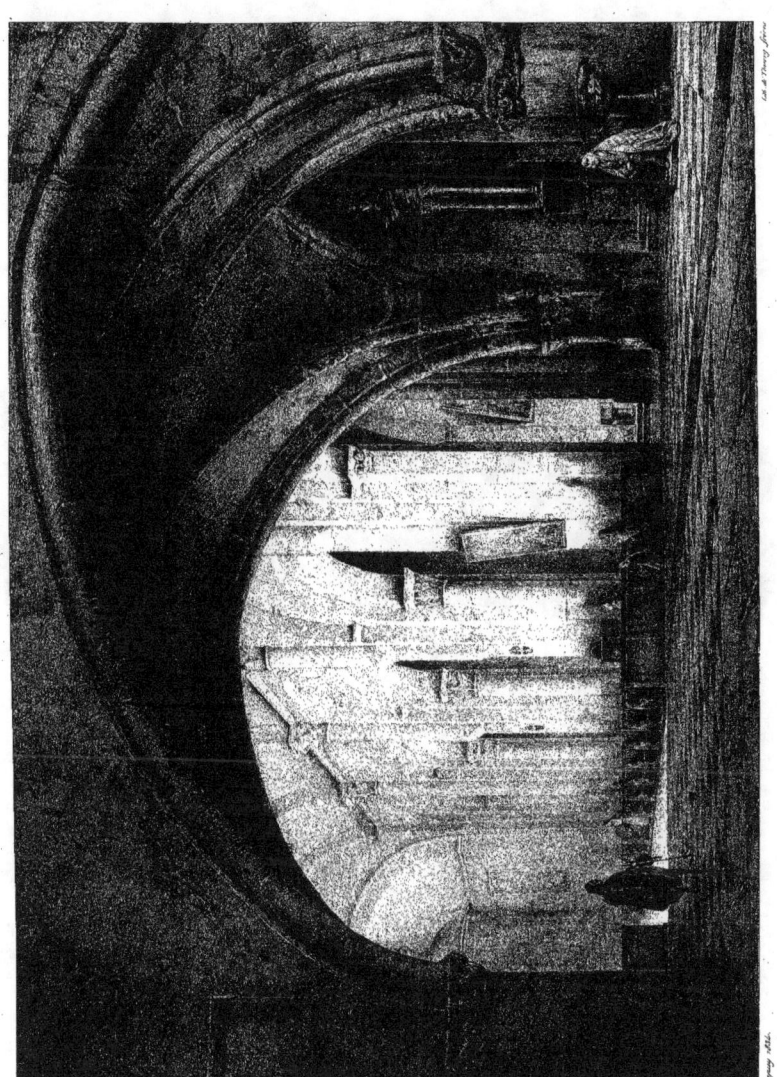

Vue intérieure de l'église d'Uccle

Détails du Cloître d'Elne.

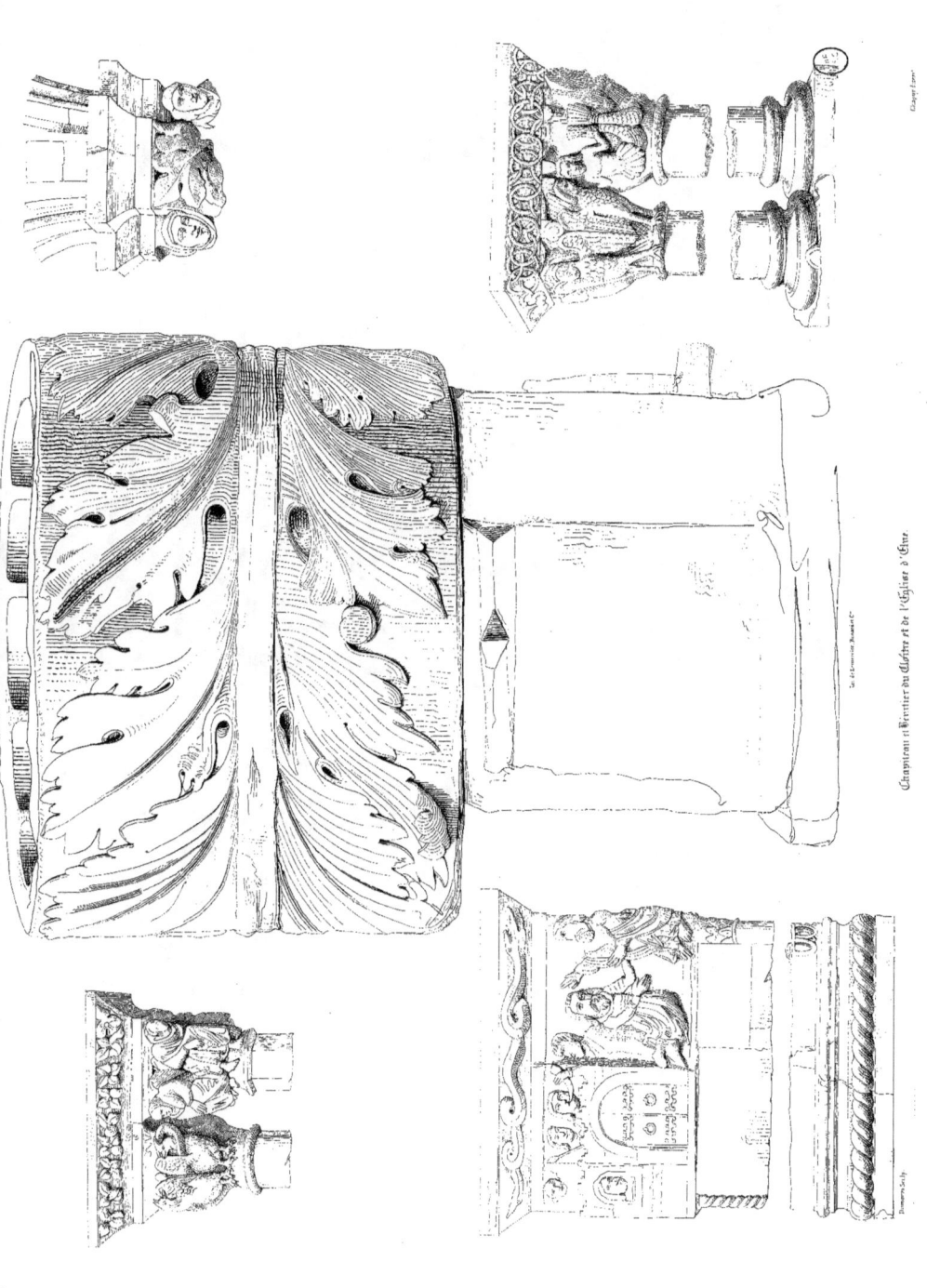

Chapiteau et Piedestal du Cloître et de l'Église d'Oise

Détails du Cloître d'Elne

Piliers et Colonnes du Cloître d'Elne

Détails de différents Monumens des Pyrénées orientales.

Détails du Cloître d'Elne
Languedoc

Portail de l'Église de Toulouges.
Roussillon

Église de Cornelia.

Tour de l'Église de Prades.
Roussillon.

Portes de l'Église de Villefranche près Prades.

Croix d'Ille.
Roussillon.

Fontaine de Cotelet.
(Roussillon.)

Portail extérieur de l'abbaye de Saint Michel de Cuxa.
Languedoc.

Ruines de Saint-Michel de Cuxa.
Roussillon

Portail de la maison abbatiale de l'Abbaye de St Michel de Caen.

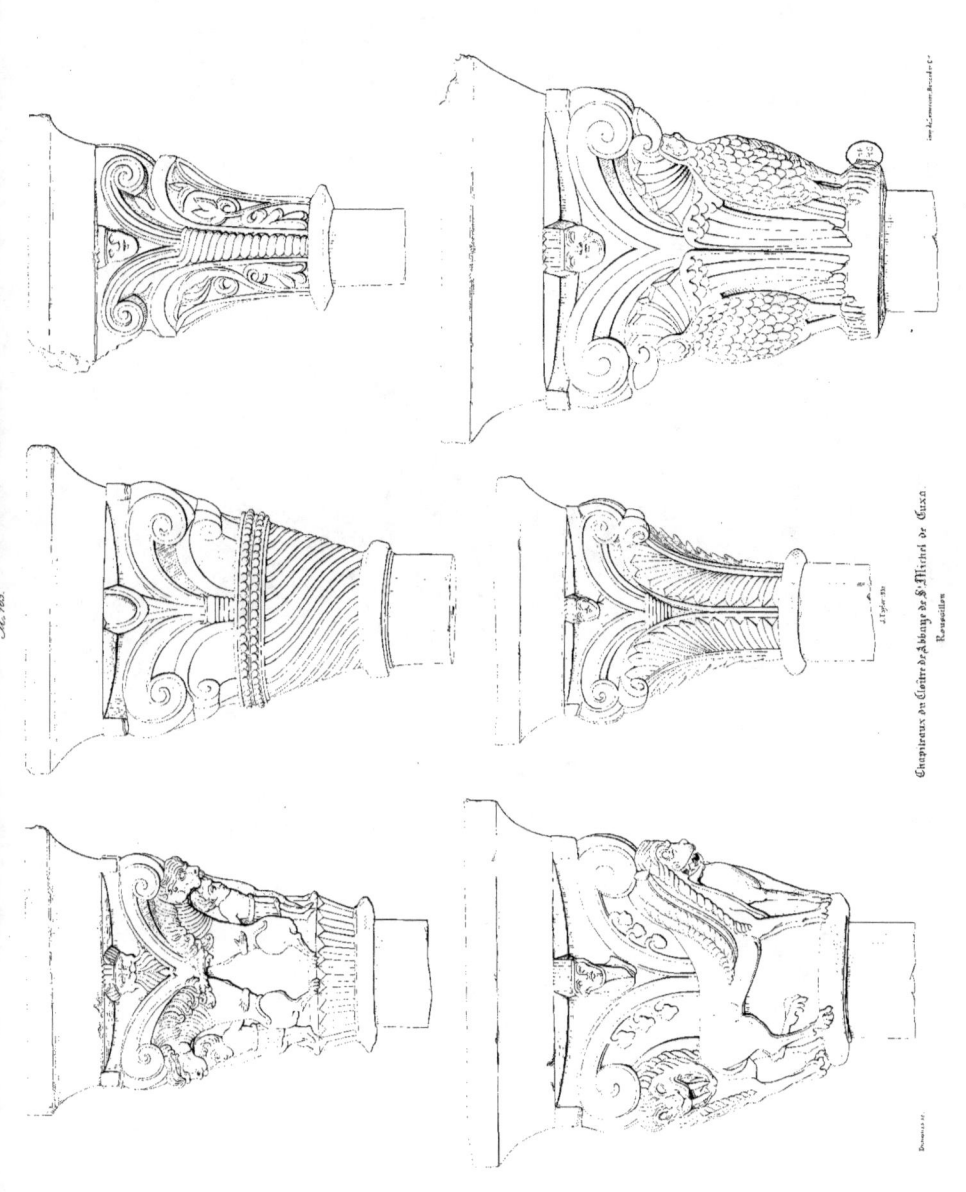

Chapiteaux du Cloître de l'Abbaye de St Michel de Cuxa
Roussillon

Vue générale du Bauyeur et de l'abbaye S. Michel

Portail de l'Eglise de Conslonges.

Portail de Coustouges.
(Roussillon)

Ruines de l'Abbaye de Saint Martin du Canigou

Portail de l'Abbaye de S.t Martin du Canigou.
Roussillon.

Ruines de l'Abbaye de Saint-Martin du Canigou.

Ruines de l'Abbaye de St. Martin du Canigou.

Ruines du Monastère de St Martin du Canigou, en arrivant du Nord

Ruines de l'Église de St Martin du Canigou

Le Vernet

Sycrabône. Vue extérieure

Église de Serrabone

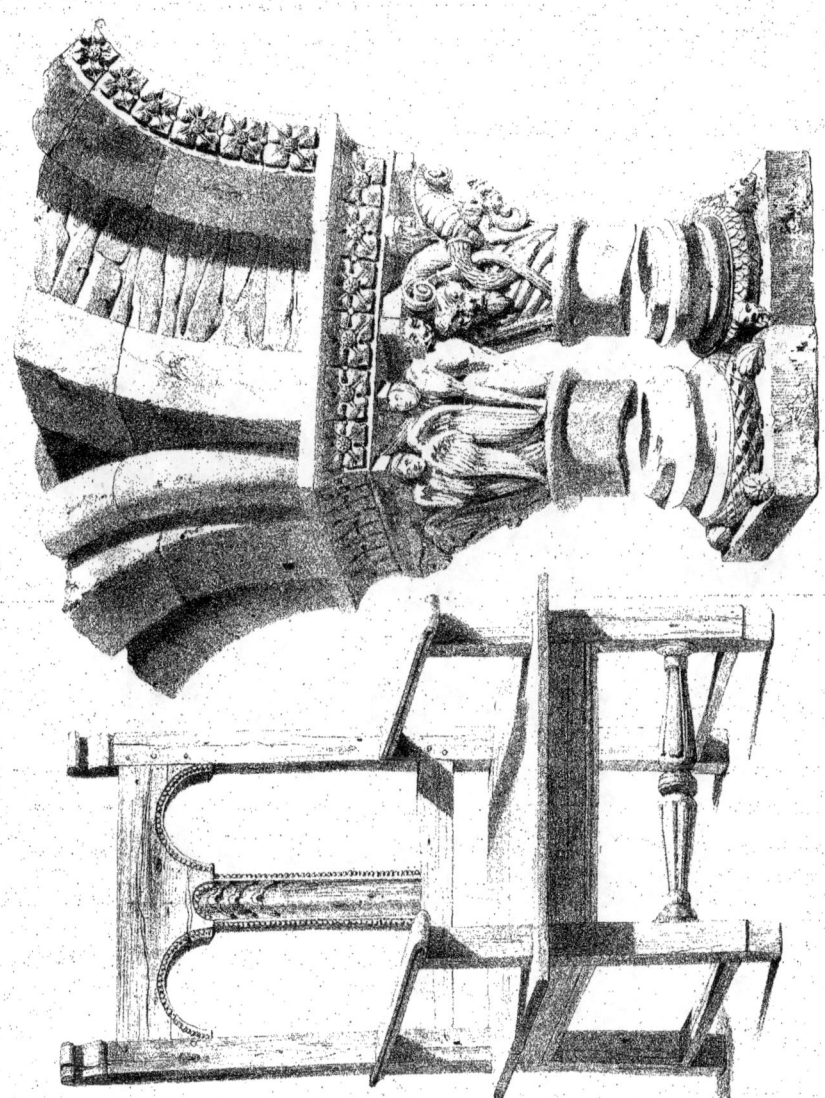

Cloître d'Arles

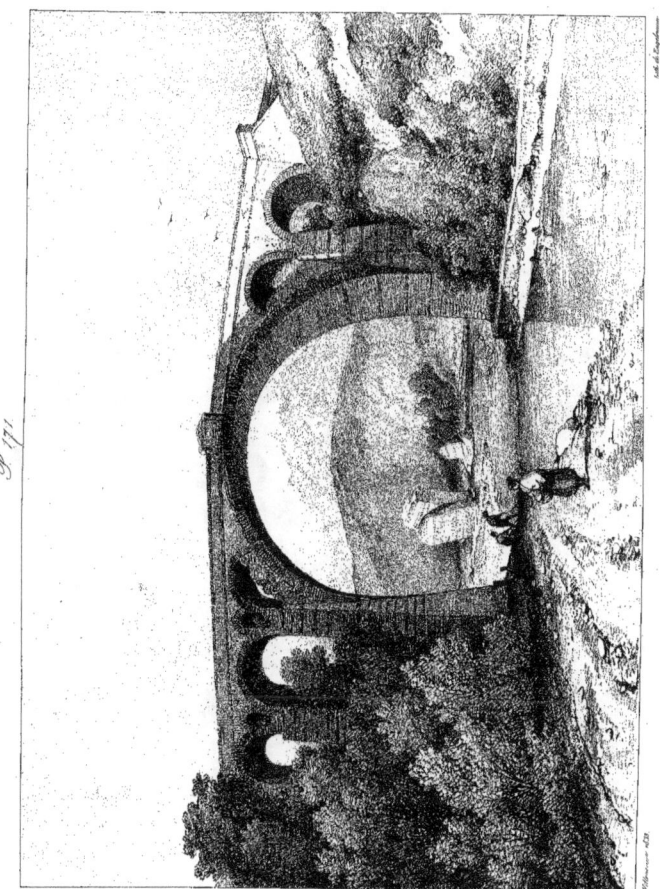

Pont de Ceret

Cloître du Monastère de S. Campo.

Portail de l'Église d'Arles

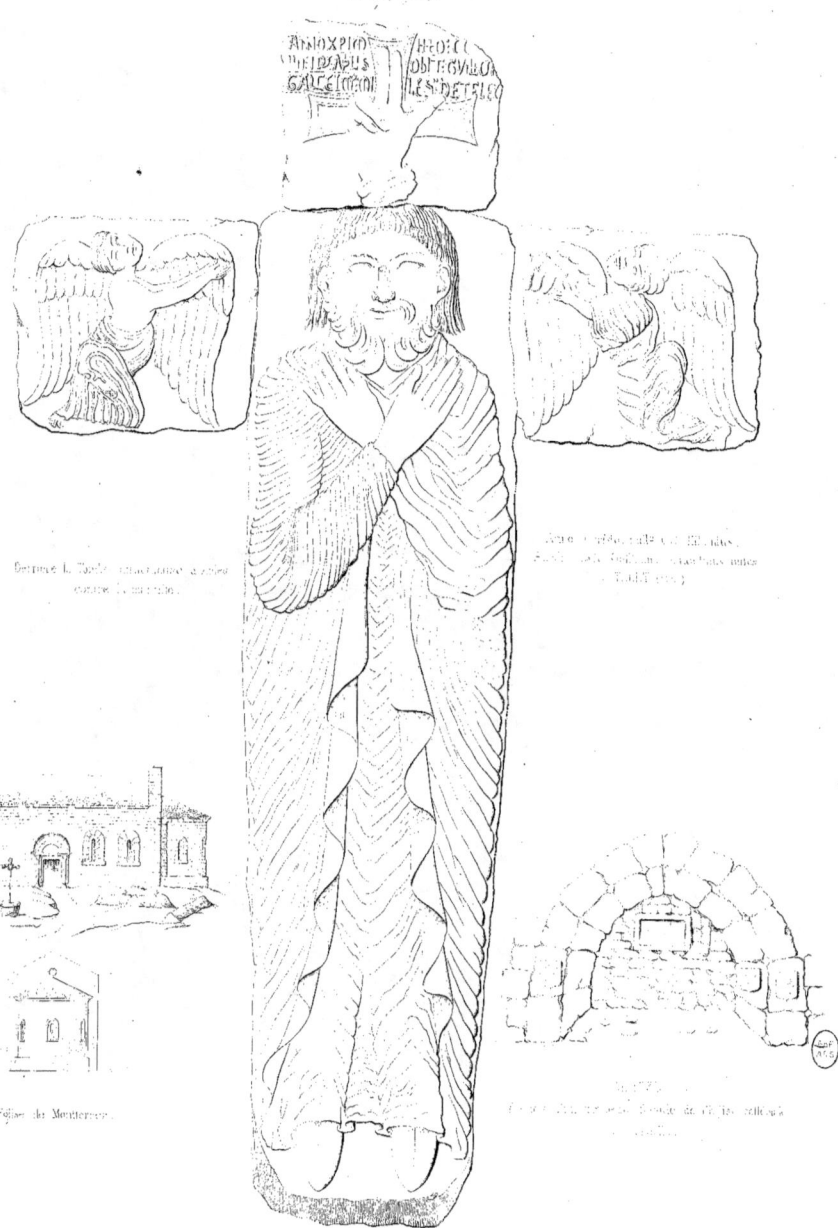

Arles. Église de Montferrer et de Cornella.

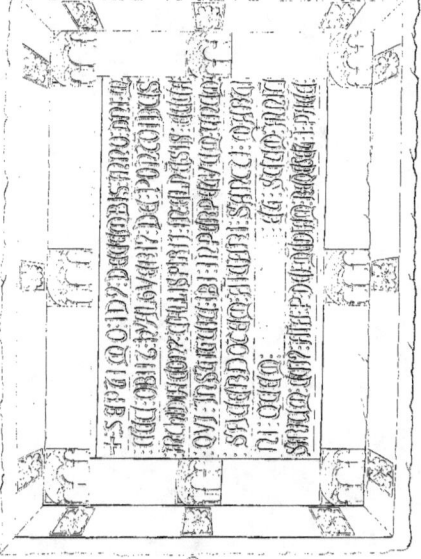
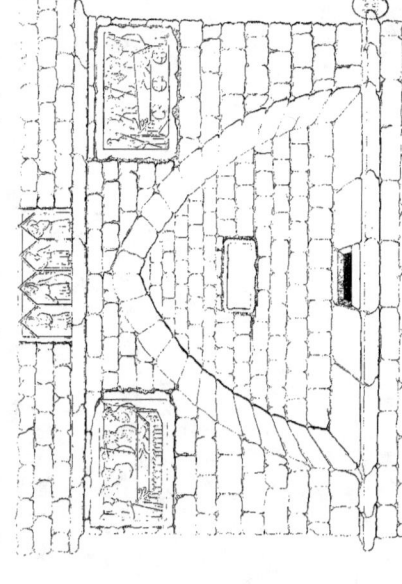

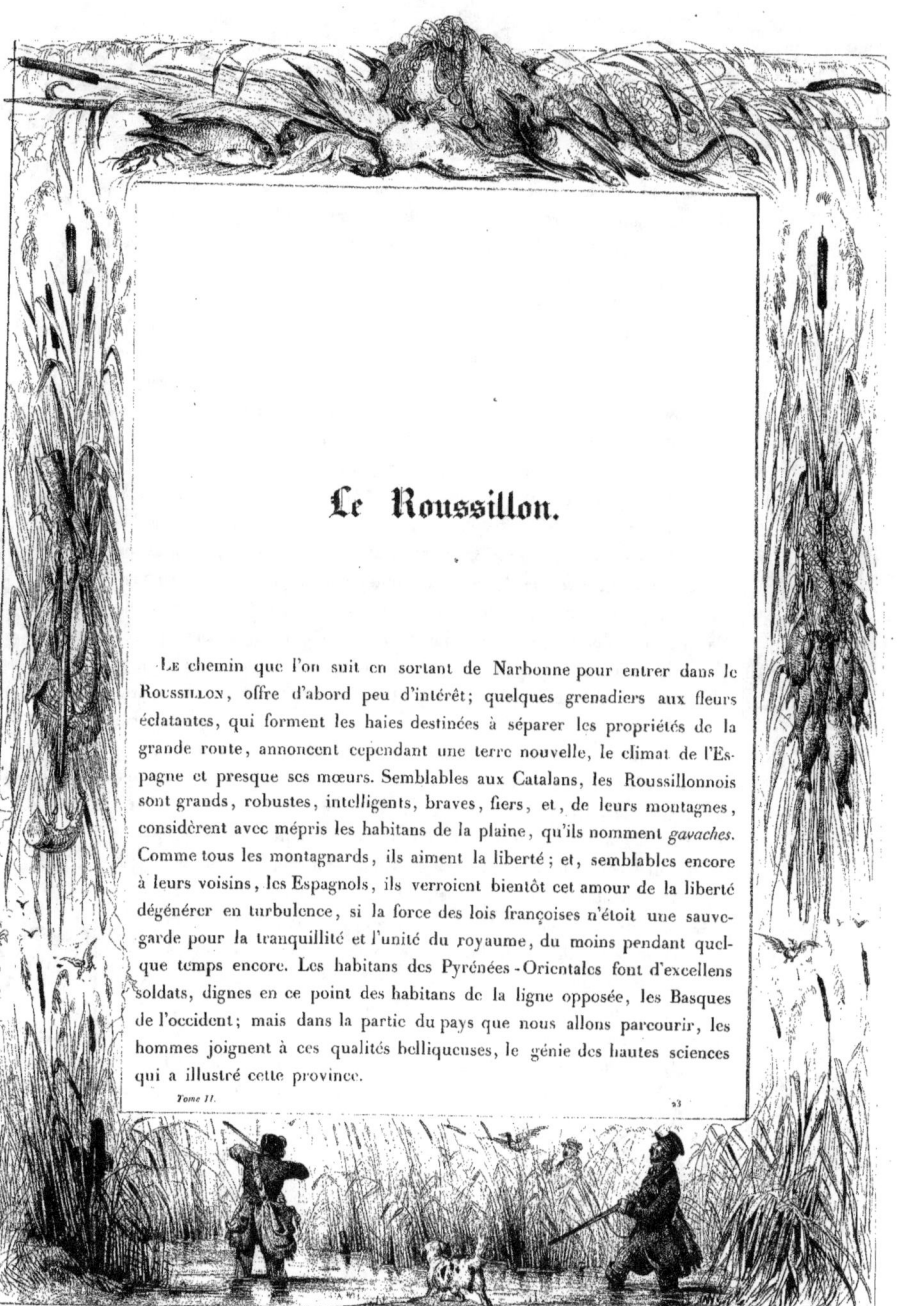

Le Roussillon.

Le chemin que l'on suit en sortant de Narbonne pour entrer dans le Roussillon, offre d'abord peu d'intérêt; quelques grenadiers aux fleurs éclatantes, qui forment les haies destinées à séparer les propriétés de la grande route, annoncent cependant une terre nouvelle, le climat de l'Espagne et presque ses mœurs. Semblables aux Catalans, les Roussillonnois sont grands, robustes, intelligents, braves, fiers, et, de leurs montagnes, considèrent avec mépris les habitans de la plaine, qu'ils nomment *gavaches*. Comme tous les montagnards, ils aiment la liberté; et, semblables encore à leurs voisins, les Espagnols, ils verroient bientôt cet amour de la liberté dégénérer en turbulence, si la force des lois françoises n'étoit une sauvegarde pour la tranquillité et l'unité du royaume, du moins pendant quelque temps encore. Les habitans des Pyrénées-Orientales font d'excellens soldats, dignes en ce point des habitans de la ligne opposée, les Basques de l'occident; mais dans la partie du pays que nous allons parcourir, les hommes joignent à ces qualités belliqueuses, le génie des hautes sciences qui a illustré cette province.

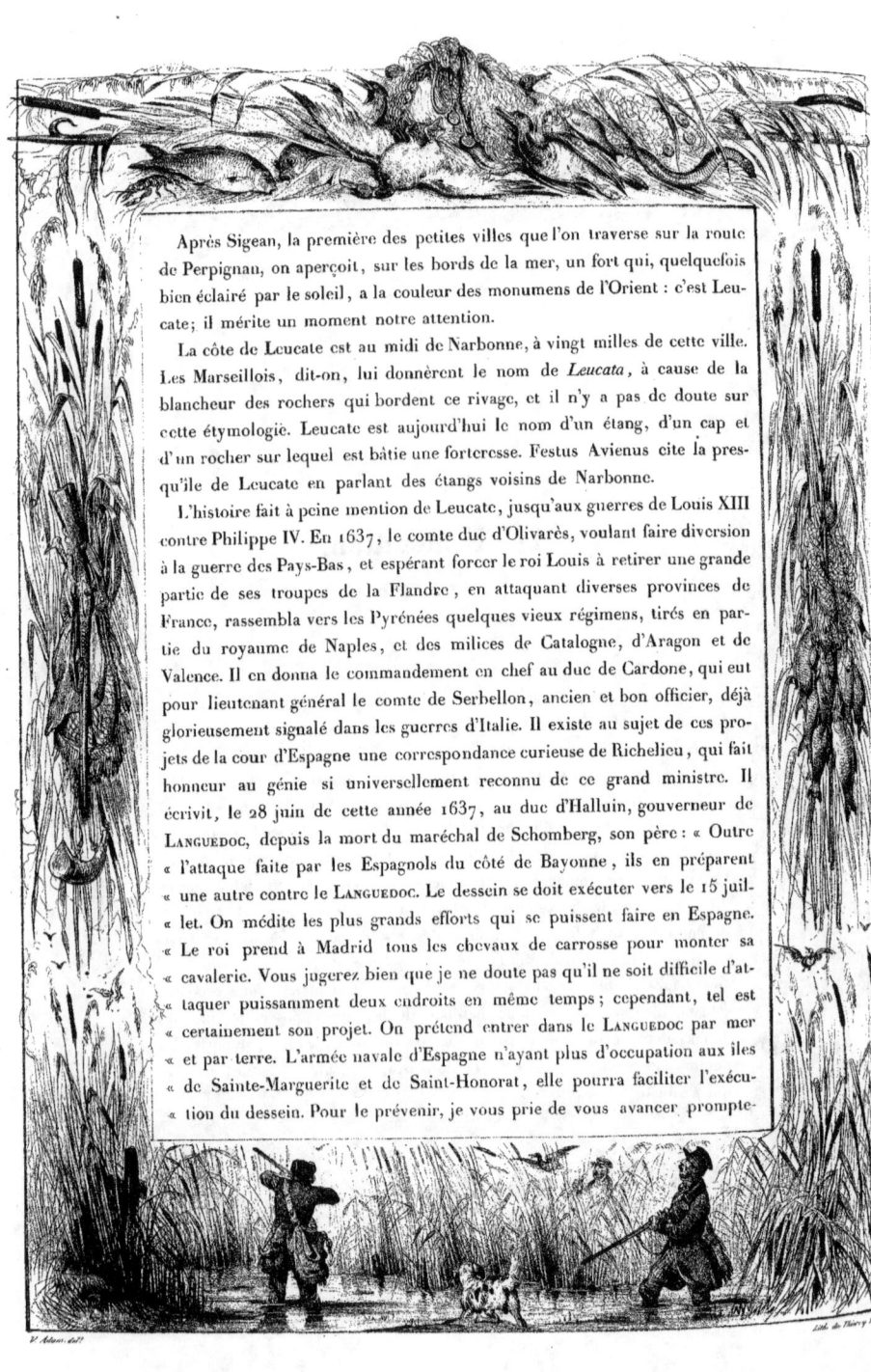

Après Sigean, la première des petites villes que l'on traverse sur la route de Perpignan, on aperçoit, sur les bords de la mer, un fort qui, quelquefois bien éclairé par le soleil, a la couleur des monumens de l'Orient : c'est Leucate; il mérite un moment notre attention.

La côte de Leucate est au midi de Narbonne, à vingt milles de cette ville. Les Marseillois, dit-on, lui donnèrent le nom de *Leucata*, à cause de la blancheur des rochers qui bordent ce rivage, et il n'y a pas de doute sur cette étymologie. Leucate est aujourd'hui le nom d'un étang, d'un cap et d'un rocher sur lequel est bâtie une forteresse. Festus Avienus cite la presqu'île de Leucate en parlant des étangs voisins de Narbonne.

L'histoire fait à peine mention de Leucate, jusqu'aux guerres de Louis XIII contre Philippe IV. En 1637, le comte duc d'Olivarès, voulant faire diversion à la guerre des Pays-Bas, et espérant forcer le roi Louis à retirer une grande partie de ses troupes de la Flandre, en attaquant diverses provinces de France, rassembla vers les Pyrénées quelques vieux régimens, tirés en partie du royaume de Naples, et des milices de Catalogne, d'Aragon et de Valence. Il en donna le commandement en chef au duc de Cardone, qui eut pour lieutenant général le comte de Serbellon, ancien et bon officier, déjà glorieusement signalé dans les guerres d'Italie. Il existe au sujet de ces projets de la cour d'Espagne une correspondance curieuse de Richelieu, qui fait honneur au génie si universellement reconnu de ce grand ministre. Il écrivit, le 28 juin de cette année 1637, au duc d'Halluin, gouverneur de LANGUEDOC, depuis la mort du maréchal de Schomberg, son père : « Outre « l'attaque faite par les Espagnols du côté de Bayonne, ils en préparent « une autre contre le LANGUEDOC. Le dessein se doit exécuter vers le 15 juil-« let. On médite les plus grands efforts qui se puissent faire en Espagne. « Le roi prend à Madrid tous les chevaux de carrosse pour monter sa « cavalerie. Vous jugerez bien que je ne doute pas qu'il ne soit difficile d'at-« taquer puissamment deux endroits en même temps ; cependant, tel est « certainement son projet. On prétend entrer dans le LANGUEDOC par mer « et par terre. L'armée navale d'Espagne n'ayant plus d'occupation aux îles « de Sainte-Marguerite et de Saint-Honorat, elle pourra faciliter l'exécu-« tion du dessein. Pour le prévenir, je vous prie de vous avancer prompte-

« ment à Narbonne, d'y mener le sieur d'Argencourt, de voir avec lui ce
« qu'il faudra faire, et de donner en diligence tous les ordres nécessaires.
« Commandez à la noblesse et aux communes de se tenir prêtes à marcher.
« Tirez des blés de la campagne autant qu'il sera possible, et les mettez dans
« Narbonne. M. le comte d'Harcourt et M. l'archevêque de Bordeaux con-
« duiront l'armée navale à votre secours. J'espère qu'avec l'aide de Dieu, et
« par votre diligence, les ennemis seront autant maltraités en LANGUEDOC
« qu'aux îles. Ne négligez point cet avis. Quoique vous n'y voyiez pas d'ap-
« parence, croyez qu'il est certain. J'écris à M. l'archevêque de Narbonne,
« pour l'assurer que ce n'est pas une chimère, et pour le prier de seconder
« vos bonnes intentions. » Et plus tard, le 7 septembre, il ajoute : « Monsieur,
« étant averti de fort bonne part que les Espagnols, qui se préparent à en-
« trer dans le LANGUEDOC, ont des intelligences dans quelques-unes des places
« de la province sur lesquelles ils fondent leurs principaux desseins, j'ai cru
« vous en devoir donner promptement avis, afin que, par votre prudence,
« vous y apportiez l'ordre que vous jugerez le plus convenable. Il faut surtout
« prendre garde à Narbonne, à Leucate, à quelques autres places plus expo-
« sées que les autres à l'attaque des ennemis, et aux maritimes, où ils au-
« ront moyen d'aborder par les vaisseaux qu'ils ont équipés. » Les ministres
de la guerre n'ont pas toujours écrit en France comme ce cardinal.

Comme politique, il savoit longtemps à l'avance ce qui se passoit dans le
conseil secret des cours étrangères; comme général, il avoit prévu les points
qu'il falloit approvisionner, bien garder, et qui alloient être attaqués. Effectivement, vers le commencement de septembre, l'ennemi entre dans la province et forme le siége de Leucate. Richelieu continue, par ses lettres, à
conduire, à éclairer, à encourager un chef même qui auroit manqué de
cœur. Aussitôt qu'il apprend l'invasion des Espagnols, il dit au duc d'Halluin : « Attaquez vivement les Espagnols, et ne leur donnez point le
« temps de se fortifier en LANGUEDOC, comme ils ont fait vers Saint-Jean de
« Luz. Ils n'ont pas trois mille bons soldats. Tout le reste n'est que de la
« milice ramassée. Nous le savons certainement. Si on les presse vivement,
« on aura raison. Je ne doute point que vous ne fassiez l'impossible en cette

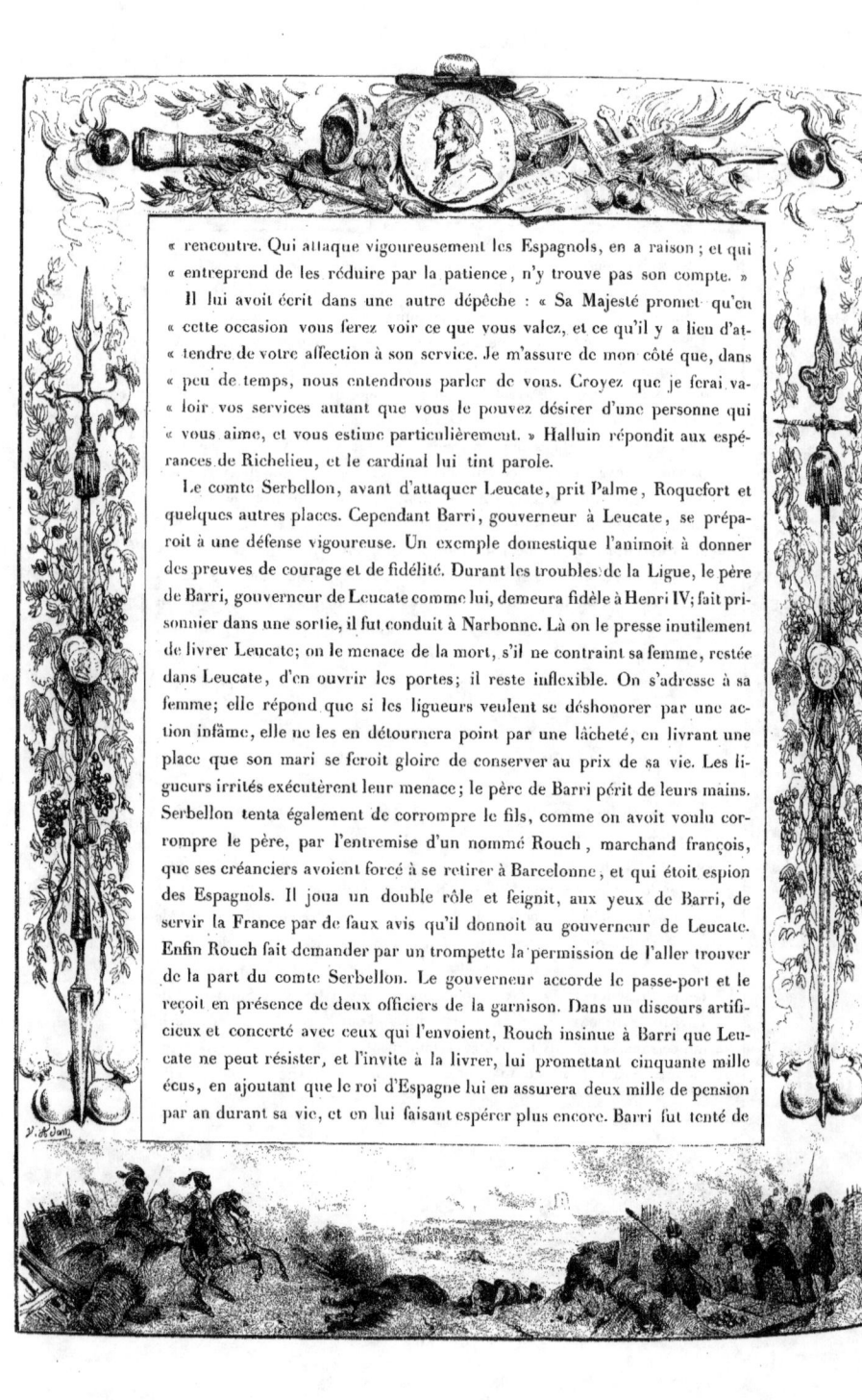

« rencontre. Qui attaque vigoureusement les Espagnols, en a raison ; et qui
« entreprend de les réduire par la patience, n'y trouve pas son compte. »

Il lui avoit écrit dans une autre dépêche : « Sa Majesté promet qu'en
« cette occasion vous ferez voir ce que vous valez, et ce qu'il y a lieu d'at-
« tendre de votre affection à son service. Je m'assure de mon côté que, dans
« peu de temps, nous entendrons parler de vous. Croyez que je ferai va-
« loir vos services autant que vous le pouvez désirer d'une personne qui
« vous aime, et vous estime particulièrement. » Halluin répondit aux espérances de Richelieu, et le cardinal lui tint parole.

Le comte Serbellon, avant d'attaquer Leucate, prit Palme, Roquefort et
quelques autres places. Cependant Barri, gouverneur à Leucate, se préparoit à une défense vigoureuse. Un exemple domestique l'animoit à donner
des preuves de courage et de fidélité. Durant les troubles de la Ligue, le père
de Barri, gouverneur de Leucate comme lui, demeura fidèle à Henri IV; fait prisonnier dans une sortie, il fut conduit à Narbonne. Là on le presse inutilement
de livrer Leucate; on le menace de la mort, s'il ne contraint sa femme, restée
dans Leucate, d'en ouvrir les portes; il reste inflexible. On s'adresse à sa
femme; elle répond que si les ligueurs veulent se déshonorer par une action infâme, elle ne les en détournera point par une lâcheté, en livrant une
place que son mari se feroit gloire de conserver au prix de sa vie. Les ligueurs irrités exécutèrent leur menace; le père de Barri périt de leurs mains.
Serbellon tenta également de corrompre le fils, comme on avoit voulu corrompre le père, par l'entremise d'un nommé Rouch, marchand françois,
que ses créanciers avoient forcé à se retirer à Barcelonne, et qui étoit espion
des Espagnols. Il joua un double rôle et feignit, aux yeux de Barri, de
servir la France par de faux avis qu'il donnoit au gouverneur de Leucate.
Enfin Rouch fait demander par un trompette la permission de l'aller trouver
de la part du comte Serbellon. Le gouverneur accorde le passe-port et le
reçoit en présence de deux officiers de la garnison. Dans un discours artifi-
cieux et concerté avec ceux qui l'envoient, Rouch insinue à Barri que Leucate ne peut résister, et l'invite à la livrer, lui promettant cinquante mille
écus, en ajoutant que le roi d'Espagne lui en assurera deux mille de pension
par an durant sa vie, et en lui faisant espérer plus encore. Barri fut tenté de

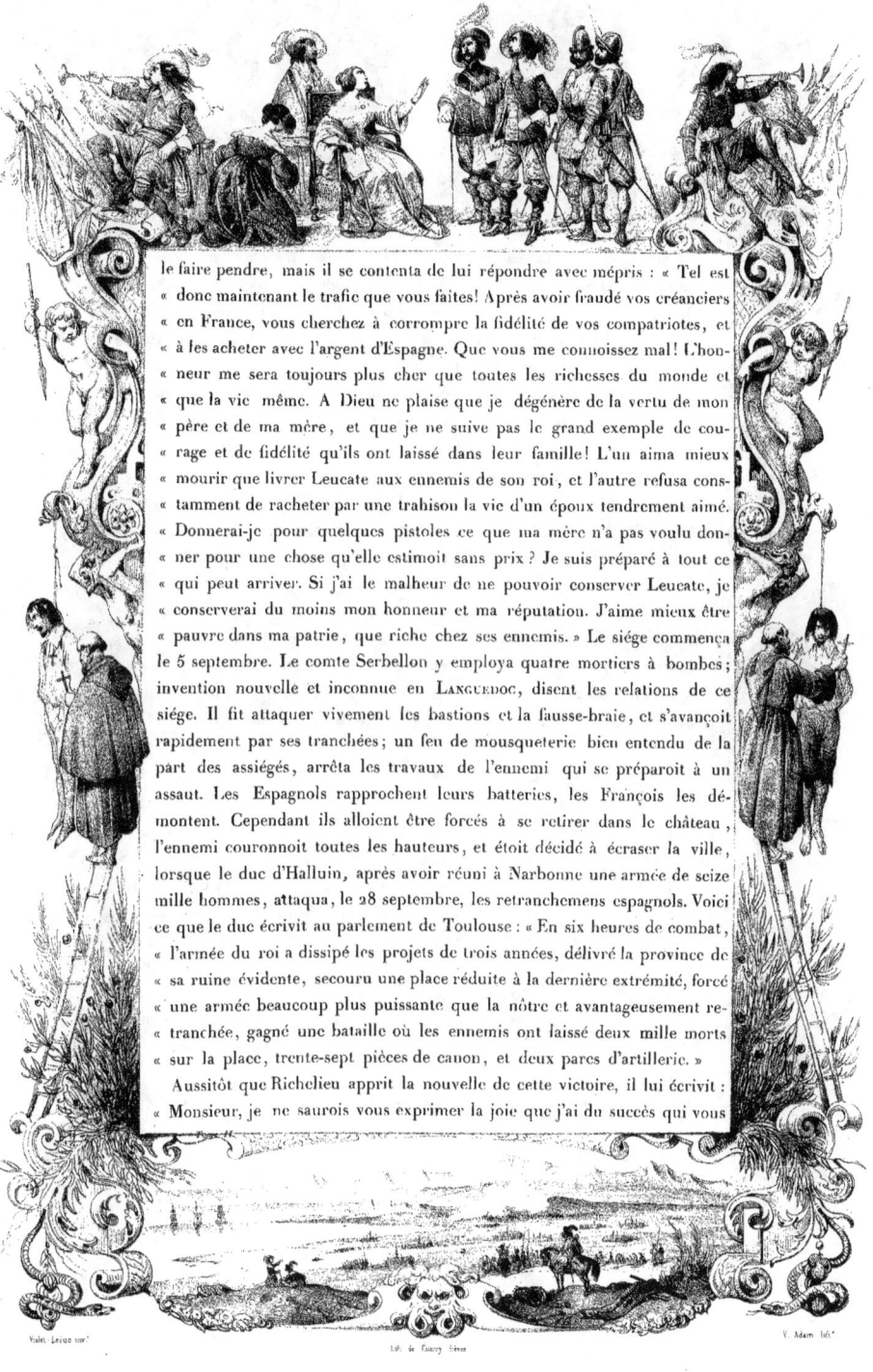

le faire pendre, mais il se contenta de lui répondre avec mépris : « Tel est
« donc maintenant le trafic que vous faites! Après avoir fraudé vos créanciers
« en France, vous cherchez à corrompre la fidélité de vos compatriotes, et
« à les acheter avec l'argent d'Espagne. Que vous me connoissez mal! L'hon-
« neur me sera toujours plus cher que toutes les richesses du monde et
« que la vie même. A Dieu ne plaise que je dégénère de la vertu de mon
« père et de ma mère, et que je ne suive pas le grand exemple de cou-
« rage et de fidélité qu'ils ont laissé dans leur famille! L'un aima mieux
« mourir que livrer Leucate aux ennemis de son roi, et l'autre refusa cons-
« tamment de racheter par une trahison la vie d'un époux tendrement aimé.
« Donnerai-je pour quelques pistoles ce que ma mère n'a pas voulu don-
« ner pour une chose qu'elle estimoit sans prix? Je suis préparé à tout ce
« qui peut arriver. Si j'ai le malheur de ne pouvoir conserver Leucate, je
« conserverai du moins mon honneur et ma réputation. J'aime mieux être
« pauvre dans ma patrie, que riche chez ses ennemis. » Le siége commença
le 5 septembre. Le comte Serbellon y employa quatre mortiers à bombes;
invention nouvelle et inconnue en LANGUEDOC, disent les relations de ce
siége. Il fit attaquer vivement les bastions et la fausse-braie, et s'avançoit
rapidement par ses tranchées; un feu de mousqueterie bien entendu de la
part des assiégés, arrêta les travaux de l'ennemi qui se préparoit à un
assaut. Les Espagnols rapprochent leurs batteries, les François les dé-
montent. Cependant ils alloient être forcés à se retirer dans le château,
l'ennemi couronnoit toutes les hauteurs, et étoit décidé à écraser la ville,
lorsque le duc d'Halluin, après avoir réuni à Narbonne une armée de seize
mille hommes, attaqua, le 28 septembre, les retranchemens espagnols. Voici
ce que le duc écrivit au parlement de Toulouse : « En six heures de combat,
« l'armée du roi a dissipé les projets de trois années, délivré la province de
« sa ruine évidente, secouru une place réduite à la dernière extrémité, forcé
« une armée beaucoup plus puissante que la nôtre et avantageusement re-
« tranchée, gagné une bataille où les ennemis ont laissé deux mille morts
« sur la place, trente-sept pièces de canon, et deux parcs d'artillerie. »
Aussitôt que Richelieu apprit la nouvelle de cette victoire, il lui écrivit :
« Monsieur, je ne saurois vous exprimer la joie que j'ai du succès qui vous

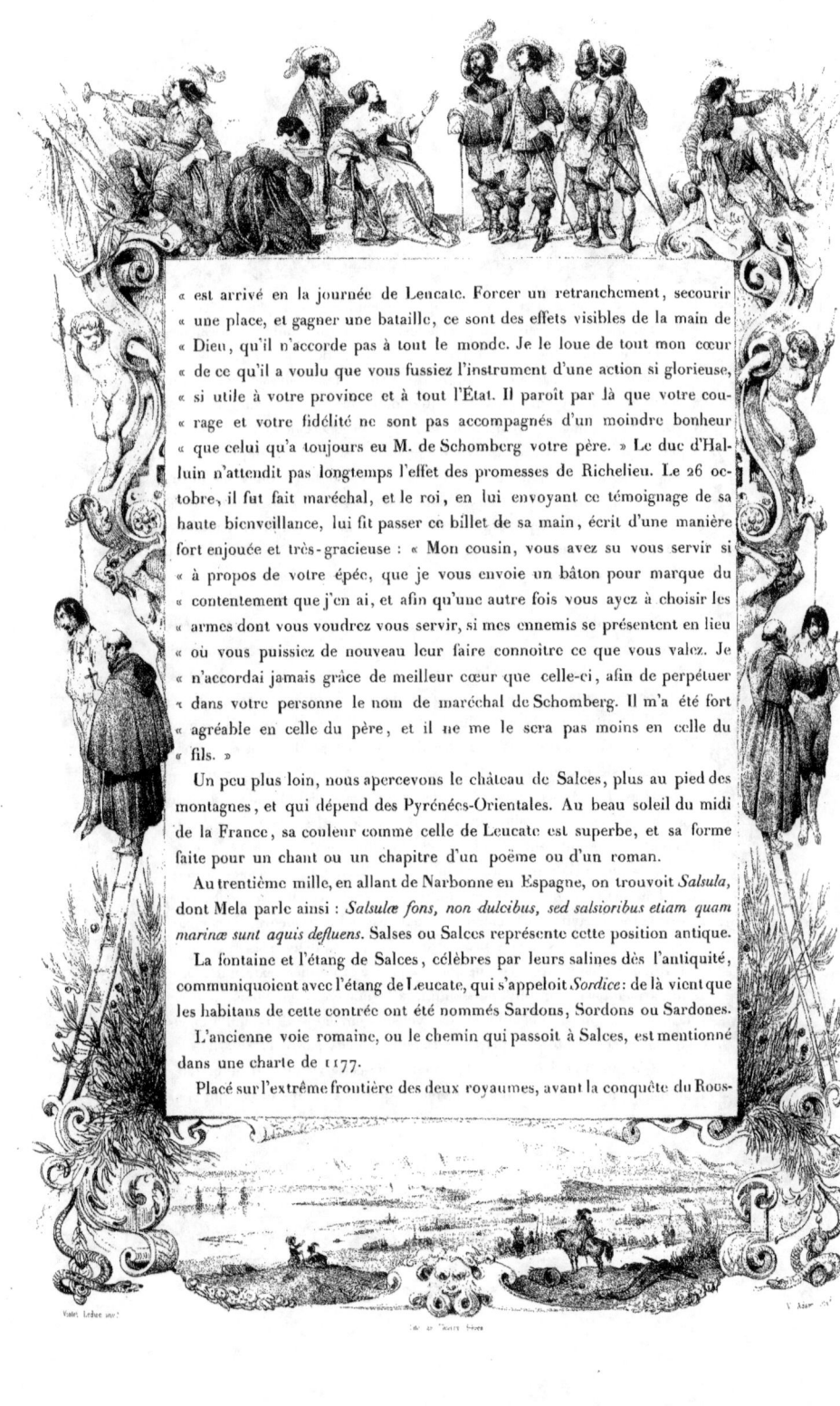

« est arrivé en la journée de Leucate. Forcer un retranchement, secourir
« une place, et gagner une bataille, ce sont des effets visibles de la main de
« Dieu, qu'il n'accorde pas à tout le monde. Je le loue de tout mon cœur
« de ce qu'il a voulu que vous fussiez l'instrument d'une action si glorieuse,
« si utile à votre province et à tout l'État. Il paroît par là que votre cou-
« rage et votre fidélité ne sont pas accompagnés d'un moindre bonheur
« que celui qu'a toujours eu M. de Schomberg votre père. » Le duc d'Halluin n'attendit pas longtemps l'effet des promesses de Richelieu. Le 26 octobre, il fut fait maréchal, et le roi, en lui envoyant ce témoignage de sa
haute bienveillance, lui fit passer ce billet de sa main, écrit d'une manière
fort enjouée et très-gracieuse : « Mon cousin, vous avez su vous servir si
« à propos de votre épée, que je vous envoie un bâton pour marque du
« contentement que j'en ai, et afin qu'une autre fois vous ayez à choisir les
« armes dont vous voudrez vous servir, si mes ennemis se présentent en lieu
« où vous puissiez de nouveau leur faire connoître ce que vous valez. Je
« n'accordai jamais grâce de meilleur cœur que celle-ci, afin de perpétuer
« dans votre personne le nom de maréchal de Schomberg. Il m'a été fort
« agréable en celle du père, et il ne me le sera pas moins en celle du
« fils. »

Un peu plus loin, nous apercevons le château de Salces, plus au pied des
montagnes, et qui dépend des Pyrénées-Orientales. Au beau soleil du midi
de la France, sa couleur comme celle de Leucate est superbe, et sa forme
faite pour un chant ou un chapitre d'un poëme ou d'un roman.

Au trentième mille, en allant de Narbonne en Espagne, on trouvoit *Salsula*,
dont Mela parle ainsi : *Salsulæ fons, non dulcibus, sed salsioribus etiam quam
marinæ sunt aquis defluens.* Salses ou Salces représentent cette position antique.

La fontaine et l'étang de Salces, célèbres par leurs salines dès l'antiquité,
communiquoient avec l'étang de Leucate, qui s'appeloit *Sordice* : de là vient que
les habitans de cette contrée ont été nommés Sardons, Sordons ou Sardones.

L'ancienne voie romaine, ou le chemin qui passoit à Salces, est mentionné
dans une charte de 1177.

Placé sur l'extrême frontière des deux royaumes, avant la conquête du Rous-

sillon, Salces avoit une importance réelle : le voisinage de la forteresse française de Leucate en faisoit une position militaire qui devoit être souvent disputée ; aussi a-t-elle été plusieurs fois assiégée, prise et reprise, durant les guerres qui ont troublé la Septimanie, ou le Languedoc. Le château est à quelques centaines de pas au nord-ouest du village. Les siéges les plus remarquables qu'il a soutenus, ont eu lieu en 1433, 1496 et 1503. Charles-Quint en augmenta les fortifications. Salces, assiégé en juin 1639, par le prince de Condé, tomba en son pouvoir le 21 juillet. Mais, le 20 septembre, Spinola, marquis de los Balbazes, entreprit de reprendre cette place, et le 7 janvier, dit Bassompierre, le gouverneur Espenau en sortit par capitulation avec la garnison, remettant aux Espagnols une conquête que le prince de Condé ne sut pas conserver, et qu'il perdit par sa mésintelligence avec le maréchal de Schomberg dont il dédaigna les conseils. De part et d'autre on avoit attaché une grande importance à rester maître du château, et les lettres du comte-duc d'Olivarès et du roi Philippe IV ne sont pas moins curieuses à reproduire que celles de Richelieu et de Louis XIII, pour peindre les hommes d'État et les deux nations à cette époque.

Olivarès écrivoit de sa main au vice-roi de Catalogne : « Le roi notre « maître n'a pas commandé d'assiéger Salces. Vous et M. le marquis de los « Balbazes en avez pris la résolution. Il n'est plus question de l'honneur « de la Catalogne, et des officiers de l'armée. La réputation du roi est en- « gagée. On vous assiste d'ici, et nous continuerons aux dépens même de « notre propre vie. Hasardez tout, faites-vous obéir par ceux du pays, et sau- « vez ainsi la province et les comtés ; sans cela ils sont perdus. Que tous les « gens capables de travailler aillent à la guerre. Que les femmes portent « sur leurs épaules du foin, de la paille et tout ce qui sera nécessaire pour « la cavalerie et pour l'armée. Il n'est pas temps de prier, mais de comman- « der et faire exécuter. Les Catalans sont tantôt de bonne volonté, et tan- « tôt revêches. Le salut du peuple et de l'armée est préférable aux lois et « aux priviléges de la province. Les soldats doivent être commodément logés « et bien couchés. Qu'on ôte les lits aux gentilshommes les plus qualifiés du « pays. Qu'on les réduise plutôt à coucher sur la dure, que de laisser souf- « frir les soldats. » On lit dans une autre dépêche du 14 octobre : « Si les pionniers

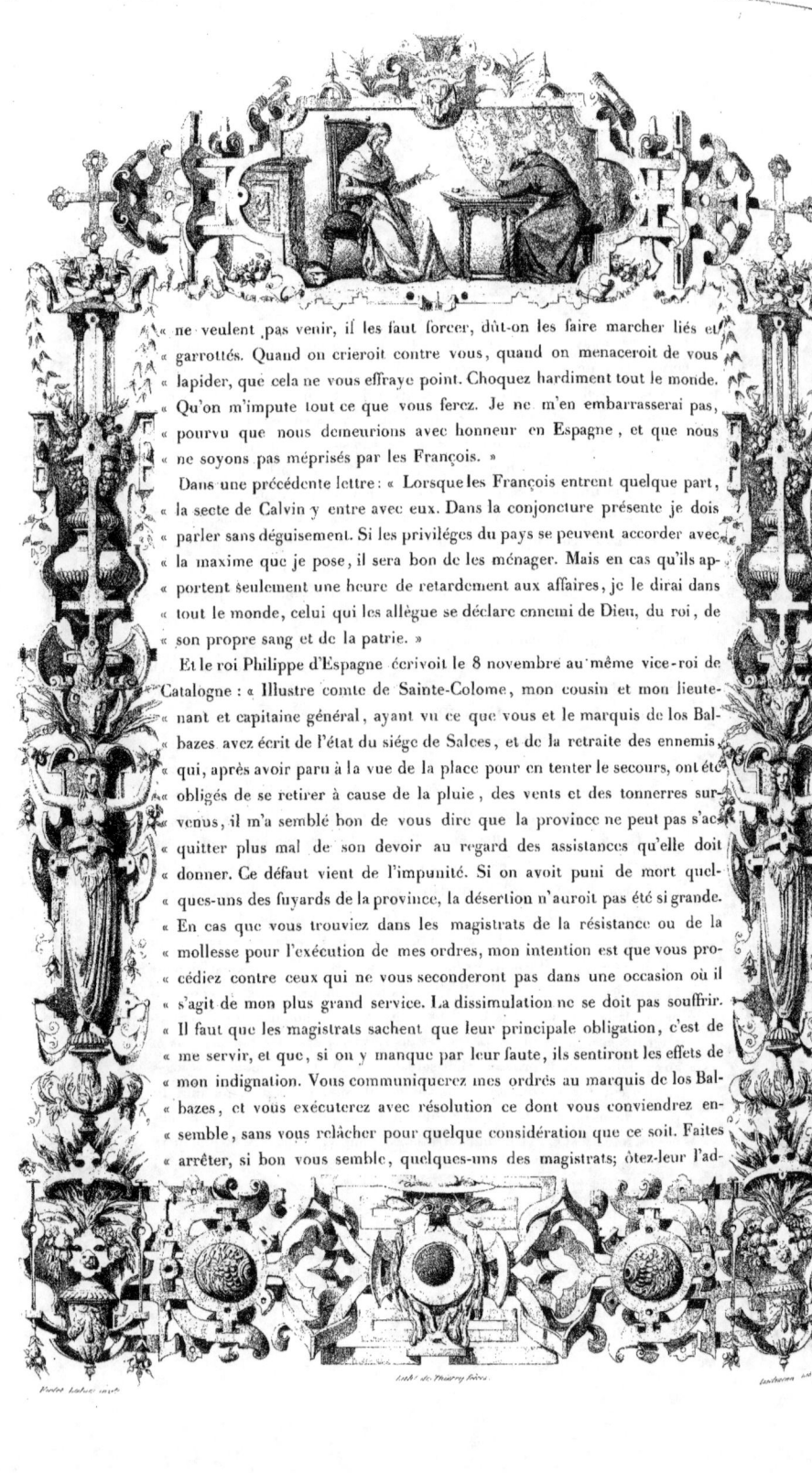

« ne veulent pas venir, il les faut forcer, dût-on les faire marcher liés et
« garrottés. Quand on crieroit contre vous, quand on menaceroit de vous
« lapider, que cela ne vous effraye point. Choquez hardiment tout le monde.
« Qu'on m'impute tout ce que vous ferez. Je ne m'en embarrasserai pas,
« pourvu que nous demeurions avec honneur en Espagne, et que nous
« ne soyons pas méprisés par les François. »

Dans une précédente lettre : « Lorsque les François entrent quelque part,
« la secte de Calvin y entre avec eux. Dans la conjoncture présente je dois
« parler sans déguisement. Si les priviléges du pays se peuvent accorder avec
« la maxime que je pose, il sera bon de les ménager. Mais en cas qu'ils ap-
« portent seulement une heure de retardement aux affaires, je le dirai dans
« tout le monde, celui qui les allègue se déclare ennemi de Dieu, du roi, de
« son propre sang et de la patrie. »

Et le roi Philippe d'Espagne écrivoit le 8 novembre au même vice-roi de
Catalogne : « Illustre comte de Sainte-Colome, mon cousin et mon lieute-
« nant et capitaine général, ayant vu ce que vous et le marquis de los Bal-
« bazes avez écrit de l'état du siége de Salces, et de la retraite des ennemis
« qui, après avoir paru à la vue de la place pour en tenter le secours, ont été
« obligés de se retirer à cause de la pluie, des vents et des tonnerres sur-
« venus, il m'a semblé bon de vous dire que la province ne peut pas s'ac-
« quitter plus mal de son devoir au regard des assistances qu'elle doit
« donner. Ce défaut vient de l'impunité. Si on avoit puni de mort quel-
« ques-uns des fuyards de la province, la désertion n'auroit pas été si grande.
« En cas que vous trouviez dans les magistrats de la résistance ou de la
« mollesse pour l'exécution de mes ordres, mon intention est que vous pro-
« cédiez contre ceux qui ne vous seconderont pas dans une occasion où il
« s'agit de mon plus grand service. La dissimulation ne se doit pas souffrir.
« Il faut que les magistrats sachent que leur principale obligation, c'est de
« me servir, et que, si on y manque par leur faute, ils sentiront les effets de
« mon indignation. Vous communiquerez mes ordres au marquis de los Bal-
« bazes, et vous exécuterez avec résolution ce dont vous conviendrez en-
« semble, sans vous relâcher pour quelque considération que ce soit. Faites
« arrêter, si bon vous semble, quelques-uns des magistrats; ôtez-leur l'ad-

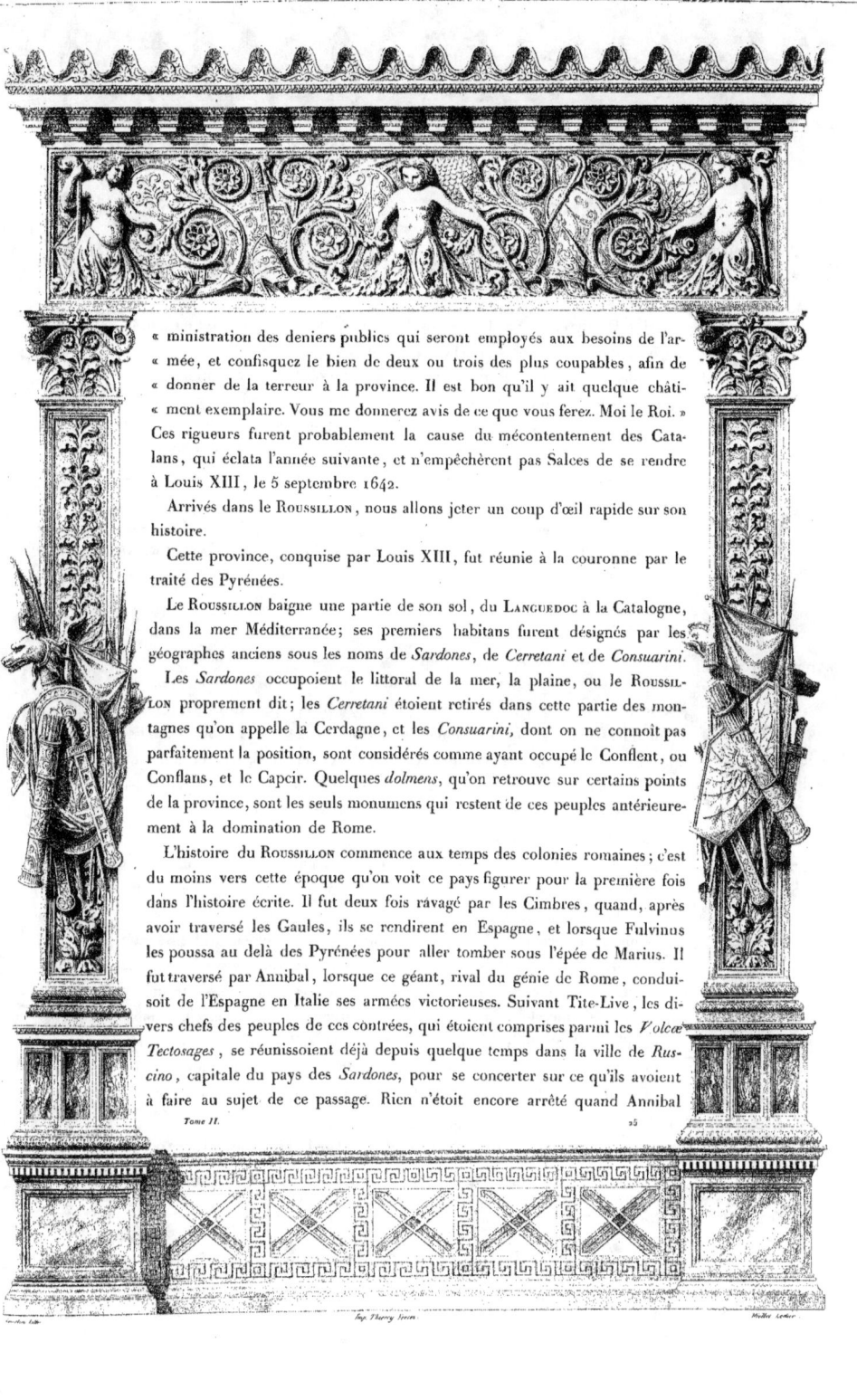

« ministration des deniers publics qui seront employés aux besoins de l'ar-
« mée, et confisquez le bien de deux ou trois des plus coupables, afin de
« donner de la terreur à la province. Il est bon qu'il y ait quelque châti-
« ment exemplaire. Vous me donnerez avis de ce que vous ferez. Moi le Roi. »
Ces rigueurs furent probablement la cause du mécontentement des Catalans, qui éclata l'année suivante, et n'empêchèrent pas Salces de se rendre
à Louis XIII, le 5 septembre 1642.

Arrivés dans le Roussillon, nous allons jeter un coup d'œil rapide sur son histoire.

Cette province, conquise par Louis XIII, fut réunie à la couronne par le traité des Pyrénées.

Le Roussillon baigne une partie de son sol, du Languedoc à la Catalogne, dans la mer Méditerranée; ses premiers habitans furent désignés par les géographes anciens sous les noms de *Sardones*, de *Cerretani* et de *Consuarini*.

Les *Sardones* occupoient le littoral de la mer, la plaine, ou le Roussil-lon proprement dit; les *Cerretani* étoient retirés dans cette partie des montagnes qu'on appelle la Cerdagne, et les *Consuarini*, dont on ne connoît pas parfaitement la position, sont considérés comme ayant occupé le Conflent, ou Conflans, et le Capcir. Quelques *dolmens*, qu'on retrouve sur certains points de la province, sont les seuls monumens qui restent de ces peuples antérieurement à la domination de Rome.

L'histoire du Roussillon commence aux temps des colonies romaines; c'est du moins vers cette époque qu'on voit ce pays figurer pour la première fois dans l'histoire écrite. Il fut deux fois ravagé par les Cimbres, quand, après avoir traversé les Gaules, ils se rendirent en Espagne, et lorsque Fulvinus les poussa au delà des Pyrénées pour aller tomber sous l'épée de Marius. Il fut traversé par Annibal, lorsque ce géant, rival du génie de Rome, condui-soit de l'Espagne en Italie ses armées victorieuses. Suivant Tite-Live, les di-vers chefs des peuples de ces contrées, qui étoient comprises parmi les *Volcæ Tectosages*, se réunissoient déjà depuis quelque temps dans la ville de *Rus-cino*, capitale du pays des *Sardones*, pour se concerter sur ce qu'ils avoient à faire au sujet de ce passage. Rien n'étoit encore arrêté quand Annibal

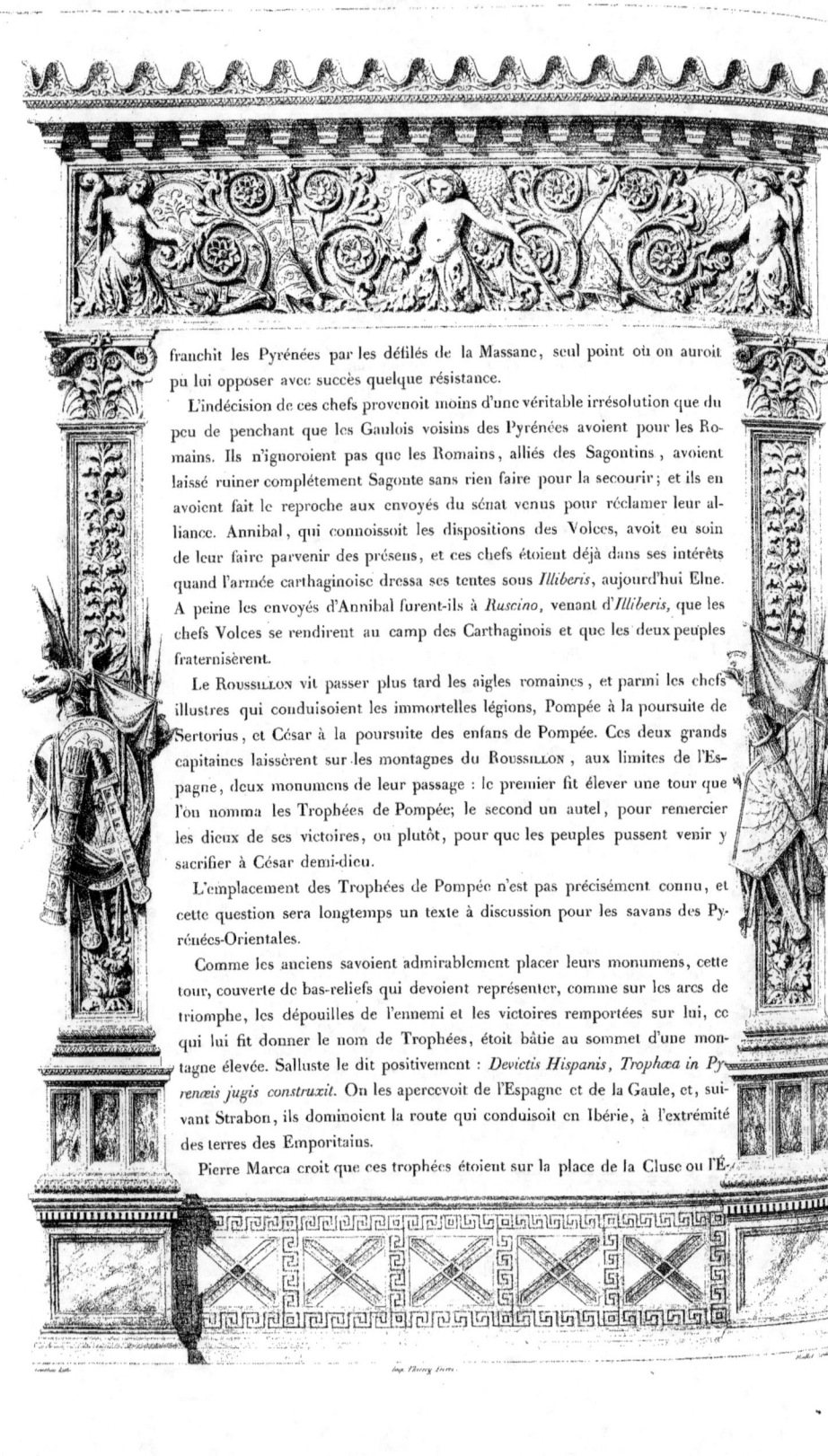

franchit les Pyrénées par les défilés de la Massane, seul point où on auroit pu lui opposer avec succès quelque résistance.

L'indécision de ces chefs provenoit moins d'une véritable irrésolution que du peu de penchant que les Gaulois voisins des Pyrénées avoient pour les Romains. Ils n'ignoroient pas que les Romains, alliés des Sagontins, avoient laissé ruiner complétement Sagonte sans rien faire pour la secourir ; et ils en avoient fait le reproche aux envoyés du sénat venus pour réclamer leur alliance. Annibal, qui connoissoit les dispositions des Volces, avoit eu soin de leur faire parvenir des présens, et ces chefs étoient déjà dans ses intérêts quand l'armée carthaginoise dressa ses tentes sous *Illiberis*, aujourd'hui Elne. A peine les envoyés d'Annibal furent-ils à *Ruscino*, venant d'*Illiberis*, que les chefs Volces se rendirent au camp des Carthaginois et que les deux peuples fraternisèrent.

Le Roussillon vit passer plus tard les aigles romaines, et parmi les chefs illustres qui conduisoient les immortelles légions, Pompée à la poursuite de Sertorius, et César à la poursuite des enfans de Pompée. Ces deux grands capitaines laissèrent sur les montagnes du Roussillon, aux limites de l'Espagne, deux monumens de leur passage : le premier fit élever une tour que l'on nomma les Trophées de Pompée ; le second un autel, pour remercier les dieux de ses victoires, ou plutôt, pour que les peuples pussent venir y sacrifier à César demi-dieu.

L'emplacement des Trophées de Pompée n'est pas précisément connu, et cette question sera longtemps un texte à discussion pour les savans des Pyrénées-Orientales.

Comme les anciens savoient admirablement placer leurs monumens, cette tour, couverte de bas-reliefs qui devoient représenter, comme sur les arcs de triomphe, les dépouilles de l'ennemi et les victoires remportées sur lui, ce qui lui fit donner le nom de Trophées, étoit bâtie au sommet d'une montagne élevée. Salluste le dit positivement : *Devictis Hispanis, Trophæa in Pyrenæis jugis construxit*. On les apercevoit de l'Espagne et de la Gaule, et, suivant Strabon, ils dominoient la route qui conduisoit en Ibérie, à l'extrémité des terres des Emporitains.

Pierre Marca croit que ces trophées étoient sur la place de la Cluse ou l'Écluse, à l'endroit même où, dans le moyen âge, on éleva des fortifications pour la défense du passage du Summum Pyrenæum; Dom Vaissette croit que c'est la colline de Bellegarde qui les a portés. Lorsque Vauban construisit le fort de Bellegarde qui existe maintenant, il y avoit au même lieu un monument, « formant un carré long, dont les deux grands côtés contenoient cha« cun dix-huit toises de longueur, et le deux autres treize toises chacun, « hors d'œuvre. Sa hauteur étoit de dix toises et l'épaisseur des murs de « quatre pieds (1). »

Sous les rois goths, c'étoit une tour de défense, un poste militaire, qui devoit être assez important; ils avoient ajouté à l'angle oriental du monument une seconde tour de moindre dimension, mais plus élevée.

Il est donc probable que c'est là qu'étoient les Trophées de Pompée. Ce point culminant dominoit deux passages, et sa cime étoit faite pour porter un souvenir de la victoire ou pour la conquérir.

On a voulu voir ces Trophées dans d'autres vestiges antiques, des tours éparses sur la crête des hautes montagnes, des anneaux de fer attachés à leurs rochers, Pampelune elle-même enfin, considérée comme un monument de victoire. Ces opinions ne sont pas soutenables devant une sévère critique.

Quant à l'autel élevé par César, Dion assure qu'il fut construit non loin des Trophées de Pompée; c'étoit une grande masse de pierres taillées régulièrement, placée probablement sur la montagne de la haute Cluse, qui n'est séparée de Bellegarde que par le vallon de Pertus, et où nous avons vu des restes de substructions romaines et du moyen âge.

La ville de *Ruscino* devint colonie sous les Romains; quant à celle d'*Illiberis*, qui étoit d'une grande importance sous les Gaulois, elle fut ruinée sous la domination romaine; car le géographe espagnol Pomponius Mela, qui vivoit dans le premier siècle de notre ère, dit, en parlant de cette ville : *Magnæ quondam urbis et magnarum opum tenue vestigium.* Quand, comment et à quelle époque *Illiberis* fut-elle ruinée? c'est ce dont aucun écrivain n'a conservé le souvenir. Rétablie en partie quatre ou cinq siècles plus tard par l'un des fils de Constantin, elle reçut alors le nom d'*Helena*, de la mère de cet empereur,

(1) Archives du génie militaire.

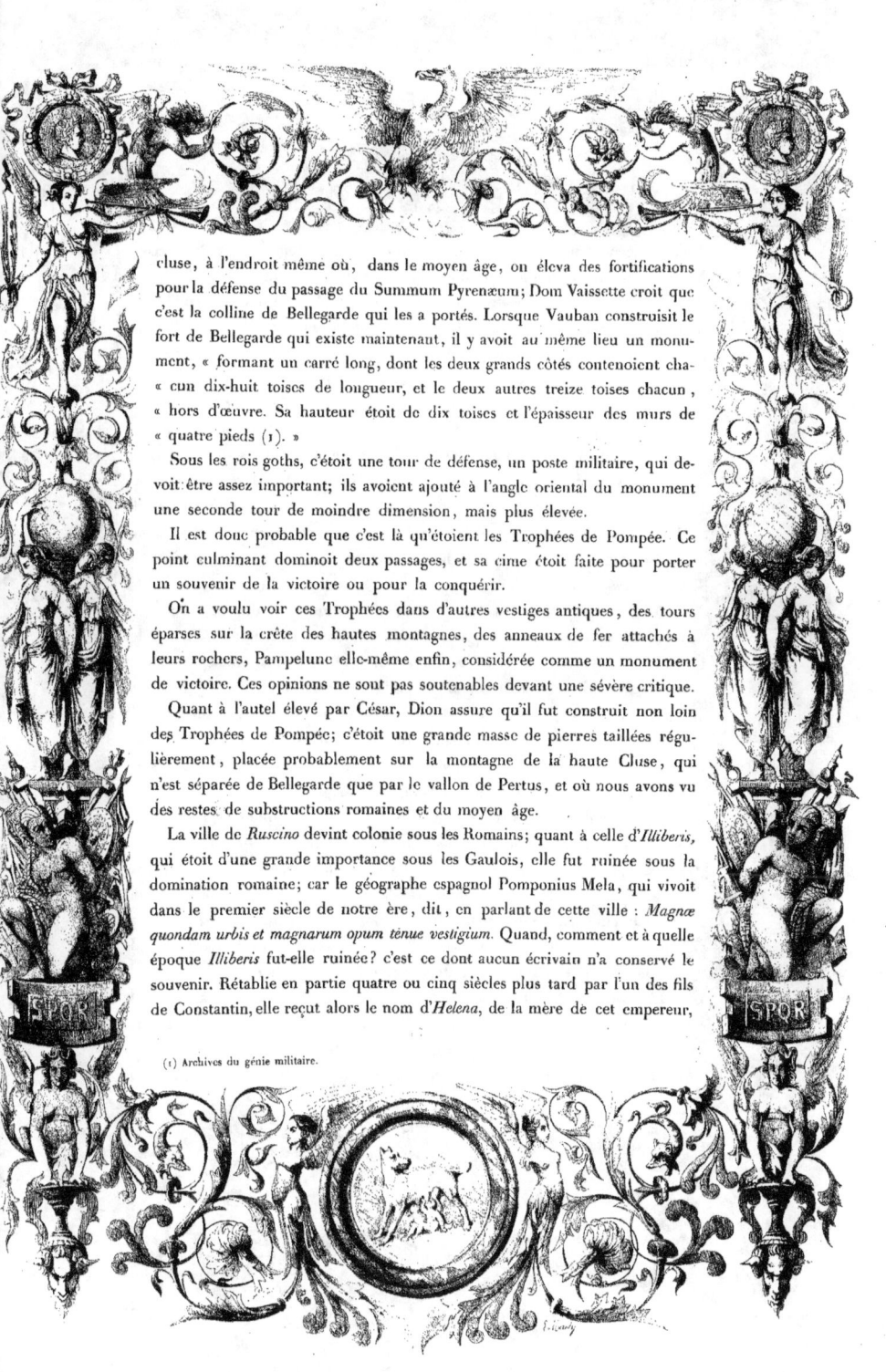

nom dégénéré depuis en celui d'Elne, titre du siége épiscopal du Roussillon.

Près de la Narbonne bien-aimée des Romains, le Roussillon n'obtint pas une louange de leurs poëtes; c'étoit pour eux simplement une route militaire pour arriver à conquérir toute la péninsule Ibérique.

On ignore à quelle époque précise le christianisme fut enseigné dans le Roussillon; sous la domination romaine, cette province suivoit l'impulsion que lui donnoit Narbonne; c'est donc à peu près vers le même temps qu'elle devint chrétienne; mais ce n'est que depuis 571 que l'histoire a conservé le nom d'un de ses premiers évêques; il s'appeloit Domnus. Le siége épiscopal des Sardones auroit dû être placé à Ruscino; il fut transféré à Elne, peut-être par respect pour le nom d'Hélène, ce qui n'empêchoit pas la cathédrale de porter le nom d'*Ecclesia Ruscinonensis* ou *Solionensis*, et au comté de Roussillon, d'être appelé, dans une charte du roi Eudes, de 889, *Comitatus Elenensis*.

Pendant les premiers siècles de l'ère chrétienne, le Roussillon subit les ravages des barbares qui frappoient et déchiroient le vieil empire. En 408, les Vandales, espérant se rendre en Ibéric par les Pyrénées orientales, tentèrent de les franchir, et furent repoussés par Didyme et son frère Vérinien qui avoient la garde des passages; alors ils campèrent dans le Roussillon et la Narbonnoise, attendant le moment favorable pour exécuter leurs projets; enfin, l'année suivante, ils se firent jour à travers la Navarre; et, suivis des Suèves et des Alains, ils allèrent ravager l'Espagne.

L'histoire de cette province n'est sortie de l'obscurité que sous l'empire des Visigoths, à l'occasion du passage de leur roi Wamba, qui étoit accouru de Tolède pour poursuivre et punir un Flavius Paulus, parent du roi son prédécesseur. Le nom de celui-ci semble révéler une origine romaine; envoyé dans la Septimanie pour étouffer une insurrection, et oubliant sa mission, il se mit à la tête des révoltés, enleva la Tarragonaise, s'empara de Barcelone, de Girone d'Ausone, nommée maintenant Vic, et de Narbonne.

L'armée de Wamba entra dans le Roussillon par trois points à la fois; le corps qui envahit la Cerdagne avoit pour chef Didier, neveu du roi qui avoit commandé la Narbonnoise avant la révolte; il se rendit maître de *Castrum Libiæ*, la Livia moderne, malgré la résistance de Hyacinthe, évêque d'Ur-

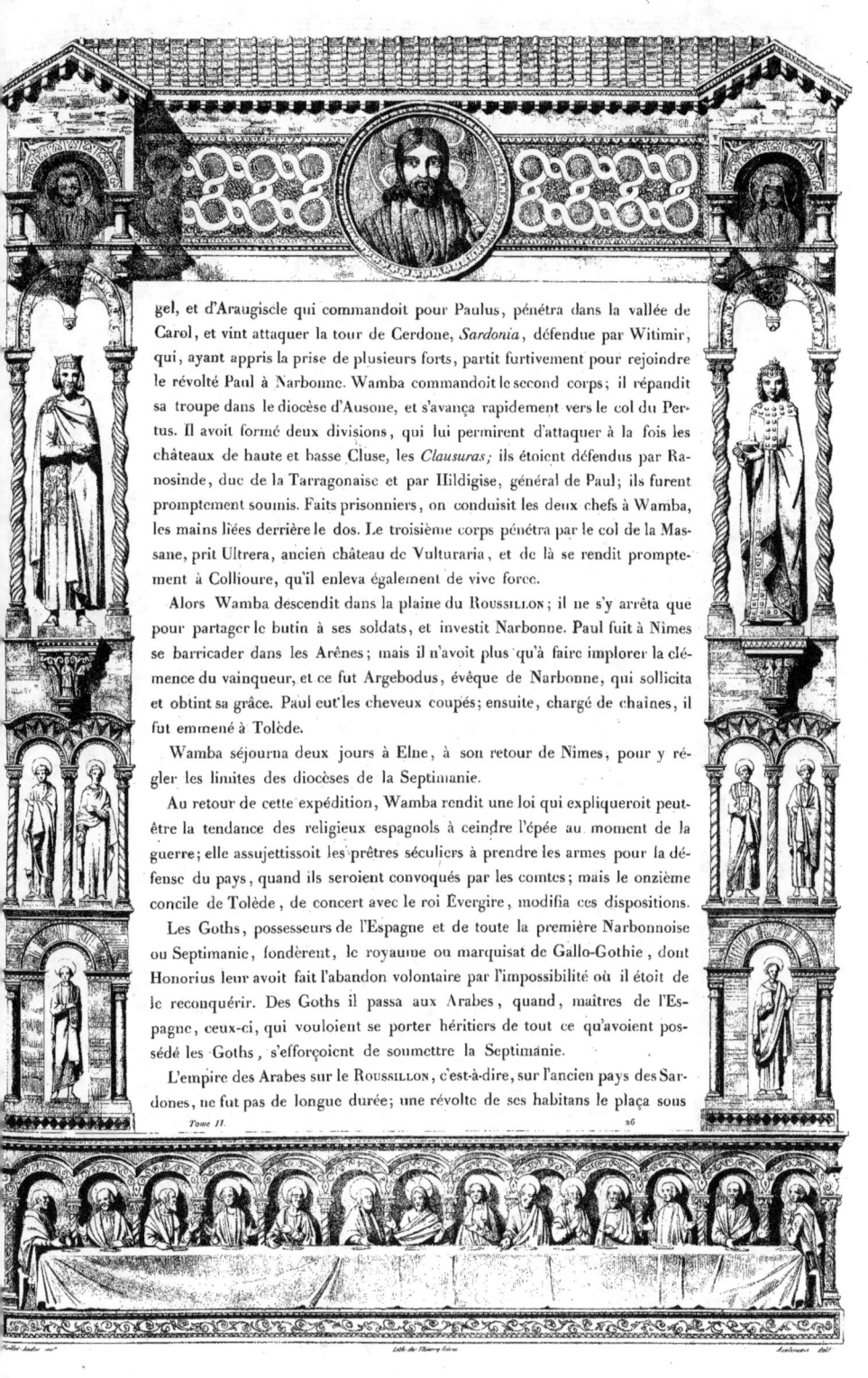

gel, et d'Araugiscle qui commandoit pour Paulus, pénétra dans la vallée de Carol, et vint attaquer la tour de Cerdone, *Sardonia*, défendue par Witimir, qui, ayant appris la prise de plusieurs forts, partit furtivement pour rejoindre le révolté Paul à Narbonne. Wamba commandoit le second corps; il répandit sa troupe dans le diocèse d'Ausone, et s'avança rapidement vers le col du Pertus. Il avoit formé deux divisions, qui lui permirent d'attaquer à la fois les châteaux de haute et basse Cluse, les *Clausuras;* ils étoient défendus par Ranosinde, duc de la Tarragonaise et par Hildigise, général de Paul; ils furent promptement soumis. Faits prisonniers, on conduisit les deux chefs à Wamba, les mains liées derrière le dos. Le troisième corps pénétra par le col de la Massane, prit Ultrera, ancien château de Vulturaria, et de là se rendit promptement à Collioure, qu'il enleva également de vive force.

Alors Wamba descendit dans la plaine du Roussillon; il ne s'y arrêta que pour partager le butin à ses soldats, et investit Narbonne. Paul fuit à Nîmes se barricader dans les Arènes; mais il n'avoit plus qu'à faire implorer la clémence du vainqueur, et ce fut Argebodus, évêque de Narbonne, qui sollicita et obtint sa grâce. Paul eut les cheveux coupés; ensuite, chargé de chaînes, il fut emmené à Tolède.

Wamba séjourna deux jours à Elne, à son retour de Nîmes, pour y régler les limites des diocèses de la Septimanie.

Au retour de cette expédition, Wamba rendit une loi qui expliqueroit peut-être la tendance des religieux espagnols à ceindre l'épée au moment de la guerre; elle assujettissoit les prêtres séculiers à prendre les armes pour la défense du pays, quand ils seroient convoqués par les comtes; mais le onzième concile de Tolède, de concert avec le roi Évergire, modifia ces dispositions.

Les Goths, possesseurs de l'Espagne et de toute la première Narbonnoise ou Septimanie, fondèrent, le royaume ou marquisat de Gallo-Gothie, dont Honorius leur avoit fait l'abandon volontaire par l'impossibilité où il étoit de le reconquérir. Des Goths il passa aux Arabes, quand, maîtres de l'Espagne, ceux-ci, qui vouloient se porter héritiers de tout ce qu'avoient possédé les Goths, s'efforçoient de soumettre la Septimanie.

L'empire des Arabes sur le Roussillon, c'est-à-dire, sur l'ancien pays des Sardones, ne fut pas de longue durée; une révolte de ses habitants le plaça sous

la domination des Francs, à l'époque où le chef de la deuxième race, Pepin, faisoit le siége de Narbonne occupée par les Arabes. Le joug des Maures pesa plus longtemps sur la Cerdagne; ce ne fut que dans le XIe siècle que les Sarrasins en furent complétement expulsés. Les annales de leur séjour dans ces montagnes ont laissé une intéressante histoire; celle d'un de leurs chefs, gouverneur de ces frontières qui, en 730, conclut un traité avec Eudes, duc d'Aquitaine, et obtint sa fille Lampégie, princesse d'une rare beauté.

Munuza étoit *Berber*; c'étoit un de ces guerriers d'Afrique, qui, suivant Isidore de Béja et Roderic Ximénès, par leur union aux Arabes, avoient puissamment contribué à la conquête de l'Espagne; il avoit d'abord été terrible pour les chrétiens, mais à la suite des querelles entre les Arabes et les Berbers, qui prirent naissance dans le partage des dépouilles des vaincus, il embrassa naturellement le parti de ses compatriotes, et, mécontent, il signa un traité avec Eudes.

Abd-Alrahman, qui projetoit sa grande expédition en France, ordonna à son lieutenant d'attaquer les chrétiens; Munuza répondit qu'une trève qu'il avoit signée ne lui permettoit pas de reprendre inopinément les hostilités. Abd-Alrahman, qui ne reconnoissoit d'autre droit que son cimeterre, pensa qu'il n'y avoit de réponse à faire que le glaive. Aussitôt il ordonne à un de ses généraux, Gedhi-Ben Zehan, de marcher contre Munuza; il le surprit dans Livia, où il résidoit, plein de confiance dans l'âpreté sauvage et les retranchemens naturels de ces montagnes; cependant, manquant de tout dans cette place, il essaya de fuir et de gagner les terres du duc d'Aquitaine; mais pressé vivement de toutes parts, poursuivi de rocher en rocher, emportant dans ses bras la femme qu'il aimoit, couvert de blessures et de sang, il fut enfin frappé à mort par les soldats de Gedhi.

Quelques historiens arabes disent qu'il se précipita du haut d'un rocher; d'autres, qu'il mourut en défendant sa belle compagne. La tête de Munuza fut envoyée à son chef, comme trophée de la victoire, et Lampégie fut conduite à Damas, pour y orner le sérail du calife.

A l'occasion de Narbonne, nous avons déjà dit comment les Arabes furent chassés de la Septimanie. A la prise de cette ville, le ROUSSILLON et le Conflent s'étoient donnés à Pepin, mais sans que cette possession équivalût pour

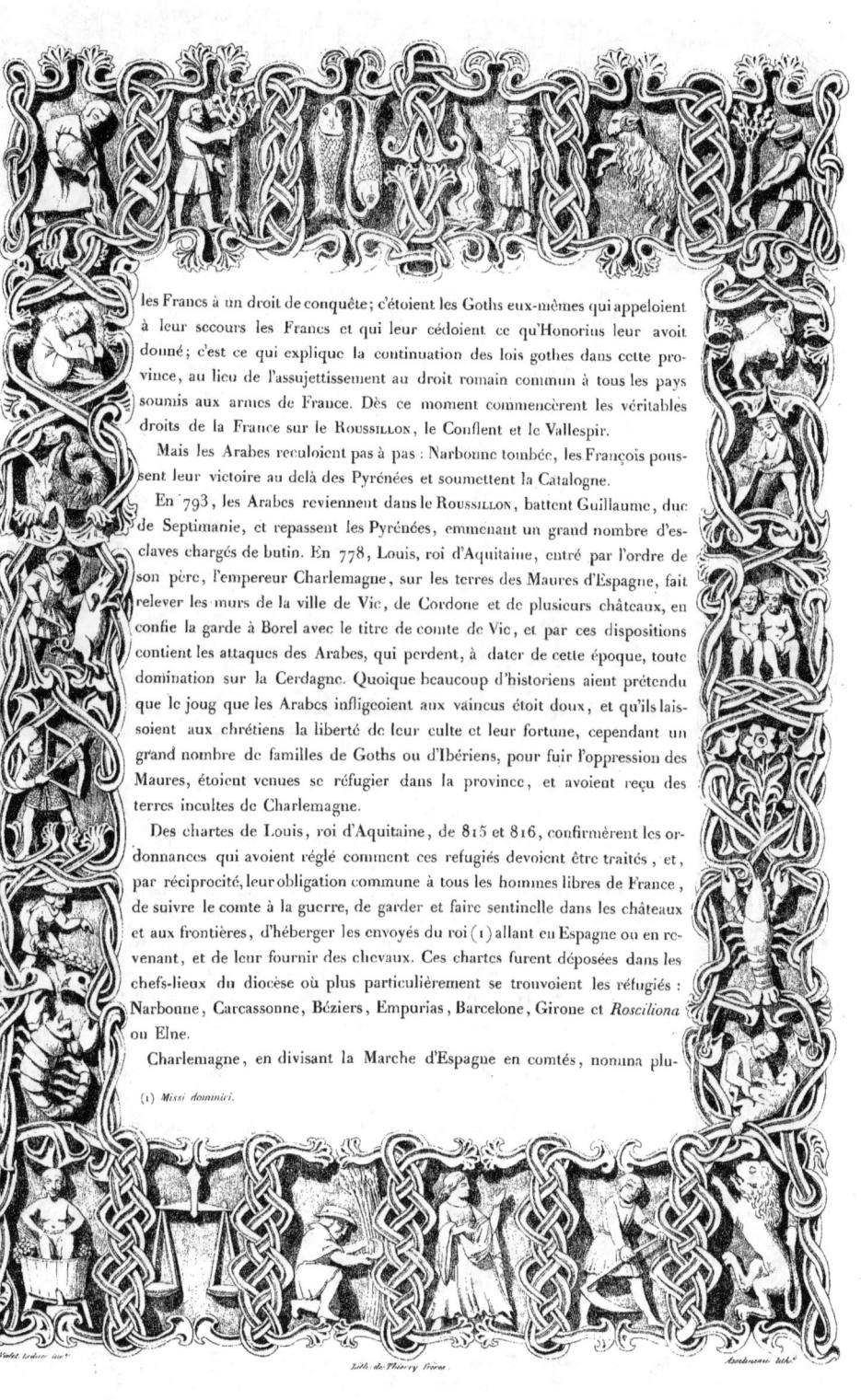

les Francs à un droit de conquête; c'étoient les Goths eux-mêmes qui appeloient à leur secours les Francs et qui leur cédoient ce qu'Honorius leur avoit donné; c'est ce qui explique la continuation des lois gothes dans cette province, au lieu de l'assujettissement au droit romain commun à tous les pays soumis aux armes de France. Dès ce moment commencèrent les véritables droits de la France sur le Roussillon, le Conflent et le Vallespir.

Mais les Arabes reculoient pas à pas : Narbonne tombée, les François poussent leur victoire au delà des Pyrénées et soumettent la Catalogne.

En 793, les Arabes reviennent dans le Roussillon, battent Guillaume, duc de Septimanie, et repassent les Pyrénées, emmenant un grand nombre d'esclaves chargés de butin. En 778, Louis, roi d'Aquitaine, entré par l'ordre de son père, l'empereur Charlemagne, sur les terres des Maures d'Espagne, fait relever les murs de la ville de Vic, de Cordone et de plusieurs châteaux, en confie la garde à Borel avec le titre de comte de Vic, et par ces dispositions contient les attaques des Arabes, qui perdent, à dater de cette époque, toute domination sur la Cerdagne. Quoique beaucoup d'historiens aient prétendu que le joug que les Arabes infligeoient aux vaincus étoit doux, et qu'ils laissoient aux chrétiens la liberté de leur culte et leur fortune, cependant un grand nombre de familles de Goths ou d'Ibériens, pour fuir l'oppression des Maures, étoient venues se réfugier dans la province, et avoient reçu des terres incultes de Charlemagne.

Des chartes de Louis, roi d'Aquitaine, de 815 et 816, confirmèrent les ordonnances qui avoient réglé comment ces refugiés devoient être traités, et, par réciprocité, leur obligation commune à tous les hommes libres de France, de suivre le comte à la guerre, de garder et faire sentinelle dans les châteaux et aux frontières, d'héberger les envoyés du roi (1) allant en Espagne ou en revenant, et de leur fournir des chevaux. Ces chartes furent déposées dans les chefs-lieux du diocèse où plus particulièrement se trouvoient les réfugiés : Narbonne, Carcassonne, Béziers, Empurias, Barcelone, Girone et *Rosciliona* ou Elne.

Charlemagne, en divisant la Marche d'Espagne en comtés, nomma plu-

(1) *Missi dominici.*

sieurs comtes par diocèse, contre l'usage de n'en établir qu'un par arrondissement épiscopal. Ainsi, le diocèse d'Elne eut les comtés de Roussillon, de Conflent et de Vallespir. Ce morcellement, maintenu par Louis le Débonnaire, n'eut cependant pas son entière exécution pour le pays en deçà des Pyrénées. On ne connoît point de comtes de Vallespir, mais seulement des Vicomtes ; et si le Conflent en a eu avant d'être héréditaire, on n'y en voit plus depuis cette époque. La Cerdagne eut des comtes héréditaires ; plus tard, le Vallespir fut uni au Roussillon, et le Conflent à la Cerdagne.

Sous ces comtes, dont l'histoire est très-obscure et la chronologie assez incertaine, le Roussillon eut beaucoup à souffrir des excès des guerres privées. C'est à cette occasion qu'en 1041, se tint, dans un pré attenant au petit village de Tulujas, à une lieue de Perpignan qui n'existoit point encore, un concile dans lequel, les seigneurs laïques se réunissant aux prélats, on décréta pour la province, les premiers règlements connus sous le nom de *Trève de Dieu*, dans lesquels les peines temporelles furent réunies aux peines canoniques, incapables d'arrêter seules les désordres.

Nous indiquerons seulement les noms des comtes qui ont pu être maîtres du Roussillon. Le premier, nommé par Charlemagne, n'est pas connu. Vient ensuite Gaucelme, ou Gaucelin, ou Gaucion ; c'est le frère de Bernard, duc de Septimanie, fils de Guillaume, que Charles avoit envoyé contre les Maures entrés en Languedoc. Peut-être Suniaire, qui étoit comte d'Ampurias avant l'an 843, fut-il aussi comte de Roussillon ; après lui vient Radulphe, qui eut un seul fils nommé Oliba, mais qui lui survécut. Suniaire II, premier comte héréditaire, neveu de Radulphe, paroît avoir possédé le comté de Roussillon jusqu'à 915 ; il laissa de sa femme Ermengarde, quatre fils, Bencion, Gauzbert, Hilmerade et Vadalde. En 916, Hilmerade devint évêque d'Elne ; le cartulaire le nomme fils du comte Suniaire. Bencion et Gauzbert, à la mort de leur père, prirent possession du comté ; le premier se maria à Godelane. De cette union il naquit un fils nommé Guifred ou Gausfred ; il est qualifié, en 946, le 9 des calendes de janvier, dans un acte qui fut dressé par la consécration de l'église de Saint-Martin de Bautices, faite par Esmengaud, évêque de Narbonne, assisté des évêques d'Elne et de Girone, des comtes d'Ampurias, de Pierrelate et de Roussillon. Le nom de Guilabert ou

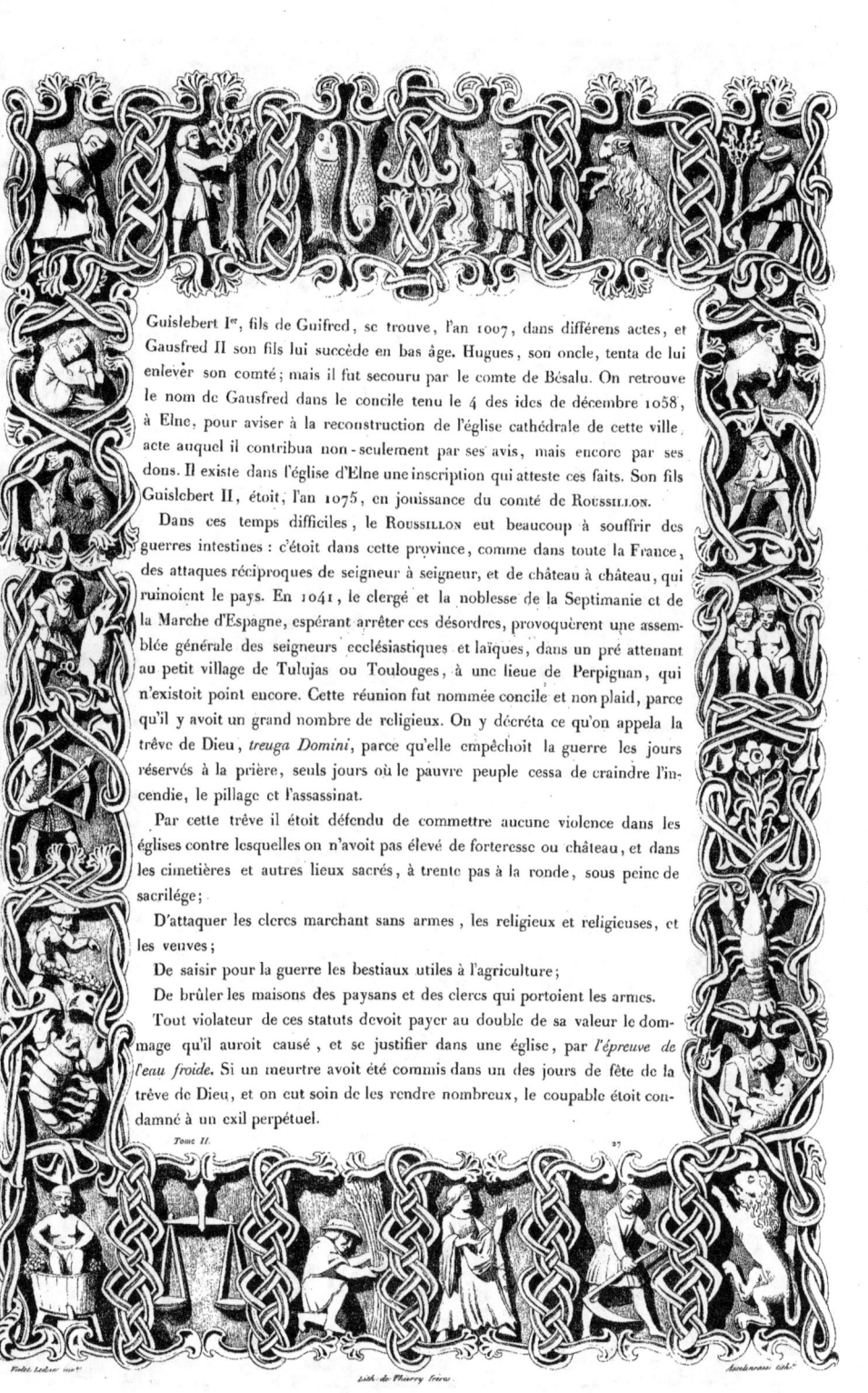

Guislebert Ier, fils de Guifred, se trouve, l'an 1007, dans différens actes, et Gausfred II son fils lui succède en bas âge. Hugues, son oncle, tenta de lui enlever son comté; mais il fut secouru par le comte de Bésalu. On retrouve le nom de Gausfred dans le concile tenu le 4 des ides de décembre 1058, à Elne, pour aviser à la reconstruction de l'église cathédrale de cette ville, acte auquel il contribua non-seulement par ses avis, mais encore par ses dons. Il existe dans l'église d'Elne une inscription qui atteste ces faits. Son fils Guislebert II, étoit, l'an 1075, en jouissance du comté de Roussillon.

Dans ces temps difficiles, le Roussillon eut beaucoup à souffrir des guerres intestines : c'étoit dans cette province, comme dans toute la France, des attaques réciproques de seigneur à seigneur, et de château à château, qui ruinoient le pays. En 1041, le clergé et la noblesse de la Septimanie et de la Marche d'Espagne, espérant arrêter ces désordres, provoquèrent une assemblée générale des seigneurs ecclésiastiques et laïques, dans un pré attenant au petit village de Tulujas ou Toulouges, à une lieue de Perpignan, qui n'existoit point encore. Cette réunion fut nommée concile et non plaid, parce qu'il y avoit un grand nombre de religieux. On y décréta ce qu'on appela la trêve de Dieu, *treuga Domini*, parce qu'elle empêchoit la guerre les jours réservés à la prière, seuls jours où le pauvre peuple cessa de craindre l'incendie, le pillage et l'assassinat.

Par cette trêve il étoit défendu de commettre aucune violence dans les églises contre lesquelles on n'avoit pas élevé de forteresse ou château, et dans les cimetières et autres lieux sacrés, à trente pas à la ronde, sous peine de sacrilége;

D'attaquer les clercs marchant sans armes, les religieux et religieuses, et les veuves;

De saisir pour la guerre les bestiaux utiles à l'agriculture;

De brûler les maisons des paysans et des clercs qui portoient les armes.

Tout violateur de ces statuts devoit payer au double de sa valeur le dommage qu'il auroit causé, et se justifier dans une église, par *l'épreuve de l'eau froide*. Si un meurtre avoit été commis dans un des jours de fête de la trêve de Dieu, et on eut soin de les rendre nombreux, le coupable étoit condamné à un exil perpétuel.

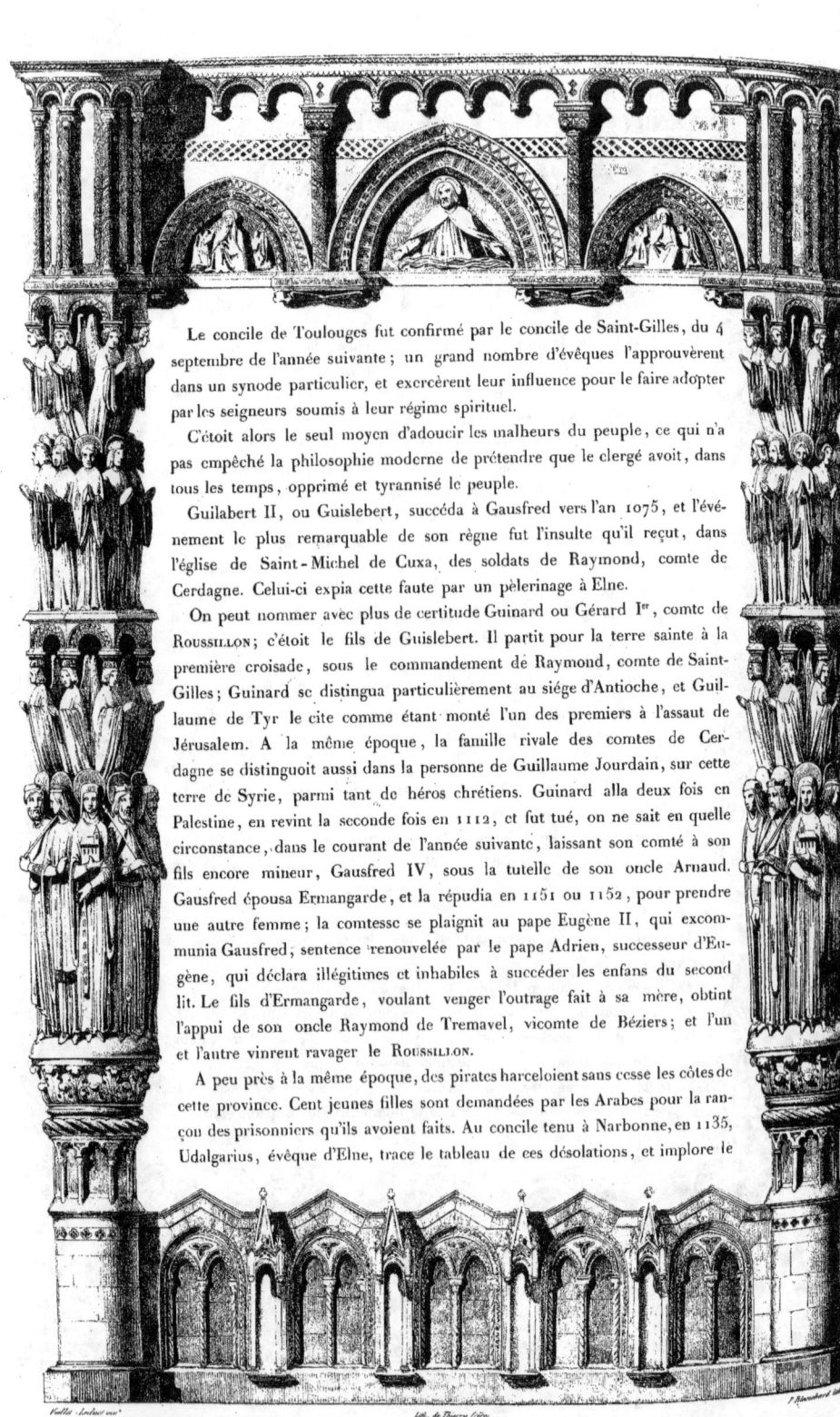

Le concile de Toulouges fut confirmé par le concile de Saint-Gilles, du 4 septembre de l'année suivante; un grand nombre d'évêques l'approuvèrent dans un synode particulier, et exercèrent leur influence pour le faire adopter par les seigneurs soumis à leur régime spirituel.

C'étoit alors le seul moyen d'adoucir les malheurs du peuple, ce qui n'a pas empêché la philosophie moderne de prétendre que le clergé avoit, dans tous les temps, opprimé et tyrannisé le peuple.

Guilabert II, ou Guislebert, succéda à Gausfred vers l'an 1075, et l'événement le plus remarquable de son règne fut l'insulte qu'il reçut, dans l'église de Saint-Michel de Cuxa, des soldats de Raymond, comte de Cerdagne. Celui-ci expia cette faute par un pèlerinage à Elne.

On peut nommer avec plus de certitude Guinard ou Gérard Ier, comte de ROUSSILLON; c'étoit le fils de Guislebert. Il partit pour la terre sainte à la première croisade, sous le commandement de Raymond, comte de Saint-Gilles; Guinard se distingua particulièrement au siége d'Antioche, et Guillaume de Tyr le cite comme étant monté l'un des premiers à l'assaut de Jérusalem. A la même époque, la famille rivale des comtes de Cerdagne se distinguoit aussi dans la personne de Guillaume Jourdain, sur cette terre de Syrie, parmi tant de héros chrétiens. Guinard alla deux fois en Palestine, en revint la seconde fois en 1112, et fut tué, on ne sait en quelle circonstance, dans le courant de l'année suivante, laissant son comté à son fils encore mineur, Gausfred IV, sous la tutelle de son oncle Arnaud. Gausfred épousa Ermangarde, et la répudia en 1151 ou 1152, pour prendre une autre femme; la comtesse se plaignit au pape Eugène II, qui excommunia Gausfred; sentence renouvelée par le pape Adrien, successeur d'Eugène, qui déclara illégitimes et inhabiles à succéder les enfans du second lit. Le fils d'Ermangarde, voulant venger l'outrage fait à sa mère, obtint l'appui de son oncle Raymond de Tremavel, vicomte de Béziers; et l'un et l'autre vinrent ravager le ROUSSILLON.

A peu près à la même époque, des pirates harceloient sans cesse les côtes de cette province. Cent jeunes filles sont demandées par les Arabes pour la rançon des prisonniers qu'ils avoient faits. Au concile tenu à Narbonne, en 1135, Udalgarius, évêque d'Elne, trace le tableau de ces désolations, et implore le

secours des évêques, qui aussitôt font un appel dans toute la Septimanie pour obtenir par des aumônes le rachat des prisonniers. Mais la guerre civile continuoit à exercer ses ravages, qui ne cessèrent, en 1162, que lorsque le fils de Gausfred eut le titre de comte et prit part au gouvernement du comté; son père mourut le 24 février 1163, en déclarant verbalement et par serment devant sept témoins, sur l'autel de Saint-Pierre de l'église de Perpignan, en présence de l'évêque d'Elne, de l'abbé de Saint-André de Sorède et de Miron, juge du Roussillon, qu'il laissoit ses domaines à Guinard, son fils.

Guinard II avoit déjà confirmé les priviléges et coutumes de Perpignan, qui étoient presque le droit romain, tandis que, dans le restant de la Septimanie et la Marche d'Espagne, les lois gothiques étoient encore en usage, et qu'on y admettoit les épreuves par l'eau froide ou chaude, le feu et le duel; dernier point qui fut plus particulièrement proscrit par Guinard. Le comte s'occupa beaucoup de l'agrandissement de la ville qui étoit déjà le chef-lieu de la comté; il est même probable que c'est lui qui fit construire la première enceinte fortifiée. Le 14 des calendes de juin 1170, il octroya de nouveaux priviléges aux habitans de Perpignan.

Guinard étoit sans enfans légitimes à qui il pût laisser son titre et ses domaines; le 4 des nones de juillet, il légua son comté, par testament, au roi d'Aragon, et mourut peu de jours après. Ainsi, Alphonse II, fils de Raymond-Bérenger, comte de Barcelone, qui avoit déjà hérité des comtés de Cerdagne, de Conflent et de Bésalu, et que son mariage avec la fille de Ramire le moine, portoit au trône d'Aragon, se trouvoit maître d'une province qui avoit toujours appartenu à la Gaule et que les Pyrénées séparoient de l'Espagne. Les conséquences de ce concours fortuit d'événemens feront pendant cinq siècles, de cette malheureuse terre, le champ de bataille de deux grandes nations; et la suzeraineté de la France sur la Catalogne, que Charlemagne avoit conquise sur les Maures, va lui être arrachée.

Aussitôt après la mort de Guinard, Alphonse se rendit à Perpignan pour confirmer les priviléges des habitans, en même temps qu'il alloit l'envelopper de nouveaux murs. Il y convoqua immédiatement les principaux barons et seigneurs, l'archevêque de Tarragone, et les évêques de Barcelonne et d'Elne, pour leur faire jurer l'observation de la loi nommée *Constitutions et Trève*, règlemens protecteurs qui furent depuis appliqués à toute la Catalogne et qui n'étoient que la *trève de Dieu* renouvelée, plus étendue, plus forte, plus difficile à rompre, parce que l'épée d'un prince arrête plus promptement les bandits que la prière du pasteur.

Alphonse caressoit les Perpignanois; chaque année il venoit signer dans la ville quelque acte favorable aux intérêts des habitans; c'étoit un poste perdu de son royaume qu'il falloit garder à vue. Plusieurs statuts avantageux au commerce et à l'agriculture furent établis dans l'intérêt de cette ville ou de ses citoyens, et entre autres, en 1175, celui qui ne les rendoit justiciables que de leur propre juridiction, ce qui lui valut plus tard une cour souveraine, quand elle passa sous la domination françoise.

Lorsque le pape Innocent III et le concile de Vérone lancèrent leurs foudres contre les Albigeois, Alphonse fut pressé par le légat du pape de laisser frapper les Vaudois, les Cathares et autres hérétiques. Mais ce prince indulgent, humain, ami des arts et de la paix, ne se laissa point entraîner à ses instances. Ce ne fut qu'en 1197 que son fils permit l'exécution de ces bulles sanglantes.

Dans un de ses voyages à Perpignan, le 25 avril 1196, Alphonse fut enlevé à l'affection que lui portoient les habitans de cette ville. Son corps fut transporté au monastère de Poblet, le Saint-Denis de l'Aragon et de la Catalogne, qu'il avoit fait bâtir, parce qu'il supposoit que ses dépouilles mortelles et celles de ses enfans y reposeroient en paix, et dont nous avons vu la poussière jetée aux vents, comme à Saint-Denis le furent celles de nos rois, parce

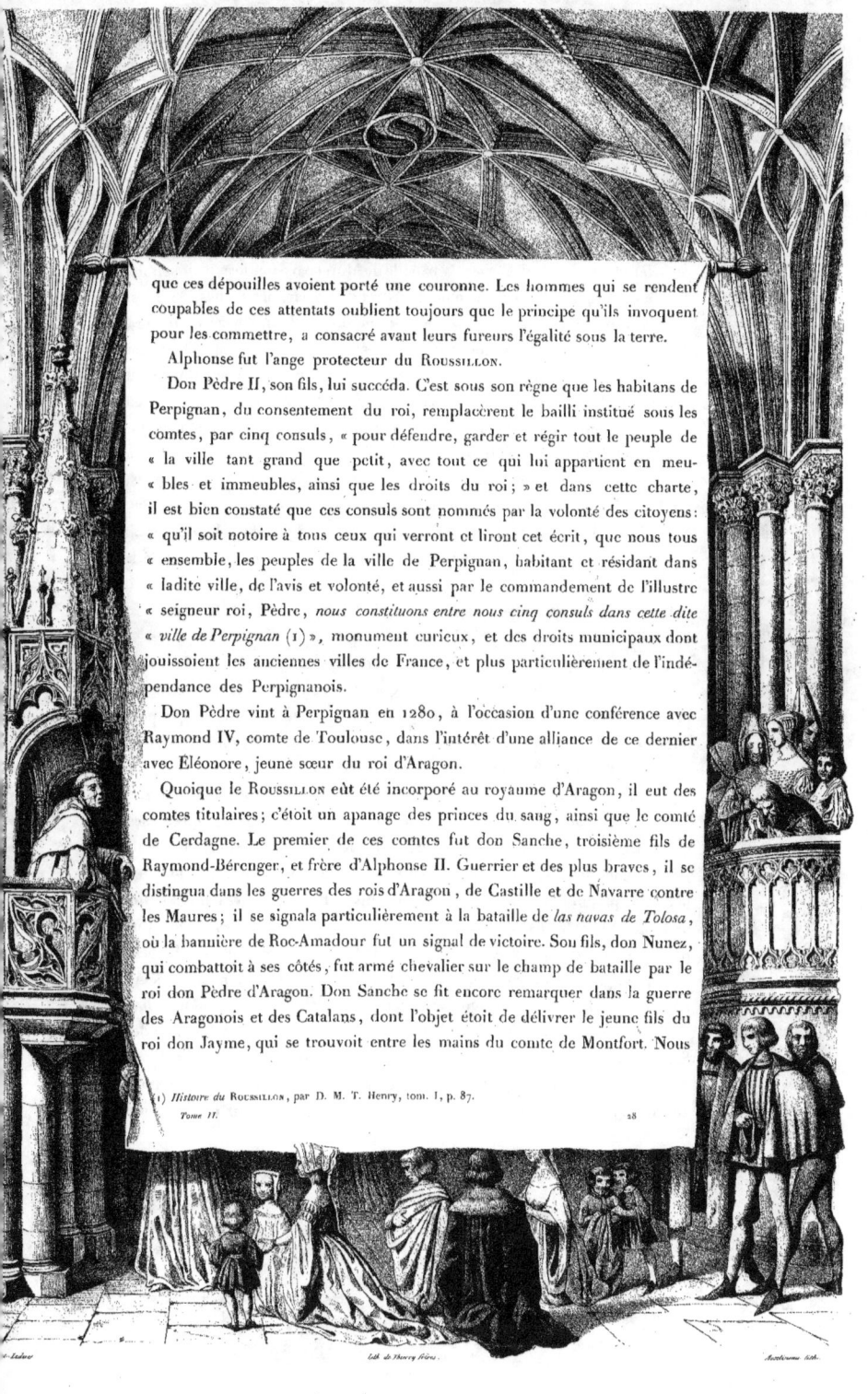

que ces dépouilles avoient porté une couronne. Les hommes qui se rendent coupables de ces attentats oublient toujours que le principe qu'ils invoquent pour les commettre, a consacré avant leurs fureurs l'égalité sous la terre.

Alphonse fut l'ange protecteur du Roussillon.

Don Pèdre II, son fils, lui succéda. C'est sous son règne que les habitans de Perpignan, du consentement du roi, remplacèrent le bailli institué sous les comtes, par cinq consuls, « pour défendre, garder et régir tout le peuple de « la ville tant grand que petit, avec tout ce qui lui appartient en meu- « bles et immeubles, ainsi que les droits du roi; » et dans cette charte, il est bien constaté que ces consuls sont nommés par la volonté des citoyens: « qu'il soit notoire à tous ceux qui verront et liront cet écrit, que nous tous « ensemble, les peuples de la ville de Perpignan, habitant et résidant dans « ladite ville, de l'avis et volonté, et aussi par le commandement de l'illustre « seigneur roi, Pèdre, *nous constituons entre nous cinq consuls dans cette dite* « *ville de Perpignan* (1) », monument curieux, et des droits municipaux dont jouissoient les anciennes villes de France, et plus particulièrement de l'indépendance des Perpignanois.

Don Pèdre vint à Perpignan en 1280, à l'occasion d'une conférence avec Raymond IV, comte de Toulouse, dans l'intérêt d'une alliance de ce dernier avec Éléonore, jeune sœur du roi d'Aragon.

Quoique le Roussillon eût été incorporé au royaume d'Aragon, il eut des comtes titulaires; c'étoit un apanage des princes du sang, ainsi que le comté de Cerdagne. Le premier de ces comtes fut don Sanche, troisième fils de Raymond-Bérenger, et frère d'Alphonse II. Guerrier et des plus braves, il se distingua dans les guerres des rois d'Aragon, de Castille et de Navarre contre les Maures; il se signala particulièrement à la bataille de *las navas de Tolosa*, où la bannière de Roc-Amadour fut un signal de victoire. Son fils, don Nunez, qui combattoit à ses côtés, fut armé chevalier sur le champ de bataille par le roi don Pèdre d'Aragon. Don Sanche se fit encore remarquer dans la guerre des Aragonois et des Catalans, dont l'objet étoit de délivrer le jeune fils du roi don Jayme, qui se trouvoit entre les mains du comte de Montfort. Nous

(1) *Histoire du Roussillon*, par D. M. T. Henry, tom. I, p. 87.

reparlerons de don Pèdre, tué à la bataille de Muret par Montfort, et de son fils Jayme le *Conquistador*, lorsque nous nous rendrons dans les hautes Pyrénées.

Le comte de Roussillon joua un rôle important dans l'histoire du nord de l'Espagne; il envoya son fils Nunez à la tête d'une expédition qui devoit attaquer le comte de Montfort et le forcer à rendre le jeune roi qu'il tenoit captif; en même temps l'évêque de Ségorbe, ambassadeur d'Aragon auprès du pape, négocioit pour obliger Montfort à cette restitution. Montfort tenoit trop de bienfaits de la cour de Rome pour ne pas être réduit à céder. Le cardinal de Bénévent, légat du pontife près de l'armée des croisés, remit, à Narbonne, entre les mains de don Sanche, comte de Roussillon, et de la noblesse d'Aragon et de Catalogne, le roi don Jayme Ier, qui devoit s'illustrer un jour comme chroniqueur, et comme guerrier conquérant de la vieille Espagne.

Cette noblesse conduisit, accompagnée du légat, le jeune roi Jayme en Catalogne, où, dès son arrivée à Lérida, on assembla les Cortès. Il fut décidé dans ce conseil que la régence du royaume et la tutelle de l'infant-roi seroient confiées au comte de Roussillon, et que Monçon seroit la résidence du prince, sous la garde de Guillaume de Montredon, maître du temple pour l'Aragon et la Catalogne, chargé de surveiller l'éducation royale. Trois gouverneurs plus spéciaux, pris parmi les seigneurs aragonois et catalans, lui furent encore donnés, et le pape Honorius III désigna quatre conseillers.

Le comte Sanche de Roussillon n'avoit obtenu la régence qu'en blessant l'orgueil de Fernand, son frère; tous deux étoient grands-oncles du roi, et tous deux également ambitieux de l'autorité souveraine. Don Fernand fit prendre les armes à ses partisans, et deux armées nombreuses ne tardèrent pas à ensanglanter l'Aragon. Ces funestes querelles devoient inquiéter les Cortès, qui veilloient de loin sur le prince. Les prélats et les principaux seigneurs du royaume, ne voyant plus de sûreté pour le jeune monarque, formèrent une ligue commandée par Guillaume de Montredon, enlevèrent Jayme du château de Monçon, et le menèrent à Saragosse, où don Sanche de Roussillon s'empressa de se rendre pour se placer à côté du roi, qui alloit entrer pour la première fois dans la capitale de son royaume. L'année suivante, pour ôter tout prétexte à la guerre civile, il se démit de la régence.

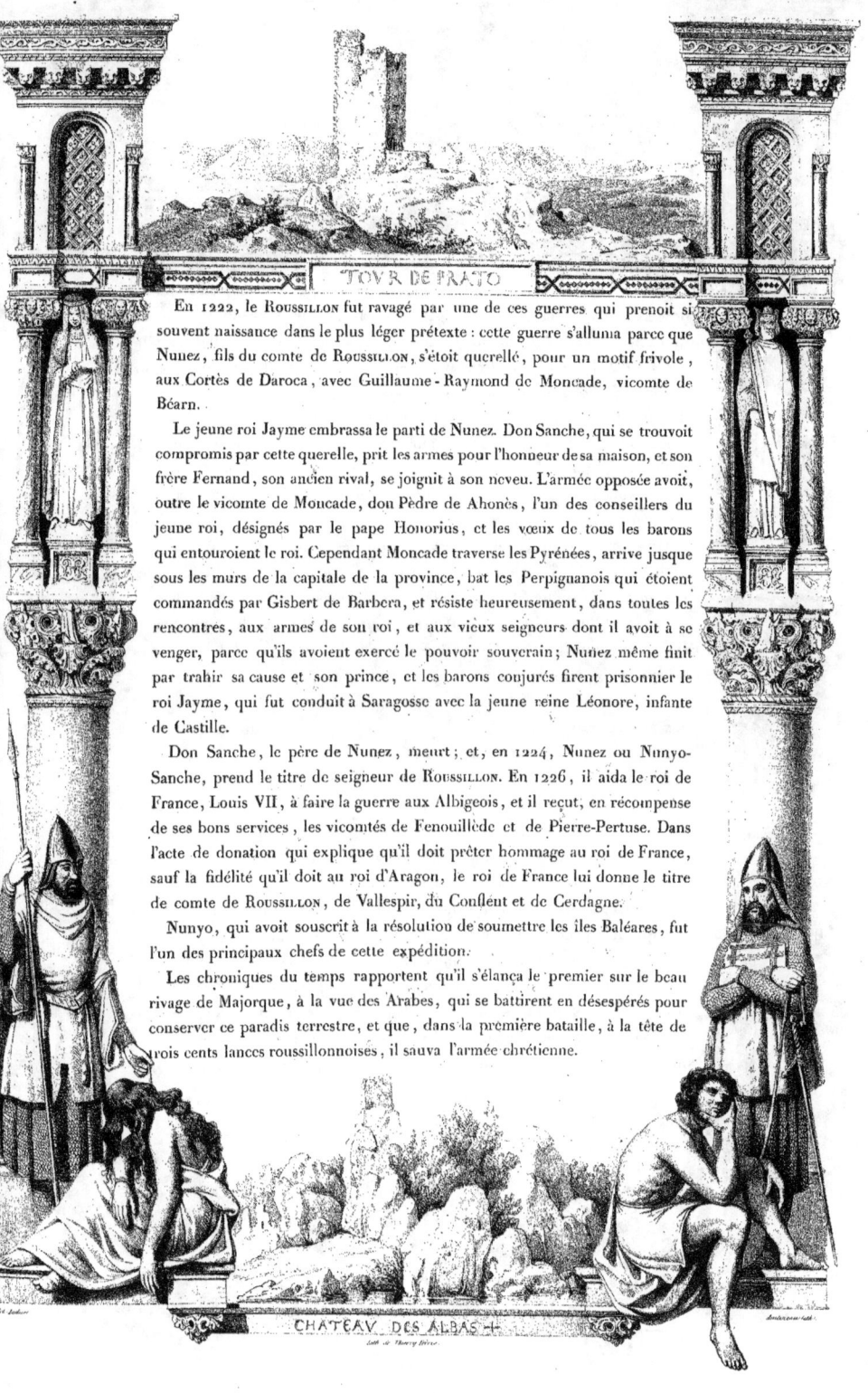

TOUR DE PRATO

En 1222, le Roussillon fut ravagé par une de ces guerres qui prenoit si souvent naissance dans le plus léger prétexte : cette guerre s'alluma parce que Nunez, fils du comte de Roussillon, s'étoit querellé, pour un motif frivole, aux Cortès de Daroca, avec Guillaume-Raymond de Moncade, vicomte de Béarn.

Le jeune roi Jayme embrassa le parti de Nunez. Don Sanche, qui se trouvoit compromis par cette querelle, prit les armes pour l'honneur de sa maison, et son frère Fernand, son ancien rival, se joignit à son neveu. L'armée opposée avoit, outre le vicomte de Moncade, don Pèdre de Ahonès, l'un des conseillers du jeune roi, désignés par le pape Honorius, et les vœux de tous les barons qui entouroient le roi. Cependant Moncade traverse les Pyrénées, arrive jusque sous les murs de la capitale de la province, bat les Perpignanois qui étoient commandés par Gisbert de Barbera, et résiste heureusement, dans toutes les rencontres, aux armes de son roi, et aux vieux seigneurs dont il avoit à se venger, parce qu'ils avoient exercé le pouvoir souverain ; Nunez même finit par trahir sa cause et son prince, et les barons conjurés firent prisonnier le roi Jayme, qui fut conduit à Saragosse avec la jeune reine Léonore, infante de Castille.

Don Sanche, le père de Nunez, meurt ; et, en 1224, Nunez ou Nunyo-Sanche, prend le titre de seigneur de Roussillon. En 1226, il aida le roi de France, Louis VII, à faire la guerre aux Albigeois, et il reçut, en récompense de ses bons services, les vicomtés de Fenouillède et de Pierre-Pertuse. Dans l'acte de donation qui explique qu'il doit prêter hommage au roi de France, sauf la fidélité qu'il doit au roi d'Aragon, le roi de France lui donne le titre de comte de Roussillon, de Vallespir, du Conflent et de Cerdagne.

Nunyo, qui avoit souscrit à la résolution de soumettre les îles Baléares, fut l'un des principaux chefs de cette expédition.

Les chroniques du temps rapportent qu'il s'élança le premier sur le beau rivage de Majorque, à la vue des Arabes, qui se battirent en désespérés pour conserver ce paradis terrestre, et que, dans la première bataille, à la tête de trois cents lances roussillonnoises, il sauva l'armée chrétienne.

CHATEAU DES ALBAS

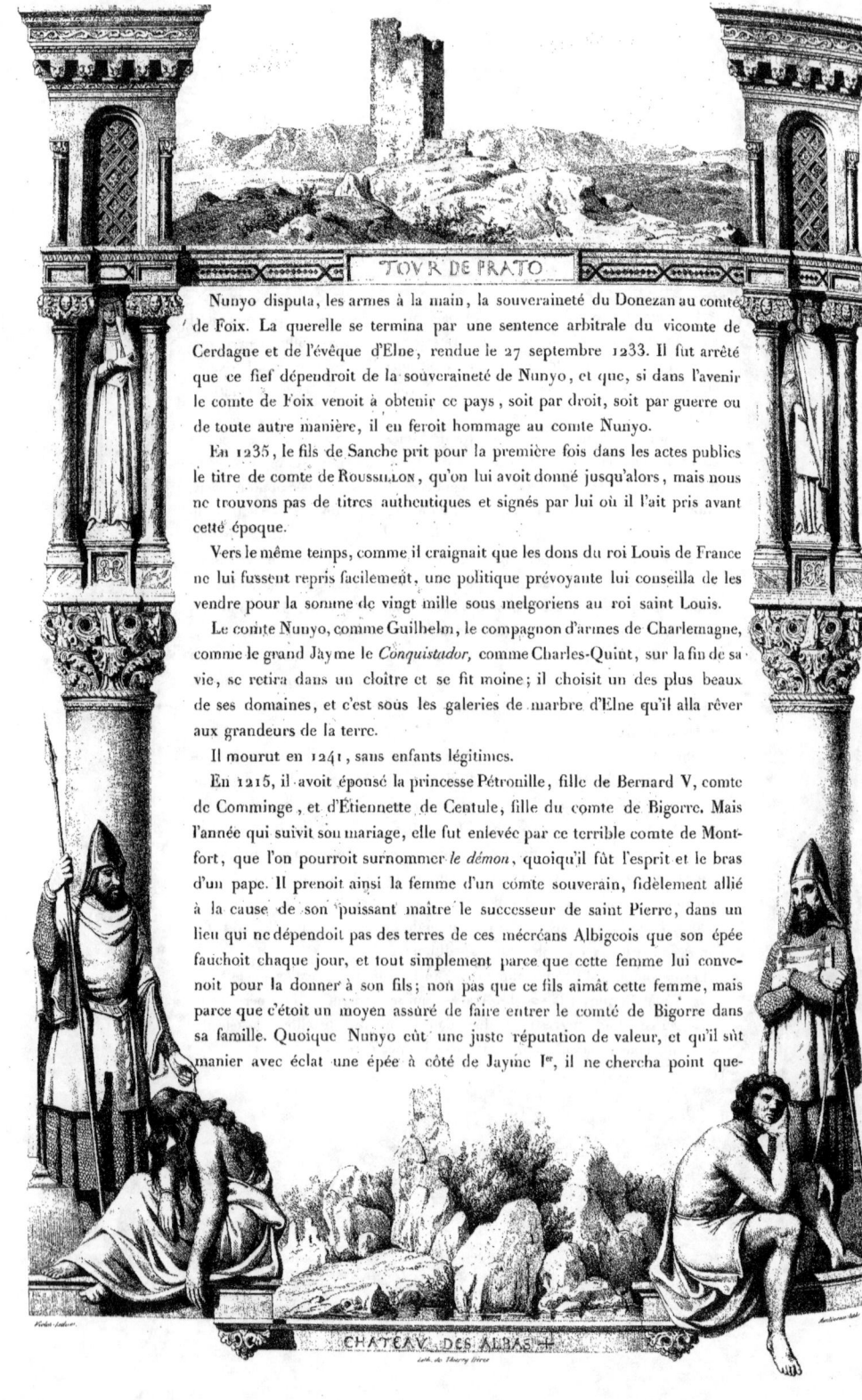

TOUR DE PRATO

CHATEAU DES ALBAS

Nunyo disputa, les armes à la main, la souveraineté du Donezan au comte de Foix. La querelle se termina par une sentence arbitrale du vicomte de Cerdagne et de l'évêque d'Elne, rendue le 27 septembre 1233. Il fut arrêté que ce fief dépendroit de la souveraineté de Nunyo, et que, si dans l'avenir le comte de Foix venoit à obtenir ce pays, soit par droit, soit par guerre ou de toute autre manière, il en feroit hommage au comte Nunyo.

En 1235, le fils de Sanche prit pour la première fois dans les actes publics le titre de comte de ROUSSILLON, qu'on lui avoit donné jusqu'alors, mais nous ne trouvons pas de titres authentiques et signés par lui où il l'ait pris avant cette époque.

Vers le même temps, comme il craignoit que les dons du roi Louis de France ne lui fussent repris facilement, une politique prévoyante lui conseilla de les vendre pour la somme de vingt mille sous melgoriens au roi saint Louis.

Le comte Nunyo, comme Guilhelm, le compagnon d'armes de Charlemagne, comme le grand Jayme le *Conquistador*, comme Charles-Quint, sur la fin de sa vie, se retira dans un cloître et se fit moine; il choisit un des plus beaux de ses domaines, et c'est sous les galeries de marbre d'Elne qu'il alla rêver aux grandeurs de la terre.

Il mourut en 1241, sans enfants légitimes.

En 1215, il avoit épousé la princesse Pétronille, fille de Bernard V, comte de Comminge, et d'Étiennette de Centule, fille du comte de Bigorre. Mais l'année qui suivit son mariage, elle fut enlevée par ce terrible comte de Montfort, que l'on pourroit surnommer *le démon*, quoiqu'il fût l'esprit et le bras d'un pape. Il prenoit ainsi la femme d'un comte souverain, fidèlement allié à la cause de son puissant maître le successeur de saint Pierre, dans un lieu qui ne dépendoit pas des terres de ces mécréans Albigeois que son épée fauchoit chaque jour, et tout simplement parce que cette femme lui convenoit pour la donner à son fils; non pas que ce fils aimât cette femme, mais parce que c'étoit un moyen assuré de faire entrer le comté de Bigorre dans sa famille. Quoique Nunyo eût une juste réputation de valeur, et qu'il sût manier avec éclat une épée à côté de Jayme Iᵉʳ, il ne chercha point que-

PETITE MAISON A MONTFARRI

relle à Montfort, qui avoit déjà tué de sa main un roi d'Aragon. Il épousa Thérèse Lopez, qui, comme Pétronille, ne lui donna point d'héritier. Ses domaines rentrèrent ainsi dans les propriétés de la couronne d'Aragon. Il y avoit à peine soixante ans que le comté de ROUSSILLON avoit été donné en apanage aux infans de ce royaume. Le testament de Nunyo est daté du 16 des calendes de janvier 1241.

Jayme signale sa souveraineté directe sur le ROUSSILLON par la publication de constitutions de trêve et de paix, renouvelées de celles d'Alphonse II; Nunyo étendit sa protection jusqu'aux *juifs et aux Sarrasins*, vivant sous son autorité comme habitans ou comme captifs. Ce fut un chanoine de Barcelone, Guillaume de San-Roman qui, le 5 des ides de mars 1241, vint à Malloles, faire jurer et signer cette trêve par les principaux seigneurs de la province. Jayme, si justement célèbre, fit encore à cette époque rédiger par écrit les coutumes de Perpignan, qui n'étoient conservées que par la tradition, et confirma ce code. Mais il étoit à peine entré dans la possession de ces domaines, qu'il fallut les disputer à Louis IX, roi de France; une convention du 11 mai 1258, passée à Corbeil, régla ce différend, et laissa le ROUSSILLON à l'Aragon, avec la Catalogne et la Cerdagne, traité dont l'histoire a peine à comprendre le but politique, puisqu'il s'agissoit d'abandonner la conquête de Charlemagne, en échange de quelques droits assez légers du prince d'Aragon sur divers petits pays du LANGUEDOC. Celui-ci conservoit néanmoins Montpellier.

Le roi Jayme avoit alors conquis les îles Baléares; le royaume de Valence augmentoit ses frontières aux dépens des Maures vers le midi et l'ouest; il réunissoit à sa couronne le ROUSSILLON qui en avoit été détaché; aussi pensa-

TOUR D'EYNE DANS LA CERDAGNE FRANÇAISE

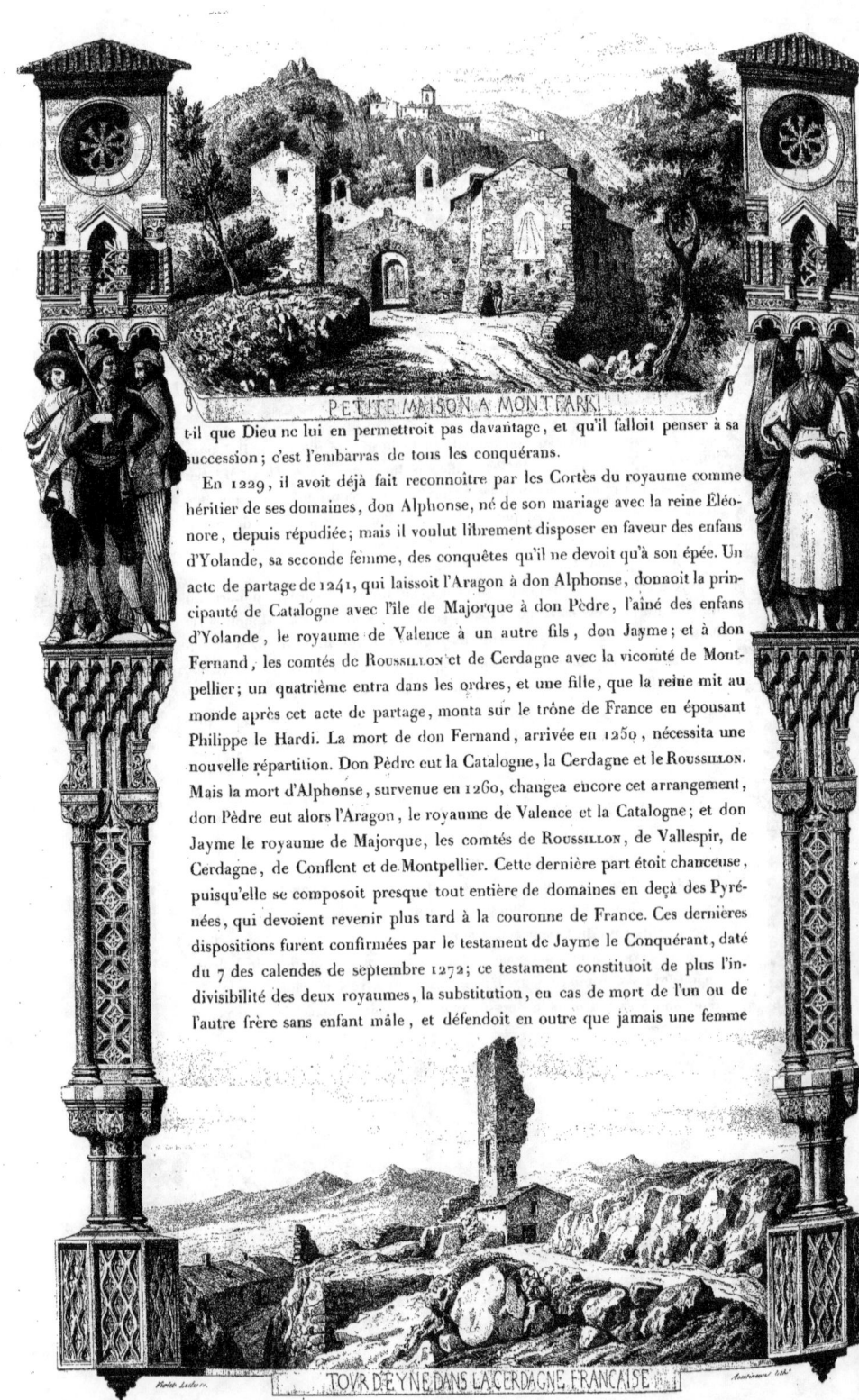

PETITE MAISON A MONTFARRI

t-il que Dieu ne lui en permettroit pas davantage, et qu'il falloit penser à sa succession; c'est l'embarras de tous les conquérans.

En 1229, il avoit déjà fait reconnoître par les Cortès du royaume comme héritier de ses domaines, don Alphonse, né de son mariage avec la reine Éléonore, depuis répudiée; mais il voulut librement disposer en faveur des enfans d'Yolande, sa seconde femme, des conquêtes qu'il ne devoit qu'à son épée. Un acte de partage de 1241, qui laissoit l'Aragon à don Alphonse, donnoit la principauté de Catalogne avec l'île de Majorque à don Pèdre, l'aîné des enfans d'Yolande, le royaume de Valence à un autre fils, don Jayme; et à don Fernand, les comtés de ROUSSILLON et de Cerdagne avec la vicomté de Montpellier; un quatrième entra dans les ordres, et une fille, que la reine mit au monde après cet acte de partage, monta sur le trône de France en épousant Philippe le Hardi. La mort de don Fernand, arrivée en 1250, nécessita une nouvelle répartition. Don Pèdre eut la Catalogne, la Cerdagne et le ROUSSILLON. Mais la mort d'Alphonse, survenue en 1260, changea encore cet arrangement, don Pèdre eut alors l'Aragon, le royaume de Valence et la Catalogne; et don Jayme le royaume de Majorque, les comtés de ROUSSILLON, de Vallespir, de Cerdagne, de Conflent et de Montpellier. Cette dernière part étoit chanceuse, puisqu'elle se composoit presque tout entière de domaines en deçà des Pyrénées, qui devoient revenir plus tard à la couronne de France. Ces dernières dispositions furent confirmées par le testament de Jayme le Conquérant, daté du 7 des calendes de septembre 1272; ce testament constituoit de plus l'indivisibilité des deux royaumes, la substitution, en cas de mort de l'un ou de l'autre frère sans enfant mâle, et défendoit en outre que jamais une femme

TOUR D'EYNE DANS LA CERDAGNE FRANÇAISE

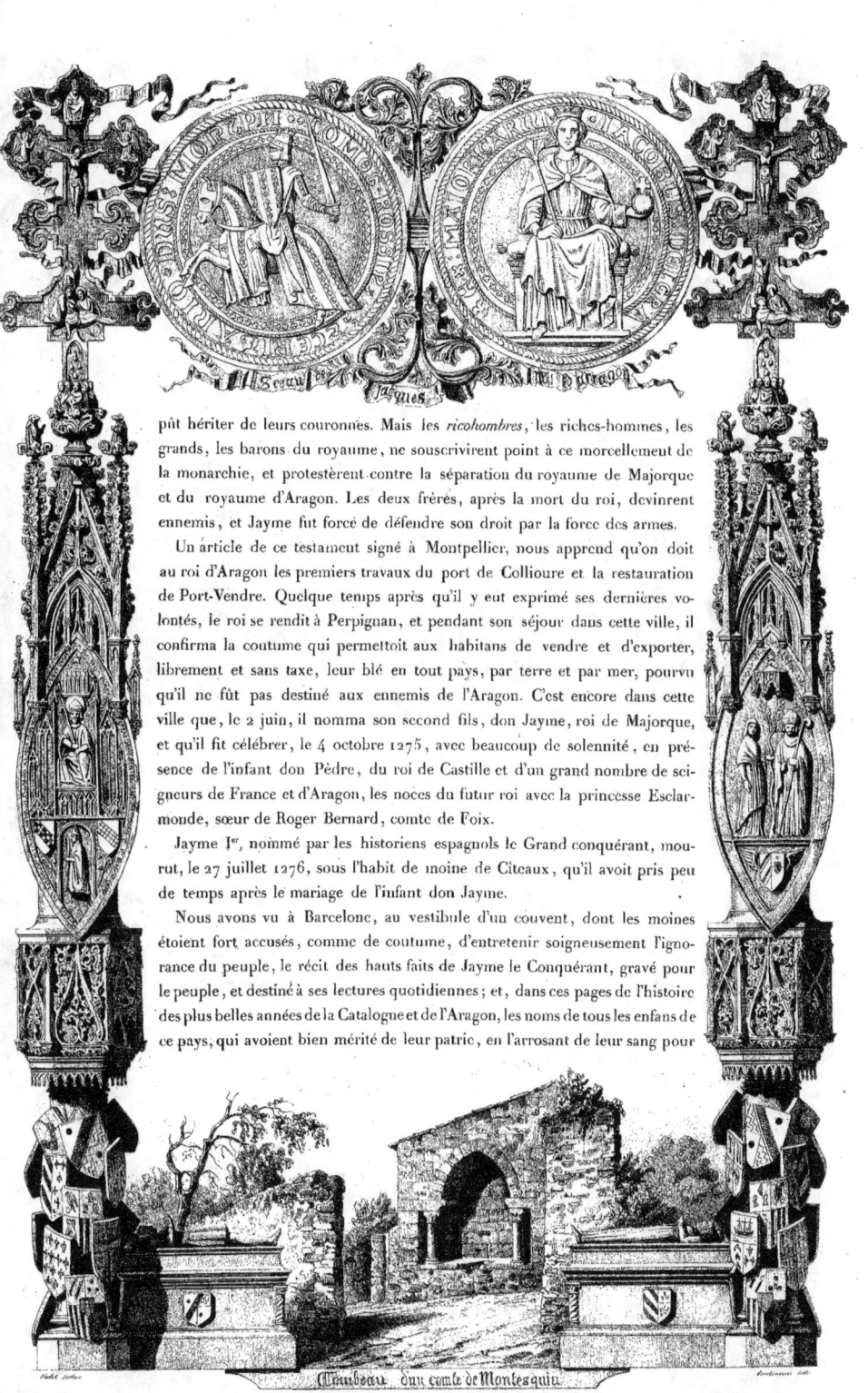

pût hériter de leurs couronnes. Mais les *ricohombres*, les riches-hommes, les grands, les barons du royaume, ne souscrivirent point à ce morcellement de la monarchie, et protestèrent contre la séparation du royaume de Majorque et du royaume d'Aragon. Les deux frères, après la mort du roi, devinrent ennemis, et Jayme fut forcé de défendre son droit par la force des armes.

Un article de ce testament signé à Montpellier, nous apprend qu'on doit au roi d'Aragon les premiers travaux du port de Collioure et la restauration de Port-Vendre. Quelque temps après qu'il y eut exprimé ses dernières volontés, le roi se rendit à Perpignan, et pendant son séjour dans cette ville, il confirma la coutume qui permettoit aux habitants de vendre et d'exporter, librement et sans taxe, leur blé en tout pays, par terre et par mer, pourvu qu'il ne fût pas destiné aux ennemis de l'Aragon. C'est encore dans cette ville que, le 2 juin, il nomma son second fils, don Jayme, roi de Majorque, et qu'il fit célébrer, le 4 octobre 1275, avec beaucoup de solennité, en présence de l'infant don Pèdre, du roi de Castille et d'un grand nombre de seigneurs de France et d'Aragon, les noces du futur roi avec la princesse Esclarmonde, sœur de Roger Bernard, comte de Foix.

Jayme Ier, nommé par les historiens espagnols le Grand conquérant, mourut, le 27 juillet 1276, sous l'habit de moine de Cîteaux, qu'il avoit pris peu de temps après le mariage de l'infant don Jayme.

Nous avons vu à Barcelone, au vestibule d'un couvent, dont les moines étoient fort accusés, comme de coutume, d'entretenir soigneusement l'ignorance du peuple, le récit des hauts faits de Jayme le Conquérant, gravé pour le peuple, et destiné à ses lectures quotidiennes; et, dans ces pages de l'histoire des plus belles années de la Catalogne et de l'Aragon, les noms de tous les enfans de ce pays, qui avoient bien mérité de leur patrie, en l'arrosant de leur sang pour

Tombeau d'un comte de Montesquiu.

la faire grande et puissante; nous y avons lu avec orgueil les noms de nos compatriotes qui avoient servi don Jayme dans ses conquêtes ecclésiastiques et séculières, comme le disent ces tables que la stupidité révolutionnaire a mutilées : *Los cavalleros y ciudadanos que asistieron al rey don Jayme en todas las cónquistas tanto eclesiasticas, como seglares*. Là se trouvent inscrits le nom du roi et de l'infant don Pèdre : ceux de l'archevêque de Tarragone, de l'archevêque de Narbonne, des évêques du royaume, l'évêque d'Elne, le maître du temple, et le maître général de la Merci, qui suivoit l'armée pour racheter les chrétiens prisonniers; du comte de Roussillon, du comte d'Ampurias, du comte de Pallas, de Bésalu, des vicomtes de Cardone et de Béarn : là, sont mentionnées les maisons de Moncade, de Montolin, de Salces, de Centelly, de Belloch, du Vernet, de Gilabert, de Pons, de Castelnou; puis les citoyens des villes de Barcelone, Tarragone, Lérida, Gérone, Vich, Manresa, d'Ampurias et d'Elne.

Jayme II est roi de Majorque; il choisit Perpignan pour le lieu de sa résidence, et, le 18 février 1277, il confirme les coutumes écrites et non écrites, les priviléges et les libertés de ses habitans. En jetant un coup d'œil rapide sur l'histoire de cette ville, nous reparlerons plus tard du développement qu'elle prit tout à coup pendant le séjour de ce premier roi de Majorque.

. Le Roussillon, gouverné depuis plus de trois siècles par ses comtes, avoit retrouvé, en entrant sous la domination des rois d'Aragon, des jours de calme et de prospérité; le partage ordonné par le testament de Jayme le Conquérant va de nouveau jeter cette province dans une ère de calamités.

Don Pèdre III, mécontent de l'acte de partage, voulut revendiquer la possession des domaines accordés à Jayme II, et s'il ne put violemment accomplir son dessein, il contraignit du moins son frère à lui rendre hommage.

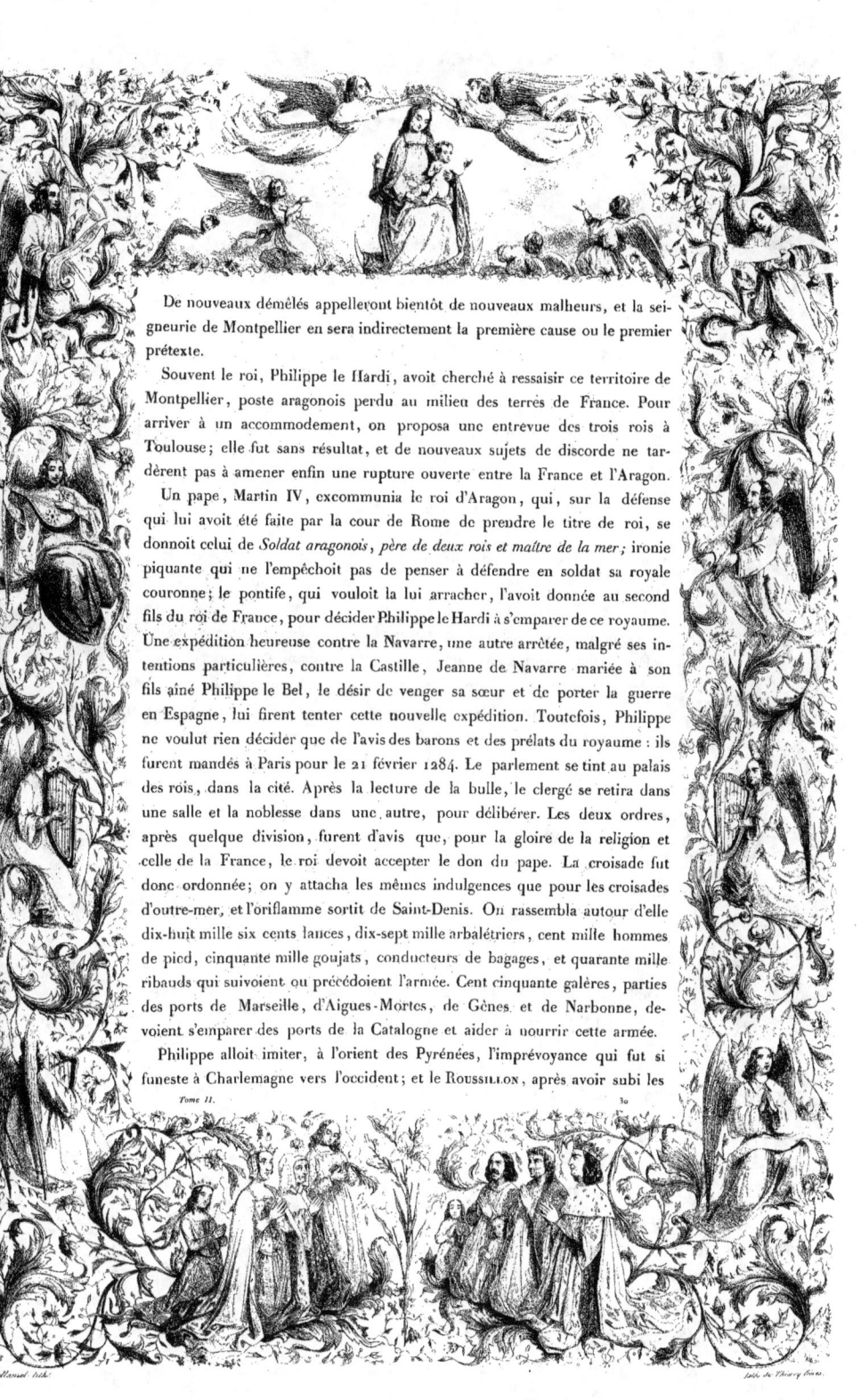

De nouveaux démêlés appelleront bientôt de nouveaux malheurs, et la seigneurie de Montpellier en sera indirectement la première cause ou le premier prétexte.

Souvent le roi, Philippe le Hardi, avoit cherché à ressaisir ce territoire de Montpellier, poste aragonois perdu au milieu des terres de France. Pour arriver à un accommodement, on proposa une entrevue des trois rois à Toulouse; elle fut sans résultat, et de nouveaux sujets de discorde ne tardèrent pas à amener enfin une rupture ouverte entre la France et l'Aragon.

Un pape, Martin IV, excommunia le roi d'Aragon, qui, sur la défense qui lui avoit été faite par la cour de Rome de prendre le titre de roi, se donnoit celui de *Soldat aragonois, père de deux rois et maître de la mer;* ironie piquante qui ne l'empêchoit pas de penser à défendre en soldat sa royale couronne; le pontife, qui vouloit la lui arracher, l'avoit donnée au second fils du roi de France, pour décider Philippe le Hardi à s'emparer de ce royaume. Une expédition heureuse contre la Navarre, une autre arrêtée, malgré ses intentions particulières, contre la Castille, Jeanne de Navarre mariée à son fils aîné Philippe le Bel, le désir de venger sa sœur et de porter la guerre en Espagne, lui firent tenter cette nouvelle expédition. Toutefois, Philippe ne voulut rien décider que de l'avis des barons et des prélats du royaume : ils furent mandés à Paris pour le 21 février 1284. Le parlement se tint au palais des rois, dans la cité. Après la lecture de la bulle, le clergé se retira dans une salle et la noblesse dans une autre, pour délibérer. Les deux ordres, après quelque division, furent d'avis que, pour la gloire de la religion et celle de la France, le roi devoit accepter le don du pape. La croisade fut donc ordonnée; on y attacha les mêmes indulgences que pour les croisades d'outre-mer, et l'oriflamme sortit de Saint-Denis. On rassembla autour d'elle dix-huit mille six cents lances, dix-sept mille arbalétriers, cent mille hommes de pied, cinquante mille goujats, conducteurs de bagages, et quarante mille ribauds qui suivoient ou précédoient l'armée. Cent cinquante galères, parties des ports de Marseille, d'Aigues-Mortes, de Gênes et de Narbonne, devoient s'emparer des ports de la Catalogne et aider à nourrir cette armée.

Philippe alloit imiter, à l'orient des Pyrénées, l'imprévoyance qui fut si funeste à Charlemagne vers l'occident; et le Roussillon, après avoir subi les

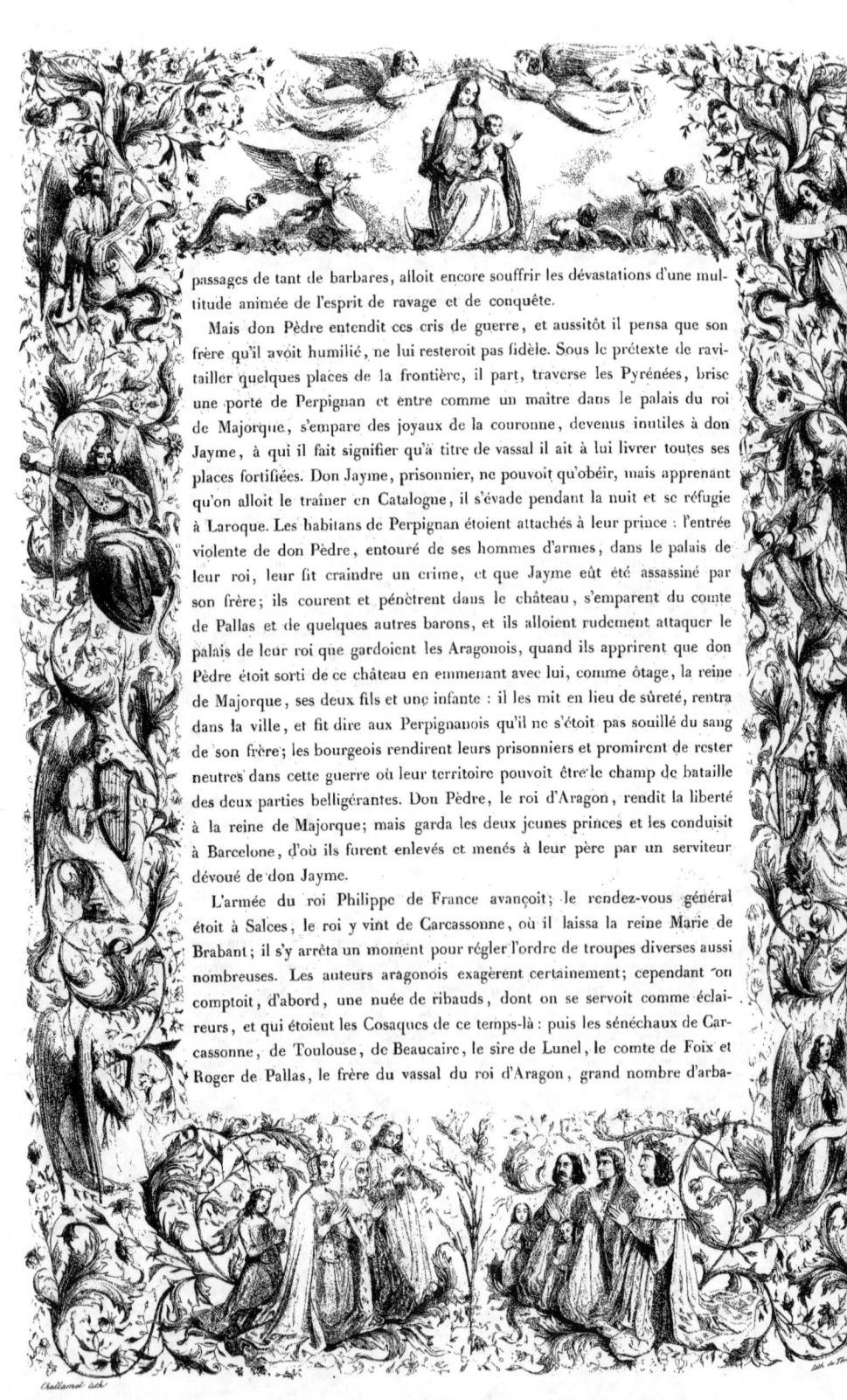

passages de tant de barbares, alloit encore souffrir les dévastations d'une multitude animée de l'esprit de ravage et de conquête.

Mais don Pèdre entendit ces cris de guerre, et aussitôt il pensa que son frère qu'il avoit humilié, ne lui resteroit pas fidèle. Sous le prétexte de ravitailler quelques places de la frontière, il part, traverse les Pyrénées, brise une porte de Perpignan et entre comme un maître dans le palais du roi de Majorque, s'empare des joyaux de la couronne, devenus inutiles à don Jayme, à qui il fait signifier qu'à titre de vassal il ait à lui livrer toutes ses places fortifiées. Don Jayme, prisonnier, ne pouvoit qu'obéir, mais apprenant qu'on alloit le traîner en Catalogne, il s'évade pendant la nuit et se réfugie à Laroque. Les habitans de Perpignan étoient attachés à leur prince : l'entrée violente de don Pèdre, entouré de ses hommes d'armes, dans le palais de leur roi, leur fit craindre un crime, et que Jayme eût été assassiné par son frère; ils courent et pénètrent dans le château, s'emparent du comte de Pallas et de quelques autres barons, et ils alloient rudement attaquer le palais de leur roi que gardoient les Aragonois, quand ils apprirent que don Pèdre étoit sorti de ce château en emmenant avec lui, comme ôtage, la reine de Majorque, ses deux fils et une infante : il les mit en lieu de sûreté, rentra dans la ville, et fit dire aux Perpignanois qu'il ne s'étoit pas souillé du sang de son frère; les bourgeois rendirent leurs prisonniers et promirent de rester neutres dans cette guerre où leur territoire pouvoit être le champ de bataille des deux parties belligérantes. Don Pèdre, le roi d'Aragon, rendit la liberté à la reine de Majorque; mais garda les deux jeunes princes et les conduisit à Barcelone, d'où ils furent enlevés et menés à leur père par un serviteur dévoué de don Jayme.

L'armée du roi Philippe de France avançoit; le rendez-vous général étoit à Salces, le roi y vint de Carcassonne, où il laissa la reine Marie de Brabant; il s'y arrêta un moment pour régler l'ordre de troupes diverses aussi nombreuses. Les auteurs aragonois exagèrent certainement; cependant on comptoit, d'abord, une nuée de ribauds, dont on se servoit comme éclaireurs, et qui étoient les Cosaques de ce temps-là : puis les sénéchaux de Carcassonne, de Toulouse, de Beaucaire, le sire de Lunel, le comte de Foix et Roger de Pallas, le frère du vassal du roi d'Aragon, grand nombre d'arba-

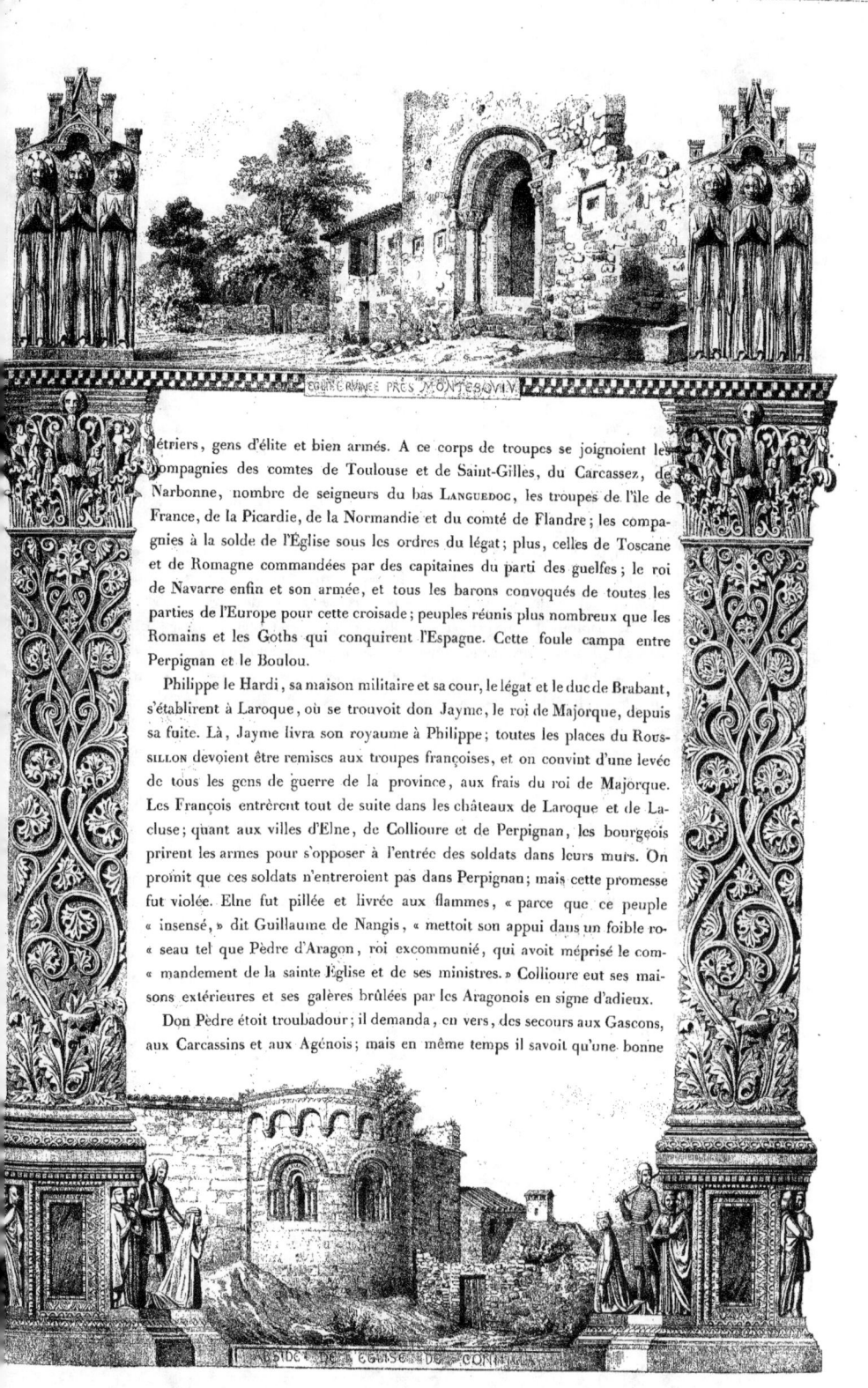

...triers, gens d'élite et bien armés. A ce corps de troupes se joignoient les compagnies des comtes de Toulouse et de Saint-Gilles, du Carcassez, de Narbonne, nombre de seigneurs du bas LANGUEDOC, les troupes de l'île de France, de la Picardie, de la Normandie et du comté de Flandre; les compagnies à la solde de l'Église sous les ordres du légat; plus, celles de Toscane et de Romagne commandées par des capitaines du parti des guelfes; le roi de Navarre enfin et son armée, et tous les barons convoqués de toutes les parties de l'Europe pour cette croisade; peuples réunis plus nombreux que les Romains et les Goths qui conquirent l'Espagne. Cette foule campa entre Perpignan et le Boulou.

Philippe le Hardi, sa maison militaire et sa cour, le légat et le duc de Brabant, s'établirent à Laroque, où se trouvoit don Jayme, le roi de Majorque, depuis sa fuite. Là, Jayme livra son royaume à Philippe; toutes les places du ROUSSILLON devoient être remises aux troupes françoises, et on convint d'une levée de tous les gens de guerre de la province, aux frais du roi de Majorque. Les François entrèrent tout de suite dans les châteaux de Laroque et de Lacluse; quant aux villes d'Elne, de Collioure et de Perpignan, les bourgeois prirent les armes pour s'opposer à l'entrée des soldats dans leurs murs. On promit que ces soldats n'entreroient pas dans Perpignan; mais cette promesse fut violée. Elne fut pillée et livrée aux flammes, « parce que ce peuple « insensé, » dit Guillaume de Nangis, « mettoit son appui dans un foible ro-« seau tel que Pèdre d'Aragon, roi excommunié, qui avoit méprisé le com-« mandement de la sainte Église et de ses ministres. » Collioure eut ses maisons extérieures et ses galères brûlées par les Aragonois en signe d'adieux.

Don Pèdre étoit troubadour; il demanda, en vers, des secours aux Gascons, aux Carcassins et aux Agénois; mais en même temps il savoit qu'une bonne

ÉGLISE RUINÉE PRÈS MONTESQUIU.

pée, et ses montagnards couverts de fer, pouvoient seuls, avec l'aide de Dieu, le tirer d'un péril aussi imminent. Il chargea le comte d'Ampurias de défendre les cols de Banyuls et de la Massane, et le vicomte de Rocaberti, seigneur de la Jonquière, de se porter au passage du Pertus. Quant à lui, le roi, à la tête de ses seigneurs, il gravit le col de Panissas.

Philippe, depuis vingt jours, regardoit ses mouvemens, et, si le soleil avoit fait fondre les neiges que l'hiver y depose, il pouvoit voir chaque jour ces montagnes blanchir de nouveau des nombreuses tentes des Aragonois.

Soit inspiration, soit prudence, quoique ceci ressemblât davantage à un acte de démence, on fit demander à don Pèdre d'abandonner sa couronne; il répondit que celui qui en avoit disposé en connoissoit peu la valeur, qu'elle avoit été conquise par ses ancêtres avec du sang, et qu'il ne la céderoit qu'au même prix.

Alors, on se décida enfin à franchir ces Thermopyles; l'avant-garde tenta le passage du col de Panissas; mais elle fut écrasée sous les quartiers de rochers que lui jetèrent les Almogavares, gens du pays, et vieux soldats renommés par leur valeur, qui étoient maîtres des crêtes de ces rochers.

Il fallut chercher une autre route. Mariana prétend que le bâtard de Roussillon, la seule personne que le roi de Majorque avoit pu arracher au massacre d'Elne, fut le guide de l'armée du roi Philippe; d'autres historiens prétendent que ce fut l'abbé du monastère de Saint-Pierre de Rhodes; mais Ramon Muntaner, chevalier, qui fut témoin oculaire dans cette guerre, affirme, et cette dernière opinion est la plus probable, que l'abbé et trois moines du monastère de Saint-André de Sorède, dépendant de l'abbaye de la Grasse, près de Narbonne, indiquèrent le col de la Massane, qu'ils connoissoient d'autant mieux que leur couvent étoit bâti dans la vallée qui y conduit.

ABSIDE DE L'ÉGLISE DE CORNILLA.

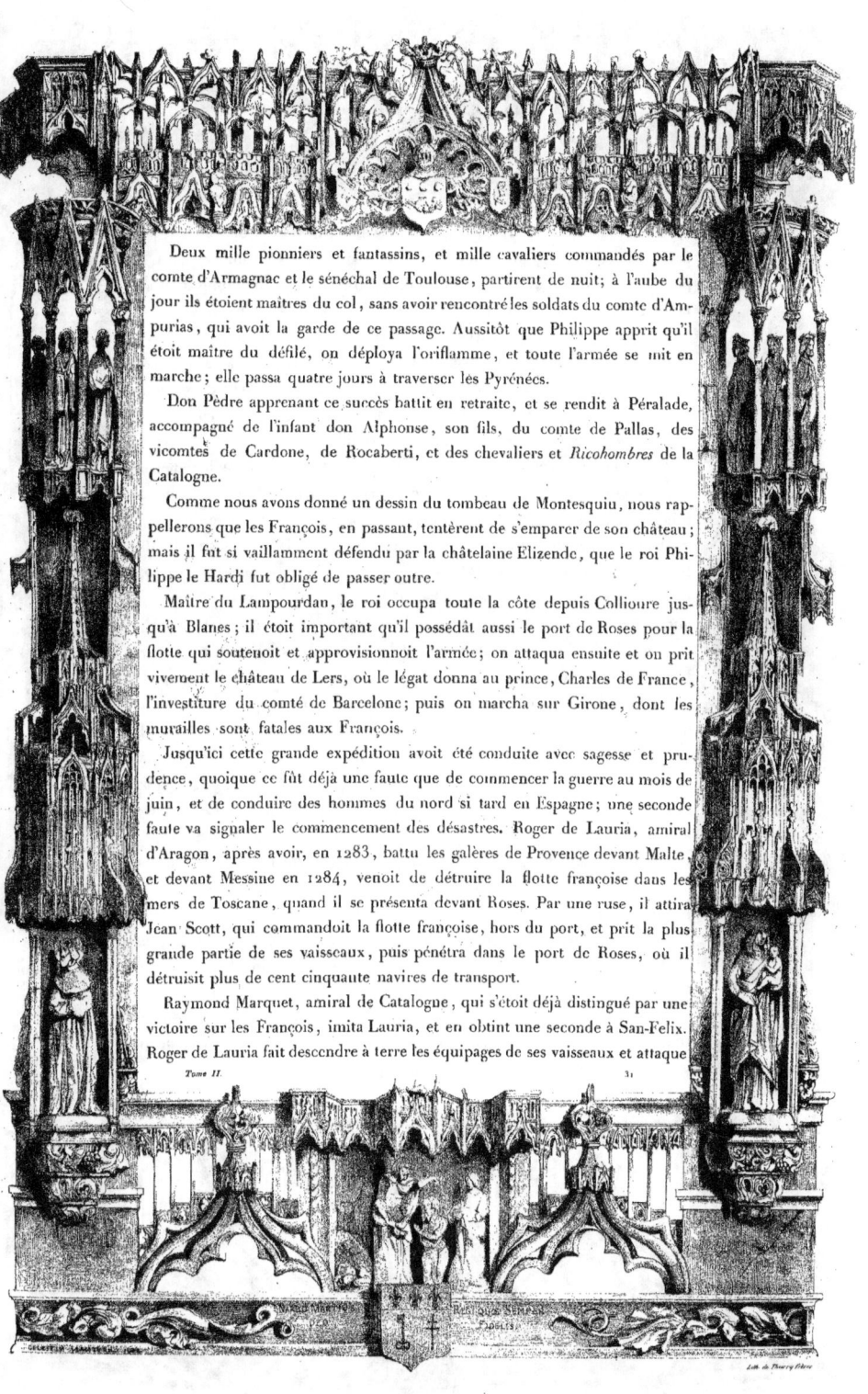

Deux mille pionniers et fantassins, et mille cavaliers commandés par le comte d'Armagnac et le sénéchal de Toulouse, partirent de nuit; à l'aube du jour ils étoient maîtres du col, sans avoir rencontré les soldats du comte d'Ampurias, qui avoit la garde de ce passage. Aussitôt que Philippe apprit qu'il étoit maître du défilé, on déploya l'oriflamme, et toute l'armée se mit en marche; elle passa quatre jours à traverser les Pyrénées.

Don Pèdre apprenant ce succès battit en retraite, et se rendit à Péralade, accompagné de l'infant don Alphonse, son fils, du comte de Pallas, des vicomtes de Cardone, de Rocaberti, et des chevaliers et *Ricohombres* de la Catalogne.

Comme nous avons donné un dessin du tombeau de Montesquiu, nous rappellerons que les François, en passant, tentèrent de s'emparer de son château; mais il fut si vaillamment défendu par la châtelaine Elizende, que le roi Philippe le Hardi fut obligé de passer outre.

Maître du Lampourdan, le roi occupa toute la côte depuis Collioure jusqu'à Blanes; il étoit important qu'il possédât aussi le port de Roses pour la flotte qui soutenoit et approvisionnoit l'armée; on attaqua ensuite et on prit vivement le château de Lers, où le légat donna au prince, Charles de France, l'investiture du comté de Barcelone; puis on marcha sur Girone, dont les murailles sont fatales aux François.

Jusqu'ici cette grande expédition avoit été conduite avec sagesse et prudence, quoique ce fût déjà une faute que de commencer la guerre au mois de juin, et de conduire des hommes du nord si tard en Espagne; une seconde faute va signaler le commencement des désastres. Roger de Lauria, amiral d'Aragon, après avoir, en 1283, battu les galères de Provence devant Malte, et devant Messine en 1284, venoit de détruire la flotte françoise dans les mers de Toscane, quand il se présenta devant Roses. Par une ruse, il attira Jean Scott, qui commandoit la flotte françoise, hors du port, et prit la plus grande partie de ses vaisseaux, puis pénétra dans le port de Roses, où il détruisit plus de cent cinquante navires de transport.

Raymond Marquet, amiral de Catalogne, qui s'étoit déjà distingué par une victoire sur les François, imita Lauria, et en obtint une seconde à San-Felix. Roger de Lauria fait descendre à terre les équipages de ses vaisseaux et attaque

un convoi chargé de vivres mal gardé, s'élance sur Roses, s'en empare, et, par un succès facile, prive le roi de France de sa flotte et du seul port qui pouvoit nourrir son armée. Sans magasins, presque sans communication avec la France, au milieu d'un pays ennemi, la campagne étoit perdue.

Devant Girone que le roi n'osoit laisser derrière lui sans l'avoir prise, la chaleur, la disette, les misères causèrent une épidémie qui pénétra dans la ville, et qui fut une des causes de sa reddition; mais ce n'étoient plus que des cadavres qui s'emparoient de ruines. Quarante mille cavaliers et leurs chevaux étoient morts; à peine restoit-il encore trois mille hommes armés. Le roi luimême, atteint par l'épidémie, fut forcé de penser à la retraite, et le dimanche, 30 septembre 1285, les débris de cette armée formidable reprirent le chemin de la France; le roi, mourant, fut emporté dans une litière.

Dans l'histoire de toutes les guerres, on voit de semblables désastres doubler les forces de l'ennemi; on n'a presque plus besoin de combattre, il ne faut que frapper pour abattre des soldats à demi vaincus; aussi le carnage fut-il affreux, et les Aragonois n'eurent le bras lassé et ne s'arrêtèrent qu'à Montesquiu, vieilles tours orgueilleuses et fatales au commencement de cette guerre. Les vieux chroniqueurs disent que le bruit, que le choc des armes, que les cris des hommes qu'on égorgeoit, s'entendoient, répétés par les échos des montagnes, à plusieurs lieues de ce champ de carnage et de désolation. Les casques, les épées brisées et les cadavres des vaincus indiquoient la route suivie par cette malheureuse armée à travers les Pyrénées jusqu'à Perpignan. Les terribles Almogavares descendoient du sommet des montagnes ainsi que des avalanches, comme pour engloutir tous ces débris, et de temps en temps on voyoit sortir d'un nuage de poussière qui s'élevoit sur le flanc des rochers, le bataillon sacré qui entouroit le roi moribond, sur une espèce de litière formée des lances de ses plus braves gentilshommes morts à ses côtés.

Daniel dit que les François se frayèrent un passage l'épée à la main; mais cet acte de courage eût été inutile. Philippe le Bel obtint du roi d'Aragon le passage des débris de l'armée françoise, sous le prétexte peut-être que les François ne gardoient plus que les dépouilles mortelles de leur roi, car Philippe alloit expirer à Perpignan, ce qui a fait dire aux historiens espagnols qu'il étoit déjà mort quand l'armée repassa les Pyrénées.

TOUR DE CORSAVY

Les liens de parenté font comprendre cette condescendance pour un ennemi vaincu. Le roi d'Aragon répondit à son neveu qu'il laisseroit passer la litière qui portoit le corps du roi de France et tout ce qui seroit avec elle autour de l'oriflamme; mais qu'il ne pouvoit rien pour le reste de l'armée qui en seroit éloigné.

Du côté de la France, Aymery, vicomte de Narbonne, reçut l'ordre de se porter dans le ROUSSILLON avec les milices du LANGUEDOC pour protéger les François, et don Jayme devoit envoyer au pas de la Cluse pour recevoir le corps du roi.

Voici la traduction du récit que fait Muntaner, vieux document qui doit prendre place dans la collection des monumens que nous recueillons avec tant de respect et d'amour pour la poésie de l'histoire.

Chapitre CXXXIX. *Comment le roi Philippe de France sortit de Catalogne avec son frère, et le corps de son père, et l'oriflamme, et le cardinal, et du grand dommage que firent les Almugavers à ses gents et à ses équipages* (1).

« Monseigneur Philippe (le Bel) appela ses barons, et forma une avant-garde où étoit le comte de Foix, de cinq cents chevaux armés; il alloit lui-même derrière avec l'oriflamme, et avec son frère, et le corps de son père et le cardinal; et avec eux alloient encore mille chevaux armés. Et puis derrière venoient tous les bagages et les trainards et tous les gents de peu : à l'arrière-garde venoit tout le reste de la cavalerie qui pouvoit monter jusqu'à mille

(1) Chronique de Ramon Muntaner, en catalan, 1562. *Voyez* fol. CVI.

VIEILLE TOUR AU FOND DE LA VALLÉE DU TECH

cinq cents chevaux armés ; et ainsi ils sortirent de Puramilot, et ils pensèrent d'aller cette journée jusqu'à la Jonquera ; et dans cette journée arriva l'amiral avec tous ses marins à la montagne de Panicas (*el coll de Panicas*). Dieu sait quelle nuit ce fut pour les François, dont pas un seul ne put ni quitter ses armes ni dormir un moment, et qui au contraire ne cessèrent d'entendre toute la nuit des plaintes et des gemmissements, car les Almugavers et les suivants d'armes et les hommes de mer blaissoient partout, et tuoient des gents et brisoient des coffres, de telle sorte qu'on n'eût pas entendu plus grand bruit si on se fût trouvé dans un bois où mille hommes n'eussent fait autre chose que couper du bois. Du cardinal je vous dis que s'il ne s'étoit pas tant pressé de sortir de Pexalada, jamais il n'auroit plus fait ses prières ; il auroit voulu être à Perpignan, car il craignoit bien d'être égorgé ; et ainsi ils passèrent toute la nuit. Et le lendemain matin, le seigneur roi d'Aragon fit crier à son de trompe que tout homme eût à suivre sa bannière, et que, sous peine de mort, nul homme ne blessât un autre sous sa bannière, et ainsi tout le monde se replia sous la bannière du seigneur roi d'Aragon. Et comme le roi de France eut à suivre son chemin, et son avant-garde passa par Pertus, le seigneur roi d'Aragon le laissa passer, et tous les gents du seigneur roi d'Aragon crioient : *Sur eux! sur eux!* et le seigneur roi empêchoit qu'ils fussent poursuivis. Et après vint l'oriflamme avec le roi de France, son neveu, et avec son frère, et avec le corps de leur père, et avec le cardinal, comme vous avez entendu qu'il avoit été ordonné, et ils décidèrent de passer par ledit endroit du Pertus. Et ainsi arrivés, les gents du seigneur roi d'Aragon

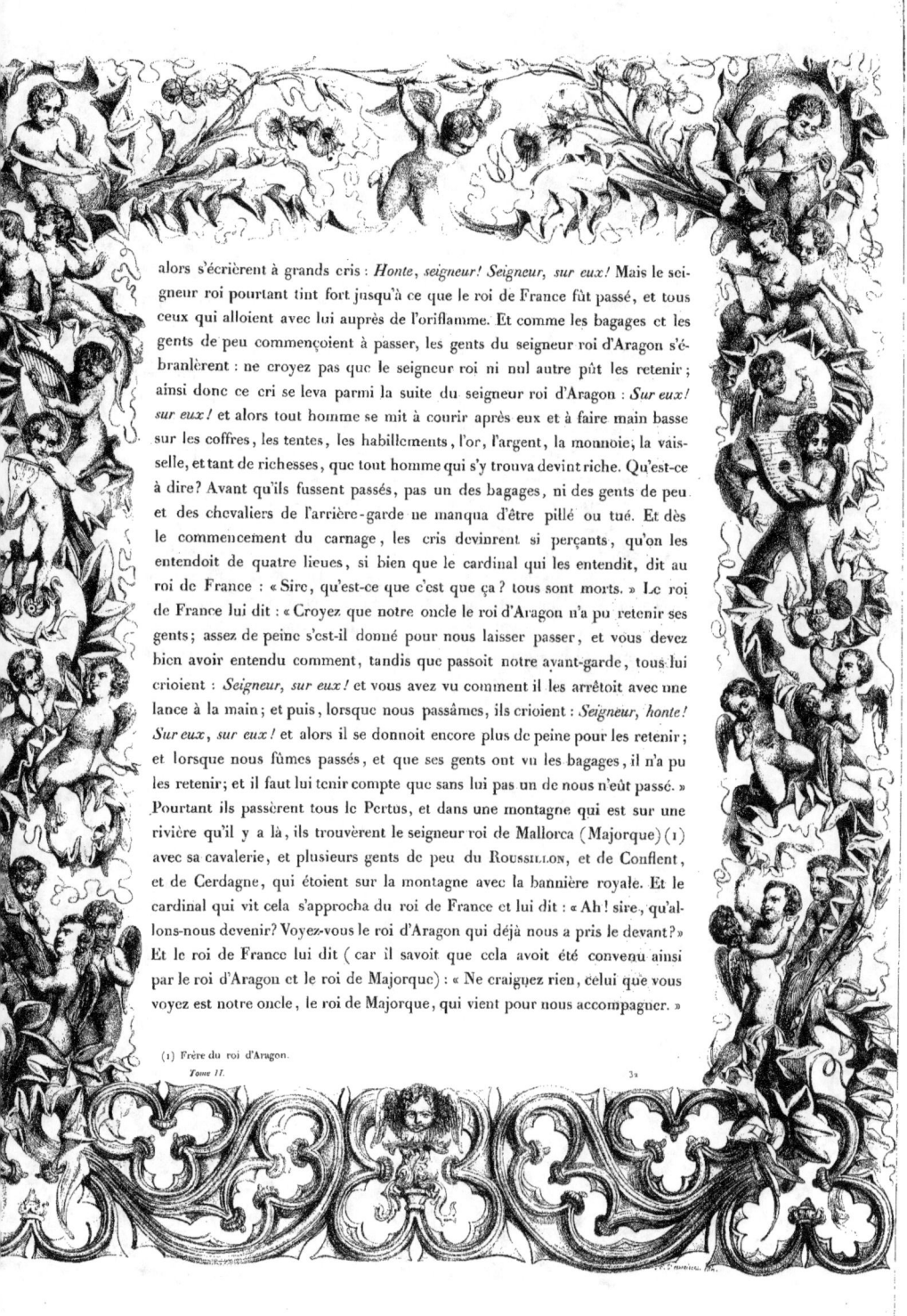

alors s'écrièrent à grands cris : *Honte, seigneur! Seigneur, sur eux!* Mais le seigneur roi pourtant tint fort jusqu'à ce que le roi de France fût passé, et tous ceux qui alloient avec lui auprès de l'oriflamme. Et comme les bagages et les gents de peu commençoient à passer, les gents du seigneur roi d'Aragon s'ébranlèrent : ne croyez pas que le seigneur roi ni nul autre pût les retenir; ainsi donc ce cri se leva parmi la suite du seigneur roi d'Aragon : *Sur eux! sur eux!* et alors tout homme se mit à courir après eux et à faire main basse sur les coffres, les tentes, les habillements, l'or, l'argent, la monnoie, la vaisselle, et tant de richesses, que tout homme qui s'y trouva devint riche. Qu'est-ce à dire? Avant qu'ils fussent passés, pas un des bagages, ni des gents de peu et des chevaliers de l'arrière-garde ne manqua d'être pillé ou tué. Et dès le commencement du carnage, les cris devinrent si perçants, qu'on les entendoit de quatre lieues, si bien que le cardinal qui les entendit, dit au roi de France : « Sire, qu'est-ce que c'est que ça? tous sont morts. » Le roi de France lui dit : « Croyez que notre oncle le roi d'Aragon n'a pu retenir ses gents; assez de peine s'est-il donné pour nous laisser passer, et vous devez bien avoir entendu comment, tandis que passoit notre avant-garde, tous lui crioient : *Seigneur, sur eux!* et vous avez vu comment il les arrêtoit avec une lance à la main; et puis, lorsque nous passâmes, ils crioient : *Seigneur, honte! Sur eux, sur eux!* et alors il se donnoit encore plus de peine pour les retenir; et lorsque nous fûmes passés, et que ses gents ont vu les bagages, il n'a pu les retenir; et il faut lui tenir compte que sans lui pas un de nous n'eût passé. » Pourtant ils passèrent tous le Pertus, et dans une montagne qui est sur une rivière qu'il y a là, ils trouvèrent le seigneur roi de Mallorca (Majorque) (1) avec sa cavalerie, et plusieurs gents de peu du Roussillon, et de Conflent, et de Cerdagne, qui étoient sur la montagne avec la bannière royale. Et le cardinal qui vit cela s'approcha du roi de France et lui dit : « Ah! sire, qu'allons-nous devenir? Voyez-vous le roi d'Aragon qui déjà nous a pris le devant? » Et le roi de France lui dit (car il savoit que cela avoit été convenu ainsi par le roi d'Aragon et le roi de Majorque) : « Ne craignez rien, celui que vous voyez est notre oncle, le roi de Majorque, qui vient pour nous accompagner. »

(1) Frère du roi d'Aragon.

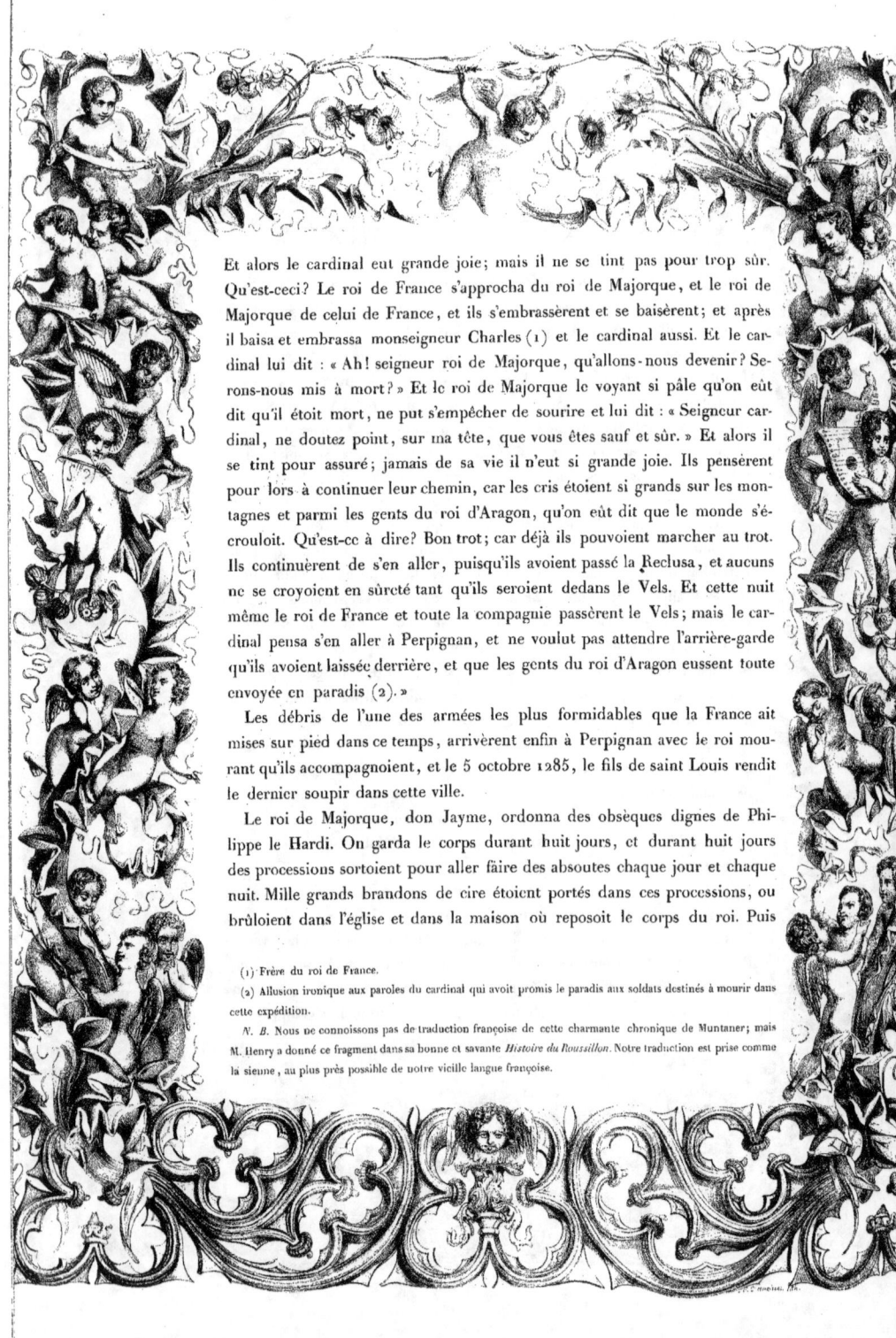

Et alors le cardinal eut grande joie; mais il ne se tint pas pour trop sûr. Qu'est-ceci? Le roi de France s'approcha du roi de Majorque, et le roi de Majorque de celui de France, et ils s'embrassèrent et se baisèrent; et après il baisa et embrassa monseigneur Charles (1) et le cardinal aussi. Et le cardinal lui dit : « Ah! seigneur roi de Majorque, qu'allons-nous devenir? Serons-nous mis à mort? » Et le roi de Majorque le voyant si pâle qu'on eût dit qu'il étoit mort, ne put s'empêcher de sourire et lui dit : « Seigneur cardinal, ne doutez point, sur ma tête, que vous êtes sauf et sûr. » Et alors il se tint pour assuré; jamais de sa vie il n'eut si grande joie. Ils pensèrent pour lors à continuer leur chemin, car les cris étoient si grands sur les montagnes et parmi les gents du roi d'Aragon, qu'on eût dit que le monde s'écrouloit. Qu'est-ce à dire? Bon trot; car déjà ils pouvoient marcher au trot. Ils continuèrent de s'en aller, puisqu'ils avoient passé la Reclusa, et aucuns ne se croyoient en sûreté tant qu'ils seroient dedans le Vels. Et cette nuit même le roi de France et toute la compagnie passèrent le Vels; mais le cardinal pensa s'en aller à Perpignan, et ne voulut pas attendre l'arrière-garde qu'ils avoient laissée derrière, et que les gents du roi d'Aragon eussent toute envoyée en paradis (2). »

Les débris de l'une des armées les plus formidables que la France ait mises sur pied dans ce temps, arrivèrent enfin à Perpignan avec le roi mourant qu'ils accompagnoient, et le 5 octobre 1285, le fils de saint Louis rendit le dernier soupir dans cette ville.

Le roi de Majorque, don Jayme, ordonna des obsèques dignes de Philippe le Hardi. On garda le corps durant huit jours, et durant huit jours des processions sortoient pour aller faire des absoutes chaque jour et chaque nuit. Mille grands brandons de cire étoient portés dans ces processions, ou brûloient dans l'église et dans la maison où reposoit le corps du roi. Puis

---

(1) Frère du roi de France.

(2) Allusion ironique aux paroles du cardinal qui avoit promis le paradis aux soldats destinés à mourir dans cette expédition.

N. B. Nous ne connoissons pas de traduction françoise de cette charmante chronique de Muntaner; mais M. Henry a donné ce fragment dans sa bonne et savante *Histoire du Roussillon*. Notre traduction est prise comme la sienne, au plus près possible de notre vieille langue françoise.

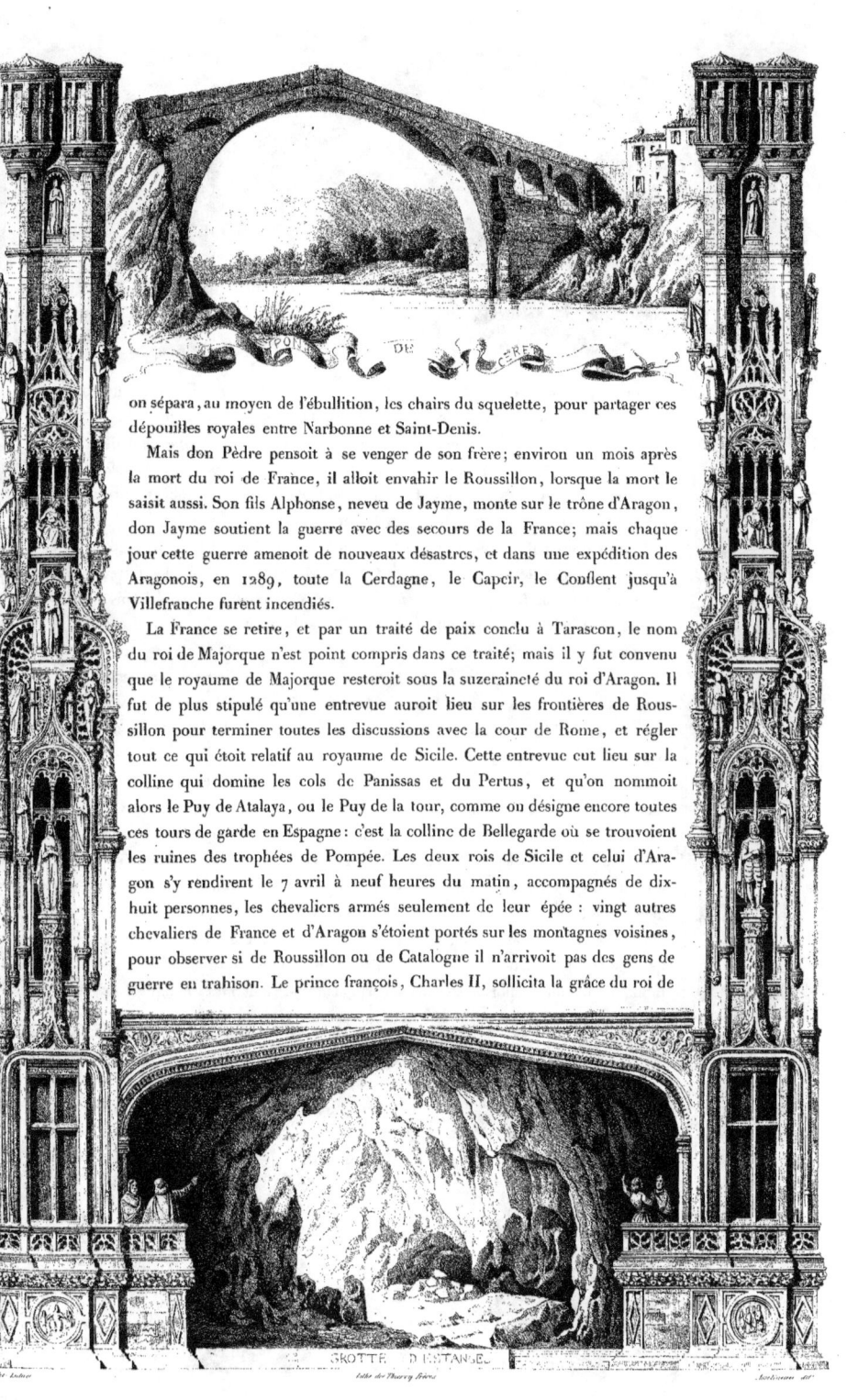

on sépara, au moyen de l'ébullition, les chairs du squelette, pour partager ces dépouilles royales entre Narbonne et Saint-Denis.

Mais don Pèdre pensoit à se venger de son frère; environ un mois après la mort du roi de France, il alloit envahir le Roussillon, lorsque la mort le saisit aussi. Son fils Alphonse, neveu de Jayme, monte sur le trône d'Aragon, don Jayme soutient la guerre avec des secours de la France; mais chaque jour cette guerre amenoit de nouveaux désastres, et dans une expédition des Aragonois, en 1289, toute la Cerdagne, le Capcir, le Conflent jusqu'à Villefranche furent incendiés.

La France se retire, et par un traité de paix conclu à Tarascon, le nom du roi de Majorque n'est point compris dans ce traité; mais il y fut convenu que le royaume de Majorque resteroit sous la suzeraineté du roi d'Aragon. Il fut de plus stipulé qu'une entrevue auroit lieu sur les frontières de Roussillon pour terminer toutes les discussions avec la cour de Rome, et régler tout ce qui étoit relatif au royaume de Sicile. Cette entrevue eut lieu sur la colline qui domine les cols de Panissas et du Pertus, et qu'on nommoit alors le Puy de Atalaya, ou le Puy de la tour, comme on désigne encore toutes ces tours de garde en Espagne : c'est la colline de Bellegarde où se trouvoient les ruines des trophées de Pompée. Les deux rois de Sicile et celui d'Aragon s'y rendirent le 7 avril à neuf heures du matin, accompagnés de dix-huit personnes, les chevaliers armés seulement de leur épée : vingt autres chevaliers de France et d'Aragon s'étoient portés sur les montagnes voisines, pour observer si de Roussillon ou de Catalogne il n'arrivoit pas des gens de guerre en trahison. Le prince françois, Charles II, sollicita la grâce du roi de

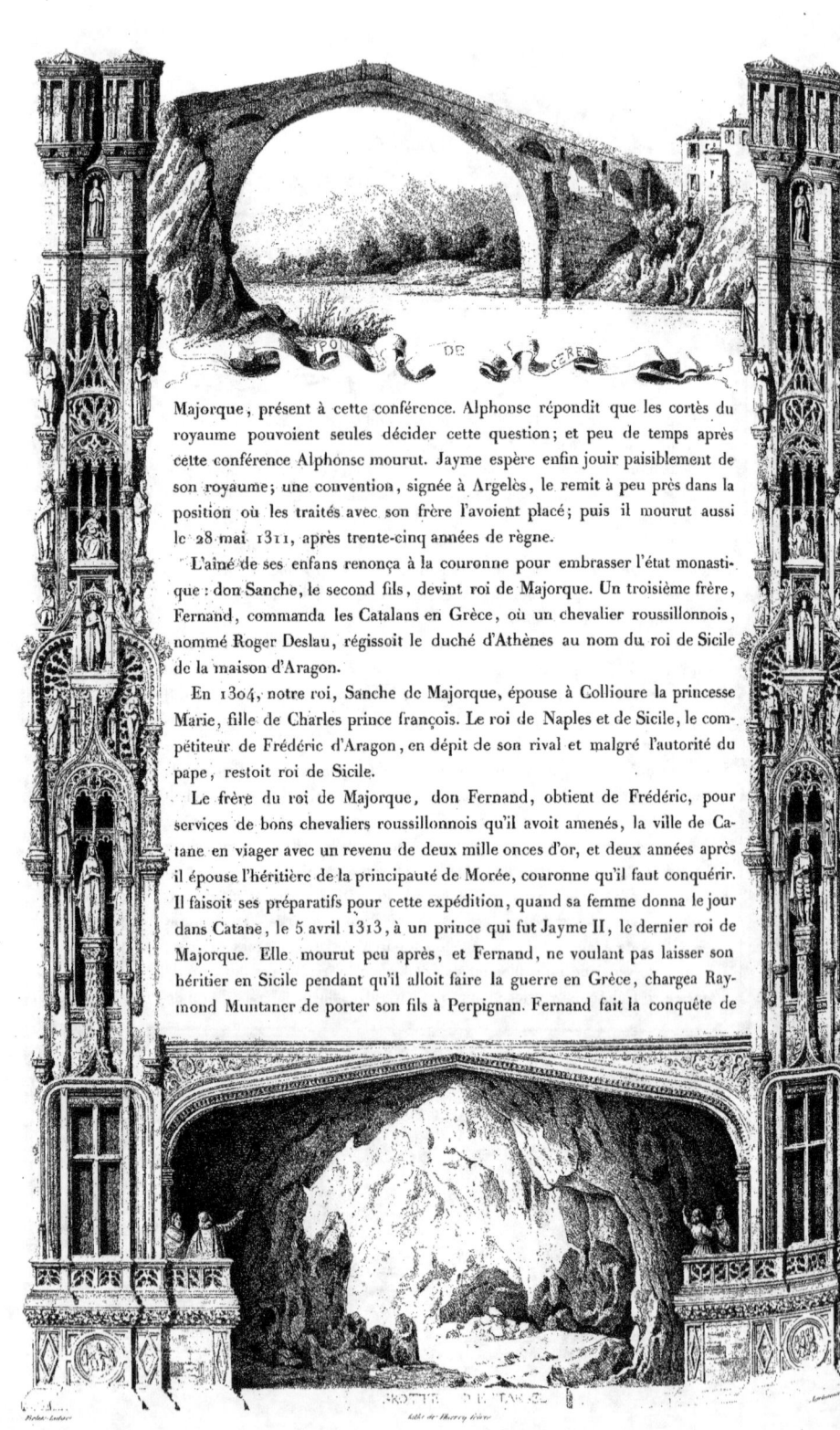

PONT DE CERET

Majorque, présent à cette conférence. Alphonse répondit que les cortès du royaume pouvoient seules décider cette question; et peu de temps après cette conférence Alphonse mourut. Jayme espère enfin jouir paisiblement de son royaume; une convention, signée à Argelès, le remit à peu près dans la position où les traités avec son frère l'avoient placé; puis il mourut aussi le 28 mai 1311, après trente-cinq années de règne.

L'aîné de ses enfans renonça à la couronne pour embrasser l'état monastique : don Sanche, le second fils, devint roi de Majorque. Un troisième frère, Fernand, commanda les Catalans en Grèce, où un chevalier roussillonnois, nommé Roger Deslau, régissoit le duché d'Athènes au nom du roi de Sicile de la maison d'Aragon.

En 1304, notre roi, Sanche de Majorque, épouse à Collioure la princesse Marie, fille de Charles prince françois. Le roi de Naples et de Sicile, le compétiteur de Frédéric d'Aragon, en dépit de son rival et malgré l'autorité du pape, restoit roi de Sicile.

Le frère du roi de Majorque, don Fernand, obtient de Frédéric, pour services de bons chevaliers roussillonnois qu'il avoit amenés, la ville de Catane en viager avec un revenu de deux mille onces d'or, et deux années après il épouse l'héritière de la principauté de Morée, couronne qu'il faut conquérir. Il faisoit ses préparatifs pour cette expédition, quand sa femme donna le jour dans Catane, le 5 avril 1313, à un prince qui fut Jayme II, le dernier roi de Majorque. Elle mourut peu après, et Fernand, ne voulant pas laisser son héritier en Sicile pendant qu'il alloit faire la guerre en Grèce, chargea Raymond Muntaner de porter son fils à Perpignan. Fernand fait la conquête de

GROTTE DE FONTARGEL

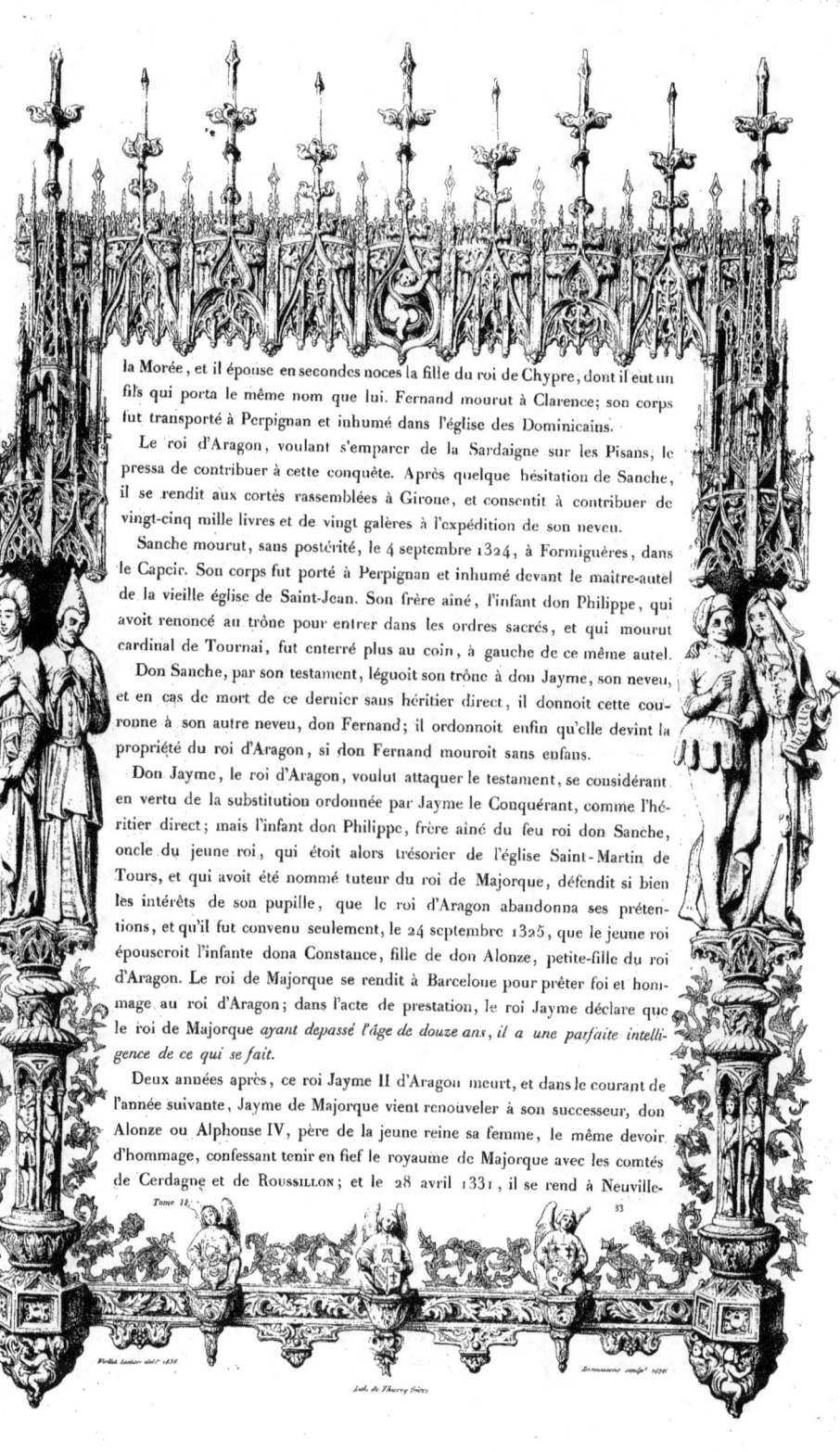

la Morée, et il épouse en secondes noces la fille du roi de Chypre, dont il eut un fils qui porta le même nom que lui. Fernand mourut à Clarence; son corps fut transporté à Perpignan et inhumé dans l'église des Dominicains.

Le roi d'Aragon, voulant s'emparer de la Sardaigne sur les Pisans, le pressa de contribuer à cette conquête. Après quelque hésitation de Sanche, il se rendit aux cortès rassemblées à Girone, et consentit à contribuer de vingt-cinq mille livres et de vingt galères à l'expédition de son neveu.

Sanche mourut, sans postérité, le 4 septembre 1324, à Formiguères, dans le Capcir. Son corps fut porté à Perpignan et inhumé devant le maître-autel de la vieille église de Saint-Jean. Son frère aîné, l'infant don Philippe, qui avoit renoncé au trône pour entrer dans les ordres sacrés, et qui mourut cardinal de Tournai, fut enterré plus au coin, à gauche de ce même autel.

Don Sanche, par son testament, léguoit son trône à don Jayme, son neveu, et en cas de mort de ce dernier sans héritier direct, il donnoit cette couronne à son autre neveu, don Fernand; il ordonnoit enfin qu'elle devint la propriété du roi d'Aragon, si don Fernand mouroit sans enfans.

Don Jayme, le roi d'Aragon, voulut attaquer le testament, se considérant en vertu de la substitution ordonnée par Jayme le Conquérant, comme l'héritier direct; mais l'infant don Philippe, frère aîné du feu roi don Sanche, oncle du jeune roi, qui étoit alors trésorier de l'église Saint-Martin de Tours, et qui avoit été nommé tuteur du roi de Majorque, défendit si bien les intérêts de son pupille, que le roi d'Aragon abandonna ses prétentions, et qu'il fut convenu seulement, le 24 septembre 1325, que le jeune roi épouseroit l'infante dona Constance, fille de don Alonze, petite-fille du roi d'Aragon. Le roi de Majorque se rendit à Barcelone pour prêter foi et hommage au roi d'Aragon; dans l'acte de prestation, le roi Jayme déclare que le roi de Majorque *ayant dépassé l'âge de douze ans, il a une parfaite intelligence de ce qui se fait*.

Deux années après, ce roi Jayme II d'Aragon meurt, et dans le courant de l'année suivante, Jayme de Majorque vient renouveler à son successeur, don Alonze ou Alphonse IV, père de la jeune reine sa femme, le même devoir d'hommage, confessant tenir en fief le royaume de Majorque avec les comtés de Cerdagne et de Roussillon; et le 28 avril 1331, il se rend à Neuville-

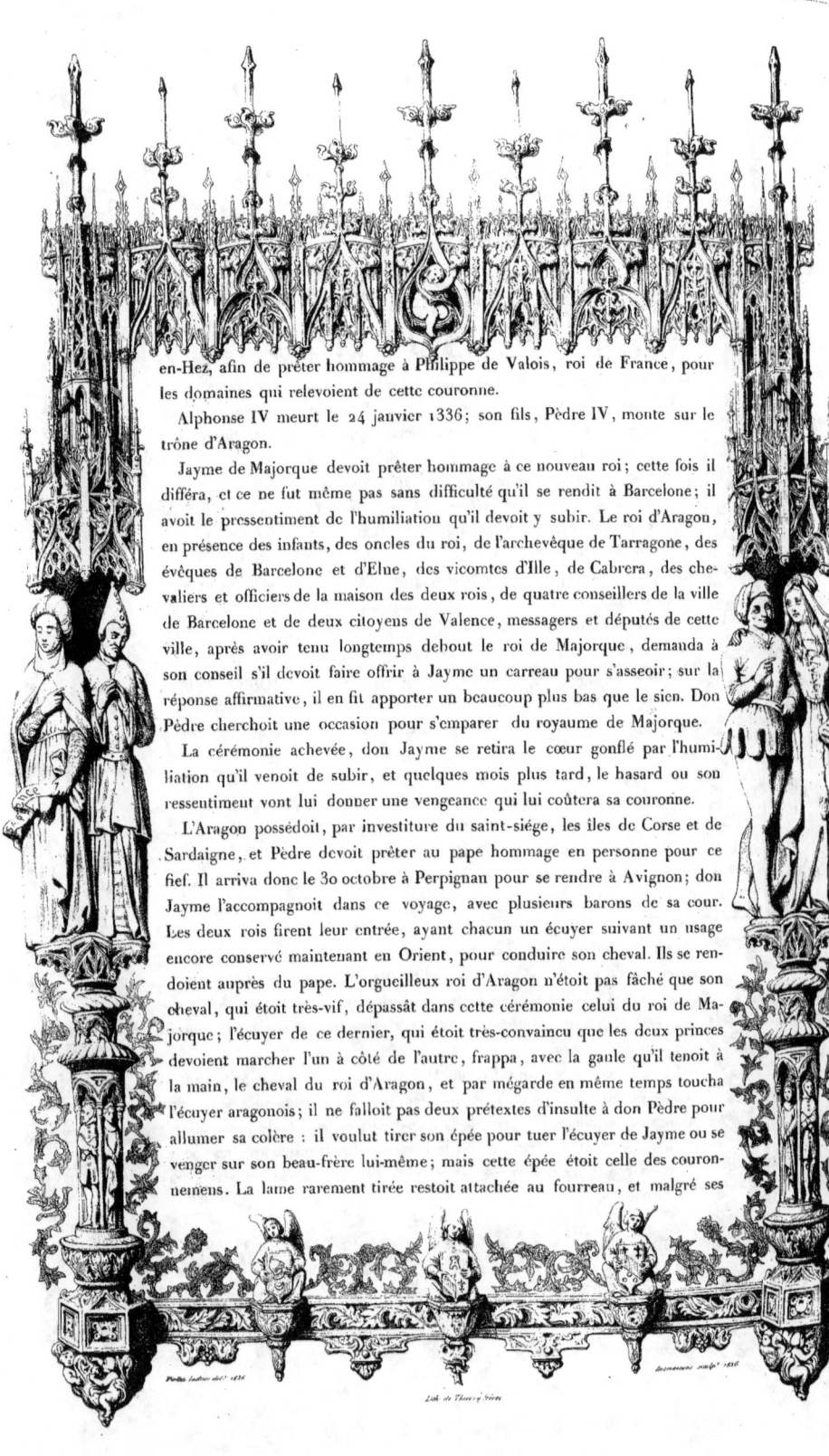

en-Hez, afin de prêter hommage à Philippe de Valois, roi de France, pour les domaines qui relevoient de cette couronne.

Alphonse IV meurt le 24 janvier 1336; son fils, Pèdre IV, monte sur le trône d'Aragon.

Jayme de Majorque devoit prêter hommage à ce nouveau roi; cette fois il différa, et ce ne fut même pas sans difficulté qu'il se rendit à Barcelone; il avoit le pressentiment de l'humiliation qu'il devoit y subir. Le roi d'Aragon, en présence des infants, des oncles du roi, de l'archevêque de Tarragone, des évêques de Barcelone et d'Elne, des vicomtes d'Ille, de Cabrera, des chevaliers et officiers de la maison des deux rois, de quatre conseillers de la ville de Barcelone et de deux citoyens de Valence, messagers et députés de cette ville, après avoir tenu longtemps debout le roi de Majorque, demanda à son conseil s'il devoit faire offrir à Jayme un carreau pour s'asseoir; sur la réponse affirmative, il en fit apporter un beaucoup plus bas que le sien. Don Pèdre cherchoit une occasion pour s'emparer du royaume de Majorque.

La cérémonie achevée, don Jayme se retira le cœur gonflé par l'humiliation qu'il venoit de subir, et quelques mois plus tard, le hasard ou son ressentiment vont lui donner une vengeance qui lui coûtera sa couronne.

L'Aragon possédoit, par investiture du saint-siége, les îles de Corse et de Sardaigne, et Pèdre devoit prêter au pape hommage en personne pour ce fief. Il arriva donc le 30 octobre à Perpignan pour se rendre à Avignon; don Jayme l'accompagnoit dans ce voyage, avec plusieurs barons de sa cour. Les deux rois firent leur entrée, ayant chacun un écuyer suivant un usage encore conservé maintenant en Orient, pour conduire son cheval. Ils se rendoient auprès du pape. L'orgueilleux roi d'Aragon n'étoit pas fâché que son cheval, qui étoit très-vif, dépassât dans cette cérémonie celui du roi de Majorque; l'écuyer de ce dernier, qui étoit très-convaincu que les deux princes devoient marcher l'un à côté de l'autre, frappa, avec la gaule qu'il tenoit à la main, le cheval du roi d'Aragon, et par mégarde en même temps toucha l'écuyer aragonois; il ne falloit pas deux prétextes d'insulte à don Pèdre pour allumer sa colère : il voulut tirer son épée pour tuer l'écuyer de Jayme ou se venger sur son beau-frère lui-même; mais cette épée étoit celle des couronnemens. La lame rarement tirée restoit attachée au fourreau, et malgré ses

efforts, il ne put l'en arracher; l'infant don Pèdre, son oncle, se plaça entre les deux rois, et le roi d'Aragon n'eut pas à regretter un assassinat; toutefois l'occasion lui parut bien légitime pour demander la couronne de Majorque; le pape la refusa; Pèdre se promit de la briser.

Don Jayme n'avoit peut-être pas tout le génie nécessaire pour parer les rudes attaques de l'astucieux et orgueilleux roi d'Aragon. Jayme eut l'imprudence de chercher à se rendre indépendant de ses fiefs de France, prenant pour prétexte, dans cette occasion, une des interminables discussions que faisoit naître la souveraineté des rois de Majorque à Montpellier, tandis qu'il auroit dû plus que jamais rechercher l'alliance du roi de France. Cette faute avertit son beau-frère don Pèdre, le roi d'Aragon, que le moment étoit venu de réaliser les projets ambitieux qu'il nourrissoit depuis longtemps: il désapprouva hautement les velléités d'indépendance de Jayme, quoique peu de temps auparavant, il lui eût promis des secours s'il avoit une guerre avec la France; il l'accusa de plusieurs félonies, et le cita à comparoître devant sa cour, dans le terme de vingt-six jours, pour se justifier.

On fit plus; on fomenta secrètement la rébellion de ses sujets, et la guerre fut déclarée. Le premier acte de spoliation fut la prise de Majorque, le 22 juin 1343; la sentence de confiscation fut proclamée dans la cathédrale de cette ville par l'ordre de don Pèdre, devant tout le peuple, le roi présent, la main posée sur la croix et les évangiles. Puis il retourna en Catalogne pour conquérir les comtés de terre ferme.

Le 29 juillet, l'armée aragonoise sortit de la Jonquière, passa le col de Panissas sans opposition, prit le château de Bellegarde, et alla camper sur les bords du Tech, près de Saint-Jean de Pagès. Puis, don Pèdre s'arrêta un moment à Elne pour recevoir le légat du pape, l'évêque de Huesca, Hugues d'Arpajon; une ambassade de la reine de Sicile, dona Sancia, cousine du roi de Majorque, intervint pour implorer la paix et la miséricorde en faveur de don Jayme. Don Pèdre fut inébranlable; sous un corps grêle, ce prince renfermoit un cœur terrible et sans pitié.

Atalaya

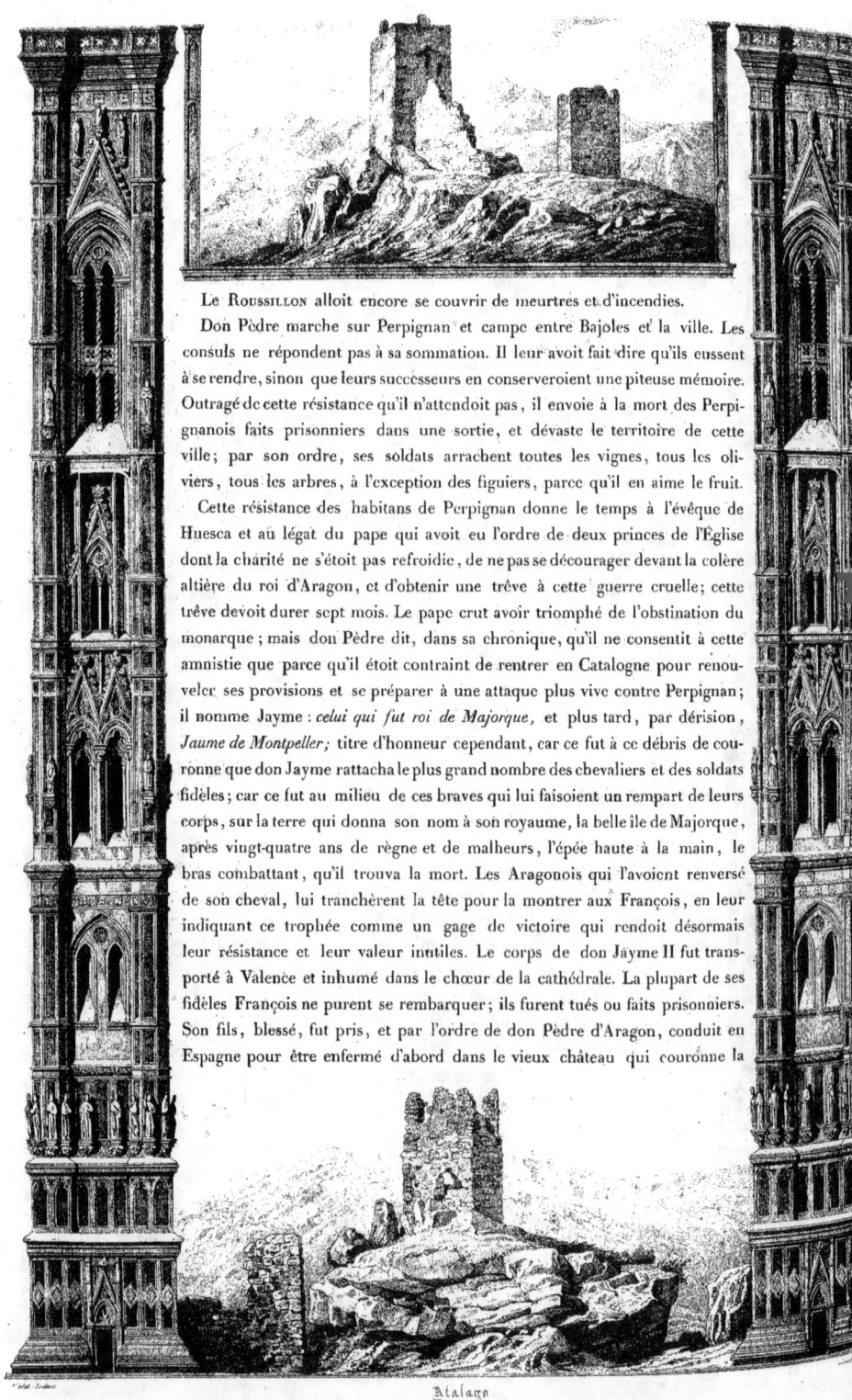

Le Roussillon alloit encore se couvrir de meurtres et d'incendies.

Don Pèdre marche sur Perpignan et campe entre Bajoles et la ville. Les consuls ne répondent pas à sa sommation. Il leur avoit fait dire qu'ils eussent à se rendre, sinon que leurs successeurs en conserveroient une piteuse mémoire. Outragé de cette résistance qu'il n'attendoit pas, il envoie à la mort des Perpignanois faits prisonniers dans une sortie, et dévaste le territoire de cette ville; par son ordre, ses soldats arrachent toutes les vignes, tous les oliviers, tous les arbres, à l'exception des figuiers, parce qu'il en aime le fruit.

Cette résistance des habitants de Perpignan donne le temps à l'évêque de Huesca et au légat du pape qui avoit eu l'ordre de deux princes de l'Église dont la charité ne s'étoit pas refroidie, de ne pas se décourager devant la colère altière du roi d'Aragon, et d'obtenir une trêve à cette guerre cruelle; cette trêve devoit durer sept mois. Le pape crut avoir triomphé de l'obstination du monarque; mais don Pèdre dit, dans sa chronique, qu'il ne consentit à cette amnistie que parce qu'il étoit contraint de rentrer en Catalogne pour renouveler ses provisions et se préparer à une attaque plus vive contre Perpignan; il nomme Jayme : *celui qui fut roi de Majorque,* et plus tard, par dérision, *Jaume de Montpeller;* titre d'honneur cependant, car ce fut à ce débris de couronne que don Jayme rattacha le plus grand nombre des chevaliers et des soldats fidèles; car ce fut au milieu de ces braves qui lui faisoient un rempart de leurs corps, sur la terre qui donna son nom à son royaume, la belle île de Majorque, après vingt-quatre ans de règne et de malheurs, l'épée haute à la main, le bras combattant, qu'il trouva la mort. Les Aragonois qui l'avoient renversé de son cheval, lui tranchèrent la tête pour la montrer aux François, en leur indiquant ce trophée comme un gage de victoire qui rendoit désormais leur résistance et leur valeur inutiles. Le corps de don Jayme II fut transporté à Valence et inhumé dans le chœur de la cathédrale. La plupart de ses fidèles François ne purent se rembarquer; ils furent tués ou faits prisonniers. Son fils, blessé, fut pris, et par l'ordre de don Pèdre d'Aragon, conduit en Espagne pour être enfermé d'abord dans le vieux château qui couronne la

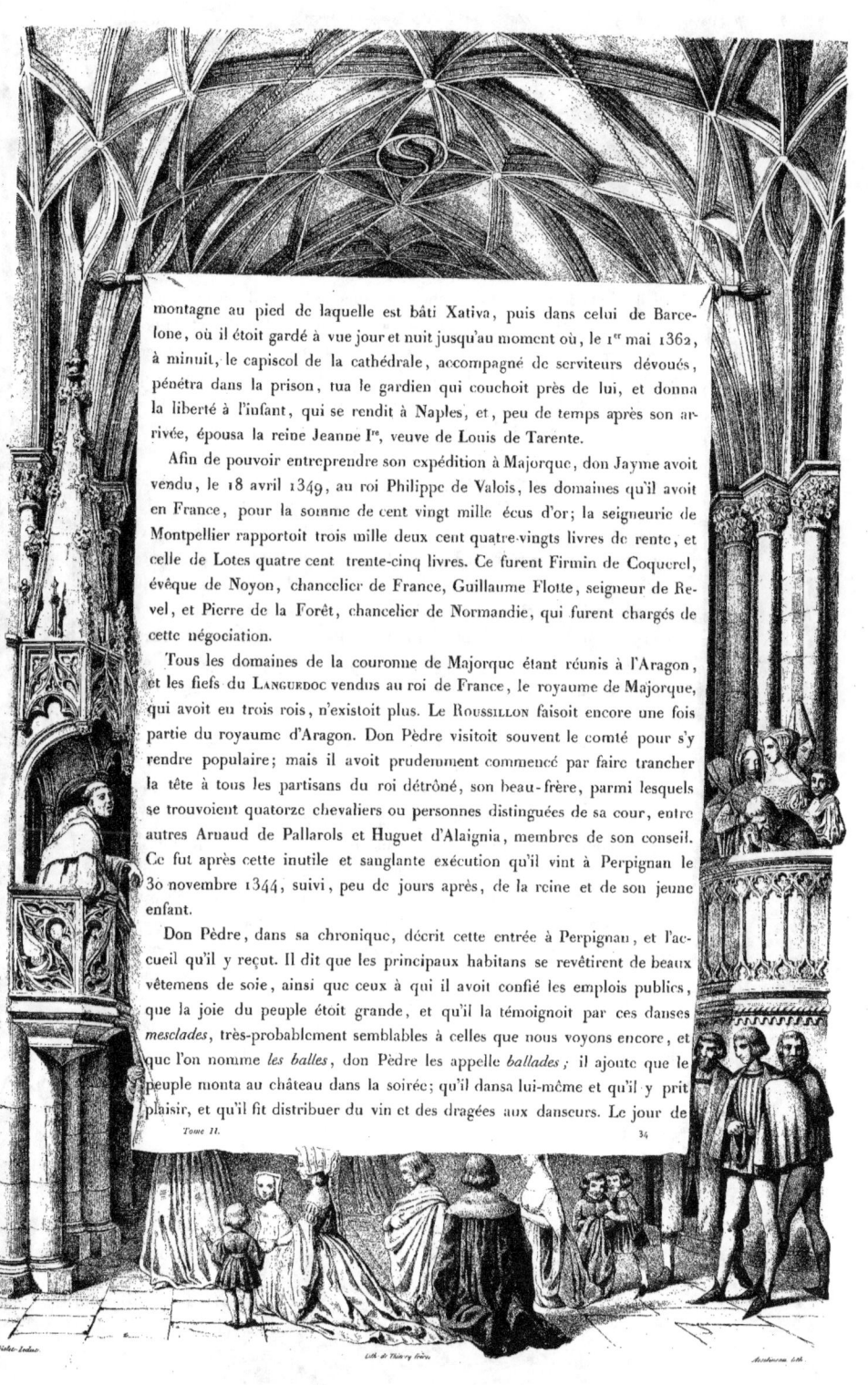

montagne au pied de laquelle est bâti Xativa, puis dans celui de Barcelone, où il étoit gardé à vue jour et nuit jusqu'au moment où, le 1er mai 1362, à minuit, le capiscol de la cathédrale, accompagné de serviteurs dévoués, pénétra dans la prison, tua le gardien qui couchoit près de lui, et donna la liberté à l'infant, qui se rendit à Naples, et, peu de temps après son arrivée, épousa la reine Jeanne Ire, veuve de Louis de Tarente.

Afin de pouvoir entreprendre son expédition à Majorque, don Jayme avoit vendu, le 18 avril 1349, au roi Philippe de Valois, les domaines qu'il avoit en France, pour la somme de cent vingt mille écus d'or; la seigneurie de Montpellier rapportoit trois mille deux cent quatre-vingts livres de rente, et celle de Lotes quatre cent trente-cinq livres. Ce furent Firmin de Coquerel, évêque de Noyon, chancelier de France, Guillaume Flotte, seigneur de Revel, et Pierre de la Forêt, chancelier de Normandie, qui furent chargés de cette négociation.

Tous les domaines de la couronne de Majorque étant réunis à l'Aragon, et les fiefs du LANGUEDOC vendus au roi de France, le royaume de Majorque, qui avoit eu trois rois, n'existoit plus. Le ROUSSILLON faisoit encore une fois partie du royaume d'Aragon. Don Pèdre visitoit souvent le comté pour s'y rendre populaire; mais il avoit prudemment commencé par faire trancher la tête à tous les partisans du roi détrôné, son beau-frère, parmi lesquels se trouvoient quatorze chevaliers ou personnes distinguées de sa cour, entre autres Arnaud de Pallarols et Huguet d'Alaignia, membres de son conseil. Ce fut après cette inutile et sanglante exécution qu'il vint à Perpignan le 30 novembre 1344, suivi, peu de jours après, de la reine et de son jeune enfant.

Don Pèdre, dans sa chronique, décrit cette entrée à Perpignan, et l'accueil qu'il y reçut. Il dit que les principaux habitans se revêtirent de beaux vêtemens de soie, ainsi que ceux à qui il avoit confié les emplois publics, que la joie du peuple étoit grande, et qu'il la témoignoit par ces danses *mesclades*, très-probablement semblables à celles que nous voyons encore, et que l'on nomme *les balles*, don Pèdre les appelle *ballades*; il ajoute que le peuple monta au château dans la soirée; qu'il dansa lui-même et qu'il y prit plaisir, et qu'il fit distribuer du vin et des dragées aux danseurs. Le jour de

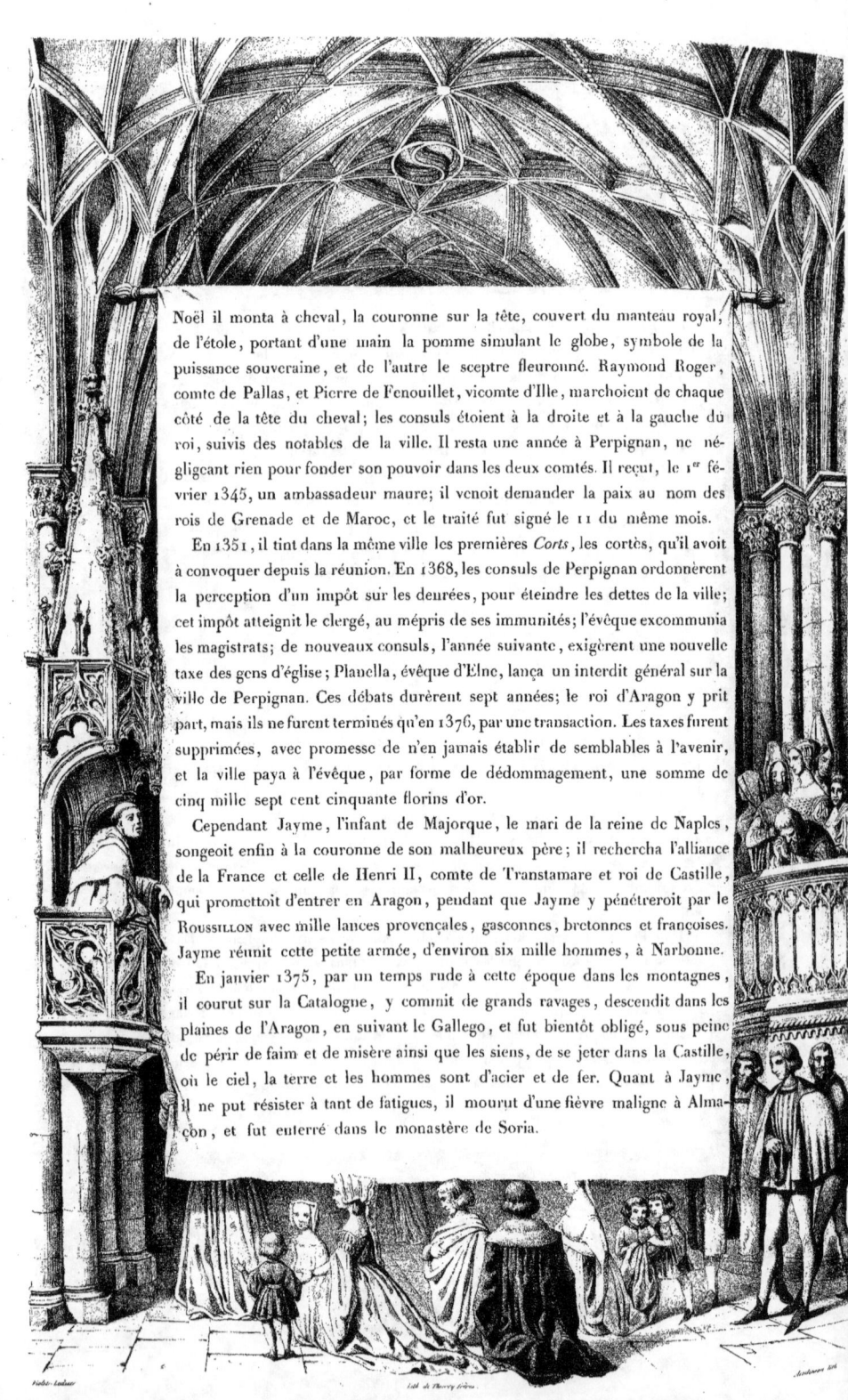

Noël il monta à cheval, la couronne sur la tête, couvert du manteau royal, de l'étole, portant d'une main la pomme simulant le globe, symbole de la puissance souveraine, et de l'autre le sceptre fleuronné. Raymond Roger, comte de Pallas, et Pierre de Fenouillet, vicomte d'Ille, marchoient de chaque côté de la tête du cheval; les consuls étoient à la droite et à la gauche du roi, suivis des notables de la ville. Il resta une année à Perpignan, ne négligeant rien pour fonder son pouvoir dans les deux comtés. Il reçut, le 1er février 1345, un ambassadeur maure; il venoit demander la paix au nom des rois de Grenade et de Maroc, et le traité fut signé le 11 du même mois.

En 1351, il tint dans la même ville les premières *Corts*, les cortès, qu'il avoit à convoquer depuis la réunion. En 1368, les consuls de Perpignan ordonnèrent la perception d'un impôt sur les denrées, pour éteindre les dettes de la ville; cet impôt atteignit le clergé, au mépris de ses immunités; l'évêque excommunia les magistrats; de nouveaux consuls, l'année suivante, exigèrent une nouvelle taxe des gens d'église; Planella, évêque d'Elne, lança un interdit général sur la ville de Perpignan. Ces débats durèrent sept années; le roi d'Aragon y prit part, mais ils ne furent terminés qu'en 1376, par une transaction. Les taxes furent supprimées, avec promesse de n'en jamais établir de semblables à l'avenir, et la ville paya à l'évêque, par forme de dédommagement, une somme de cinq mille sept cent cinquante florins d'or.

Cependant Jayme, l'infant de Majorque, le mari de la reine de Naples, songeoit enfin à la couronne de son malheureux père; il rechercha l'alliance de la France et celle de Henri II, comte de Transtamare et roi de Castille, qui promettoit d'entrer en Aragon, pendant que Jayme y pénétreroit par le ROUSSILLON avec mille lances provençales, gasconnes, bretonnes et françoises. Jayme réunit cette petite armée, d'environ six mille hommes, à Narbonne.

En janvier 1375, par un temps rude à cette époque dans les montagnes, il courut sur la Catalogne, y commit de grands ravages, descendit dans les plaines de l'Aragon, en suivant le Gallego, et fut bientôt obligé, sous peine de périr de faim et de misère ainsi que les siens, de se jeter dans la Castille, où le ciel, la terre et les hommes sont d'acier et de fer. Quant à Jayme, il ne put résister à tant de fatigues, il mourut d'une fièvre maligne à Almaçon, et fut enterré dans le monastère de Soria.

Sa sœur dona Isabelle, marquise de Monferrat, généreuse héroïne qui l'avoit accompagné, et qui étoit de ce sang d'Aragon, quoique dévorée par la soif de la vengeance et le désir de reprendre une couronne, fut forcée à la retraite; son énergie et son cœur de soldat ne purent lui servir qu'à ramener l'armée françoise en Gascogne : désespérée, elle céda à Louis, duc d'Anjou, ses droits à la couronne de Majorque.

Ce duc d'Anjou étoit gouverneur de LANGUEDOC et frère du roi de France Charles V; il vouloit ardemment un royaume. Il sollicita l'alliance du roi de Portugal, qui lui promit de le seconder par mer, et de Henri, roi de Castille, qui s'engageoit à lui fournir mille genètes, cavalerie légère, et mille arbalétriers; de plus il reçut de l'assemblée des communes des trois sénéchaussées de la province, réunies au Pont-Saint-Esprit, un subside de deux livres par feu.

Le roi d'Aragon, qui auroit mérité un autre titre que celui de cérémonieux que lui ont donné ses contemporains, comprit que pour cette guerre il pourroit d'abord employer son esprit avant son épée; il manda des ambassadeurs au roi de France Charles le Juste, qui renvoya la connoissance de cette affaire au pape; mais le souverain pontife avoit des affaires plus pressées; il alloit quitter Avignon pour transporter de nouveau le saint-siége à Rome, et il délégua le cardinal de Terrouene pour instruire l'affaire. Don Pèdre d'Aragon avoit réussi : ces lenteurs lui valoient le gain d'une bataille. Cependant Louis, duc d'Anjou, vouloit commencer les hostilités; il équipe quarante galères pour courir les côtes de la Catalogne, et rassemble quatre mille hommes sur les frontières du ROUSSILLON : un héraut d'armes porte son défi au roi d'Aragon.

Grégoire XI intervint enfin; on convint que le duc d'Anjou se rendroit à Narbonne et le roi d'Aragon à Perpignan : ce dernier suivit admirablement son système; il envoya à sa place son fils Juan sans instructions, et il n'en résulta pour le duc Louis et pour le cardinal qu'un voyage à Narbonne et un retour sans résultat, avec une longue attente du premier à Toulouse et du second à Avignon. C'étoit une seconde bataille de gagnée, car le gouverneur du LAN-

guedoc, par l'ordre de son frère le roi, alloit être occupé en Guienne contre les Anglois. Louis obtint bien encore du roi de Castille qu'on entreroit en négociation à Burgos; mais des envoyés y attendirent vainement six mois ceux d'Aragon; comme leur maître ils revinrent à Toulouse. Pressé par le pape et le roi de Castille de donner une réponse, don Pèdre fit dire qu'il seroit possible d'arranger cette affaire par une alliance de sa petite-fille, unique enfant du duc de Girone, avec le fils du duc d'Anjou; c'étoit remettre à vingt ans la réponse que désiroit tout de suite le prince françois, et effectivement vingt-deux ans plus tard cette alliance s'effectua.

Mais le duc d'Anjou vouloit absolument un trône; la reine Jeanne Ire de Naples, la veuve de Jayme, par son testament de 1380, l'institue son héritier universel; la couronne de Naples valoit mieux que celle de Majorque. Il courut donc en Italie; mais Jeanne venoit d'être faite prisonnière par Charles de Duras, compétiteur de Louis d'Anjou au trône de Naples, et cette belle et gracieuse reine n'espéroit plus que la mort; on l'étouffoit comme Desdemona, non par amour, mais pour lui arracher son diadème, et deux ans après, le duc d'Anjou mouroit lui-même, sans couronne.

Don Pèdre d'Aragon vieillissoit. Après avoir épousé quatre femmes, il meurt le 5 janvier 1387; homme lettré, d'un esprit fin et rusé, il fut également violent et rempli de colère et d'orgueil. Zurita dit : « Il débuta dans son règne « par déshériter ses deux frères les infants don Juan et don Fernand, et la « reine Éléonore sa mère; ne fut satisfait que lorsqu'il eut écrasé le roi de « Majorque son beau-frère; fit périr ses propres frères, l'un par le poison, « l'autre par le poignard; à la fin de sa carrière poursuivit le comte d'Urgel « son cousin et le comte d'Ampurias son gendre, et termina enfin sa vie en « cherchant à se défaire de son propre fils, son héritier. »

Pèdre finit dans son testament, contrairement aux usages du royaume, par exclure absolument toute femme de sa succession, en substituant à don Juan l'infant don Martin, son second fils, si le premier mouroit sans héritier mâle,

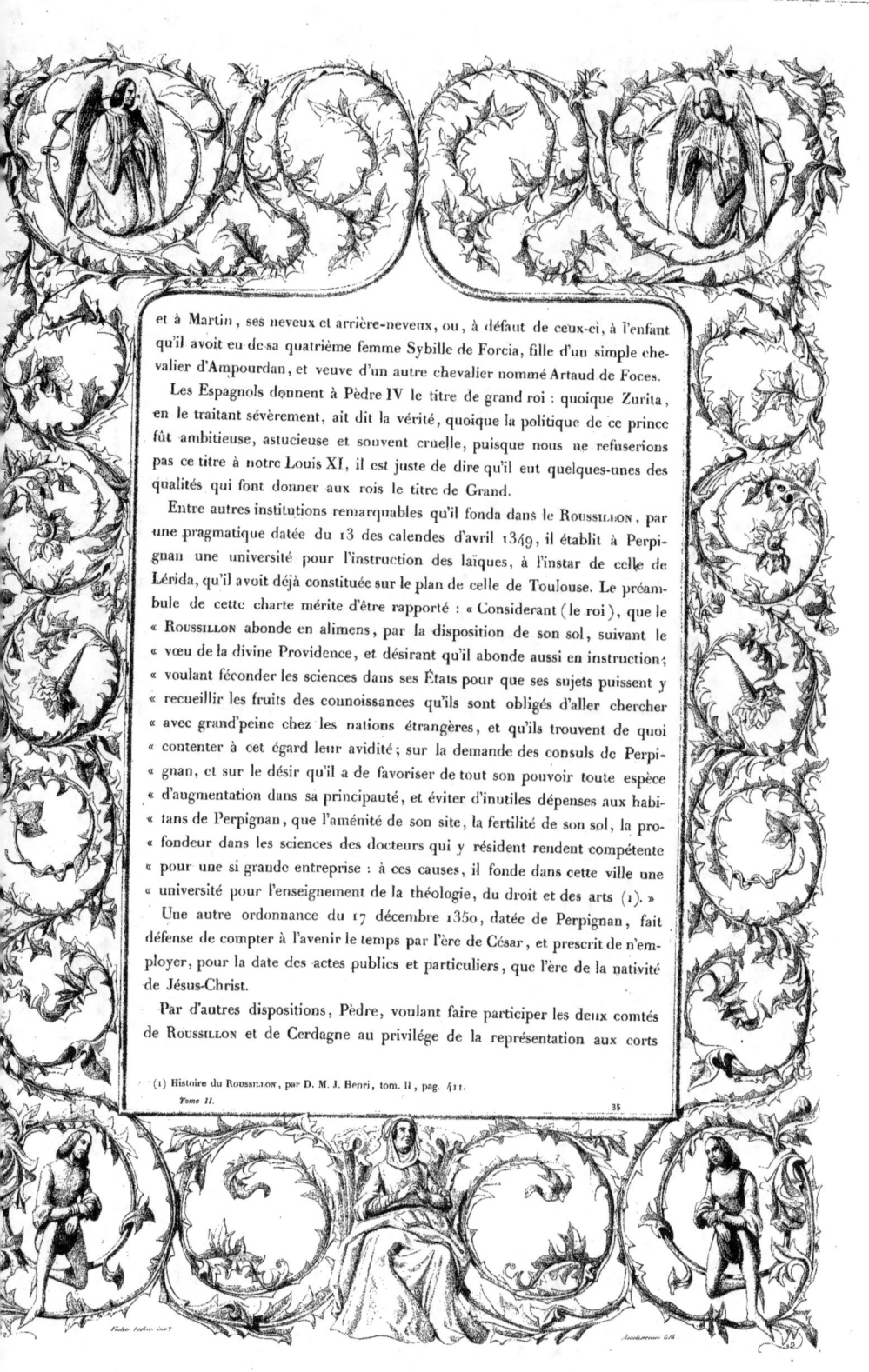

et à Martin, ses neveux et arrière-neveux, ou, à défaut de ceux-ci, à l'enfant qu'il avoit eu de sa quatrième femme Sybille de Forcia, fille d'un simple chevalier d'Ampourdan, et veuve d'un autre chevalier nommé Artaud de Foces.

Les Espagnols donnent à Pèdre IV le titre de grand roi : quoique Zurita, en le traitant sévèrement, ait dit la vérité, quoique la politique de ce prince fût ambitieuse, astucieuse et souvent cruelle, puisque nous ne refuserions pas ce titre à notre Louis XI, il est juste de dire qu'il eut quelques-unes des qualités qui font donner aux rois le titre de Grand.

Entre autres institutions remarquables qu'il fonda dans le Roussillon, par une pragmatique datée du 13 des calendes d'avril 1349, il établit à Perpignan une université pour l'instruction des laïques, à l'instar de celle de Lérida, qu'il avoit déjà constituée sur le plan de celle de Toulouse. Le préambule de cette charte mérite d'être rapporté : « Considérant (le roi), que le « Roussillon abonde en alimens, par la disposition de son sol, suivant le « vœu de la divine Providence, et désirant qu'il abonde aussi en instruction; « voulant féconder les sciences dans ses États pour que ses sujets puissent y « recueillir les fruits des connoissances qu'ils sont obligés d'aller chercher « avec grand'peine chez les nations étrangères, et qu'ils trouvent de quoi « contenter à cet égard leur avidité; sur la demande des consuls de Perpi- « gnan, et sur le désir qu'il a de favoriser de tout son pouvoir toute espèce « d'augmentation dans sa principauté, et éviter d'inutiles dépenses aux habi- « tans de Perpignan, que l'aménité de son site, la fertilité de son sol, la pro- « fondeur dans les sciences des docteurs qui y résident rendent compétente « à ces causes, il fonde dans cette ville une « université pour l'enseignement de la théologie, du droit et des arts (1). »

Une autre ordonnance du 17 décembre 1350, datée de Perpignan, fait défense de compter à l'avenir le temps par l'ère de César, et prescrit de n'employer, pour la date des actes publics et particuliers, que l'ère de la nativité de Jésus-Christ.

Par d'autres dispositions, Pèdre, voulant faire participer les deux comtés de Roussillon et de Cerdagne au privilége de la représentation aux corts

---

(1) Histoire du Roussillon, par D. M. J. Henri, tom. II, pag. 411.

générales de Catalogne, par une pragmatique du 12 des calendes d'août 1344, établit qu'à l'avenir, toutes les fois que ces sortes d'assemblées auroient lieu à Barcelone ou dans toute autre ville de Catalogne, les syndics de la ville de Perpignan y seroient appelés, ainsi que les barons, chevaliers et tous autres des deux comtés ayant droit d'y assister (1).

Don Juan Ier succéda à Pèdre IV son père, en 1387. Il vint à Perpignan en 1390, au moment de la guerre avec Jean III, comte d'Armagnac, à qui la marquise de Montferrat avoit cédé tous ses droits à la couronne de Majorque, et qui faisoit la guerre avec le restant des bandes franches qui avoient si longtemps désolé les provinces de l'ouest et du midi de la France: guerre qui finit par le départ de d'Armagnac avec ses bandes pour l'Italie, où il se rendoit dans l'intention de remettre son beau-frère Charles Visconti, en possession de la ville de Milan.

La monarchie de Majorque finit par la mort de la sœur de Jayme, marquise de Montferrat.

Le règne de Juan fut nul pour le ROUSSILLON : ce prince étoit d'une foiblesse de caractère qui livroit entièrement le royaume à l'ambition de Yolande sa femme. La mort de Juan, arrivée le 19 mai 1395, est un mystère que l'histoire n'a pas encore dévoilé. Au milieu d'une chasse, il s'écarta des seigneurs qui l'accompagnoient pour suivre une bête fauve vers un lieu isolé de la forêt; on le trouva mort. Don Martin, son frère, monta sur le trône; c'est ce prince qui dota Perpignan du premier hôtel de ville qu'on y ait vu, lequel fut remplacé plus tard par celui qui existe aujourd'hui. L'administration du roi don Martin fut une des plus paternelles et des plus éclairées qu'aient données à cette ville les rois d'Aragon.

Une charte du 3 mai 1315, octroyée par Sanche, y avoit institué un conseil de ville de douze membres. Ces consuls portoient une robe et une tunique uniformes, avec une bordure de pelleterie. La robe étoit ouverte. On leur alloua d'abord quinze livres de Barcelone sur le fonds du consulat pour payer cette dépense; mais cette indemnité s'éleva successivement à vingt-cinq livres. Pendant toute la durée de leur charge, les consuls ne pouvoient porter le

(1) Histoire du Roussillon, par D. M. J. Henri, t. II, pag. 415.

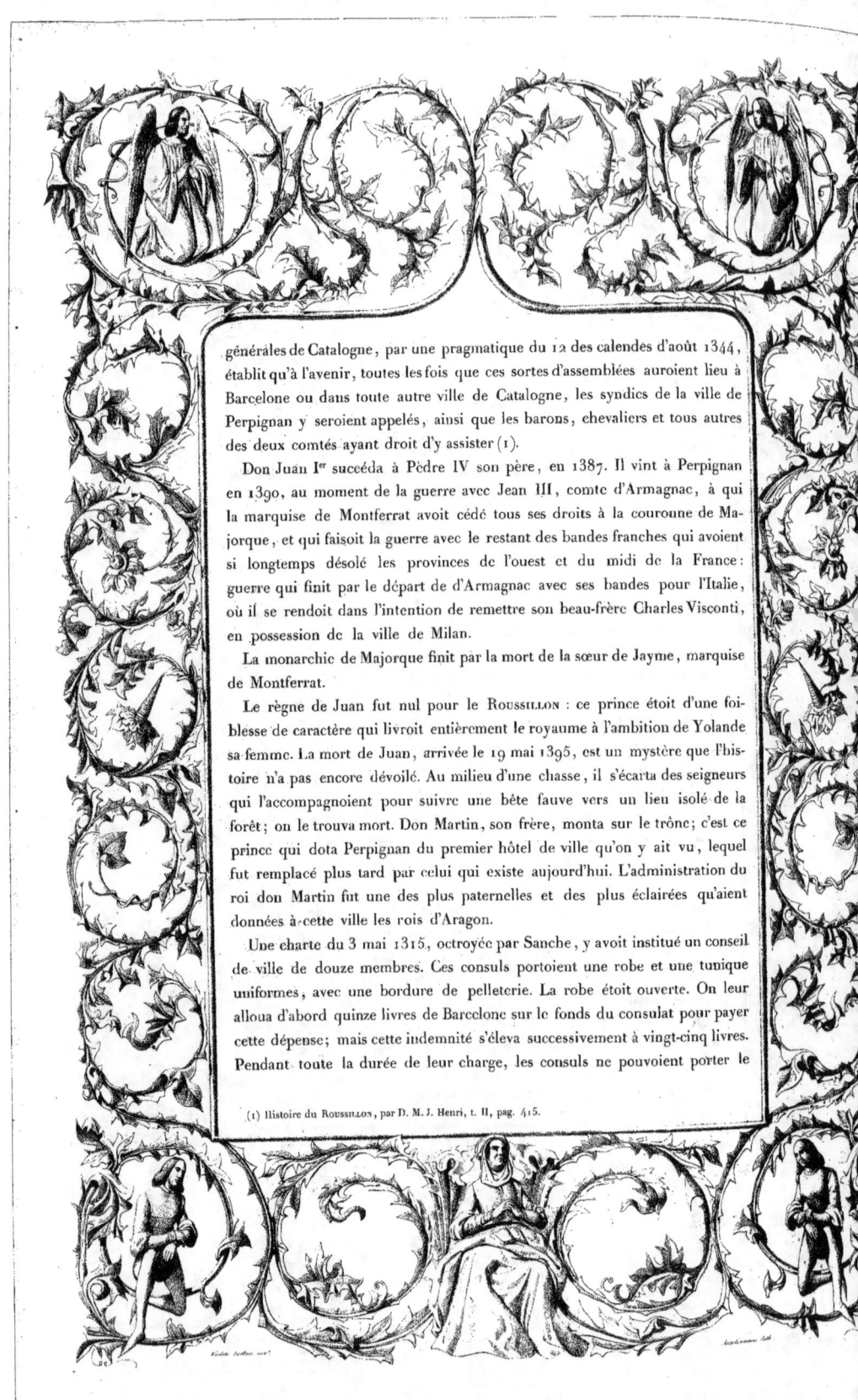

deuil; lorsqu'ils perdoient un parent dans cet intervalle, ils étoient seulement autorisés à se vêtir de noir pendant neuf jours dans l'intérieur de leur maison; il leur étoit interdit de sortir dans ce costume si ce n'est pour assister aux funérailles. Les premiers consuls avoient été précédés d'un appariteur portant une baguette noire avec les armes du roi et de la ville. Plus tard, l'appariteur fut remplacé par des massiers et des porteurs de verges; ils avoient droit de se présenter avec ces insignes dans toute l'étendue de la Catalogne. Le nom des citoyens susceptibles de remplir la charge de consuls étoit placé dans des bourses ou sacs de cuir, ce qui les fit nommer les citoyens *insaculés*. On ne pouvoit être insaculé qu'avec l'approbation du gouverneur de la province, et du conseil appelé *douzaine d'insaculatia*. Ce conseil étoit composé de douze citoyens désignés par la voie du sort : quatre d'entre eux appartenoient à la main majeure, quatre à la main moyenne, quatre à la main mineure. Les habitans de Perpignan étoient divisés en trois classes, ainsi appelées.

Nous ne doutons pas que nous n'ayons apporté de grands perfectionnemens dans les formes du gouvernement représentatif, mais nous voyons, en 1395, dans toutes les provinces du royaume d'Aragon, toutes les institutions d'un sévère gouvernement constitutionnel, et des désignations qui en expliquoient parfaitement les rouages; elles étoient seulement plus poétiques que les nôtres : le chef de l'État étoit la *tête* de la nation, les trois ordres qui assistoient aux cortès en étoient les *bras*, et les diverses classes de la population en étoient les *mains*.

Le 24 juillet 1408, Benoît XIII, qui échappoit par la fuite aux soldats du maréchal Boucicaut, venoit chercher un asile à Perpignan. Quatre mois plus tard, un concile y étoit ouvert par le pape d'Avignon. Ce concile, composé de cent vingt prélats d'Espagne, de France et de Savoie, vouloit envoyer des députés aux membres du concile que le pape de Rome, Grégoire XII, avoit, de son côté, convoqué à Pise, afin que, dans l'intérêt de la paix de l'Église, les deux assemblées se fondissent en une seule. Benoît XIII s'y opposa, et le concile de Perpignan se sépara sans rien résoudre. Le concile de Pise arrêta que les deux papes résigneroient leur dignité, et qu'il en seroit élu un troisième; Benoît XIII ne se rendit pas davantage à cette décision, qui seule auroit pu mettre un terme aux troubles de l'Église. La résistance de l'ambitieux vieillard lui avoit aliéné l'esprit de tous ses partisans. Un seul lui

resta fidèle ; Fernand de Castille, qui, après la mort de Martin, décédé sans héritier légitime, le 31 mai 1410, avoit été élu roi d'Aragon par un conseil de neuf juges, prélats ou seigneurs. Ces juges, que les corts du royaume avoient eux-mêmes désignés, s'étoient assemblés à Caspe, où Benoît XIII se trouvoit alors, et ce pontife avoit appuyé Fernand de Castille auprès de ce tribunal de donneurs de couronne. Fernand, à son tour, soutenoit la puissance déchue du pontife d'Avignon.

Perpignan étoit alors le centre de cette grande intrigue, la scène où devoit se dénouer ce drame : cette ville vit entrer dans ses murs un empereur d'Allemagne, Sigismond, qui venoit y résoudre par les armes de la parole une question de discipline ecclésiastique, de concert avec le roi d'Aragon ; mais Sigismond échoua à son tour devant les résolutions inébranlables de Benoît, qui auroit tout accordé hors la tiare. Cette fois, Fernand se sépara avec éclat de son orgueilleux allié, et Benoît, déclaré schismatique et hérétique par le concile de Constance, mourut à Peniscola, dans l'isolement et l'impénitence, douze ans après cette entrevue.

Le règne d'Alphonse V n'a laissé que des souvenirs de paix, et par conséquent de prospérité et d'industrie dans l'histoire du ROUSSILLON. Cette longue période s'ouvre à la mort de Fernand Ier, à Igulada, en Aragon, à l'âge de trente-sept ans, le 2 avril 1416, et finit avec la vie d'Alphonse V, fils aîné de Fernand, le 28 juin 1458. Alphonse reçut de ses peuples le titre de *Sabio*, c'est-à-dire, de sage et de savant, et fut encore surnommé le Magnanime. Il passa une partie des quinze années de son règne en Italie, pour conquérir cette couronne de Naples, disputée pendant près de cinq siècles, par les maisons de France et d'Aragon. Mais son royaume souffrit peu de son éloignement, qui fut bien gouverné par son lieutenant général, Marie II, sa femme, fille d'Henri, roi de Castille. Elle mourut un peu plus de deux mois après son mari, le 4 septembre.

Pendant ces deux règnes, le ROUSSILLON recueille les forces qu'il doit apporter dans la lutte où il va s'engager contre le roi de France. Les démêlés de Jean II et de Louis XI, qui jouent tous deux au plus habile, vont contraindre la province à courir de nouveaux hasards. Sous le règne d'Alphonse et de Marie, fut fondé à Perpignan le premier hôtel des monnoies.

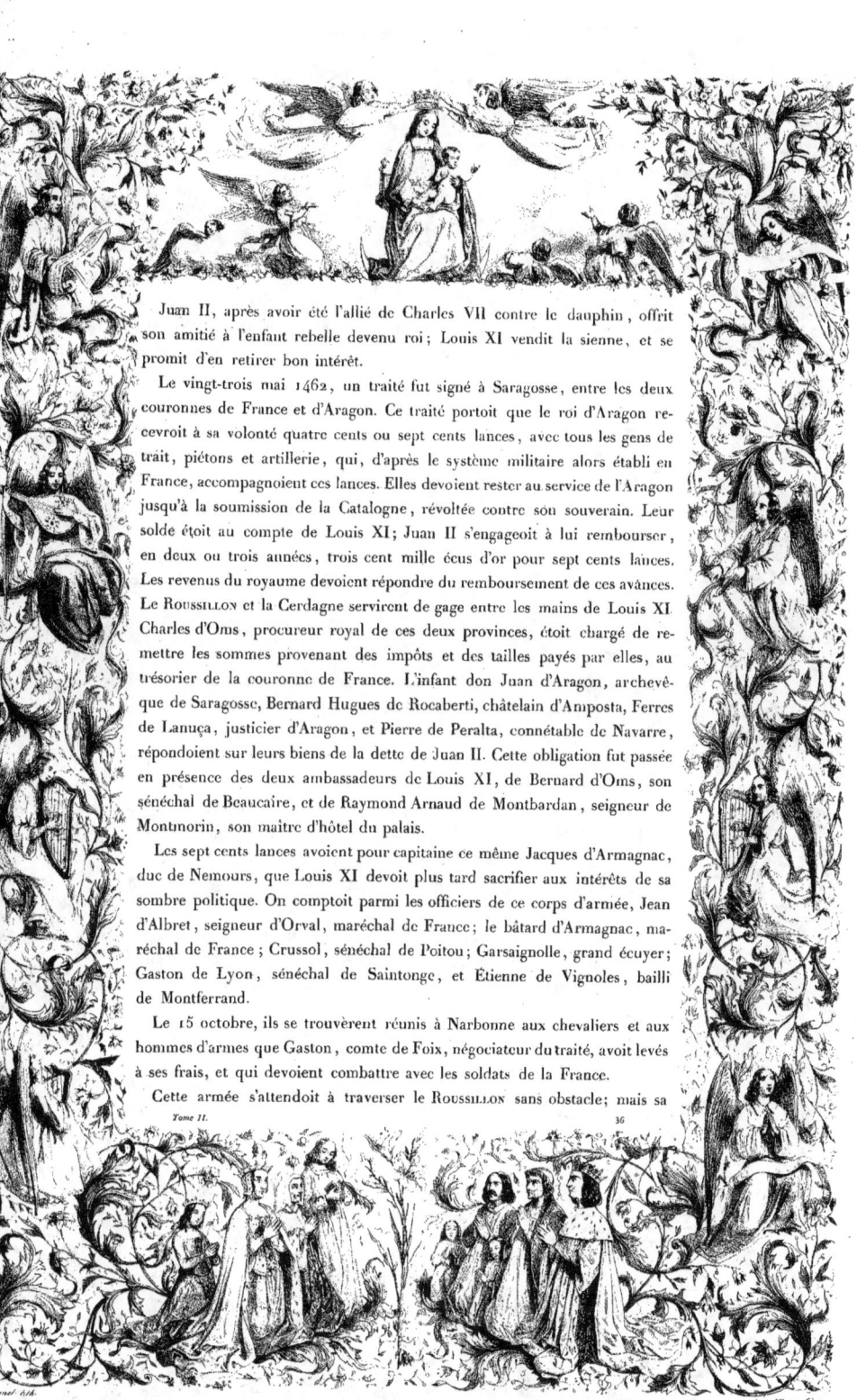

Juan II, après avoir été l'allié de Charles VII contre le dauphin, offrit son amitié à l'enfant rebelle devenu roi; Louis XI vendit la sienne, et se promit d'en retirer bon intérêt.

Le vingt-trois mai 1462, un traité fut signé à Saragosse, entre les deux couronnes de France et d'Aragon. Ce traité portoit que le roi d'Aragon recevroit à sa volonté quatre cents ou sept cents lances, avec tous les gens de trait, piétons et artillerie, qui, d'après le système militaire alors établi en France, accompagnoient ces lances. Elles devoient rester au service de l'Aragon jusqu'à la soumission de la Catalogne, révoltée contre son souverain. Leur solde étoit au compte de Louis XI; Juan II s'engageoit à lui rembourser, en deux ou trois années, trois cent mille écus d'or pour sept cents lances. Les revenus du royaume devoient répondre du remboursement de ces avances. Le Roussillon et la Cerdagne servirent de gage entre les mains de Louis XI. Charles d'Oms, procureur royal de ces deux provinces, étoit chargé de remettre les sommes provenant des impôts et des tailles payés par elles, au trésorier de la couronne de France. L'infant don Juan d'Aragon, archevêque de Saragosse, Bernard Hugues de Rocaberti, châtelain d'Amposta, Ferres de Lanuça, justicier d'Aragon, et Pierre de Peralta, connétable de Navarre, répondoient sur leurs biens de la dette de Juan II. Cette obligation fut passée en présence des deux ambassadeurs de Louis XI, de Bernard d'Oms, son sénéchal de Beaucaire, et de Raymond Arnaud de Montbardan, seigneur de Montmorin, son maître d'hôtel du palais.

Les sept cents lances avoient pour capitaine ce même Jacques d'Armagnac, duc de Nemours, que Louis XI devoit plus tard sacrifier aux intérêts de sa sombre politique. On comptoit parmi les officiers de ce corps d'armée, Jean d'Albret, seigneur d'Orval, maréchal de France; le bâtard d'Armagnac, maréchal de France; Crussol, sénéchal de Poitou; Garsaignolle, grand écuyer; Gaston de Lyon, sénéchal de Saintonge, et Étienne de Vignoles, bailli de Montferrand.

Le 15 octobre, ils se trouvèrent réunis à Narbonne aux chevaliers et aux hommes d'armes que Gaston, comte de Foix, négociateur du traité, avoit levés à ses frais, et qui devoient combattre avec les soldats de la France.

Cette armée s'attendoit à traverser le Roussillon sans obstacle; mais sa

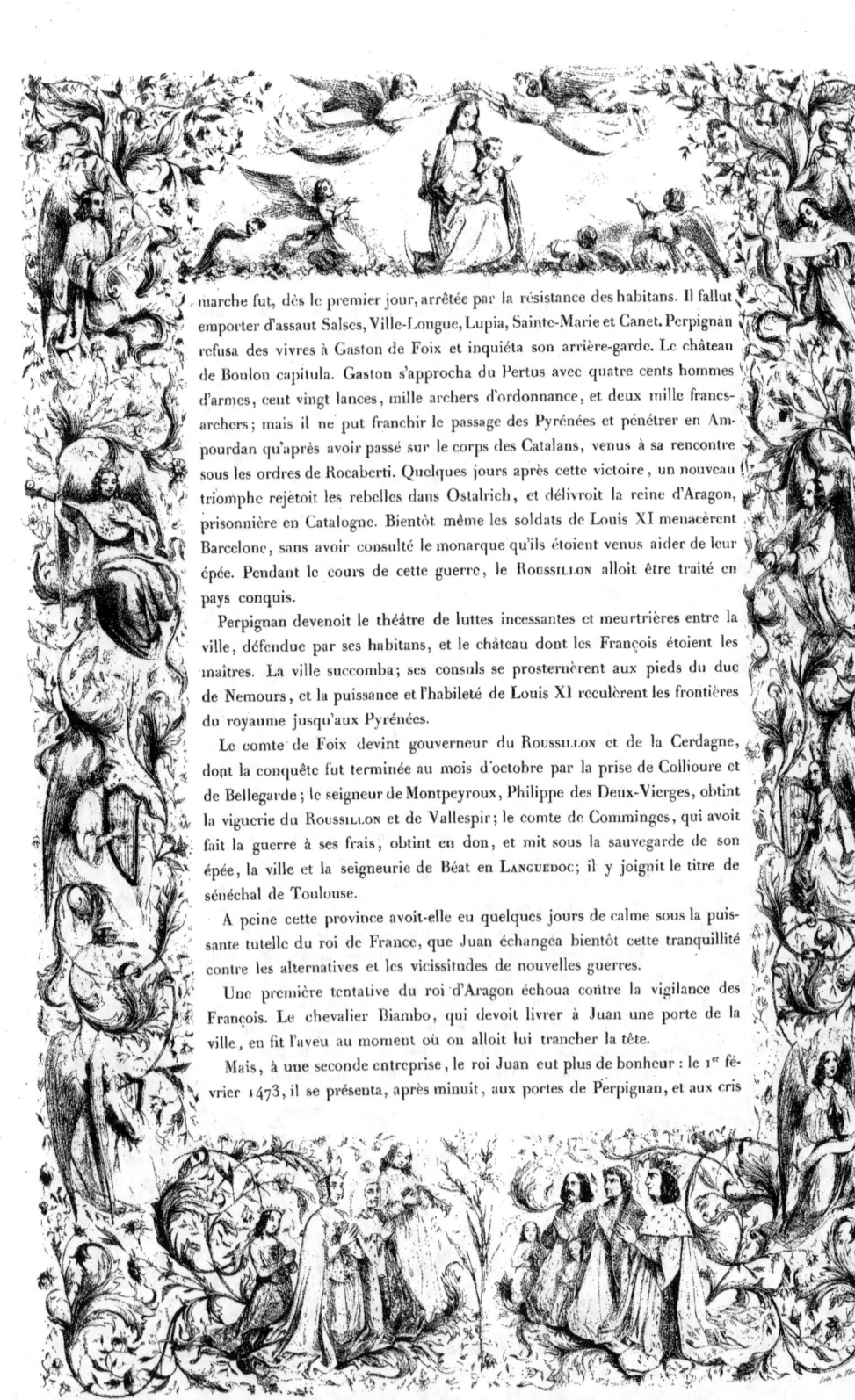

marche fut, dès le premier jour, arrêtée par la résistance des habitans. Il fallut emporter d'assaut Salses, Ville-Longue, Lupia, Sainte-Marie et Canet. Perpignan refusa des vivres à Gaston de Foix et inquiéta son arrière-garde. Le château de Boulon capitula. Gaston s'approcha du Pertus avec quatre cents hommes d'armes, cent vingt lances, mille archers d'ordonnance, et deux mille francs-archers; mais il ne put franchir le passage des Pyrénées et pénétrer en Ampourdan qu'après avoir passé sur le corps des Catalans, venus à sa rencontre sous les ordres de Rocaberti. Quelques jours après cette victoire, un nouveau triomphe rejetoit les rebelles dans Ostalrich, et délivroit la reine d'Aragon, prisonnière en Catalogne. Bientôt même les soldats de Louis XI menacèrent Barcelone, sans avoir consulté le monarque qu'ils étoient venus aider de leur épée. Pendant le cours de cette guerre, le ROUSSILLON alloit être traité en pays conquis.

Perpignan devenoit le théâtre de luttes incessantes et meurtrières entre la ville, défendue par ses habitans, et le château dont les François étoient les maîtres. La ville succomba; ses consuls se prosternèrent aux pieds du duc de Nemours, et la puissance et l'habileté de Louis XI reculèrent les frontières du royaume jusqu'aux Pyrénées.

Le comte de Foix devint gouverneur du ROUSSILLON et de la Cerdagne, dont la conquête fut terminée au mois d'octobre par la prise de Collioure et de Bellegarde; le seigneur de Montpeyroux, Philippe des Deux-Vierges, obtint la viguerie du Roussillon et de Vallespir; le comte de Comminges, qui avoit fait la guerre à ses frais, obtint en don, et mit sous la sauvegarde de son épée, la ville et la seigneurie de Béat en LANGUEDOC; il y joignit le titre de sénéchal de Toulouse.

A peine cette province avoit-elle eu quelques jours de calme sous la puissante tutelle du roi de France, que Juan échangea bientôt cette tranquillité contre les alternatives et les vicissitudes de nouvelles guerres.

Une première tentative du roi d'Aragon échoua contre la vigilance des François. Le chevalier Biambo, qui devoit livrer à Juan une porte de la ville, en fit l'aveu au moment où on alloit lui trancher la tête.

Mais, à une seconde entreprise, le roi Juan eut plus de bonheur : le 1er février 1473, il se présenta, après minuit, aux portes de Perpignan, et aux cris

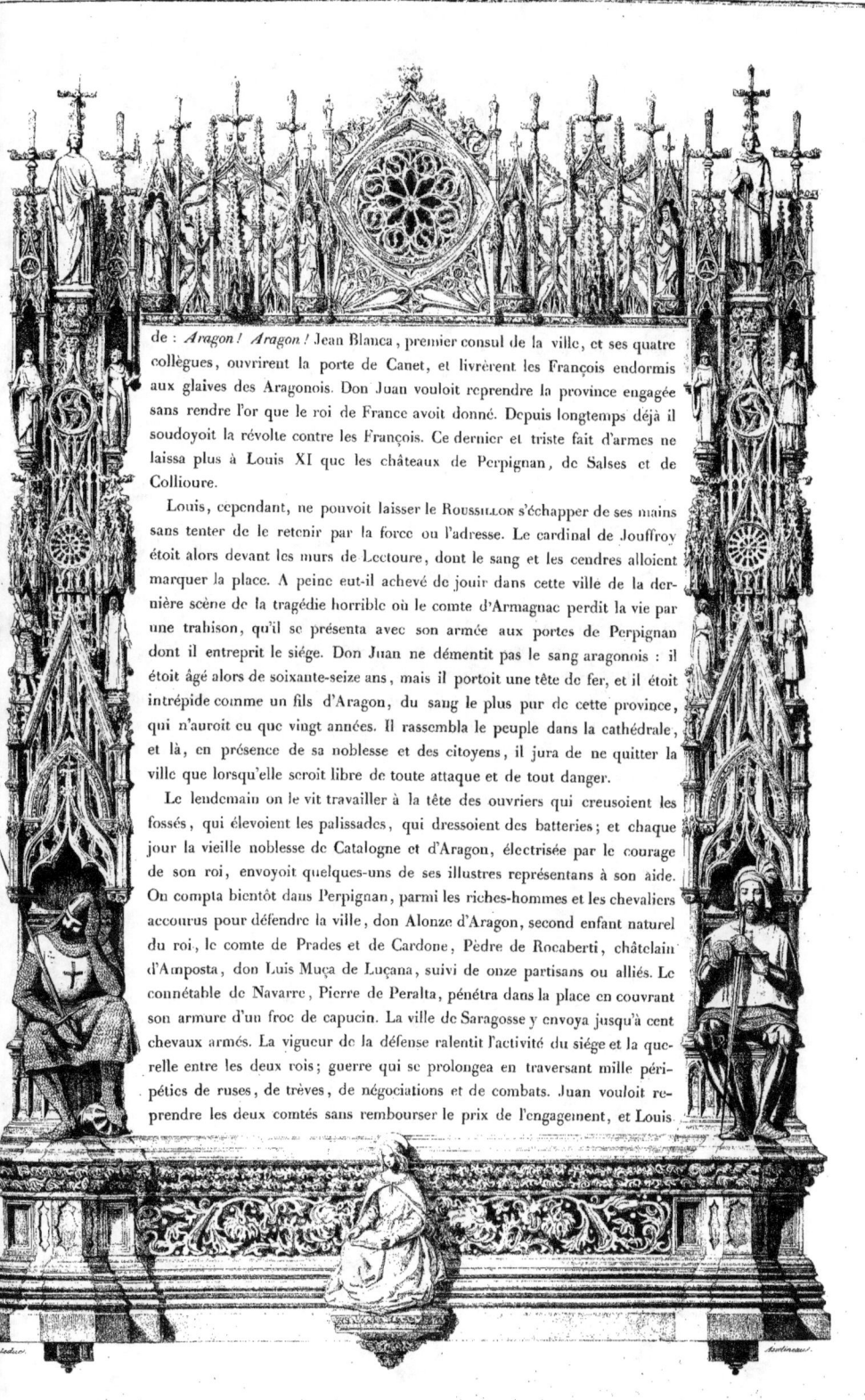

de : *Aragon! Aragon!* Jean Blanca, premier consul de la ville, et ses quatre collègues, ouvrirent la porte de Canet, et livrèrent les François endormis aux glaives des Aragonois. Don Juan vouloit reprendre la province engagée sans rendre l'or que le roi de France avoit donné. Depuis longtemps déjà il soudoyoit la révolte contre les François. Ce dernier et triste fait d'armes ne laissa plus à Louis XI que les châteaux de Perpignan, de Salses et de Collioure.

Louis, cependant, ne pouvoit laisser le Roussillon s'échapper de ses mains sans tenter de le retenir par la force ou l'adresse. Le cardinal de Jouffroy étoit alors devant les murs de Lectoure, dont le sang et les cendres alloient marquer la place. A peine eut-il achevé de jouir dans cette ville de la dernière scène de la tragédie horrible où le comte d'Armagnac perdit la vie par une trahison, qu'il se présenta avec son armée aux portes de Perpignan dont il entreprit le siége. Don Juan ne démentit pas le sang aragonois : il étoit âgé alors de soixante-seize ans, mais il portoit une tête de fer, et il étoit intrépide comme un fils d'Aragon, du sang le plus pur de cette province, qui n'auroit eu que vingt années. Il rassembla le peuple dans la cathédrale, et là, en présence de sa noblesse et des citoyens, il jura de ne quitter la ville que lorsqu'elle seroit libre de toute attaque et de tout danger.

Le lendemain on le vit travailler à la tête des ouvriers qui creusoient les fossés, qui élevoient les palissades, qui dressoient des batteries; et chaque jour la vieille noblesse de Catalogne et d'Aragon, électrisée par le courage de son roi, envoyoit quelques-uns de ses illustres représentans à son aide. On compta bientôt dans Perpignan, parmi les riches-hommes et les chevaliers accourus pour défendre la ville, don Alonze d'Aragon, second enfant naturel du roi, le comte de Prades et de Cardone, Pèdre de Rocaberti, châtelain d'Amposta, don Luis Muça de Luçana, suivi de onze partisans ou alliés. Le connétable de Navarre, Pierre de Peralta, pénétra dans la place en couvrant son armure d'un froc de capucin. La ville de Saragosse y envoya jusqu'à cent chevaux armés. La vigueur de la défense ralentit l'activité du siége et la querelle entre les deux rois; guerre qui se prolongea en traversant mille péripéties de ruses, de trèves, de négociations et de combats. Juan vouloit reprendre les deux comtés sans rembourser le prix de l'engagement, et Louis

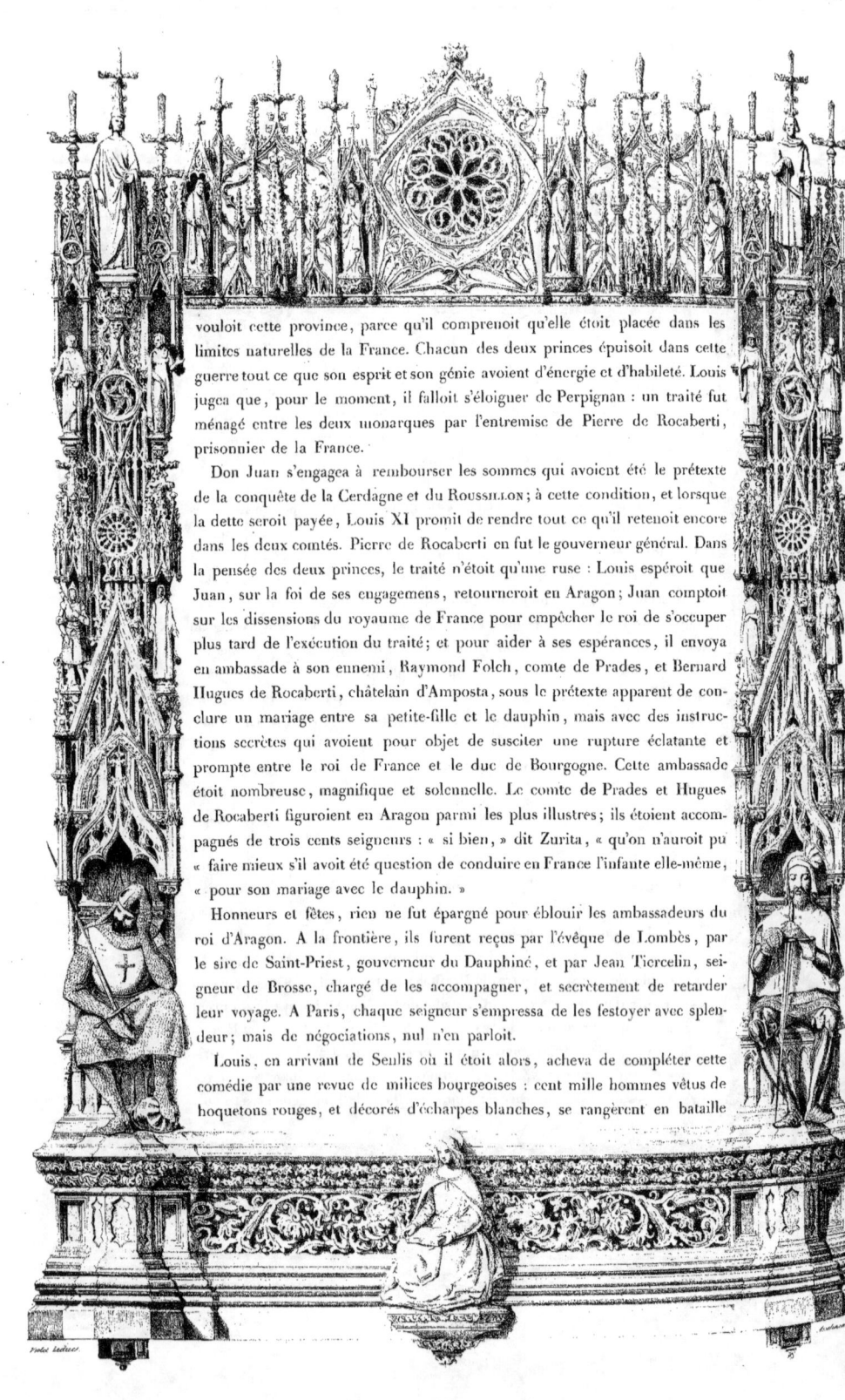

vouloit cette province, parce qu'il comprenoit qu'elle étoit placée dans les limites naturelles de la France. Chacun des deux princes épuisoit dans cette guerre tout ce que son esprit et son génie avoient d'énergie et d'habileté. Louis jugea que, pour le moment, il falloit s'éloigner de Perpignan : un traité fut ménagé entre les deux monarques par l'entremise de Pierre de Rocaberti, prisonnier de la France.

Don Juan s'engagea à rembourser les sommes qui avoient été le prétexte de la conquête de la Cerdagne et du ROUSSILLON; à cette condition, et lorsque la dette seroit payée, Louis XI promit de rendre tout ce qu'il retenoit encore dans les deux comtés. Pierre de Rocaberti en fut le gouverneur général. Dans la pensée des deux princes, le traité n'étoit qu'une ruse : Louis espéroit que Juan, sur la foi de ses engagemens, retourneroit en Aragon; Juan comptoit sur les dissensions du royaume de France pour empêcher le roi de s'occuper plus tard de l'exécution du traité; et pour aider à ses espérances, il envoya en ambassade à son ennemi, Raymond Folch, comte de Prades, et Bernard Hugues de Rocaberti, châtelain d'Amposta, sous le prétexte apparent de conclure un mariage entre sa petite-fille et le dauphin, mais avec des instructions secrètes qui avoient pour objet de susciter une rupture éclatante et prompte entre le roi de France et le duc de Bourgogne. Cette ambassade étoit nombreuse, magnifique et solennelle. Le comte de Prades et Hugues de Rocaberti figuroient en Aragon parmi les plus illustres; ils étoient accompagnés de trois cents seigneurs : « si bien, » dit Zurita, « qu'on n'auroit pu « faire mieux s'il avoit été question de conduire en France l'infante elle-même, « pour son mariage avec le dauphin. »

Honneurs et fêtes, rien ne fut épargné pour éblouir les ambassadeurs du roi d'Aragon. A la frontière, ils furent reçus par l'évêque de Lombès, par le sire de Saint-Priest, gouverneur du Dauphiné, et par Jean Tiercelin, seigneur de Brosse, chargé de les accompagner, et secrètement de retarder leur voyage. A Paris, chaque seigneur s'empressa de les festoyer avec splendeur; mais de négociations, nul n'en parloit.

Louis, en arrivant de Senlis où il étoit alors, acheva de compléter cette comédie par une revue de milices bourgeoises : cent mille hommes vêtus de hoquetons rouges, et décorés d'écharpes blanches, se rangèrent en bataille

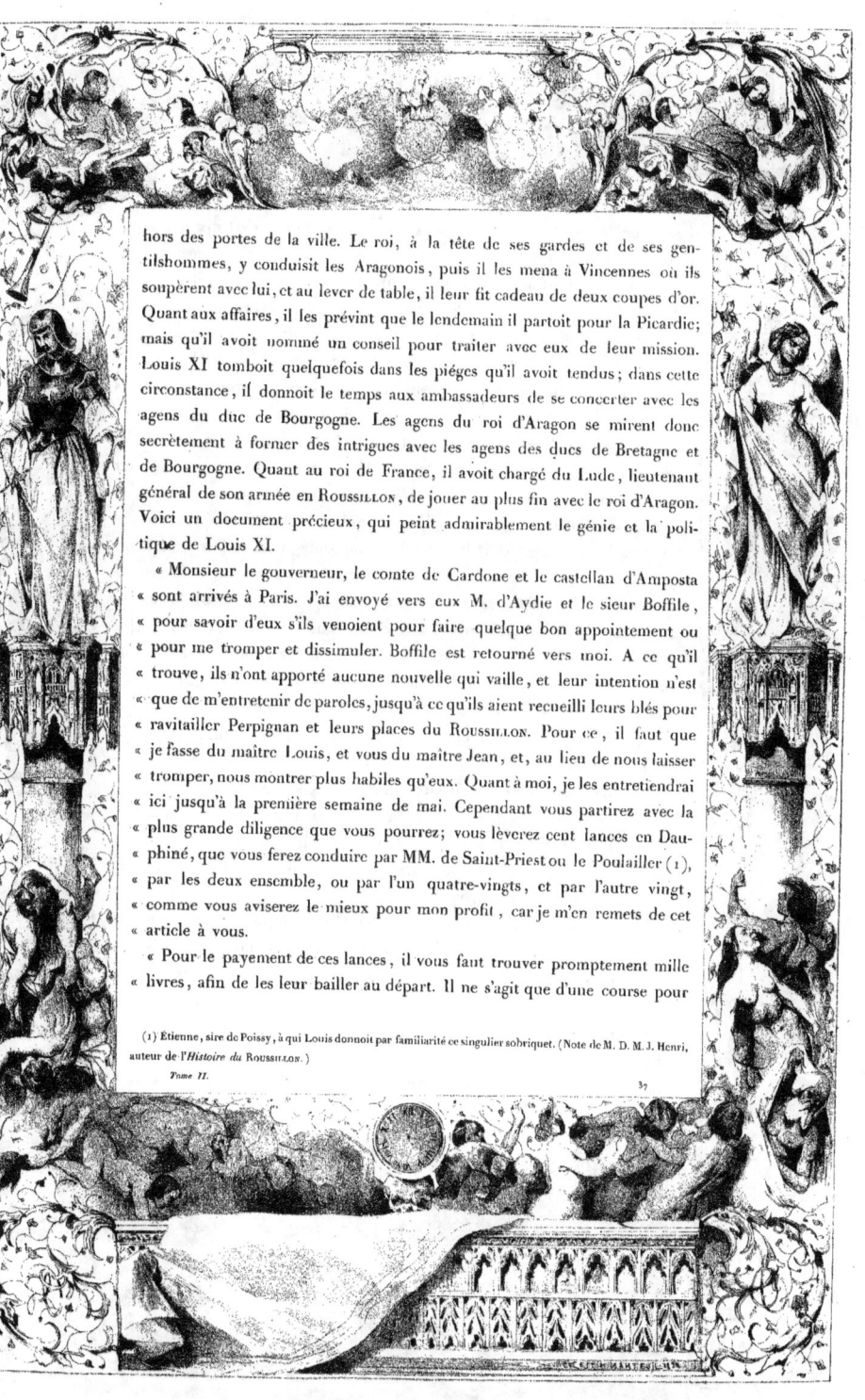

hors des portes de la ville. Le roi, à la tête de ses gardes et de ses gentilshommes, y conduisit les Aragonois, puis il les mena à Vincennes où ils soupèrent avec lui, et au lever de table, il leur fit cadeau de deux coupes d'or. Quant aux affaires, il les prévint que le lendemain il partoit pour la Picardie; mais qu'il avoit nommé un conseil pour traiter avec eux de leur mission. Louis XI tomboit quelquefois dans les pièges qu'il avoit tendus; dans cette circonstance, il donnoit le temps aux ambassadeurs de se concerter avec les agens du duc de Bourgogne. Les agens du roi d'Aragon se mirent donc secrètement à former des intrigues avec les agens des ducs de Bretagne et de Bourgogne. Quant au roi de France, il avoit chargé du Lude, lieutenant général de son armée en Roussillon, de jouer au plus fin avec le roi d'Aragon. Voici un document précieux, qui peint admirablement le génie et la politique de Louis XI.

« Monsieur le gouverneur, le comte de Cardone et le castellan d'Amposta
« sont arrivés à Paris. J'ai envoyé vers eux M. d'Aydie et le sieur Boffile,
« pour savoir d'eux s'ils venoient pour faire quelque bon appointement ou
« pour me tromper et dissimuler. Boffile est retourné vers moi. A ce qu'il
« trouve, ils n'ont apporté aucune nouvelle qui vaille, et leur intention n'est
« que de m'entretenir de paroles, jusqu'à ce qu'ils aient recueilli leurs blés pour
« ravitailler Perpignan et leurs places du Roussillon. Pour ce, il faut que
« je fasse du maître Louis, et vous du maître Jean, et, au lieu de nous laisser
« tromper, nous montrer plus habiles qu'eux. Quant à moi, je les entretiendrai
« ici jusqu'à la première semaine de mai. Cependant vous partirez avec la
« plus grande diligence que vous pourrez; vous lèverez cent lances en Dau-
« phiné, que vous ferez conduire par MM. de Saint-Priest ou le Poulailler (1),
« par les deux ensemble, ou par l'un quatre-vingts, et par l'autre vingt,
« comme vous aviserez le mieux pour mon profit, car je m'en remets de cet
« article à vous.

« Pour le payement de ces lances, il vous faut trouver promptement mille
« livres, afin de les leur bailler au départ. Il ne s'agit que d'une course pour

---

(1) Étienne, sire de Poissy, à qui Louis donnoit par familiarité ce singulier sobriquet. (Note de M. D. M. J. Henri, auteur de l'*Histoire du Roussillon*.)

« aller brûler les blés, faire le dégât, et puis revenir : c'est dix livres par
« mois pour chaque lance. Ils n'auront point d'archers avec eux, marcheront
« vite, ne passeront là-bas que huit à dix jours; ainsi, un mois doit suffire.
« Il convient de savoir comment recouvrer ces mille livres sur des confis-
« cations de blés ou autrement; et si, à toute extrémité, vous ne pouviez les
« trouver, plutôt que de faire manquer l'affaire, prenez-les sur le trésorier
« du Dauphiné, auquel j'écris expressément, et je le rembourserai. Mais faites
« si bien diligence que ces gens d'armes soient partis le vingt-cinq de ce
« mois. Monsieur le gouverneur, le plus grand service que vous me puissiez
« rendre, c'est d'avoir brûlé tous les blés de Perpignan de bonne heure; car
« par là, force sera aux gens de Perpignan de dire le mot.
« J'ai parlé au capitaine Odet d'Aydie, qui est bien content d'y aller, et
« je vous l'envoie avec cent lances pour vous aider à faire le dégât. Il me
« paroît que, quand vous serez tous ensemble, vous serez assez de gens.
« J'envoie Yves d'Illiers à M. de Chaluz, pour lever cent lances en
« LANGUEDOC, et je lui écris aussi de lever les francs-archers les plus proches
« des marches de ce côté-là, jusqu'au nombre de trois mille; de les faire
« marcher vers le ROUSSILLON, et que tout soit prêt pour le vingt-cinq avril.
« J'écris au général des finances et au trésorier du LANGUEDOC de faire payer
« comptant mille livres pour les cent lances et trois mille pour les
« francs-archers.
« J'envoie Destruille à M. d'Albi, qui porte commission à lui, à M. de
« Chaluz et audit sieur Destruille pour faire mener une grande quantité de
« vivres à Narbonne et sur la frontière, afin que les gens d'armes n'en
« manquent pas; mais il faut bien prendre garde que, sous l'ombre de cela,
« il en soit conduit à Perpignan.
« Je vous envoie Raoul de Valperga et Claux, le canonnier, pour vous
« aider à bien ménager le fait de l'artillerie; mettez la main à la besogne,
« et n'épargnez rien. Le sieur Boffile partira dans deux ou trois jours.
« Il me semble qu'avec ces lances, les vôtres, celles du Dauphiné, celles
« du capitaine Odet, et les trois mille archers, vous serez assez de gens
« pour, au plaisir de Dieu, brûler et faire le dégât dans tout le pays,
« prendre les plus méchantes places, les abattre, brûler ou démolir. Le

« Beauvoisin, que je vous envoie, vous dira le surplus. Adieu, monsieur le
« gouverneur, je vous prie de me faire savoir de vos nouvelles. Senlis, le
« 9 avril 1474. »

Pendant ces combats avec des armes cachées, le Roussillon se couvroit
de lances et de fantassins, et une guerre étrange et terrible alloit de nouveau
déchirer cette malheureuse contrée. Louis XI donna des ordres sanglans qui
emportèrent des villages entiers; des deux parts on ne prenoit plus la liberté
aux vaincus, on leur prenoit la vie; et tandis qu'on pilloit en Roussillon
les villes, tandis qu'on y massacroit les populations, le conseil du roi Louis XI
et l'ambassade de Juan II, rivalisoient à Paris de récriminations et d'intrigues.
Mais, dans cette lutte où l'intelligence, l'astuce et la force agissoient, Louis
l'emporta : les envoyés de Juan rentrèrent en Aragon déchus de toutes leurs
espérances. Perpignan alloit capituler.

A quelque temps de là, la ville basse d'Elne fut emportée par l'armée françoise; son commandant, Bernard d'Oms, le promoteur de la révolte du
Roussillon, mouroit décapité dans le château, et sa tête étoit plantée, au
bout d'une pique, devant la porte de la ville.

Ce châtiment étoit un avertissement; la chute d'Elne entraîna la chute de
Perpignan. Cette ville se rendit le dix mars, avec le consentement de son
souverain, qui lui décerna le titre de très-fidèle; elle capitula en traitant de
puissance à puissance, et dicta presque les articles du traité. Ce furent Yvon-
Duffon et du Lude qui le signèrent. Les bons et vaillans bourgeois de Perpignan cherchoient tous les moyens possibles pour en assurer l'exécution;
le dernier article portoit : *Que les lieutenans et capitaines généraux jurassent
dès ce moment, et le roi de France dans le terme de deux mois, par notre Seigneur Dieu, et par la damnation éternelle de leurs âmes, sans pouvoir en obtenir
jamais l'absolution, y renonçant expressément et donnant leurs âmes à tous les
démons, s'ils n'observoient pas les articles de la capitulation.*

Juan, faute d'argent, n'avoit pas pu même courir au secours de la ville
très-fidèle. Ce roi à cheveux blancs étoit dans un tel dénûment qu'en
voyageant de Girone à Castellon, il s'étoit vu contraint de laisser en gage,
entre les mains des muletiers qui avoient transporté son bagage, sa robe
fourrée de martre zibeline.

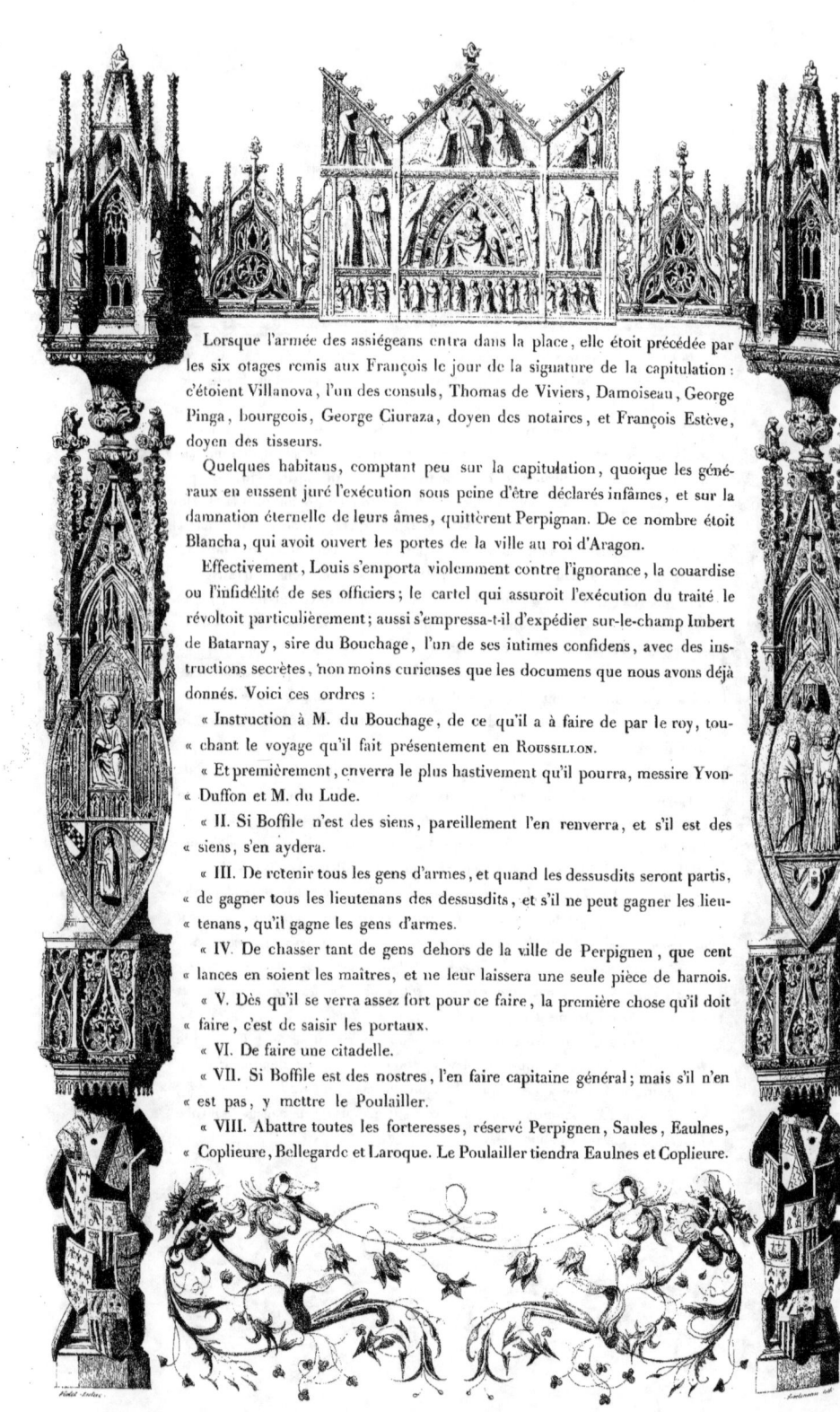

Lorsque l'armée des assiégeans entra dans la place, elle étoit précédée par les six otages remis aux François le jour de la signature de la capitulation : c'étoient Villanova, l'un des consuls, Thomas de Viviers, Damoiseau, George Pinga, bourgeois, George Ciuraza, doyen des notaires, et François Estève, doyen des tisseurs.

Quelques habitans, comptant peu sur la capitulation, quoique les généraux en eussent juré l'exécution sous peine d'être déclarés infâmes, et sur la damnation éternelle de leurs âmes, quittèrent Perpignan. De ce nombre étoit Blancha, qui avoit ouvert les portes de la ville au roi d'Aragon.

Effectivement, Louis s'emporta violemment contre l'ignorance, la couardise ou l'infidélité de ses officiers ; le cartel qui assuroit l'exécution du traité le révoltoit particulièrement ; aussi s'empressa-t-il d'expédier sur-le-champ Imbert de Batarnay, sire du Bouchage, l'un de ses intimes confidens, avec des instructions secrètes, non moins curieuses que les documens que nous avons déjà donnés. Voici ces ordres :

« Instruction à M. du Bouchage, de ce qu'il a à faire de par le roy, tou-
« chant le voyage qu'il fait présentement en ROUSSILLON.

« Et premièrement, enverra le plus hastivement qu'il pourra, messire Yvon-
« Duffon et M. du Lude.

« II. Si Boffile n'est des siens, pareillement l'en renverra, et s'il est des
« siens, s'en aydera.

« III. De retenir tous les gens d'armes, et quand les dessusdits seront partis,
« de gagner tous les lieutenans des dessusdits, et s'il ne peut gagner les lieu-
« tenans, qu'il gagne les gens d'armes.

« IV. De chasser tant de gens dehors de la ville de Perpignen, que cent
« lances en soient les maîtres, et ne leur laissera une seule pièce de harnois.

« V. Dès qu'il se verra assez fort pour ce faire, la première chose qu'il doit
« faire, c'est de saisir les portaux.

« VI. De faire une citadelle.

« VII. Si Boffile est des nostres, l'en faire capitaine général ; mais s'il n'en
« est pas, y mettre le Poulailler.

« VIII. Abattre toutes les forteresses, réservé Perpignen, Saules, Eaulnes,
« Coplieure, Bellegarde et Laroque. Le Poulailler tiendra Eaulnes et Coplieure.

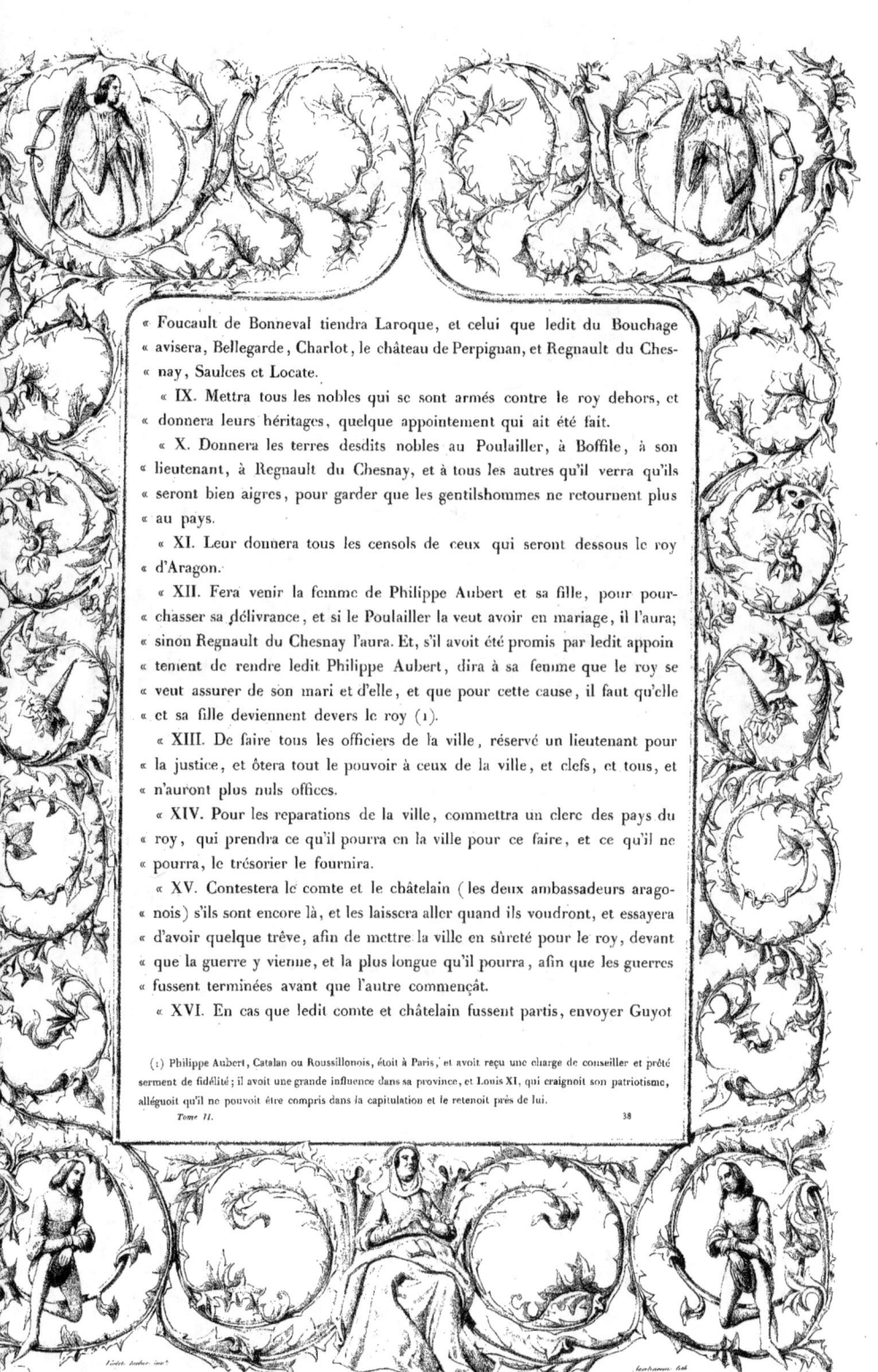

« Foucault de Bonneval tiendra Laroque, et celui que ledit du Bouchage
« avisera, Bellegarde, Charlot, le château de Perpignan, et Regnault du Ches-
« nay, Saulces et Locate.

« IX. Mettra tous les nobles qui se sont armés contre le roy dehors, et
« donnera leurs héritages, quelque appointement qui ait été fait.

« X. Donnera les terres desdits nobles au Poulailler, à Boffile, à son
« lieutenant, à Regnault du Chesnay, et à tous les autres qu'il verra qu'ils
« seront bien aigres, pour garder que les gentilshommes ne retournent plus
« au pays.

« XI. Leur donnera tous les censols de ceux qui seront dessous le roy
« d'Aragon.

« XII. Fera venir la femme de Philippe Aubert et sa fille, pour pour-
« chasser sa délivrance, et si le Poulailler la veut avoir en mariage, il l'aura;
« sinon Regnault du Chesnay l'aura. Et, s'il avoit été promis par ledit appoin
« tement de rendre ledit Philippe Aubert, dira à sa femme que le roy se
« veut assurer de son mari et d'elle, et que pour cette cause, il faut qu'elle
« et sa fille deviennent devers le roy (1).

« XIII. De faire tous les officiers de la ville, réservé un lieutenant pour
« la justice, et ôtera tout le pouvoir à ceux de la ville, et clefs, et tous, et
« n'auront plus nuls offices.

« XIV. Pour les reparations de la ville, commettra un clerc des pays du
« roy, qui prendra ce qu'il pourra en la ville pour ce faire, et ce qu'il ne
« pourra, le trésorier le fournira.

« XV. Contestera le comte et le châtelain (les deux ambassadeurs arago-
« nois) s'ils sont encore là, et les laissera aller quand ils voudront, et essayera
« d'avoir quelque trêve, afin de mettre la ville en sûreté pour le roy, devant
« que la guerre y vienne, et la plus longue qu'il pourra, afin que les guerres
« fussent terminées avant que l'autre commençât.

« XVI. En cas que ledit comte et châtelain fussent partis, envoyer Guyot

(1) Philippe Aubert, Catalan ou Roussillonois, étoit à Paris, et avoit reçu une charge de conseiller et prêté
serment de fidélité; il avoit une grande influence dans sa province, et Louis XI, qui craignoit son patriotisme,
alléguoit qu'il ne pouvoit être compris dans la capitulation et le retenoit près de lui.

« et Chesnay devers eux, pour prendre une trève la plus longue qu'il pourra,
« et sentira d'eux s'ils ont volonté de tenir au roy ce qu'ils ont promis et
« tenu ; bailler toutes les belles paroles qu'on pourra.

« XVII. Dira à M. d'Albi, en l'entretenant, qu'il prenne hardiment toutes
« les bonnes églises qui y vaqueront, et puis, qu'il en avertisse le roy, lequel
« y tiendra la main pour lui, envers et contre tous.

« XVIII. Pourvoira à tous les bénéfices du Roussillon, et peuplera les mo-
« nastères de François.

« XIX. Mettra tous les officiers nouveaux pour gouverner l'évêché, tant
« au temporel qu'au spirituel.

« XX. Baillera le gouvernement de tous les bénéfices, tant au temporel
« qu'au spirituel, et en portera le mandement patent audit d'Albi.

« XXI. Dira à M. d'Albi qu'il prenne l'évêché d'Aulnes en commande, et
« s'il y a quelque mauvais bénéfice par deçà, qu'il le promette, et puis qu'il
« n'en tienne rien, et qu'il en laisse faire le roy, lequel y remédiera bien.

« XXII. Si la trêve n'étoit faite, et qu'il y fallût trois cents lances, il y
« laissera ceux de Boffile, de Gouzolles et de M. du Lude ; et s'il y falloit
« quatre cents lances, il y laissera ceux du gouverneur de Roussillon, et en
« renverra Jean Chênu.

« XXIII. S'il peut, à cette heure, repeupler la ville à neuf, il le fera ; et
« aussi s'il ne peut, il en laissera la charge à M. d'Albi, et en prendra l'obli-
« gation de lui de le faire, et apportera au roy son obligation, signée de
« ses mains.

« XXIV. Faira bailler les dix mille écus au comte et au châtelain, et pren-
« dra, s'il peut, la trêve avec eux.

« Pour Puysardan : I. Huet d'Amboise aura le gouvernement de Puysardan.

« II. Après que ledit Huet aura eu ledit gouvernement, M. d'Albi (1) lui
« fera promettre qu'il mettra hors toute la bande contraire de Mercadier et
« de son neveu, et à toute cette bande.

« III. Dira à mon dit sieur d'Albi qu'il essaye, par toutes les façons qu'il

---

(1) Louis d'Amboise, évêque d'Albi, différent de Jouffroy, cardinal d'Albi.

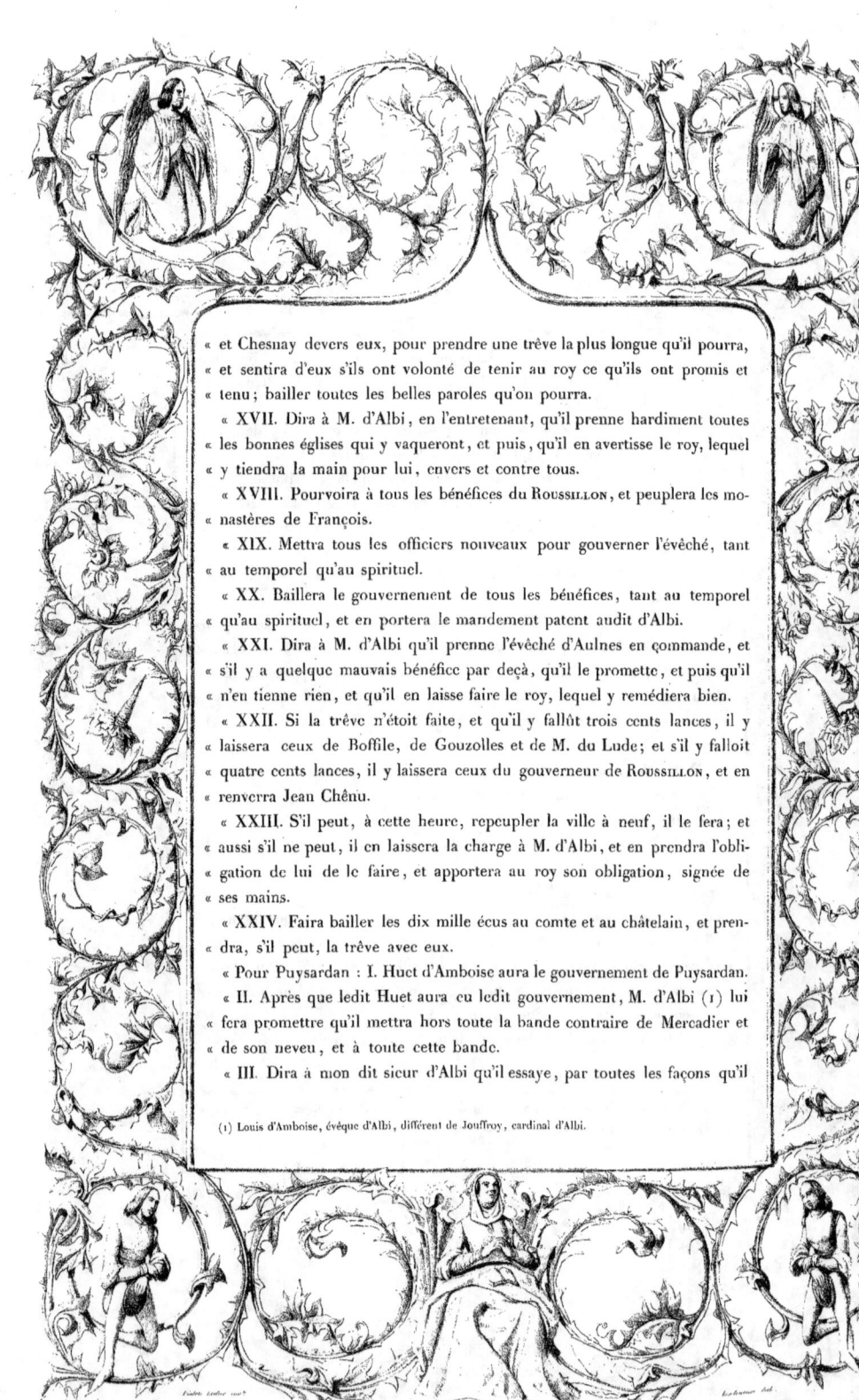

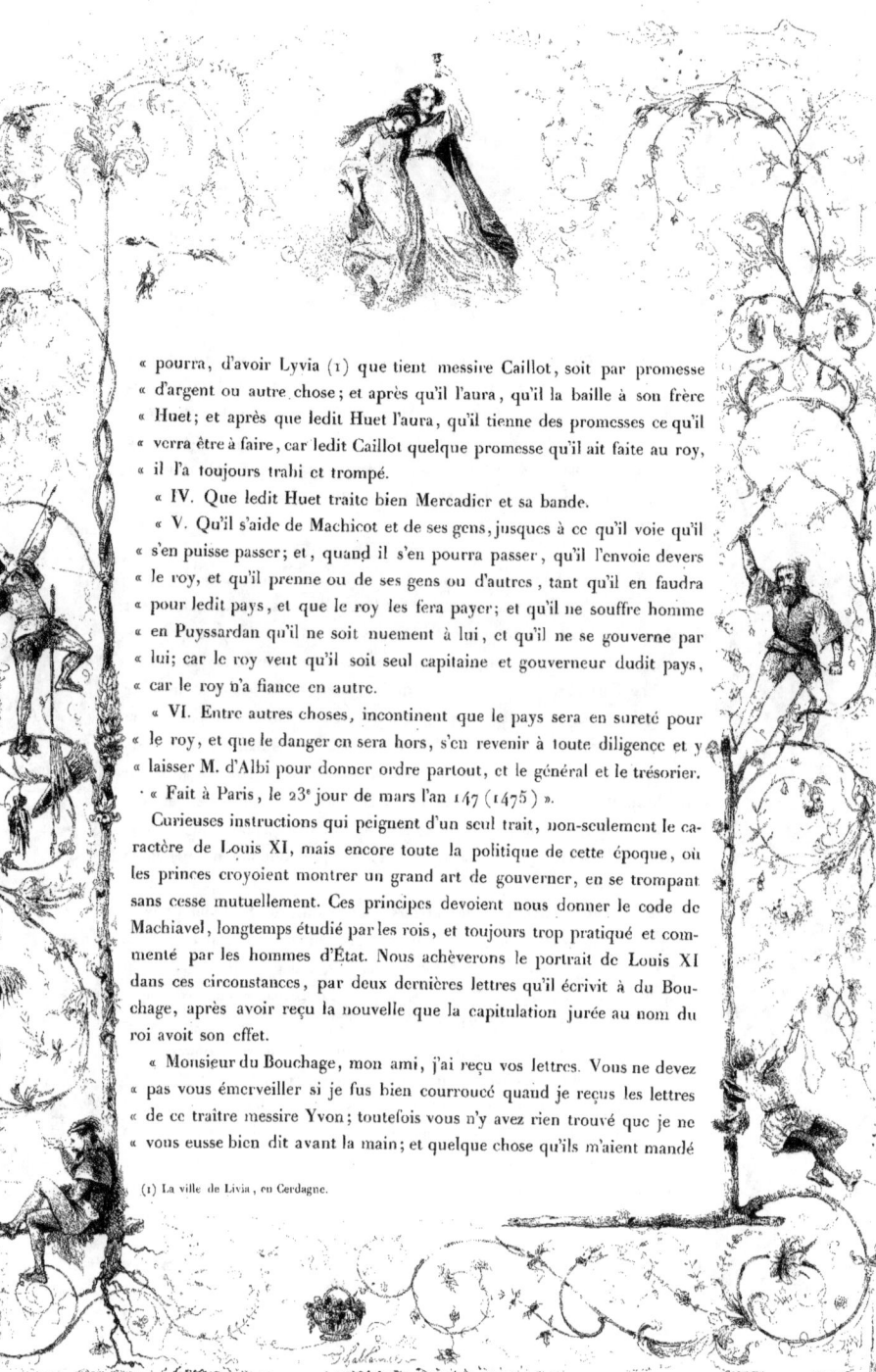

« pourra, d'avoir Lyvia (1) que tient messire Caillot, soit par promesse
« d'argent ou autre chose; et après qu'il l'aura, qu'il la baille à son frère
« Huet; et après que ledit Huet l'aura, qu'il tienne des promesses ce qu'il
« verra être à faire, car ledit Caillot quelque promesse qu'il ait faite au roy,
« il l'a toujours trahi et trompé.

« IV. Que ledit Huet traite bien Mercadier et sa bande.

« V. Qu'il s'aide de Machicot et de ses gens, jusques à ce qu'il voie qu'il
« s'en puisse passer; et, quand il s'en pourra passer, qu'il l'envoie devers
« le roy, et qu'il prenne ou de ses gens ou d'autres, tant qu'il en faudra
« pour ledit pays, et que le roy les fera payer; et qu'il ne souffre homme
« en Puyssardan qu'il ne soit nuement à lui, et qu'il ne se gouverne par
« lui; car le roy veut qu'il soit seul capitaine et gouverneur dudit pays,
« car le roy n'a fiance en autre.

« VI. Entre autres choses, incontinent que le pays sera en sureté pour
« le roy, et que le danger en sera hors, s'en revenir à toute diligence et y
« laisser M. d'Albi pour donner ordre partout, et le général et le trésorier.

« Fait à Paris, le 23e jour de mars l'an 147 (1475) ».

Curieuses instructions qui peignent d'un seul trait, non-seulement le caractère de Louis XI, mais encore toute la politique de cette époque, où les princes croyoient montrer un grand art de gouverner, en se trompant sans cesse mutuellement. Ces principes devoient nous donner le code de Machiavel, longtemps étudié par les rois, et toujours trop pratiqué et commenté par les hommes d'État. Nous achèverons le portrait de Louis XI dans ces circonstances, par deux dernières lettres qu'il écrivit à du Bouchage, après avoir reçu la nouvelle que la capitulation jurée au nom du roi avoit son effet.

« Monsieur du Bouchage, mon ami, j'ai reçu vos lettres. Vous ne devez
« pas vous émerveiller si je fus bien courroucé quand je reçus les lettres
« de ce traître messire Yvon; toutefois vous n'y avez rien trouvé que je ne
« vous eusse bien dit avant la main; et quelque chose qu'ils m'aient mandé

(1) La ville de Livia, en Cerdagne.

« par Reſſou, que les gens d'armes ne bougeroient pas; vous voyez bien
« qu'il ne leur a pas ſuffi de faire la grande trahison de la ville; s'ils
« n'ont accompli toutes les petites branches qui en dépendent, afin que je
« n'y puiſſe remédier. Meſſire Yvon est un des malicieux traîtres de ce
« royaume. Conſidérez que vous allez pour me servir, et qu'il vous faut
« être plus malicieux que lui, ſi vous me voulez bien servir en ceci et
« vaincre par ſur lui.

« Monſieur du Bouchage, mon ami, c'est un des grands services que
« vous me pouvez faire en ce monde; et si vous pouvez mettre tant de gens
« dehors, que Boffile et ſa compagnie, et Gouzolles et ſa compagnie ſoient
« les maîtres, faites-le tôt. Auſſi, s'il ne vous est poſſible, et que tous
« les gens d'armes que vous pourrez recouvrer ne ſoient pas aſſez forts
« pour ce faire, et que vous viſſiez qu'il n'y eût remède, et je ſuis ſûr
« que s'il y en a, vous le trouverez, endormez-les de belles paroles le
« mieux que vous pourrez, et y faites tous les appointements que vous
« pourrez, vaille que vaille, pour les amener d'ici à l'hiver, et ſi j'ai
« quelque trêve et que je puiſſe aller, et Dieu me soutienne, et Ma-
« dame et M. Saint-Martin, j'irai en perſonne mettre le remède. Toutefois,
« ſi vous le pouvez faire dès maintenant, oncques homme ne me fit ſi
« grand service.....

« On m'a dit que d'Ortaffa et Viviers ſont retournés. Par cela pouvez-
« vous mieux encore connoître la trahison, et pour ce, ſi vous m'en pouvez
« venger, vengez-m'en : sinon faites-les déloger, ainsi qu'un notaire qui
« s'appèle Maure. Eſſayez aussi de les faire les plus maigres de vivres que
« vous pourrez, afin qu'il y demeure moins de gens, et eſſayez de raſſem-
« bler les gens d'armes en la plus grande diligence que vous pourrez.

« Monſieur du Bouchage, mon ami, faites écrire en un beau papier
« tous ceux qui ont été et ſeront désormais traîtres dedans la ville, et
« comme ils ſont à mais dedans le papier rouge, et les laiſſer à Boffile, au
« Poulailler, ou à celui que vous laiſſerez gouverneur par delà, afin que ſi
« d'ici à vingt ans il en retourne nuls, qu'ils leur faſſent couper les têtes,
« et ne vous fiez point à François Castillon, ni ne laissez point au pays,

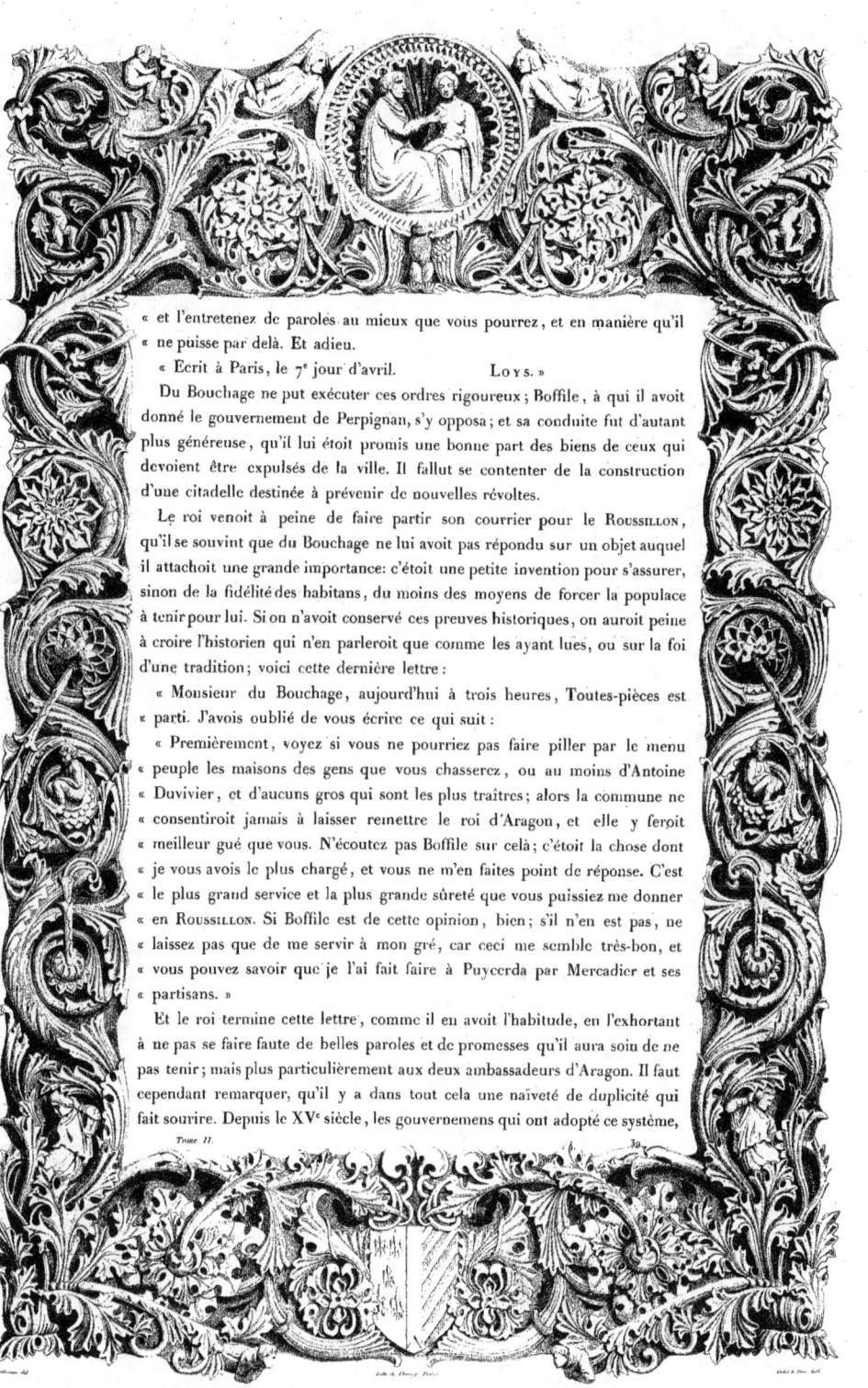

« et l'entretenez de paroles au mieux que vous pourrez, et en manière qu'il
« ne puisse par delà. Et adieu.

« Ecrit à Paris, le 7ᵉ jour d'avril.   Loys. »

Du Bouchage ne put exécuter ces ordres rigoureux; Boffile, à qui il avoit donné le gouvernement de Perpignan, s'y opposa; et sa conduite fut d'autant plus généreuse, qu'il lui étoit promis une bonne part des biens de ceux qui devoient être expulsés de la ville. Il fallut se contenter de la construction d'une citadelle destinée à prévenir de nouvelles révoltes.

Le roi venoit à peine de faire partir son courrier pour le Roussillon, qu'il se souvint que du Bouchage ne lui avoit pas répondu sur un objet auquel il attachoit une grande importance: c'étoit une petite invention pour s'assurer, sinon de la fidélité des habitans, du moins des moyens de forcer la populace à tenir pour lui. Si on n'avoit conservé ces preuves historiques, on auroit peine à croire l'historien qui n'en parleroit que comme les ayant lues, ou sur la foi d'une tradition; voici cette dernière lettre:

« Monsieur du Bouchage, aujourd'hui à trois heures, Toutes-pièces est
« parti. J'avois oublié de vous écrire ce qui suit:

« Premièrement, voyez si vous ne pourriez pas faire piller par le menu
« peuple les maisons des gens que vous chasserez, ou au moins d'Antoine
« Duvivier, et d'aucuns gros qui sont les plus traîtres; alors la commune ne
« consentiroit jamais à laisser remettre le roi d'Aragon, et elle y feroit
« meilleur gué que vous. N'écoutez pas Boffile sur cela; c'étoit la chose dont
« je vous avois le plus chargé, et vous ne m'en faites point de réponse. C'est
« le plus grand service et la plus grande sûreté que vous puissiez me donner
« en Roussillon. Si Boffile est de cette opinion, bien; s'il n'en est pas, ne
« laissez pas que de me servir à mon gré, car ceci me semble très-bon, et
« vous pouvez savoir que je l'ai fait faire à Puycerda par Mercadier et ses
« partisans. »

Et le roi termine cette lettre, comme il en avoit l'habitude, en l'exhortant à ne pas se faire faute de belles paroles et de promesses qu'il aura soin de ne pas tenir; mais plus particulièrement aux deux ambassadeurs d'Aragon. Il faut cependant remarquer, qu'il y a dans tout cela une naïveté de duplicité qui fait sourire. Depuis le XVᵉ siècle, les gouvernemens qui ont adopté ce système,

ont fait faire des progrès à cet art; quand ils ont voulu exécuter d'aussi odieuses trames, ils n'en confioient pas le secret au papier, ou, s'il y avoit nécessité d'en agir ainsi, ces documens étoient envoyés à des serviteurs moins candides ou rarement assez perfides pour les conserver.

Cette conquête de la Cerdagne et du Roussillon, que la justesse de son esprit lui faisoit juger devoir être françois, fut le dernier rêve, la dernière affaire de la vie royale de Louis XI qui mourut bientôt, et comme chacun sait, au Plessis-lez-Tours, le 30 avril 1483. Juan II l'avoit précédé dans la tombe quatre ans plus tôt, le 19 janvier 1479; il fallut vendre les effets d'or et d'argent de sa garde-robe, pour fournir aux frais de ses funérailles.

Louis XI mort, sa politique astucieuse, mais prévoyante, mourut avec son vaste génie; et, sans combats, sans sacrifices, l'Aragon recouvra le Roussillon, qui avoit coûté à la France tant d'or et tant de sang; cette fois, ce fut le fils de Jean II qui fut plus habile que le fils de Louis XI, Charles VIII, bercé par des rêves de lointaines conquêtes, très-chevaleresques, mais qui devoient entraîner la France dans de longues guerres, où elle alloit arroser abondamment l'Italie du sang de ses enfans, des plus courtois et des plus braves. Charles, traitant avec un prince qui avoit hérité de toute la politique hypocrite et cauteleuse de cette époque, devoit être trompé. Malgré l'opposition de son conseil et de son parlement, malgré la résistance des grands de son royaume, qui s'opposèrent autant qu'ils le purent à la consommation de cet acte insensé, qui enlevoit à la France les deux comtés de Roussillon et de Cerdagne, sans tenir compte de l'argent prêté, de tant de combats, de tant de François qui reposoient sous ce sol; de ce traité qui échangeoit un vaste territoire contre d'insignifiantes promesses, motif de justes moqueries pour les annalistes d'Aragon, vaines paroles basées sur la bonne foi d'un prince connu pour n'en point avoir, le traité fut enfin signé par le roi de France, le 18 janvier 1497, et le lendemain par le roi d'Espagne.

Quoique les lettres du roi au comte de Montpensier, qui se trouvoit alors en Roussillon, enjoignissent de rendre les deux comtés, puisque le terme assigné pour l'évacuation étoit expiré depuis longtemps, de Venez, le gouverneur, ainsi que les capitaines, ne se pressoient pas de remettre les places aux Espagnols. Après une lutte de sept mois, entre Charles et ses hauts conseillers

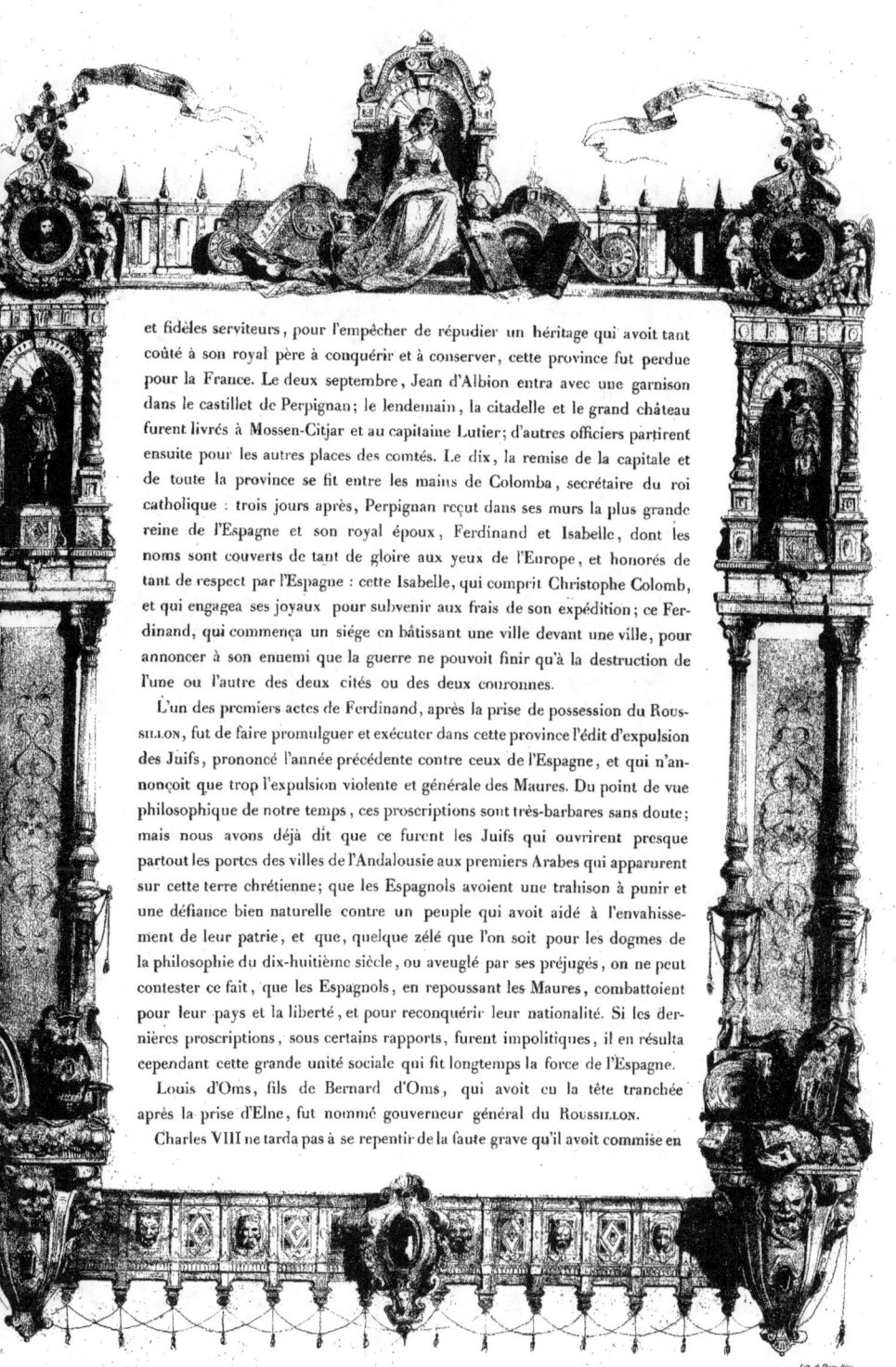

et fidèles serviteurs, pour l'empêcher de répudier un héritage qui avoit tant coûté à son royal père à conquérir et à conserver, cette province fut perdue pour la France. Le deux septembre, Jean d'Albion entra avec une garnison dans le castillet de Perpignan; le lendemain, la citadelle et le grand château furent livrés à Mossen-Citjar et au capitaine Lutier; d'autres officiers partirent ensuite pour les autres places des comtés. Le dix, la remise de la capitale et de toute la province se fit entre les mains de Colomba, secrétaire du roi catholique : trois jours après, Perpignan reçut dans ses murs la plus grande reine de l'Espagne et son royal époux, Ferdinand et Isabelle, dont les noms sont couverts de tant de gloire aux yeux de l'Europe, et honorés de tant de respect par l'Espagne : cette Isabelle, qui comprit Christophe Colomb, et qui engagea ses joyaux pour subvenir aux frais de son expédition; ce Ferdinand, qui commença un siége en bâtissant une ville devant une ville, pour annoncer à son ennemi que la guerre ne pouvoit finir qu'à la destruction de l'une ou l'autre des deux cités ou des deux couronnes.

L'un des premiers actes de Ferdinand, après la prise de possession du Roussillon, fut de faire promulguer et exécuter dans cette province l'édit d'expulsion des Juifs, prononcé l'année précédente contre ceux de l'Espagne, et qui n'annonçoit que trop l'expulsion violente et générale des Maures. Du point de vue philosophique de notre temps, ces proscriptions sont très-barbares sans doute; mais nous avons déjà dit que ce furent les Juifs qui ouvrirent presque partout les portes des villes de l'Andalousie aux premiers Arabes qui apparurent sur cette terre chrétienne; que les Espagnols avoient une trahison à punir et une défiance bien naturelle contre un peuple qui avoit aidé à l'envahissement de leur patrie, et que, quelque zélé que l'on soit pour les dogmes de la philosophie du dix-huitième siècle, ou aveuglé par ses préjugés, on ne peut contester ce fait, que les Espagnols, en repoussant les Maures, combattoient pour leur pays et la liberté, et pour reconquérir leur nationalité. Si les dernières proscriptions, sous certains rapports, furent impolitiques, il en résulta cependant cette grande unité sociale qui fit longtemps la force de l'Espagne.

Louis d'Oms, fils de Bernard d'Oms, qui avoit eu la tête tranchée après la prise d'Elne, fut nommé gouverneur général du Roussillon.

Charles VIII ne tarda pas à se repentir de la faute grave qu'il avoit commise en

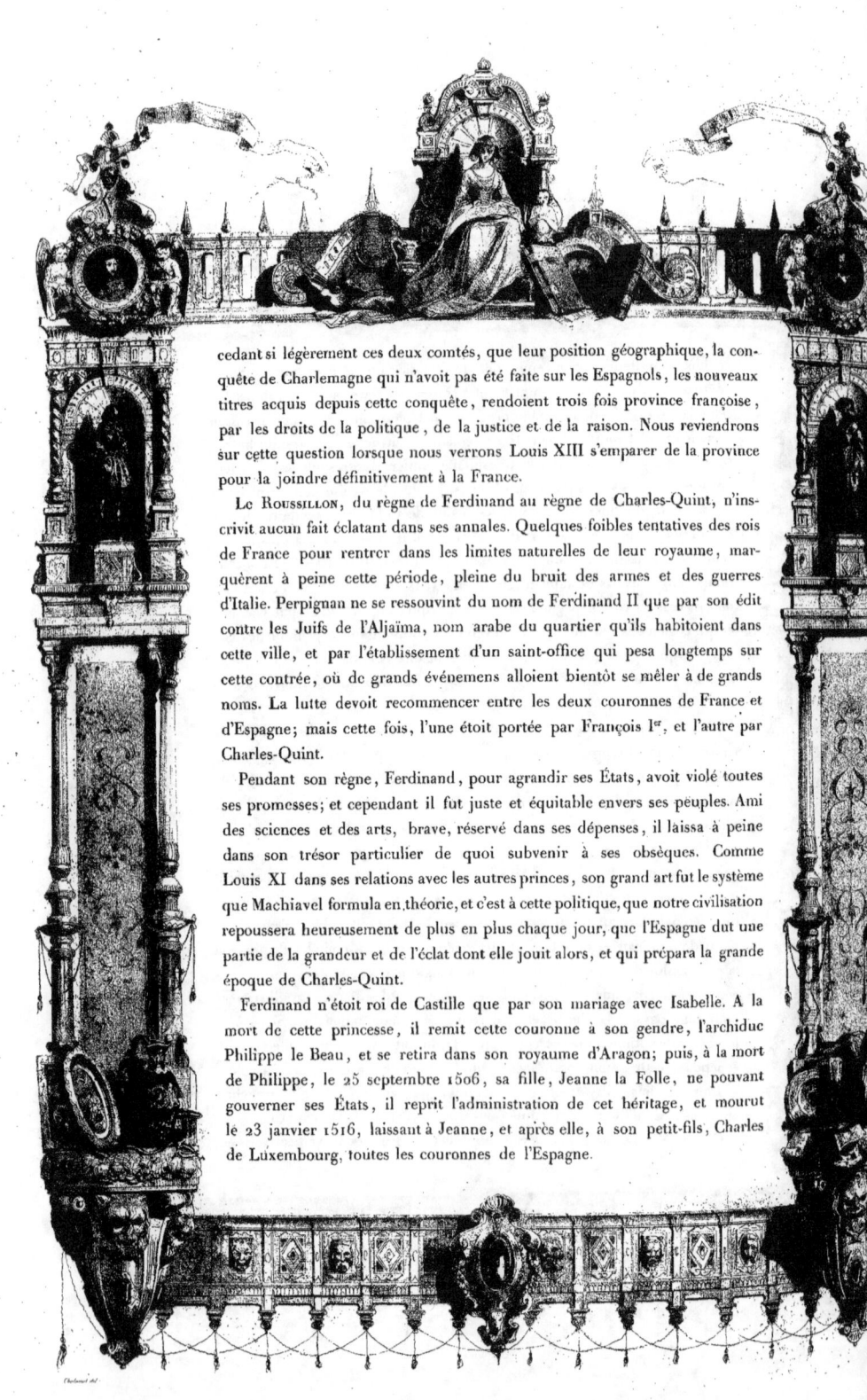

cedant si légèrement ces deux comtés, que leur position géographique, la conquête de Charlemagne qui n'avoit pas été faite sur les Espagnols, les nouveaux titres acquis depuis cette conquête, rendoient trois fois province françoise, par les droits de la politique, de la justice et de la raison. Nous reviendrons sur cette question lorsque nous verrons Louis XIII s'emparer de la province pour la joindre définitivement à la France.

Le Roussillon, du règne de Ferdinand au règne de Charles-Quint, n'inscrivit aucun fait éclatant dans ses annales. Quelques foibles tentatives des rois de France pour rentrer dans les limites naturelles de leur royaume, marquèrent à peine cette période, pleine du bruit des armes et des guerres d'Italie. Perpignan ne se ressouvint du nom de Ferdinand II que par son édit contre les Juifs de l'Aljaïma, nom arabe du quartier qu'ils habitoient dans cette ville, et par l'établissement d'un saint-office qui pesa longtemps sur cette contrée, où de grands événemens alloient bientôt se mêler à de grands noms. La lutte devoit recommencer entre les deux couronnes de France et d'Espagne; mais cette fois, l'une étoit portée par François 1er, et l'autre par Charles-Quint.

Pendant son règne, Ferdinand, pour agrandir ses États, avoit violé toutes ses promesses; et cependant il fut juste et équitable envers ses peuples. Ami des sciences et des arts, brave, réservé dans ses dépenses, il laissa à peine dans son trésor particulier de quoi subvenir à ses obsèques. Comme Louis XI dans ses relations avec les autres princes, son grand art fut le système que Machiavel formula en théorie, et c'est à cette politique, que notre civilisation repoussera heureusement de plus en plus chaque jour, que l'Espagne dut une partie de la grandeur et de l'éclat dont elle jouit alors, et qui prépara la grande époque de Charles-Quint.

Ferdinand n'étoit roi de Castille que par son mariage avec Isabelle. A la mort de cette princesse, il remit cette couronne à son gendre, l'archiduc Philippe le Beau, et se retira dans son royaume d'Aragon; puis, à la mort de Philippe, le 25 septembre 1506, sa fille, Jeanne la Folle, ne pouvant gouverner ses États, il reprit l'administration de cet héritage, et mourut le 23 janvier 1516, laissant à Jeanne, et après elle, à son petit-fils, Charles de Luxembourg, toutes les couronnes de l'Espagne.

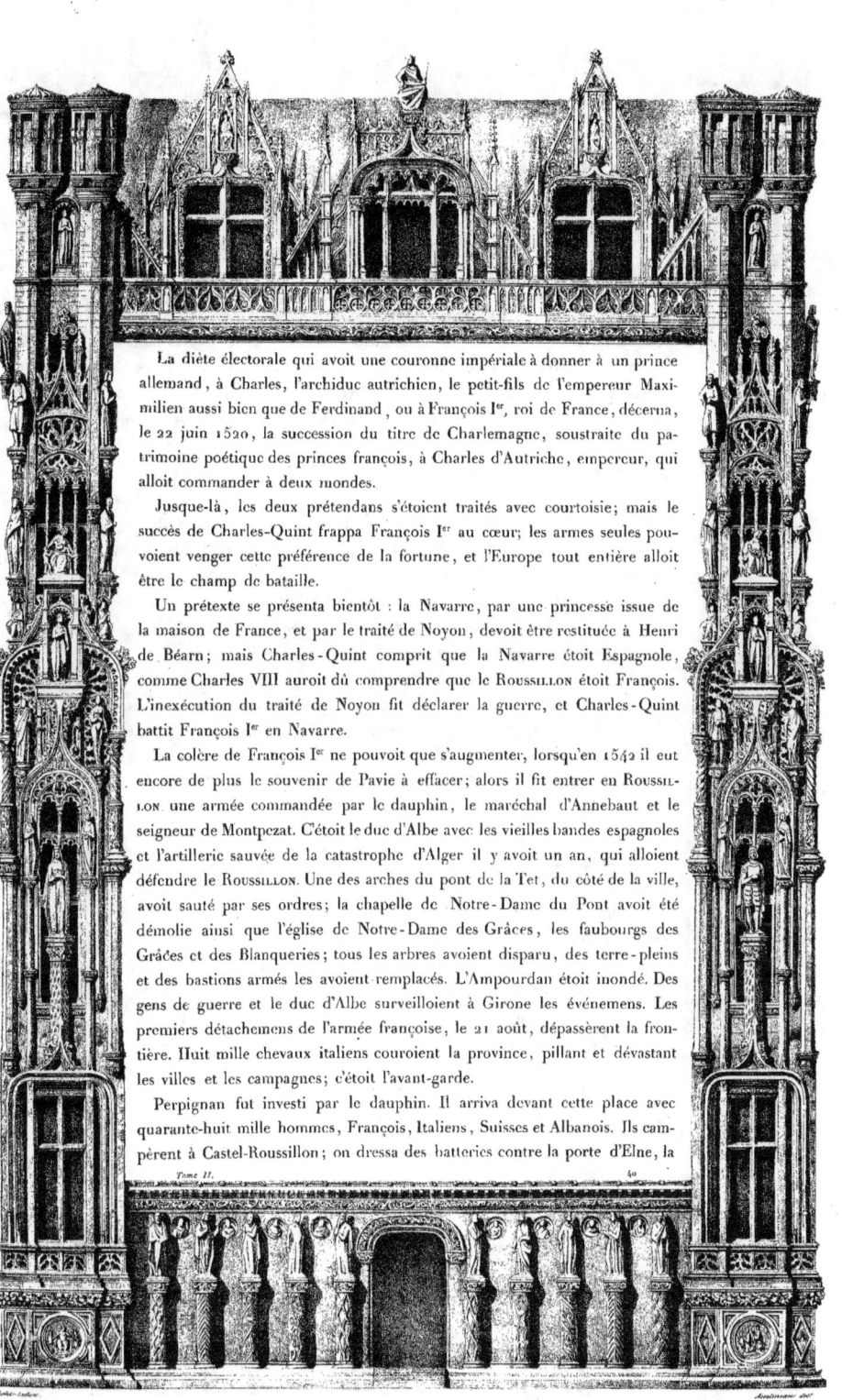

La diète électorale qui avoit une couronne impériale à donner à un prince allemand, à Charles, l'archiduc autrichien, le petit-fils de l'empereur Maximilien aussi bien que de Ferdinand, ou à François Ier, roi de France, décerna, le 22 juin 1520, la succession du titre de Charlemagne, soustraite du patrimoine poétique des princes françois, à Charles d'Autriche, empereur, qui alloit commander à deux mondes.

Jusque-là, les deux prétendans s'étoient traités avec courtoisie; mais le succès de Charles-Quint frappa François Ier au cœur; les armes seules pouvoient venger cette préférence de la fortune, et l'Europe tout entière alloit être le champ de bataille.

Un prétexte se présenta bientôt : la Navarre, par une princesse issue de la maison de France, et par le traité de Noyon, devoit être restituée à Henri de Béarn; mais Charles-Quint comprit que la Navarre étoit Espagnole, comme Charles VIII auroit dû comprendre que le ROUSSILLON étoit François. L'inexécution du traité de Noyon fit déclarer la guerre, et Charles-Quint battit François Ier en Navarre.

La colère de François Ier ne pouvoit que s'augmenter, lorsqu'en 1542 il eut encore de plus le souvenir de Pavie à effacer; alors il fit entrer en ROUSSILLON une armée commandée par le dauphin, le maréchal d'Annebaut et le seigneur de Montpezat. C'étoit le duc d'Albe avec les vieilles bandes espagnoles et l'artillerie sauvée de la catastrophe d'Alger il y avoit un an, qui alloient défendre le ROUSSILLON. Une des arches du pont de la Tet, du côté de la ville, avoit sauté par ses ordres; la chapelle de Notre-Dame du Pont avoit été démolie ainsi que l'église de Notre-Dame des Grâces, les faubourgs des Grâces et des Blanqueries; tous les arbres avoient disparu, des terre-pleins et des bastions armés les avoient remplacés. L'Ampourdan étoit inondé. Des gens de guerre et le duc d'Albe surveilloient à Girone les événemens. Les premiers détachemens de l'armée françoise, le 21 août, dépassèrent la frontière. Huit mille chevaux italiens couroient la province, pillant et dévastant les villes et les campagnes; c'étoit l'avant-garde.

Perpignan fut investi par le dauphin. Il arriva devant cette place avec quarante-huit mille hommes, François, Italiens, Suisses et Albanois. Ils campèrent à Castel-Roussillon; on dressa des batteries contre la porte d'Elne, la

redoute de Saint-Lazare et le fort des Allemands. Pendant le siége, les Gascons couroient le pays, où ils ne trouvèrent plus rien, parce que les Italiens n'avoient plus rien laissé. Mais la ville étoit défendue par une garnison trop brave et une artillerie trop nombreuse pour succomber dans ce siége; tout le courage du dauphin échoua devant cette ville qui, a dit Dubellay, en parlant de la quantité de canons qui la défendoient, « ressembloit à un porc-« épic courroucé, montrant de tous côtés ses pointes. » Sur l'ordre de François Ier, le siége fut levé la veille même du jour où des torrens de pluie vinrent inonder les alentours de la place. Le roi de France ne retira de cette campagne ni gloire ni bénéfice; il y conserva seulement son renom de loyauté. Les Italiens avoient enlevé trois cents Roussillonnoises et se refusoient à les rendre sans rançon : François Ier les racheta de ses deniers.

Une peste qui avoit régné en 1530 dans la ville de Perpignan, une rixe entre les habitans et les soldats qui l'ensanglantèrent en juin 1539, complètent les vicissitudes de cette cité, jusqu'au jour où elle se séparera enfin pour toujours de la monarchie espagnole, jusqu'au jour où le génie de Richelieu dotera le royaume de France de la Cerdagne et du Roussillon.

Vers le milieu du XVIe siècle, un édit de Michel Puig, évêque d'Elne, défendit à tous les prêtres du diocèse de porter des armes offensives; et un édit de Charles-Quint défendoit, sous peine des galères perpétuelles, d'extraire du Roussillon et de la Cerdagne aucun esclave maure pour le conduire en France.

Les luttes de la réforme n'eurent qu'un retentissement très-foible dans cette contrée, où deux fois les réformés se présentèrent en vain.

La cour de France cependant regardoit toujours avec envie ce joyau de l'Espagne détaché de sa couronne. Henri IV à son tour tenta de le reprendre. Le 18 août 1597, à onze heures du soir, le canon d'alarme de la citadelle de Perpignan appeloit la ville aux armes; les tambours et les trompettes parcouroient les rues; les fenêtres des maisons s'illuminoient, et, des profondeurs des fossés, des gerbes de paille enflammées éclairoient l'approche des François. Le maréchal d'Ornano, à la tête de cinq régimens de milice languedocienne, s'approchoit; il comptoit surprendre cette place; il la trouva en armes.

Selon une des relations catalanes de cette attaque, quarante prêtres de la communauté de Saint-Jean, commandés par un chanoine de cette église, gardèrent, pendant trois jours et trois nuits, un poste dangereux. Les mœurs espagnoles ont toujours considéré comme un devoir aux hommes d'église de prendre les armes comme les autres citoyens pour la défense de la patrie; la dernière guerre de l'indépendance dans la Péninsule a prouvé ce fait que nous avons déjà fait remarquer : titre d'honneur pour le clergé catholique, puisé dans un sentiment de patriotisme et d'amour de la liberté, et qui a servi trop souvent de motifs, inspirés par le renversement de toute logique, ou par la haine, à l'attaquer par d'odieuses et hypocrites déclamations.

En 1563, le ROUSSILLON est visité par un terrible fléau de ces temps : la peste dépeuple encore la province.

On étoit sous le règne de Philippe III, à qui les deux comtés doivent de sages règlemens; outre sa sollicitude à l'époque des malheurs publics, il s'occupa particulièrement de la prospérité industrielle des comtés; un édit de 1599 est promulgué pour l'amélioration de la fabrication des velours, satins, damas, taffetas et autres étoffes de soie dans le ROUSSILLON. Comme à Séville, qui comptoit à cette même époque des milliers de métiers pour les soiries, cette industrie est maintenant entièrement éteinte; Valence seulement conserve encore une corporation, quelques fabriques, et un beau monument gothique, construit pour servir de halle aux soies. Un autre édit s'occupa des étoffes de laine dans l'intérêt de la bonté de ces produits, pour soutenir la concurrence avec les autres nations. Nous croyons que les fabriques de draps ont disparu comme les métiers d'étoffes de soie, et on ne peut que s'affliger qu'un aussi beau pays ait été plus prospère sous le régime de la monarchie espagnole du XVIᵉ siècle, que sous la France libérale et puissante du XIXᵉ siècle, quand il n'y a plus de moines qui dévorent l'État, plus de processions aux jours de fêtes qui encombrent les rues, plus de religieux fainéans qui demandent l'aumône, qui conservent les trésors des belles-lettres dans les couvens, ou qui, hors de ces couvens, dans les âpres montagnes de ces provinces, dirigent les travaux de la campagne et fassent cultiver la terre. Cependant il est évident que le ROUSSILLON est moins riche qu'à cette époque; et ce qu'il y a de remarquable pour le philosophe et l'ob-

servateur des grandes pensées humanitaires, c'est que la Catalogne, cette province voisine du Roussillon, depuis qu'elle a chassé ses moines et brûlé ses couvens, voit périr ses manufactures; son industrie disparoît; les moines ne sont plus les seigneurs des paysans, mais les paysans ne cultivent plus de terres dans des déserts, auxquels le dévouement seul de la religion pouvoit donner des habitans, et où il falloit la fortune du grand propriétaire pour encourager et soutenir le fermier. Quand la fortune manquoit, le moine étoit un bon compagnon au labour, et quand la fortune aidoit, le loyer étoit léger pour le pauvre cultivateur; et son enfant, si ce n'étoit quelquefois la famille tout entière, trouvoit le pain au couvent. Avec la lumière répandue dans les nations, la liberté viendra, et le christianisme retrouvera ses cénobites, habitans des lieux incultes, couverts, à leur gré, de robes de bure, blanches, brunes ou noires, enfermés dans des cloîtres, priant Dieu, ou recueillant encore sur les pages de leurs annales l'histoire de nos dévorantes et brûlantes passions, de nos guerres brutales et féroces, ou enseignant à l'homme à ouvrir un sillon pour nourrir noblement sa famille du fruit de ses travaux, jusqu'à l'âge où, les cheveux gris, il sera appelé au pouvoir pour gouverner ses semblables, s'il n'aime mieux se retirer dans un cloître, afin de leur enseigner la vertu, et prier la Divinité de leur pardonner leurs désordres, leurs violences et leurs folies.

En 1602, eut lieu la translation à Perpignan du siége épiscopal d'Elne, son ancienne capitale, à la sollicitation d'Onuphre Réart, alors évêque de ce diocèse. La bulle qui autorisoit cette translation fut présentée au chapitre le 3 février, et la cérémonie se fit le 30 juin. L'évêque d'Elne se rendit processionnellement dans son nouveau siége avec tout son clergé qui emportoit les reliques des saintes patronnes du diocèse. La procession qui marchoit avec quarante-sept croix, entra dans Perpignan à sept heures du matin; deux autels avoient été dressés à la porte d'Elne où se trouvoient réunis les corporations, les congrégations, les prêtres et les différens ordres religieux de la ville. Les reliques des saintes Eulalie et Julie furent reçues au bruit de l'artillerie de la citadelle, et portées à Saint-Jean sous l'escorte des chevaliers de la confrérie de Saint-Georges, qui allèrent ensuite exécuter sur la place de la Loge, le tournoi mauresque, jeu de cannes ou

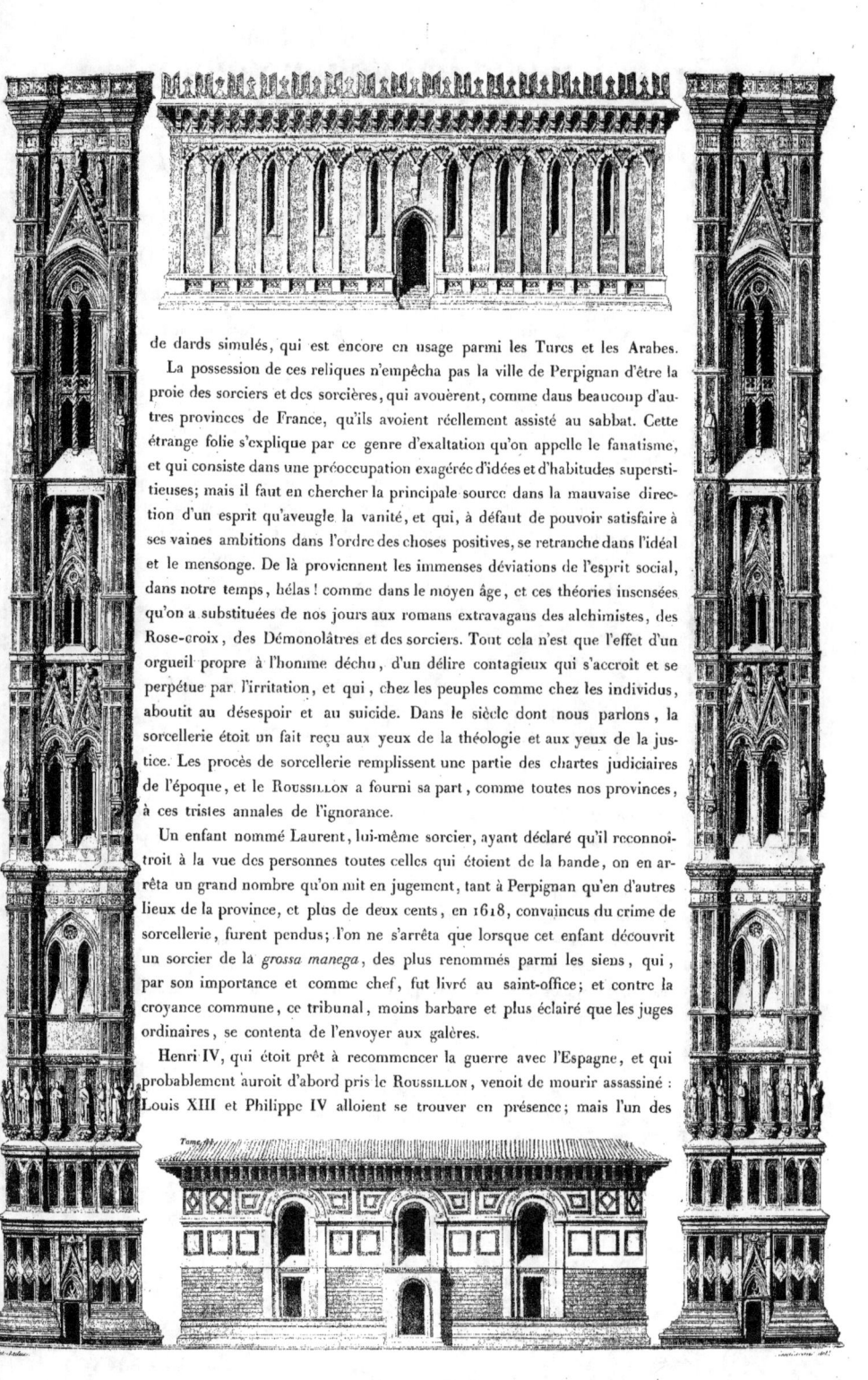

de dards simulés, qui est encore en usage parmi les Turcs et les Arabes.

La possession de ces reliques n'empêcha pas la ville de Perpignan d'être la proie des sorciers et des sorcières, qui avouèrent, comme dans beaucoup d'autres provinces de France, qu'ils avoient réellement assisté au sabbat. Cette étrange folie s'explique par ce genre d'exaltation qu'on appelle le fanatisme, et qui consiste dans une préoccupation exagérée d'idées et d'habitudes superstitieuses ; mais il faut en chercher la principale source dans la mauvaise direction d'un esprit qu'aveugle la vanité, et qui, à défaut de pouvoir satisfaire à ses vaines ambitions dans l'ordre des choses positives, se retranche dans l'idéal et le mensonge. De là proviennent les immenses déviations de l'esprit social, dans notre temps, hélas ! comme dans le moyen âge, et ces théories insensées qu'on a substituées de nos jours aux romans extravagans des alchimistes, des Rose-croix, des Démonolâtres et des sorciers. Tout cela n'est que l'effet d'un orgueil propre à l'homme déchu, d'un délire contagieux qui s'accroît et se perpétue par l'irritation, et qui, chez les peuples comme chez les individus, aboutit au désespoir et au suicide. Dans le siècle dont nous parlons, la sorcellerie étoit un fait reçu aux yeux de la théologie et aux yeux de la justice. Les procès de sorcellerie remplissent une partie des chartes judiciaires de l'époque, et le ROUSSILLON a fourni sa part, comme toutes nos provinces, à ces tristes annales de l'ignorance.

Un enfant nommé Laurent, lui-même sorcier, ayant déclaré qu'il reconnoîtroit à la vue des personnes toutes celles qui étoient de la bande, on en arrêta un grand nombre qu'on mit en jugement, tant à Perpignan qu'en d'autres lieux de la province, et plus de deux cents, en 1618, convaincus du crime de sorcellerie, furent pendus; l'on ne s'arrêta que lorsque cet enfant découvrit un sorcier de la *grossa manega*, des plus renommés parmi les siens, qui, par son importance et comme chef, fut livré au saint-office; et contre la croyance commune, ce tribunal, moins barbare et plus éclairé que les juges ordinaires, se contenta de l'envoyer aux galères.

Henri IV, qui étoit prêt à recommencer la guerre avec l'Espagne, et qui probablement auroit d'abord pris le ROUSSILLON, venoit de mourir assassiné : Louis XIII et Philippe IV alloient se trouver en présence ; mais l'un des

deux rois étoit soutenu par un des plus grands hommes d'État qu'on puisse signaler dans l'histoire de ces deux nations.

Philippe IV fut l'agresseur; les Pays-Bas virent les premiers combats d'une guerre qui alloit durer un quart de siècle, et où la monarchie espagnole devoit perdre le Portugal, le Roussillon, une partie de la Cerdagne et de l'Artois.

Aux pieds des Pyrénées, la guerre commença par le siége de Leucate, que le comte, duc d'Olivarès, fit attaquer par une armée de onze mille fantassins, soixante-dix pièces de canon, et dix-huit mille hommes de cavalerie, pour envahir le pays, le tout commandé par le comte de Serbellon.

Leucate est assez bien situé au bas d'un rocher dont la mer baigne le pied; les étangs de Salses et de Lapalme défendent la ville du côté opposé et forment un isthme étroit qui en faisoit une place de quelque importance pour cette époque; aussi la garnison de quatre-vingts hommes seulement, commandés par Barri de Saint-Aunais, défendit pendant quatre jours le passage de l'isthme à l'armée espagnole qui battit en retraite.

Spinola qui succéda à Serbellon, Schomberg et Condé, leurs antagonistes, se portèrent des coups qui ensanglantèrent Clara, Rivesaltes et Estagel, et par la faute de Condé, Salses fut pris par les Espagnols. Nous avons déjà parlé de ces combats. Ici commence une longue série de souffrances et de persécutions qui ne se ferme plus pour le Roussillon, qu'à la réunion de cette province à la couronne de France.

Dans les temps de séditions, la plus légère étincelle produit un incendie. A Collioure, un soldat castillan, pour se désaltérer, prend une cruche d'eau des mains d'une femme; ce fait devient, entre les soldats espagnols et les gens du pays, le sujet d'une rixe sanglante qui n'est terminée que par le canon. Quelques jours après, la querelle recommence entre des soldats catalans et des soldats castillans; cette fois, elle coûte la vie à cinq personnes et ne cesse que par l'intervention d'un religieux qui se jette entre les combattans le saint-sacrement à la main. Un soldat castillan enlève un panier de raisin à un paysan, et huit mille personnes prennent une part active à une révolte contre les Castillans; la nuit seule mit fin au combat. Enfin, le 22 mai 1640, la révolte éclate à Barcelone, au milieu d'une populace qui crie : *Vive le roi*

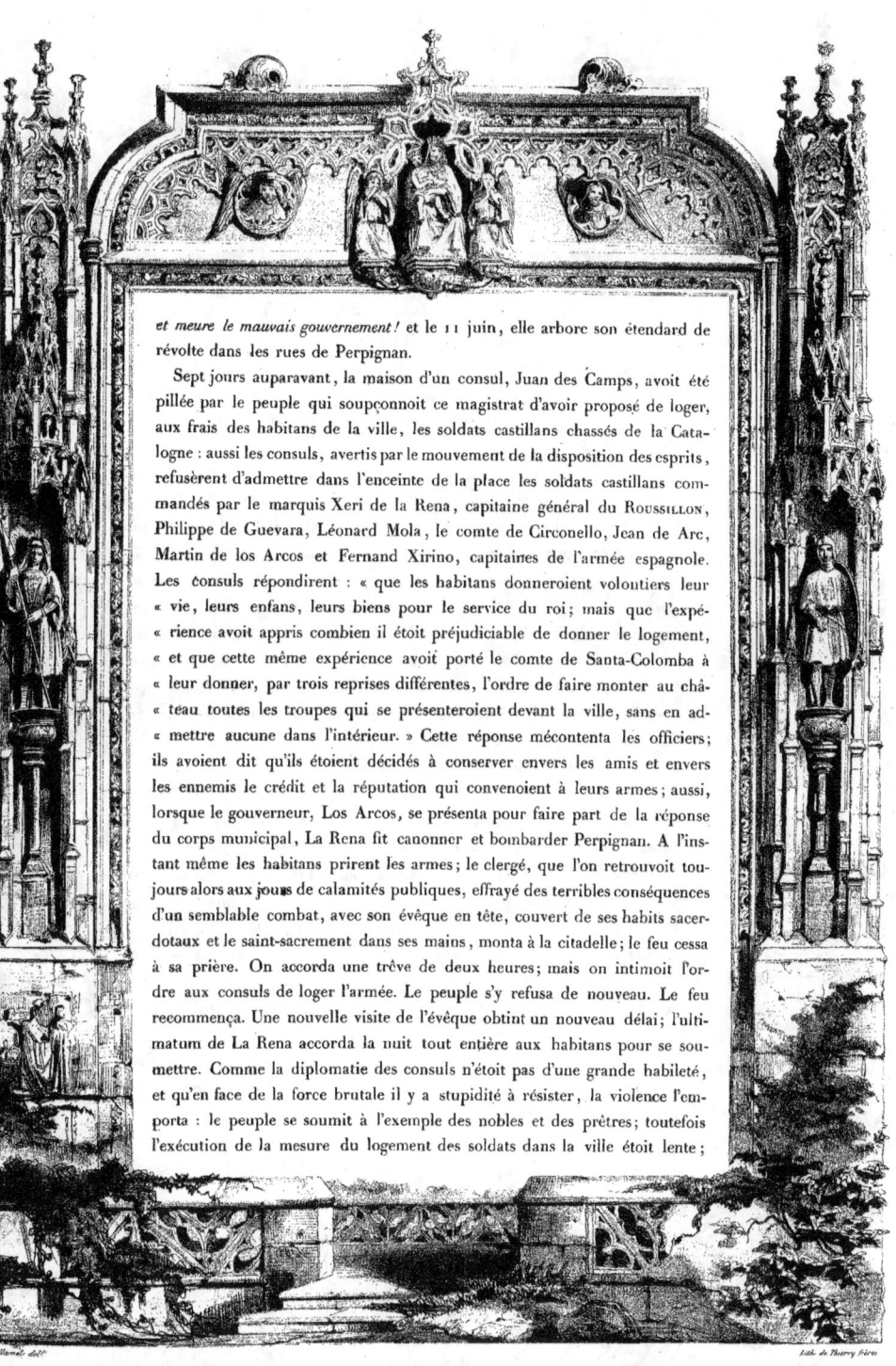

et meure le mauvais gouvernement! et le 11 juin, elle arbore son étendard de révolte dans les rues de Perpignan.

Sept jours auparavant, la maison d'un consul, Juan des Camps, avoit été pillée par le peuple qui soupçonnoit ce magistrat d'avoir proposé de loger, aux frais des habitans de la ville, les soldats castillans chassés de la Catalogne : aussi les consuls, avertis par le mouvement de la disposition des esprits, refusèrent d'admettre dans l'enceinte de la place les soldats castillans commandés par le marquis Xeri de la Rena, capitaine général du Roussillon, Philippe de Guevara, Léonard Mola, le comte de Circonello, Jean de Arc, Martin de los Arcos et Fernand Xirino, capitaines de l'armée espagnole. Les consuls répondirent : « que les habitans donneroient volontiers leur « vie, leurs enfans, leurs biens pour le service du roi; mais que l'expé- « rience avoit appris combien il étoit préjudiciable de donner le logement, « et que cette même expérience avoit porté le comte de Santa-Colomba à « leur donner, par trois reprises différentes, l'ordre de faire monter au châ- « teau toutes les troupes qui se présenteroient devant la ville, sans en ad- « mettre aucune dans l'intérieur. » Cette réponse mécontenta les officiers; ils avoient dit qu'ils étoient décidés à conserver envers les amis et envers les ennemis le crédit et la réputation qui convenoient à leurs armes; aussi, lorsque le gouverneur, Los Arcos, se présenta pour faire part de la réponse du corps municipal, La Rena fit canonner et bombarder Perpignan. A l'instant même les habitans prirent les armes; le clergé, que l'on retrouvoit toujours alors aux jours de calamités publiques, effrayé des terribles conséquences d'un semblable combat, avec son évêque en tête, couvert de ses habits sacerdotaux et le saint-sacrement dans ses mains, monta à la citadelle; le feu cessa à sa prière. On accorda une trêve de deux heures; mais on intimoit l'ordre aux consuls de loger l'armée. Le peuple s'y refusa de nouveau. Le feu recommença. Une nouvelle visite de l'évêque obtint un nouveau délai; l'ultimatum de La Rena accorda la nuit tout entière aux habitans pour se soumettre. Comme la diplomatie des consuls n'étoit pas d'une grande habileté, et qu'en face de la force brutale il y a stupidité à résister, la violence l'emporta : le peuple se soumit à l'exemple des nobles et des prêtres; toutefois l'exécution de la mesure du logement des soldats dans la ville étoit lente;

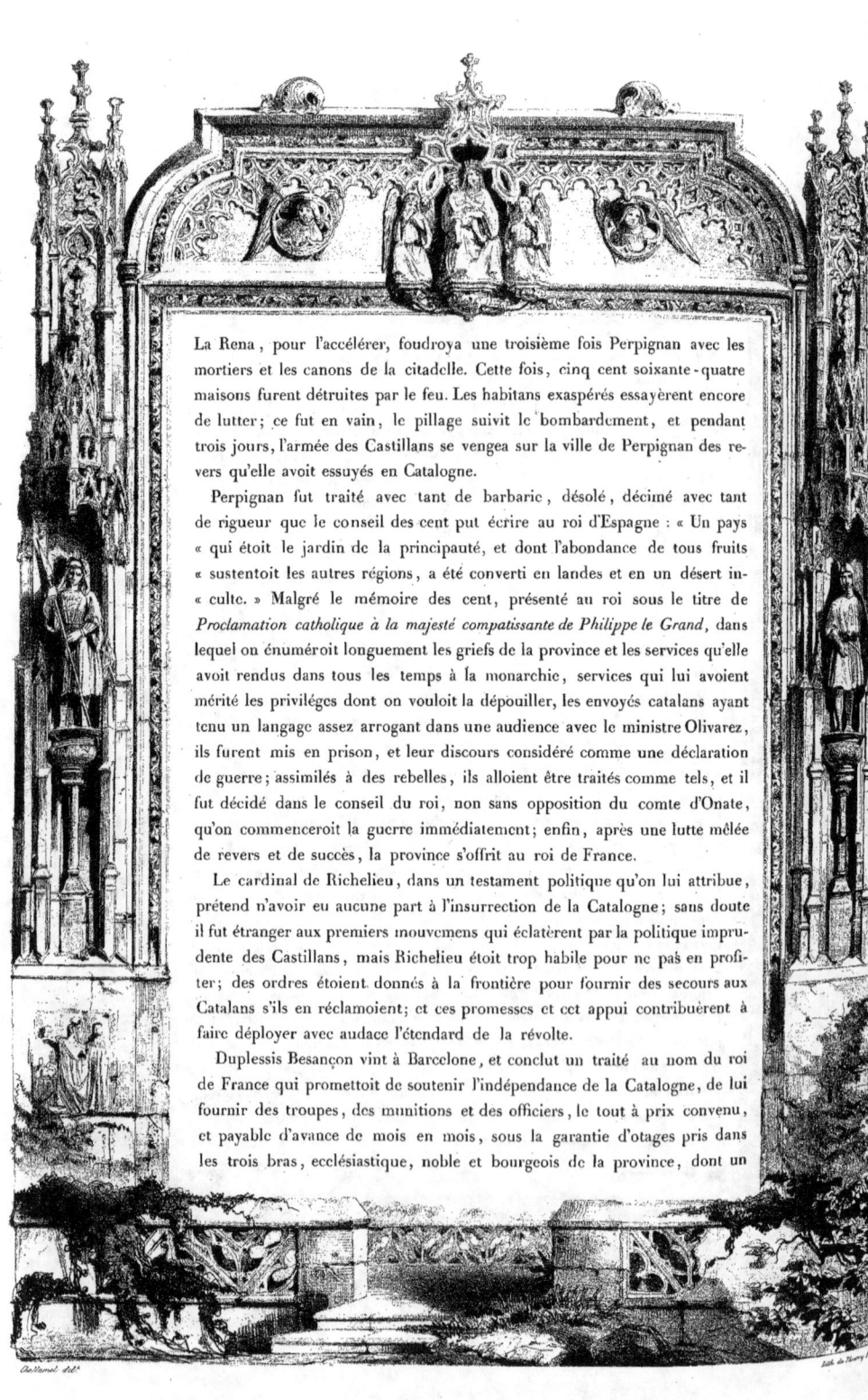

La Rena, pour l'accélérer, foudroya une troisième fois Perpignan avec les mortiers et les canons de la citadelle. Cette fois, cinq cent soixante-quatre maisons furent détruites par le feu. Les habitans exaspérés essayèrent encore de lutter; ce fut en vain, le pillage suivit le bombardement, et pendant trois jours, l'armée des Castillans se vengea sur la ville de Perpignan des revers qu'elle avoit essuyés en Catalogne.

Perpignan fut traité avec tant de barbarie, désolé, décimé avec tant de rigueur que le conseil des cent put écrire au roi d'Espagne : « Un pays « qui étoit le jardin de la principauté, et dont l'abondance de tous fruits « sustentoit les autres régions, a été converti en landes et en un désert in- « culte. » Malgré le mémoire des cent, présenté au roi sous le titre de *Proclamation catholique à la majesté compatissante de Philippe le Grand*, dans lequel on énuméroit longuement les griefs de la province et les services qu'elle avoit rendus dans tous les temps à la monarchie, services qui lui avoient mérité les priviléges dont on vouloit la dépouiller, les envoyés catalans ayant tenu un langage assez arrogant dans une audience avec le ministre Olivarez, ils furent mis en prison, et leur discours considéré comme une déclaration de guerre; assimilés à des rebelles, ils alloient être traités comme tels, et il fut décidé dans le conseil du roi, non sans opposition du comte d'Onate, qu'on commenceroit la guerre immédiatement; enfin, après une lutte mêlée de revers et de succès, la province s'offrit au roi de France.

Le cardinal de Richelieu, dans un testament politique qu'on lui attribue, prétend n'avoir eu aucune part à l'insurrection de la Catalogne; sans doute il fut étranger aux premiers mouvemens qui éclatèrent par la politique imprudente des Castillans, mais Richelieu étoit trop habile pour ne pas en profiter; des ordres étoient donnés à la frontière pour fournir des secours aux Catalans s'ils en réclamoient; et ces promesses et cet appui contribuèrent à faire déployer avec audace l'étendard de la révolte.

Duplessis Besançon vint à Barcelone, et conclut un traité au nom du roi de France qui promettoit de soutenir l'indépendance de la Catalogne, de lui fournir des troupes, des munitions et des officiers, le tout à prix convenu, et payable d'avance de mois en mois, sous la garantie d'otages pris dans les trois bras, ecclésiastique, noble et bourgeois de la province, dont un

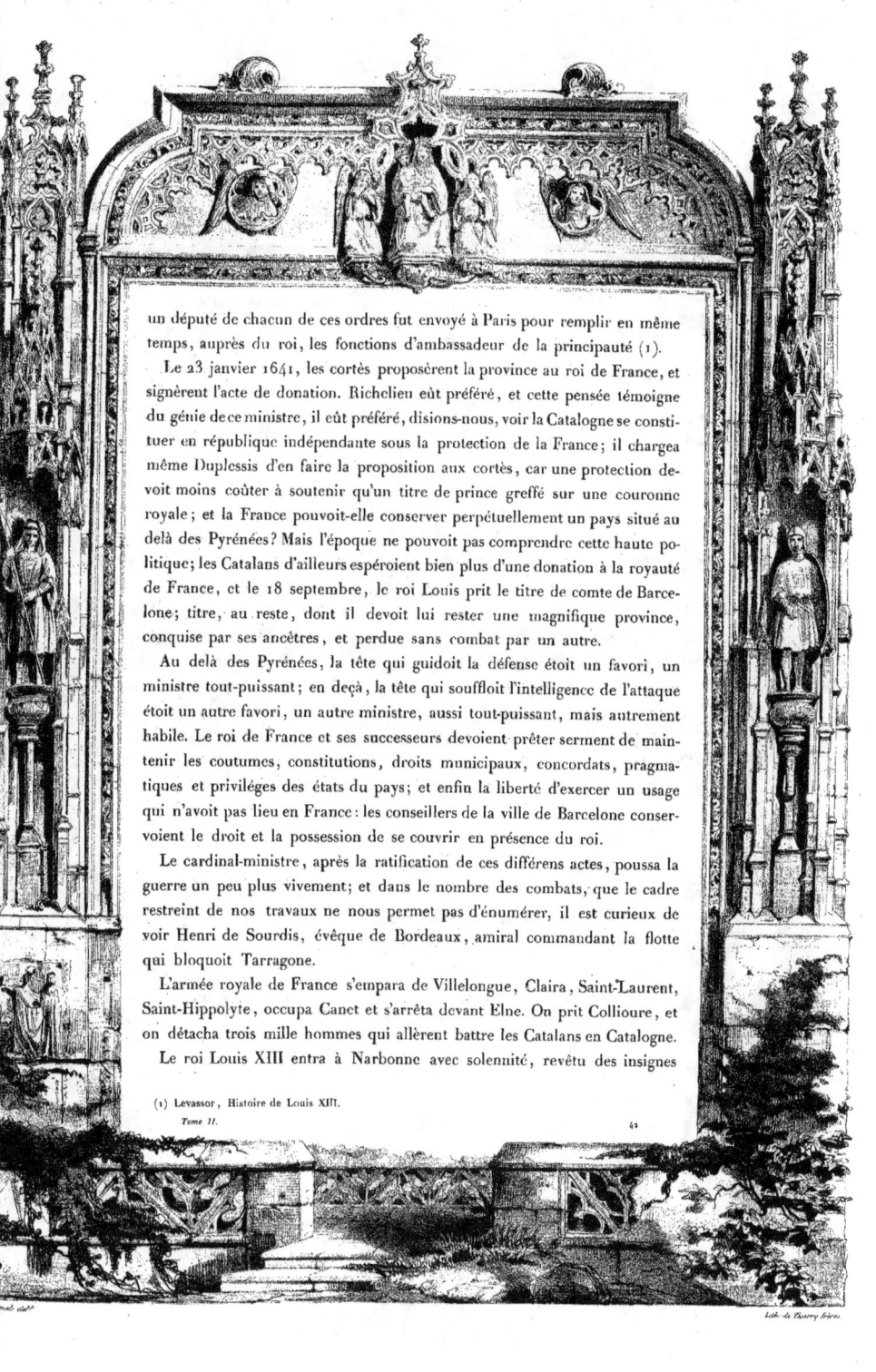

un député de chacun de ces ordres fut envoyé à Paris pour remplir en même temps, auprès du roi, les fonctions d'ambassadeur de la principauté (1).

Le 23 janvier 1641, les cortès proposèrent la province au roi de France, et signèrent l'acte de donation. Richelieu eût préféré, et cette pensée témoigne du génie de ce ministre, il eût préféré, disions-nous, voir la Catalogne se constituer en république indépendante sous la protection de la France; il chargea même Duplessis d'en faire la proposition aux cortès, car une protection devoit moins coûter à soutenir qu'un titre de prince greffé sur une couronne royale; et la France pouvoit-elle conserver perpétuellement un pays situé au delà des Pyrénées? Mais l'époque ne pouvoit pas comprendre cette haute politique; les Catalans d'ailleurs espéroient bien plus d'une donation à la royauté de France, et le 18 septembre, le roi Louis prit le titre de comte de Barcelone; titre, au reste, dont il devoit lui rester une magnifique province, conquise par ses ancêtres, et perdue sans combat par un autre.

Au delà des Pyrénées, la tête qui guidoit la défense étoit un favori, un ministre tout-puissant; en deçà, la tête qui souffloit l'intelligence de l'attaque étoit un autre favori, un autre ministre, aussi tout-puissant, mais autrement habile. Le roi de France et ses successeurs devoient prêter serment de maintenir les coutumes, constitutions, droits municipaux, concordats, pragmatiques et priviléges des états du pays; et enfin la liberté d'exercer un usage qui n'avoit pas lieu en France: les conseillers de la ville de Barcelone conservoient le droit et la possession de se couvrir en présence du roi.

Le cardinal-ministre, après la ratification de ces différens actes, poussa la guerre un peu plus vivement; et dans le nombre des combats, que le cadre restreint de nos travaux ne nous permet pas d'énumérer, il est curieux de voir Henri de Sourdis, évêque de Bordeaux, amiral commandant la flotte qui bloquoit Tarragone.

L'armée royale de France s'empara de Villelongue, Claira, Saint-Laurent, Saint-Hippolyte, occupa Canet et s'arrêta devant Elne. On prit Collioure, et on détacha trois mille hommes qui allèrent battre les Catalans en Catalogne.

Le roi Louis XIII entra à Narbonne avec solennité, revêtu des insignes

(1) Levassor, Histoire de Louis XIII.

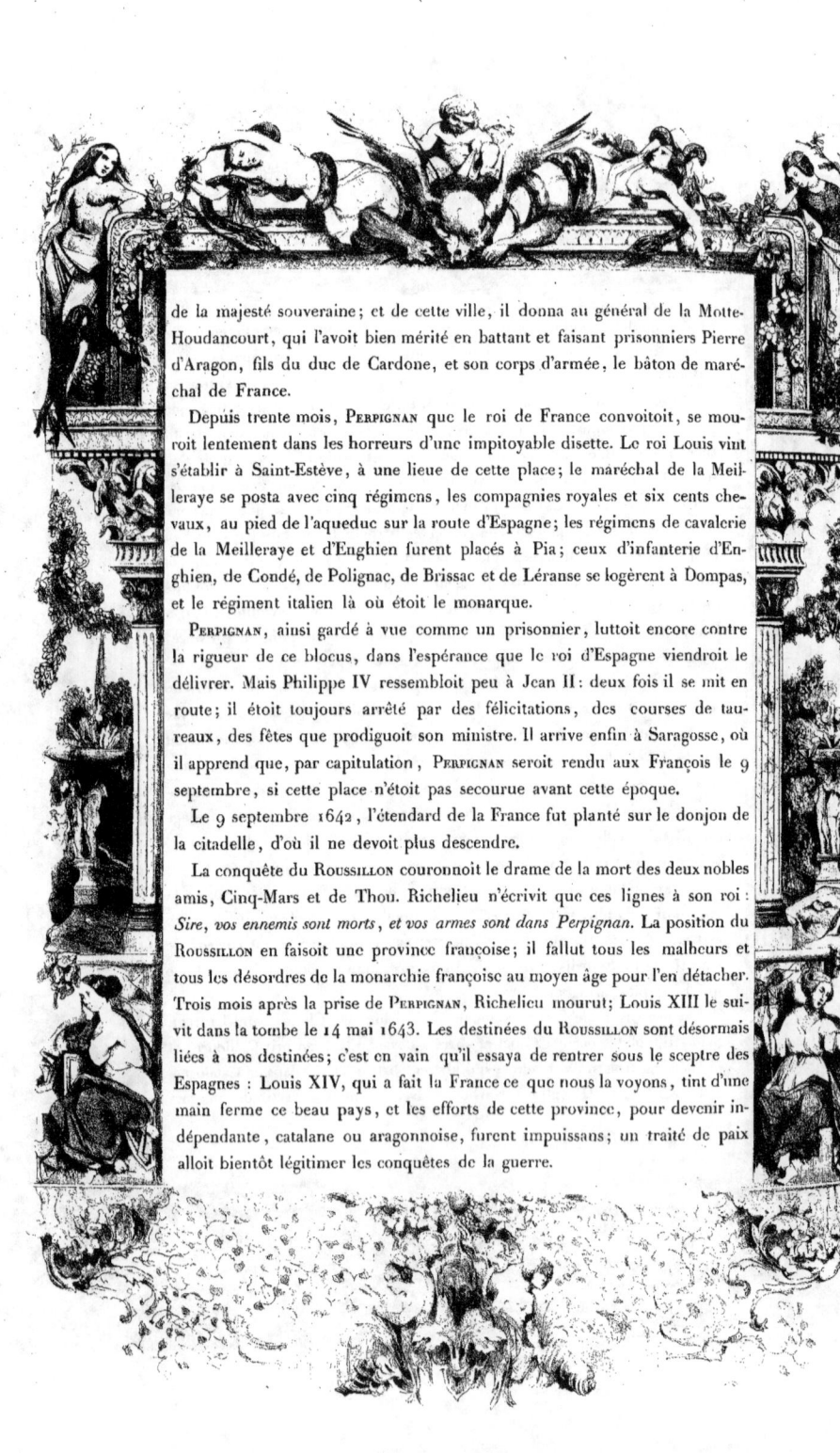

de la majesté souveraine; et de cette ville, il donna au général de la Motte-Houdancourt, qui l'avoit bien mérité en battant et faisant prisonniers Pierre d'Aragon, fils du duc de Cardone, et son corps d'armée, le bâton de maréchal de France.

Depuis trente mois, Perpignan que le roi de France convoitoit, se mouroit lentement dans les horreurs d'une impitoyable disette. Le roi Louis vint s'établir à Saint-Estève, à une lieue de cette place; le maréchal de la Meilleraye se posta avec cinq régimens, les compagnies royales et six cents chevaux, au pied de l'aqueduc sur la route d'Espagne; les régimens de cavalerie de la Meilleraye et d'Enghien furent placés à Pia; ceux d'infanterie d'Enghien, de Condé, de Polignac, de Brissac et de Léranse se logèrent à Dompas, et le régiment italien là où étoit le monarque.

Perpignan, ainsi gardé à vue comme un prisonnier, luttoit encore contre la rigueur de ce blocus, dans l'espérance que le roi d'Espagne viendroit le délivrer. Mais Philippe IV ressembloit peu à Jean II : deux fois il se mit en route ; il étoit toujours arrêté par des félicitations, des courses de taureaux, des fêtes que prodiguoit son ministre. Il arrive enfin à Saragosse, où il apprend que, par capitulation, Perpignan seroit rendu aux François le 9 septembre, si cette place n'étoit pas secourue avant cette époque.

Le 9 septembre 1642, l'étendard de la France fut planté sur le donjon de la citadelle, d'où il ne devoit plus descendre.

La conquête du Roussillon couronnoit le drame de la mort des deux nobles amis, Cinq-Mars et de Thou. Richelieu n'écrivit que ces lignes à son roi : *Sire, vos ennemis sont morts, et vos armes sont dans Perpignan.* La position du Roussillon en faisoit une province françoise ; il fallut tous les malheurs et tous les désordres de la monarchie françoise au moyen âge pour l'en détacher. Trois mois après la prise de Perpignan, Richelieu mourut; Louis XIII le suivit dans la tombe le 14 mai 1643. Les destinées du Roussillon sont désormais liées à nos destinées ; c'est en vain qu'il essaya de rentrer sous le sceptre des Espagnes : Louis XIV, qui a fait la France ce que nous la voyons, tint d'une main ferme ce beau pays, et les efforts de cette province, pour devenir indépendante, catalane ou aragonnoise, furent impuissans; un traité de paix alloit bientôt légitimer les conquêtes de la guerre.

Le 13 août 1659, dans l'île des Faisans, sur la rivière de la Bidassoa, on vit arriver en grande pompe Mazarin, accompagné des maréchaux de Grammont, de Villeroi et de Clérambaut, du grand maître de l'artillerie, du duc de Créqui, du bailli de Souvré, et précédé de quatre cents mousquetaires à pied ou à cheval. Six carrosses suivoient le sien, remplis par vingt prélats ayant à leur tête les archevêques de Toulouse et de Lyon; un cortége de cinq cents personnes, dignitaires et officiers, fermoit la marche. Cent cinquante mousquetaires du cardinal bordoient la rivière; vingt-cinq gardoient le pont, et ne devoient laisser passer, suivant ce qui avoit été convenu avec l'Espagne, que soixante personnes de qualité avec le cardinal, et soixante gardes. A l'autre rive, deux compagnies catalanes de gardes à cheval, l'épée à la main, vêtues de la livrée du premier ministre de Philippe IV, étoient rangées en ordre de bataille auprès du pont. Don Louis de Haro arriva par le chemin de Fontarabie, porté dans une litière précédée de huit trompettes revêtus de casaques de velours vert, sonnant avec des instrumens d'argent, et suivis de quinze carrosses. Les portes des appartemens s'ouvrirent en même temps; les deux ministres entrèrent dans la salle, tendue par moitié de la tapisserie du cardinal et de celle de don Louis. Le secrétaire d'État Colonna accompagnoit celui-ci; le secrétaire d'État de Lionne accompagnoit Mazarin.

Les seigneurs de la cour de France, qui étoit alors à Saint-Jean de Luz, avoient revêtu leurs habillemens les plus somptueux; et Brienne fait remarquer dans ses Mémoires, que les François l'emportoient par la richesse des dentelles d'or et d'argent, les Espagnols par le nombre des pierreries.

Après des lenteurs sans fin, le traité des Pyrénées fut signé le 7 novembre. La Catalogne restoit à l'Espagne, le Roussillon à la France.

Depuis, la main puissante de Louis XIV, en posant son sceptre sur cette province, a, comme partout ailleurs, détruit sa physionomie et son individualité au profit de la forte unité de la monarchie françoise.

Cette conquête, cette politique de Louis XIV à l'égard de l'Espagne, fut un grand bienfait pour les deux nations. A l'époque de ces événemens, cette question de considérer le Roussillon comme province françoise occupoit autant la ville que la cour, et il est curieux de lire le livre que fit, à ce sujet, Caseneuve, et qu'il intitule : *la Catelogne françoise, où il est traité des droits que*

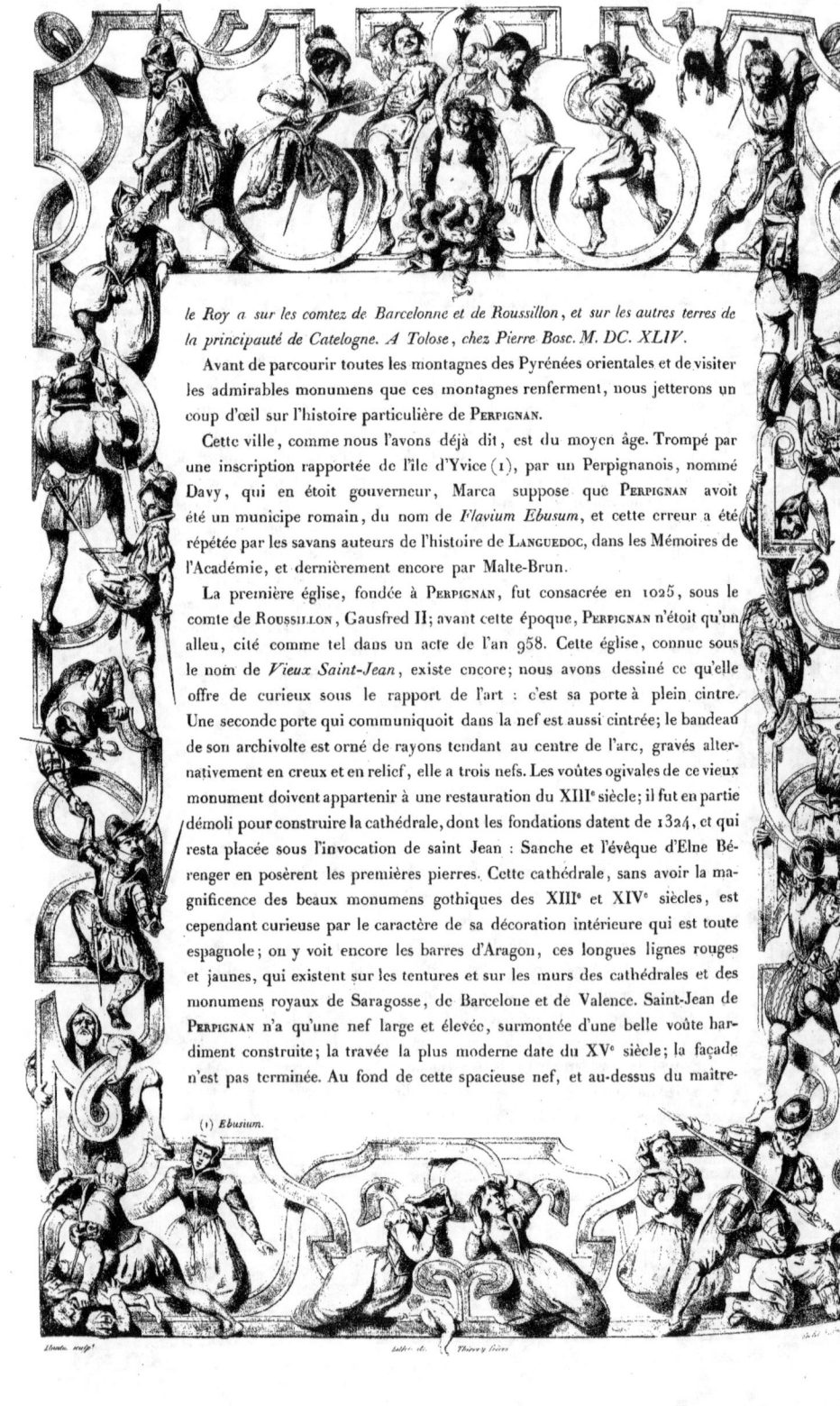

le Roy a sur les comtez de Barcelonne et de Roussillon, et sur les autres terres de la principauté de Catelogne. A Tolose, chez Pierre Bosc. M. DC. XLIV.

Avant de parcourir toutes les montagnes des Pyrénées orientales et de visiter les admirables monumens que ces montagnes renferment, nous jetterons un coup d'œil sur l'histoire particulière de Perpignan.

Cette ville, comme nous l'avons déjà dit, est du moyen âge. Trompé par une inscription rapportée de l'île d'Yvice (1), par un Perpignanois, nommé Davy, qui en étoit gouverneur, Marca suppose que Perpignan avoit été un municipe romain, du nom de *Flavium Ebusum*, et cette erreur a été répétée par les savans auteurs de l'histoire de Languedoc, dans les Mémoires de l'Académie, et dernièrement encore par Malte-Brun.

La première église, fondée à Perpignan, fut consacrée en 1025, sous le comte de Roussillon, Gausfred II; avant cette époque, Perpignan n'étoit qu'un alleu, cité comme tel dans un acte de l'an 958. Cette église, connue sous le nom de *Vieux Saint-Jean*, existe encore; nous avons dessiné ce qu'elle offre de curieux sous le rapport de l'art : c'est sa porte à plein cintre. Une seconde porte qui communiquoit dans la nef est aussi cintrée; le bandeau de son archivolte est orné de rayons tendant au centre de l'arc, gravés alternativement en creux et en relief, elle a trois nefs. Les voûtes ogivales de ce vieux monument doivent appartenir à une restauration du XIIIe siècle; il fut en partie démoli pour construire la cathédrale, dont les fondations datent de 1324, et qui resta placée sous l'invocation de saint Jean : Sanche et l'évêque d'Elne Bérenger en posèrent les premières pierres. Cette cathédrale, sans avoir la magnificence des beaux monumens gothiques des XIIIe et XIVe siècles, est cependant curieuse par le caractère de sa décoration intérieure qui est toute espagnole; on y voit encore les barres d'Aragon, ces longues lignes rouges et jaunes, qui existent sur les tentures et sur les murs des cathédrales et des monumens royaux de Saragosse, de Barcelone et de Valence. Saint-Jean de Perpignan n'a qu'une nef large et élevée, surmontée d'une belle voûte hardiment construite; la travée la plus moderne date du XVe siècle; la façade n'est pas terminée. Au fond de cette spacieuse nef, et au-dessus du maître-

(1) *Ebusium*.

autel, s'élève un beau retable de la renaissance qui est, dit-on, tout en albâtre, et qui est remarquable par ses ornemens et par le goût qui règne dans leur exécution; il est particulièrement décoré de bas-reliefs encadrés dans de l'ardoise. Plusieurs chapelles ont des retables entièrement dorés, des styles du XVIe et XVIIe siècle, qui rappellent la somptuosité des églises de l'Espagne. Un beau tombeau de marbre blanc, les volets de l'orgue couverts de peinture qui portent la date de 1504, et les fonts baptismaux, morceau précieux d'antiquité qui remonte aux rois visigoths, enrichissent encore ce monument.

Ces fonts baptismaux méritent l'attention des archéologues. Bien avant la fondation de Perpignan, il existoit, près du lieu où cette ville prit naissance, en se dirigeant vers le Canigou, un petit bourg celtique ou romain appelé *Mallolas*, que les Visigoths agrandirent et classèrent au rang de ville. Ce fut la ville des Goths, nommée dans les vieilles chartes *Villagothorum*. Détruite par les Arabes, cette ville disparut dans le moyen âge, et ses habitans se réfugièrent autour d'un vieux monastère fondé vers l'an 813 par des religieux bénédictins, qui avoient dédié leur église à Notre-Dame d'*el Correg*, parce que cette église étoit située sur le bord d'un ravin. Le village du monastère s'augmenta et prit le nom de *Perpinya*, en françois Perpignan. Les ruines de l'antique monastère d'*el Correg*, sont ensevelies sous la cathédrale, le vieux Saint-Jean, bâti par et aux frais de six notables : Pons, Jaubert, Bernard, Amalric, Cicard, P. Baron, qu'aidèrent les aumônes des fidèles. Ceci se passoit dans la vingt-neuvième année de notre Robert, roi de France. Il ne restoit alors de Mallolas que son ancien nom, une église, un fief religieux et quelques maisons; mais les fonts de cette église de *Villagothorum* inspiroient au peuple de la vénération, et ils furent portés de Mallolas à Saint-Jean, en échange de ceux de la cathédrale qui, étant moins anciens, inspiroient moins de piété au peuple. Les deux monumens subsistent encore; l'un est sans intérêt pour l'artiste, l'autre est fort curieux pour le savant. Les fonts baptismaux visigothiques de Perpignan, maintenant placés dans la cathédrale, sont formés d'un très-gros bloc de marbre blanc, simulant une cuve serrée dans son milieu par une corde sculptée en guise de cercle. Sur

le bord de ce monument, se lit l'inscription suivante, en caractères lapidaires, mais déjà très-altérés dans leurs formes latines :

Necat anguis sibila sontis †
Unda zacri (sic) *fontis.* †

Deux têtes grossièrement sculptées forment saillie au sommet de deux douves opposées.

Nous ne devons pas oublier, puisque cette antiquité curieuse nous a donné occasion de reparler de la première église dédiée à saint Jean-Baptiste, que c'est sous les voûtes de son abside qu'on enterra une partie des entrailles de Philippe le Hardi; car nous avons déjà vu que ses chairs et ses entrailles furent déposées dans un tombeau, à Narbonne. L'an 1324, le même lieu reçut le corps du roi de Majorque, don Sanche, et plus tard, les cardinaux de Tournai et Serra, et le patriarche de Jérusalem.

On a conservé longtemps dans cette église, la chaire massive d'où saint Dominique lança les premiers anathèmes contre les hérétiques, et d'où saint Vincent Ferrer, ce patriarche vénéré du peuple valencien, fit entendre ses paroles évangéliques.

Le trésor de la cathédrale étoit autrefois très-riche; il contenoit une grande quantité de lampes, de candélabres, de chandeliers, bourdons et encensoirs d'argent, de châsses, de reliques, et surtout un superbe ostensoir en vermeil de six pieds et demi de haut et de deux pieds et demi de large à sa base; il étoit orné de pierres précieuses, couvert de figures en or ciselé, placées sur un piédestal orné des quatre évangélistes, statuettes de vingt pouces de hauteur; il pesoit six cent dix-huit marcs. D'après le dessin que nous en avons vu, c'étoit un morceau précieux des arts du XIVe siècle, comme il en existe encore quelques-uns en Espagne.

Il y avoit aussi quatre grands candélabres de bronze, de sept pieds de haut, et de belles tapisseries de haute lisse, très-remarquables par la délicatesse du travail et la vivacité des couleurs, quoique très-anciennes : elles représentoient l'histoire de la passion du Christ.

Aux deux côtés de la porte du chœur, on lit ces deux inscriptions en caractères gothiques :

Lapis primus quem illustrissimus dominus noster Lanctius rex Majoricarum posuit in fundamento istius ecclesiæ V° kal. maii anno Domini M CCC XXIV.

Lapis secundus quem reverendus dominus Berengarius Bajuli gratia Dei Elenensis episcopus posuit in fundamento istius ecclesiæ V° kal. maii anno Domini M CCC XXIV.

Quoique non achevée, la construction de cette église dura plus de cent cinquante ans; elle fut consacrée le 16 mai 1509. Ses dimensions sont : longueur de la porte d'entrée à la grille qui ferme le sanctuaire, cent quatre-vingt-huit pieds; de la grille au mur, derrière le maître-autel, cinquante-deux pieds; longueur totale, deux cent quarante pieds : largeur entre les chapelles, sans y comprendre leur profondeur, soixante pieds; hauteur de la voûte dans l'œuvre, quatre-vingt-sept pieds.

L'appareil, comme dans la plupart des gros murs des édifices du ROUSSILLON, est en cailloux roulés, placés d'après le système de l'architecture réticulaire, vieille tradition architecturale qui vient du Bas-Empire.

Il y a encore une ou deux églises à PERPIGNAN qui méritent quelque attention : Saint-Jacques, qui possède un beau retable du XVe siècle. C'étoit au Puy Saint-Jacques que se trouvoit autrefois le quartier des juifs, désigné par le nom arabe d'Aljaïma. La *call* ou la rue, étoit fermée tous les soirs : et ensuite, l'église des Dominicains, fondée l'an 1243 sur l'emplacement de l'ancienne maison des lépreux (1) par don frère Pons de Sparra, prieur provincial des frères prêcheurs. C'est un bâtiment presque en ruine, ainsi que son cloître assez curieux, et qui a donné asile à saint Dominique.

Outre sa cathédrale, PERPIGNAN avoit encore quatre églises paroissiales : Saint-Jean le Vieux, dont nous avons parlé, Saint-Jacques de la Réal et Saint-Matthieu; on y comptoit, avant la révolution, vingt-deux autres églises : quatre de religieuses, dix de religieux de différens ordres, et une ancienne maison de templiers, qui fut réunie à l'ordre de Malte et à une commanderie de Saint-Antoine.

Cette ville s'accrut bientôt en devenant la résidence des comtes de ROUSSILLON, dès la fin du XIe siècle. Après la création du royaume de Majorque, Jayme Ier, ayant choisi PERPIGNAN pour le lieu de sa résidence,

(1) *Domus leprosorum.*

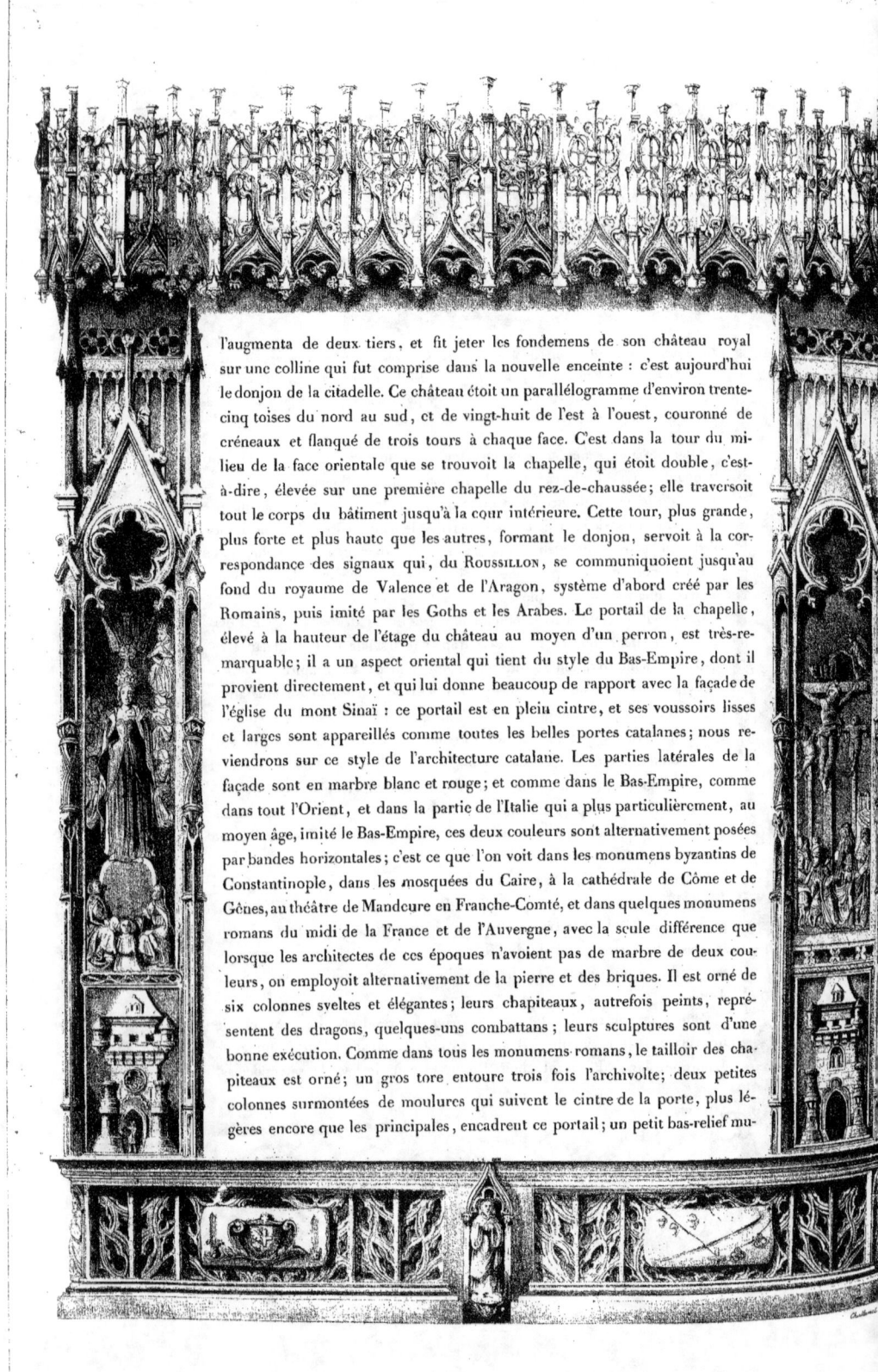

l'augmenta de deux tiers, et fit jeter les fondemens de son château royal sur une colline qui fut comprise dans la nouvelle enceinte : c'est aujourd'hui le donjon de la citadelle. Ce château étoit un parallélogramme d'environ trente-cinq toises du nord au sud, et de vingt-huit de l'est à l'ouest, couronné de créneaux et flanqué de trois tours à chaque face. C'est dans la tour du milieu de la face orientale que se trouvoit la chapelle, qui étoit double, c'est-à-dire, élevée sur une première chapelle du rez-de-chaussée; elle traversoit tout le corps du bâtiment jusqu'à la cour intérieure. Cette tour, plus grande, plus forte et plus haute que les autres, formant le donjon, servoit à la correspondance des signaux qui, du ROUSSILLON, se communiquoient jusqu'au fond du royaume de Valence et de l'Aragon, système d'abord créé par les Romains, puis imité par les Goths et les Arabes. Le portail de la chapelle, élevé à la hauteur de l'étage du château au moyen d'un perron, est très-remarquable; il a un aspect oriental qui tient du style du Bas-Empire, dont il provient directement, et qui lui donne beaucoup de rapport avec la façade de l'église du mont Sinaï : ce portail est en plein cintre, et ses voussoirs lisses et larges sont appareillés comme toutes les belles portes catalanes; nous reviendrons sur ce style de l'architecture catalane. Les parties latérales de la façade sont en marbre blanc et rouge; et comme dans le Bas-Empire, comme dans tout l'Orient, et dans la partie de l'Italie qui a plus particulièrement, au moyen âge, imité le Bas-Empire, ces deux couleurs sont alternativement posées par bandes horizontales; c'est ce que l'on voit dans les monumens byzantins de Constantinople, dans les mosquées du Caire, à la cathédrale de Côme et de Gênes, au théâtre de Mandeure en Franche-Comté, et dans quelques monumens romans du midi de la France et de l'Auvergne, avec la seule différence que lorsque les architectes de ces époques n'avoient pas de marbre de deux couleurs, on employoit alternativement de la pierre et des briques. Il est orné de six colonnes sveltes et élégantes; leurs chapiteaux, autrefois peints, représentent des dragons, quelques-uns combattans; leurs sculptures sont d'une bonne exécution. Comme dans tous les monumens romans, le tailloir des chapiteaux est orné; un gros tore entoure trois fois l'archivolte; deux petites colonnes surmontées de moulures qui suivent le cintre de la porte, plus légères encore que les principales, encadrent ce portail; un petit bas-relief mu-

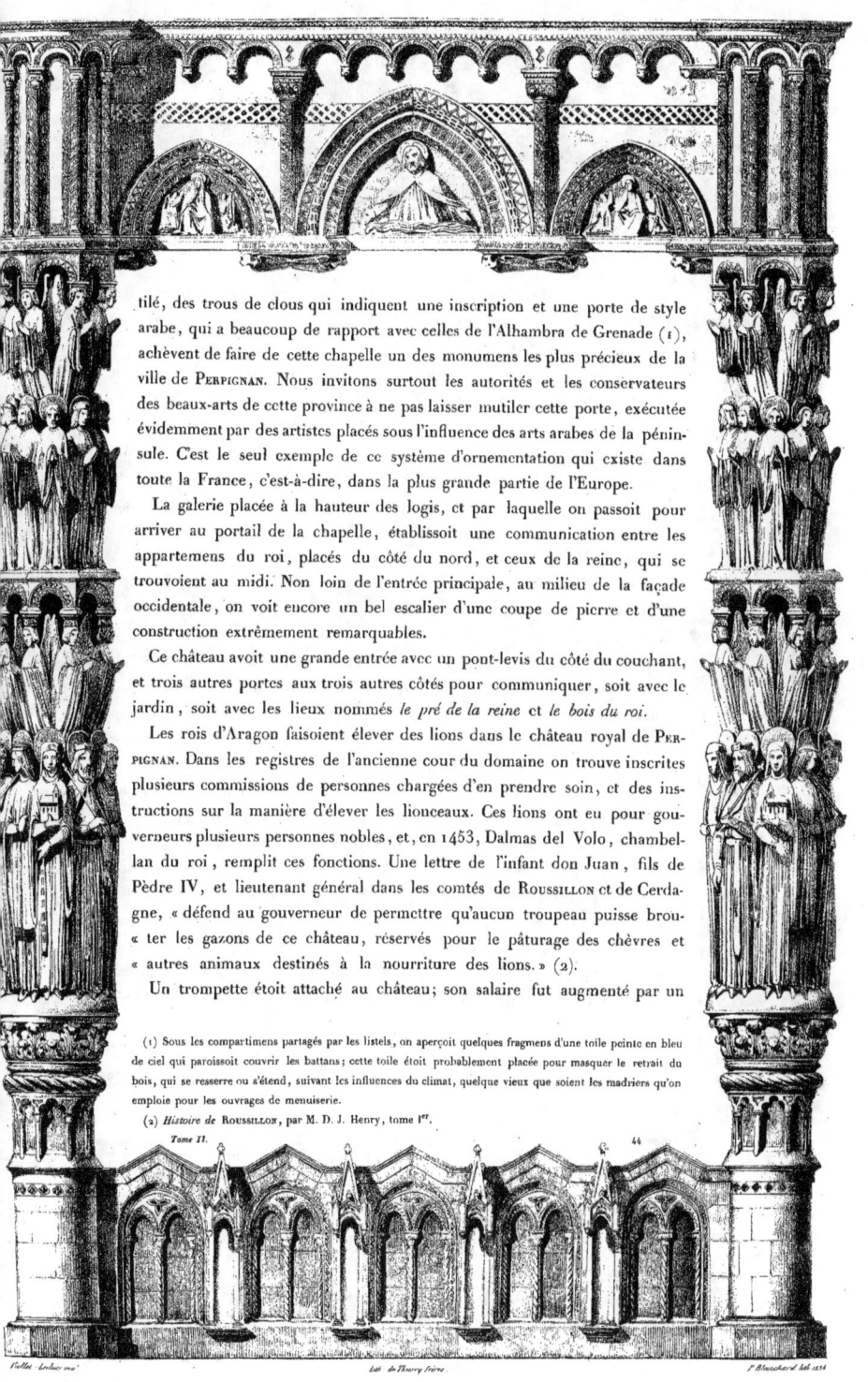

tilé, des trous de clous qui indiquent une inscription et une porte de style arabe, qui a beaucoup de rapport avec celles de l'Alhambra de Grenade (1), achèvent de faire de cette chapelle un des monumens les plus précieux de la ville de Perpignan. Nous invitons surtout les autorités et les conservateurs des beaux-arts de cette province à ne pas laisser mutiler cette porte, exécutée évidemment par des artistes placés sous l'influence des arts arabes de la péninsule. C'est le seul exemple de ce système d'ornementation qui existe dans toute la France, c'est-à-dire, dans la plus grande partie de l'Europe.

La galerie placée à la hauteur des logis, et par laquelle on passoit pour arriver au portail de la chapelle, établissoit une communication entre les appartemens du roi, placés du côté du nord, et ceux de la reine, qui se trouvoient au midi. Non loin de l'entrée principale, au milieu de la façade occidentale, on voit encore un bel escalier d'une coupe de pierre et d'une construction extrêmement remarquables.

Ce château avoit une grande entrée avec un pont-levis du côté du couchant, et trois autres portes aux trois autres côtés pour communiquer, soit avec le jardin, soit avec les lieux nommés *le pré de la reine* et *le bois du roi*.

Les rois d'Aragon faisoient élever des lions dans le château royal de Perpignan. Dans les registres de l'ancienne cour du domaine on trouve inscrites plusieurs commissions de personnes chargées d'en prendre soin, et des instructions sur la manière d'élever les lionceaux. Ces lions ont eu pour gouverneurs plusieurs personnes nobles, et, en 1453, Dalmas del Volo, chambellan du roi, remplit ces fonctions. Une lettre de l'infant don Juan, fils de Pèdre IV, et lieutenant général dans les comtés de Roussillon et de Cerdagne, « défend au gouverneur de permettre qu'aucun troupeau puisse brou« ter les gazons de ce château, réservés pour le pâturage des chèvres et « autres animaux destinés à la nourriture des lions. » (2).

Un trompette étoit attaché au château; son salaire fut augmenté par un

(1) Sous les compartimens partagés par les listels, on aperçoit quelques fragmens d'une toile peinte en bleu de ciel qui paroissoit couvrir les battans; cette toile étoit probablement placée pour masquer le retrait du bois, qui se resserre ou s'étend, suivant les influences du climat, quelque vieux que soient les madriers qu'on emploie pour les ouvrages de menuiserie.

(2) *Histoire de* Roussillon, par M. D. J. Henry, tome Ier.

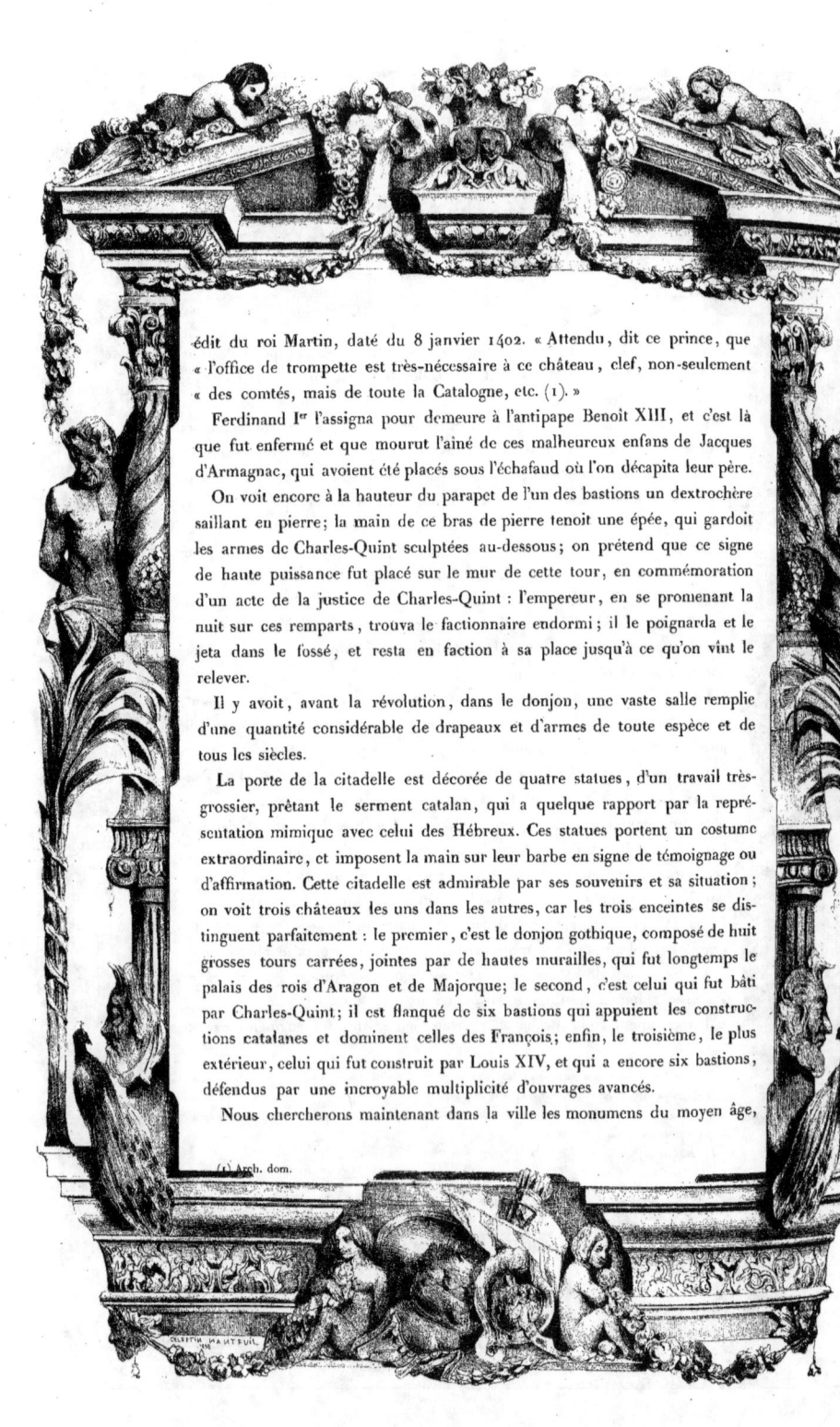

édit du roi Martin, daté du 8 janvier 1402. « Attendu, dit ce prince, que « l'office de trompette est très-nécessaire à ce château, clef, non-seulement « des comtés, mais de toute la Catalogne, etc. (1). »

Ferdinand Ier l'assigna pour demeure à l'antipape Benoît XIII, et c'est là que fut enfermé et que mourut l'aîné de ces malheureux enfans de Jacques d'Armagnac, qui avoient été placés sous l'échafaud où l'on décapita leur père.

On voit encore à la hauteur du parapet de l'un des bastions un dextrochère saillant en pierre; la main de ce bras de pierre tenoit une épée, qui gardoit les armes de Charles-Quint sculptées au-dessous; on prétend que ce signe de haute puissance fut placé sur le mur de cette tour, en commémoration d'un acte de la justice de Charles-Quint : l'empereur, en se promenant la nuit sur ces remparts, trouva le factionnaire endormi; il le poignarda et le jeta dans le fossé, et resta en faction à sa place jusqu'à ce qu'on vint le relever.

Il y avoit, avant la révolution, dans le donjon, une vaste salle remplie d'une quantité considérable de drapeaux et d'armes de toute espèce et de tous les siècles.

La porte de la citadelle est décorée de quatre statues, d'un travail très-grossier, prêtant le serment catalan, qui a quelque rapport par la représentation mimique avec celui des Hébreux. Ces statues portent un costume extraordinaire, et imposent la main sur leur barbe en signe de témoignage ou d'affirmation. Cette citadelle est admirable par ses souvenirs et sa situation; on voit trois châteaux les uns dans les autres, car les trois enceintes se distinguent parfaitement : le premier, c'est le donjon gothique, composé de huit grosses tours carrées, jointes par de hautes murailles, qui fut longtemps le palais des rois d'Aragon et de Majorque; le second, c'est celui qui fut bâti par Charles-Quint; il est flanqué de six bastions qui appuient les constructions catalanes et dominent celles des François; enfin, le troisième, le plus extérieur, celui qui fut construit par Louis XIV, et qui a encore six bastions, défendus par une incroyable multiplicité d'ouvrages avancés.

Nous chercherons maintenant dans la ville les monumens du moyen âge,

(1) Arch. dom.

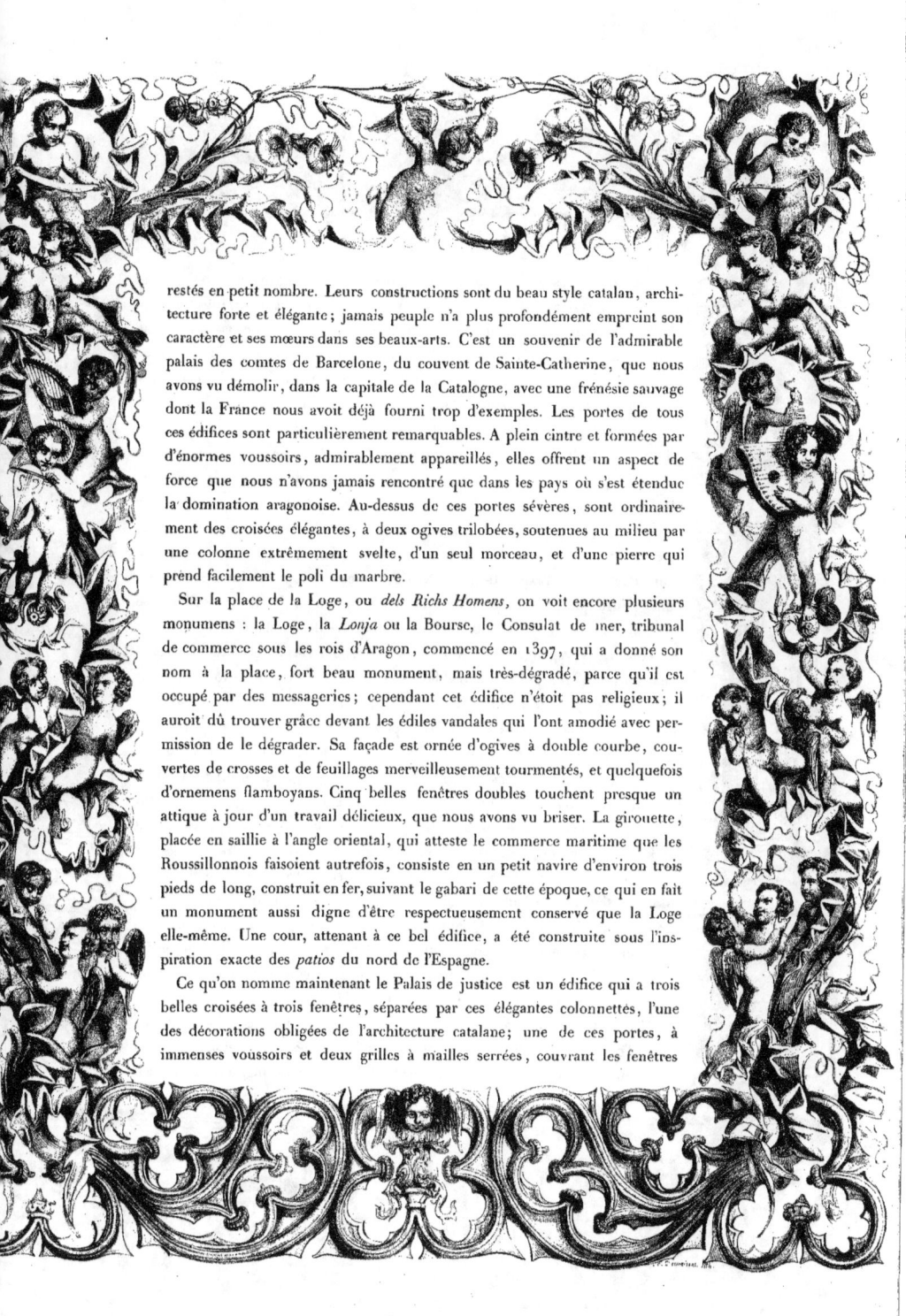

restés en petit nombre. Leurs constructions sont du beau style catalan, architecture forte et élégante ; jamais peuple n'a plus profondément empreint son caractère et ses mœurs dans ses beaux-arts. C'est un souvenir de l'admirable palais des comtes de Barcelone, du couvent de Sainte-Catherine, que nous avons vu démolir, dans la capitale de la Catalogne, avec une frénésie sauvage dont la France nous avoit déjà fourni trop d'exemples. Les portes de tous ces édifices sont particulièrement remarquables. A plein cintre et formées par d'énormes voussoirs, admirablement appareillés, elles offrent un aspect de force que nous n'avons jamais rencontré que dans les pays où s'est étendue la domination aragonoise. Au-dessus de ces portes sévères, sont ordinairement des croisées élégantes, à deux ogives trilobées, soutenues au milieu par une colonne extrêmement svelte, d'un seul morceau, et d'une pierre qui prend facilement le poli du marbre.

Sur la place de la Loge, ou *dels Richs Homens*, on voit encore plusieurs monumens : la Loge, la *Lonja* ou la Bourse, le Consulat de mer, tribunal de commerce sous les rois d'Aragon, commencé en 1397, qui a donné son nom à la place, fort beau monument, mais très-dégradé, parce qu'il est occupé par des messageries ; cependant cet édifice n'étoit pas religieux ; il auroit dû trouver grâce devant les édiles vandales qui l'ont amodié avec permission de le dégrader. Sa façade est ornée d'ogives à double courbe, couvertes de crosses et de feuillages merveilleusement tourmentés, et quelquefois d'ornemens flamboyans. Cinq belles fenêtres doubles touchent presque un attique à jour d'un travail délicieux, que nous avons vu briser. La girouette, placée en saillie à l'angle oriental, qui atteste le commerce maritime que les Roussillonnois faisoient autrefois, consiste en un petit navire d'environ trois pieds de long, construit en fer, suivant le gabari de cette époque, ce qui en fait un monument aussi digne d'être respectueusement conservé que la Loge elle-même. Une cour, attenant à ce bel édifice, a été construite sous l'inspiration exacte des *patios* du nord de l'Espagne.

Ce qu'on nomme maintenant le Palais de justice est un édifice qui a trois belles croisées à trois fenêtres, séparées par ces élégantes colonnettes, l'une des décorations obligées de l'architecture catalane ; une de ces portes, à immenses voussoirs et deux grilles à mailles serrées, couvrant les fenêtres

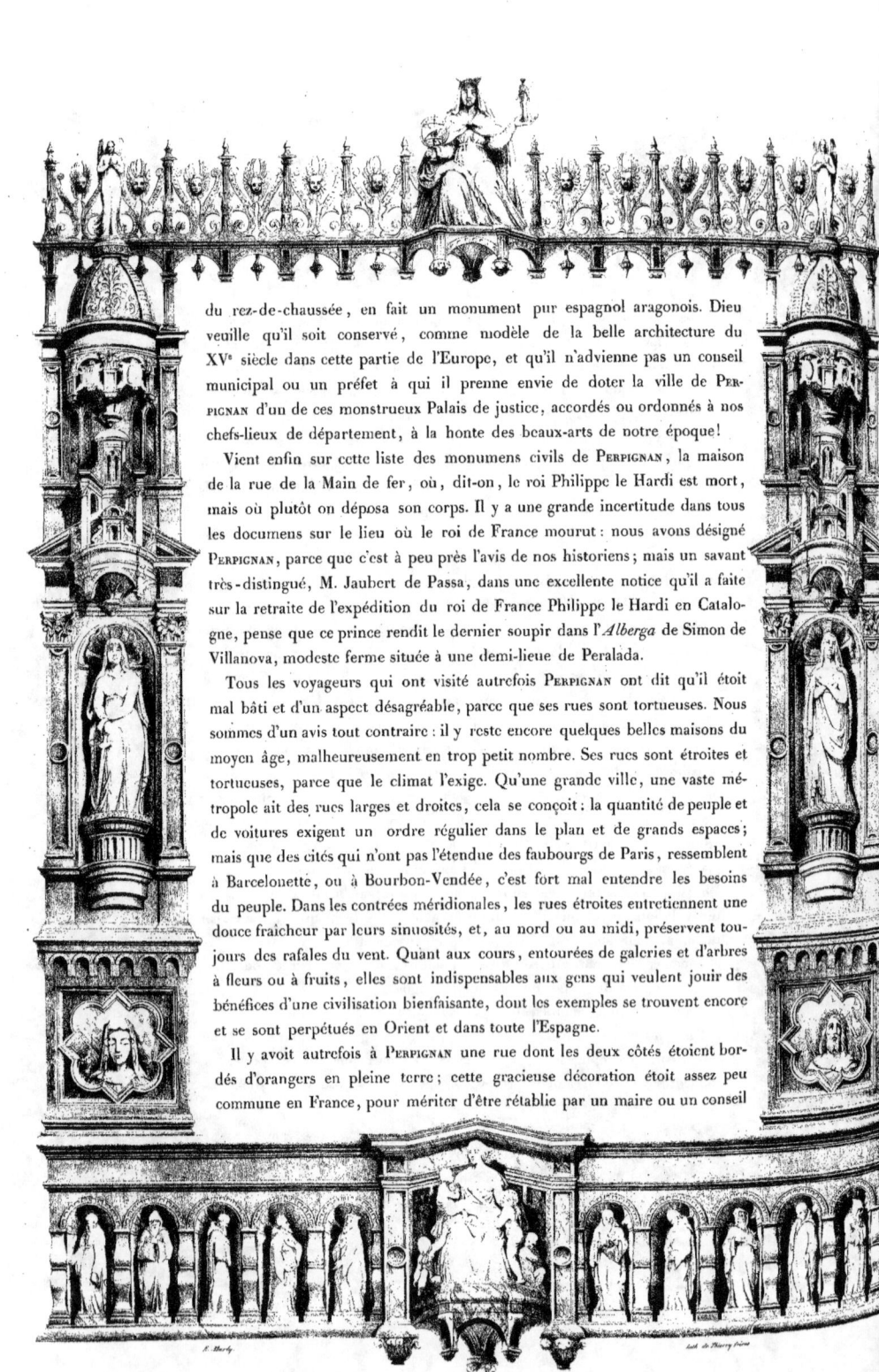

du rez-de-chaussée, en fait un monument pur espagnol aragonois. Dieu veuille qu'il soit conservé, comme modèle de la belle architecture du XVe siècle dans cette partie de l'Europe, et qu'il n'advienne pas un conseil municipal ou un préfet à qui il prenne envie de doter la ville de Perpignan d'un de ces monstrueux Palais de justice, accordés ou ordonnés à nos chefs-lieux de département, à la honte des beaux-arts de notre époque!

Vient enfin sur cette liste des monumens civils de Perpignan, la maison de la rue de la Main de fer, où, dit-on, le roi Philippe le Hardi est mort, mais où plutôt on déposa son corps. Il y a une grande incertitude dans tous les documens sur le lieu où le roi de France mourut : nous avons désigné Perpignan, parce que c'est à peu près l'avis de nos historiens; mais un savant très-distingué, M. Jaubert de Passa, dans une excellente notice qu'il a faite sur la retraite de l'expédition du roi de France Philippe le Hardi en Catalogne, pense que ce prince rendit le dernier soupir dans l'*Alberga* de Simon de Villanova, modeste ferme située à une demi-lieue de Peralada.

Tous les voyageurs qui ont visité autrefois Perpignan ont dit qu'il étoit mal bâti et d'un aspect désagréable, parce que ses rues sont tortueuses. Nous sommes d'un avis tout contraire : il y reste encore quelques belles maisons du moyen âge, malheureusement en trop petit nombre. Ses rues sont étroites et tortueuses, parce que le climat l'exige. Qu'une grande ville, une vaste métropole ait des rues larges et droites, cela se conçoit ; la quantité de peuple et de voitures exigent un ordre régulier dans le plan et de grands espaces ; mais que des cités qui n'ont pas l'étendue des faubourgs de Paris, ressemblent à Barcelonette, ou à Bourbon-Vendée, c'est fort mal entendre les besoins du peuple. Dans les contrées méridionales, les rues étroites entretiennent une douce fraîcheur par leurs sinuosités, et, au nord ou au midi, préservent toujours des rafales du vent. Quant aux cours, entourées de galeries et d'arbres à fleurs ou à fruits, elles sont indispensables aux gens qui veulent jouir des bénéfices d'une civilisation bienfaisante, dont les exemples se trouvent encore et se sont perpétués en Orient et dans toute l'Espagne.

Il y avoit autrefois à Perpignan une rue dont les deux côtés étoient bordés d'orangers en pleine terre ; cette gracieuse décoration étoit assez peu commune en France, pour mériter d'être rétablie par un maire ou un conseil

municipal, jaloux des beautés de la ville qu'ils sont chargés d'embellir et de gouverner.

De hautes murailles bâties en briques avec un cordon et des chaînes de pierres de taille, bordées de fossés, ceignent ce joyau détaché de la couronne d'Aragon. Ils sont tous en grande partie l'œuvre des rois d'Aragon ou de Majorque. Charles-Quint fit réparer les dégâts de l'artillerie de Louis XI, et agrandit les lignes. Louis XIV chargea Vauban de réparer les brèches faites par l'armée de son père, et de compléter le système de défense : un cordon en pierres indique les constructions de cette époque. Il est curieux, pour l'étude de l'architecture militaire, de comparer les simples remparts flanqués de tours rondes, construits par Jacques Ier et Pedro III, et les casemates, les ouvrages à cornes et les bastions de Vauban.

Ces remparts sont coupés par quelques portes; une des plus curieuses est celle de Notre-Dame ou le Castillet : ce sont deux fortes tours réunies par une large courtine, à l'imitation de la *Puerta de Serranos*, à Valence; celle-là, d'une belle pierre dorée; celle-ci, rouge de ses briques, forment à elles deux les couleurs chéries des barres d'Aragon, symbole de la noblesse et de la valeur, et annoncent bien une ville qui a subi neuf siéges et a été neuf fois bien défendue.

Le pont de la Tet, que l'on passe en venant de Narbonne pour entrer à PERPIGNAN, laisse apercevoir, par ses différentes constructions, que les hommes et le torrent sur lequel il est construit l'ont rudement traité.

Jusqu'au moment de la révolution de 1790, cette capitale du ROUSSILLON jouissoit de priviléges plus étendus et plus démocratiques qu'aucune ville de France.

Notre première excursion hors de PERPIGNAN sera vers la tour de ROUSSILLON, *Ruscino*, l'antique capitale du pays des Celtes Sardones, qui donna ensuite son nom au ROUSSILLON : *comitatus Ruscinonensis, Russilionensis, Rossillionensis*. L'emplacement de cette ville, colonie romaine, selon Pomponius Mela, jouissoit simplement du droit latin, suivant Pline. Des savans estimables pensent que *Ruscino* étoit un municipe, et que cette ville eut ses magistrats, ses lois privées, ses monnoies. Ce qu'il y a de certain, c'est que, malgré la prédilection de Constantin pour la ville d'Illiberis qu'il avoit dédiée à sa mère,

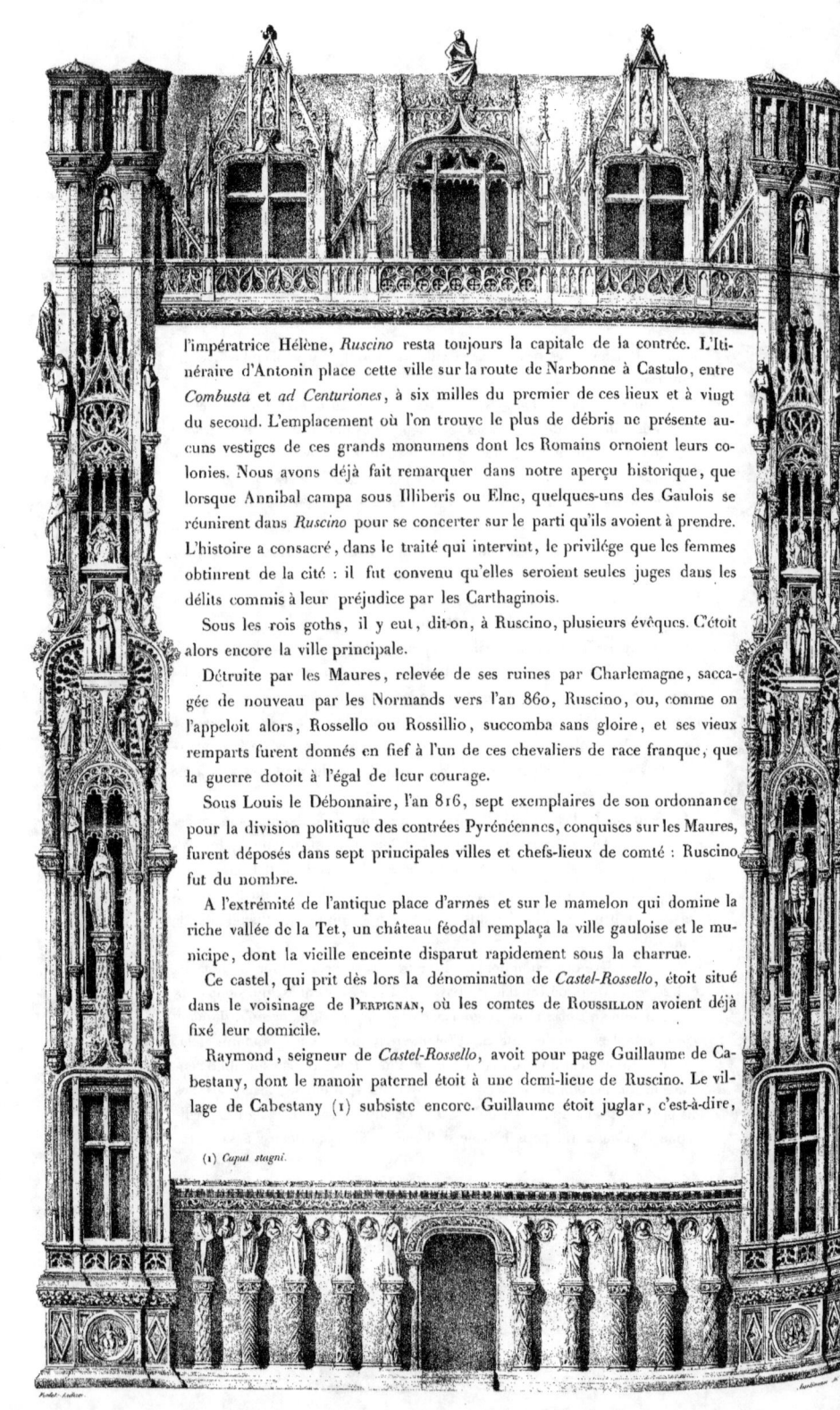

l'impératrice Hélène, *Ruscino* resta toujours la capitale de la contrée. L'Itinéraire d'Antonin place cette ville sur la route de Narbonne à Castulo, entre *Combusta* et *ad Centuriones*, à six milles du premier de ces lieux et à vingt du second. L'emplacement où l'on trouve le plus de débris ne présente aucuns vestiges de ces grands monumens dont les Romains ornoient leurs colonies. Nous avons déjà fait remarquer dans notre aperçu historique, que lorsque Annibal campa sous Illiberis ou Elne, quelques-uns des Gaulois se réunirent dans *Ruscino* pour se concerter sur le parti qu'ils avoient à prendre. L'histoire a consacré, dans le traité qui intervint, le privilége que les femmes obtinrent de la cité : il fut convenu qu'elles seroient seules juges dans les délits commis à leur préjudice par les Carthaginois.

Sous les rois goths, il y eut, dit-on, à Ruscino, plusieurs évêques. C'étoit alors encore la ville principale.

Détruite par les Maures, relevée de ses ruines par Charlemagne, saccagée de nouveau par les Normands vers l'an 860, Ruscino, ou, comme on l'appeloit alors, Rossello ou Rossillio, succomba sans gloire, et ses vieux remparts furent donnés en fief à l'un de ces chevaliers de race franque, que la guerre dotoit à l'égal de leur courage.

Sous Louis le Débonnaire, l'an 816, sept exemplaires de son ordonnance pour la division politique des contrées Pyrénéennes, conquises sur les Maures, furent déposés dans sept principales villes et chefs-lieux de comté : Ruscino fut du nombre.

A l'extrémité de l'antique place d'armes et sur le mamelon qui domine la riche vallée de la Tet, un château féodal remplaça la ville gauloise et le municipe, dont la vieille enceinte disparut rapidement sous la charrue.

Ce castel, qui prit dès lors la dénomination de *Castel-Rossello*, étoit situé dans le voisinage de Perpignan, où les comtes de Roussillon avoient déjà fixé leur domicile.

Raymond, seigneur de *Castel-Rossello*, avoit pour page Guillaume de Cabestany, dont le manoir paternel étoit à une demi-lieue de Ruscino. Le village de Cabestany (1) subsiste encore. Guillaume étoit juglar, c'est-à-dire,

(1) *Caput stagni.*

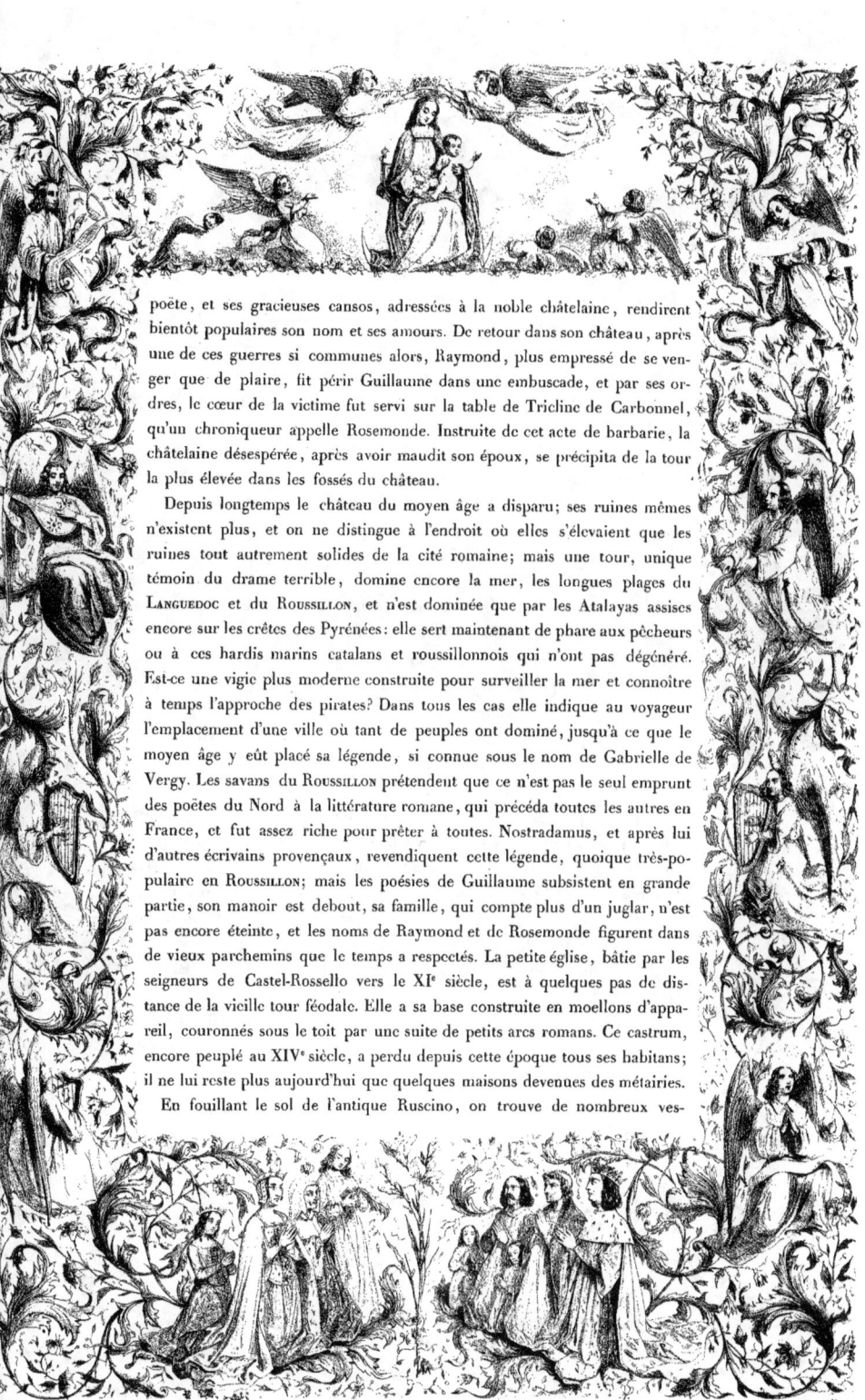

poëte, et ses gracieuses cansos, adressées à la noble châtelaine, rendirent bientôt populaires son nom et ses amours. De retour dans son château, après une de ces guerres si communes alors, Raymond, plus empressé de se venger que de plaire, fit périr Guillaume dans une embuscade, et par ses ordres, le cœur de la victime fut servi sur la table de Triclinc de Carbonnel, qu'un chroniqueur appelle Rosemonde. Instruite de cet acte de barbarie, la châtelaine désespérée, après avoir maudit son époux, se précipita de la tour la plus élevée dans les fossés du château.

Depuis longtemps le château du moyen âge a disparu; ses ruines mêmes n'existent plus, et on ne distingue à l'endroit où elles s'élevaient que les ruines tout autrement solides de la cité romaine; mais une tour, unique témoin du drame terrible, domine encore la mer, les longues plages du LANGUEDOC et du ROUSSILLON, et n'est dominée que par les Atalayas assises encore sur les crêtes des Pyrénées: elle sert maintenant de phare aux pêcheurs ou à ces hardis marins catalans et roussillonnois qui n'ont pas dégénéré. Est-ce une vigie plus moderne construite pour surveiller la mer et connoître à temps l'approche des pirates? Dans tous les cas elle indique au voyageur l'emplacement d'une ville où tant de peuples ont dominé, jusqu'à ce que le moyen âge y eût placé sa légende, si connue sous le nom de Gabrielle de Vergy. Les savans du ROUSSILLON prétendent que ce n'est pas le seul emprunt des poëtes du Nord à la littérature romane, qui précéda toutes les autres en France, et fut assez riche pour prêter à toutes. Nostradamus, et après lui d'autres écrivains provençaux, revendiquent cette légende, quoique très-populaire en ROUSSILLON; mais les poésies de Guillaume subsistent en grande partie, son manoir est debout, sa famille, qui compte plus d'un juglar, n'est pas encore éteinte, et les noms de Raymond et de Rosemonde figurent dans de vieux parchemins que le temps a respectés. La petite église, bâtie par les seigneurs de Castel-Rossello vers le XIe siècle, est à quelques pas de distance de la vieille tour féodale. Elle a sa base construite en moellons d'appareil, couronnés sous le toit par une suite de petits arcs romans. Ce castrum, encore peuplé au XIVe siècle, a perdu depuis cette époque tous ses habitants; il ne lui reste plus aujourd'hui que quelques maisons devenues des métairies.

En fouillant le sol de l'antique Ruscino, on trouve de nombreux ves-

tiges de la ville romaine. Ce sont des citernes en béton, des conduits en plomb pour des salles de bains, des pavés en briques du genre de construction nommé *opus spicatum*, placés de champ; des murailles dont les briques et les moellons, disposés par assises, sont inclinés par un angle de quarante-cinq degrés environ, c'est-à-dire, l'*opus reticulatum*, imité depuis dans le moyen âge par ce qu'on a nommé quelquefois, dans des temps plus modernes, en arête de poisson; de nombreuses médailles ibériennes, grecques, puniques, romaines et du moyen âge, et des fragmens de poteries. Il existe, au niveau du sol, à côté de l'une des métairies, un reste de réservoir enduit de ciment rouge et pavé en petites briques de deux pouces six lignes de long, sur un pouce six lignes de large, et huit lignes d'épaisseur : ce genre de briques se retrouve dans tous les lieux du Roussillon où il a existé des monumens romains. C'est, au reste, ce qui arrive partout où les Romains ont construit; la grandeur des briques diffère seulement suivant les localités : nous en avons vu de dix-huit pouces, de deux pièces; celles que nous avons rapportées des ruines d'Italica, près de Séville, ont plus de deux pieds carrés et quelques pouces d'épaisseur seulement.

Ce sol n'ayant jamais été fouillé que par la charrue, si l'on vouloit consacrer quelques fonds pour ouvrir des tranchées d'exploration assez profondes, ces travaux produiroient immédiatement de bons résultats.

Elne n'est pas moins intéressant que Ruscino; Illiberis étoit une puissante ville celtique, bâtie sur la rive gauche d'un fleuve de même nom. Dans notre aperçu historique, on a vu qu'Annibal campa sous ses murs. Dès ces temps antiques, cette ville étant ruinée par les guerres, les Romains, maîtres de la Gaule narbonnoise, se hâtèrent de la repeupler (1). L'empereur Constantin fit bâtir un château à Illiberis, et le dédia à l'impératrice mère; bientôt le *Castrum Helenæ* donna son nom à la ville celtique, qu'on appela d'abord Helena, et plus tard Helna et Elne.

L'empereur Constant fut tué sous les murs d'Helena, par les affidés du tyran Maxence. D'après Eutrope, Zosime et Paul Orose, Helna fut, sous les Goths, le siége d'un évêché.

(1) « Illiberis, magnæ quondam urbis tenue vestigium, » disent Tite-Live, lib. 21, cap. 24, Pline, lib. 3, cap. 4. Pomponius Mela, lib. 2. fol. 71.

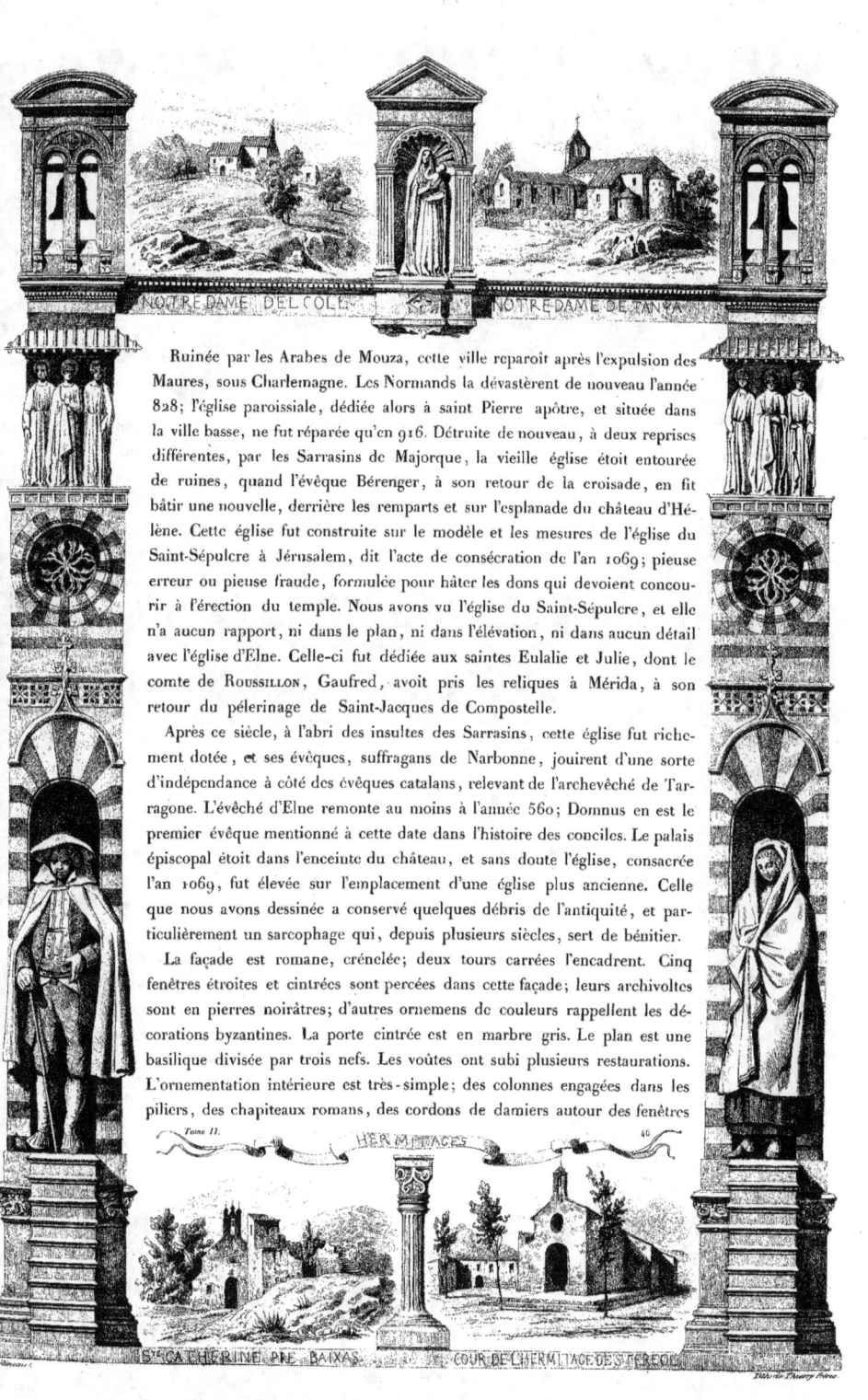

Ruinée par les Arabes de Mouza, cette ville reparoît après l'expulsion des Maures, sous Charlemagne. Les Normands la dévastèrent de nouveau l'année 828; l'église paroissiale, dédiée alors à saint Pierre apôtre, et située dans la ville basse, ne fut réparée qu'en 916. Détruite de nouveau, à deux reprises différentes, par les Sarrasins de Majorque, la vieille église étoit entourée de ruines, quand l'évêque Bérenger, à son retour de la croisade, en fit bâtir une nouvelle, derrière les remparts et sur l'esplanade du château d'Hélène. Cette église fut construite sur le modèle et les mesures de l'église du Saint-Sépulcre à Jérusalem, dit l'acte de consécration de l'an 1069; pieuse erreur ou pieuse fraude, formulée pour hâter les dons qui devoient concourir à l'érection du temple. Nous avons vu l'église du Saint-Sépulcre, et elle n'a aucun rapport, ni dans le plan, ni dans l'élévation, ni dans aucun détail avec l'église d'Elne. Celle-ci fut dédiée aux saintes Eulalie et Julie, dont le comte de Roussillon, Gaufred, avoit pris les reliques à Mérida, à son retour du pélerinage de Saint-Jacques de Compostelle.

Après ce siècle, à l'abri des insultes des Sarrasins, cette église fut richement dotée, et ses évêques, suffragans de Narbonne, jouirent d'une sorte d'indépendance à côté des évêques catalans, relevant de l'archevêché de Tarragone. L'évêché d'Elne remonte au moins à l'année 560; Domnus en est le premier évêque mentionné à cette date dans l'histoire des conciles. Le palais épiscopal étoit dans l'enceinte du château, et sans doute l'église, consacrée l'an 1069, fut élevée sur l'emplacement d'une église plus ancienne. Celle que nous avons dessinée a conservé quelques débris de l'antiquité, et particulièrement un sarcophage qui, depuis plusieurs siècles, sert de bénitier.

La façade est romane, crénelée; deux tours carrées l'encadrent. Cinq fenêtres étroites et cintrées sont percées dans cette façade; leurs archivoltes sont en pierres noirâtres; d'autres ornemens de couleurs rappellent les décorations byzantines. La porte cintrée est en marbre gris. Le plan est une basilique divisée par trois nefs. Les voûtes ont subi plusieurs restaurations. L'ornementation intérieure est très-simple; des colonnes engagées dans les piliers, des chapiteaux romans, des cordons de damiers autour des fenêtres

de l'abside, indiquent les premières constructions du XIe siècle. Comme dans presque toutes les églises romanes, à la base du mur de l'abside, des ouvertures cintrées, indiquent une crypte ou église souterraine, dont l'entrée est murée et reste inconnue maintenant.

Sur les deux côtés du maître-autel, sont placées les deux inscriptions suivantes en caractères gothiques :

> Anno LXVIIII. post millesimo incarnacione Dnica, indicione VII,
> Reverentissimus Epus istius Ecclesiæ, Raimundus, et Gaufredus
> Comes, simulque Azalais Comitissa, pariter que homnibus
> Homnibus istius terræ, potentes, mediocres, atque minores, jusserunt
> Hoc altare, in honorem Dni nostri Jesu Christi et martiris hæc virginis
> Ejus Eulalie edificare, propter Deum et remedium animas illorum.
>
> Illos et illas qui ad hoc altare adjutorum fecer cum
> Consanguinibus illorum tam vivis quam et defunctis Electorum
> Tuorum jungere digneris consorcio.....

Le maître-autel étoit autrefois plaqué en argent; c'étoit un précieux travail des beaux-arts du XIe siècle. A une époque qui préparoit les dévastations des monumens en France, au XVIIIe siècle, les chanoines prétendirent qu'on en voloit les clous et quelques débris: l'autel fut fondu, et avec environ onze mille livres, produit de cet acte d'ignorance, on construisit un autel en marbre, d'architecture classique, d'un aussi pitoyable style que tous les monumens très-improprement nommés classiques, mauvaise copie du mauvais goût et des mauvais monumens italiens, qui s'est reproduit jusqu'à nos jours L'inscription suivante fut tracée sur le devant du retable :

> Argentæ XI sæculo Gaufredo Rusc. Comite
> Humile fastigio ambitu augusta rudi opere coflata
> Annoru injuriis pene ut tritæ prædæ sæpius exposita
> Ven Canonic^m cœtus

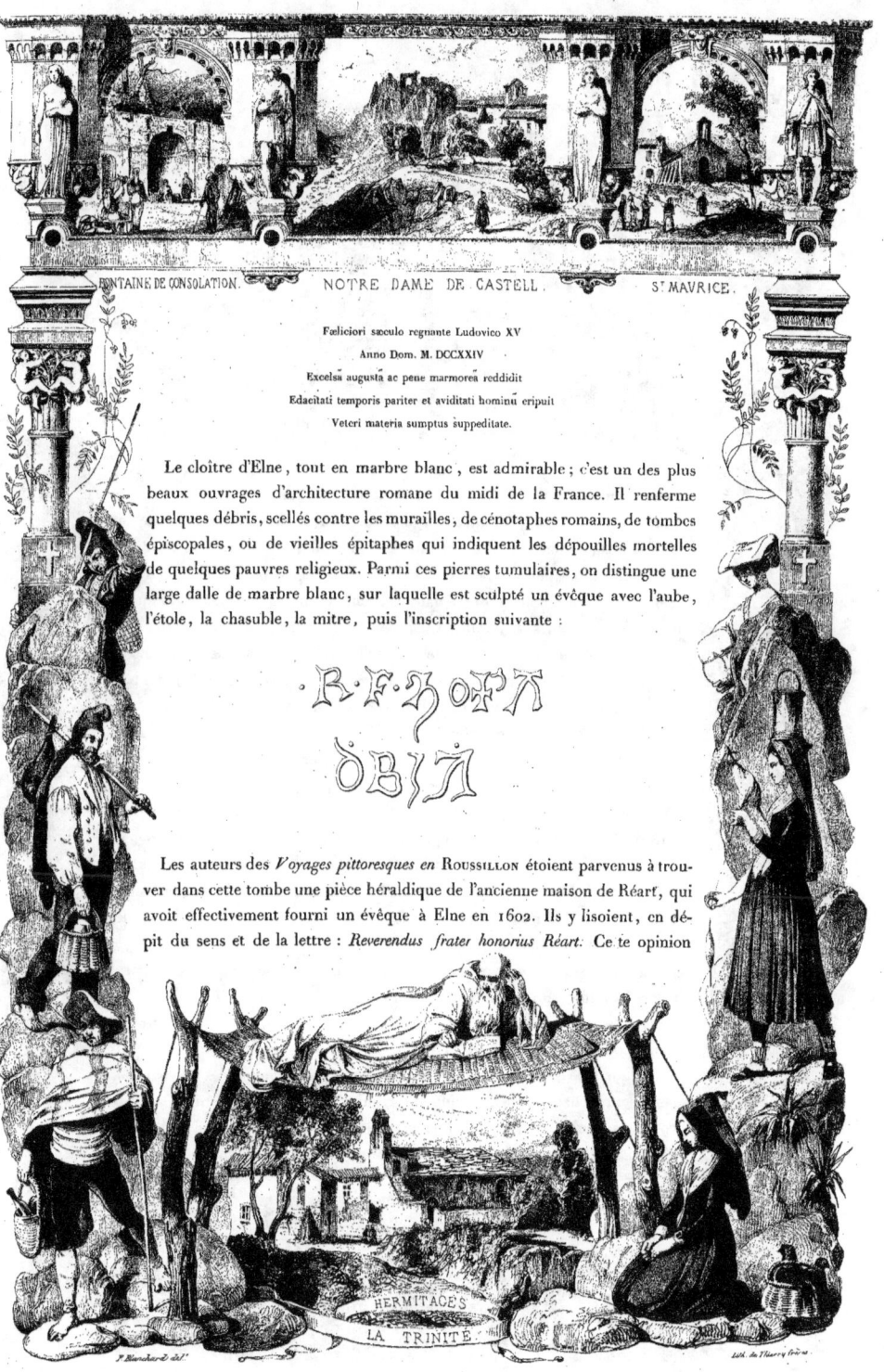

FONTAINE DE CONSOLATION. NOTRE DAME DE CASTELL. ST MAURICE.

Fæliciori sæculo regnante Ludovico XV
Anno Dom. M. DCCXXIV
Excelsa augusta ac pene marmorea reddidit
Edacitati temporis pariter et aviditati hominū eripuit
Veteri materia sumptus suppeditate.

Le cloître d'Elne, tout en marbre blanc, est admirable; c'est un des plus beaux ouvrages d'architecture romane du midi de la France. Il renferme quelques débris, scellés contre les murailles, de cénotaphes romains, de tombes épiscopales, ou de vieilles épitaphes qui indiquent les dépouilles mortelles de quelques pauvres religieux. Parmi ces pierres tumulaires, on distingue une large dalle de marbre blanc, sur laquelle est sculpté un évêque avec l'aube, l'étole, la chasuble, la mitre, puis l'inscription suivante :

Les auteurs des *Voyages pittoresques en* ROUSSILLON étoient parvenus à trouver dans cette tombe une pièce héraldique de l'ancienne maison de Réart, qui avoit effectivement fourni un évêque à Elne en 1602. Ils y lisoient, en dépit du sens et de la lettre : *Reverendus frater honorius Réart.* Cette opinion

HERMITAGE'S LA TRINITÉ.

ne peut être soutenue. Au commencement du XVIIe siècle, on n'imitoit pas, comme aujourd'hui, la forme du caractère gothique; on la méprisoit. Ce qu'il y a de certain, c'est qu'avant la révolution, on venoit faire encore sur le sarcophage anonyme, des libations de vin blanc, en mémoire de la donation d'un beau vignoble, faite au chapitre ou à l'église par un évêque d'Elne dont le bienfait s'étoit conservé dans la mémoire de ces bons ecclésiastiques, mais dont le nom s'est perdu.

Toutes les constructions, toutes les sculptures ne sont pas de la même époque; on y a évidemment travaillé du XIe au XIVe siècle; on y voit des bas-reliefs, des chapiteaux byzantins, historiés par des figures et des sujets tirés de l'Écriture sainte, des chapiteaux du XIVe siècle, à feuilles frisées; les fûts des colonnes sont cannelés, imbriqués, tors, nattés, polygones, couverts d'ornementations, ou lisses; et les piliers ont quelquefois chacune des faces d'un style et d'une époque différents. Sur la sculpture la plus ancienne on retrouve des traces de peinture, et, comme dans tous les beaux monumens d'origine byzantine, des incrustations d'émaux, de pierres de couleur, ou de verre, particulièrement dans les yeux des figurines et dans les broderies des vêtemens, ce que nous avons déjà signalé, il y a quinze ans, au bas-relief de la Charité-sur-Loire.

Les voûtes que nous voyons maintenant sont bien postérieures au cloître; ces voûtes sont en ogive, avec des nervures saillantes, croisées, et, comme dans presque tous ces monumens, elles s'appuient sur les chapiteaux des colonnes ou des piliers et sur les murs latéraux.

Chaque face de ce cloître a trois piliers carrés, non compris les piliers angulaires; entre chaque pilier on compte trois arcades cintrées, soutenues par deux colonnes doublées, ce qui donne quatre colonnes entre chaque pilier; et, colonnes, chapiteaux, bases, jusque sous le toit moderne, tout est en mar-

bre blanc. Dans ces derniers temps on a eu la barbarie de détruire, pour réparer la toiture, le premier étage qui servoit autrefois d'école publique. Suivant l'Église primitive, les écoles étoient au rez-de-chaussée; les moines instituteurs logeoient dans la galerie supérieure. Quelques monastères, dans les lieux méridionaux, n'avoient qu'un rez-de-chaussée. L'école de saint Jérôme, que nous avons vue à Bethléem, étoit de plain-pied avec le sol.

La porte qui communique de l'église au cloître est curieuse, parce qu'elle prouve que, dans le Midi, les traditions byzantines se sont perpétuées après l'invention du style ogival. Cette porte est à ogive, mais ses voussoirs sont de marbre alternativement rouge et blanc, comme le portail à plein cintre de la chapelle de la citadelle de Perpignan. Roman oriental, dont on retrouve beaucoup d'exemples dans la Lombardie et dans tout le nord de l'Italie.

Nous nous dirigerons vers la Méditerranée, pour pénétrer ensuite dans les Pyrénées, et ne plus revoir cette mer, qui baigne en même temps trois mondes, que vers les plages de Cette, de Maguelonne et d'Aigues-Mortes.

La ville, le château et le port de Collioure, offrent assez l'aspect d'un petit port d'Italie; nos dessins, et particulièrement celui qui par erreur porte le

CHATEAU DE LAROQVE

titre de Port-Vendres, est presque une vue de la côte de Gênes. Collioure est une ville très-ancienne ; elle est située au pied de hautes montagnes, à six lieues et demie de Perpignan.

Longtemps avant la domination des Romains dans les Gaules, sa destinée étoit associée à celle d'Illibéris que nous venons de visiter ; il falloit un port à la ville celtique, pour commercer avec le rivage celtibérien, dont Strabon nous vante la civilisation avancée. Telle fut l'origine de Collioure, en latin *Cauco-liber*, *Cauco-Illiberis* ou *Caucolliberis*. *Cauco* veut dire port, ou crique dans la langue basque. Cette origine probable n'est point contredite par les actes latins du moyen âge, qui mentionnent fréquemment *Caucoliberis* ; plus tard, les historiens catalans, adoptant les transformations imposées par le peuple, ont écrit : *Coplliure*, *Colliure* et *Coullioure* ; en françois, depuis Louis XIV, on prononce *Collioure*.

Le port de *Cauco-Illiberis* fut fréquenté par les flottes des Scipions, de Caton, de César et d'Auguste. Les Goths, lorsque la civilisation romane les eut subjugés, et après eux les Maures, cherchèrent à rendre profitable pour le commerce la possession de Collioure. Ce port fournit des galères à l'armée catalane, qui alla s'emparer de Constantinople et fonder un royaume en Morée ; aux rois d'Aragon, pour conquérir Majorque, et envahir la Corse, la Sardaigne et la Sicile ; à don Pèdre III, pour repousser Philippe le Hardi ; souvent à Charles-Quint pour dominer en Italie ; et à Philippe II, concurremment avec les ports d'Espagne, pour ses formidables expéditions.

CHATEAV DE CABRENS

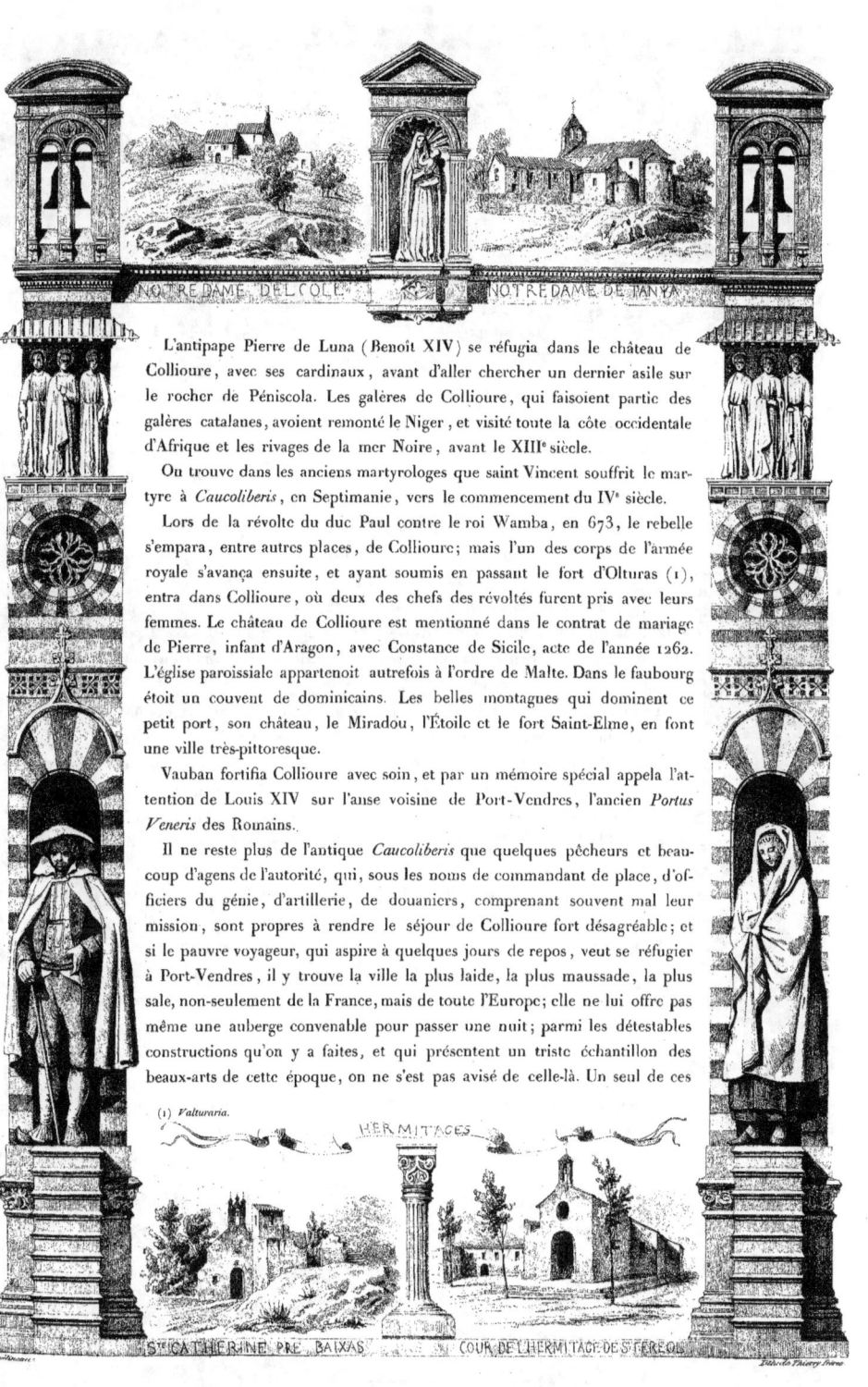

L'antipape Pierre de Luna (Benoît XIV) se réfugia dans le château de Collioure, avec ses cardinaux, avant d'aller chercher un dernier asile sur le rocher de Péniscola. Les galères de Collioure, qui faisoient partie des galères catalanes, avoient remonté le Niger, et visité toute la côte occidentale d'Afrique et les rivages de la mer Noire, avant le XIIIe siècle.

On trouve dans les anciens martyrologes que saint Vincent souffrit le martyre à *Caucoliberis*, en Septimanie, vers le commencement du IVe siècle.

Lors de la révolte du duc Paul contre le roi Wamba, en 673, le rebelle s'empara, entre autres places, de Collioure; mais l'un des corps de l'armée royale s'avança ensuite, et ayant soumis en passant le fort d'Olturas (1), entra dans Collioure, où deux des chefs des révoltés furent pris avec leurs femmes. Le château de Collioure est mentionné dans le contrat de mariage de Pierre, infant d'Aragon, avec Constance de Sicile, acte de l'année 1262. L'église paroissiale appartenoit autrefois à l'ordre de Malte. Dans le faubourg étoit un couvent de dominicains. Les belles montagnes qui dominent ce petit port, son château, le Miradou, l'Étoile et le fort Saint-Elme, en font une ville très-pittoresque.

Vauban fortifia Collioure avec soin, et par un mémoire spécial appela l'attention de Louis XIV sur l'anse voisine de Port-Vendres, l'ancien *Portus Veneris* des Romains.

Il ne reste plus de l'antique *Caucoliberis* que quelques pêcheurs et beaucoup d'agens de l'autorité, qui, sous les noms de commandant de place, d'officiers du génie, d'artillerie, de douaniers, comprenant souvent mal leur mission, sont propres à rendre le séjour de Collioure fort désagréable; et si le pauvre voyageur, qui aspire à quelques jours de repos, veut se réfugier à Port-Vendres, il y trouve la ville la plus laide, la plus maussade, la plus sale, non-seulement de la France, mais de toute l'Europe; elle ne lui offre pas même une auberge convenable pour passer une nuit; parmi les détestables constructions qu'on y a faites, et qui présentent un triste échantillon des beaux-arts de cette époque, on ne s'est pas avisé de celle-là. Un seul de ces

(1) *Valturaria.*

inutiles travaux mériteroit d'être conservé, parce qu'il constate du moins les excellentes intentions d'un bon roi pour une localité située sur une côte où les tempêtes sont fréquentes et terribles, et dans le voisinage d'un peuple brave, qui a été et qui peut devenir encore notre ennemi. C'est cette inscription qui ne date que du règne de Louis XVI : *Ce port sera à jamais un témoignage de sa bienfaisance, un refuge à toutes les nations.*

Espérons, dans l'intérêt de la province de Roussillon, et de nos possessions d'outre-mer, que l'on achèvera ce que ce prince avoit commencé, et que les autorités de ce département concourront avec plaisir à faire de la première de nos villes, du côté de l'Espagne, un asile tolérable et décent pour les étrangers et les nationaux, qui reviennent d'Afrique, où ils ont trouvé plus de propreté qu'à Port-Vendres.

Le mémoire de Rémond Sauveur, publié en 1790, est bon à reproduire; ce sera un jour l'acte de fondation d'une ville maritime qui, certainement, rendra de grands services à la France. « Les travaux de confection du Port-
« Vendres ont occupé toute l'attention de M. le maréchal de Mailly, à qui
« on doit la création de ce port, établi en quinze années, avec moins de seize
« cent mille livres de dépense, dont les fonds de la guerre et de la marine
« ont fourni plus de moitié. L'ouvrage est à sa fin, et la province a un
« port de la plus grande sûreté, capable de recevoir des frégates, avec plus de
« deux cents navires marchands de toute grandeur. Ce port est embelli par
« toute la décoration possible, et défendu par des batteries et un fort qui le
« rendent pour ainsi dire inattaquable : des quais, des magasins, un fanal, une
« fontaine d'eau vive, des rigoles pour l'écoulement des eaux de la monta-
« gne, des places pour la construction des navires ou leur radoub, des pon-
« tons pour entretenir la profondeur, en un mot, tout ce qui peut être agréable,
« utile et nécessaire, s'y trouve ; il est en activité entière, et les droits du roi,
« plus que décuplés dans l'année 1788, ont déjà prouvé combien il a servi à
« l'accroissement du commerce du Roussillon. Il falloit peupler ce lieu, et
« le roi acheta, sur ma proposition, des terrains autour du port pour bâtir

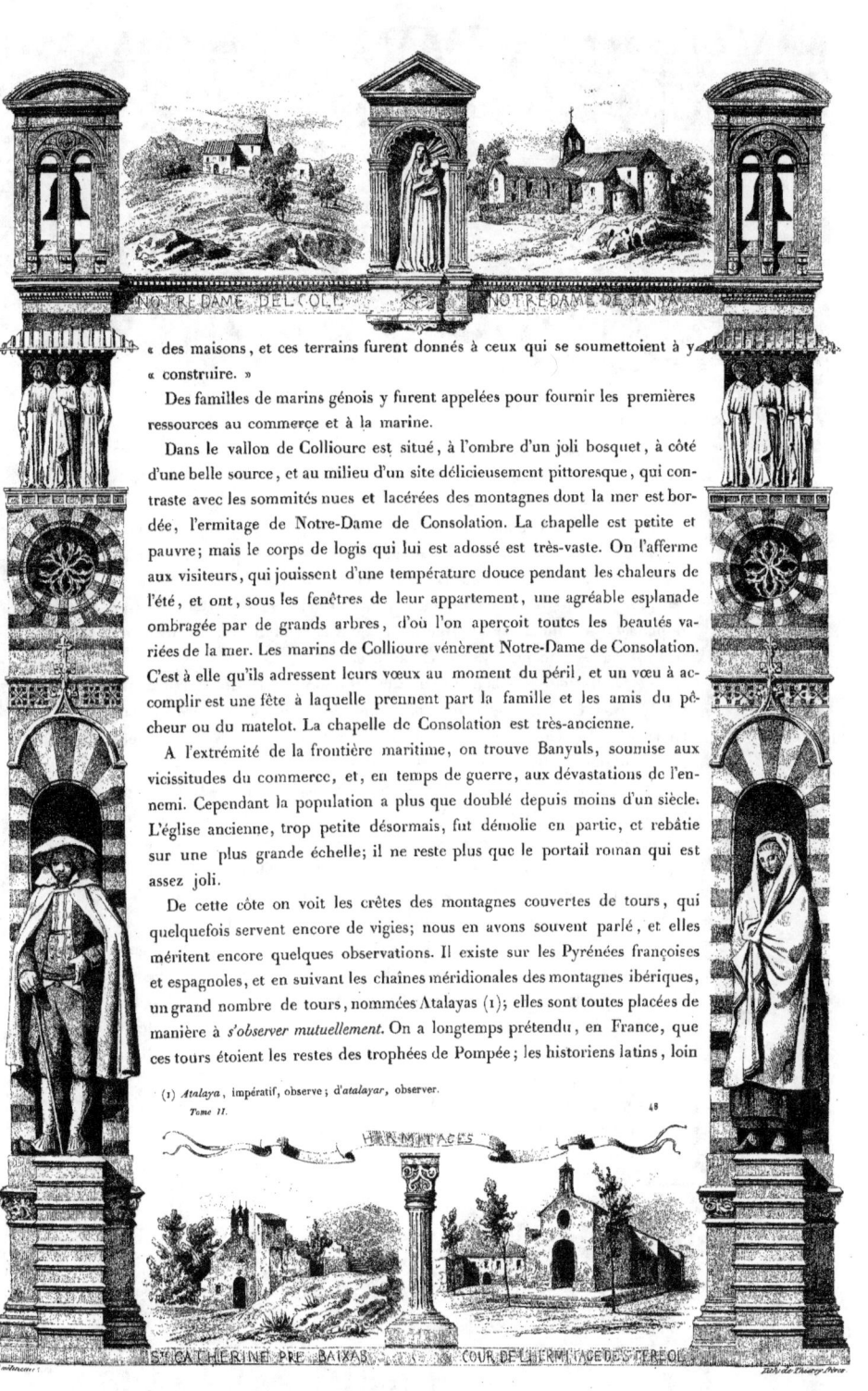

« des maisons, et ces terrains furent donnés à ceux qui se soumettoient à y
« construire. »

Des familles de marins génois y furent appelées pour fournir les premières ressources au commerce et à la marine.

Dans le vallon de Collioure est situé, à l'ombre d'un joli bosquet, à côté d'une belle source, et au milieu d'un site délicieusement pittoresque, qui contraste avec les sommités nues et lacérées des montagnes dont la mer est bordée, l'ermitage de Notre-Dame de Consolation. La chapelle est petite et pauvre; mais le corps de logis qui lui est adossé est très-vaste. On l'afferme aux visiteurs, qui jouissent d'une température douce pendant les chaleurs de l'été, et ont, sous les fenêtres de leur appartement, une agréable esplanade ombragée par de grands arbres, d'où l'on aperçoit toutes les beautés variées de la mer. Les marins de Collioure vénèrent Notre-Dame de Consolation. C'est à elle qu'ils adressent leurs vœux au moment du péril, et un vœu à accomplir est une fête à laquelle prennent part la famille et les amis du pêcheur ou du matelot. La chapelle de Consolation est très-ancienne.

A l'extrémité de la frontière maritime, on trouve Banyuls, soumise aux vicissitudes du commerce, et, en temps de guerre, aux dévastations de l'ennemi. Cependant la population a plus que doublé depuis moins d'un siècle. L'église ancienne, trop petite désormais, fut démolie en partie, et rebâtie sur une plus grande échelle; il ne reste plus que le portail roman qui est assez joli.

De cette côte on voit les crêtes des montagnes couvertes de tours, qui quelquefois servent encore de vigies; nous en avons souvent parlé, et elles méritent encore quelques observations. Il existe sur les Pyrénées françoises et espagnoles, et en suivant les chaînes méridionales des montagnes ibériques, un grand nombre de tours, nommées Atalayas (1); elles sont toutes placées de manière à *s'observer mutuellement*. On a longtemps prétendu, en France, que ces tours étoient les restes des trophées de Pompée; les historiens latins, loin

(1) *Atalaya*, impératif, observe; *d'atalayar*, observer.

de confirmer cette opinion, la contredisent formellement. On ne comprend pas comment on a pu admettre un moment cette assertion. Les trophées de Pompée n'étoient pas ces monumens épars que l'on rencontre jusqu'au royaume de Valence. En observant avec soin, on peut se convaincre, par la position de ces tours, quelquefois sur un pic, quelquefois dans un col, que cette position fut toujours subordonnée à la nécessité d'apercevoir, du point choisi, les deux tours situées en avant et en arrière de ce même point. Dans quel but furent bâtis ces monumens? Nul doute que c'étoient des tours d'observation; c'étoit très-probablement chez les Romains, un système de correspondance continué par les Maures, et dont la combinaison de nos lignes télégraphiques peut présenter quelque idée.

L'usage des tours est bien ancien sur le littoral de la Méditerranée. Annibal, fuyant Carthage, se réfugia dans une tour, avant de s'embarquer pour l'Asie Mineure. La côte de Brindisi est couverte de ces tours. Les maisons de campagne de Barcelone s'appellent encore *torres*, c'est-à-dire tours; il en est de même de quelques fermes situées dans le territoire de Banyuls, qui termine la partie orientale des Pyrénées. Les Romains avoient des lignes télégraphiques, au moyen de tours. La tour Magne, à Nîmes, correspondoit, du côté de la métropole, avec la tour de Bellegarde, située près du Rhône. Probablement aussi elle correspondoit avec la Celtibérie, la Tarragonaise et la Bétique, par la ligne des tours déjà indiquée, et que les barbares détruisirent au moment de l'invasion. Plus tard, les Maures, maîtres de l'Espagne, et les yeux sans cesse tournés vers la France, seule contrée où ils eussent rencontré résistance et péril, rebâtirent les tours romaines pour mieux surveiller les Franks. Lorsque le ROUSSILLON devint le fief d'un chevalier frank, celui-ci entretint les tours, pour surveiller à son tour les mouvemens des Wali de Barcelone.

Plus tard, lorsque les guerres du moyen âge eurent subdivisé l'empire de Charlemagne, les tours du ROUSSILLON, situées sur des lieux élevés et solitaires, furent fortifiées, et quelques-unes reçurent une petite garnison. Après

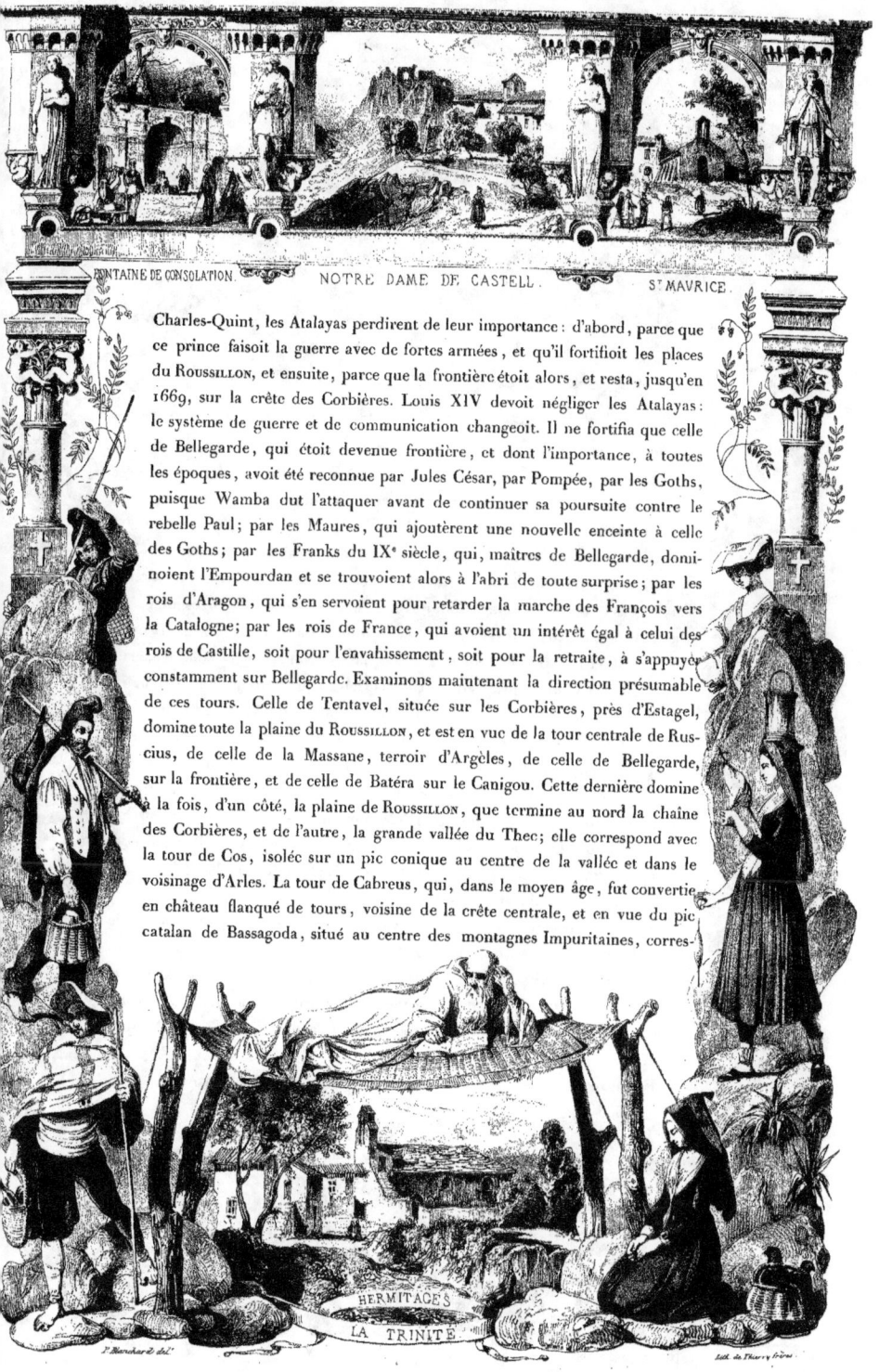

FONTAINE DE CONSOLATION. NOTRE DAME DE CASTELL. St MAURICE.

Charles-Quint, les Atalayas perdirent de leur importance : d'abord, parce que ce prince faisoit la guerre avec de fortes armées, et qu'il fortifioit les places du Roussillon, et ensuite, parce que la frontière étoit alors, et resta, jusqu'en 1669, sur la crête des Corbières. Louis XIV devoit négliger les Atalayas : le système de guerre et de communication changeoit. Il ne fortifia que celle de Bellegarde, qui étoit devenue frontière, et dont l'importance, à toutes les époques, avoit été reconnue par Jules César, par Pompée, par les Goths, puisque Wamba dut l'attaquer avant de continuer sa poursuite contre le rebelle Paul; par les Maures, qui ajoutèrent une nouvelle enceinte à celle des Goths; par les Franks du IX⁰ siècle, qui, maîtres de Bellegarde, dominoient l'Empourdan et se trouvoient alors à l'abri de toute surprise; par les rois d'Aragon, qui s'en servoient pour retarder la marche des François vers la Catalogne; par les rois de France, qui avoient un intérêt égal à celui des rois de Castille, soit pour l'envahissement, soit pour la retraite, à s'appuyer constamment sur Bellegarde. Examinons maintenant la direction présumable de ces tours. Celle de Tentavel, située sur les Corbières, près d'Estagel, domine toute la plaine du Roussillon, et est en vue de la tour centrale de Ruscius, de celle de la Massane, terroir d'Argèles, de celle de Bellegarde, sur la frontière, et de celle de Batéra sur le Canigou. Cette dernière domine à la fois, d'un côté, la plaine de Roussillon, que termine au nord la chaîne des Corbières, et de l'autre, la grande vallée du Thec; elle correspond avec la tour de Cos, isolée sur un pic conique au centre de la vallée et dans le voisinage d'Arles. La tour de Cabreus, qui, dans le moyen âge, fut convertie en château flanqué de tours, voisine de la crête centrale, et en vue du pic catalan de Bassagoda, situé au centre des montagnes Impuritaines, corres-

HERMITAGES LA TRINITÉ.

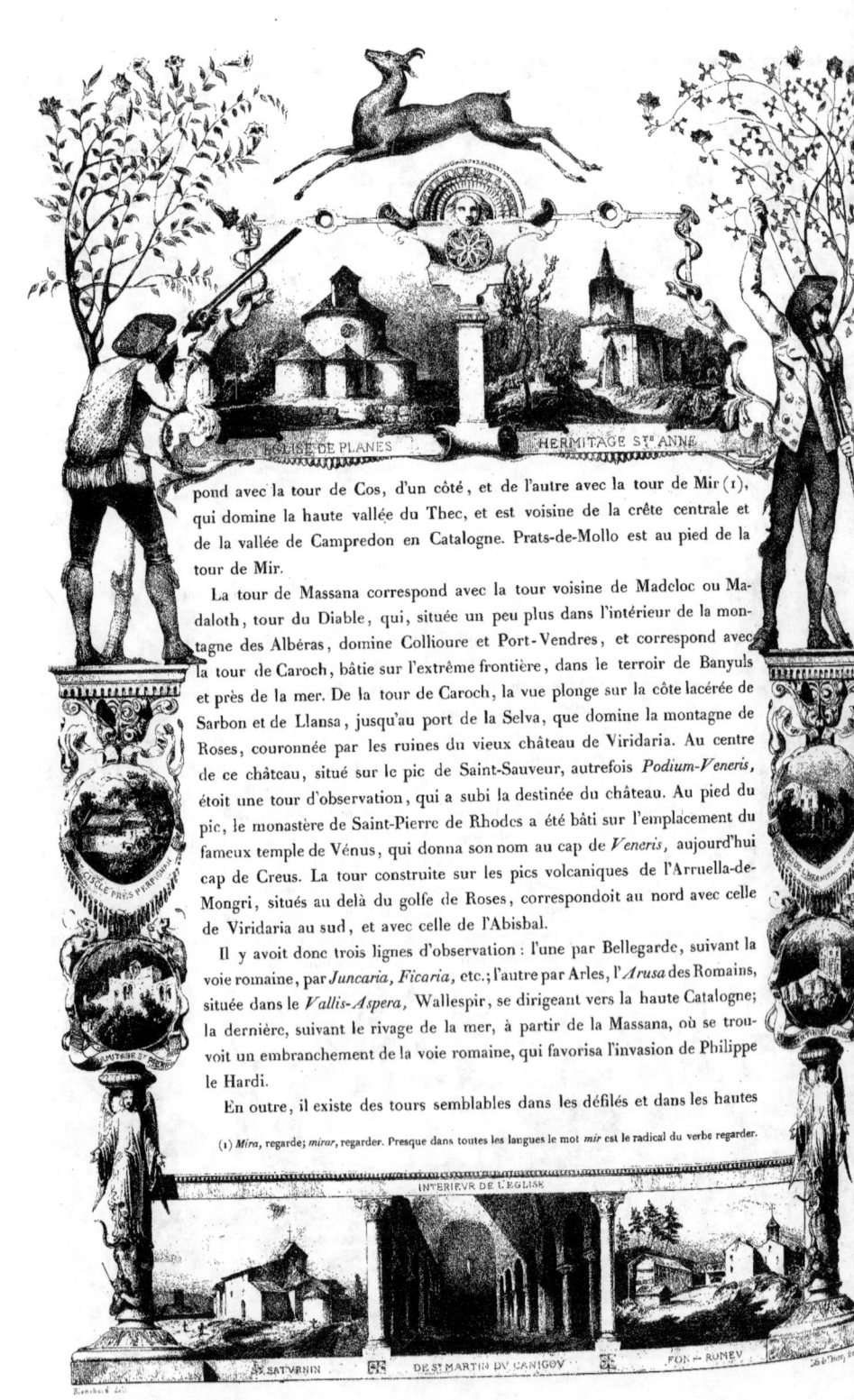

pond avec la tour de Cos, d'un côté, et de l'autre avec la tour de Mir (1), qui domine la haute vallée du Thec, et est voisine de la crête centrale et de la vallée de Campredon en Catalogne. Prats-de-Mollo est au pied de la tour de Mir.

La tour de Massana correspond avec la tour voisine de Madeloc ou Madaloth, tour du Diable, qui, située un peu plus dans l'intérieur de la montagne des Albéras, domine Collioure et Port-Vendres, et correspond avec la tour de Caroch, bâtie sur l'extrême frontière, dans le terroir de Banyuls et près de la mer. De la tour de Caroch, la vue plonge sur la côte lacérée de Sarbon et de Llansa, jusqu'au port de la Selva, que domine la montagne de Roses, couronnée par les ruines du vieux château de Viridaria. Au centre de ce château, situé sur le pic de Saint-Sauveur, autrefois *Podium-Veneris*, étoit une tour d'observation, qui a subi la destinée du château. Au pied du pic, le monastère de Saint-Pierre de Rhodes a été bâti sur l'emplacement du fameux temple de Vénus, qui donna son nom au cap de *Veneris*, aujourd'hui cap de Creus. La tour construite sur les pics volcaniques de l'Arruella-de-Mongri, situés au delà du golfe de Roses, correspondoit au nord avec celle de Viridaria au sud, et avec celle de l'Abisbal.

Il y avoit donc trois lignes d'observation : l'une par Bellegarde, suivant la voie romaine, par *Juncaria, Ficaria,* etc.; l'autre par Arles, l'*Arusa* des Romains, située dans le *Vallis-Aspera,* Wallespir, se dirigeant vers la haute Catalogne; la dernière, suivant le rivage de la mer, à partir de la Massana, où se trouvoit un embranchement de la voie romaine, qui favorisa l'invasion de Philippe le Hardi.

En outre, il existe des tours semblables dans les défilés et dans les hautes

(1) *Mira,* regarde; *mirar,* regarder. Presque dans toutes les langues le mot *mir* est le radical du verbe regarder.

St ANTOINE DE GALAMUS

vallées de la Thet, au nord et à l'ouest du Canigou. Les Romains et les Maures attachoient une haute importance à la possession de la Cerdagne, qui livre passage, d'un côté, par la profonde vallée du Sègre, vers Lérida; de l'autre, par les vallées de l'Ariége, de l'Aude et de la Thet, vers tout le midi de la France. Les premiers y fondèrent la ville de *Podium-Ceretania*, *Puig-Cerda*, que l'on écrit maintenant Puycerda, et la colonie de *Livia*, *Llivia*. Les seconds y livrèrent de fréquentes batailles.

La plupart de ces tours ont quarante pieds d'élévation et autant de circonférence; les murs ont six et sept pieds d'épaisseur; l'escalier est pratiqué dans cette épaisseur; elles ont deux étages voûtés, terminés par une plate-forme garnie d'un parapet, et avoient en outre deux étages intermédiaires en bois, dont il ne reste plus de trace. Sous le rez-de-chaussée étoit la citerne, indispensable sur des points aussi élevés, et privés d'eau. La porte unique, située au sud ou à l'est, et deux lucarnes assez élevées au-dessus du sol, suffisoient pour éclairer l'intérieur de la tour.

Quelques-uns de ces Atalayas sont admirablement situés sous les rapports pittoresques, et offrent généralement le sujet de délicieux tableaux.

GROTTE A St ANTOINE DE GALAMUS — NOTRE DAME DE PEINE

VUE GÉNÉRALE DE GALAMUS
L'HERMITAGE

CHATEAU DE LAROQUE

Dans ces sévères montagnes, nous rencontrons l'ermitage de Castell, situé au sommet d'une côte rapide, sur des rochers abruptes, dans un terrain sans arbres et sans verdure, mais cette solitude domine le bassin du Roussillon, et le voyageur est dédommagé de ses fatigues par la vue magnifique, le riche tableau qui l'attendent sur l'esplanade de Castell. Notre-Dame est la patronne de la chapelle; c'est la protectrice des pauvres; le plus ordinairement ils la nomment Notre-Dame de Consolation; mais les noms qu'on lui donne sont aussi variés que ses attributs. Le peuple aime qui le protége, et il aime à croire que Dieu et les saints le protégent : c'est pourquoi il affectionne les églises, les chapelles et les ermitages. Dans ces lieux consacrés à la prière, il est plus près de Dieu ou du saint qu'il révère, et un beau site adoucit quelquefois sa mélancolie; là, il espère, il se repose et se croit heureux; aussi les peuples pauvres sont-ils les plus portés de tous à la fréquentation des lieux saints.

La chapelle de Castell est fort ancienne; elle est située dans le terrain de Laroque, et sur les Albéras, qui forment un tableau si pittoresque au sud de la plaine d'Elne. Cette montagne sépare le château de Bellegarde de Port-Vendres, Collioure et Banyuls. C'est pour la France la partie la plus orientale des Pyrénées.

Puisque nous venons de visiter les lieux qui avoisinent Bellegarde, nous jetterons un coup d'œil sur le château de l'Écluse. La dénomination latine de *Clausuras*, déjà altérée dans l'expression catalane de Clusas, la *Clusa*, a été

CHATEAU DE CABRENS

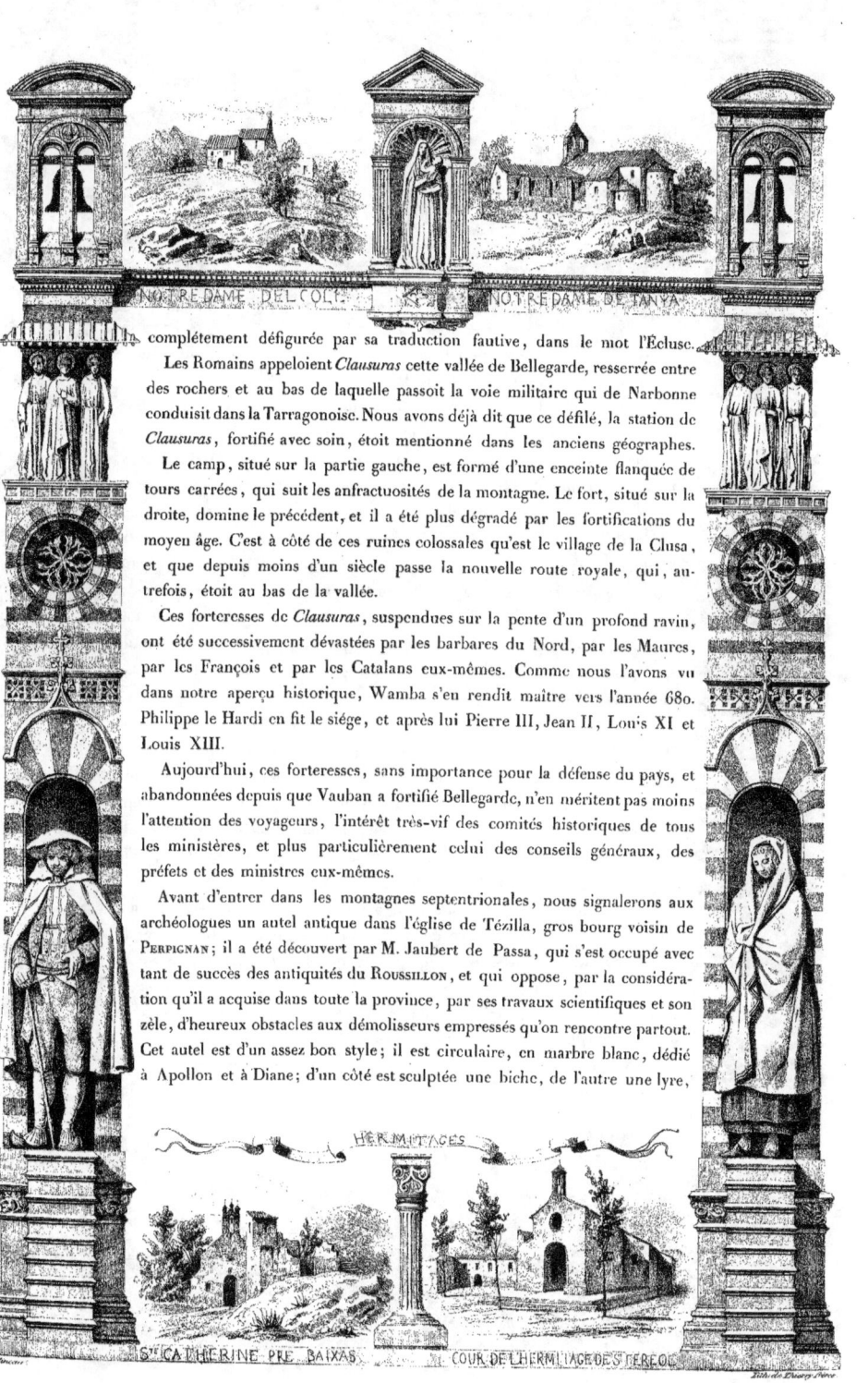

complétement défigurée par sa traduction fautive, dans le mot l'Écluse.

Les Romains appeloient *Clausuras* cette vallée de Bellegarde, resserrée entre des rochers et au bas de laquelle passoit la voie militaire qui de Narbonne conduisoit dans la Tarragonoise. Nous avons déjà dit que ce défilé, la station de *Clausuras*, fortifié avec soin, étoit mentionné dans les anciens géographes.

Le camp, situé sur la partie gauche, est formé d'une enceinte flanquée de tours carrées, qui suit les anfractuosités de la montagne. Le fort, situé sur la droite, domine le précédent, et il a été plus dégradé par les fortifications du moyen âge. C'est à côté de ces ruines colossales qu'est le village de la Clusa, et que depuis moins d'un siècle passe la nouvelle route royale, qui, autrefois, étoit au bas de la vallée.

Ces forteresses de *Clausuras*, suspendues sur la pente d'un profond ravin, ont été successivement dévastées par les barbares du Nord, par les Maures, par les François et par les Catalans eux-mêmes. Comme nous l'avons vu dans notre aperçu historique, Wamba s'en rendit maître vers l'année 680. Philippe le Hardi en fit le siége, et après lui Pierre III, Jean II, Louis XI et Louis XIII.

Aujourd'hui, ces forteresses, sans importance pour la défense du pays, et abandonnées depuis que Vauban a fortifié Bellegarde, n'en méritent pas moins l'attention des voyageurs, l'intérêt très-vif des comités historiques de tous les ministères, et plus particulièrement celui des conseils généraux, des préfets et des ministres eux-mêmes.

Avant d'entrer dans les montagnes septentrionales, nous signalerons aux archéologues un autel antique dans l'église de Tézilla, gros bourg voisin de Perpignan ; il a été découvert par M. Jaubert de Passa, qui s'est occupé avec tant de succès des antiquités du Roussillon, et qui oppose, par la considération qu'il a acquise dans toute la province, par ses travaux scientifiques et son zèle, d'heureux obstacles aux démolisseurs empressés qu'on rencontre partout. Cet autel est d'un assez bon style ; il est circulaire, en marbre blanc, dédié à Apollon et à Diane ; d'un côté est sculptée une biche, de l'autre une lyre,

séparées par des branches de laurier ; il est sous le retable du maître-autel : sa grandeur est d'environ trois pieds.

La pauvre église de Canet s'élève près de l'embouchure de la Tet, à deux lieues de Perpignan. Canet fut autrefois une ville qui eut une certaine puissance. Les vicomtes avoient un rang distingué auprès des comtes de Roussillon, et dans les cours de Majorque, d'Aragon et de Castille. La possession du château de Canet étoit importante ; elle fut chèrement acquise à Philippe le Hardi, à Louis XI, à François Iᵉʳ, à Henri IV, à Louis XIII, à Louis XIV, et à Pierre III, lorsqu'il cherchoit à détrôner le roi de Majorque. La peste de 1350 dépeupla cette ville. Au milieu de quelques maisons entourées de décombres et de ruines, subsiste encore l'église romane, dépouillée de tous ses ornemens et dégradée par l'ignorance et par la misère. La foible population qui végète autour d'elle est dévorée par les fièvres dont l'infectent les marais voisins.

L'église de Boulou est placée sur la rive gauche du Thec et la route royale d'Espagne. Station militaire des Romains (1), mentionnée dans Antonin et la carte de Peutinger, cette station devint, sous les Goths, un bourg dont les murailles d'enceinte furent d'abord réparées, et plus tard flanquées de tours. L'église est du Xᵉ au XIᵉ siècle. Son portail, en marbre blanc, est élégant. La frise est ornée d'un bas-relief représentant la vie de Jésus-Christ. Cette église fut, dit-on, possédée par les templiers.

Dans les débris de murs que nous avons pu étudier en ce lieu, nous avons remarqué cette manière de bâtir des Arabes, qui consiste à élever des murs en cailloux, noyés dans une grande quantité de mortier, ou à construire deux murs d'épaisseur moyenne, à deux ou trois pieds de distance, en style réticulaire, et à remplir ce vide de terre battue, de pierres brisées, ou de cailloux. Séville et Cordoue ont des constructions semblables, qui résistent à l'action du temps depuis plusieurs siècles et dont la force est extraordinaire.

On voit plus loin, dans la haute vallée, près de Bellegarde, l'église de Saint-

(1) Stabulum.

Martin d'Albéra, très-petit monument, modèle en miniature des églises romanes; elle est bâtie en pierres de tailles; sa porte est ornée avec goût, et la corniche de l'abside offre, pour caractère essentiel, comme ornements, des cubes encaissés se touchant par les angles.

Nous arrivons au pont de Céret, l'un des beaux monumens du moyen âge et qui étoit, avec celui du Vieil-Brioude en Auvergne, le plus grand et le plus curieux de l'ancienne France; celui de Brioude n'existe plus.

C'est l'opinion de quelques écrivains, et notamment de Marca, que la ville de Céret a été bâtie sur la station militaire de *Centuriones*, mentionnée dans les géographes de l'antiquité. Sous Charlemagne, Céret s'appeloit *Ceredisium* ou *Seresidium*.

Quoi qu'il en soit de l'opinion controversée de Marca, un pont romain a existé sur le Thet; nous avons vu ses ruines; probablement il en reste encore quelques débris; il fut détruit, sans doute, dans les premières irruptions des barbares, et ensuite on en reconstruisit un nouveau. Mais quel peuple le reconstruisit? Le pont que nous admirons maintenant est-il l'œuvre des Goths qui régnèrent sur le Roussillon, ou le doit-on aux princes de la race aragonoise? Une date, 1333, gravée sur une des piles, a été l'objet de

PONT DE CÉRET

controverses très-curieuses. Le savant M. Jaubert de Passa croit que c'est un monument des Wisigoths, et nous donnons avec plaisir l'avis qu'il nous a fait passer, parce que nous serions heureux que la France possédât un aussi beau monument de cette époque.

« Ce pont, réparé l'an 1333, est formé d'une seule arche assise sur des
« rochers, et ayant cent quarante-quatre pieds d'ouverture, sur soixante et
« dix-huit d'élévation. Pour éviter la dépense et la pesanteur d'un massif
« plein, les deux culées sont percées, à plus de quarante pieds au-dessus
« de l'eau, d'arcades à plein cintre, comme l'arche principale.

« En découvrant la date de 1333, gravée sur une culée, on a pensé et écrit
« qu'elle indiquoit l'époque de la construction du pont. Cette opinion n'est
« pas admissible; depuis 1250, toutes les voûtes sont ogiviques en ROUSSILLON;
« d'ailleurs, cette construction gigantesque a exigé du temps, beaucoup de
« bras, et des sommes considérables. Il ne peut être l'ouvrage de don Jayme Ier
« d'Aragon, qui guerroya toute sa vie contre les Maures; il ne peut être celui
« de son fils puîné don Jayme de Majorque, qui avoit le plus grand in-
« térêt à rendre les communications difficiles avec la Catalogne, où comman-
« doit le roi don Pédro, son frère aîné et son ennemi. Ce n'est pas non plus
« don Sanche, frère des précédens, qui fit longtemps la guerre, et mourut
« l'an 1324; ni don Jayme II de Majorque, dont la politique fut si étroite,
« le caractère si inconstant, et la destinée si malheureuse.

« Ce pont est l'ouvrage d'un roi wisigoth, parce que, seul, un roi de cette
« race avoit un intérêt majeur à s'assurer en tout temps le passage du Thec,
« pour défendre la position de ses États, situés au nord des Pyrénées. Nous
« savons que les Wisigoths cultivoient avec succès les arts et les lettres, et
« le pont de Céret suppose des connoissances approfondies dans la char-
« pente, la taille des pierres et l'art de construire. »

Le pont de Céret est admirable; les Wisigoths aimoient les arts; mais si ce monument a été construit sous leur règne, c'est par des Roussillonnois ou des Catalans. Les Goths ont encouragé l'architecture, mais ils n'étoient pas artistes, et tous les monumens qui portent leurs noms sont dus aux arts de la civilisation romaine et du Bas-Empire.

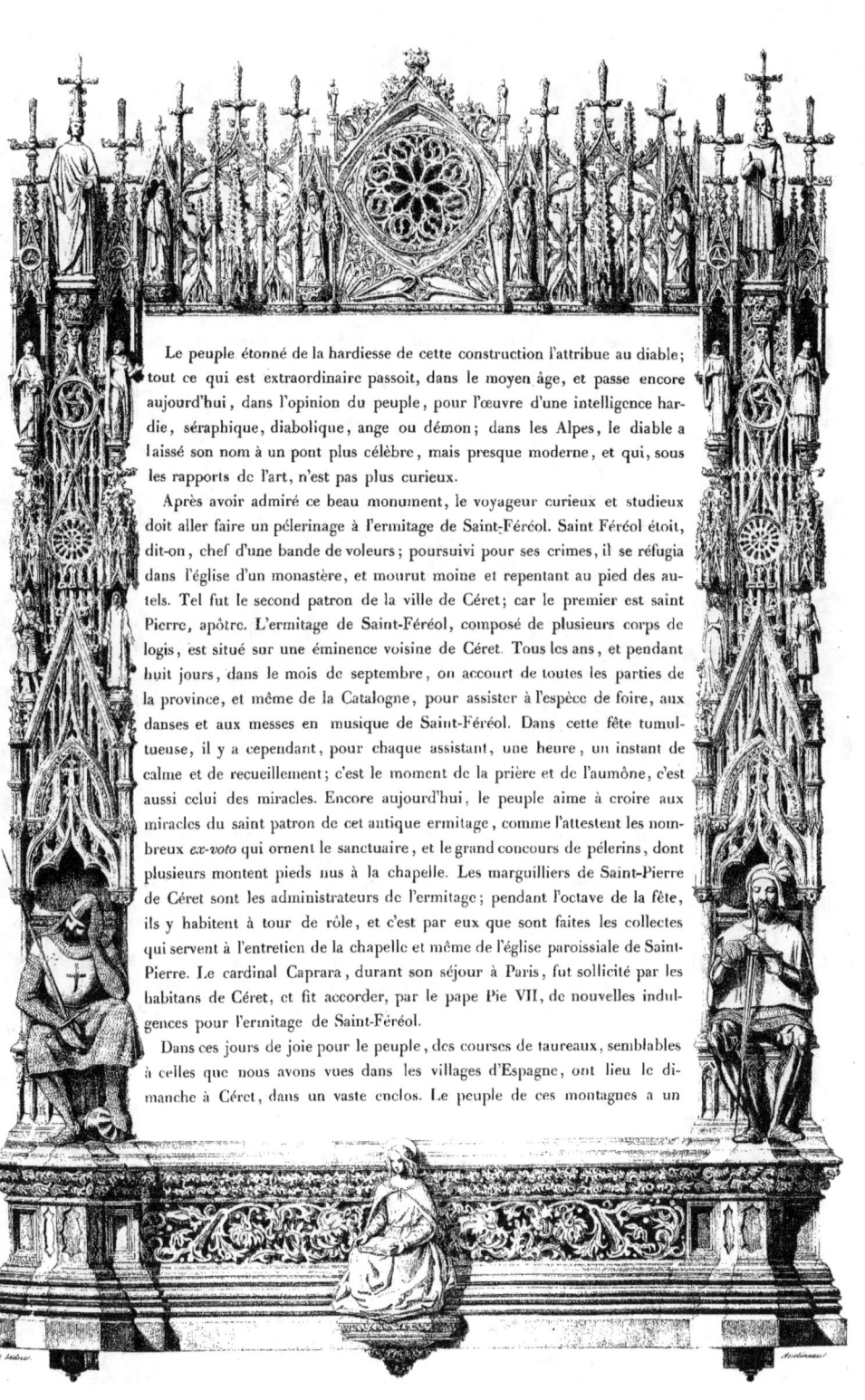

Le peuple étonné de la hardiesse de cette construction l'attribue au diable; tout ce qui est extraordinaire passoit, dans le moyen âge, et passe encore aujourd'hui, dans l'opinion du peuple, pour l'œuvre d'une intelligence hardie, séraphique, diabolique, ange ou démon; dans les Alpes, le diable a laissé son nom à un pont plus célèbre, mais presque moderne, et qui, sous les rapports de l'art, n'est pas plus curieux.

Après avoir admiré ce beau monument, le voyageur curieux et studieux doit aller faire un pélerinage à l'ermitage de Saint-Féréol. Saint Féréol étoit, dit-on, chef d'une bande de voleurs; poursuivi pour ses crimes, il se réfugia dans l'église d'un monastère, et mourut moine et repentant au pied des autels. Tel fut le second patron de la ville de Céret; car le premier est saint Pierre, apôtre. L'ermitage de Saint-Féréol, composé de plusieurs corps de logis, est situé sur une éminence voisine de Céret. Tous les ans, et pendant huit jours, dans le mois de septembre, on accourt de toutes les parties de la province, et même de la Catalogne, pour assister à l'espèce de foire, aux danses et aux messes en musique de Saint-Féréol. Dans cette fête tumultueuse, il y a cependant, pour chaque assistant, une heure, un instant de calme et de recueillement; c'est le moment de la prière et de l'aumône, c'est aussi celui des miracles. Encore aujourd'hui, le peuple aime à croire aux miracles du saint patron de cet antique ermitage, comme l'attestent les nombreux *ex-voto* qui ornent le sanctuaire, et le grand concours de pélerins, dont plusieurs montent pieds nus à la chapelle. Les marguilliers de Saint-Pierre de Céret sont les administrateurs de l'ermitage; pendant l'octave de la fête, ils y habitent à tour de rôle, et c'est par eux que sont faites les collectes qui servent à l'entretien de la chapelle et même de l'église paroissiale de Saint-Pierre. Le cardinal Caprara, durant son séjour à Paris, fut sollicité par les habitants de Céret, et fit accorder, par le pape Pie VII, de nouvelles indulgences pour l'ermitage de Saint-Féréol.

Dans ces jours de joie pour le peuple, des courses de taureaux, semblables à celles que nous avons vues dans les villages d'Espagne, ont lieu le dimanche à Céret, dans un vaste enclos. Le peuple de ces montagnes a un

vif amour pour ces jeux sauvages, mais nationaux et antiques, et le pouvoir sera longtemps impuissant pour les supprimer.

L'an 821 de Jésus-Christ, Louis le Pieux ou le Débonnaire, *Ludouvicus piissimus augustus*, disoit la charte, prit sous sa protection l'abbé Castellan et les moines (1) du monastère de Sainte-Marie d'Arles, qui avoit été rebâti sur les ruines d'un ancien monastère (2). Ce monastère fut plusieurs fois dévasté, notamment par les Normands, et l'an 862 sous Charles le Chauve. L'année 1046, Wiffred ou Guiffred, archevêque de Narbonne, assisté de Bérenger IV, évêque d'Elne, consacra la nouvelle église abbatiale d'Arles. Cette église fut réparée, agrandie et consacrée de nouveau dans le courant de l'année 1157, par Bérenger, archevêque de Narbonne.

Ces divers actes gardent le silence sur le cloître ogival que nous avons dessiné; c'est qu'en effet il est postérieur à la dernière construction de l'église et du monastère. Ce dernier étoit vaste, et cependant suffisoit à peine, dans le moyen âge, à l'opulent abbé d'Arles. L'église est à trois nefs, ornée de chapelles sur les bas-côtés; les ornemens en marbre n'y sont pas rares.

Avant la révolution, cette abbaye de bénédictins étoit déjà réunie à la mense épiscopale de Perpignan, et de ce riche monument il ne reste, pour la ville, qu'une belle église, devenue paroissiale, et le trésor de cette église qui se composoit des reliques des saints Abdon et Sennen, et d'une tombe miraculeuse. On peut lire avec quelque intérêt la légende naïve de ces jeunes princes persans qui souffrirent le martyre sous les empereurs, et dont les reliques viennent de Rome.

Vers le temps de Charlemagne, la ville d'Arles étoit désolée par la peste et par l'apparition de bêtes sauvages, devant lesquelles tout fuyoit. L'abbé Arnulphe, réputé par sa science, sa piété, ses vertus et ses cantiques, entreprit le pélerinage de Rome, pour y visiter les tombeaux des saints apôtres

---

(1) *Turba monachorum.*

(2) *Monasterium, in ædificia antiqua construxerit*, dit la charte royale; et Marca ajoute : *Nam illud monasterium esse multo antiquius*, etc. Marca, Appendix, num. 3, col. 767.

et demander des reliques au saint-père. Arrivé à Rome, ses prières continuelles, dans l'église Saint-Laurent, le firent recevoir favorablement du pape, qui lui promit les reliques dont il lui feroit la demande. La nuit suivante, l'abbé vit en songe, dans le cimetière de l'église Saint-Laurent, deux tombeaux d'où jaillissoient deux sources de sang. Une voix mystérieuse lui dit : Sous ces tombes sont les reliques des saints martyrs Abdon et Sennen, que Dieu accorde à tes prières pour mettre un terme aux calamités de ta patrie. Le saint-père, instruit du songe, fit aussitôt venir Arnulphe, et, en présence de tout le clergé romain, lui donna les bienheureuses reliques.

Arnulphe, voulant mettre son trésor à l'abri des insultes et du pillage, l'enveloppa de toile bitumineuse et le déposa au centre d'un baril dont les deux extrémités contenoient l'eau nécessaire pour une longue traversée. Parvenu au port d'Ostie, le pieux abbé guérit une femme démoniaque, en lui faisant avaler quelques gouttes de l'eau du baril. Sur mer, le démon souleva une violente tempête. L'abbé se met à genoux et invoque les saints martyrs : aussitôt deux jeunes hommes d'une admirable beauté, comme on nous peint les anges, paroissent au gouvernail ; les vents s'apaisent, et le navire entre sans danger dans le port de Kadaquers, auprès de Roses. Une chapelle encore existante indique le lieu du débarquement.

De Kadaquers à Arles, de nouveaux miracles avertissent le peuple catalan que de saintes reliques traversent la contrée. Près d'Arles, les blasphèmes du muletier irritent le ciel. Le muletier tombe dans un précipice, et, tandis qu'Arnulphe est en prière, les cloches de l'abbaye, sonnant d'elles-mêmes, avertissent le saint abbé que le mulet, avec son précieux fardeau, vient d'atteindre le terme de son voyage. Le peuple accourt, les moines s'empressent autour de leur supérieur, et les reliques sont déposées sur l'autel Notre-Dame. L'eau du baril est versée dans un sarcophage antique déposé à la porte de l'église, et depuis longtemps privé des dépouilles qu'il avoit renfermées. Cette eau est d'abord donnée aux pauvres infirmes pour les soulager ; elle opère des miracles, et pendant dix siècles, les moines en distribuent sans cesse aux fidèles, sans jamais l'épuiser.

Le temps, puissamment aidé par les révolutions, a ruiné le monastère, chassé les moines, livré le cloître à la destruction, et dépouillé un vieux monument de l'architecture romane de sa pompe religieuse; mais l'église abbatiale est encore debout; la tombe miraculeuse, scellée contre la façade de l'église est toujours vénérée des fidèles, son sanctuaire possède encore les précieuses reliques des saints martyrs Abdon et Sennen; et dans une chapelle latérale, une pierre tumulaire indique le lieu où reposent les ossemens de l'abbé Arnulphe.

Sur la façade de l'église est la pierre tumulaire d'un religieux bénédictin; trois débris d'un autre monument, rapprochés de cette pierre, lui donnent la forme d'une croix. Un chevalier d'Oms alloit succomber, dévoré par une maladie terrible; il eut recours à l'eau de la tombe miraculeuse, il fut guéri ; par reconnoissance il se fit moine, et mourut longtemps après dans ce monastère. D'Alembert fit un voyage dans le Roussillon, visita la tombe des martyrs, et respecta la légende et la croyance du curé qui l'accompagnoit.

L'abbé d'Arles, exerça longtemps une puissance épiscopale dans le haut Vallespir (1), qui dépendoit du puissant comté de Bésalu. L'abbé d'Arles, avec le temps, s'étoit approprié les revenus de l'église de Coustouges, ceux d'un grand nombre d'autres églises, et, en dépit de toutes les oppositions, se créoit et se fortifioit une position indépendante. Il réunit à tous ses titres celui d'abbé de Saint-André de Suréda; mais enfin, lorsqu'il fut assez puissant, assez riche pour exciter la jalousie, sa crosse fut réunie à la crosse épiscopale d'Elne. Si la révolution de 1789 n'avoit détruit qu'un couvent déchu en bénéfice, il y auroit peu à regretter; mais dans le grand nombre de nos richesses monumentales et antiques, réduites en poussière et jetées aux vents, il faut encore compter cet antique monastère, fondé par les Goths, restauré par Charlemagne et Louis le Débonnaire, et comme tant d'autres, dont les religieux enseignèrent l'agriculture aux hommes qui les entouroient, prêta dans ses cloîtres un asile à l'intelligence et aux études humaines.

L'église a été construite en 1045 : de cette date romane, il ne reste que la façade. Sa porte est curieuse, d'un beau style grave et de ce sentiment antique, qu'on rencontre avec tant de plaisir dans l'architecture romane du midi de la France. La partie supérieure de cette porte est formée par un seul morceau de

(1) *Vallis aspera.*

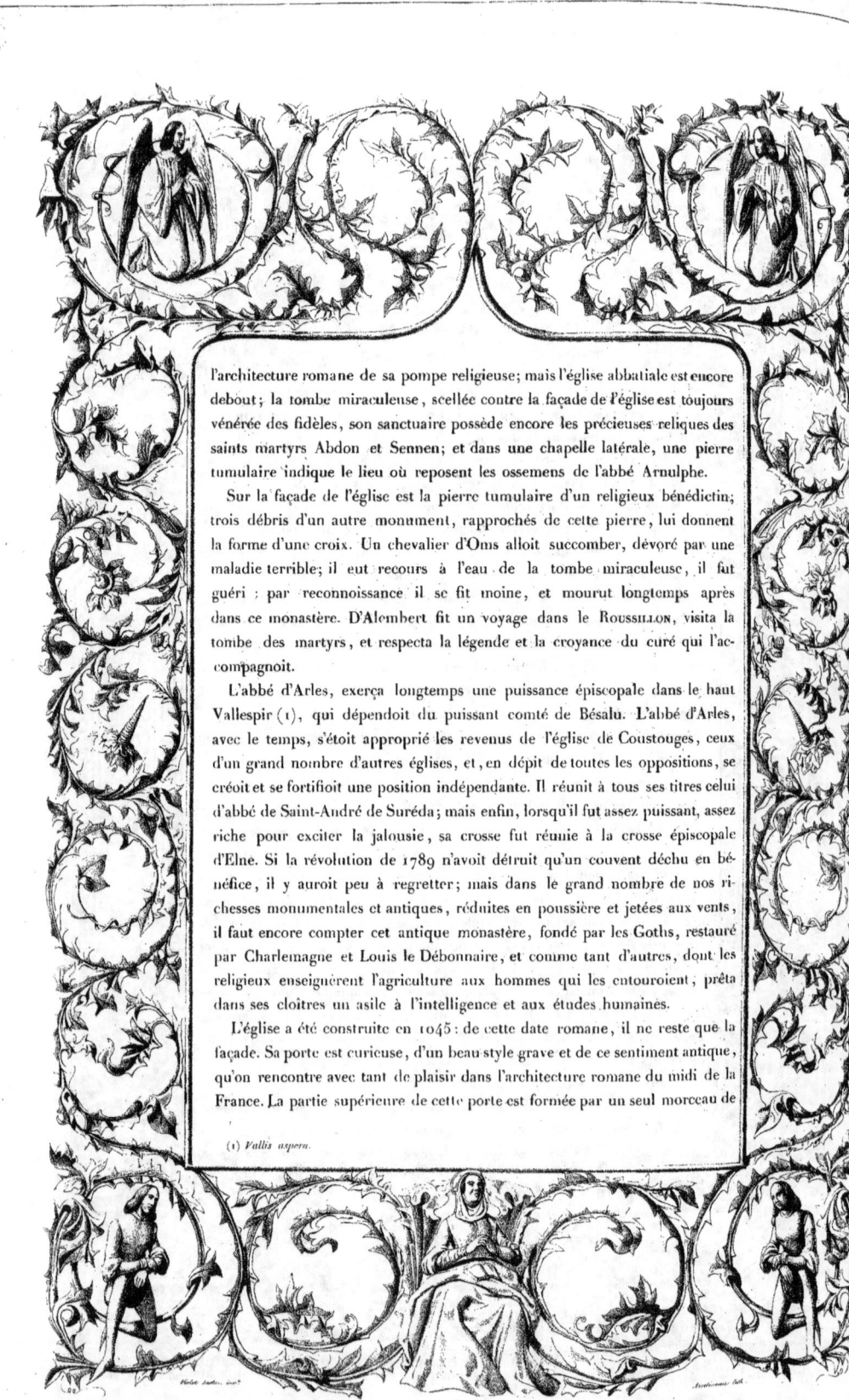

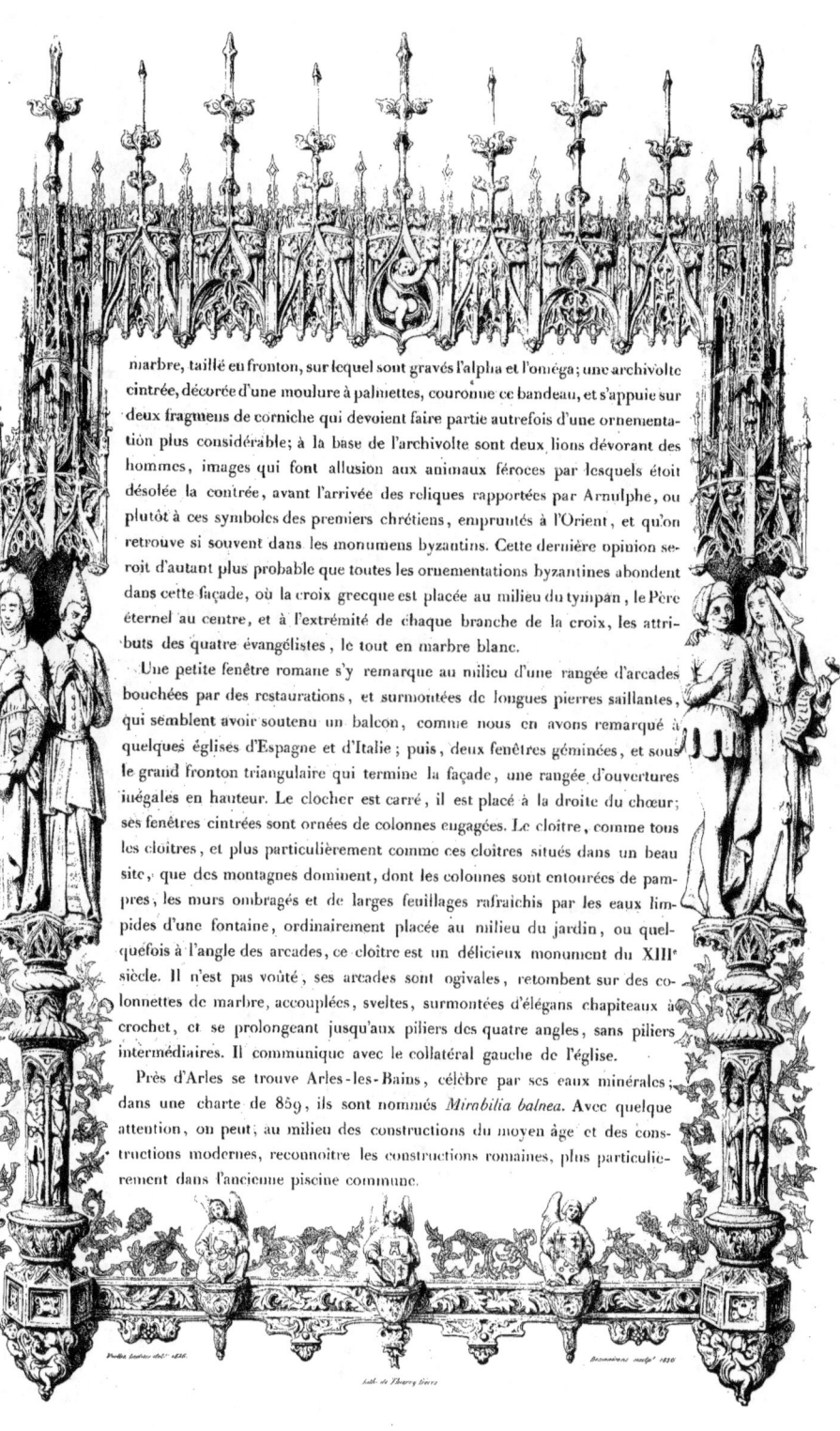

marbre, taillé en fronton, sur lequel sont gravés l'alpha et l'oméga; une archivolte cintrée, décorée d'une moulure à palmettes, couronne ce bandeau, et s'appuie sur deux fragmens de corniche qui devoient faire partie autrefois d'une ornementation plus considérable; à la base de l'archivolte sont deux lions dévorant des hommes, images qui font allusion aux animaux féroces par lesquels étoit désolée la contrée, avant l'arrivée des reliques rapportées par Arnulphe, ou plutôt à ces symboles des premiers chrétiens, empruntés à l'Orient, et qu'on retrouve si souvent dans les monumens byzantins. Cette dernière opinion seroit d'autant plus probable que toutes les ornementations byzantines abondent dans cette façade, où la croix grecque est placée au milieu du tympan, le Père éternel au centre, et à l'extrémité de chaque branche de la croix, les attributs des quatre évangélistes, le tout en marbre blanc.

Une petite fenêtre romane s'y remarque au milieu d'une rangée d'arcades bouchées par des restaurations, et surmontées de longues pierres saillantes, qui semblent avoir soutenu un balcon, comme nous en avons remarqué à quelques églises d'Espagne et d'Italie; puis, deux fenêtres géminées, et sous le grand fronton triangulaire qui termine la façade, une rangée d'ouvertures inégales en hauteur. Le clocher est carré, il est placé à la droite du chœur; ses fenêtres cintrées sont ornées de colonnes engagées. Le cloître, comme tous les cloîtres, et plus particulièrement comme ces cloîtres situés dans un beau site, que des montagnes dominent, dont les colonnes sont entourées de pampres, les murs ombragés et de larges feuillages rafraichis par les eaux limpides d'une fontaine, ordinairement placée au milieu du jardin, ou quelquefois à l'angle des arcades, ce cloître est un délicieux monument du XIIIe siècle. Il n'est pas voûté, ses arcades sont ogivales, retombent sur des colonnettes de marbre, accouplées, sveltes, surmontées d'élégans chapiteaux à crochet, et se prolongeant jusqu'aux piliers des quatre angles, sans piliers intermédiaires. Il communique avec le collatéral gauche de l'église.

Près d'Arles se trouve Arles-les-Bains, célèbre par ses eaux minérales; dans une charte de 859, ils sont nommés *Mirabilia balnea*. Avec quelque attention, on peut, au milieu des constructions du moyen âge et des constructions modernes, reconnoître les constructions romaines, plus particulièrement dans l'ancienne piscine commune.

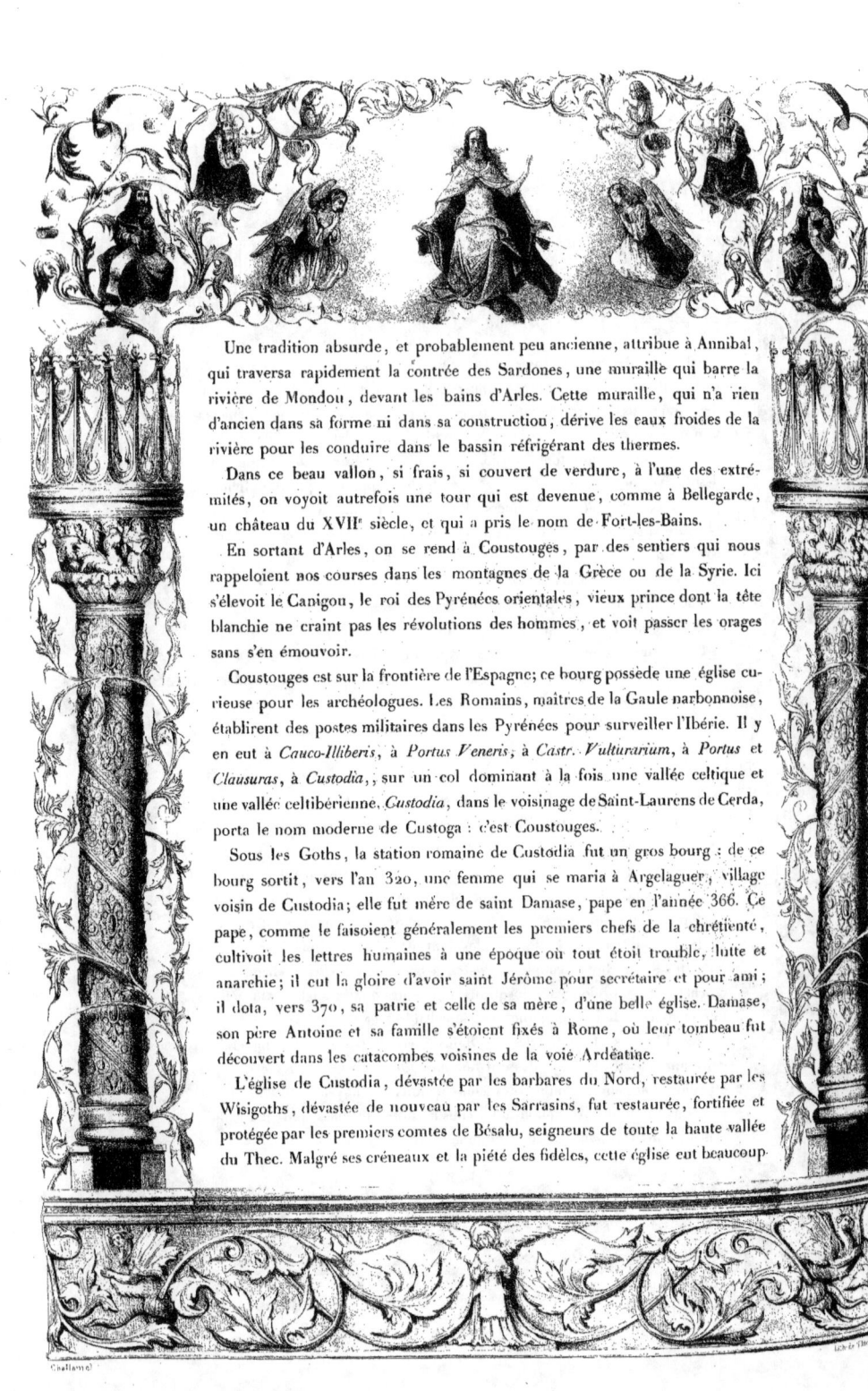

Une tradition absurde, et probablement peu ancienne, attribue à Annibal, qui traversa rapidement la contrée des Sardones, une muraille qui barre la rivière de Mondou, devant les bains d'Arles. Cette muraille, qui n'a rien d'ancien dans sa forme ni dans sa construction, dérive les eaux froides de la rivière pour les conduire dans le bassin réfrigérant des thermes.

Dans ce beau vallon, si frais, si couvert de verdure, à l'une des extrémités, on voyoit autrefois une tour qui est devenue, comme à Bellegarde, un château du XVIIe siècle, et qui a pris le nom de Fort-les-Bains.

En sortant d'Arles, on se rend à Coustouges, par des sentiers qui nous rappeloient nos courses dans les montagnes de la Grèce ou de la Syrie. Ici s'élevoit le Canigou, le roi des Pyrénées orientales, vieux prince dont la tête blanchie ne craint pas les révolutions des hommes, et voit passer les orages sans s'en émouvoir.

Coustouges est sur la frontière de l'Espagne; ce bourg possède une église curieuse pour les archéologues. Les Romains, maîtres de la Gaule narbonnoise, établirent des postes militaires dans les Pyrénées pour surveiller l'Ibérie. Il y en eut à *Cauco-Illiberis*, à *Portus Veneris*, à *Castr. Vulturarium*, à *Portus et Clausuras*, à *Custodia*, sur un col dominant à la fois une vallée celtique et une vallée celtibérienne. *Custodia*, dans le voisinage de Saint-Laurens de Cerda, porta le nom moderne de Custoga : c'est Coustouges.

Sous les Goths, la station romaine de Custodia fut un gros bourg : de ce bourg sortit, vers l'an 320, une femme qui se maria à Argelaguer, village voisin de Custodia; elle fut mère de saint Damase, pape en l'année 366. Ce pape, comme le faisoient généralement les premiers chefs de la chrétienté, cultivoit les lettres humaines à une époque où tout étoit trouble, lutte et anarchie; il eut la gloire d'avoir saint Jérôme pour secrétaire et pour ami; il dota, vers 370, sa patrie et celle de sa mère, d'une belle église. Damase, son père Antoine et sa famille s'étoient fixés à Rome, où leur tombeau fut découvert dans les catacombes voisines de la voie Ardéatine.

L'église de Custodia, dévastée par les barbares du Nord, restaurée par les Wisigoths, dévastée de nouveau par les Sarrasins, fut restaurée, fortifiée et protégée par les premiers comtes de Bésalu, seigneurs de toute la haute vallée du Thec. Malgré ses créneaux et la piété des fidèles, cette église eut beaucoup

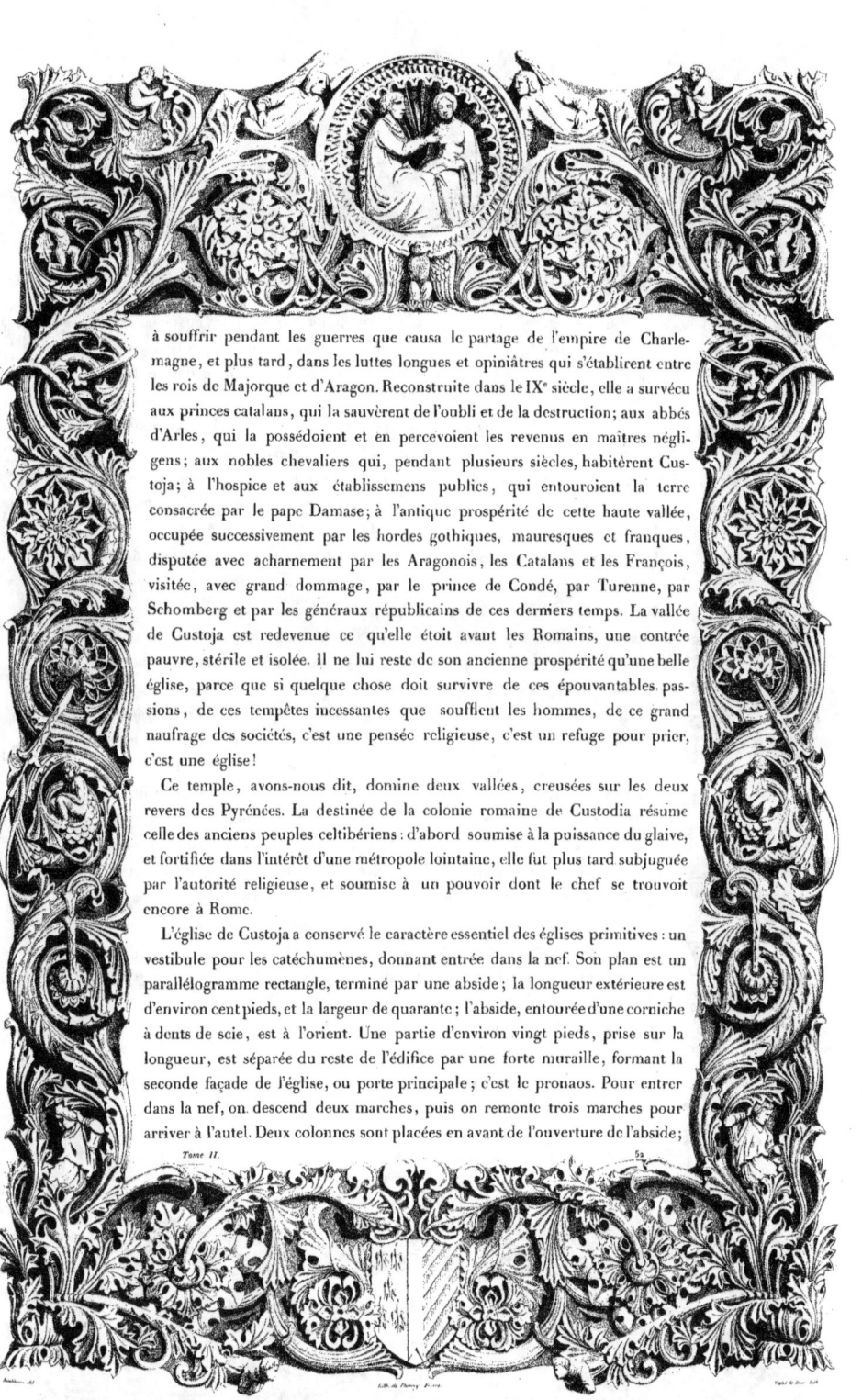

à souffrir pendant les guerres que causa le partage de l'empire de Charlemagne, et plus tard, dans les luttes longues et opiniâtres qui s'établirent entre les rois de Majorque et d'Aragon. Reconstruite dans le IXe siècle, elle a survécu aux princes catalans, qui la sauvèrent de l'oubli et de la destruction; aux abbés d'Arles, qui la possédoient et en percevoient les revenus en maîtres négligens; aux nobles chevaliers qui, pendant plusieurs siècles, habitèrent Custoja; à l'hospice et aux établissemens publics, qui entouroient la terre consacrée par le pape Damase; à l'antique prospérité de cette haute vallée, occupée successivement par les hordes gothiques, mauresques et franques, disputée avec acharnement par les Aragonois, les Catalans et les François, visitée, avec grand dommage, par le prince de Condé, par Turenne, par Schomberg et par les généraux républicains de ces derniers temps. La vallée de Custoja est redevenue ce qu'elle étoit avant les Romains, une contrée pauvre, stérile et isolée. Il ne lui reste de son ancienne prospérité qu'une belle église, parce que si quelque chose doit survivre de ces épouvantables passions, de ces tempêtes incessantes que soufflent les hommes, de ce grand naufrage des sociétés, c'est une pensée religieuse, c'est un refuge pour prier, c'est une église!

Ce temple, avons-nous dit, domine deux vallées, creusées sur les deux revers des Pyrénées. La destinée de la colonie romaine de Custodia résume celle des anciens peuples celtibériens : d'abord soumise à la puissance du glaive, et fortifiée dans l'intérêt d'une métropole lointaine, elle fut plus tard subjuguée par l'autorité religieuse, et soumise à un pouvoir dont le chef se trouvoit encore à Rome.

L'église de Custoja a conservé le caractère essentiel des églises primitives : un vestibule pour les catéchumènes, donnant entrée dans la nef. Son plan est un parallélogramme rectangle, terminé par une abside; la longueur extérieure est d'environ cent pieds, et la largeur de quarante; l'abside, entourée d'une corniche à dents de scie, est à l'orient. Une partie d'environ vingt pieds, prise sur la longueur, est séparée du reste de l'édifice par une forte muraille, formant la seconde façade de l'église, ou porte principale; c'est le pronaos. Pour entrer dans la nef, on descend deux marches, puis on remonte trois marches pour arriver à l'autel. Deux colonnes sont placées en avant de l'ouverture de l'abside;

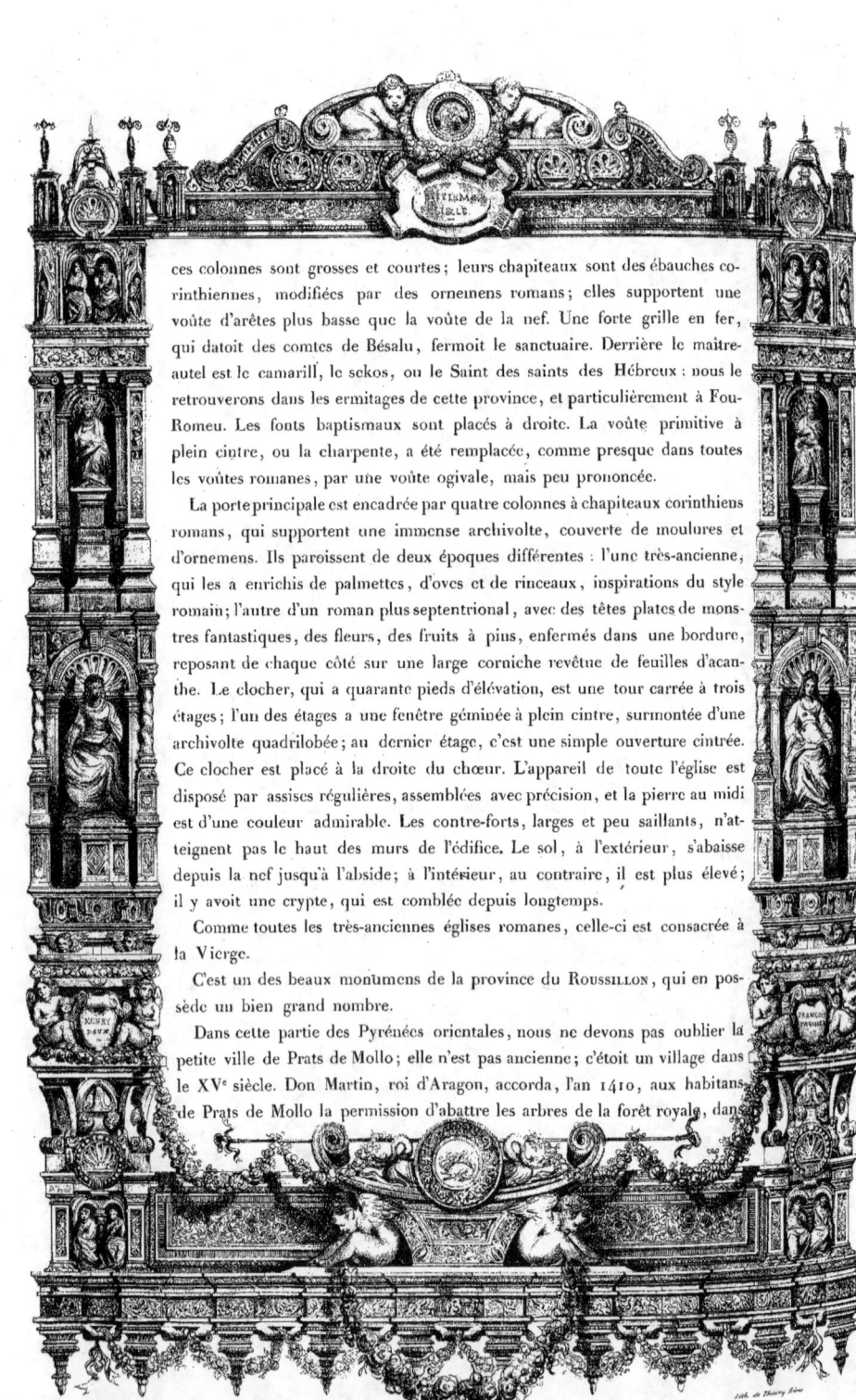

ces colonnes sont grosses et courtes; leurs chapiteaux sont des ébauches co-rinthiennes, modifiées par des ornemens romans; elles supportent une voûte d'arêtes plus basse que la voûte de la nef. Une forte grille en fer, qui datoit des comtes de Bésalu, fermoit le sanctuaire. Derrière le maître-autel est le camarill, le sekos, ou le Saint des saints des Hébreux : nous le retrouverons dans les ermitages de cette province, et particulièrement à Fou-Romeu. Les fonts baptismaux sont placés à droite. La voûte primitive à plein cintre, ou la charpente, a été remplacée, comme presque dans toutes les voûtes romanes, par une voûte ogivale, mais peu prononcée.

La porte principale est encadrée par quatre colonnes à chapiteaux corinthiens romans, qui supportent une immense archivolte, couverte de moulures et d'ornemens. Ils paroissent de deux époques différentes : l'une très-ancienne, qui les a enrichis de palmettes, d'oves et de rinceaux, inspirations du style romain; l'autre d'un roman plus septentrional, avec des têtes plates de mons-tres fantastiques, des fleurs, des fruits à pins, enfermés dans une bordure, reposant de chaque côté sur une large corniche revêtue de feuilles d'acan-the. Le clocher, qui a quarante pieds d'élévation, est une tour carrée à trois étages; l'un des étages a une fenêtre géminée à plein cintre, surmontée d'une archivolte quadrilobée; au dernier étage, c'est une simple ouverture cintrée. Ce clocher est placé à la droite du chœur. L'appareil de toute l'église est disposé par assises régulières, assemblées avec précision, et la pierre au midi est d'une couleur admirable. Les contre-forts, larges et peu saillants, n'at-teignent pas le haut des murs de l'édifice. Le sol, à l'extérieur, s'abaisse depuis la nef jusqu'à l'abside; à l'intérieur, au contraire, il est plus élevé; il y avoit une crypte, qui est comblée depuis longtemps.

Comme toutes les très-anciennes églises romanes, celle-ci est consacrée à la Vierge.

C'est un des beaux monumens de la province du Roussillon, qui en pos-sède un bien grand nombre.

Dans cette partie des Pyrénées orientales, nous ne devons pas oublier la petite ville de Prats de Mollo; elle n'est pas ancienne; c'étoit un village dans le XVe siècle. Don Martin, roi d'Aragon, accorda, l'an 1410, aux habitans de Prats de Mollo la permission d'abattre les arbres de la forêt royale, dans

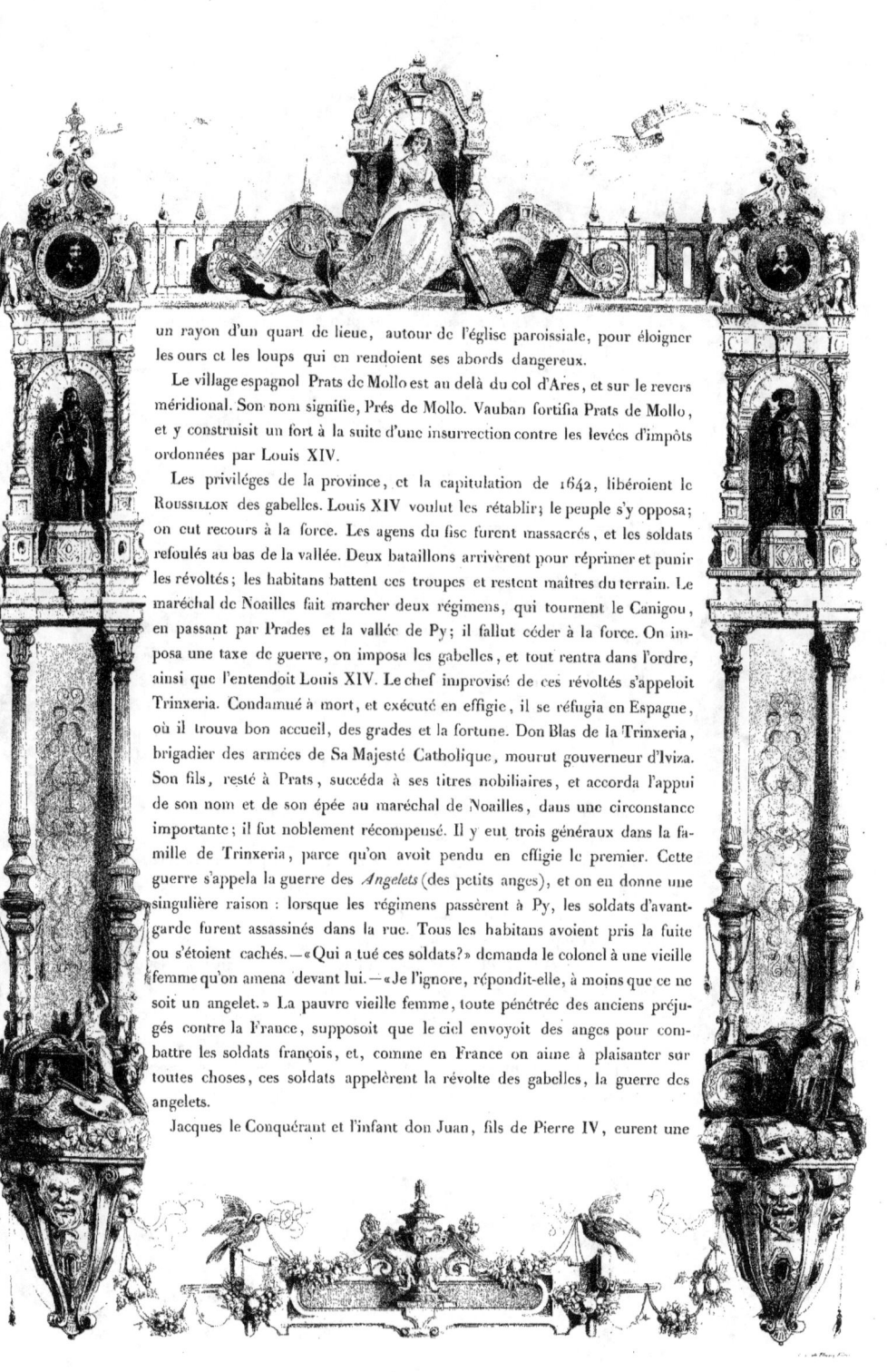

un rayon d'un quart de lieue, autour de l'église paroissiale, pour éloigner les ours et les loups qui en rendoient ses abords dangereux.

Le village espagnol Prats de Mollo est au delà du col d'Ares, et sur le revers méridional. Son nom signifie, Prés de Mollo. Vauban fortifia Prats de Mollo, et y construisit un fort à la suite d'une insurrection contre les levées d'impôts ordonnées par Louis XIV.

Les priviléges de la province, et la capitulation de 1642, libéroient le Roussillon des gabelles. Louis XIV voulut les rétablir; le peuple s'y opposa; on eut recours à la force. Les agens du fisc furent massacrés, et les soldats refoulés au bas de la vallée. Deux bataillons arrivèrent pour réprimer et punir les révoltés; les habitans battent ces troupes et restent maîtres du terrain. Le maréchal de Noailles fait marcher deux régimens, qui tournent le Canigou, en passant par Prades et la vallée de Py; il fallut céder à la force. On imposa une taxe de guerre, on imposa les gabelles, et tout rentra dans l'ordre, ainsi que l'entendoit Louis XIV. Le chef improvisé de ces révoltés s'appeloit Trinxeria. Condamné à mort, et exécuté en effigie, il se réfugia en Espagne, où il trouva bon accueil, des grades et la fortune. Don Blas de la Trinxeria, brigadier des armées de Sa Majesté Catholique, mourut gouverneur d'Iviza. Son fils, resté à Prats, succéda à ses titres nobiliaires, et accorda l'appui de son nom et de son épée au maréchal de Noailles, dans une circonstance importante; il fut noblement récompensé. Il y eut trois généraux dans la famille de Trinxeria, parce qu'on avoit pendu en effigie le premier. Cette guerre s'appela la guerre des *Angelets* (des petits anges), et on en donne une singulière raison : lorsque les régimens passèrent à Py, les soldats d'avant-garde furent assassinés dans la rue. Tous les habitans avoient pris la fuite ou s'étoient cachés.—« Qui a tué ces soldats? » demanda le colonel à une vieille femme qu'on amena devant lui.—« Je l'ignore, répondit-elle, à moins que ce ne soit un angelet. » La pauvre vieille femme, toute pénétrée des anciens préjugés contre la France, supposoit que le ciel envoyoit des anges pour combattre les soldats françois, et, comme en France on aime à plaisanter sur toutes choses, ces soldats appelèrent la révolte des gabelles, la guerre des angelets.

Jacques le Conquérant et l'infant don Juan, fils de Pierre IV, eurent une

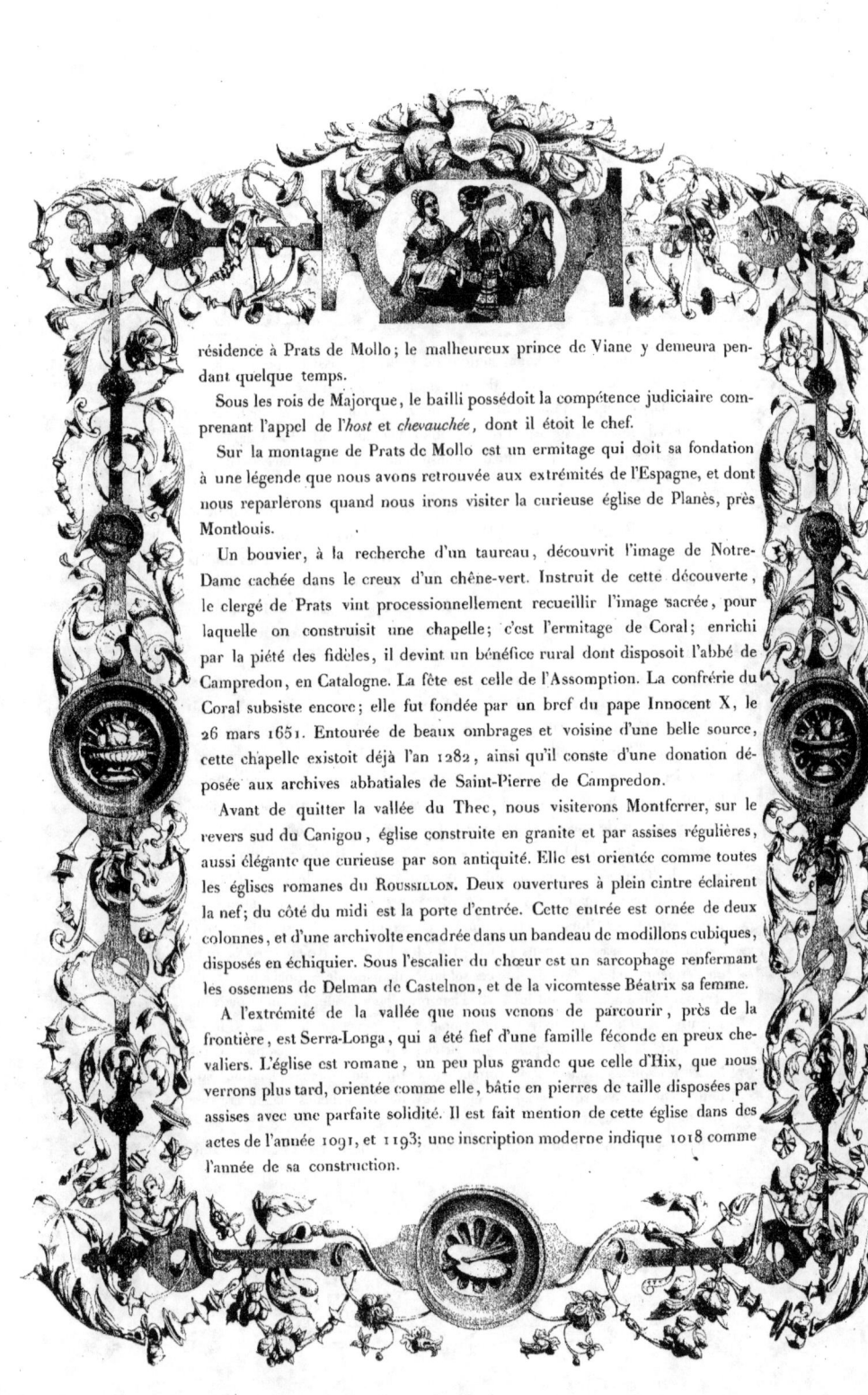

résidence à Prats de Mollo ; le malheureux prince de Viane y demeura pendant quelque temps.

Sous les rois de Majorque, le bailli possédoit la compétence judiciaire comprenant l'appel de l'*host* et *chevauchée*, dont il étoit le chef.

Sur la montagne de Prats de Mollo est un ermitage qui doit sa fondation à une légende que nous avons retrouvée aux extrémités de l'Espagne, et dont nous reparlerons quand nous irons visiter la curieuse église de Planès, près Montlouis.

Un bouvier, à la recherche d'un taureau, découvrit l'image de Notre-Dame cachée dans le creux d'un chêne-vert. Instruit de cette découverte, le clergé de Prats vint processionnellement recueillir l'image sacrée, pour laquelle on construisit une chapelle ; c'est l'ermitage de Coral ; enrichi par la piété des fidèles, il devint un bénéfice rural dont disposoit l'abbé de Campredon, en Catalogne. La fête est celle de l'Assomption. La confrérie du Coral subsiste encore ; elle fut fondée par un bref du pape Innocent X, le 26 mars 1651. Entourée de beaux ombrages et voisine d'une belle source, cette chapelle existoit déjà l'an 1282, ainsi qu'il conste d'une donation déposée aux archives abbatiales de Saint-Pierre de Campredon.

Avant de quitter la vallée du Thec, nous visiterons Montferrer, sur le revers sud du Canigou, église construite en granite et par assises régulières, aussi élégante que curieuse par son antiquité. Elle est orientée comme toutes les églises romanes du ROUSSILLON. Deux ouvertures à plein cintre éclairent la nef ; du côté du midi est la porte d'entrée. Cette entrée est ornée de deux colonnes, et d'une archivolte encadrée dans un bandeau de modillons cubiques, disposés en échiquier. Sous l'escalier du chœur est un sarcophage renfermant les ossemens de Delman de Castelnon, et de la vicomtesse Béatrix sa femme.

A l'extrémité de la vallée que nous venons de parcourir, près de la frontière, est Serra-Longa, qui a été fief d'une famille féconde en preux chevaliers. L'église est romane, un peu plus grande que celle d'Hix, que nous verrons plus tard, orientée comme elle, bâtie en pierres de taille disposées par assises avec une parfaite solidité. Il est fait mention de cette église dans des actes de l'année 1091, et 1193 ; une inscription moderne indique 1018 comme l'année de sa construction.

Serra-Longa est la patrie du prêtre Santena, qui, parvenu par son mérite au décanat de la cathédrale de Barcelone, fut béatifié après sa mort.

Serra-Longa produisit aussi ce fameux contrebandier des traditions romanesques, qui débuta comme don Jayme du royaume de Valence, et finit comme lui. Une pièce de poésie catalane, mêlée de chants et de danses, rappelle la vie encore plus aventureuse que criminelle du contrebandier de Serra-Longa. Les églises de Corsari, *Cort-Sabina*, la Manéra et San-Salvator, situées sur les deux revers de cette grande et admirable vallée du Thec, ont été plusieurs fois restaurées. La Manéra répara, pour la dernière fois, son église romane, vers l'année 1360.

Avant de quitter cette partie de la province, nous verrons encore Saint-André de Suréda (1), agréablement situé; d'abondantes et vives eaux l'arrosent, et de nombreux micocouliers l'ombragent. Saint-André fut une colonie romaine; l'inscription suivante, placée sur un cippe déterré dans les environs du château, fut scellée, il y a moins de deux siècles, contre un des piliers de l'église.

Imper. Cæsar.	*P. M. Tribun.*
Marco. Antonio.	*Pot. II. Cos.*
Gordiano.	*P. P.*
Pio felici	*Decumani*
Invicto. Aug.	*Narbonens.*

Sous les Visigoths, l'église remplaça le temple romain, et des religieux chrétiens la firent fleurir, en épurant par la morale du Christ la civilisation fondée par Jules César. Le monastère de Saint-André étoit très-ancien. Ruiné par les Maures, dévasté par les Sarrasins de Majorque, il étoit rétabli en l'année 830, lorsque l'empereur, Louis le Débonnaire, le prit sous sa protection. L'an 869, Charles le Chauve confirma les priviléges de ses prédécesseurs, durant le séjour qu'il fit au monastère de Saint-Genis, situé dans le voisinage de Saint-André. L'année 1046, l'abbé de Saint-André assista à la consécration de l'église d'Arles. A cette époque, de grandes réparations avoient été déjà

(1) Quelques personnes sont d'avis que Saint-André de Suréda prend son nom de *suro*, chêne-liége, *sureda*, bois de chêne-liége; nous croyons que *Sureda* vient de *seguridad*, Saint-André de la sûreté, de la protection.

faites à l'église de Suréda, que les Normands avoient en partie ruinée un siècle auparavant.

L'église de Saint-André est à trois nefs. Son abside avoit été fortifiée dans le moyen âge; mais il est facile de voir que des soins religieux protégeoient encore les vieilles constructions, et les préservoient d'une dégradation irréparable.

Lorsque deux moines, d'origine françoise, servirent de guide à l'armée de Philippe le Hardi, pour lui faire traverser la forêt d'Ultrera et les rochers du col de la Massane, afin de punir le roi d'Aragon de la conquête de la Sicile, et de venger les vêpres siciliennes, Philippe vint camper à Saint-André.

Vers la fin du XVIe siècle, l'abbaye de Saint-André fut réunie à celle d'Arles, et depuis cette époque, elle disparoit des annales de la province.

Il y a un hermitage de Notre-Dame du Château près Suréda.

Quant à l'église et au monastère de Saint-Genis des Fontaines, dont nous venons de parler, Louis le Débonnaire confirma, dans l'année 819, les priviléges concédés à l'abbé Sentimiris, fondateur, ou plutôt restaurateur de l'abbaye de Saint-Genis. L'an 981, Guiffred, comte de ROUSSILLON, obtint de Lothaire, roi de France, de nouvelles concessions en faveur de l'abbaye qu'on venoit de rebâtir et de relever de ses ruines. Les religieux étoient bénédictins, de la congrégation de Valladolid, et dépendoient de Montserrat, qui, tous les trois ans, nommoit l'abbé.

L'église et quelques parties du monastère, aujourd'hui propriété privée, datent donc de l'année 981.

Nous irons maintenant chercher Ille, petite ville agréablement située, siège d'une vicomté, dont les vicomtes se sont signalés dans les fastes de la province. Ils servirent les projets de Richelieu, et les habitans de ce pays repoussèrent avec vigueur, en 1639, la division espagnole commandée par don Juan de Garay. Son illustration en beaux-arts se réduit à une fort jolie croix de la fin du XIVe siècle, dont l'aspect n'a pas encore révolté quelque esprit fort de village au point de le décider à l'abattre. Jusqu'à Prades, capitale du Conflent, la route offre peu d'intérêt. Cette jolie petite ville doit sa fondation comme la plupart des bourgs et des villes qui datent de l'ère chrétienne, surtout dans les montagnes, à un monastère qui dépendoit de l'abbaye de la Grasse.

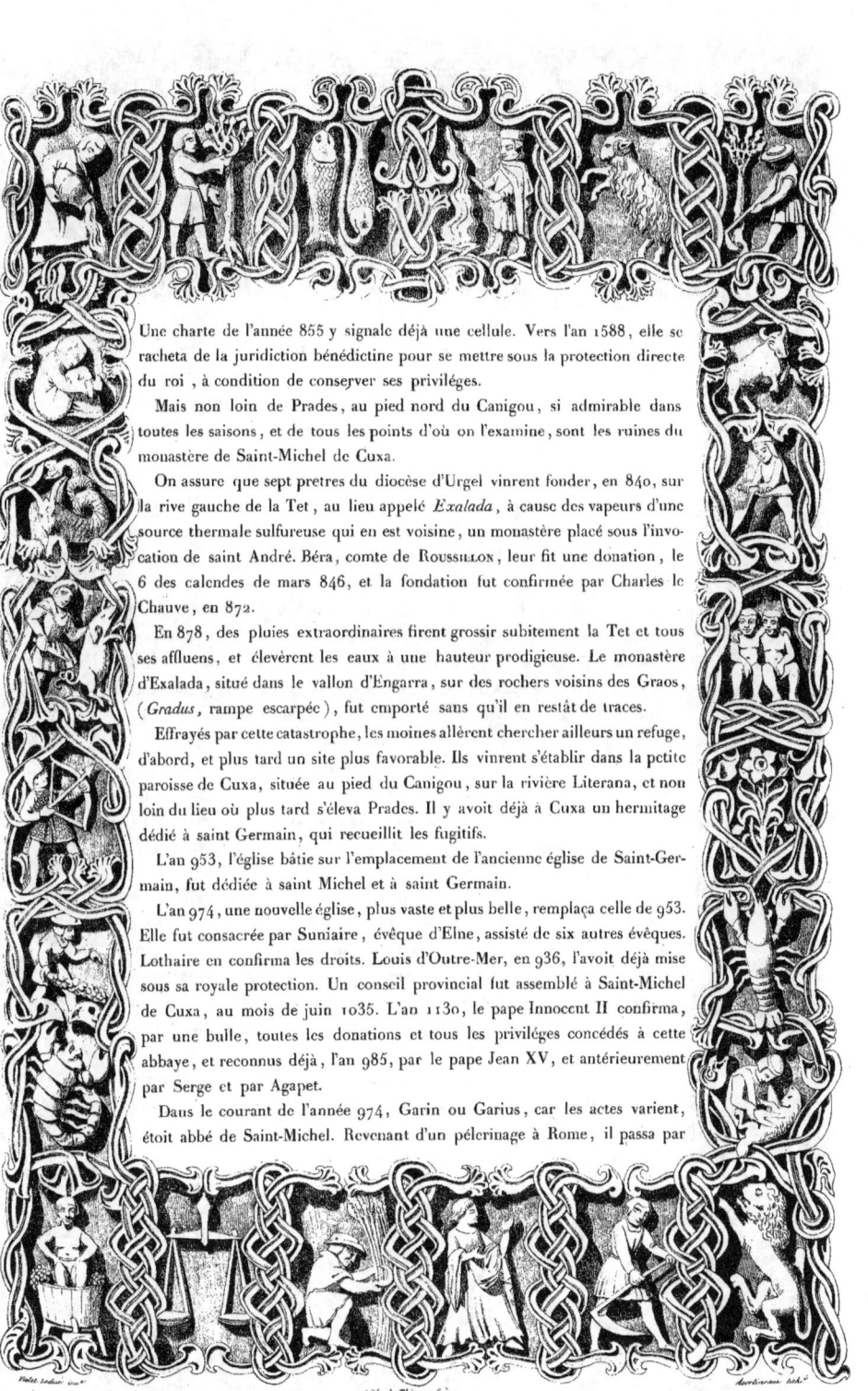

Une charte de l'année 855 y signale déjà une cellule. Vers l'an 1588, elle se racheta de la juridiction bénédictine pour se mettre sous la protection directe du roi, à condition de conserver ses priviléges.

Mais non loin de Prades, au pied nord du Canigou, si admirable dans toutes les saisons, et de tous les points d'où on l'examine, sont les ruines du monastère de Saint-Michel de Cuxa.

On assure que sept prêtres du diocèse d'Urgel vinrent fonder, en 840, sur la rive gauche de la Tet, au lieu appelé *Exalada*, à cause des vapeurs d'une source thermale sulfureuse qui en est voisine, un monastère placé sous l'invocation de saint André. Béra, comte de ROUSSILLON, leur fit une donation, le 6 des calendes de mars 846, et la fondation fut confirmée par Charles le Chauve, en 872.

En 878, des pluies extraordinaires firent grossir subitement la Tet et tous ses affluens, et élevèrent les eaux à une hauteur prodigieuse. Le monastère d'Exalada, situé dans le vallon d'Engarra, sur des rochers voisins des Graos, (*Gradus*, rampe escarpée), fut emporté sans qu'il en restât de traces.

Effrayés par cette catastrophe, les moines allèrent chercher ailleurs un refuge, d'abord, et plus tard un site plus favorable. Ils vinrent s'établir dans la petite paroisse de Cuxa, située au pied du Canigou, sur la rivière Literana, et non loin du lieu où plus tard s'éleva Prades. Il y avoit déjà à Cuxa un hermitage dédié à saint Germain, qui recueillit les fugitifs.

L'an 953, l'église bâtie sur l'emplacement de l'ancienne église de Saint-Germain, fut dédiée à saint Michel et à saint Germain.

L'an 974, une nouvelle église, plus vaste et plus belle, remplaça celle de 953. Elle fut consacrée par Suniaire, évêque d'Elne, assisté de six autres évêques. Lothaire en confirma les droits. Louis d'Outre-Mer, en 936, l'avoit déjà mise sous sa royale protection. Un conseil provincial fut assemblé à Saint-Michel de Cuxa, au mois de juin 1035. L'an 1130, le pape Innocent II confirma, par une bulle, toutes les donations et tous les priviléges concédés à cette abbaye, et reconnus déjà, l'an 985, par le pape Jean XV, et antérieurement par Serge et par Agapet.

Dans le courant de l'année 974, Garin ou Garius, car les actes varient, étoit abbé de Saint-Michel. Revenant d'un pélerinage à Rome, il passa par

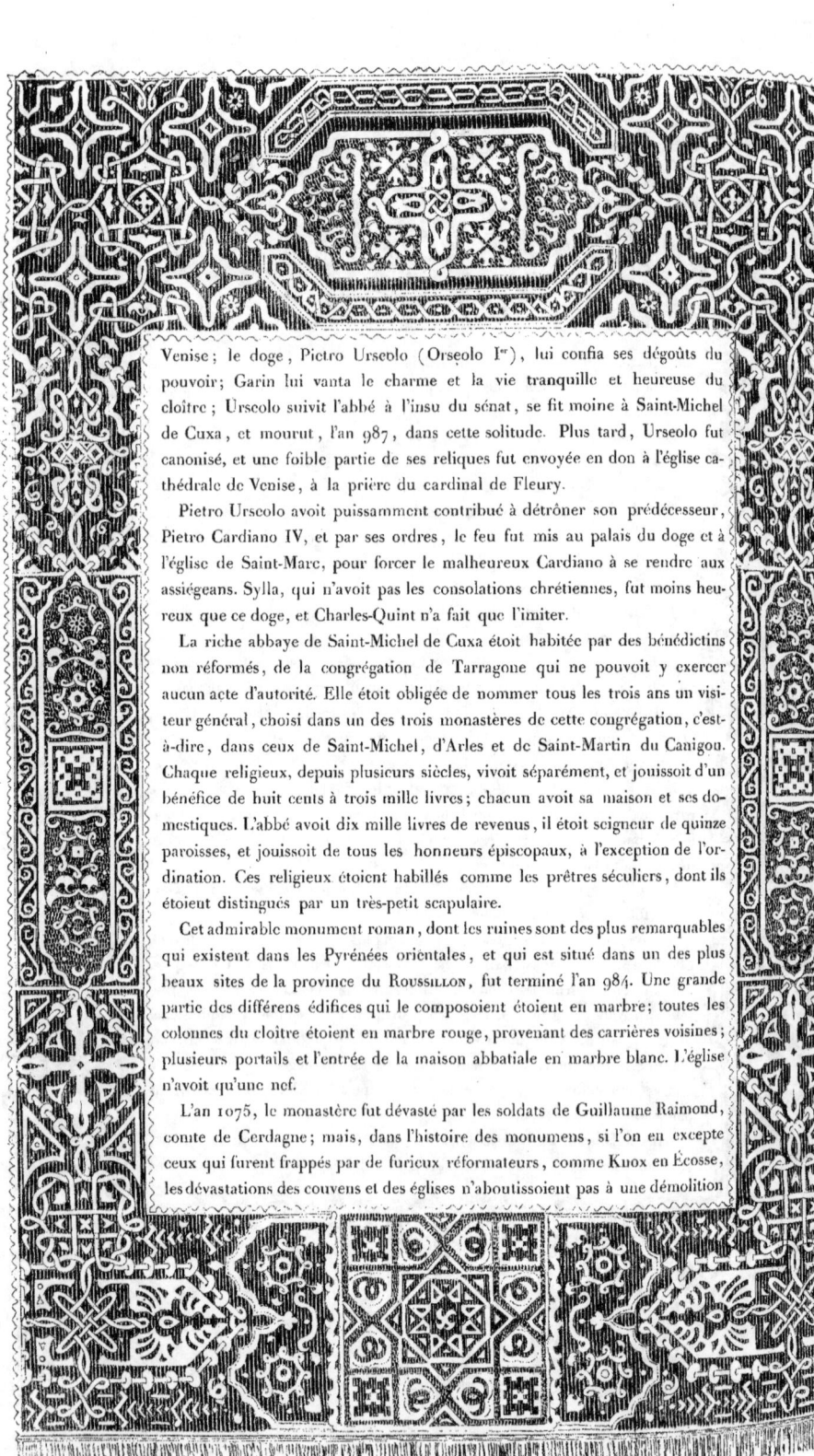

Venise ; le doge, Pietro Urseolo (Orseolo Ier), lui confia ses dégoûts du pouvoir ; Garin lui vanta le charme et la vie tranquille et heureuse du cloître ; Urseolo suivit l'abbé à l'insu du sénat, se fit moine à Saint-Michel de Cuxa, et mourut, l'an 987, dans cette solitude. Plus tard, Urseolo fut canonisé, et une foible partie de ses reliques fut envoyée en don à l'église cathédrale de Venise, à la prière du cardinal de Fleury.

Pietro Urseolo avoit puissamment contribué à détrôner son prédécesseur, Pietro Cardiano IV, et par ses ordres, le feu fut mis au palais du doge et à l'église de Saint-Marc, pour forcer le malheureux Cardiano à se rendre aux assiégeans. Sylla, qui n'avoit pas les consolations chrétiennes, fut moins heureux que ce doge, et Charles-Quint n'a fait que l'imiter.

La riche abbaye de Saint-Michel de Cuxa étoit habitée par des bénédictins non réformés, de la congrégation de Tarragone qui ne pouvoit y exercer aucun acte d'autorité. Elle étoit obligée de nommer tous les trois ans un visiteur général, choisi dans un des trois monastères de cette congrégation, c'est-à-dire, dans ceux de Saint-Michel, d'Arles et de Saint-Martin du Canigou. Chaque religieux, depuis plusieurs siècles, vivoit séparément, et jouissoit d'un bénéfice de huit cents à trois mille livres ; chacun avoit sa maison et ses domestiques. L'abbé avoit dix mille livres de revenus, il étoit seigneur de quinze paroisses, et jouissoit de tous les honneurs épiscopaux, à l'exception de l'ordination. Ces religieux étoient habillés comme les prêtres séculiers, dont ils étoient distingués par un très-petit scapulaire.

Cet admirable monument roman, dont les ruines sont des plus remarquables qui existent dans les Pyrénées orientales, et qui est situé dans un des plus beaux sites de la province du Roussillon, fut terminé l'an 984. Une grande partie des différens édifices qui le composoient étoient en marbre ; toutes les colonnes du cloître étoient en marbre rouge, provenant des carrières voisines ; plusieurs portails et l'entrée de la maison abbatiale en marbre blanc. L'église n'avoit qu'une nef.

L'an 1075, le monastère fut dévasté par les soldats de Guillaume Raimond, comte de Cerdagne ; mais, dans l'histoire des monumens, si l'on en excepte ceux qui furent frappés par de furieux réformateurs, comme Knox en Écosse, les dévastations des couvens et des églises n'aboutissoient pas à une démolition

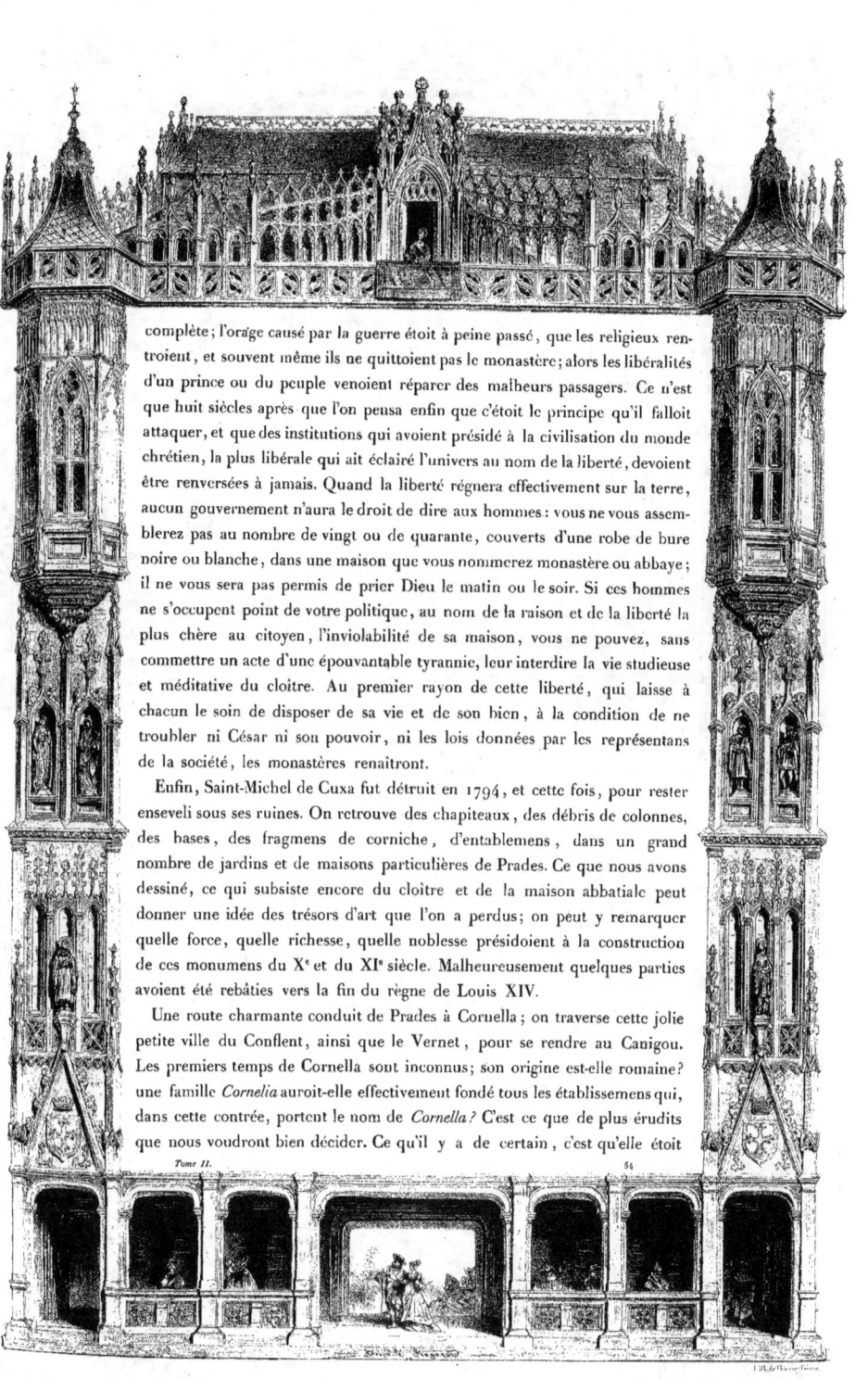

complète; l'orage causé par la guerre étoit à peine passé, que les religieux rentroient, et souvent même ils ne quittoient pas le monastère; alors les libéralités d'un prince ou du peuple venoient réparer des malheurs passagers. Ce n'est que huit siècles après que l'on pensa enfin que c'étoit le principe qu'il falloit attaquer, et que des institutions qui avoient présidé à la civilisation du monde chrétien, la plus libérale qui ait éclairé l'univers au nom de la liberté, devoient être renversées à jamais. Quand la liberté régnera effectivement sur la terre, aucun gouvernement n'aura le droit de dire aux hommes : vous ne vous assemblerez pas au nombre de vingt ou de quarante, couverts d'une robe de bure noire ou blanche, dans une maison que vous nommerez monastère ou abbaye; il ne vous sera pas permis de prier Dieu le matin ou le soir. Si ces hommes ne s'occupent point de votre politique, au nom de la raison et de la liberté la plus chère au citoyen, l'inviolabilité de sa maison, vous ne pouvez, sans commettre un acte d'une épouvantable tyrannie, leur interdire la vie studieuse et méditative du cloître. Au premier rayon de cette liberté, qui laisse à chacun le soin de disposer de sa vie et de son bien, à la condition de ne troubler ni César ni son pouvoir, ni les lois données par les représentans de la société, les monastères renaîtront.

Enfin, Saint-Michel de Cuxa fut détruit en 1794, et cette fois, pour rester enseveli sous ses ruines. On retrouve des chapiteaux, des débris de colonnes, des bases, des fragmens de corniche, d'entablemens, dans un grand nombre de jardins et de maisons particulières de Prades. Ce que nous avons dessiné, ce qui subsiste encore du cloître et de la maison abbatiale peut donner une idée des trésors d'art que l'on a perdus; on peut y remarquer quelle force, quelle richesse, quelle noblesse présidoient à la construction de ces monumens du Xe et du XIe siècle. Malheureusement quelques parties avoient été rebâties vers la fin du règne de Louis XIV.

Une route charmante conduit de Prades à Cornella; on traverse cette jolie petite ville du Conflent, ainsi que le Vernet, pour se rendre au Canigou. Les premiers temps de Cornella sont inconnus; son origine est-elle romaine? une famille *Cornelia* auroit-elle effectivement fondé tous les établissemens qui, dans cette contrée, portent le nom de *Cornella*? C'est ce que de plus érudits que nous voudront bien décider. Ce qu'il y a de certain, c'est qu'elle étoit remarquable dès l'année 965; à cette époque, le comte Wiffre en acquit l'église de l'évêque d'Elne, auquel il donna en échange celle d'Escara. Guillaume, comte de Cerdagne et de Conflent, en 1080, en fondant l'église de Villefranche, la plaça sous la dépendance de Notre-Dame de Cornella. En 1095, il fit des dons considérables à l'église de Cornella; son fils y institua un chapitre de chanoines réguliers, sous la règle de Saint-Augustin : il fut sécularisé plus tard. En 1047, les comtes de Cerdagne avoient déjà à Cornella de Conflent une maison qui est appelée dans les anciennes chartes *Palatium Cornelianum.* Le portail roman de son église, qui est en marbre, mérite quelque attention. Le Vernet, qu'on trouve tout de suite après dans l'une des grandes vallées du Canigou, possède des eaux thermales, établissement fort ancien; mais qui n'a pas cependant, comme Arles, des constructions romaines pour attester son âge. Il y avoit là une tour carrée, dite du Maure, qui malheureusement n'existe plus. Son église ne conserve que quelques vestiges de celle qui, située au bas du château, fut donnée, l'an 898, par la comtesse Ermessinde, au monastère de Saint-Michel de Cuxa.

Avant de gravir le Canigou et de visiter ses roches et ses ruines austères, nous rappellerons seulement les débris du vieux château de Ria, les restes du manoir des sires de Bolella, la tour de Goa, le château des sires de Mosset, dont le nom se retrouve souvent dans les annales de la province, et la grotte curieuse de Sirach.

Le monastère du Canigou prit son nom de la montagne célèbre sur laquelle il est construit, environ au tiers de sa hauteur.

Guiffre, Wiffre ou Guiffred, comte de Cerdagne, batailla longtemps contre les Maures. Vers la fin du Xe siècle, envahi de toutes parts, et menacé de perdre son comté, il attendoit l'ennemi sur les hauteurs d'Eyna, du col de Riga et d'Odello; partout il avoit donné l'ordre de ne pas prévenir son signal d'attaque, lorsque son fils, d'autres disent son neveu, impatient de repousser les Maures, qui s'engageoient imprudemment dans les gorges d'Angustrina, dont la garde lui avoit été confiée, devança l'heure du combat, et mit l'ennemi en déroute, en même temps qu'il le sauva d'une défaite totale. Guiffred, irrité de perdre, par un demi-succès, tout le fruit de ses embuscades, arriva en toute hâte, et, cédant à son ressentiment, tua à l'instant

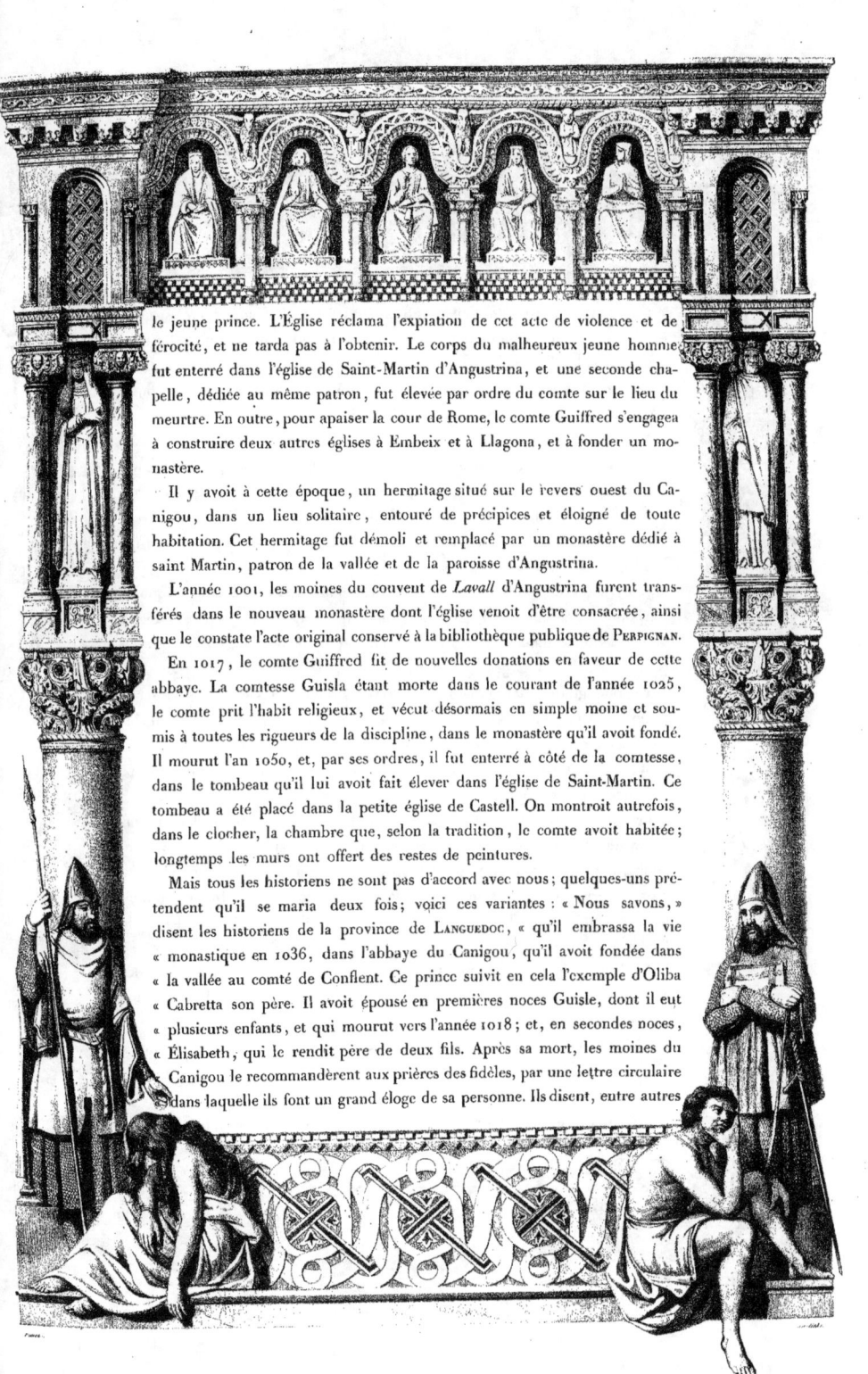

le jeune prince. L'Église réclama l'expiation de cet acte de violence et de férocité, et ne tarda pas à l'obtenir. Le corps du malheureux jeune homme fut enterré dans l'église de Saint-Martin d'Angustrina, et une seconde chapelle, dédiée au même patron, fut élevée par ordre du comte sur le lieu du meurtre. En outre, pour apaiser la cour de Rome, le comte Guiffred s'engagea à construire deux autres églises à Embeix et à Llagona, et à fonder un monastère.

Il y avoit à cette époque, un hermitage situé sur le revers ouest du Canigou, dans un lieu solitaire, entouré de précipices et éloigné de toute habitation. Cet hermitage fut démoli et remplacé par un monastère dédié à saint Martin, patron de la vallée et de la paroisse d'Angustrina.

L'année 1001, les moines du couvent de *Lavall* d'Angustrina furent transférés dans le nouveau monastère dont l'église venoit d'être consacrée, ainsi que le constate l'acte original conservé à la bibliothèque publique de Perpignan.

En 1017, le comte Guiffred fit de nouvelles donations en faveur de cette abbaye. La comtesse Guisla étant morte dans le courant de l'année 1025, le comte prit l'habit religieux, et vécut désormais en simple moine et soumis à toutes les rigueurs de la discipline, dans le monastère qu'il avoit fondé. Il mourut l'an 1050, et, par ses ordres, il fut enterré à côté de la comtesse, dans le tombeau qu'il lui avoit fait élever dans l'église de Saint-Martin. Ce tombeau a été placé dans la petite église de Castell. On montroit autrefois, dans le clocher, la chambre que, selon la tradition, le comte avoit habitée; longtemps les murs ont offert des restes de peintures.

Mais tous les historiens ne sont pas d'accord avec nous; quelques-uns prétendent qu'il se maria deux fois; voici ces variantes : « Nous savons, » disent les historiens de la province de Languedoc, « qu'il embrassa la vie « monastique en 1036, dans l'abbaye du Canigou, qu'il avoit fondée dans « la vallée au comté de Conflent. Ce prince suivit en cela l'exemple d'Oliba « Cabretta son père. Il avoit épousé en premières noces Guisle, dont il eut « plusieurs enfants, et qui mourut vers l'année 1018 ; et, en secondes noces, « Élisabeth, qui le rendit père de deux fils. Après sa mort, les moines du « Canigou le recommandèrent aux prières des fidèles, par une lettre circulaire « dans laquelle ils font un grand éloge de sa personne. Ils disent, entre autres

« choses, que son mérite étoit connu en Italie, dans la Gaule et en Espagne,
« qu'il s'étoit distingué dans la milice, et avoit tenu dans le monde un rang
« très-considérable; et qu'enfin, ayant renoncé à ses richesses et à ses dignités,
« il avoit abandonné généreusement sa femme et ses enfants pour se consa-
« crer à Dieu, dans leur abbaye qu'il avoit fondée. »

Il donna par son testament, daté de 1035, le comté de Cerdagne, avec
le château de Son et la terre de Rasez qui en dépendoit, et qui comprenoit
le Donazan et le Capsir, le comté de Conflent, et ce qu'il possédoit dans
le Roussillon, à Raimond, son fils aîné du premier lit. Il disposa en faveur
de Bernard, l'aîné du second lit, du comté de Berga, de sa *marche* ou dépendance, et des châteaux de son domaine jusqu'à la Sègre. Il légua à Foy,
sa fille, divers domaines, ainsi qu'à ses autres enfans : Guiffred, archevêque de
Narbonne; Bérenger, qui succéda, l'année de la mort de son père, à Pierre
de Carcassonne dans l'évêché de Gironne; et Guillaume qui, en 1042, eut
celui d'Eriballus à Urgel.

Un bon guide, Garço, connu de tous les naturalistes qui vont visiter le
Canigou, vous fera voir encore la *Toalla* ou *Tovallola*, brodée des mains
de la comtesse Élisabeth, et que nous avons dessinée pour encadrer ces lignes;
c'est une tapisserie de devant d'autel fort curieuse, que nous recommandons
aux amis du moyen âge.

Les dépouilles mortelles du comte Guiffred étoient d'abord placées dans
la crypte ou église souterraine; en 1302 ou 1332, l'abbé Berenguer de Co-
lumbario les fit transporter dans l'église haute, côté de l'Évangile : elles furent renfermées dans un tombeau décoré d'une longue inscription; ce tombeau est maintenant dans la petite église de Castell, avec d'autres débris de
l'abbaye.

L'église de Saint-Martin du Canigou est à trois nefs, séparées par des
colonnes de granit, et ornées d'une abside à l'extrémité de chacune. Une
église souterraine, également à trois nefs, et placée sous la première, étoit
destinée à recevoir les restes vénérés des martyrs ou des confesseurs de la
foi; aussi, mais rarement, ceux des bienfaiteurs du monastère; et enfin à la
sépulture des moines.

Ce monastère, dès son origine, fut richement doté. Parmi ses reliques, celles

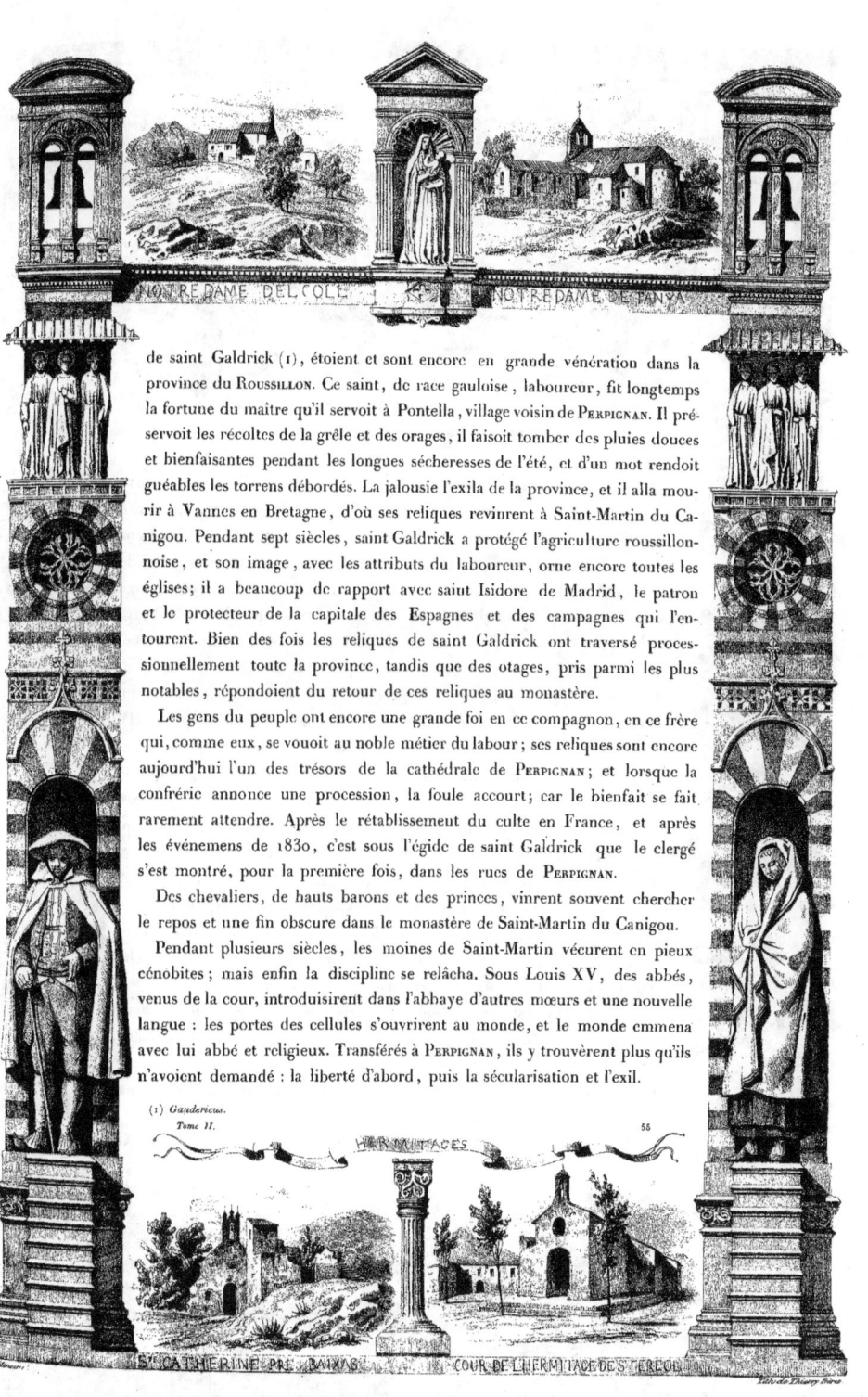

de saint Galdrick (1), étoient et sont encore en grande vénération dans la province du Roussillon. Ce saint, de race gauloise, laboureur, fit longtemps la fortune du maître qu'il servoit à Pontella, village voisin de Perpignan. Il préservoit les récoltes de la grêle et des orages, il faisoit tomber des pluies douces et bienfaisantes pendant les longues sécheresses de l'été, et d'un mot rendoit guéables les torrens débordés. La jalousie l'exila de la province, et il alla mourir à Vannes en Bretagne, d'où ses reliques revinrent à Saint-Martin du Canigou. Pendant sept siècles, saint Galdrick a protégé l'agriculture roussillonnoise, et son image, avec les attributs du laboureur, orne encore toutes les églises; il a beaucoup de rapport avec saint Isidore de Madrid, le patron et le protecteur de la capitale des Espagnes et des campagnes qui l'entourent. Bien des fois les reliques de saint Galdrick ont traversé processionnellement toute la province, tandis que des otages, pris parmi les plus notables, répondoient du retour de ces reliques au monastère.

Les gens du peuple ont encore une grande foi en ce compagnon, en ce frère qui, comme eux, se vouoit au noble métier du labour; ses reliques sont encore aujourd'hui l'un des trésors de la cathédrale de Perpignan; et lorsque la confrérie annonce une procession, la foule accourt; car le bienfait se fait rarement attendre. Après le rétablissement du culte en France, et après les événemens de 1830, c'est sous l'égide de saint Galdrick que le clergé s'est montré, pour la première fois, dans les rues de Perpignan.

Des chevaliers, de hauts barons et des princes, vinrent souvent chercher le repos et une fin obscure dans le monastère de Saint-Martin du Canigou.

Pendant plusieurs siècles, les moines de Saint-Martin vécurent en pieux cénobites; mais enfin la discipline se relâcha. Sous Louis XV, des abbés, venus de la cour, introduisirent dans l'abbaye d'autres mœurs et une nouvelle langue : les portes des cellules s'ouvrirent au monde, et le monde emmena avec lui abbé et religieux. Transférés à Perpignan, ils y trouvèrent plus qu'ils n'avoient demandé : la liberté d'abord, puis la sécularisation et l'exil.

(1) *Gaudericus.*

Aujourd'hui, le monastère de Saint-Martin n'est plus qu'un amas de ruines, mais dans un site admirable, mélancoliquement pittoresque, sous un climat âpre et souvent terrible. Des légendes populaires animent ces ruines, et le pâtre de ces montagnes, dans ses veillées, a vu quelquefois l'ombre d'un moine, agenouillé sur le sommet d'un rocher, tracer de ses doigts décharnés une croix mystérieuse, et conjurer l'orage qui, sous la forme d'un nuage noir couronné d'éclairs livides, alloit dans sa tourmente renverser et enlever les derniers débris de ces murailles, qui bravent depuis tant de siècles, sous cette protection, les ouragans et le tonnerre. On ne redescend pas de ce Montserrat sans de tristes pensées, et l'on comprend très-bien que les hommes frivoles ou incrédules du XVIIIe siècle n'ont pu en supporter la demeure.

Après avoir visité l'église de Taurinya, au pied du Canigou, et sur son revers nord, église qui offre de nombreuses restaurations des XIIIe et XIVe siècles; Saint-Julia et Corbiac, deux églises dont les ruines indiquent encore que la vallée de Mosset eut aussi ses monuments du moyen âge, que les traditions signalent comme deux anciennes commanderies des Templiers; cherché Molitg, très-fréquenté à cause de ses belles sources sulfureuses qui sont au pied du vieux manoir de *Paracols*, depuis longtemps ruiné; gravi en face le revers opposé de la montagne pour examiner, dans le village de Molitg, son église située dans un ancien château, chapelle ou église construite en granit, mentionnée dans des actes des IXe et Xe siècles, réparée à diverses reprises, et dont le chevet est moderne, nous regagnâmes Villefranche, où nous avions un curieux extérieur d'église à dessiner.

Cette petite ville est à une lieue de Prades; elle étoit capitale du Conflent, et bâtie sur la rive droite de la Tet qui baigne une partie de ses remparts. Raimond, comte de Cerdagne, en fut le fondateur; elle prit son nom, comme toutes les nombreuses villes qui se nomment Villefranche, des privilèges et des exemptions qu'on lui accorda.

L'église paroissiale, qui a un beau portail roman, fut bâtie dans le XIe siècle.

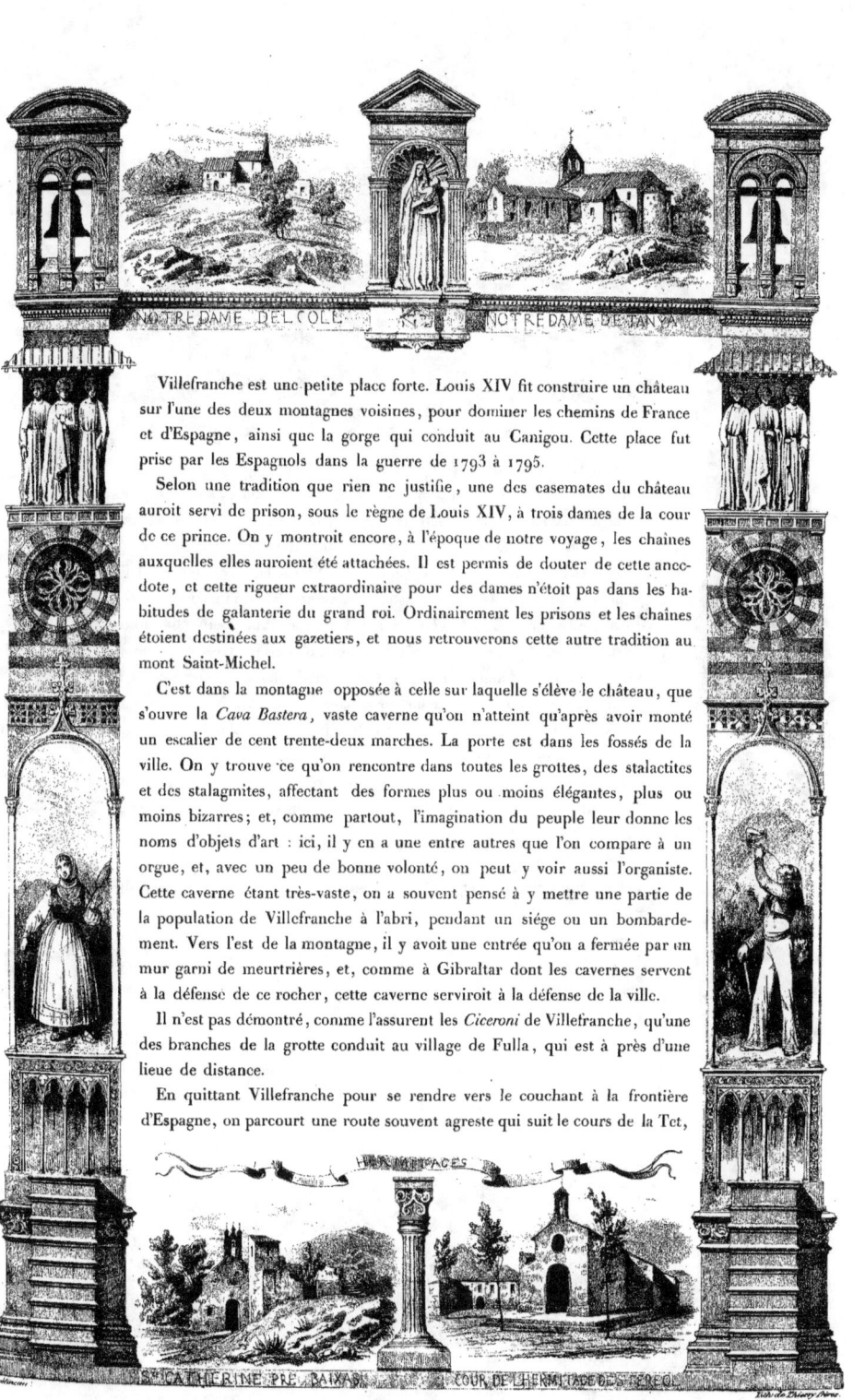

Villefranche est une petite place forte. Louis XIV fit construire un château sur l'une des deux montagnes voisines, pour dominer les chemins de France et d'Espagne, ainsi que la gorge qui conduit au Canigou. Cette place fut prise par les Espagnols dans la guerre de 1793 à 1795.

Selon une tradition que rien ne justifie, une des casemates du château auroit servi de prison, sous le règne de Louis XIV, à trois dames de la cour de ce prince. On y montroit encore, à l'époque de notre voyage, les chaînes auxquelles elles auroient été attachées. Il est permis de douter de cette anecdote, et cette rigueur extraordinaire pour des dames n'étoit pas dans les habitudes de galanterie du grand roi. Ordinairement les prisons et les chaînes étoient destinées aux gazetiers, et nous retrouverons cette autre tradition au mont Saint-Michel.

C'est dans la montagne opposée à celle sur laquelle s'élève le château, que s'ouvre la *Cava Bastera*, vaste caverne qu'on n'atteint qu'après avoir monté un escalier de cent trente-deux marches. La porte est dans les fossés de la ville. On y trouve ce qu'on rencontre dans toutes les grottes, des stalactites et des stalagmites, affectant des formes plus ou moins élégantes, plus ou moins bizarres; et, comme partout, l'imagination du peuple leur donne les noms d'objets d'art : ici, il y en a une entre autres que l'on compare à un orgue, et, avec un peu de bonne volonté, on peut y voir aussi l'organiste. Cette caverne étant très-vaste, on a souvent pensé à y mettre une partie de la population de Villefranche à l'abri, pendant un siége ou un bombardement. Vers l'est de la montagne, il y avoit une entrée qu'on a fermée par un mur garni de meurtrières, et, comme à Gibraltar dont les cavernes servent à la défense de ce rocher, cette caverne serviroit à la défense de la ville.

Il n'est pas démontré, comme l'assurent les *Ciceroni* de Villefranche, qu'une des branches de la grotte conduit au village de Fulla, qui est à près d'une lieue de distance.

En quittant Villefranche pour se rendre vers le couchant à la frontière d'Espagne, on parcourt une route souvent agreste qui suit le cours de la Tet,

et la première petite ville qu'on rencontre est Olette, qui eut un château et un oratoire. Dans le bas du vallon, près de l'ancienne route, sont les ruines de la Bastida d'Olette, un château avec fossés. Les seigneurs furent, comme presque partout dans le moyen âge, protecteurs ou tyrans de la route et de la contrée. Aux environs sont la chapelle de Notre-Dame de Nuria et les étangs bleu, noir et étoilé. Le monastère de Saint-André d'Exalada s'élevoit près de *los Graus*, en face de Carravellas; et Ayrrer avoit un vieux château renommé dans les guerres féodales, mais dont nous n'avons pas trouvé les ruines.

Enfin, on arrive à Mont-Louis, petite ville moderne dont l'enceinte et la forte citadelle, construite par Vauban sur la base de la *Castellossa*, tour carrée, est incessamment couverte de neiges et battue par les tempêtes.

Mais près de là est un des monuments les plus curieux qui soient en France, et qui longtemps sera un sujet de discussion archéologique, c'est la petite église de Planès. Nous répéterons ce que disent l'histoire et la tradition, et nous y ajouterons le peu d'expérience que nous avons acquise dans nos voyages en Orient.

Les chroniques catalanes et la tradition attribuent aux Arabes la construction de l'église de Planès. Le peuple lui donne encore aujourd'hui le nom de *Mesquita*, la mosquée.

Les Arabes possédèrent pendant trente-trois ans, sans trouble ni résistance, cette partie des Pyrénées, et, pendant près d'un siècle, ces mêmes lieux furent témoins de leurs combats contre les chrétiens.

Ce seroit donc pendant l'occupation des trente années qu'ils auroient bâti cette petite mosquée. Nous ne croyons pas qu'il existe dans tout l'empire d'Orient soumis à l'islamisme, un édifice construit sur un semblable plan, et dont l'élévation ait le moindre rapport avec cette chapelle, car c'est

plutôt une chapelle qu'une église. Quant à l'Espagne, nous sommes certain qu'il n'y existe pas un seul monument semblable ou analogue à l'oratoire de Planès. Il présente extérieurement un périmètre régulier, composé de trois demi-circonférences, alternant avec trois niches angulaires. Une coupole s'élève au centre de ces constructions, dominée elle-même par un campanile moderne qui affecte à la masse du monument une forme pyramidale. La porte d'entrée est située dans l'angle méridional; elle est à plein cintre, mais sans ornements. A gauche en entrant et dans l'angle, est le bénitier scellé dans une niche. En face de la porte est l'autel qui occupe tout le devant d'une grande niche; derrière l'autel est la sacristie. La partie supérieure des deux grandes niches latérales est fermée par deux tribunes où se placent les chantres et les hommes; le bas de l'église est occupé par les femmes. Dans les deux petites niches latérales, situées à droite et à gauche de l'autel, sont le siége du marguillier et celui du maire. Les fonts baptismaux sont placés sous l'escalier d'une tribune.

Une cloche, une croix miraculeuse, tout au moins très-ancienne, une petite cassolette en cuivre, sont exposées à la vénération des fidèles; des cantiques catalans, scellés sur la muraille, aident la mémoire des pélerins et perpétuent l'antique légende de Notre-Dame de Planès.

Le plan est un triangle dont chaque face est coupée par un demi-cercle. Il est impossible de comprendre ce monument sans examiner le plan que nous donnons au bas de cette page. L'appareil n'a rien non plus d'o-

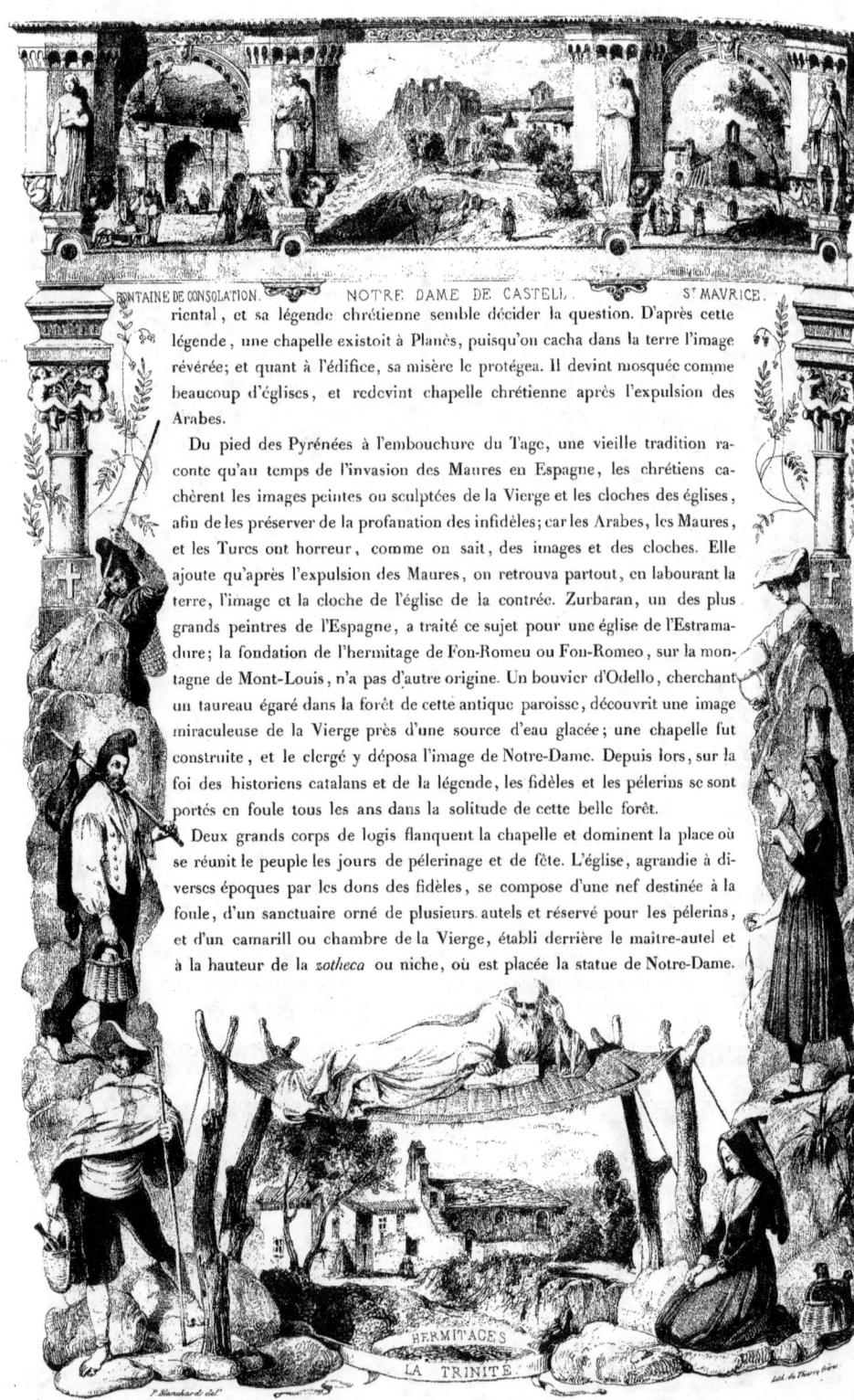

FONTAINE DE CONSOLATION. NOTRE DAME DE CASTELL. S.T MAURICE.
HERMITAGES LA TRINITÉ

riental, et sa légende chrétienne semble décider la question. D'après cette légende, une chapelle existoit à Planès, puisqu'on cacha dans la terre l'image révérée; et quant à l'édifice, sa misère le protégea. Il devint mosquée comme beaucoup d'églises, et redevint chapelle chrétienne après l'expulsion des Arabes.

Du pied des Pyrénées à l'embouchure du Tage, une vieille tradition raconte qu'au temps de l'invasion des Maures en Espagne, les chrétiens cachèrent les images peintes ou sculptées de la Vierge et les cloches des églises, afin de les préserver de la profanation des infidèles; car les Arabes, les Maures, et les Turcs ont horreur, comme on sait, des images et des cloches. Elle ajoute qu'après l'expulsion des Maures, on retrouva partout, en labourant la terre, l'image et la cloche de l'église de la contrée. Zurbaran, un des plus grands peintres de l'Espagne, a traité ce sujet pour une église de l'Estramadure; la fondation de l'hermitage de Fon-Romeu ou Fou-Romeo, sur la montagne de Mont-Louis, n'a pas d'autre origine. Un bouvier d'Odello, cherchant un taureau égaré dans la forêt de cette antique paroisse, découvrit une image miraculeuse de la Vierge près d'une source d'eau glacée; une chapelle fut construite, et le clergé y déposa l'image de Notre-Dame. Depuis lors, sur la foi des historiens catalans et de la légende, les fidèles et les pélerins se sont portés en foule tous les ans dans la solitude de cette belle forêt.

Deux grands corps de logis flanquent la chapelle et dominent la place où se réunit le peuple les jours de pélerinage et de fête. L'église, agrandie à diverses époques par les dons des fidèles, se compose d'une nef destinée à la foule, d'un sanctuaire orné de plusieurs autels et réservé pour les pélerins, et d'un camarill ou chambre de la Vierge, établi derrière le maître-autel et à la hauteur de la *zotheca* ou niche, où est placée la statue de Notre-Dame.

Un rideau dérobe ordinairement cette statue aux regards des fidèles. Le camarill est richement orné et resplendissant de dorures. Deux escaliers pratiqués à droite et à gauche de l'abside, conduisent les pèlerins ou les curieux dans ce sanctuaire, et préviennent tout encombrement. Cette chambre sacrée se retrouve généralement chez les chrétiens des contrées méridionales ; nous l'avons souvent rencontrée en Espagne ; le droit d'y entrer est une faveur, la garde en est commise à un prêtre revêtu de son surplis, et, dans les oratoires de ces montagnes, à un des hermites. Plus le camarill est riche, plus les aumônes sont abondantes.

En suivant la route de Mont-Louis pour se rendre à Bourg-Madame, on fera bien de descendre à gauche pour traverser Llivia, pays que les habitans regardent comme neutre, mais qui est certainement espagnol par la physionomie et les mœurs. Avant de descendre dans ce bourg, on a aperçu l'admirable plaine de Cerdagne et les belles montagnes qui l'entourent ; par un jour favorable, c'est un des plus beaux paysages du monde entier.

Auguste, maître paisible de la Celtibérie, fonda une colonie dans le voi-

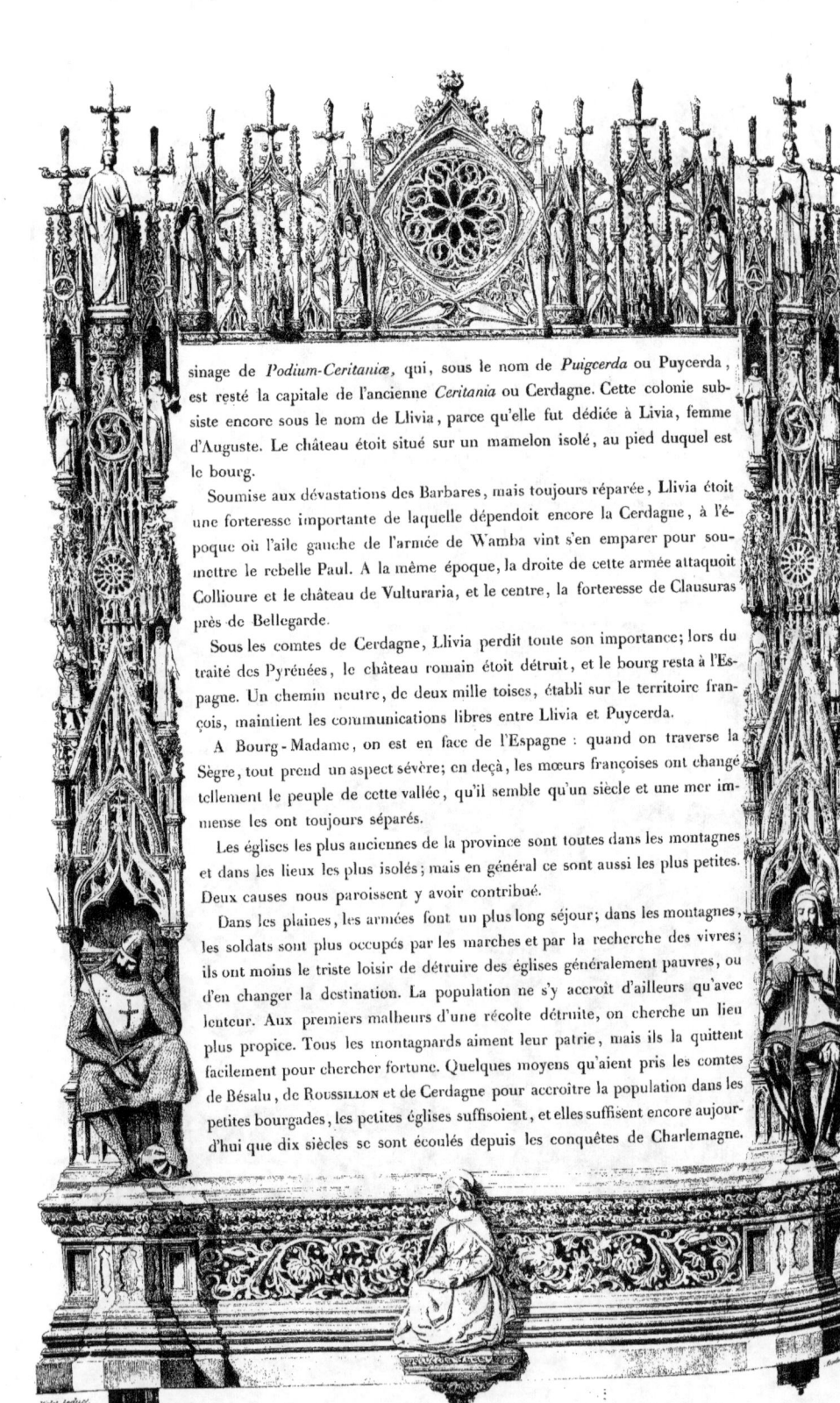

sinage de *Podium-Ceritaniæ,* qui, sous le nom de *Puigcerda* ou Puycerda, est resté la capitale de l'ancienne *Ceritania* ou Cerdagne. Cette colonie subsiste encore sous le nom de Llivia, parce qu'elle fut dédiée à Livia, femme d'Auguste. Le château étoit situé sur un mamelon isolé, au pied duquel est le bourg.

Soumise aux dévastations des Barbares, mais toujours réparée, Llivia étoit une forteresse importante de laquelle dépendoit encore la Cerdagne, à l'époque où l'aile gauche de l'armée de Wamba vint s'en emparer pour soumettre le rebelle Paul. A la même époque, la droite de cette armée attaquoit Collioure et le château de Vulturaria, et le centre, la forteresse de Clausuras près de Bellegarde.

Sous les comtes de Cerdagne, Llivia perdit toute son importance; lors du traité des Pyrénées, le château romain étoit détruit, et le bourg resta à l'Espagne. Un chemin neutre, de deux mille toises, établi sur le territoire françois, maintient les communications libres entre Llivia et Puycerda.

A Bourg-Madame, on est en face de l'Espagne : quand on traverse la Sègre, tout prend un aspect sévère; en deçà, les mœurs françoises ont changé tellement le peuple de cette vallée, qu'il semble qu'un siècle et une mer immense les ont toujours séparés.

Les églises les plus anciennes de la province sont toutes dans les montagnes et dans les lieux les plus isolés; mais en général ce sont aussi les plus petites. Deux causes nous paroissent y avoir contribué.

Dans les plaines, les armées font un plus long séjour; dans les montagnes, les soldats sont plus occupés par les marches et par la recherche des vivres; ils ont moins le triste loisir de détruire des églises généralement pauvres, ou d'en changer la destination. La population ne s'y accroît d'ailleurs qu'avec lenteur. Aux premiers malheurs d'une récolte détruite, on cherche un lieu plus propice. Tous les montagnards aiment leur patrie, mais ils la quittent facilement pour chercher fortune. Quelques moyens qu'aient pris les comtes de Bésalu, de Roussillon et de Cerdagne pour accroître la population dans les petites bourgades, les petites églises suffisoient, et elles suffisent encore aujourd'hui que dix siècles se sont écoulés depuis les conquêtes de Charlemagne.

Dans la plaine, et sous les premiers rois d'Aragon, il fallut rebâtir d'autres églises, soit qu'elles fussent désormais trop petites, soit qu'elles eussent été dévastées ou détruites. Ainsi Perpignan substitua à l'église de 813 celle de 1025, et à celle-ci, celle de 1324; en outre, cette ville eut, dès le XIVᵉ siècle, trois autres églises paroissiales, celle du faubourg, celles de Sept couvens, celle de la citadelle, et d'autres encore. Nous croyons donc que le Roussillon doit aux causes que nous venons de signaler la conservation d'un grand nombre d'églises, toutes situées dans les montagnes, bâties sur le même modèle et appartenant toutes à cette architecture romane antérieure au XIᵉ siècle, si monumentale, si parfumée d'antiquité, si riche, si gracieuse et si solide.

L'église d'Hix, une des plus petites parmi toutes celles que nous avons visitées, nous semble, par sa situation sur une route fréquentée, par son voisinage de Mont-Louis et de Puycerda, pouvoir être prise pour type de toutes les autres; décrire celle-ci, c'est donner une idée suffisante de tout ce que la province renferme de monumens curieux de cette époque.

L'église d'Hix a la forme d'un parallélogramme de trente-six pieds de longueur, non compris l'abside, sur vingt et un pieds de large. L'abside a pour rayon neuf pieds six pouces, et sa voûte est séparée de celle de la nef par deux grands arceaux dont les arêtes sont en retraite d'environ un pied de chaque côté de la nef.

Trois ouvertures, ornées avec goût de colonnes en marbre blanc, de modillons et d'une corniche, et établies à égale distance dans l'abside, suffisent,

avec la porte, pour éclairer l'église et lui donner ce demi-jour, cette teinte religieuse qui caractérise si admirablement l'architecture catholique, que devoient surtout rechercher les peuples du Midi, et qui, même dans le Nord, donne aux monumens gothiques une supériorité incontestable sur nos églises modernes, claires comme une bourse ou un café, et d'une architecture sèche, froide et pauvre, comme toutes les copies faites sans âme et sans génie.

La voûte de la nef s'appuie sur une corniche, et commence à vingt et un pieds au-dessus du pavé de l'église : elle est ogivale et ne date que du XIVe siècle. C'est sans doute à la même époque que le bas de l'église fut rebâti avec la porte d'entrée. Ces constructions, modernes par rapport aux premières, exécutées par des ouvriers ignorans et avec parcimonie, forment des taches au milieu des détails nobles et gracieux de la belle architecture romane. Tout ce qui est ancien fut construit en pierre de taille de granit, et disposé par assises régulières. Comme cela arrive ordinairement dans les pays méridionaux, le temps a doré ces pierres ; une belle couleur chaude et jaune les a colorées sans les ronger. Les deux faces latérales sont couronnées par une corniche ornée de modillons.

L'abside est la partie la plus ornée de l'église : elle est terminée de chaque côté par un pilastre de peu de saillie qui supporte un large bandeau ; celui-ci est dominé par une belle corniche et par des modillons cubiques enchâssés dans la corniche, et ne se touchant que par les angles.

Cette église, simple dans son intérieur, ornée avec goût et d'un style sévère à l'extérieur, est d'un aspect ravissant. La solidité de sa construction, l'heureuse proportion de ses formes, et le soin avec lequel les assises furent régularisées, donnent une haute idée des architectes romans qui, même dans des contrées retirées, et pour de petites populations, bâtissoient cependant en vue de la postérité

FONTAINE DE CONSOLATION. NOTRE DAME DE CASTELL. St MAURICE.

L'église de Puycerda dépendit, pendant plusieurs siècles, de celle d'Hix; mais du moment que le clergé de la ville espagnole se fut emparé de l'image vénérée de Notre-Dame, dont le comte Guiffre avoit doté l'église d'Hix, celle-ci perdit sa prépondérance par ce pieux larcin, et Puycerda eut un moyen de plus de domination sur le beau bassin de la Cerdagne.

Nous allons parler maintenant brièvement de quelques autres églises de cette partie de la province.

L'église d'Estavar, près de Llivia, dans la Cerdagne françoise, a la même solidité que celle d'Hix; on la trouve avant d'atteindre la colline de Llivia, sur laquelle il reste encore une tour que l'on qualifie de romaine. Deux ouvertures latérales éclairent la nef. Originairement plus petite que l'église d'Hix, celle d'Estavar fut agrandie du côté opposé à l'abside, et à une époque déjà reculée. La voûte seule est ogivale. Nous avons déjà fait remarquer que presque toujours, lorsqu'on rencontre un édifice roman, on y trouve des réparations de ce genre, nécessitées par l'infiltration des eaux. Cette église est mentionnée dans les actes des années 819 et 1011; cependant la tradition orale attribue au comte Guiffre la fondation de ce monument : peut-être ne fut-il question alors que de son agrandissement.

Il faut encore visiter, pour bien connoître les antiquités de ce pays, les églises d'Angustrina, de Dorres, de Sallagosa (*Saillagouze*), d'Embeix et de la Llagona. Ces cinq églises, construites en pierres de taille, avec la même solidité et dans les mêmes proportions que celle d'Hix, appartiennent au même siècle. Elles sont mentionnées dans l'acte de consécration de l'église cathédrale d'Urgel, l'an 819, et toutes situées dans la Cerdagne.

L'église de Sahorre ne doit pas être oubliée; la tradition populaire attribue sa fondation aux templiers, parce qu'elle leur a appartenu. La pierre tumu-

HERMITAGES LA TRINITÉ.

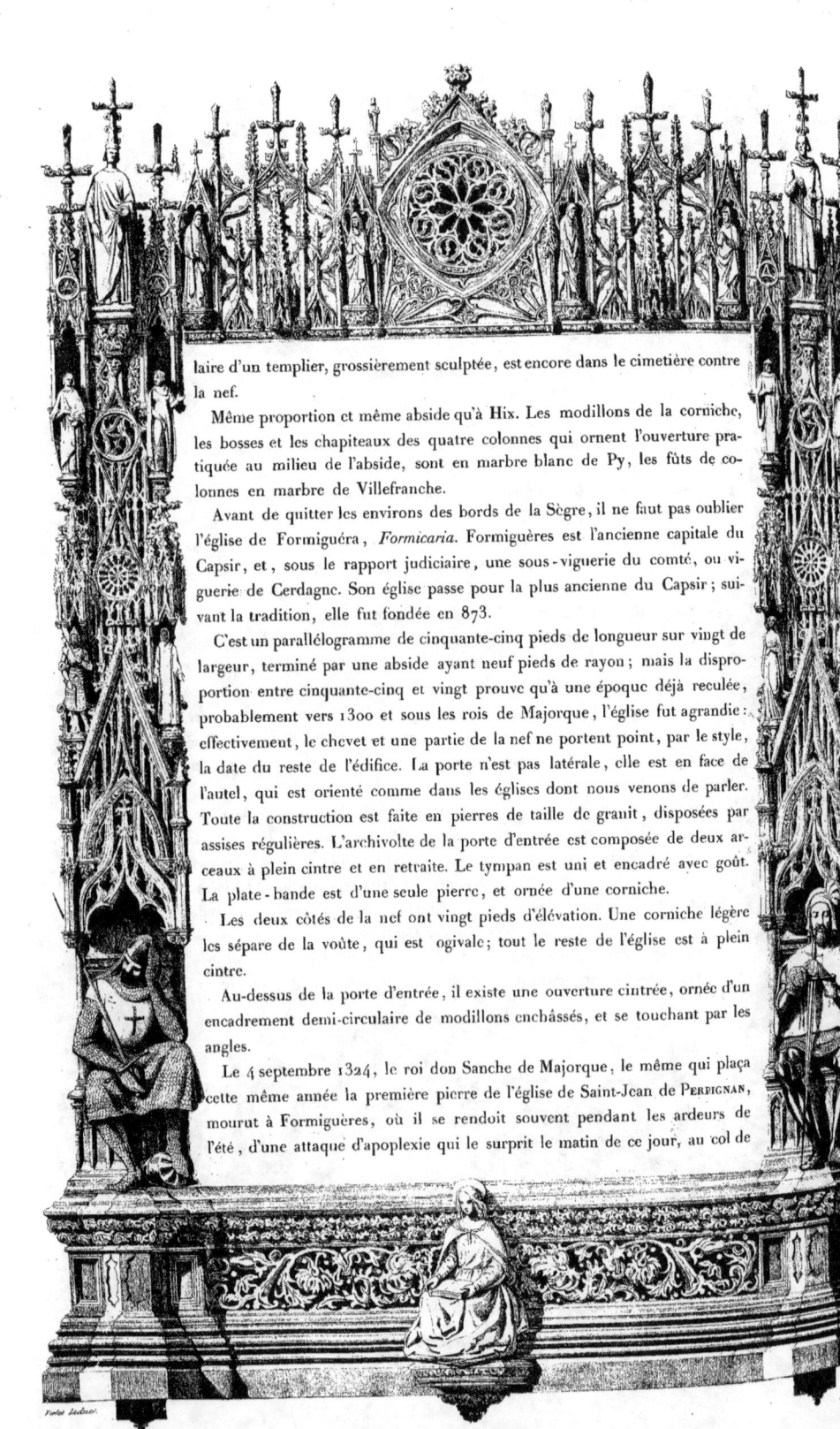

laire d'un templier, grossièrement sculptée, est encore dans le cimetière contre la nef.

Même proportion et même abside qu'à Hix. Les modillons de la corniche, les bosses et les chapiteaux des quatre colonnes qui ornent l'ouverture pratiquée au milieu de l'abside, sont en marbre blanc de Py, les fûts de colonnes en marbre de Villefranche.

Avant de quitter les environs des bords de la Sègre, il ne faut pas oublier l'église de Formiguéra, *Formicaria*. Formiguères est l'ancienne capitale du Capsir, et, sous le rapport judiciaire, une sous-viguerie du comté, ou viguerie de Cerdagne. Son église passe pour la plus ancienne du Capsir; suivant la tradition, elle fut fondée en 873.

C'est un parallélogramme de cinquante-cinq pieds de longueur sur vingt de largeur, terminé par une abside ayant neuf pieds de rayon; mais la disproportion entre cinquante-cinq et vingt prouve qu'à une époque déjà reculée, probablement vers 1300 et sous les rois de Majorque, l'église fut agrandie: effectivement, le chevet et une partie de la nef ne portent point, par le style, la date du reste de l'édifice. La porte n'est pas latérale, elle est en face de l'autel, qui est orienté comme dans les églises dont nous venons de parler. Toute la construction est faite en pierres de taille de granit, disposées par assises régulières. L'archivolte de la porte d'entrée est composée de deux arceaux à plein cintre et en retraite. Le tympan est uni et encadré avec goût. La plate-bande est d'une seule pierre, et ornée d'une corniche.

Les deux côtés de la nef ont vingt pieds d'élévation. Une corniche légère les sépare de la voûte, qui est ogivale; tout le reste de l'église est à plein cintre.

Au-dessus de la porte d'entrée, il existe une ouverture cintrée, ornée d'un encadrement demi-circulaire de modillons enchâssés, et se touchant par les angles.

Le 4 septembre 1324, le roi don Sanche de Majorque, le même qui plaça cette même année la première pierre de l'église de Saint-Jean de Perpignan, mourut à Formiguères, où il se rendoit souvent pendant les ardeurs de l'été, d'une attaque d'apoplexie qui le surprit le matin de ce jour, au col de

CHÂTEAU DE LAROQUE

Creu, à son retour de Foix ; les honneurs funèbres lui furent rendus par le sénéchal et par les religieuses du couvent adossé à l'église paroissiale. Un siècle plus tard, ce couvent, dont les murailles byzantines subsistent encore, fut transféré à Puycerda pour mettre les religieuses à l'abri de toute insulte.

Après un tendre adieu à cette belle Cerdagne, nous revînmes sur nos pas, par la vallée latérale de la Thet, et entre Prades et Villefranche, nous nous rendîmes à Conat, dont l'église est un des plus gracieux monumens de l'architecture romane de cette province, construit en pierres de taille d'un granit extrêmement dur ; tout le monument est d'une solidité remarquable. La nef a trente-six pieds sur vingt, et l'abside a dix-huit pieds d'ouverture ; de petites arcades sont surmontées de consoles qui supportent la corniche avec ses modillons cubiques et enchâssés ; le même style d'ornemens couronne les faces de l'église et l'abside. Les templiers possédèrent longtemps le fief de Conat.

En continuant le retour vers Perpignan, il faut visiter les ruines du manoir de Guiffre d'Arria, aujourd'hui Ria, entre Prades et Villefranche. Wiffre, Wiffred ou Guiffre, surnommé *le Velu*, avoit son château à Ria. Ce seigneur s'illustra dans les combats et fut élu comte de Barcelone, lorsque le comte Bernard fut nommé duc de Septimanie. Mandé auprès de l'empereur, le comte Guiffre mourut assassiné à Narbonne, pour avoir frappé de son glaive celui qui avoit osé porter la main sur sa belle barbe. Son fils, conduit auprès de l'empereur Charles le Chauve, fut accueilli par l'impératrice Judith. Il rendit mère la fille de la comtesse de Flandre, sœur de

CHÂTEAU DE CABRENS

l'empereur; et par les soins de sa belle-mère, il expulsa l'usurpateur de ses États, et rentra à Barcelone où ses noces furent célébrées. Sa famille posséda la Catalogne pendant plus de trois siècles. Une branche régnoit en Roussillon, et s'éteignit l'an 1178.

Béranger, dernier comte souverain de Barcelone, épousa Pétronille, héritière du roi d'Aragon. Ferdinand, dernier roi d'Aragon, épousa Isabelle de Castille : ainsi, Guiffre d'Arria fut le chef de la dynastie espagnole. S'il avoit régné sur une province de la Grande-Bretagne, les gentilshommes anglois, et nombre de personnes studieuses et curieuses de ce pays, viendroient en pélerinage à Ria. A la frontière de l'Espagne, les ruines de l'un des berceaux de la monarchie espagnole, dans ces temps modernes, n'ont peut-être jamais vu un Castillan.

Dans notre marche vers le levant, nous ne devons pas oublier Vinça, ancienne ville royale qui a subi plusieurs siéges. Elle possédoit autrefois un clergé nombreux qui avoit réuni à sa mense le prieuré de Marsévol, établissement de chanoines du Saint-Sépulcre. Les bains de Nossa, de belles et abondantes eaux, qui contribuent à la fraîcheur de son climat; ses vergers, ses potagers, en font, pendant l'été, un séjour délicieux. C'est le Barége des Pyrénées orientales.

Sur la montagne de Vinça est l'église de Marsévol. L'an 1011, le temple paroissial de Marsévol, ou du moins le territoire soumis à la juridiction de cette église, est mentionné dans une bulle du pape Serge IV, accordée au monastère de Saint-Michel de Cuxa. L'année 1163, le pape Alexandre, dans une bulle adressée à Raimond, abbé de Saint-Martin du Canigou, relate encore la paroisse de Notre-Dame du Canigou.

A cette époque, deux églises existoient déjà à Marsévol; l'une paroissiale, bâtie dans le IXe siècle, avec une abside, ornée extérieurement de pilastres supportant de petites arcades à plein cintre, et dont la maçonnerie, assez commune, est formée en moellons inclinés, disposés en *opus reticulatum*. Sous le maître-autel de cette église est le tombeau de la mère du pape Lin, en catalan Lli ou Leï. Ce pape étoit né à Orella, dans le voisinage d'Olette, mais sa mère étoit de Marsévol. L'autre église dépendoit d'un monastère.

ÉGLISE DE PLANES — HERMITAGE Ste ANNE

Probablement le monastère de Marsévol est une fondation pontificale. L'église, construite en granit, de moellons réguliers et disposés par assises, offre une nouvelle preuve du style élégant et riche de l'architecture romane, que nos archéologues du Nord devroient venir étudier dans le midi de la France. Elle a trois nefs supportées par des piliers carrés, en pierres de taille, comme le reste de l'église. La porte d'entrée, sur ses deux faces, de même que l'abside, offre des ornemens d'un très-bon goût.

Il est important de remarquer que ce n'est que sur la fin du X° siècle, et au commencement du XI°, qu'on a bâti, dans la province du Roussillon, des églises à trois nefs; nous en avons compté six : Saint-Jean le Vieux, Elne, Arles, Saint-André, Saint-Martin du Canigou et Marsévol.

L'église de Marsévol étoit en grande vénération. La communauté étoit riche des dons des fidèles. Les comtes de Roussillon et de Cerdagne lui avoient fait plusieurs legs. Guillaume Jaubert, vicomte de Castelnou, fonda, l'an 1091, une lampe devant le tombeau de la sainte ; c'est ainsi que le peuple désigne la mère du pape Lin.

Dans le joli et fertile bassin de Vinça, est le château de Joch ou Jug : c'est le Joux de nos montagnes alpines, dont la dénomination est latine. Les Romains appelèrent *Jugum* et *Jug* le seul point culminant de ce bassin qui fut habité.

L'illustre maison de Rupit posséda longtemps le vieux manoir de Joch et sa vaste baronnie. Les comtes d'Aranda héritèrent des seigneurs de Rupit. Souvent disgraciés par les rois d'Aragon et de Castille, et pour la dernière fois, après l'expulsion des Jésuites, les comtes d'Aranda vinrent fréquemment se réfugier à Joch, où leur mémoire est encore vénérée.

En 1808, le château et ses dépendances furent saisis et vendus par ordre de l'empereur. Les salles délabrées de cet antique castel servent aujourd'hui

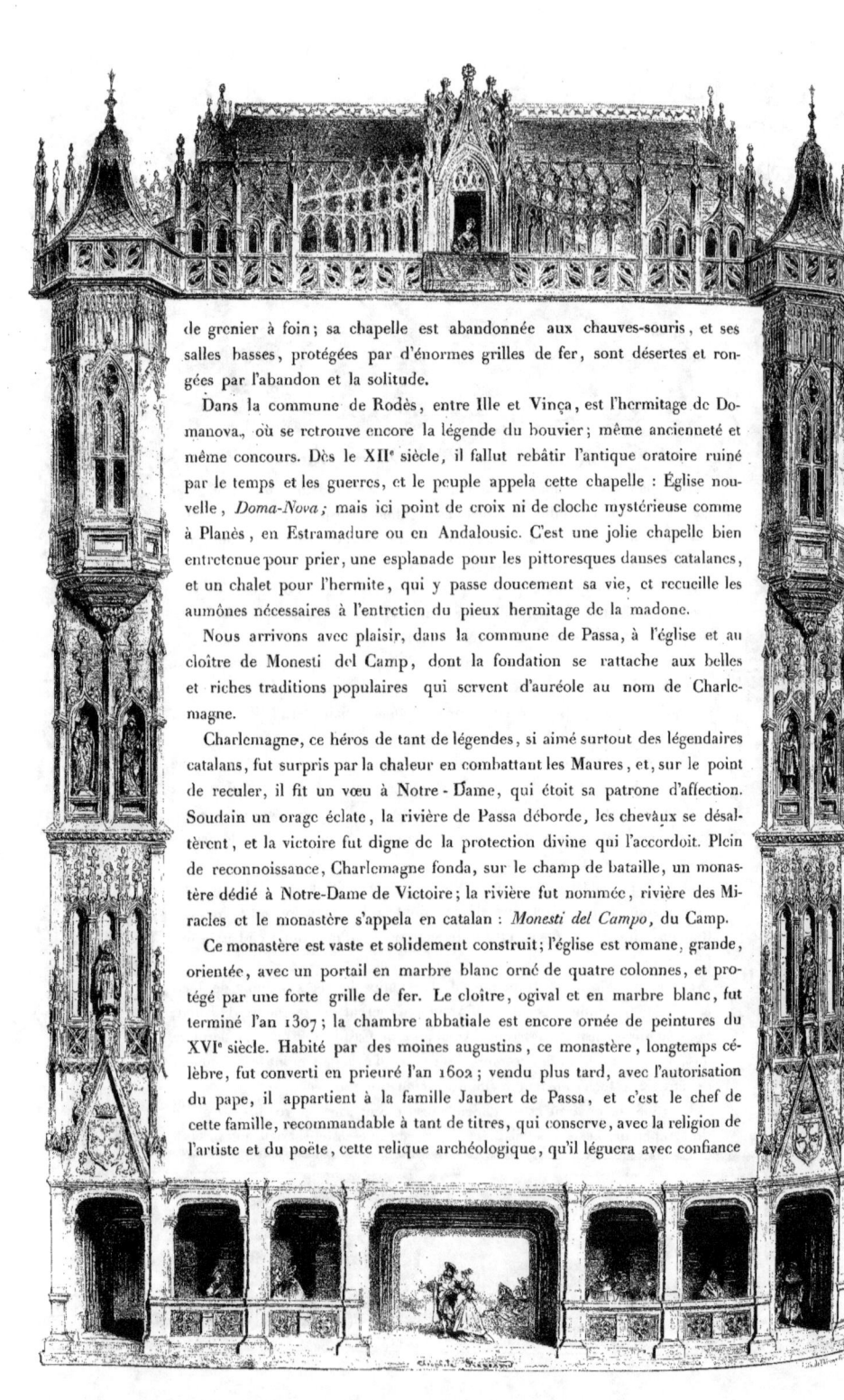

de grenier à foin; sa chapelle est abandonnée aux chauves-souris, et ses salles basses, protégées par d'énormes grilles de fer, sont désertes et rongées par l'abandon et la solitude.

Dans la commune de Rodès, entre Ille et Vinça, est l'hermitage de Domanova, où se retrouve encore la légende du bouvier; même ancienneté et même concours. Dès le XIIe siècle, il fallut rebâtir l'antique oratoire ruiné par le temps et les guerres, et le peuple appela cette chapelle : Église nouvelle, *Doma-Nova;* mais ici point de croix ni de cloche mystérieuse comme à Planès, en Estramadure ou en Andalousie. C'est une jolie chapelle bien entretenue pour prier, une esplanade pour les pittoresques danses catalanes, et un chalet pour l'hermite, qui y passe doucement sa vie, et recueille les aumônes nécessaires à l'entretien du pieux hermitage de la madone.

Nous arrivons avec plaisir, dans la commune de Passa, à l'église et au cloître de Monesti del Camp, dont la fondation se rattache aux belles et riches traditions populaires qui servent d'auréole au nom de Charlemagne.

Charlemagne, ce héros de tant de légendes, si aimé surtout des légendaires catalans, fut surpris par la chaleur en combattant les Maures, et, sur le point de reculer, il fit un vœu à Notre-Dame, qui étoit sa patronne d'affection. Soudain un orage éclate, la rivière de Passa déborde, les chevaux se désaltèrent, et la victoire fut digne de la protection divine qui l'accordoit. Plein de reconnaissance, Charlemagne fonda, sur le champ de bataille, un monastère dédié à Notre-Dame de Victoire; la rivière fut nommée, rivière des Miracles et le monastère s'appela en catalan : *Monesti del Campo,* du Camp.

Ce monastère est vaste et solidement construit; l'église est romane, grande, orientée, avec un portail en marbre blanc orné de quatre colonnes, et protégé par une forte grille de fer. Le cloître, ogival et en marbre blanc, fut terminé l'an 1307; la chambre abbatiale est encore ornée de peintures du XVIe siècle. Habité par des moines augustins, ce monastère, longtemps célèbre, fut converti en prieuré l'an 1602; vendu plus tard, avec l'autorisation du pape, il appartient à la famille Jaubert de Passa, et c'est le chef de cette famille, recommandable à tant de titres, qui conserve, avec la religion de l'artiste et du poëte, cette relique archéologique, qu'il léguera avec confiance

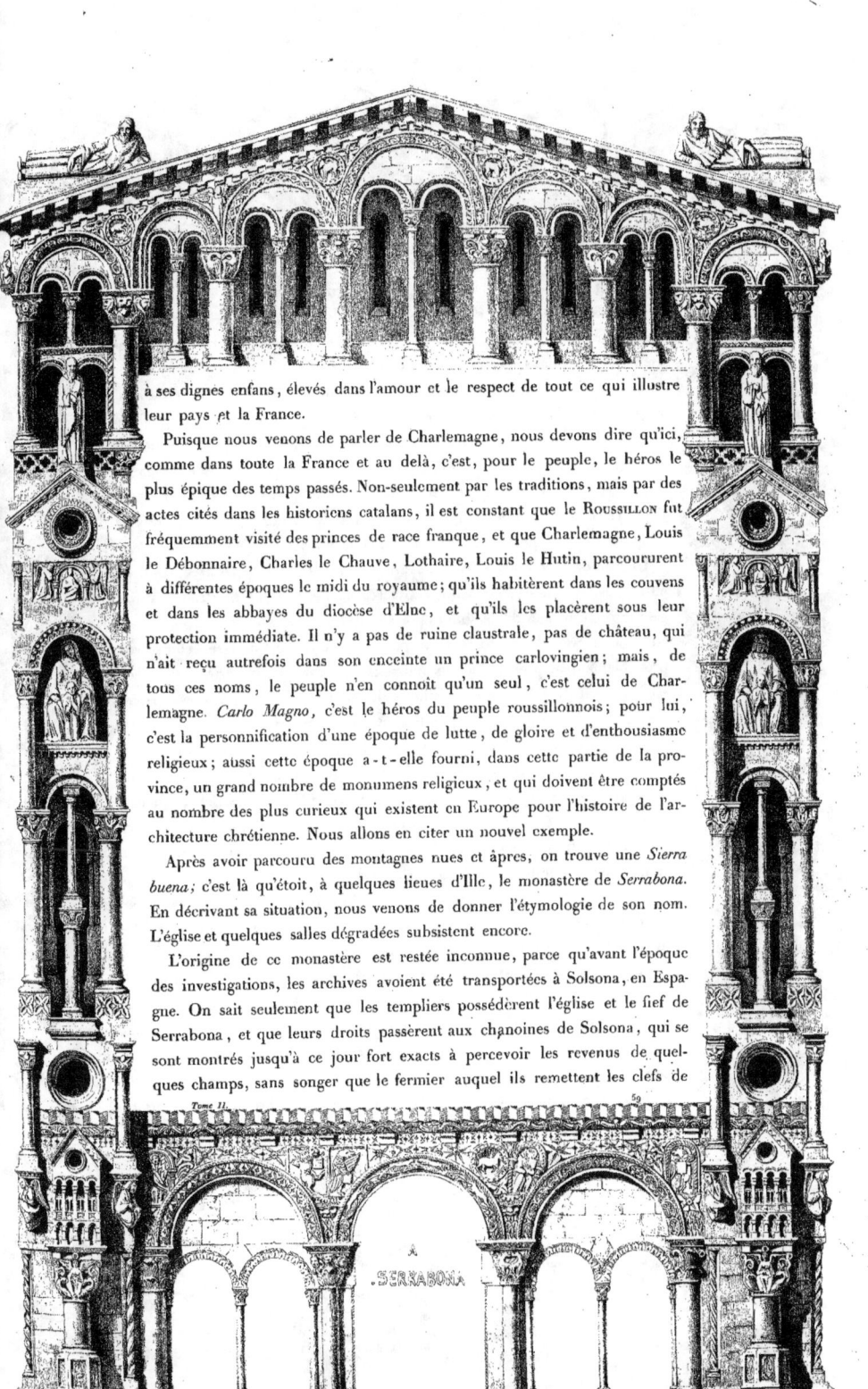

à ses dignes enfans, élevés dans l'amour et le respect de tout ce qui illustre leur pays et la France.

Puisque nous venons de parler de Charlemagne, nous devons dire qu'ici, comme dans toute la France et au delà, c'est, pour le peuple, le héros le plus épique des temps passés. Non-seulement par les traditions, mais par des actes cités dans les historiens catalans, il est constant que le Roussillon fut fréquemment visité des princes de race franque, et que Charlemagne, Louis le Débonnaire, Charles le Chauve, Lothaire, Louis le Hutin, parcoururent à différentes époques le midi du royaume; qu'ils habitèrent dans les couvens et dans les abbayes du diocèse d'Elne, et qu'ils les placèrent sous leur protection immédiate. Il n'y a pas de ruine claustrale, pas de château, qui n'ait reçu autrefois dans son enceinte un prince carlovingien; mais, de tous ces noms, le peuple n'en connoît qu'un seul, c'est celui de Charlemagne. *Carlo Magno*, c'est le héros du peuple roussillonnois; pour lui, c'est la personnification d'une époque de lutte, de gloire et d'enthousiasme religieux; aussi cette époque a-t-elle fourni, dans cette partie de la province, un grand nombre de monumens religieux, et qui doivent être comptés au nombre des plus curieux qui existent en Europe pour l'histoire de l'architecture chrétienne. Nous allons en citer un nouvel exemple.

Après avoir parcouru des montagnes nues et âpres, on trouve une *Sierra buena*; c'est là qu'étoit, à quelques lieues d'Ille, le monastère de *Serrabona*. En décrivant sa situation, nous venons de donner l'étymologie de son nom. L'église et quelques salles dégradées subsistent encore.

L'origine de ce monastère est restée inconnue, parce qu'avant l'époque des investigations, les archives avoient été transportées à Solsona, en Espagne. On sait seulement que les templiers possédèrent l'église et le fief de Serrabona, et que leurs droits passèrent aux chanoines de Solsona, qui se sont montrés jusqu'à ce jour fort exacts à percevoir les revenus de quelques champs, sans songer que le fermier auquel ils remettent les clefs de

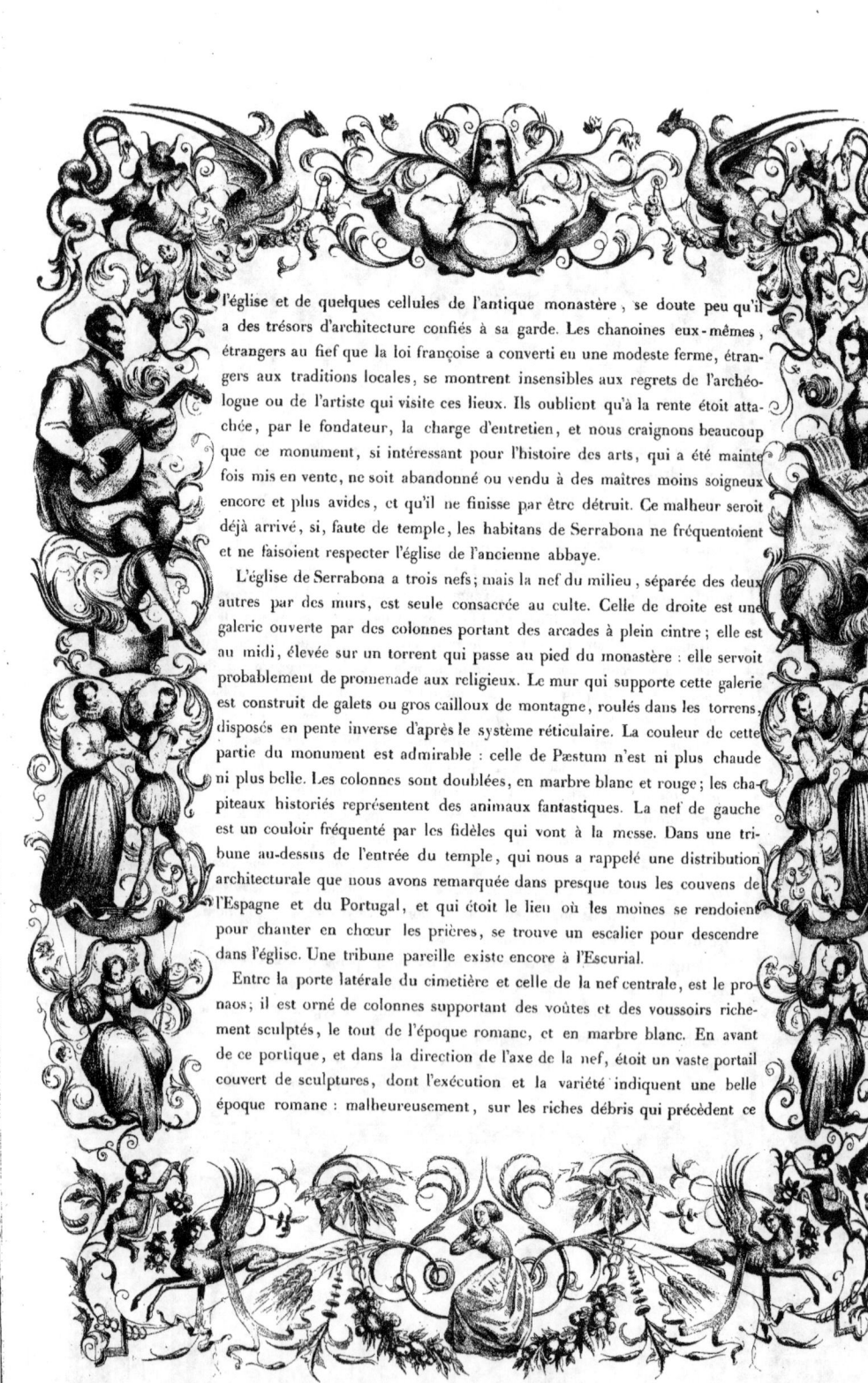

l'église et de quelques cellules de l'antique monastère, se doute peu qu'il a des trésors d'architecture confiés à sa garde. Les chanoines eux-mêmes, étrangers au fief que la loi françoise a converti en une modeste ferme, étrangers aux traditions locales, se montrent insensibles aux regrets de l'archéologue ou de l'artiste qui visite ces lieux. Ils oublient qu'à la rente étoit attachée, par le fondateur, la charge d'entretien, et nous craignons beaucoup que ce monument, si intéressant pour l'histoire des arts, qui a été maintes fois mis en vente, ne soit abandonné ou vendu à des maîtres moins soigneux encore et plus avides, et qu'il ne finisse par être détruit. Ce malheur seroit déjà arrivé, si, faute de temple, les habitans de Serrabona ne fréquentoient et ne faisoient respecter l'église de l'ancienne abbaye.

L'église de Serrabona a trois nefs; mais la nef du milieu, séparée des deux autres par des murs, est seule consacrée au culte. Celle de droite est une galerie ouverte par des colonnes portant des arcades à plein cintre; elle est au midi, élevée sur un torrent qui passe au pied du monastère : elle servoit probablement de promenade aux religieux. Le mur qui supporte cette galerie est construit de galets ou gros cailloux de montagne, roulés dans les torrens, disposés en pente inverse d'après le système réticulaire. La couleur de cette partie du monument est admirable : celle de Pæstum n'est ni plus chaude ni plus belle. Les colonnes sont doublées, en marbre blanc et rouge; les chapiteaux historiés représentent des animaux fantastiques. La nef de gauche est un couloir fréquenté par les fidèles qui vont à la messe. Dans une tribune au-dessus de l'entrée du temple, qui nous a rappelé une distribution architecturale que nous avons remarquée dans presque tous les couvens de l'Espagne et du Portugal, et qui étoit le lieu où les moines se rendoient pour chanter en chœur les prières, se trouve un escalier pour descendre dans l'église. Une tribune pareille existe encore à l'Escurial.

Entre la porte latérale du cimetière et celle de la nef centrale, est le pronaos; il est orné de colonnes supportant des voûtes et des voussoirs richement sculptés, le tout de l'époque romane, et en marbre blanc. En avant de ce portique, et dans la direction de l'axe de la nef, étoit un vaste portail couvert de sculptures, dont l'exécution et la variété indiquent une belle époque romane : malheureusement, sur les riches débris qui précèdent ce

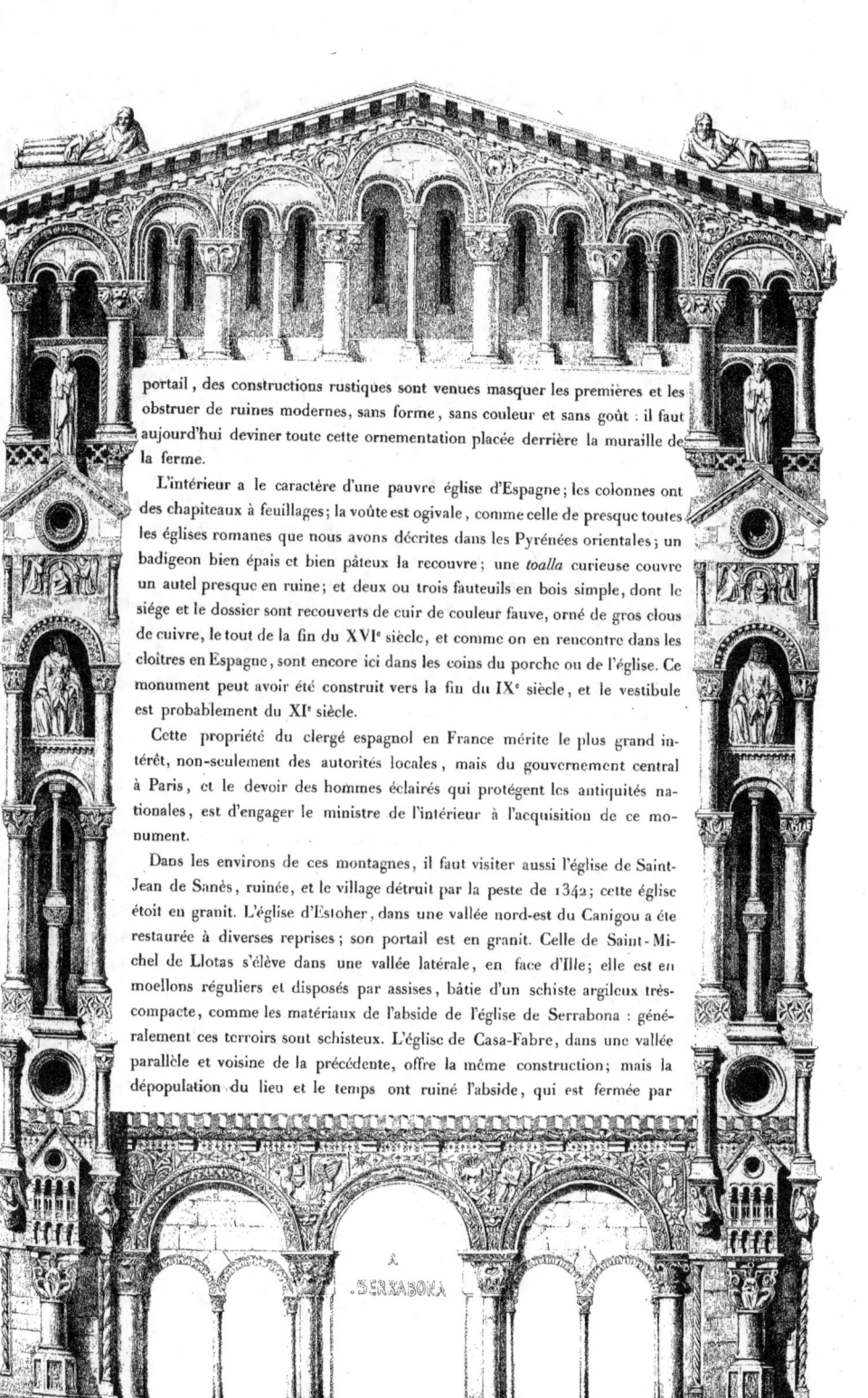

portail, des constructions rustiques sont venues masquer les premières et les obstruer de ruines modernes, sans forme, sans couleur et sans goût : il faut aujourd'hui deviner toute cette ornementation placée derrière la muraille de la ferme.

L'intérieur a le caractère d'une pauvre église d'Espagne ; les colonnes ont des chapiteaux à feuillages ; la voûte est ogivale, comme celle de presque toutes les églises romanes que nous avons décrites dans les Pyrénées orientales ; un badigeon bien épais et bien pâteux la recouvre ; une *toalla* curieuse couvre un autel presque en ruine ; et deux ou trois fauteuils en bois simple, dont le siége et le dossier sont recouverts de cuir de couleur fauve, orné de gros clous de cuivre, le tout de la fin du XVIe siècle, et comme on en rencontre dans les cloîtres en Espagne, sont encore ici dans les coins du porche ou de l'église. Ce monument peut avoir été construit vers la fin du IXe siècle, et le vestibule est probablement du XIe siècle.

Cette propriété du clergé espagnol en France mérite le plus grand intérêt, non-seulement des autorités locales, mais du gouvernement central à Paris, et le devoir des hommes éclairés qui protégent les antiquités nationales, est d'engager le ministre de l'intérieur à l'acquisition de ce monument.

Dans les environs de ces montagnes, il faut visiter aussi l'église de Saint-Jean de Sanès, ruinée, et le village détruit par la peste de 1342; cette église étoit en granit. L'église d'Estoher, dans une vallée nord-est du Canigou a été restaurée à diverses reprises ; son portail est en granit. Celle de Saint-Michel de Llotas s'élève dans une vallée latérale, en face d'Ille; elle est en moellons réguliers et disposés par assises, bâtie d'un schiste argileux très-compacte, comme les matériaux de l'abside de l'église de Serrabona : généralement ces terroirs sont schisteux. L'église de Casa-Fabre, dans une vallée parallèle et voisine de la précédente, offre la même construction; mais la dépopulation du lieu et le temps ont ruiné l'abside, qui est fermée par

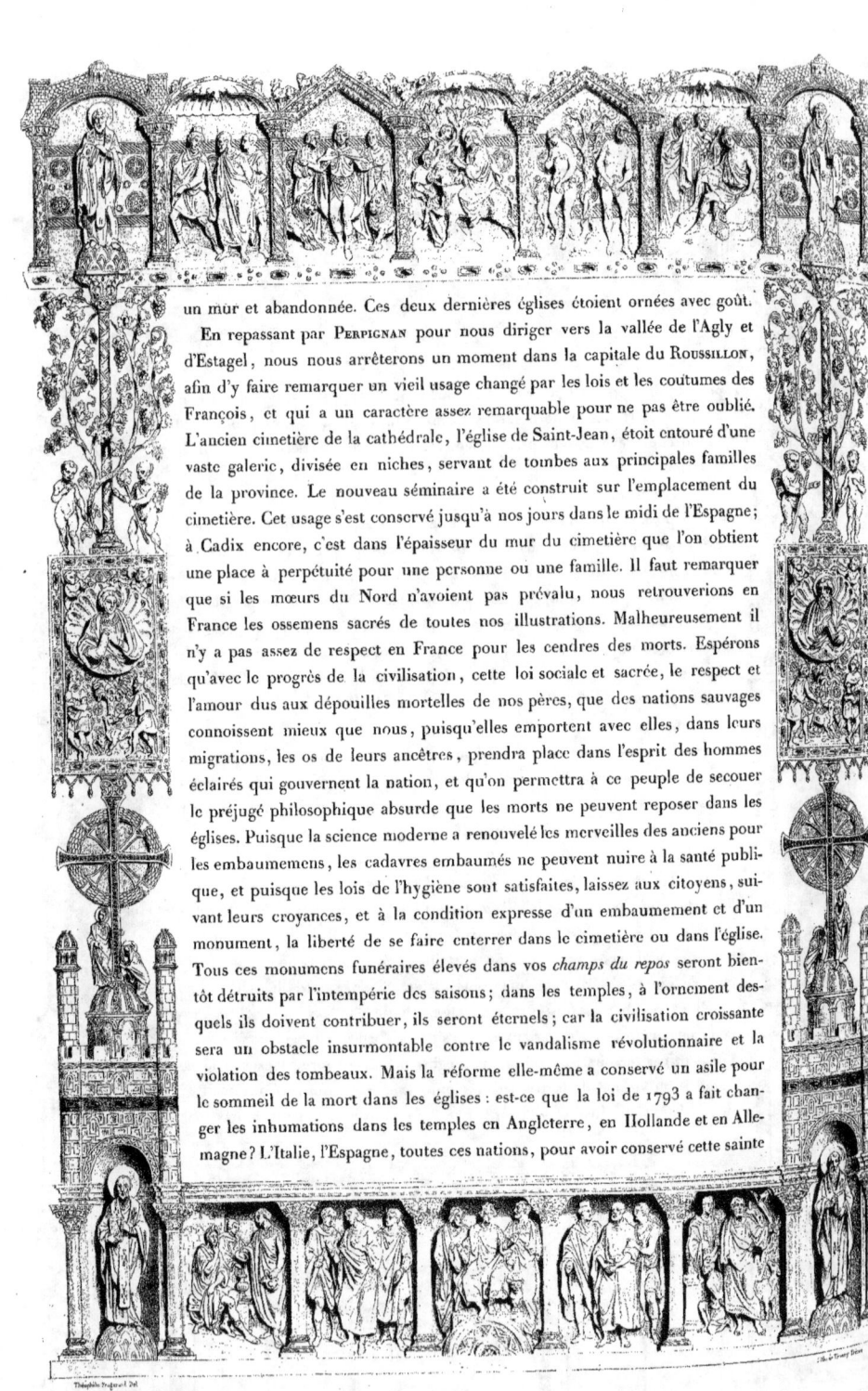

un mur et abandonnée. Ces deux dernières églises étoient ornées avec goût.

En repassant par Perpignan pour nous diriger vers la vallée de l'Agly et d'Estagel, nous nous arrêterons un moment dans la capitale du Roussillon, afin d'y faire remarquer un vieil usage changé par les lois et les coutumes des François, et qui a un caractère assez remarquable pour ne pas être oublié. L'ancien cimetière de la cathédrale, l'église de Saint-Jean, étoit entouré d'une vaste galerie, divisée en niches, servant de tombes aux principales familles de la province. Le nouveau séminaire a été construit sur l'emplacement du cimetière. Cet usage s'est conservé jusqu'à nos jours dans le midi de l'Espagne; à Cadix encore, c'est dans l'épaisseur du mur du cimetière que l'on obtient une place à perpétuité pour une personne ou une famille. Il faut remarquer que si les mœurs du Nord n'avoient pas prévalu, nous retrouverions en France les ossemens sacrés de toutes nos illustrations. Malheureusement il n'y a pas assez de respect en France pour les cendres des morts. Espérons qu'avec le progrès de la civilisation, cette loi sociale et sacrée, le respect et l'amour dus aux dépouilles mortelles de nos pères, que des nations sauvages connoissent mieux que nous, puisqu'elles emportent avec elles, dans leurs migrations, les os de leurs ancêtres, prendra place dans l'esprit des hommes éclairés qui gouvernent la nation, et qu'on permettra à ce peuple de secouer le préjugé philosophique absurde que les morts ne peuvent reposer dans les églises. Puisque la science moderne a renouvelé les merveilles des anciens pour les embaumemens, les cadavres embaumés ne peuvent nuire à la santé publique, et puisque les lois de l'hygiène sont satisfaites, laissez aux citoyens, suivant leurs croyances, et à la condition expresse d'un embaumement et d'un monument, la liberté de se faire enterrer dans le cimetière ou dans l'église. Tous ces monumens funéraires élevés dans vos *champs du repos* seront bientôt détruits par l'intempérie des saisons; dans les temples, à l'ornement desquels ils doivent contribuer, ils seront éternels; car la civilisation croissante sera un obstacle insurmontable contre le vandalisme révolutionnaire et la violation des tombeaux. Mais la réforme elle-même a conservé un asile pour le sommeil de la mort dans les églises : est-ce que la loi de 1793 a fait changer les inhumations dans les temples en Angleterre, en Hollande et en Allemagne? L'Italie, l'Espagne, toutes ces nations, pour avoir conservé cette sainte

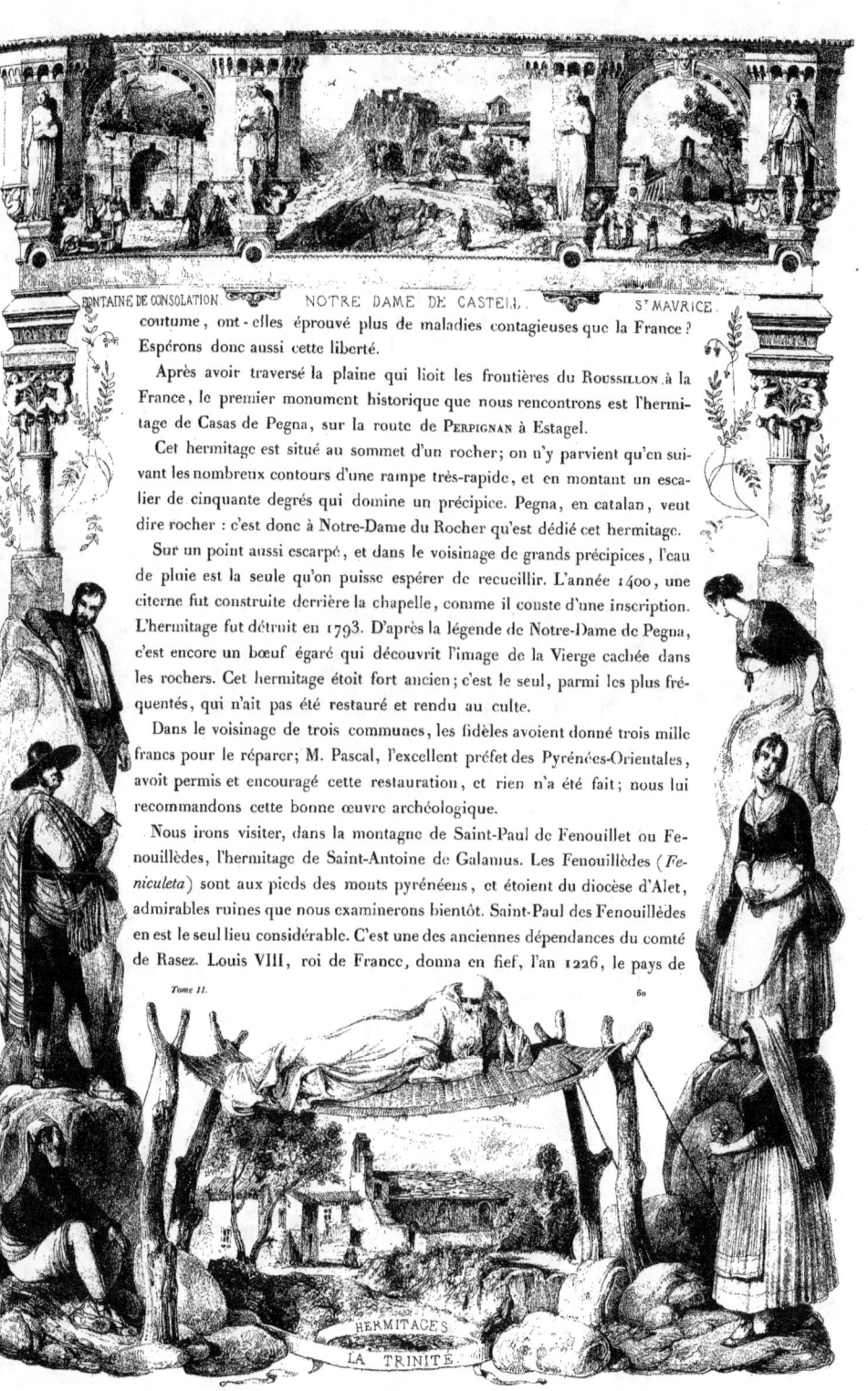

FONTAINE DE CONSOLATION.   NOTRE DAME DE CASTELL.   St MAURICE.

coutume, ont-elles éprouvé plus de maladies contagieuses que la France? Espérons donc aussi cette liberté.

Après avoir traversé la plaine qui lioit les frontières du Roussillon à la France, le premier monument historique que nous rencontrons est l'hermitage de Casas de Pegna, sur la route de Perpignan à Estagel.

Cet hermitage est situé au sommet d'un rocher; on n'y parvient qu'en suivant les nombreux contours d'une rampe très-rapide, et en montant un escalier de cinquante degrés qui domine un précipice. Pegna, en catalan, veut dire rocher : c'est donc à Notre-Dame du Rocher qu'est dédié cet hermitage.

Sur un point aussi escarpé, et dans le voisinage de grands précipices, l'eau de pluie est la seule qu'on puisse espérer de recueillir. L'année 1400, une citerne fut construite derrière la chapelle, comme il conste d'une inscription. L'hermitage fut détruit en 1793. D'après la légende de Notre-Dame de Pegna, c'est encore un bœuf égaré qui découvrit l'image de la Vierge cachée dans les rochers. Cet hermitage étoit fort ancien; c'est le seul, parmi les plus fréquentés, qui n'ait pas été restauré et rendu au culte.

Dans le voisinage de trois communes, les fidèles avoient donné trois mille francs pour le réparer; M. Pascal, l'excellent préfet des Pyrénées-Orientales, avoit permis et encouragé cette restauration, et rien n'a été fait; nous lui recommandons cette bonne œuvre archéologique.

Nous irons visiter, dans la montagne de Saint-Paul de Fenouillet ou Fenouillèdes, l'hermitage de Saint-Antoine de Galamus. Les Fenouillèdes (*Feniculeta*) sont aux pieds des monts pyrénéens, et étoient du diocèse d'Alet, admirables ruines que nous examinerons bientôt. Saint-Paul des Fenouillèdes en est le seul lieu considérable. C'est une des anciennes dépendances du comté de Rasez. Louis VIII, roi de France, donna en fief, l'an 1226, le pays de

Fenouillèdes à Nuno, comte de Roussillon, qui étoit vassal du roi d'Aragon. Saint Louis, en 1228, confirma le don que son père avoit fait au comte de Nuno.

Après la mort de ce comte, le pays de Fenouillèdes fut réuni à la couronne, et, par le traité de 1258, non-seulement Jacques, roi d'Aragon, renonça à ses droits sur le comté de Rasez, mais aussi au droit qu'il avoit sur celui de Fenouillèdes.

A une époque antérieure à la tradition historique, l'Agly, contenu jusqu'alors par d'importantes barrières, s'ouvrit un passage à travers les Corbières, ou bien profita de la chaîne pour y pénétrer avec impétuosité; et après avoir creusé un immense entonnoir, s'échappa dans la vallée de Saint-Paul. Dans cet abîme, dont les bords supérieurs sont hérissés de rochers, la plupart inabordables, l'Agly forme, en y entrant, une belle cascade, et ses eaux encaissées coulent avec bruit et s'échappent par une profonde crevasse du côté de Saint-Paul.

Une belle forêt d'arbres au vaste ombrage, et dont le pied se cache sous des massifs d'arbustes aromatiques, couvre toutes les pentes, et donne à cette solitude un aspect enchanteur. On n'y pénètre qu'au moyen d'un sentier sinueux et rude établi sur le revers opposé de la forêt, et qui vient aboutir à une grille de fer dont les marguilliers de Saint-Paul se réservent la clef. Au delà, un chemin ombragé par la forêt, embelli d'heureuses oppositions pittoresques, conduit au pied d'un immense rocher, dont la couleur jaunâtre contraste admirablement avec la teinte azurée du ciel et les mille nuances de verdure qui l'encadrent. Ce rocher, c'est l'hermitage de Saint-Antoine de Galamus. Dans une petite grotte étoit une source d'eau fraîche et inépuisable; à côté, une plus vaste grotte : toutes deux ornées à l'entrée par des arbustes au feuillage toujours vert, aux baies écarlates. Un architecte, conduit par des fidèles, bâtit un hermitage dans ce lieu, et plaça au fond de la grande grotte, et sur un autel taillé dans le roc, l'image modestement sculptée de saint Antoine ayant à ses pieds son fidèle compagnon. La chapelle avec ses voûtes naturelles, son chœur éclairé mystérieusement, la petite esplanade établie plus tard en avant de l'hermitage, la fontaine sacrée couronnée d'un dôme de rochers, de pampres et de verdure, qui s'élève au milieu des

arbres pour indiquer l'hermitage; la solitude du lieu, embellie par les contrastes les plus graves et les plus rians, et par les formes les plus pittoresques, toujours ravissantes pour le poëte, pour l'artiste, sont dignes, pour la forme et la couleur, du Poussin ou de Ruysdael. Il faut y ajouter encore une température délicieuse dans toutes les saisons. L'époque de la construction de cet hermitage est inconnue; elle est bien certainement très-ancienne. Nulle part la main de l'homme n'a dû faire moins de frais pour trouver un site admirable. On y vient fréquemment, poussé par la curiosité; mais plus souvent encore, il faut le dire, pour y chercher, dans la source sacrée ou dans l'intercession de saint Antoine, la guérison d'une maladie, l'accomplissement d'un vœu.

À l'entrée de la vallée d'Estagel est l'église romane d'Espira de l'Agly, dont le portail est fermé aujourd'hui; elle appartenoit autrefois à un chapitre de chanoines réguliers qui fut transféré, l'année 1602, à PERPIGNAN, dans l'église de la *Real,* ainsi appelée parce qu'elle fut consacrée par l'antipape de Luna, en présence du roi d'Aragon. Le portail est riche d'ornemens.

Dans cette partie de la province, et au moment de la quitter, nous ne devons

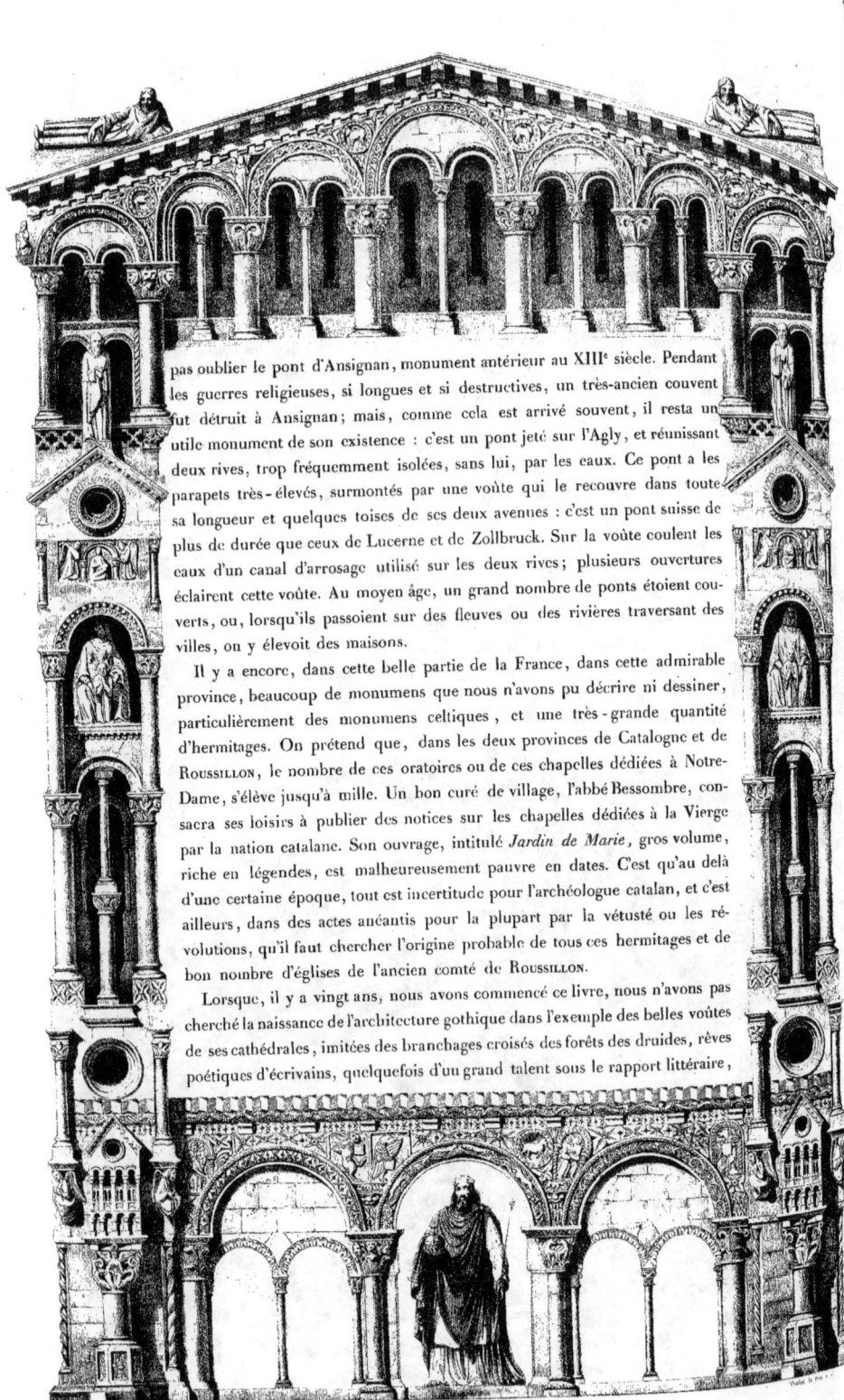

pas oublier le pont d'Ansignan, monument antérieur au XIIIe siècle. Pendant les guerres religieuses, si longues et si destructives, un très-ancien couvent fut détruit à Ansignan; mais, comme cela est arrivé souvent, il resta un utile monument de son existence : c'est un pont jeté sur l'Agly, et réunissant deux rives, trop fréquemment isolées, sans lui, par les eaux. Ce pont a les parapets très-élevés, surmontés par une voûte qui le recouvre dans toute sa longueur et quelques toises de ses deux avenues : c'est un pont suisse de plus de durée que ceux de Lucerne et de Zollbruck. Sur la voûte coulent les eaux d'un canal d'arrosage utilisé sur les deux rives; plusieurs ouvertures éclairent cette voûte. Au moyen âge, un grand nombre de ponts étoient couverts, ou, lorsqu'ils passoient sur des fleuves ou des rivières traversant des villes, on y élevoit des maisons.

Il y a encore, dans cette belle partie de la France, dans cette admirable province, beaucoup de monumens que nous n'avons pu décrire ni dessiner, particulièrement des monumens celtiques, et une très-grande quantité d'hermitages. On prétend que, dans les deux provinces de Catalogne et de Roussillon, le nombre de ces oratoires ou de ces chapelles dédiées à Notre-Dame, s'élève jusqu'à mille. Un bon curé de village, l'abbé Bessombre, consacra ses loisirs à publier des notices sur les chapelles dédiées à la Vierge par la nation catalane. Son ouvrage, intitulé *Jardin de Marie*, gros volume, riche en légendes, est malheureusement pauvre en dates. C'est qu'au delà d'une certaine époque, tout est incertitude pour l'archéologue catalan, et c'est ailleurs, dans des actes anéantis pour la plupart par la vétusté ou les révolutions, qu'il faut chercher l'origine probable de tous ces hermitages et de bon nombre d'églises de l'ancien comté de Roussillon.

Lorsque, il y a vingt ans, nous avons commencé ce livre, nous n'avons pas cherché la naissance de l'architecture gothique dans l'exemple des belles voûtes de ses cathédrales, imitées des branchages croisés des forêts des druides, rêves poétiques d'écrivains, quelquefois d'un grand talent sous le rapport littéraire,

mais qui avoient peu étudié l'histoire de l'architecture et l'archéologie. Des premiers, nous avons signalé les architectes grecs et romains, le Bas-Empire, comme le berceau de notre architecture chrétienne. Maintenant ces principes ont été si bien acceptés par tous les hommes qui se sont occupés sérieusement d'archéologie chrétienne, qu'on seroit ridicule de vouloir les controverser. On ne nous accusera donc pas d'aller chercher chez les Celtes ou les druides l'exemple de monumens d'un style quelquefois créé quatre ou cinq siècles après que les druides eurent disparu de la Gaule; mais certainement avant la conquête des Gaules par les Romains, les peuples de cette partie de l'Europe avoient des croyances religieuses et des ministres de leur culte; si quelques jeunes savans veulent contester l'existence des druides, il seroit du moins difficile de contester l'existence des Celtes, et chez tous les peuples primitifs une source ombragée a été consacrée par une croyance religieuse. Les naïades de la mythologie grecque, quoiqu'on ait bien abusé de leurs gracieux portraits, vivront éternellement pour le peintre et le poëte.

Les Celtes ont donc eu leurs sources sacrées dans des lieux retirés, au milieu des bois et des rochers. Dans ces temps, le culte à la fontaine aimoit la solitude et le mystère. Le christianisme trouva les nations avides de changement, mais sous le rapport des progrès moraux; quant à certaines fêtes ou aux habitudes mélancoliques du peuple, le catholicisme fut obligé d'accepter d'abord plusieurs usages païens; en appelant les peuples à la morale et à la liberté, il se garda bien d'attaquer certaines croyances, parce qu'il eût rencontré des obstacles invincibles. Pour un grand nombre de sources sacrées et plusieurs pratiques populaires, on institua le patronage d'une chapelle et le nom d'un saint; les cérémonies anciennes se transformèrent en fêtes ou

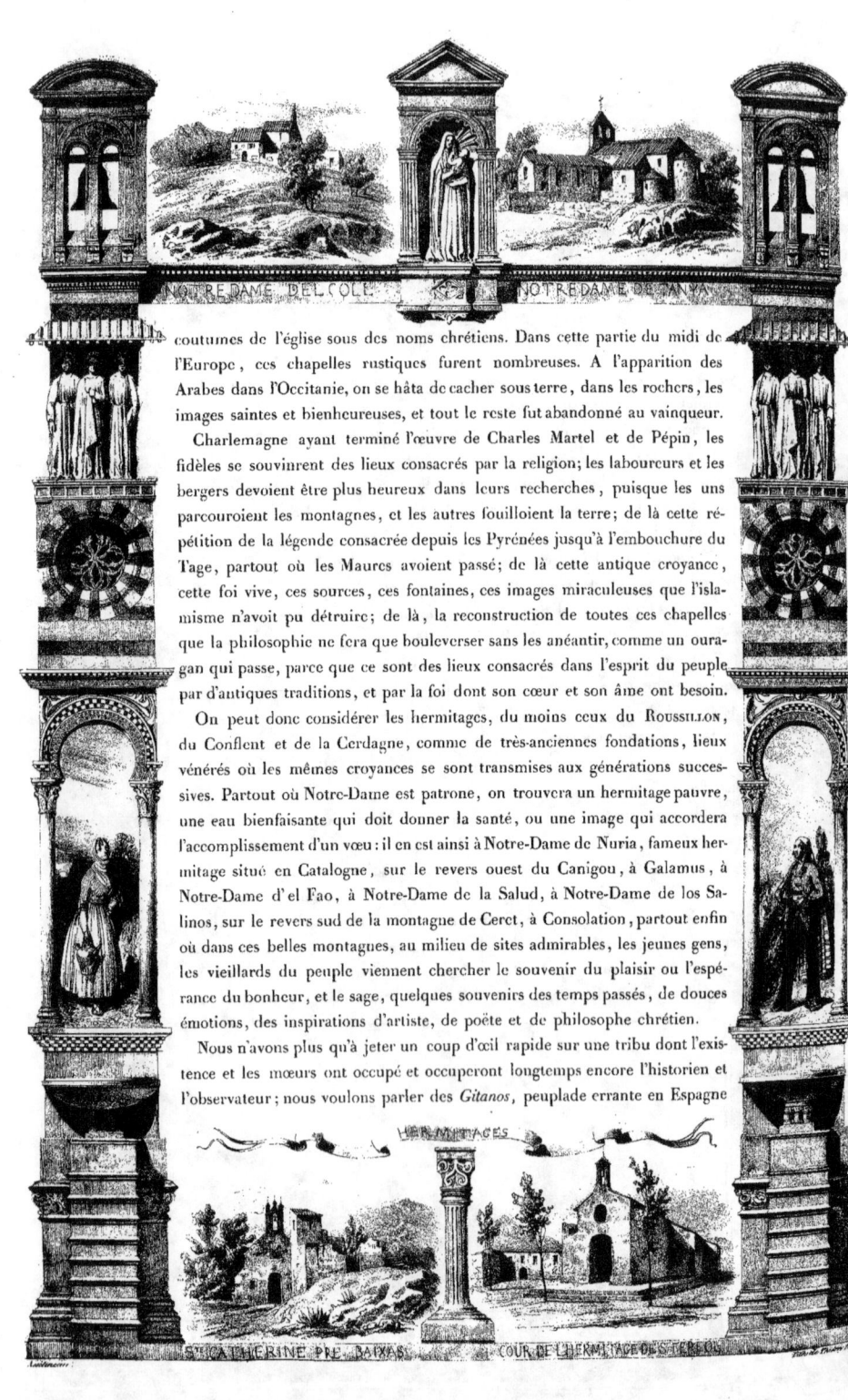

coutumes de l'église sous des noms chrétiens. Dans cette partie du midi de l'Europe, ces chapelles rustiques furent nombreuses. A l'apparition des Arabes dans l'Occitanie, on se hâta de cacher sous terre, dans les rochers, les images saintes et bienheureuses, et tout le reste fut abandonné au vainqueur.

Charlemagne ayant terminé l'œuvre de Charles Martel et de Pépin, les fidèles se souvinrent des lieux consacrés par la religion; les laboureurs et les bergers devoient être plus heureux dans leurs recherches, puisque les uns parcouroient les montagnes, et les autres fouilloient la terre; de là cette répétition de la légende consacrée depuis les Pyrénées jusqu'à l'embouchure du Tage, partout où les Maures avoient passé; de là cette antique croyance, cette foi vive, ces sources, ces fontaines, ces images miraculeuses que l'islamisme n'avoit pu détruire; de là, la reconstruction de toutes ces chapelles que la philosophie ne fera que bouleverser sans les anéantir, comme un ouragan qui passe, parce que ce sont des lieux consacrés dans l'esprit du peuple par d'antiques traditions, et par la foi dont son cœur et son âme ont besoin.

On peut donc considérer les hermitages, du moins ceux du ROUSSILLON, du Conflent et de la Cerdagne, comme de très-anciennes fondations, lieux vénérés où les mêmes croyances se sont transmises aux générations successives. Partout où Notre-Dame est patrone, on trouvera un hermitage pauvre, une eau bienfaisante qui doit donner la santé, ou une image qui accordera l'accomplissement d'un vœu : il en est ainsi à Notre-Dame de Nuria, fameux hermitage situé en Catalogne, sur le revers ouest du Canigou, à Galamus, à Notre-Dame d'el Fao, à Notre-Dame de la Salud, à Notre-Dame de los Salinos, sur le revers sud de la montagne de Ceret, à Consolation, partout enfin où dans ces belles montagnes, au milieu de sites admirables, les jeunes gens, les vieillards du peuple viennent chercher le souvenir du plaisir ou l'espérance du bonheur, et le sage, quelques souvenirs des temps passés, de douces émotions, des inspirations d'artiste, de poëte et de philosophe chrétien.

Nous n'avons plus qu'à jeter un coup d'œil rapide sur une tribu dont l'existence et les mœurs ont occupé et occuperont longtemps encore l'historien et l'observateur ; nous voulons parler des *Gitanos*, peuplade errante en Espagne

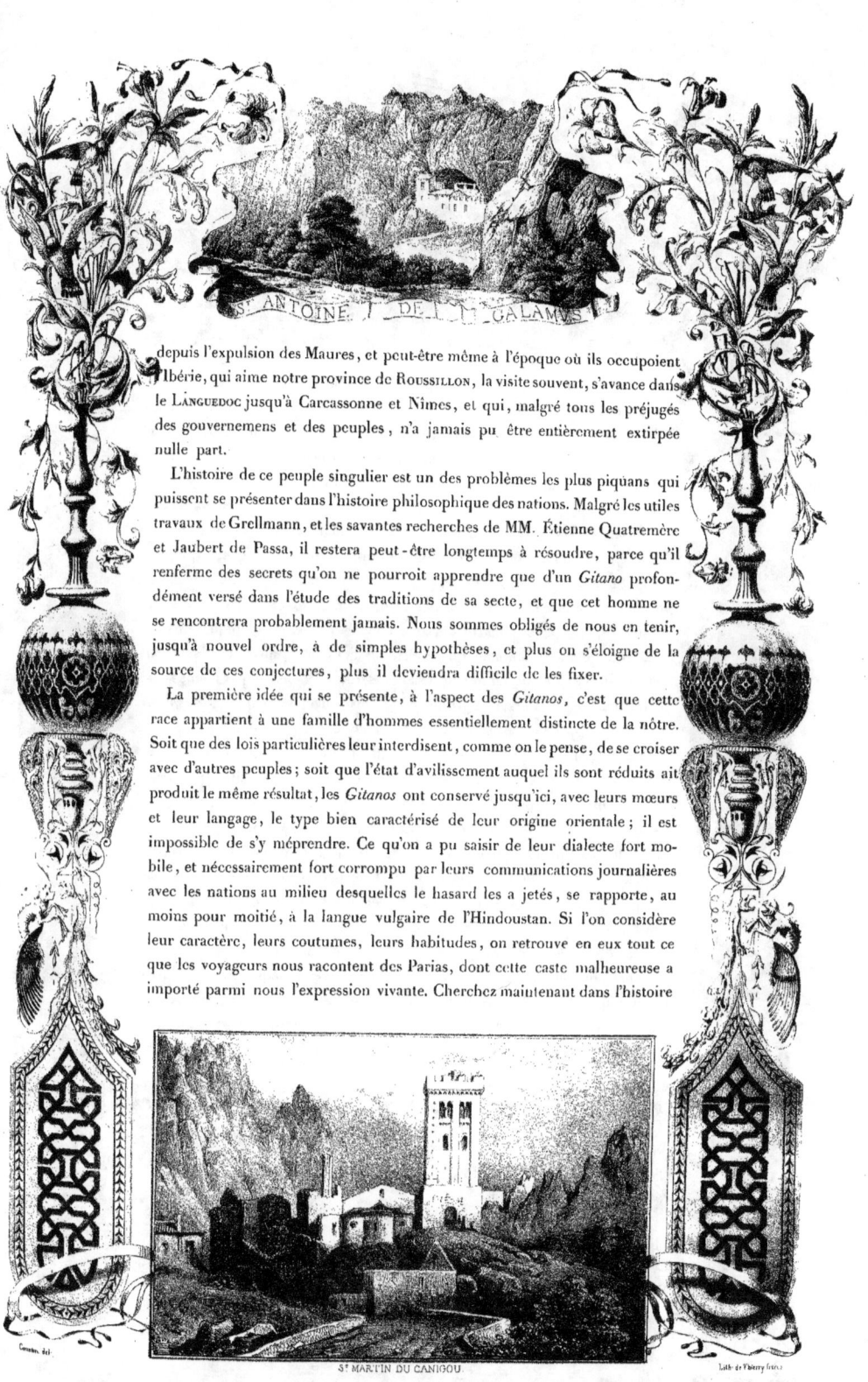

S.T ANTOINE DE GALAMUS

depuis l'expulsion des Maures, et peut-être même à l'époque où ils occupoient l'Ibérie, qui aime notre province de Roussillon, la visite souvent, s'avance dans le Languedoc jusqu'à Carcassonne et Nîmes, et qui, malgré tous les préjugés des gouvernemens et des peuples, n'a jamais pu être entièrement extirpée nulle part.

L'histoire de ce peuple singulier est un des problèmes les plus piquans qui puissent se présenter dans l'histoire philosophique des nations. Malgré les utiles travaux de Grellmann, et les savantes recherches de MM. Étienne Quatremère et Jaubert de Passa, il restera peut-être longtemps à résoudre, parce qu'il renferme des secrets qu'on ne pourroit apprendre que d'un *Gitano* profondément versé dans l'étude des traditions de sa secte, et que cet homme ne se rencontrera probablement jamais. Nous sommes obligés de nous en tenir, jusqu'à nouvel ordre, à de simples hypothèses, et plus on s'éloigne de la source de ces conjectures, plus il deviendra difficile de les fixer.

La première idée qui se présente, à l'aspect des *Gitanos*, c'est que cette race appartient à une famille d'hommes essentiellement distincte de la nôtre. Soit que des lois particulières leur interdisent, comme on le pense, de se croiser avec d'autres peuples; soit que l'état d'avilissement auquel ils sont réduits ait produit le même résultat, les *Gitanos* ont conservé jusqu'ici, avec leurs mœurs et leur langage, le type bien caractérisé de leur origine orientale; il est impossible de s'y méprendre. Ce qu'on a pu saisir de leur dialecte fort mobile, et nécessairement fort corrompu par leurs communications journalières avec les nations au milieu desquelles le hasard les a jetés, se rapporte, au moins pour moitié, à la langue vulgaire de l'Hindoustan. Si l'on considère leur caractère, leurs coutumes, leurs habitudes, on retrouve en eux tout ce que les voyageurs nous racontent des Parias, dont cette caste malheureuse a importé parmi nous l'expression vivante. Cherchez maintenant dans l'histoire

S.T MARTIN DU CANIGOU.

de la partie septentrionale de la presqu'île de l'Inde, quelque révolution homicide qui ait voué cette caste à la mort, ou qui l'ait réduite à l'exil ou à l'émigration pour se soustraire à la tyrannie du préjugé qui pèse sur eux. Si cet événement concourt avec l'époque où l'on peut raisonnablement marquer l'apparition des *Gitanos*, le problème est résolu.

Le nom même de ces étrangers nomades ne fournit aucun renseignement satisfaisant à l'étymologiste. Obstinés dans l'orgueil de leur misère insolente, ils ne se sont jamais nommés. Résignés à subir le titre dédaigneux que leur donnoit la multitude, ils n'en ont point réclamé d'autre, et cette qualification a presque toujours été déterminée par le nom du lieu d'où leur incursion paroissoit s'opérer. C'est ainsi qu'on les a appelés *Bohémiens*, quoiqu'ils fussent aussi étrangers à la Bohême qu'au reste de l'Occident, qu'ils n'eussent fait qu'y séjourner quelque temps par hasard, et qu'ils n'y eussent pas même laissé de rejetons de leurs errantes tribus. C'est ainsi qu'on les a appelés *Égyptiens* en France, *Gypsies* en Angleterre, *Gitanos* en Espagne, quoiqu'ils n'aient ni le langage ni le type égyptiens, et qu'ils vivent en Égypte en nomades et en vagabonds comme partout ailleurs. Pour arriver à des idées, sinon plus positives, au moins un peu plus spécieuses, il faut se rapprocher de la route de l'Inde, et demander le vrai nom du *Gitano* aux Slaves qui l'appellent *Tzigan*, aux Valaques qui l'appellent *Cygan*, et, dans le besoin, aux Portugais, qui l'appellent *Cigano*, dont le *Zingari* des Italiens peut s'être fait par le *Zigeuner* des Allemands. Il ne manque plus à la certitude de leur origine que l'existence de cette province de l'Hindoustan, que le voyageur Székely nous a fait connoître sous le nom de *Czygania*, et que le concours chronologique de l'événement qui en bannit les *Sudders* ou *Parias* avec l'époque où l'on a placé l'arrivée des *Gitanos*. Tout cela reste à la merci des curieux et des savans, qui n'ont pas encore dit leur dernier mot sur cette importante question.

Nous ne parlons ici, ni de leurs mœurs excentriques, ni de leur poésie si originale et si bizarre, ni du rêve philanthropique de leur civilisation par la religion et la morale. Ces considérations demandent des volumes, et nous ne devons aux *Gitanos* qu'une page.

Nos Indous du ROUSSILLON sont plus Catalans que François; ils ont leur roi à Saragosse, qui vient quelquefois à PERPIGNAN, et le vice-roi de tous les *Gitanos* de l'Espagne habite Triana, faubourg de Séville, au delà du Guadalquivir.

NOTRE DAME DE PLANES.

Vue générale des Ruines de l'Abbaye d'Allet

Extérieur de l'abside de l'Église de l'Abbaye d'Allet.
Languedoc.

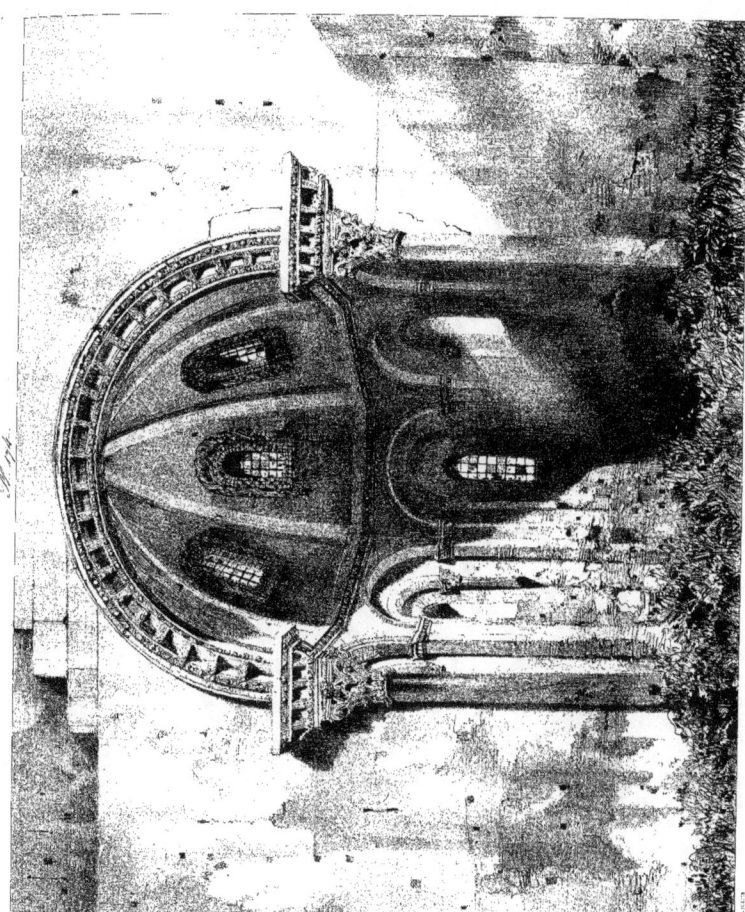

Vue intérieure de l'Abside de l'Église de l'Abbaye d'Alet.
Languedoc.

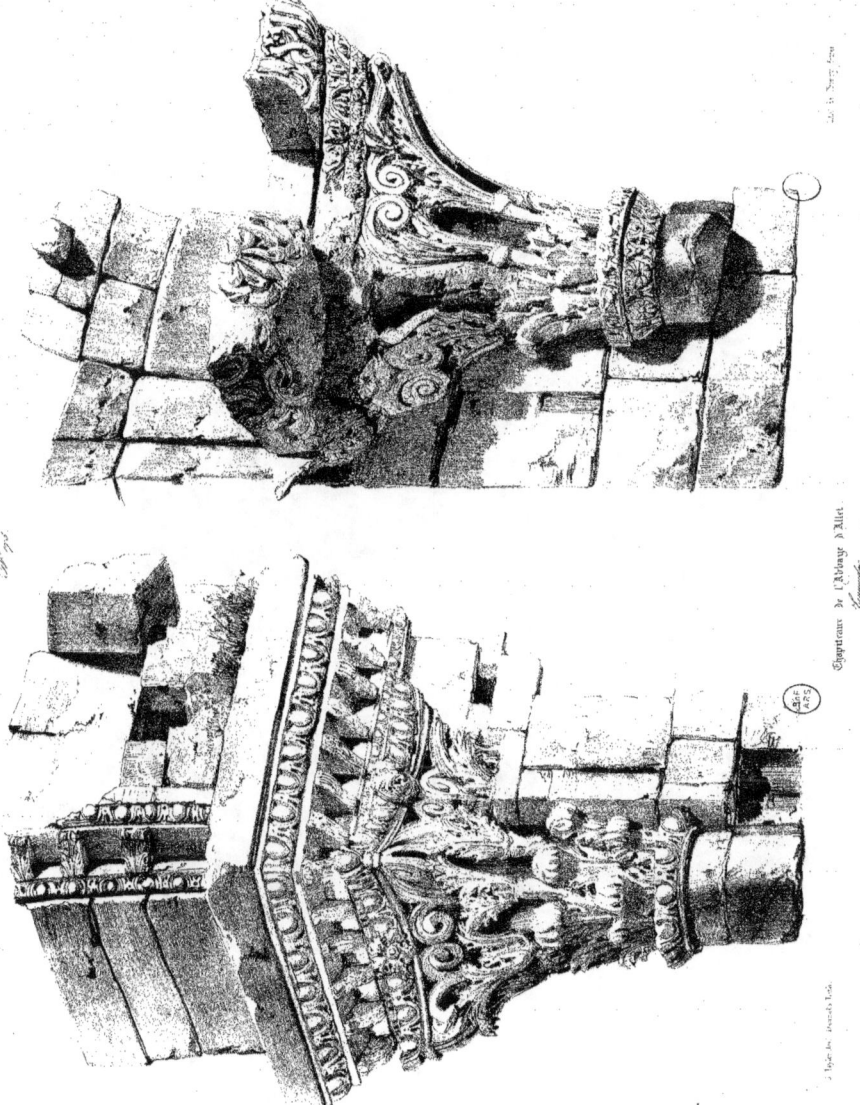

Chapiteaux de l'Abbaye d'Alet.

Hermitage de las Cuevas de Peña

Ermitage de Prunn.
Ratisbonne.

Église de Saint Victor Montesquieu de Volvestre.

Église de Mirepoix.
(Languedoc)

St Antonin Cathédrale de Pamiers
(Ariège)

Collégiale N. D. du Camp à Pamiers.

Pont de Foix sur l'Ariège.
Languedoc.

Château de Foix.
Languedoc.

Portail de l'Église de St Bertrand de Comminges.

Tombeaux dans le Cloitre de St. Bertrand de Comminges

Cloître de St Bertrand de Comminges.
Languedoc.

Stalles du Chœur de l'Église de S.¹ Bertrand de Comminges.

St Bertrand de Comminges.

St Bertrand de Comminges.
Languedoc.

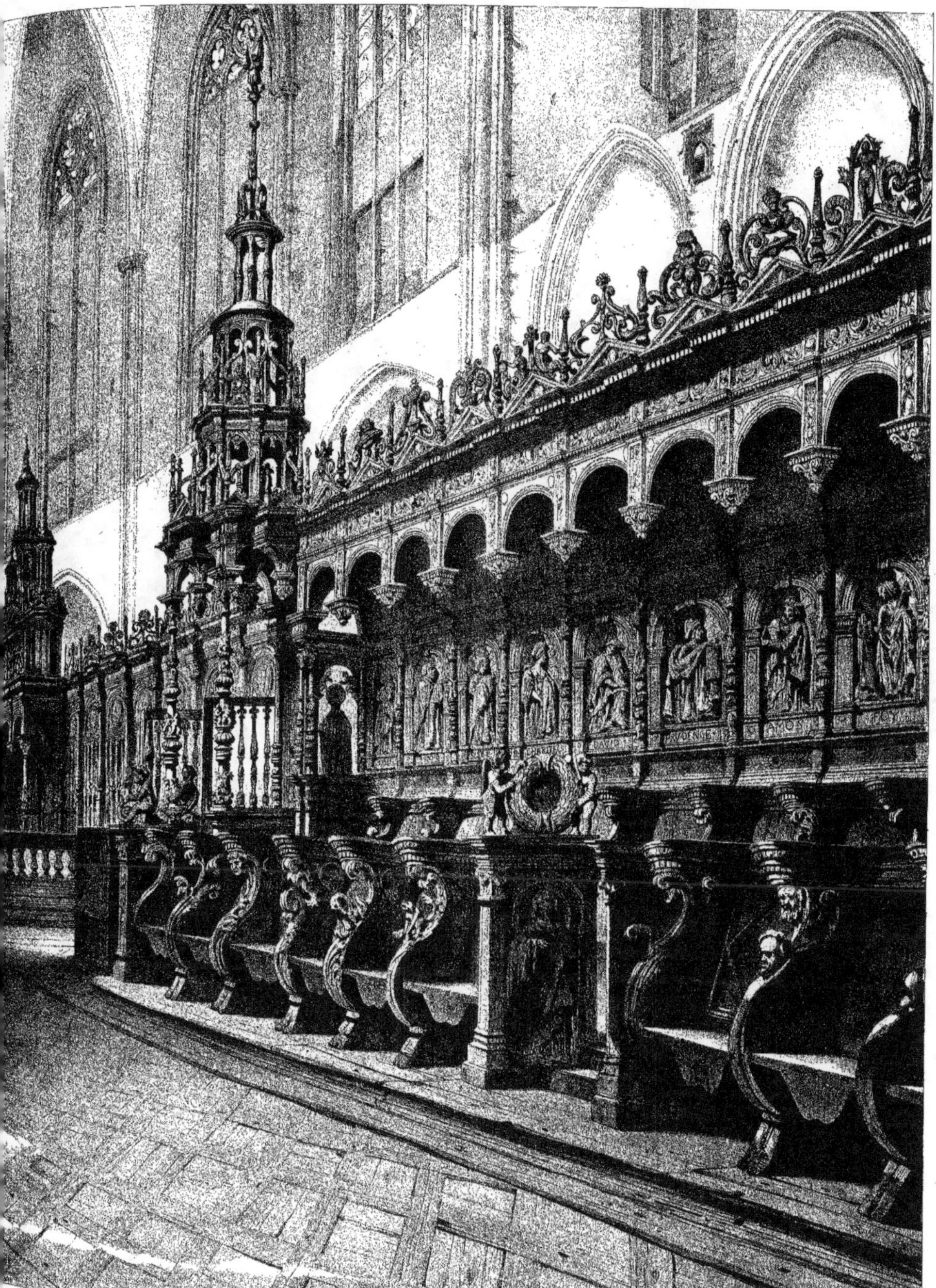

Stalles de St Bertrand de Comminges.

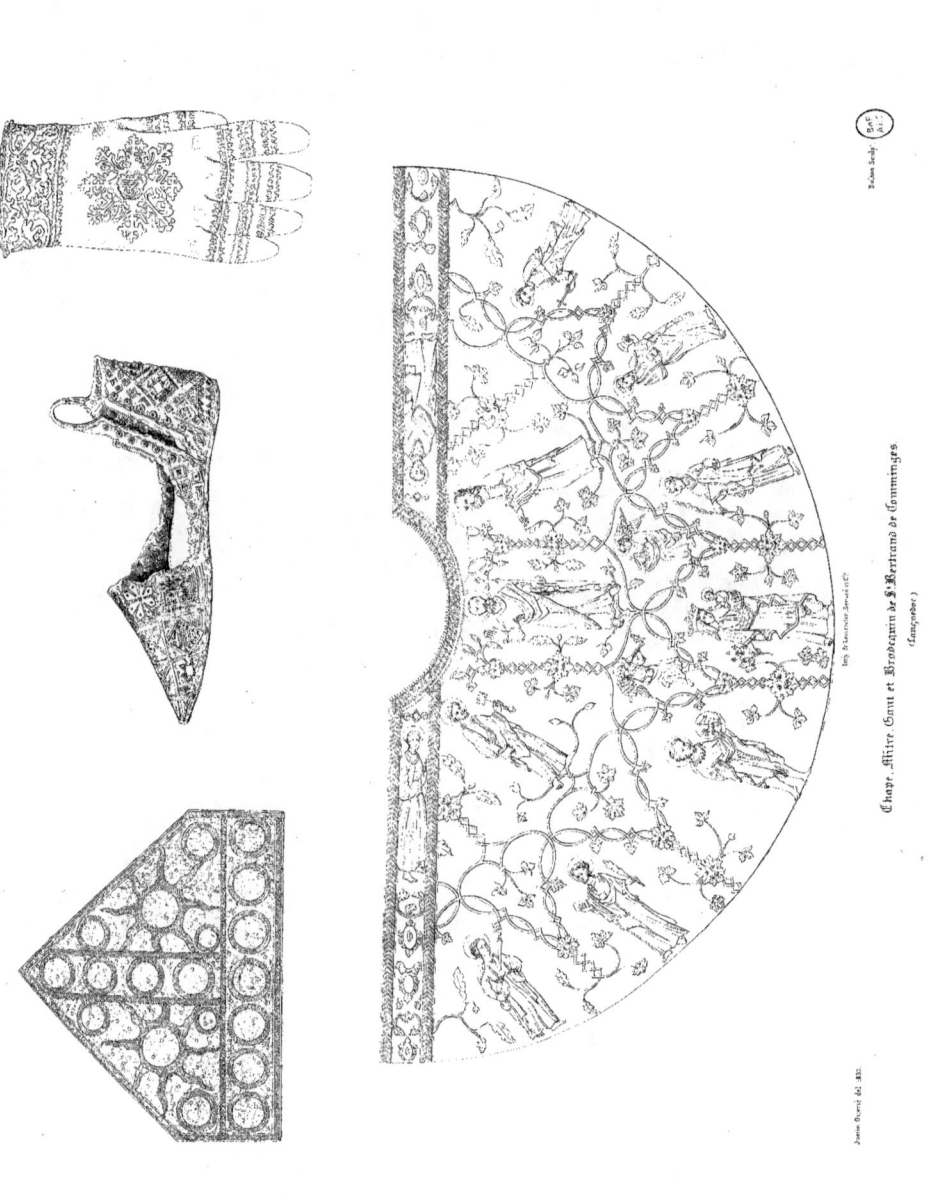

Chape, Mitre, Gant et Brodequin de St Bertrand de Comminges
(Languedoc)

Souvenirs d'hiver(?) des Stalles de l'Église de S.t Bertrand de Comminges.

Portail de l'Église de St Just de Valcabrère

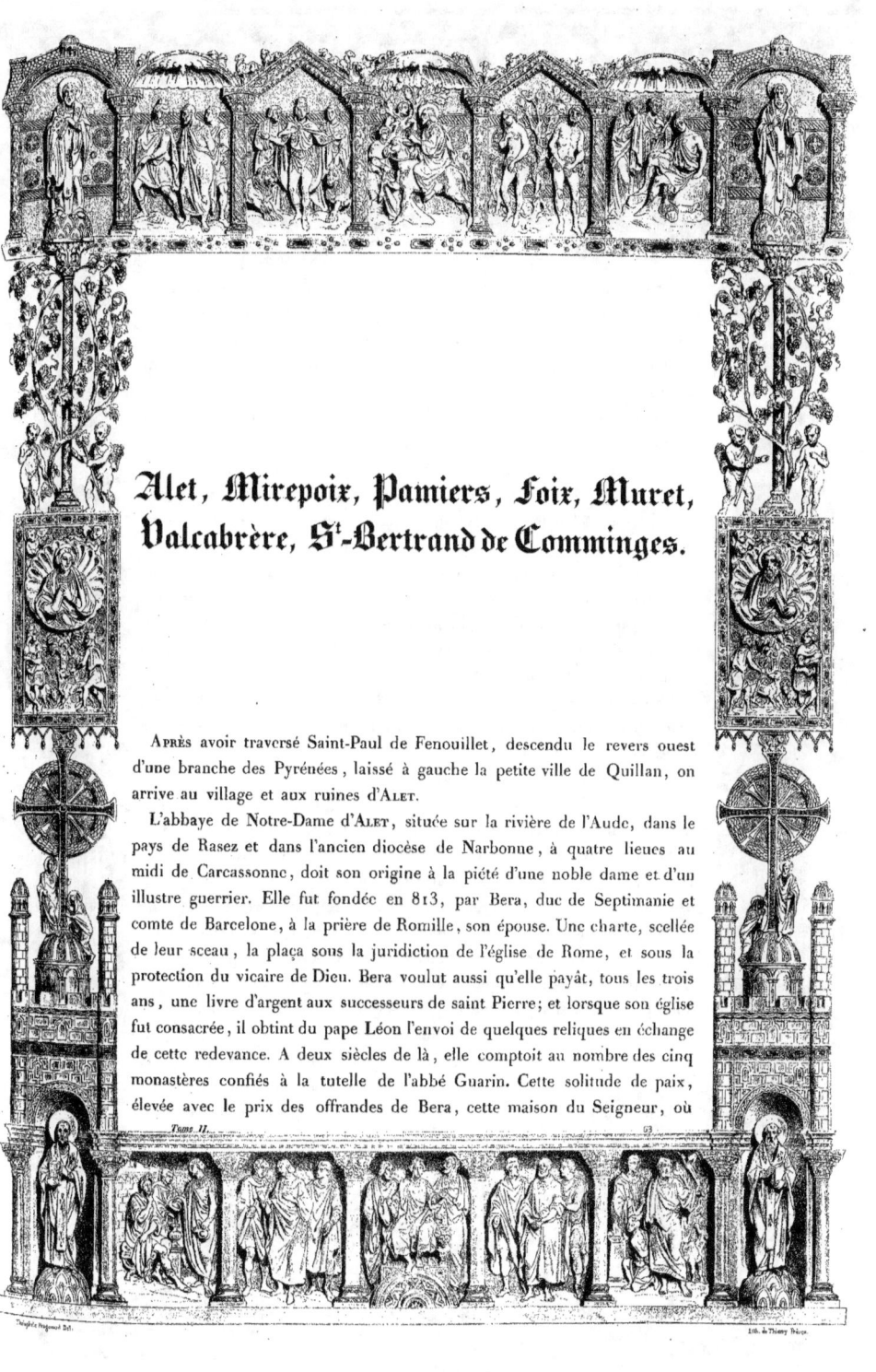

Alet, Mirepoix, Pamiers, Foix, Muret, Valcabrère, St-Bertrand de Comminges.

Après avoir traversé Saint-Paul de Fenouillet, descendu le revers ouest d'une branche des Pyrénées, laissé à gauche la petite ville de Quillan, on arrive au village et aux ruines d'Alet.

L'abbaye de Notre-Dame d'Alet, située sur la rivière de l'Aude, dans le pays de Rasez et dans l'ancien diocèse de Narbonne, à quatre lieues au midi de Carcassonne, doit son origine à la piété d'une noble dame et d'un illustre guerrier. Elle fut fondée en 813, par Bera, duc de Septimanie et comte de Barcelone, à la prière de Romille, son épouse. Une charte, scellée de leur sceau, la plaça sous la juridiction de l'église de Rome, et sous la protection du vicaire de Dieu. Bera voulut aussi qu'elle payât, tous les trois ans, une livre d'argent aux successeurs de saint Pierre; et lorsque son église fut consacrée, il obtint du pape Léon l'envoi de quelques reliques en échange de cette redevance. A deux siècles de là, elle comptoit au nombre des cinq monastères confiés à la tutelle de l'abbé Guarin. Cette solitude de paix, élevée avec le prix des offrandes de Bera, cette maison du Seigneur, où

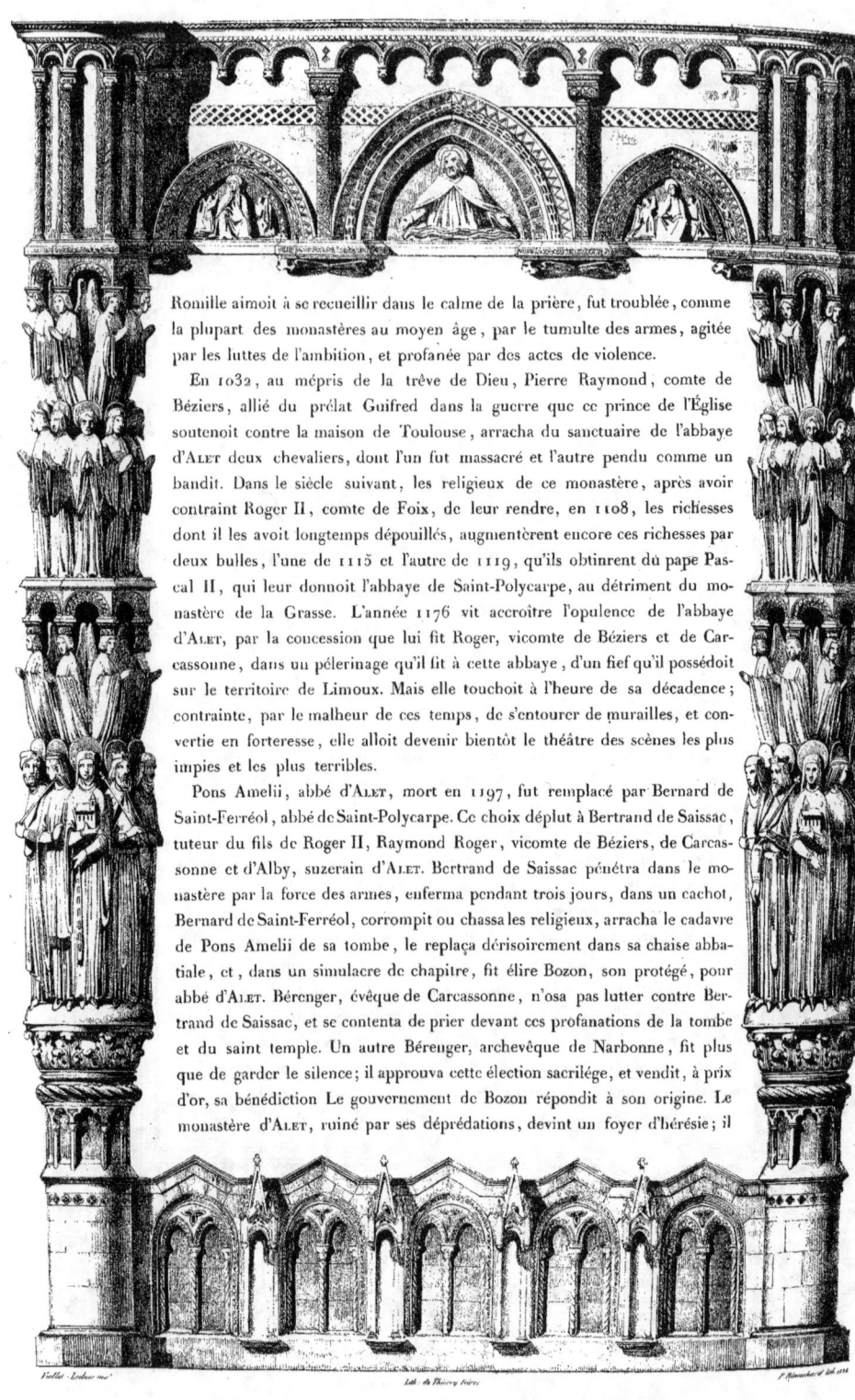

Romille aimoit à se recueillir dans le calme de la prière, fut troublée, comme la plupart des monastères au moyen âge, par le tumulte des armes, agitée par les luttes de l'ambition, et profanée par des actes de violence.

En 1032, au mépris de la trêve de Dieu, Pierre Raymond, comte de Béziers, allié du prélat Guifred dans la guerre que ce prince de l'Église soutenoit contre la maison de Toulouse, arracha du sanctuaire de l'abbaye d'Alet deux chevaliers, dont l'un fut massacré et l'autre pendu comme un bandit. Dans le siècle suivant, les religieux de ce monastère, après avoir contraint Roger II, comte de Foix, de leur rendre, en 1108, les richesses dont il les avoit longtemps dépouillés, augmentèrent encore ces richesses par deux bulles, l'une de 1115 et l'autre de 1119, qu'ils obtinrent du pape Pascal II, qui leur donnoit l'abbaye de Saint-Polycarpe, au détriment du monastère de la Grasse. L'année 1176 vit accroître l'opulence de l'abbaye d'Alet, par la concession que lui fit Roger, vicomte de Béziers et de Carcassonne, dans un pélerinage qu'il fit à cette abbaye, d'un fief qu'il possédoit sur le territoire de Limoux. Mais elle touchoit à l'heure de sa décadence; contrainte, par le malheur de ces temps, de s'entourer de murailles, et convertie en forteresse, elle alloit devenir bientôt le théâtre des scènes les plus impies et les plus terribles.

Pons Amelii, abbé d'Alet, mort en 1197, fut remplacé par Bernard de Saint-Ferréol, abbé de Saint-Polycarpe. Ce choix déplut à Bertrand de Saissac, tuteur du fils de Roger II, Raymond Roger, vicomte de Béziers, de Carcassonne et d'Alby, suzerain d'Alet. Bertrand de Saissac pénétra dans le monastère par la force des armes, enferma pendant trois jours, dans un cachot, Bernard de Saint-Ferréol, corrompit ou chassa les religieux, arracha le cadavre de Pons Amelii de sa tombe, le replaça dérisoirement dans sa chaise abbatiale, et, dans un simulacre de chapitre, fit élire Bozon, son protégé, pour abbé d'Alet. Bérenger, évêque de Carcassonne, n'osa pas lutter contre Bertrand de Saissac, et se contenta de prier devant ces profanations de la tombe et du saint temple. Un autre Bérenger, archevêque de Narbonne, fit plus que de garder le silence; il approuva cette élection sacrilège, et vendit, à prix d'or, sa bénédiction Le gouvernement de Bozon répondit à son origine. Le monastère d'Alet, ruiné par ses déprédations, devint un foyer d'hérésie; il

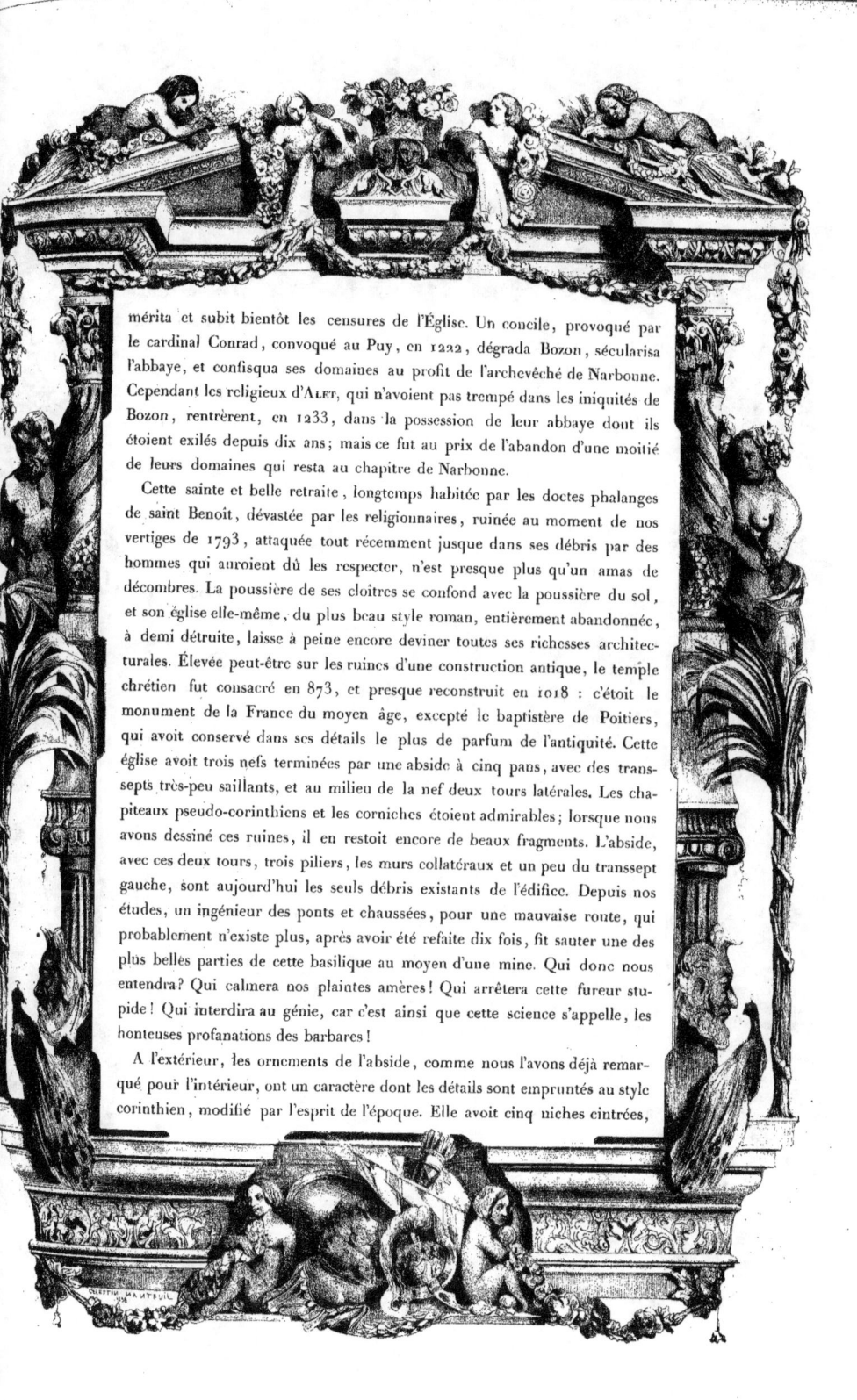

mérita et subit bientôt les censures de l'Église. Un concile, provoqué par le cardinal Conrad, convoqué au Puy, en 1222, dégrada Bozon, sécularisa l'abbaye, et confisqua ses domaines au profit de l'archevêché de Narbonne. Cependant les religieux d'ALET, qui n'avoient pas trempé dans les iniquités de Bozon, rentrèrent, en 1233, dans la possession de leur abbaye dont ils étoient exilés depuis dix ans; mais ce fut au prix de l'abandon d'une moitié de leurs domaines qui resta au chapitre de Narbonne.

Cette sainte et belle retraite, longtemps habitée par les doctes phalanges de saint Benoît, dévastée par les religionnaires, ruinée au moment de nos vertiges de 1793, attaquée tout récemment jusque dans ses débris par des hommes qui auroient dû les respecter, n'est presque plus qu'un amas de décombres. La poussière de ses cloîtres se confond avec la poussière du sol, et son église elle-même, du plus beau style roman, entièrement abandonnée, à demi détruite, laisse à peine encore deviner toutes ses richesses architecturales. Élevée peut-être sur les ruines d'une construction antique, le temple chrétien fut consacré en 873, et presque reconstruit en 1018 : c'étoit le monument de la France du moyen âge, excepté le baptistère de Poitiers, qui avoit conservé dans ses détails le plus de parfum de l'antiquité. Cette église avoit trois nefs terminées par une abside à cinq pans, avec des transsepts très-peu saillants, et au milieu de la nef deux tours latérales. Les chapiteaux pseudo-corinthiens et les corniches étoient admirables; lorsque nous avons dessiné ces ruines, il en restoit encore de beaux fragments. L'abside, avec ces deux tours, trois piliers, les murs collatéraux et un peu du transsept gauche, sont aujourd'hui les seuls débris existants de l'édifice. Depuis nos études, un ingénieur des ponts et chaussées, pour une mauvaise route, qui probablement n'existe plus, après avoir été refaite dix fois, fit sauter une des plus belles parties de cette basilique au moyen d'une mine. Qui donc nous entendra? Qui calmera nos plaintes amères! Qui arrêtera cette fureur stupide! Qui interdira au génie, car c'est ainsi que cette science s'appelle, les honteuses profanations des barbares!

A l'extérieur, les ornements de l'abside, comme nous l'avons déjà remarqué pour l'intérieur, ont un caractère dont les détails sont empruntés au style corinthien, modifié par l'esprit de l'époque. Elle avoit cinq niches cintrées,

séparées par des colonnes à chapiteaux seulement épannelés. L'arc qui forme l'ouverture de l'abside est soutenu par deux colonnes engagées, dont les chapiteaux et les impostes ont été terminés.

La porte cintrée qui s'ouvre à la façade méridionale de l'édifice, est entourée au dehors d'une riche archivolte taillée de beaux ornements byzantins, supérieurement exécutés; deux lions, que la barbarie des habitants d'ALET a mutilés, sont sculptés aux deux retombées de l'archivolte. Comme dans beaucoup de monuments romans, cette porte étoit certainement précédée par un portique; on peut encore reconnoître les arrachements des pierres qui lioient ce portique au mur; il étoit enrichi de bas-reliefs et de statues que la cupidité et la sottise de quelques amateurs de monuments du moyen âge ont soustraits. Au-dessus de cette porte, la fenêtre a son chambranle et sa partie cintrée, ornés avec un bon goût et une bonne exécution du style byzantin. Du même côté subsiste encore une vaste ouverture circulaire et deux fenêtres. Les cintres sont couverts de damiers, de palmettes, de têtes de clous, qui reposent sur des impostes décorées de gracieuses palmettes.

L'appareil étoit régulier, composé de moellons bien équarris et bien rangés par assises parallèles. Cette belle basilique romane, construite en beaux matériaux, si riche d'ornementations, fut restaurée dans des temps déjà anciens; le mur septentrional et un étage supérieur en sont la preuve : à cet étage, on voit encore des ogives.

Il seroit presque inutile d'assurer que les archéologues qui ont vu les fragments d'un temple de Diane dans l'abside se sont trompés. Il y a sans doute un grand nombre d'ornements antiques dans l'édifice; l'exécution de quelques-uns est digne des temps de l'antiquité, et certains révèlent une imitation corinthienne; mais comme le Bas-Empire a copié le corinthien, et comme le roman l'a encore modifié, cet admirable monument est certainement de la fin du XIe siècle. C'étoit un des plus curieux et des plus beaux de la France. On peut compter facilement les pierres qui en restent.

Sur quelques parties de murailles, de foibles débris de fresques annoncent que la peinture a concouru à enrichir cette église : ce sont des anges, les mains jointes, couverts de robes jaune d'or et bleu d'azur, recouvertes en partie par des tuniques lilas.

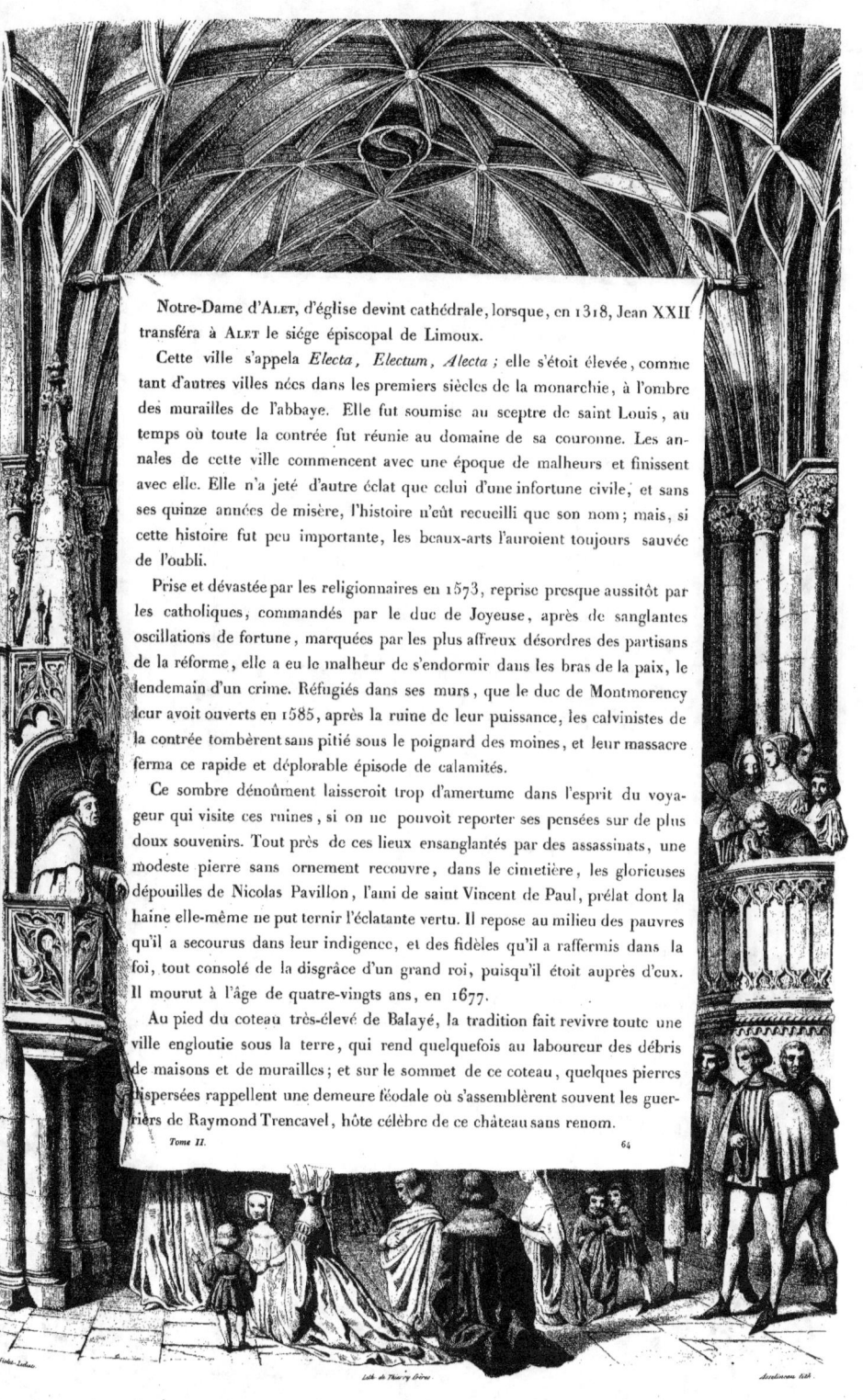

Notre-Dame d'ALET, d'église devint cathédrale, lorsque, en 1318, Jean XXII transféra à ALET le siége épiscopal de Limoux.

Cette ville s'appela *Electa, Electum, Alecta*; elle s'étoit élevée, comme tant d'autres villes nées dans les premiers siècles de la monarchie, à l'ombre des murailles de l'abbaye. Elle fut soumise au sceptre de saint Louis, au temps où toute la contrée fut réunie au domaine de sa couronne. Les annales de cette ville commencent avec une époque de malheurs et finissent avec elle. Elle n'a jeté d'autre éclat que celui d'une infortune civile, et sans ses quinze années de misère, l'histoire n'eût recueilli que son nom; mais, si cette histoire fut peu importante, les beaux-arts l'auroient toujours sauvée de l'oubli.

Prise et dévastée par les religionnaires en 1573, reprise presque aussitôt par les catholiques, commandés par le duc de Joyeuse, après de sanglantes oscillations de fortune, marquées par les plus affreux désordres des partisans de la réforme, elle a eu le malheur de s'endormir dans les bras de la paix, le lendemain d'un crime. Réfugiés dans ses murs, que le duc de Montmorency leur avoit ouverts en 1585, après la ruine de leur puissance, les calvinistes de la contrée tombèrent sans pitié sous le poignard des moines, et leur massacre ferma ce rapide et déplorable épisode de calamités.

Ce sombre dénoûment laisseroit trop d'amertume dans l'esprit du voyageur qui visite ces ruines, si on ne pouvoit reporter ses pensées sur de plus doux souvenirs. Tout près de ces lieux ensanglantés par des assassinats, une modeste pierre sans ornement recouvre, dans le cimetière, les glorieuses dépouilles de Nicolas Pavillon, l'ami de saint Vincent de Paul, prélat dont la haine elle-même ne put ternir l'éclatante vertu. Il repose au milieu des pauvres qu'il a secourus dans leur indigence, et des fidèles qu'il a raffermis dans la foi, tout consolé de la disgrâce d'un grand roi, puisqu'il étoit auprès d'eux. Il mourut à l'âge de quatre-vingts ans, en 1677.

Au pied du coteau très-élevé de Balayé, la tradition fait revivre toute une ville engloutie sous la terre, qui rend quelquefois au laboureur des débris de maisons et de murailles; et sur le sommet de ce coteau, quelques pierres dispersées rappellent une demeure féodale où s'assemblèrent souvent les guerriers de Raymond Trencavel, hôte célèbre de ce château sans renom.

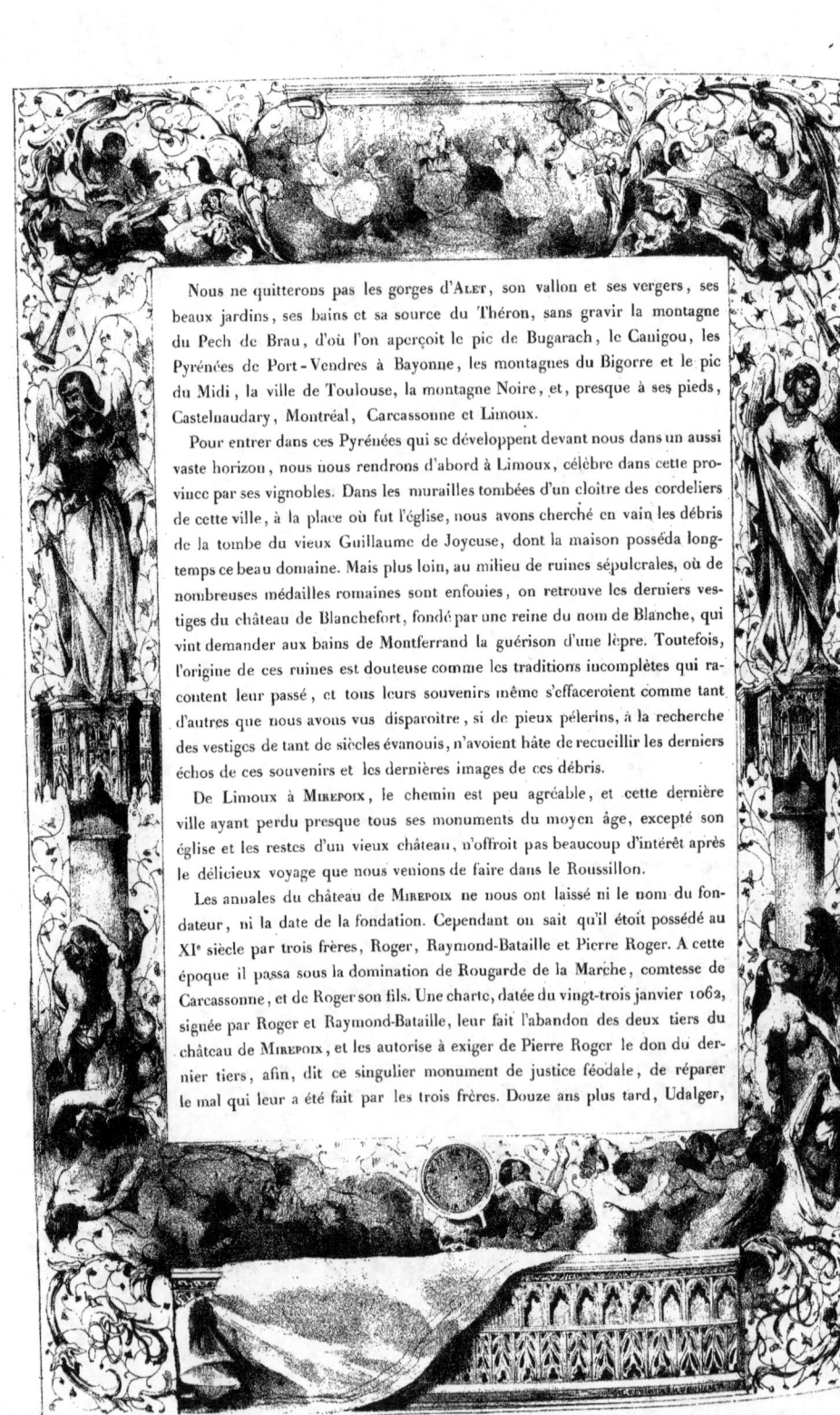

Nous ne quitterons pas les gorges d'Alet, son vallon et ses vergers, ses beaux jardins, ses bains et sa source du Théron, sans gravir la montagne du Pech de Brau, d'où l'on aperçoit le pic de Bugarach, le Canigou, les Pyrénées de Port-Vendres à Bayonne, les montagnes du Bigorre et le pic du Midi, la ville de Toulouse, la montagne Noire, et, presque à ses pieds, Castelnaudary, Montréal, Carcassonne et Limoux.

Pour entrer dans ces Pyrénées qui se développent devant nous dans un aussi vaste horizon, nous nous rendrons d'abord à Limoux, célèbre dans cette province par ses vignobles. Dans les murailles tombées d'un cloître des cordeliers de cette ville, à la place où fut l'église, nous avons cherché en vain les débris de la tombe du vieux Guillaume de Joyeuse, dont la maison posséda longtemps ce beau domaine. Mais plus loin, au milieu de ruines sépulcrales, où de nombreuses médailles romaines sont enfouies, on retrouve les derniers vestiges du château de Blanchefort, fondé par une reine du nom de Blanche, qui vint demander aux bains de Montferrand la guérison d'une lèpre. Toutefois, l'origine de ces ruines est douteuse comme les traditions incomplètes qui racontent leur passé, et tous leurs souvenirs même s'effaceroient comme tant d'autres que nous avons vus disparoitre, si de pieux pèlerins, à la recherche des vestiges de tant de siècles évanouis, n'avoient hâte de recueillir les derniers échos de ces souvenirs et les dernières images de ces débris.

De Limoux à Mirepoix, le chemin est peu agréable, et cette dernière ville ayant perdu presque tous ses monuments du moyen âge, excepté son église et les restes d'un vieux château, n'offroit pas beaucoup d'intérêt après le délicieux voyage que nous venions de faire dans le Roussillon.

Les annales du château de Mirepoix ne nous ont laissé ni le nom du fondateur, ni la date de la fondation. Cependant on sait qu'il étoit possédé au XIe siècle par trois frères, Roger, Raymond-Bataille et Pierre Roger. A cette époque il passa sous la domination de Rougarde de la Marche, comtesse de Carcassonne, et de Roger son fils. Une charte, datée du vingt-trois janvier 1062, signée par Roger et Raymond-Bataille, leur fait l'abandon des deux tiers du château de Mirepoix, et les autorise à exiger de Pierre Roger le don du dernier tiers, afin, dit ce singulier monument de justice féodale, de réparer le mal qui leur a été fait par les trois frères. Douze ans plus tard, Udalger,

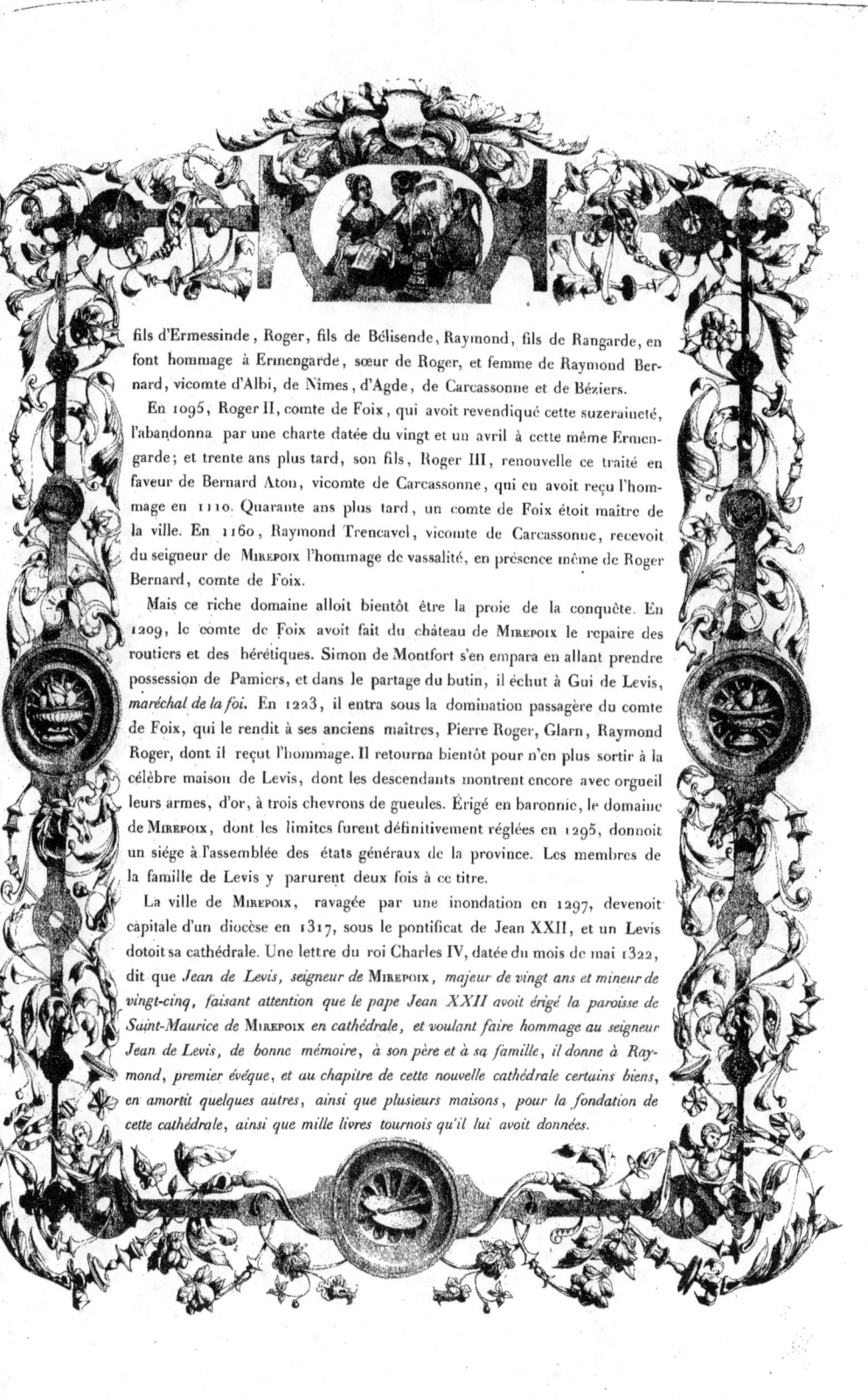

fils d'Ermessinde, Roger, fils de Bélisende, Raymond, fils de Rangarde, en font hommage à Ermengarde, sœur de Roger, et femme de Raymond Bernard, vicomte d'Albi, de Nimes, d'Agde, de Carcassonne et de Béziers.

En 1095, Roger II, comte de Foix, qui avoit revendiqué cette suzeraineté, l'abandonna par une charte datée du vingt et un avril à cette même Ermengarde; et trente ans plus tard, son fils, Roger III, renouvelle ce traité en faveur de Bernard Aton, vicomte de Carcassonne, qui en avoit reçu l'hommage en 1110. Quarante ans plus tard, un comte de Foix étoit maître de la ville. En 1160, Raymond Trencavel, vicomte de Carcassonne, recevoit du seigneur de Mirepoix l'hommage de vassalité, en présence même de Roger Bernard, comte de Foix.

Mais ce riche domaine alloit bientôt être la proie de la conquête. En 1209, le comte de Foix avoit fait du château de Mirepoix le repaire des routiers et des hérétiques. Simon de Montfort s'en empara en allant prendre possession de Pamiers, et dans le partage du butin, il échut à Gui de Levis, *maréchal de la foi.* En 1223, il entra sous la domination passagère du comte de Foix, qui le rendit à ses anciens maîtres, Pierre Roger, Glarn, Raymond Roger, dont il reçut l'hommage. Il retourna bientôt pour n'en plus sortir à la célèbre maison de Levis, dont les descendants montrent encore avec orgueil leurs armes, d'or, à trois chevrons de gueules. Érigé en baronnie, le domaine de Mirepoix, dont les limites furent définitivement réglées en 1295, donnoit un siége à l'assemblée des états généraux de la province. Les membres de la famille de Levis y parurent deux fois à ce titre.

La ville de Mirepoix, ravagée par une inondation en 1297, devenoit capitale d'un diocèse en 1317, sous le pontificat de Jean XXII, et un Levis dotoit sa cathédrale. Une lettre du roi Charles IV, datée du mois de mai 1322, dit que *Jean de Levis, seigneur de* Mirepoix, *majeur de vingt ans et mineur de vingt-cinq, faisant attention que le pape Jean XXII avoit érigé la paroisse de Saint-Maurice de* Mirepoix *en cathédrale, et voulant faire hommage au seigneur Jean de Levis, de bonne mémoire, à son père et à sa famille, il donne à Raymond, premier évéque, et au chapitre de cette nouvelle cathédrale certains biens, en amortit quelques autres, ainsi que plusieurs maisons, pour la fondation de cette cathédrale, ainsi que mille livres tournois qu'il lui avoit données.*

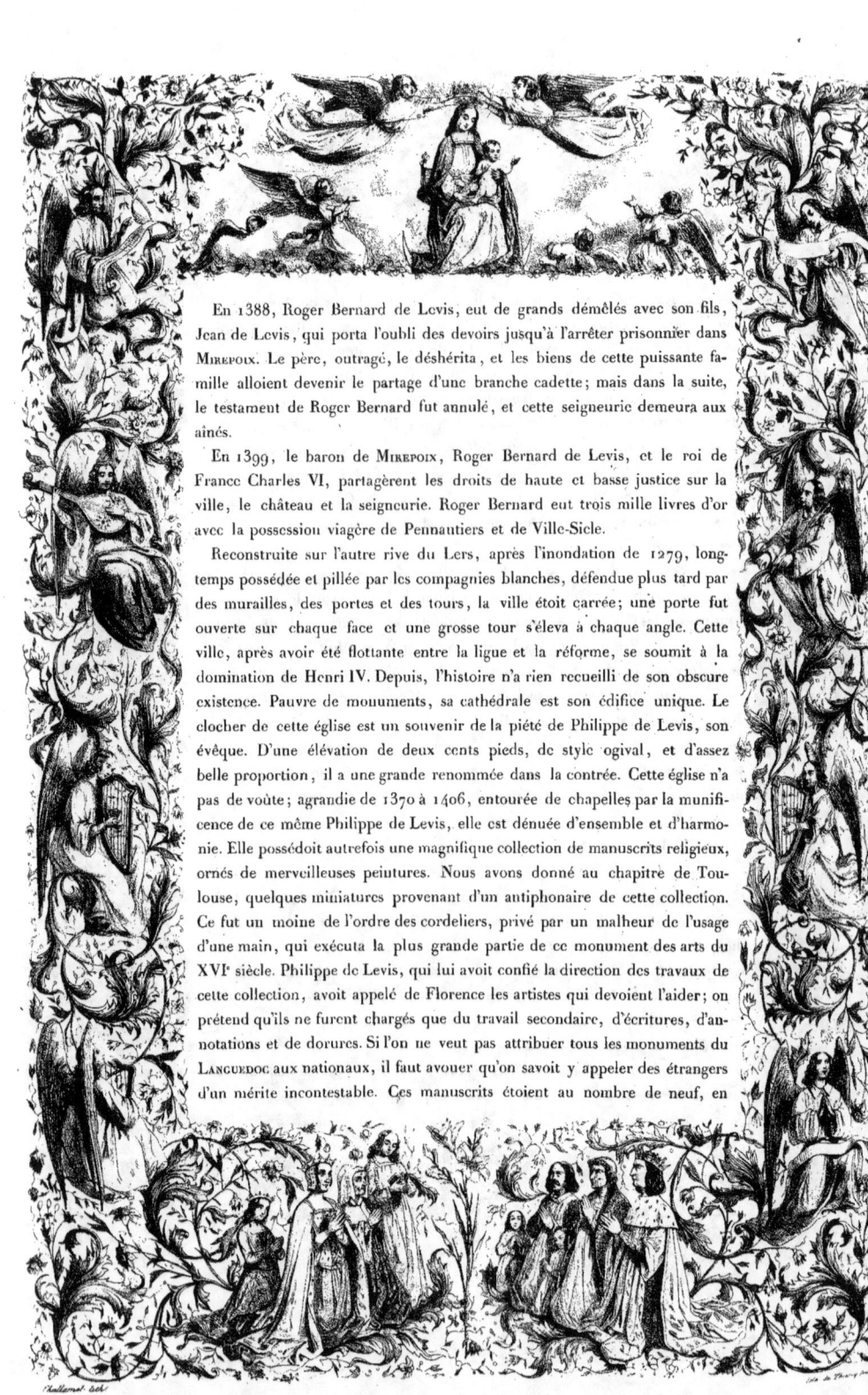

En 1388, Roger Bernard de Levis, eut de grands démêlés avec son fils, Jean de Levis, qui porta l'oubli des devoirs jusqu'à l'arrêter prisonnier dans MIREPOIX. Le père, outragé, le déshérita, et les biens de cette puissante famille alloient devenir le partage d'une branche cadette; mais dans la suite, le testament de Roger Bernard fut annulé, et cette seigneurie demeura aux aînés.

En 1399, le baron de MIREPOIX, Roger Bernard de Levis, et le roi de France Charles VI, partagèrent les droits de haute et basse justice sur la ville, le château et la seigneurie. Roger Bernard eut trois mille livres d'or avec la possession viagère de Pennautiers et de Ville-Sicle.

Reconstruite sur l'autre rive du Lers, après l'inondation de 1279, longtemps possédée et pillée par les compagnies blanches, défendue plus tard par des murailles, des portes et des tours, la ville étoit carrée; une porte fut ouverte sur chaque face et une grosse tour s'éleva à chaque angle. Cette ville, après avoir été flottante entre la ligue et la réforme, se soumit à la domination de Henri IV. Depuis, l'histoire n'a rien recueilli de son obscure existence. Pauvre de monuments, sa cathédrale est son édifice unique. Le clocher de cette église est un souvenir de la piété de Philippe de Levis, son évêque. D'une élévation de deux cents pieds, de style ogival, et d'assez belle proportion, il a une grande renommée dans la contrée. Cette église n'a pas de voûte; agrandie de 1370 à 1406, entourée de chapelles par la munificence de ce même Philippe de Levis, elle est dénuée d'ensemble et d'harmonie. Elle possédoit autrefois une magnifique collection de manuscrits religieux, ornés de merveilleuses peintures. Nous avons donné au chapitre de Toulouse, quelques miniatures provenant d'un antiphonaire de cette collection. Ce fut un moine de l'ordre des cordeliers, privé par un malheur de l'usage d'une main, qui exécuta la plus grande partie de ce monument des arts du XVIe siècle. Philippe de Levis, qui lui avoit confié la direction des travaux de cette collection, avoit appelé de Florence les artistes qui devoient l'aider; on prétend qu'ils ne furent chargés que du travail secondaire, d'écritures, d'annotations et de dorures. Si l'on ne veut pas attribuer tous les monuments du LANGUEDOC aux nationaux, il faut avouer qu'on savoit y appeler des étrangers d'un mérite incontestable. Ces manuscrits étoient au nombre de neuf, en peau de vélin, cinq notés, quatre écrits en caractères gothiques. Les cinq volumes notés étoient ornés de miniatures, de vignettes et d'arabesques d'une exécution remarquable. Huit existent encore à la bibliothèque du collége de Foix, mais mutilés, souillés et déchirés. Lors de la révolution de 1789, à l'époque de la spoliation des biens de l'Église, on arracha et on découpa les plus belles peintures de ces livres, recueillies plus tard par M. l'abbé Vidalat-Tornier et M. le marquis de Castellane, l'un membre et l'autre président de la Société archéologique du Midi; elles ont été données par eux à cette association d'hommes dévoués à conserver tous les souvenirs, toutes les vieilles gloires de la France méridionale.

Le neuvième volume qui manque, n'éprouva, dit-on, aucune dégradation; il fut sans doute volé par un des destructeurs de cet admirable monument. L'exécution de ce grand ouvrage dura sept années, il fut commencé en 1528, et terminé en 1535.

A peu de distance du pont de Mirepoix, sur la pente d'une colline, on trouve les restes d'un ancien couvent de cordeliers; sur le sommet de cette colline apparoissent encore les ruines de l'ancien château de Mirepoix, nommé aussi, et plus vulgairement, le *Château de Terride*. Ce nom de *Terride* a commencé à être connu dans la première moitié du XVIe siècle. Jean de Terride, XIIIe seigneur de Mirepoix, épousa, le huit février 1503, Catherine Ursule de Lomagne, fille d'Antoine, vicomte de Gimois et baron de Terride; elle porta en dot à son époux cette baronnie, à condition que leur postérité joindroit ce nom et celui de Lomagne au nom de Levis. L'un d'eux, le comte de Terride, se rendit célèbre dans la contrée par sa valeur, son esprit railleur, et des bouffonneries qui n'étoient pas toujours de bon goût. Ce terrible seigneur, que tous ses voisins aimoient et redoutoient, né en 1578, mourut en 1644, dans ce château dont il ne reste plus que des pans de muraille. Ce manoir fut abandonné quelque temps après, et les seigneurs de Levis transférèrent leur séjour dans le beau château de Lagarde, situé au sud-ouest et à une lieue de la ville.

Les alentours de Pamiers sont ravissants; ce ne sont que belles cultures, ruisseaux, vergers, fleurs et jardins. Le défaut de pierres de taille ôte au clocher de son église la légèreté du style gothique: il est construit en briques;

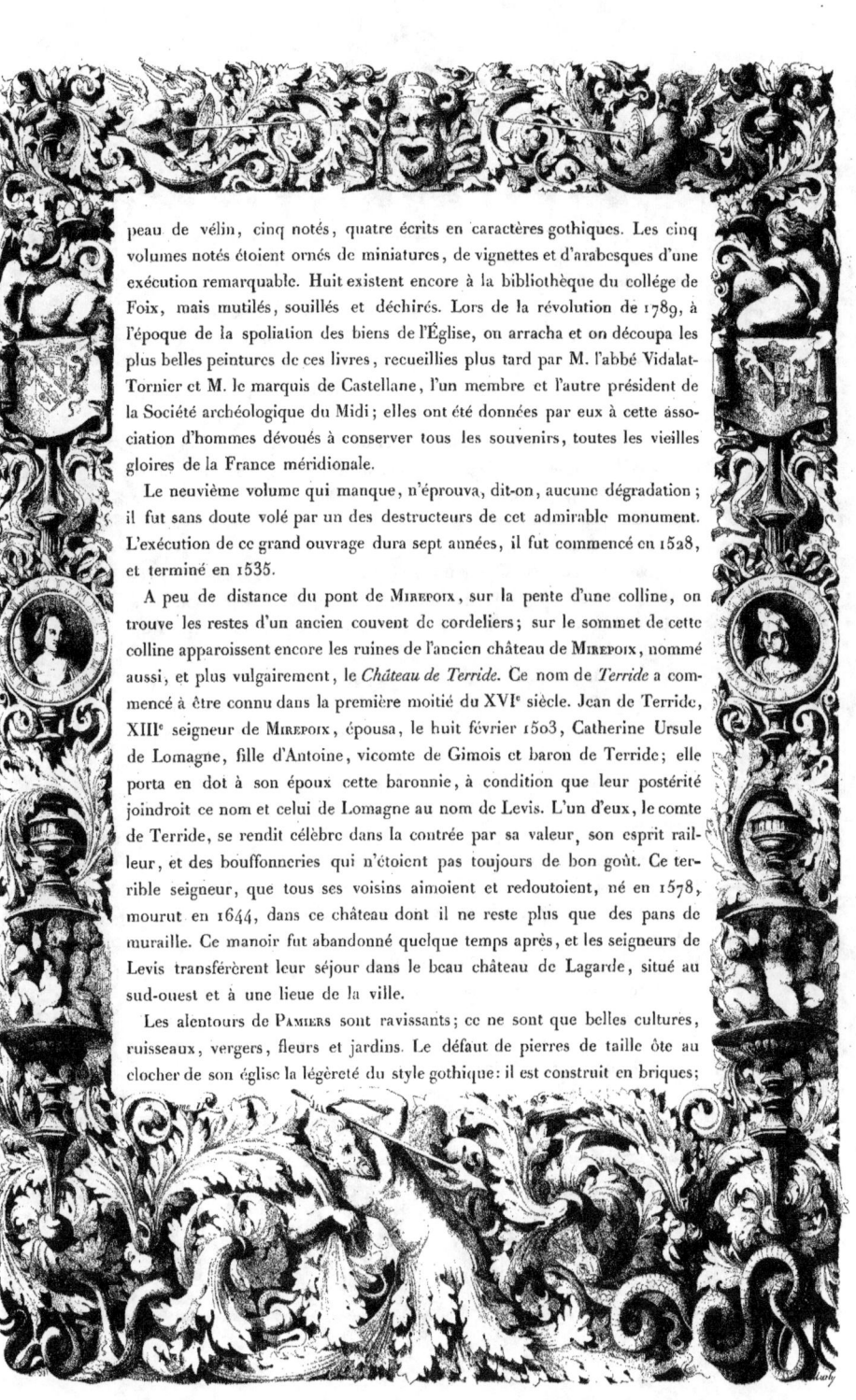

mais sa couleur sévère contraste heureusement avec la fraîcheur du paysage qui entoure cette jolie ville.

L'origine de l'abbaye de Fredelas et du château de PAMIERS se rattache au souvenir de deux maisons célèbres dans les fastes de la chevalerie.

Arnaud, comte de Carcassonne, d'autres disent son fils Roger, ou tous les deux peut-être, jetèrent les fondements de l'abbaye de Fredelas dans le Xe siècle. Ce monument de leur piété ne révèle son existence que par les offrandes de Raymond Ier, comte de Rouergue et marquis de Gothie. Le testament de ce puissant seigneur qui, aux portes de la tombe, sanctifie sa vie de gloire et de batailles par de saintes largesses, est la première voix qui nomme l'abbaye de Fredelas. A l'époque de ce testament, qui porte la date de 960, Saint-Antonin de Fredelas paroît être une solitude évangélique, nouvellement consacrée à la prière et à la méditation.

La paix de cette retraite fut troublée par les désordres du monde. Des mains séculières avoient usurpé l'héritage de ce lieu saint; les règles austères des bénédictins furent oubliées. Les religieux de Fredelas se couvrirent du camail des chanoines.

Un comte de Foix, affligé de cette vanité, s'efforça de les rendre à la pénitence et à l'humilité. Saint Hugues, abbé de Cluny, seconda par son zèle évangélique la puissance féodale; mais sans doute le succès ne couronna pas leurs desseins, puisque, sous les héritiers de Roger, l'abbaye de Fredelas n'étoit pas rentrée dans les règles austères de son institution primitive, car, sous ce prétexte, les seigneurs de Foix persévérèrent dans l'usurpation des domaines du monastère.

Cependant, des jours plus heureux se levèrent sur cette abbaye déchue. Un autre comte de Foix, du nom de Roger, lui restitua toutes les richesses dont ses pères l'avoient dépouillée, et avec ses richesses son indépendance première. Cette charte, solennelle pour cette abbaye, fut scellée en IIII, comme tous les contrats des hommes de ces siècles religieux, au pied de l'autel du Christ, par un serment prononcé sur l'Évangile.

Le monastère de Fredelas rappelle la piété de ce Roger; le château de PAMIERS rappelle, à quelques pas de là, sa bravoure et ses exploits. On ne sauroit fouiller dans les ruines de ces vieux donjons, ni remonter aux mys-

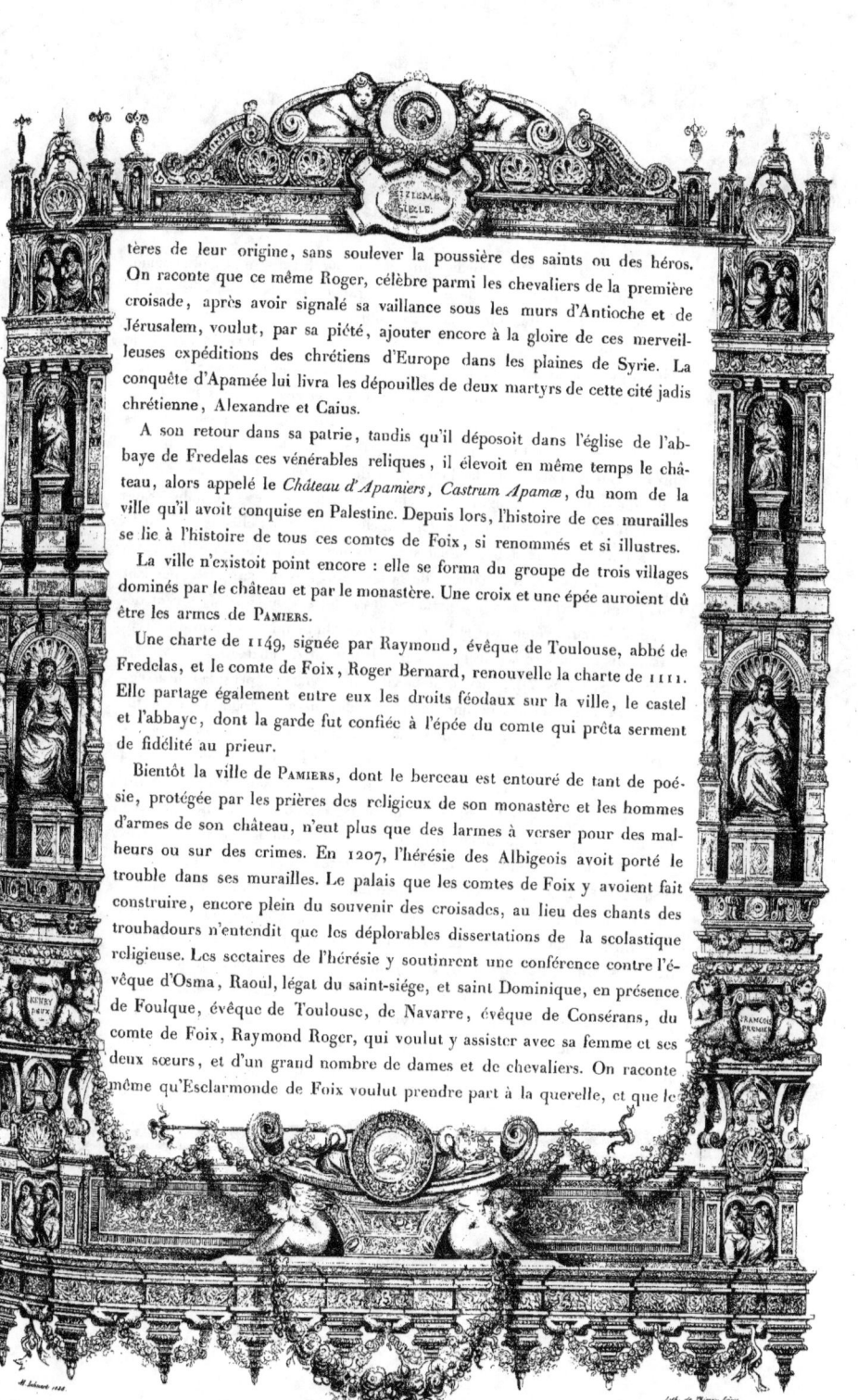

tères de leur origine, sans soulever la poussière des saints ou des héros. On raconte que ce même Roger, célèbre parmi les chevaliers de la première croisade, après avoir signalé sa vaillance sous les murs d'Antioche et de Jérusalem, voulut, par sa piété, ajouter encore à la gloire de ces merveilleuses expéditions des chrétiens d'Europe dans les plaines de Syrie. La conquête d'Apamée lui livra les dépouilles de deux martyrs de cette cité jadis chrétienne, Alexandre et Caius.

A son retour dans sa patrie, tandis qu'il déposoit dans l'église de l'abbaye de Fredelas ces vénérables reliques, il élevoit en même temps le château, alors appelé le *Château d'Apamiers, Castrum Apamœ*, du nom de la ville qu'il avoit conquise en Palestine. Depuis lors, l'histoire de ces murailles se lie à l'histoire de tous ces comtes de Foix, si renommés et si illustres.

La ville n'existoit point encore : elle se forma du groupe de trois villages dominés par le château et par le monastère. Une croix et une épée auroient dû être les armes de PAMIERS.

Une charte de 1149, signée par Raymond, évêque de Toulouse, abbé de Fredelas, et le comte de Foix, Roger Bernard, renouvelle la charte de 1111. Elle partage également entre eux les droits féodaux sur la ville, le castel et l'abbaye, dont la garde fut confiée à l'épée du comte qui prêta serment de fidélité au prieur.

Bientôt la ville de PAMIERS, dont le berceau est entouré de tant de poésie, protégée par les prières des religieux de son monastère et les hommes d'armes de son château, n'eut plus que des larmes à verser pour des malheurs ou sur des crimes. En 1207, l'hérésie des Albigeois avoit porté le trouble dans ses murailles. Le palais que les comtes de Foix y avoient fait construire, encore plein du souvenir des croisades, au lieu des chants des troubadours n'entendit que les déplorables dissertations de la scolastique religieuse. Les sectaires de l'hérésie y soutinrent une conférence contre l'évêque d'Osma, Raoul, légat du saint-siége, et saint Dominique, en présence de Foulque, évêque de Toulouse, de Navarre, évêque de Consérans, du comte de Foix, Raymond Roger, qui voulut y assister avec sa femme et ses deux sœurs, et d'un grand nombre de dames et de chevaliers. On raconte même qu'Esclarmonde de Foix voulut prendre part à la querelle, et que le

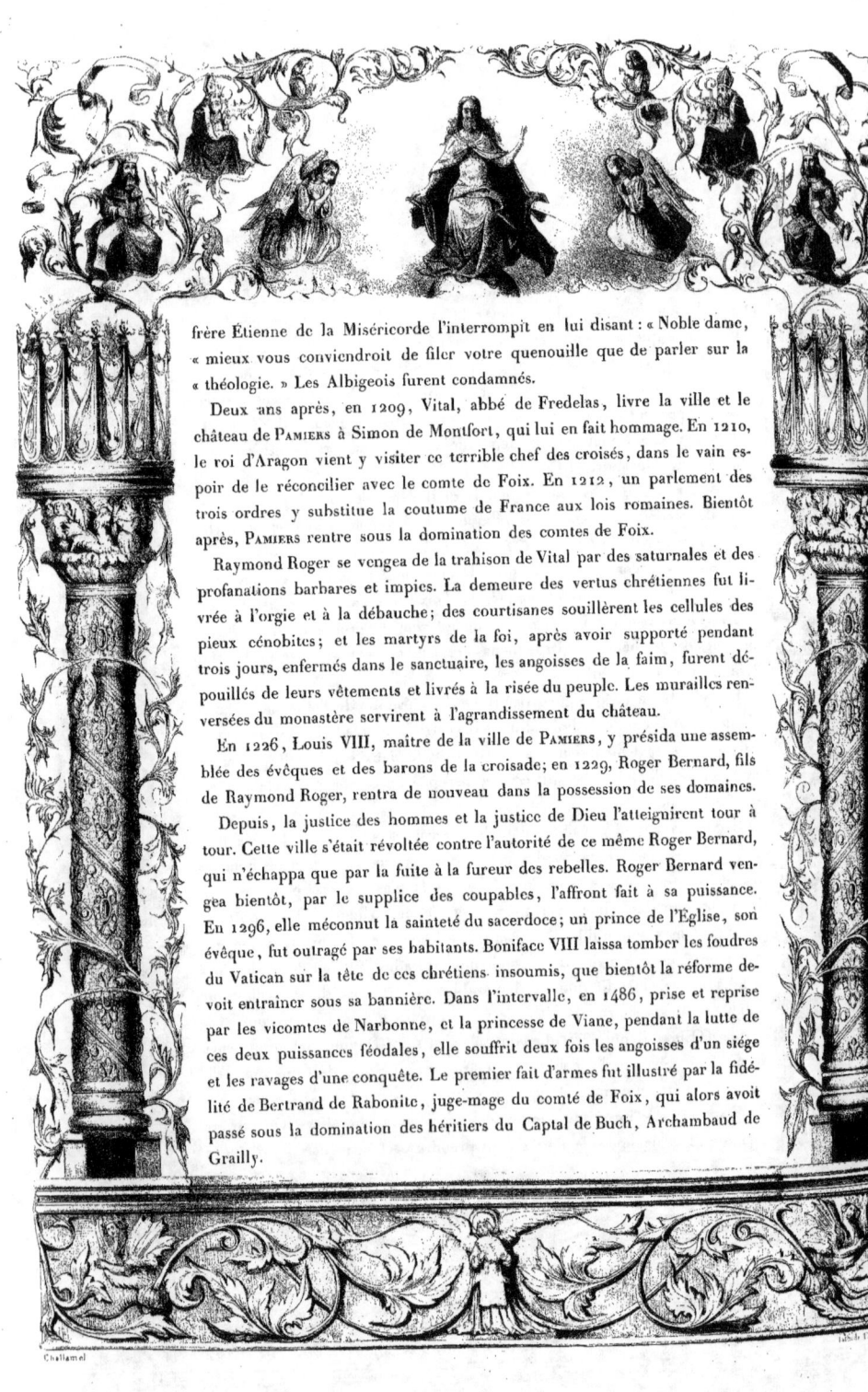

frère Étienne de la Miséricorde l'interrompit en lui disant : « Noble dame, « mieux vous conviendroit de filer votre quenouille que de parler sur la « théologie. » Les Albigeois furent condamnés.

Deux ans après, en 1209, Vital, abbé de Fredelas, livre la ville et le château de PAMIERS à Simon de Montfort, qui lui en fait hommage. En 1210, le roi d'Aragon vient y visiter ce terrible chef des croisés, dans le vain espoir de le réconcilier avec le comte de Foix. En 1212, un parlement des trois ordres y substitue la coutume de France aux lois romaines. Bientôt après, PAMIERS rentre sous la domination des comtes de Foix.

Raymond Roger se vengea de la trahison de Vital par des saturnales et des profanations barbares et impies. La demeure des vertus chrétiennes fut livrée à l'orgie et à la débauche; des courtisanes souillèrent les cellules des pieux cénobites; et les martyrs de la foi, après avoir supporté pendant trois jours, enfermés dans le sanctuaire, les angoisses de la faim, furent dépouillés de leurs vêtements et livrés à la risée du peuple. Les murailles renversées du monastère servirent à l'agrandissement du château.

En 1226, Louis VIII, maître de la ville de PAMIERS, y présida une assemblée des évêques et des barons de la croisade; en 1229, Roger Bernard, fils de Raymond Roger, rentra de nouveau dans la possession de ses domaines.

Depuis, la justice des hommes et la justice de Dieu l'atteignirent tour à tour. Cette ville s'était révoltée contre l'autorité de ce même Roger Bernard, qui n'échappa que par la fuite à la fureur des rebelles. Roger Bernard vengea bientôt, par le supplice des coupables, l'affront fait à sa puissance. En 1296, elle méconnut la sainteté du sacerdoce; un prince de l'Eglise, son évêque, fut outragé par ses habitants. Boniface VIII laissa tomber les foudres du Vatican sur la tête de ces chrétiens insoumis, que bientôt la réforme devoit entraîner sous sa bannière. Dans l'intervalle, en 1486, prise et reprise par les vicomtes de Narbonne, et la princesse de Viane, pendant la lutte de ces deux puissances féodales, elle souffrit deux fois les angoisses d'un siége et les ravages d'une conquête. Le premier fait d'armes fut illustré par la fidélité de Bertrand de Rabonite, juge-mage du comté de Foix, qui alors avoit passé sous la domination des héritiers du Captal de Buch, Archambaud de Grailly.

Après une tentative inutile, le vicomte de Narbonne, devenu maître de PAMIERS, dans une seconde attaque, fit enfermer Bertrand de Rabonite dans une étroite prison, et voulut le contraindre, par des menaces de mort, à rétracter le serment qu'il avoit prêté à la princesse de Viane. Bertrand de Rabonite demeura fidèle à l'honneur; et peut-être eût-il payé de sa vie cette austère vertu, si le capitaine Bufières, rentré dans la ville pendant la nuit, n'eût chassé, le lendemain, les soldats de Lavelanet. Ce lieutenant du vicomte de Narbonne périt dans la lutte. Mais l'époque la plus désastreuse de ces annales est celle qui se rattache aux vastes mouvements des religionnaires dans le midi de la France. Ses habitations livrées au pillage, ses églises renversées, ses rues ensanglantées, tel est le déplorable tableau qu'offre la ville de PAMIERS pendant une longue et triste période. Quelquefois vaincus, mais plus souvent victorieux, les partisans de la réforme lui léguèrent la ruine et la misère.

Devenue l'un des domaines de la maison d'Albret et de Bourbon, la ville de PAMIERS dut à Jeanne l'introduction de la réforme; et, comme dans toutes les révolutions, on commence par une apparente sévérité de vertu, et par un hypocrite stoïcisme, les sectaires affectèrent une vie d'abnégation. Ils proscrivoient les joies du monde. Un jour, quelques catholiques parcoururent la ville avec des ménétriers; arrivés à la rue Villeneuve, ils furent arrêtés par le viguier, baron sieur de la Malportet, avec l'aide de Sémir et de Raymond Laporre. Le tambourin, le violon, le flageolet furent brisés, et les danseurs poursuivis par la foule qui s'ameuta autour du viguier : ceux-ci se réfugièrent dans la maison d'un des leurs nommé Labrousse. La maison fut entourée; Saint-Just, capitaine des réformés, somma les catholiques de se rendre; une balle qui le frappa à la poitrine fut leur unique réponse. Aussitôt, on apporta des sarments de vigne, et bientôt les catholiques furent brûlés sous les décombres de la maison incendiée. La foule se porta ensuite sous les fenêtres du palais de l'évêque, où périrent plus de cent cinquante soldats. Un grand nombre d'augustins, de carmes ou de cordeliers furent précipités dans des puits, ou livrés aux flammes qui dévoroient leur monastère, ou massacrés dans les cloîtres par les religionnaires. Celui qui avoit donné asile aux malheureux danseurs catholiques, fut assassiné dans

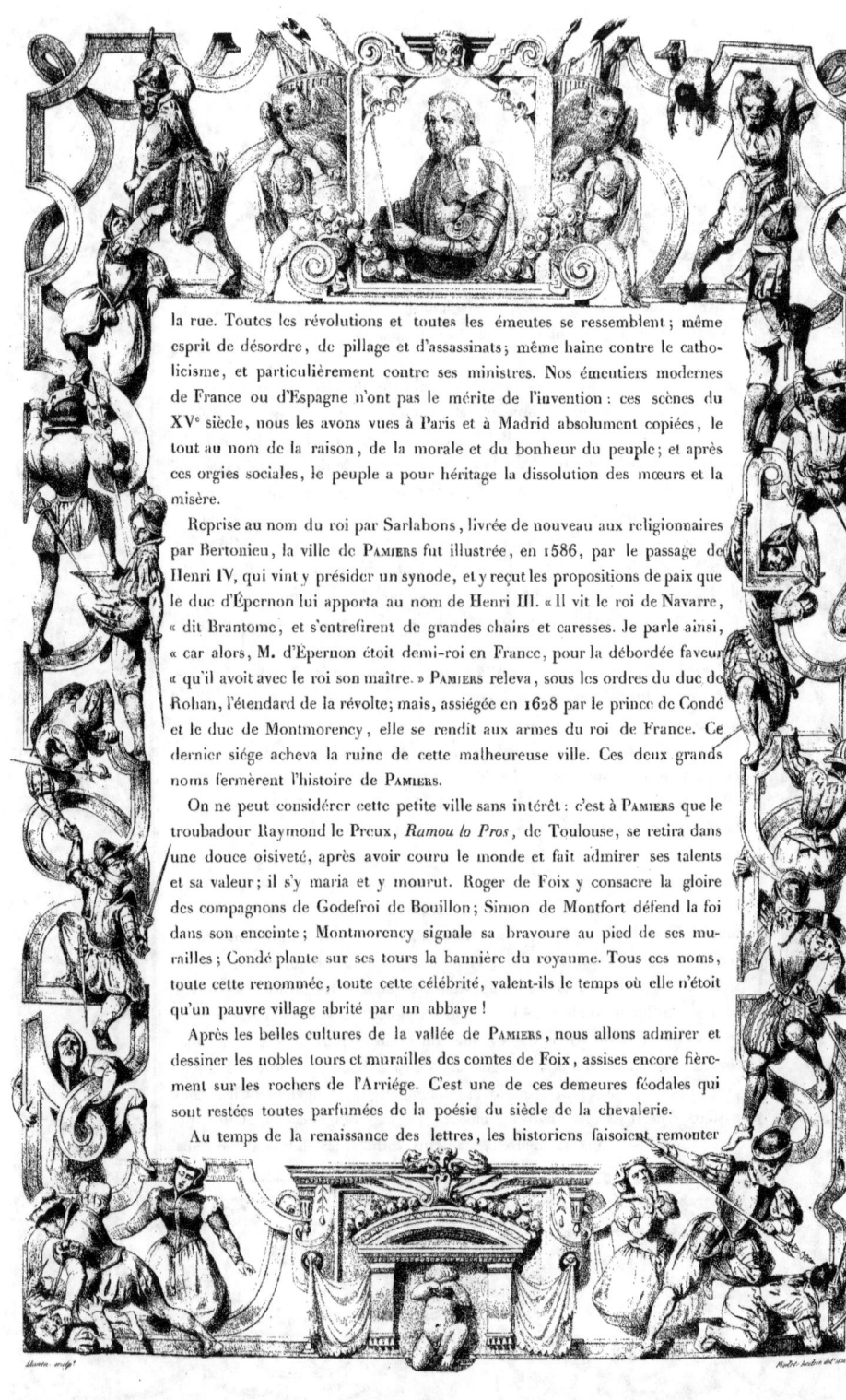

la rue. Toutes les révolutions et toutes les émeutes se ressemblent; même esprit de désordre, de pillage et d'assassinats; même haine contre le catholicisme, et particulièrement contre ses ministres. Nos émeutiers modernes de France ou d'Espagne n'ont pas le mérite de l'invention : ces scènes du XVe siècle, nous les avons vues à Paris et à Madrid absolument copiées, le tout au nom de la raison, de la morale et du bonheur du peuple; et après ces orgies sociales, le peuple a pour héritage la dissolution des mœurs et la misère.

Reprise au nom du roi par Sarlabons, livrée de nouveau aux religionnaires par Bertonieu, la ville de PAMIERS fut illustrée, en 1586, par le passage de Henri IV, qui vint y présider un synode, et y reçut les propositions de paix que le duc d'Épernon lui apporta au nom de Henri III. « Il vit le roi de Navarre, « dit Brantome, et s'entrefirent de grandes chairs et caresses. Je parle ainsi, « car alors, M. d'Epernon étoit demi-roi en France, pour la débordée faveur « qu'il avoit avec le roi son maître. » PAMIERS releva, sous les ordres du duc de Rohan, l'étendard de la révolte; mais, assiégée en 1628 par le prince de Condé et le duc de Montmorency, elle se rendit aux armes du roi de France. Ce dernier siége acheva la ruine de cette malheureuse ville. Ces deux grands noms fermèrent l'histoire de PAMIERS.

On ne peut considérer cette petite ville sans intérêt : c'est à PAMIERS que le troubadour Raymond le Preux, *Ramou lo Pros*, de Toulouse, se retira dans une douce oisiveté, après avoir couru le monde et fait admirer ses talents et sa valeur; il s'y maria et y mourut. Roger de Foix y consacre la gloire des compagnons de Godefroi de Bouillon; Simon de Montfort défend la foi dans son enceinte; Montmorency signale sa bravoure au pied de ses murailles; Condé plante sur ses tours la bannière du royaume. Tous ces noms, toute cette renommée, toute cette célébrité, valent-ils le temps où il n'étoit qu'un pauvre village abrité par un abbaye !

Après les belles cultures de la vallée de PAMIERS, nous allons admirer et dessiner les nobles tours et murailles des comtes de Foix, assises encore fièrement sur les rochers de l'Arriége. C'est une de ces demeures féodales qui sont restées toutes parfumées de la poésie du siècle de la chevalerie.

Au temps de la renaissance des lettres, les historiens faisoient remonter

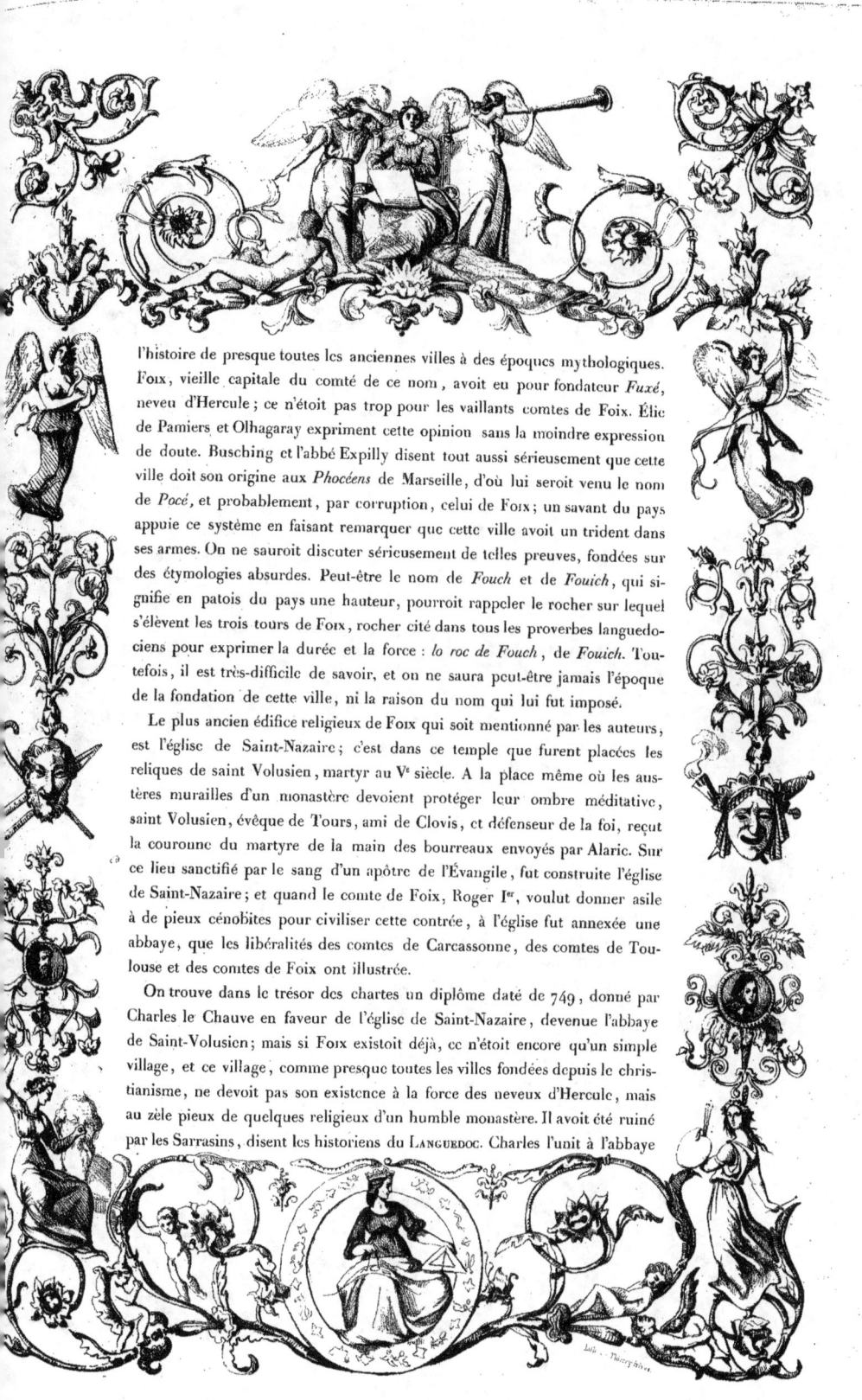

l'histoire de presque toutes les anciennes villes à des époques mythologiques. Foix, vieille capitale du comté de ce nom, avoit eu pour fondateur *Fuxé*, neveu d'Hercule; ce n'étoit pas trop pour les vaillants comtes de Foix. Élie de Pamiers et Olhagaray expriment cette opinion sans la moindre expression de doute. Busching et l'abbé Expilly disent tout aussi sérieusement que cette ville doit son origine aux *Phocéens* de Marseille, d'où lui seroit venu le nom de *Pocé*, et probablement, par corruption, celui de Foix; un savant du pays appuie ce système en faisant remarquer que cette ville avoit un trident dans ses armes. On ne sauroit discuter sérieusement de telles preuves, fondées sur des étymologies absurdes. Peut-être le nom de *Fouch* et de *Fouïch*, qui signifie en patois du pays une hauteur, pourroit rappeler le rocher sur lequel s'élèvent les trois tours de Foix, rocher cité dans tous les proverbes languedociens pour exprimer la durée et la force : *lo roc de Fouch*, de *Fouïch*. Toutefois, il est très-difficile de savoir, et on ne saura peut-être jamais l'époque de la fondation de cette ville, ni la raison du nom qui lui fut imposé.

Le plus ancien édifice religieux de Foix qui soit mentionné par les auteurs, est l'église de Saint-Nazaire; c'est dans ce temple que furent placées les reliques de saint Volusien, martyr au Ve siècle. A la place même où les austères murailles d'un monastère devoient protéger leur ombre méditative, saint Volusien, évêque de Tours, ami de Clovis, et défenseur de la foi, reçut la couronne du martyre de la main des bourreaux envoyés par Alaric. Sur ce lieu sanctifié par le sang d'un apôtre de l'Évangile, fut construite l'église de Saint-Nazaire; et quand le comte de Foix, Roger Ier, voulut donner asile à de pieux cénobites pour civiliser cette contrée, à l'église fut annexée une abbaye, que les libéralités des comtes de Carcassonne, des comtes de Toulouse et des comtes de Foix ont illustrée.

On trouve dans le trésor des chartes un diplôme daté de 749, donné par Charles le Chauve en faveur de l'église de Saint-Nazaire, devenue l'abbaye de Saint-Volusien; mais si Foix existoit déjà, ce n'étoit encore qu'un simple village, et ce village, comme presque toutes les villes fondées depuis le christianisme, ne devoit pas son existence à la force des neveux d'Hercule, mais au zèle pieux de quelques religieux d'un humble monastère. Il avoit été ruiné par les Sarrasins, disent les historiens du LANGUEDOC. Charles l'unit à l'abbaye

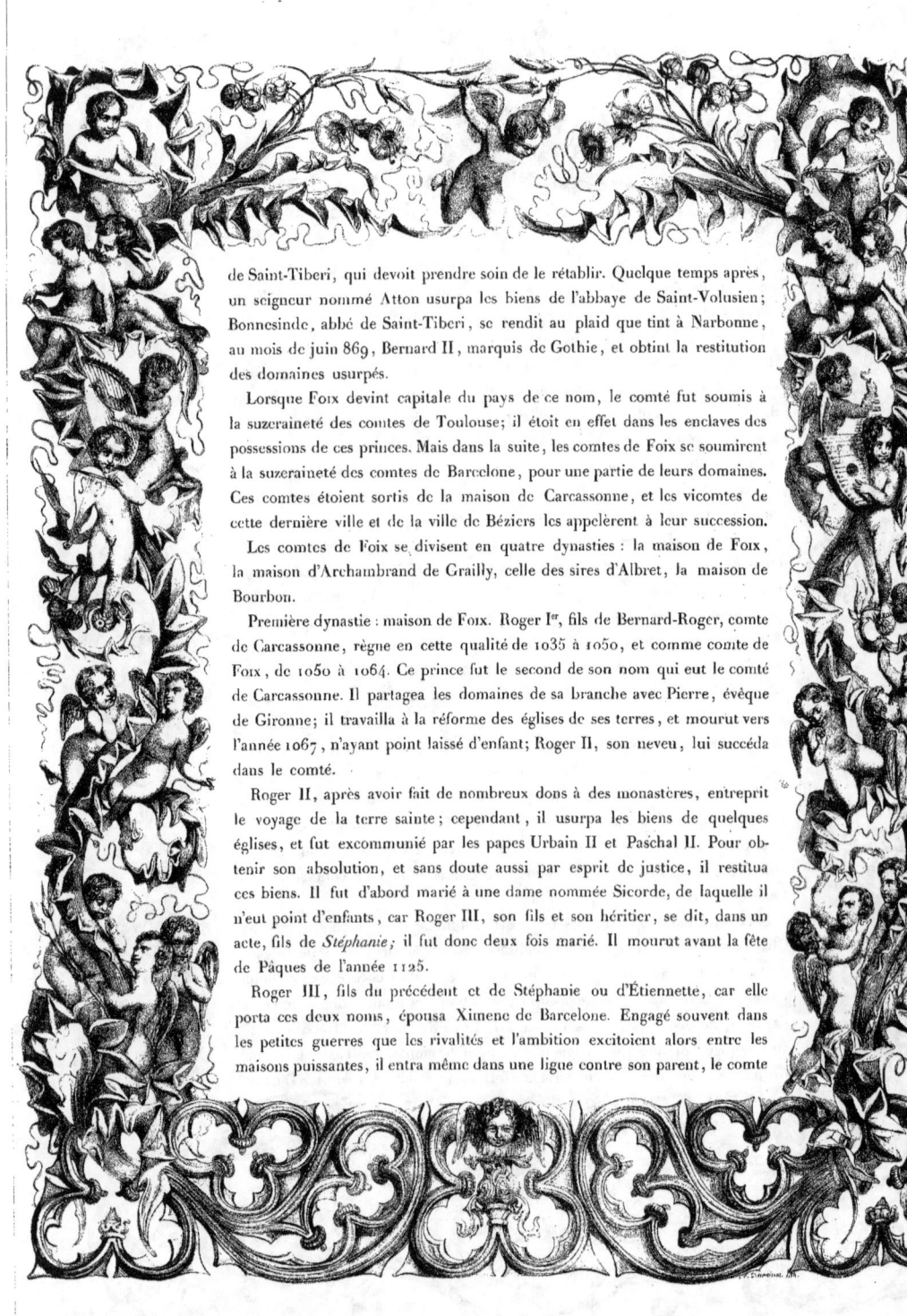

de Saint-Tiberi, qui devoit prendre soin de le rétablir. Quelque temps après, un seigneur nommé Atton usurpa les biens de l'abbaye de Saint-Volusien; Bonnesinde, abbé de Saint-Tiberi, se rendit au plaid que tint à Narbonne, au mois de juin 869, Bernard II, marquis de Gothie, et obtint la restitution des domaines usurpés.

Lorsque Foix devint capitale du pays de ce nom, le comté fut soumis à la suzeraineté des comtes de Toulouse; il étoit en effet dans les enclaves des possessions de ces princes. Mais dans la suite, les comtes de Foix se soumirent à la suzeraineté des comtes de Barcelone, pour une partie de leurs domaines. Ces comtes étoient sortis de la maison de Carcassonne, et les vicomtes de cette dernière ville et de la ville de Béziers les appelèrent à leur succession.

Les comtes de Foix se divisent en quatre dynasties : la maison de Foix, la maison d'Archambrand de Grailly, celle des sires d'Albret, la maison de Bourbon.

Première dynastie : maison de Foix. Roger Ier, fils de Bernard-Roger, comte de Carcassonne, règne en cette qualité de 1035 à 1050, et comme comte de Foix, de 1050 à 1064. Ce prince fut le second de son nom qui eut le comté de Carcassonne. Il partagea les domaines de sa branche avec Pierre, évêque de Gironne; il travailla à la réforme des églises de ses terres, et mourut vers l'année 1067, n'ayant point laissé d'enfant; Roger II, son neveu, lui succéda dans le comté.

Roger II, après avoir fait de nombreux dons à des monastères, entreprit le voyage de la terre sainte; cependant, il usurpa les biens de quelques églises, et fut excommunié par les papes Urbain II et Paschal II. Pour obtenir son absolution, et sans doute aussi par esprit de justice, il restitua ces biens. Il fut d'abord marié à une dame nommée Sicorde, de laquelle il n'eut point d'enfants, car Roger III, son fils et son héritier, se dit, dans un acte, fils de *Stéphanie*; il fut donc deux fois marié. Il mourut avant la fête de Pâques de l'année 1125.

Roger III, fils du précédent et de Stéphanie ou d'Étiennette, car elle porta ces deux noms, épousa Ximene de Barcelone. Engagé souvent dans les petites guerres que les rivalités et l'ambition excitoient alors entre les maisons puissantes, il entra même dans une ligue contre son parent, le comte

de Carcassonne. Ce prince fonda la commanderie de Villedieu pour la milice du temple. On n'a aucune preuve qu'il soit mort avant l'année 1149.

Roger-Bernard Ier, capitaine des plus distingués, accorda à la capitale de son comté de magnifiques priviléges. Bientôt l'enceinte de cette ville agrandie se peupla de tous les habitants des campagnes circonvoisines, qui vinrent placer sous la sauvegarde du château, bâti dans le XIe siècle par le comte de Carcassonne, Roger Ier, leurs foyers et leurs reliques. Cinquante ans plus tard, Foix étoit une ville. Roger-Bernard reçut l'hommage des seigneurs de Mirepoix. Il épousa Cécile, fille du vicomte Raymond de Trencavel, et fit hommage de son comté au comte de Barcelone son oncle.

Raymond-Roger, fils de Roger-Bernard, lui succéda. Lorsque Simon de Montfort parut, le comte de Foix relevoit de la maison de Toulouse. Raymond-Roger, troubadour illustre, fut un des héros de ces temps chevaleresques : après avoir guerroyé avec les comtes de Comminges et d'Urgel, il opposa aux conquêtes des barons du Nord une épée encore fumante du sang des infidèles qu'il avoit combattus sous les étendards de Philippe-Auguste. Dans ces luttes ardentes dont Raymond et Montfort avoient fait un duel à mort, Raymond-Roger fut constamment l'un des plus braves, et, après sa rupture avec Montfort, le plus dévoué des vassaux de la maison de Toulouse. Montfort le retrouvoit partout où il y avoit occasion d'arrêter sa marche, de chercher des dangers et de conquérir de la gloire : à Moissac, à Béziers, à Castelnaudary, à Montjoyre, où il attaqua six mille croisés allemands qui alloient au siége de Lavaur, et qu'il défit complétement; à Toulouse, où il aida puissamment Raymond VI à défendre vaillamment ces derniers remparts de sa puissance. Il reconquit une première fois, sur les croisés, à la pointe de l'épée, tout son comté de Foix; mais après la bataille de Muret, Montfort le déposséda de nouveau de ses vastes domaines. Il les reprit encore, battit les partisans d'Amaury, fils et successeur de Simon de Montfort, reconquit la vicomté de Béziers au nom du jeune Trencavel, son pupille, et continua ses expéditions contre les croisés, les chassant de tous les lieux qu'il put attaquer, entre autres de Mirepoix et de Pamiers. Toutefois, le comté ne rentra sous sa domination qu'après son voyage à Rome, où il reçut l'absolution des mains du pape. Il mourut au mois de mars 1223, et fut enterré

dans l'abbaye de Bolbonne, où il avoit été reçu depuis longtemps comme *frère*. Il légua quinze cents sous de rente annuelle à ce monastère pour la nourriture des pauvres. Raymond-Roger laissa quatre enfants de sa femme Philippe, deux fils, Roger-Bernard et Aymeri, et deux filles, Cécile, mariée à Bernard V, comte de Comminges, et Esclarmonde, qui épousa, en 1236, Bernard d'Alion.

Dès l'aurore de cette guerre de religion, la ville de Foix avoit été assiégée par Simon de Montfort; sans murailles, elle ne put repousser ce formidable ennemi. Le château seul, défendu par la solidité de ses tours et de ses remparts, et par la vaillance des Aragonois, défia la bravoure des croisés. Montfort se vengea de cet échec par l'incendie de la ville. Le château, six ans plus tard, garant de la loyauté de Raymond-Roger pendant son voyage, étoit remis aux mains du légat, le cardinal Bénévent, qui en confia la garde à Foulques, abbé de Tiberi.

Roger-Bernard II, fils aîné de Raymond-Roger, fut institué sou héritier pour le comté de Foix, qui comprenoit alors le pays de Volvestre, la vicomté d'Évols, le pays de Donazan et le pays de Capcir, à la condition de payer jusqu'à la valeur de cinq cents marcs d'argent, la rançon de son frère Aymeri qui avoit été remis, en 1209, entre les mains de Simon de Montfort, et qui étoit encore prisonnier. Roger-Bernard avoit eu part à une partie des exploits de son père. Après la mort de celui-ci, il assiégea Carcassonne, sur le comte Amaury de Montfort, et ne prit point cette place; toutefois il fit un traité provisionnel avec ce comte qui abandonna le pays. Aux conférences de Montpellier, il fit des soumissions à l'Église, promit d'observer la paix, et de demeurer bon catholique; mais ayant voulu, dans l'intérêt de Trencavel, qui lui avoit substitué tous ses domaines, empêcher la ville de Carcassonne de se soumettre au roi Louis VIII, il offrit ensuite en vain à ce prince son hommage pendant le siège d'Avignon. Il renouvela alors sa ligue avec le comte de Toulouse et fut excommunié. Comme il continuoit à protéger Trencavel que la cour vouloit déposséder en entier, il devint l'objet d'une violente haine. Le comte de Toulouse, Raymond VII, qui, bien malgré lui, s'étoit soumis, fut forcé, au moins en apparence, de se déclarer l'ennemi de Roger-Bernard; il s'empara en effet de la partie du comté de Foix appelée le

Pas de la Barre; mais c'étoit avec répugnance qu'il frappoit un ancien et fidèle allié de sa cause : il lui conseilla la paix, qui eut lieu effectivement bientôt après. Roger-Bernard fut brave comme les plus braves de sa race ; brave de cette force de l'âme et du cœur, qui ne laisse pas souvent à la raison la liberté de bien juger les événements et les mouvements de l'esprit humain, toujours plus forts que l'épée. Promettant fidélité à l'Église, hommage au roi, et changeant suivant ce qu'il présumoit être son intérêt, il prépara la conduite de son fils Roger. Roger-Bernard, marié d'abord avec Ermessinde, héritière de la vicomté de Castelbon, épousa en secondes noces Ermengarde de Narbonne. Il mourut vers la fin de mai 1241.

Roger IV lui succéda. Les temps devenoient difficiles, et Roger ne sympathisa que trop facilement pour l'honneur de son nom avec la duplicité de la politique de cette époque. Il fut souvent obligé, pour conserver ses domaines, d'oublier les anciennes liaisons de sa famille, et de se soumettre à ceux qui avoient jadis presque entièrement dépouillé sa maison. Il fit d'abord hommage au comte de Toulouse pour la partie du comté de Foix située en deçà du *Pas de la Barre*, et au roi de France pour le comté de Carcassez; mais bientôt, oubliant la fidélité qu'il devoit au second, et comme à son suzerain et comme à son souverain, il s'engage à aider le premier dans sa guerre contre le roi. Il ne se piqua pas dans cette alliance d'une loyauté plus scrupuleuse, et, fidèle seulement à une diplomatie cauteleuse, il fit secrètement la paix avec le monarque, qu'il s'engagea même à servir à titre de vassal immédiat pour le comté de Foix tout entier, sans en excepter les terres qui relevoient du comte de Toulouse. Il rendit au roi les titres de la maison de Trencavel si odieusement proscrite, et si injustement dépouillée. Il publia une ordonnance contre les hérétiques, et tant d'oscillations, tant de condescendances ne l'empêchèrent pas d'avoir de nombreux différends avec les inquisiteurs de la foi. Il avoit épousé Brunissende de Cardonne. Il mourut le 25 février 1265.

Roger-Bernard III, dont les domaines relevoient, d'après les derniers actes de son père, de la couronne de France, se déclara contre le roi Philippe le Hardi; mais ce n'étoit plus le temps où les seigneurs du LANGUEDOC pouvoient braver l'autorité royale; les comtes de Toulouse n'étoient plus là pour défendre leurs vassaux contre le monarque françois. Philippe arriva promptement, reçut la

soumission de Roger-Bernard, et le conduisit dans le château de Carcassonne. Tous ses domaines furent saisis, et ce ne fut qu'après avoir conclu un traité avec le roi et lui avoir fait hommage, qu'il put recouvrer sa liberté et son comté. Il offrit à Philippe de l'accompagner en Orient, et le servit avec distinction en Navarre. Il contracta une ligue avec le roi de Majorque contre le roi d'Aragon; il fit la guerre à celui-ci, puis la paix après la guerre, puis il recommença la guerre après avoir fait la paix. Prisonnier dans un combat, il recouvra sa liberté par les soins du roi de France, auquel il remit ses places fortes, et il alla le servir en Catalogne contre le roi d'Aragon. Tantôt en paix, tantôt en guerre avec l'évêque d'Urgel pour la vallée d'Andore, et avec le seigneur de Mirepoix pour les limites des seigneuries; favorisé par Philippe le Bel qui lui rendit la plupart de ses places fortes, il succéda à Gaston, vicomte de Béarn, son beau-père, ce qui ajouta beaucoup à l'éclat et à la puissance de sa maison. Il combattit avec succès en Gascogne contre les Anglois. Après avoir conclu à Paris, au mois d'octobre 1301, le mariage de Gaston, son fils unique, avec la fille de Philippe, fils aîné de Robert, comte d'Artois, il mourut, en revenant dans ses États, le 3 mars 1302.

Gaston Ier, fils du précédent, comte de Foix, vicomte de Béarn, combattit le roi de Majorque, et fit plusieurs fois la paix avec lui. Appelé par le roi, Louis le Hutin, pour le servir dans la guerre de Flandre, il obéit au monarque. Obstiné dans sa haine contre les comtes de Comminges et d'Armagnac, il leur fit une guerre violente; il appela le comte d'Armagnac en duel; et le pape Clément V, dont il avoit refusé d'accomplir les ordres à cet égard, lança contre lui l'excommunication et l'interdit. Ce ne fut qu'après avoir reconnu sa faute et s'en être accusé au souverain pontife qui étoit alors à Poitiers, que le comte de Foix put obtenir son pardon.

Peu de temps après, ce prince eut un autre différend avec le comte d'Armagnac, et cette altercation alloit encore être vidée par les armes; mais le roi d'Angleterre leur fit conclure la paix.

L'accord entre les deux comtes datoit de 1308. L'année suivante, Gaston se rendit à Paris, et là, se renouvelèrent les souvenirs de ses querelles avec les comtes d'Armagnac et de Comminges : il venoit d'ailleurs pour poursuivre un jugement relatif à ces différends. Raymond de Cardonne, son parent,

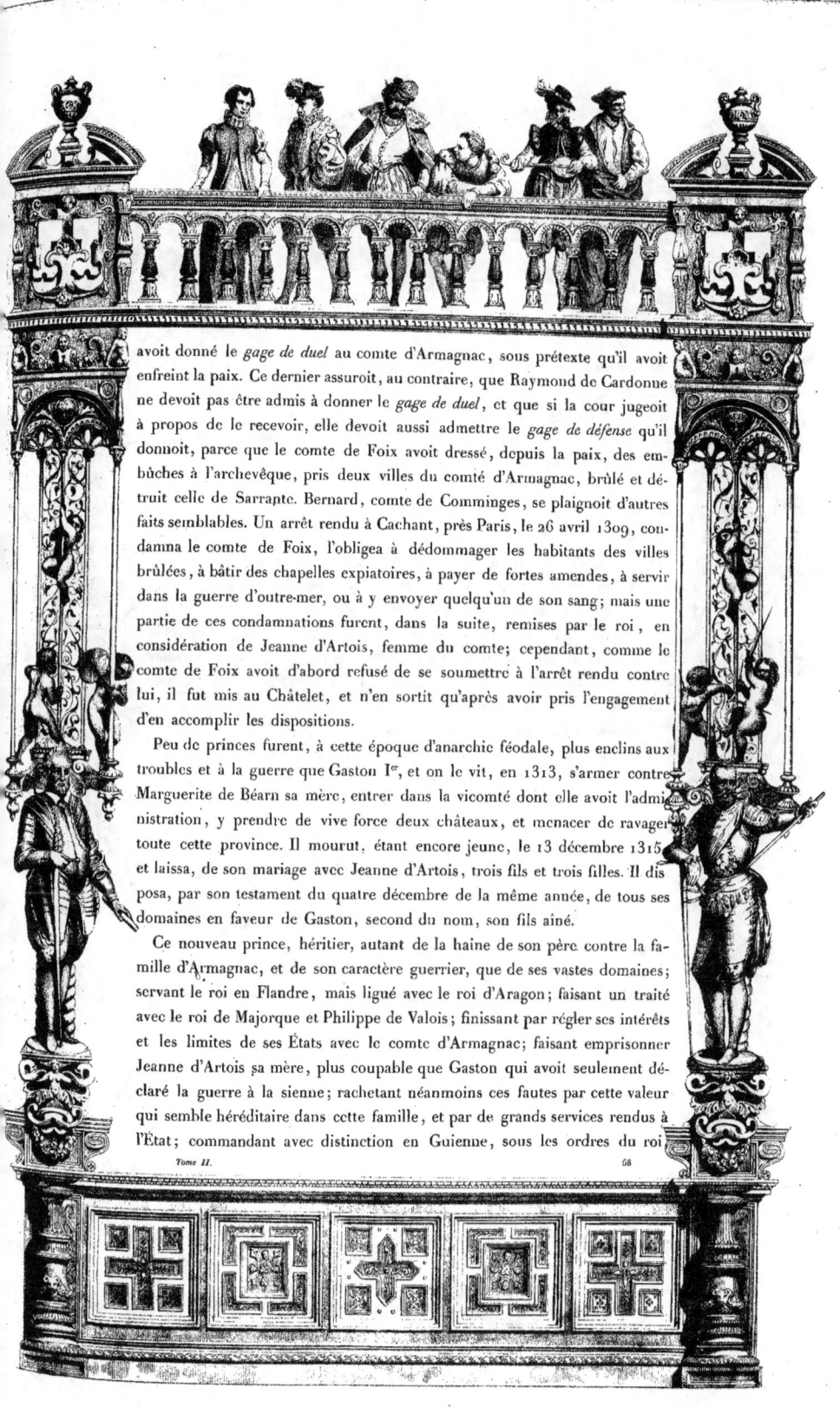

avoit donné le *gage de duel* au comte d'Armagnac, sous prétexte qu'il avoit enfreint la paix. Ce dernier assuroit, au contraire, que Raymond de Cardonne ne devoit pas être admis à donner le *gage de duel*, et que si la cour jugeoit à propos de le recevoir, elle devoit aussi admettre le *gage de défense* qu'il donnoit, parce que le comte de Foix avoit dressé, depuis la paix, des embûches à l'archevêque, pris deux villes du comté d'Armagnac, brûlé et détruit celle de Sarrante. Bernard, comte de Comminges, se plaignoit d'autres faits semblables. Un arrêt rendu à Cachant, près Paris, le 26 avril 1309, condamna le comte de Foix, l'obligea à dédommager les habitants des villes brûlées, à bâtir des chapelles expiatoires, à payer de fortes amendes, à servir dans la guerre d'outre-mer, ou à y envoyer quelqu'un de son sang; mais une partie de ces condamnations furent, dans la suite, remises par le roi, en considération de Jeanne d'Artois, femme du comte; cependant, comme le comte de Foix avoit d'abord refusé de se soumettre à l'arrêt rendu contre lui, il fut mis au Châtelet, et n'en sortit qu'après avoir pris l'engagement d'en accomplir les dispositions.

Peu de princes furent, à cette époque d'anarchie féodale, plus enclins aux troubles et à la guerre que Gaston Ier, et on le vit, en 1313, s'armer contre Marguerite de Béarn sa mère, entrer dans la vicomté dont elle avoit l'administration, y prendre de vive force deux châteaux, et menacer de ravager toute cette province. Il mourut, étant encore jeune, le 13 décembre 1315, et laissa, de son mariage avec Jeanne d'Artois, trois fils et trois filles. Il disposa, par son testament du quatre décembre de la même année, de tous ses domaines en faveur de Gaston, second du nom, son fils aîné.

Ce nouveau prince, héritier, autant de la haine de son père contre la famille d'Armagnac, et de son caractère guerrier, que de ses vastes domaines; servant le roi en Flandre, mais ligué avec le roi d'Aragon; faisant un traité avec le roi de Majorque et Philippe de Valois; finissant par régler ses intérêts et les limites de ses États avec le comte d'Armagnac; faisant emprisonner Jeanne d'Artois sa mère, plus coupable que Gaston qui avoit seulement déclaré la guerre à la sienne; rachetant néanmoins ces fautes par cette valeur qui semble héréditaire dans cette famille, et par de grands services rendus à l'État; commandant avec distinction en Guienne, sous les ordres du roi

passa l'année suivante en Picardie, comme général de l'armée avec le duc de Normandie, nommé capitaine pour le roi et son lieutenant, *sans moyen* (1), dans le pays de Gascogne et d'Agenois, « pendant quinze jours « avant Noël prochain et quinze jours après (2). » Enfin il se signala contre les Anglois partout où il put les rencontrer. Le roi le récompensa de ses bons et loyaux services par le don de la moitié de la vicomté de Lautrec. Lorsque Gaston n'eut plus d'occasions de combattre, soit les princes ses voisins, soit les ennemis de la France, il traversa les Pyrénées pour aller au secours d'Alphonse XI, roi de Castille. Les Mahométans étoient encore de rudes ennemis; il aida Alphonse qui assiégeoit la ville d'Algésire sur les Maures. Son ardeur lui devint funeste : sans voir la fin de ce siége, il mourut à Séville, des fatigues qu'il y avoit éprouvées, au mois de septembre 1343. Son corps fut transféré à Bolbonne. Il ne laissa d'Éléonore, fille de Bernard V, comte de Comminges, sa deuxième femme, qu'un fils en bas âge, nommé comme lui. Il eut aussi deux enfants naturels.

Gaston III, surnommé *Phœbus*, à cause de sa beauté, lui succéda. Ce jeune prince fut élevé, disent les auteurs du temps, *en tous les honnêtes exercices*. A l'âge de douze ans, il remplaça son père, sous la tutelle d'Éléonore sa mère. L'année 1344, il ouvrit un asile dans ses domaines à Jacques II, roi de Majorque, que nous avons vu dépouillé par Pierre IV d'Aragon; ce qui honore à la fois, et sa mère qui tenoit le comté comme tutrice, et lui-même, assez âgé alors pour prendre sa part d'une noble action.

Au moment où l'Angleterre portoit la misère et la mort aux populations épouvantées de la Gascogne, au milieu de ces querelles sanglantes, fertiles en désastres éclatants et en exploits glorieux, Gaston *Phœbus*, à peine âgé de quinze ans, fit ses premières armes. On dit, sans preuve, qu'il s'étoit déjà signalé en Espagne contre les Maures, ayant pour guide Corbeyran de Rabat, bâtard de Foix. Le quatre août 1349, Gaston épousa dans Paris, au Temple,

---

(1) *Art de vérifier les dates.* Les princes du sang, revêtus d'un titre *sans moyen*, étoient ceux qui n'avoient pas encore assez d'expérience de la guerre pour qu'on pût leur confier le sort d'une armée; leur naissance leur donnait rang de primauté, mais ils étoient sans autorité délibérative au conseil.

(2) D. Vaissette, tom. IV, pag. 228.

Agnès, fille de Philippe d'Évreux, roi de Navarre, sous le nom de Philippe III, sœur de Charles II de Navarre, à qui ses passions vicieuses et turbulentes, et son ambitieuse audace, ont fait donner si justement le surnom de Mauvais; la politique ténébreuse de ce prince lui attira bientôt la colère du roi de France, et il fut contraint de rendre son épée au connétable Jacques de Bourbon. Gaston *Phœbus*, offensé par la captivité soudaine de son beau-frère, embrassa vivement sa querelle; il vint à Paris plaider la cause du roi de Navarre, mais il mit dans cette défense tant d'emportement et de fierté que le roi le fit enfermer au Châtelet. On vouloit le forcer à rendre hommage pour le Béarn; il répondit à ceux qui l'engageoient à se soumettre ainsi au roi, qu'il ne devoit hommage pour le Béarn à personne, *Fors Dieu*. Plus tard, après le traité de Bretigny, la Gascogne étant cédée à l'Angleterre, le prince de Galles exigeoit aussi que Gaston lui rendit hommage; mais le comte de Foix s'écria qu'il n'en feroit rien, et « que le pays de Béarn étoit si franche « terre, qu'il ne devoit hommage à aucun seigneur du monde. »

Gaston *Phœbus* fut rendu promptement à la liberté. A cette époque, les chevaliers teutoniques soutenoient des luttes, combats presque fabuleux, comme ceux qu'on voit décrits dans les romans de chevalerie; l'aventureux Gaston courut, avec le Captal de Buch, partager, dans le Nord, la gloire et les périls du premier ordre de chevalerie. On trouve dans l'*Art de vérifier les dates*, et dans d'autres ouvrages estimables, qu'il se rendit en Prusse pour se battre contre les infidèles. Il n'est probablement question ici que des combats des dominateurs de la Prusse contre la Pologne, ou des guerres de l'ordre teutonique avec les Lithuaniens, désignés sous le nom d'infidèles par les chroniqueurs.

Les deux représentants de la chevalerie de la France et de l'Angleterre soutinrent avec éclat le renom qu'ils avoient acquis dans leur patrie. A son retour en France, en 1358, le comte de Foix marche contre les Parisiens rebelles joints à la faction de la *Jacquerie*, bat ces insurgés, et délivre la famille royale qui étoit assiégée dans le marché de Meaux. Mais il avoit surtout besoin de recommencer à guerroyer avec les d'Armagnac; c'étoit la haine des Capulet et des Montaigu, plus longue et plus obstinée encore; il s'agissoit cette fois du comté de Bigorre, que chacun prétendoit lui appar-

tenir : prétexte favorable pour renouveler avec fureur leur vieille querelle de famille, et revendiquer avec hauteur et fierté leurs droits réciproques. En vain Innocent VI tenta d'éteindre cette haine ardente qui, depuis si longtemps, divisoit les deux plus puissantes maisons de la Langue d'*Oc*; en vain le comte de Poitiers, frère du dauphin Charles, et lieutenant général de la province, voulut apaiser des divisions si fatales à la patrie, dans ces jours de malheur où ses désastres réclamoient pour la sauver le concours de tous ses enfants. Tous les efforts des pacificateurs échouèrent contre l'orgueilleuse animosité des deux comtes. A peine la sagesse du régent parvint-elle à faire conclure une trêve de quelques mois, signée en face des dangers de la France menacée d'une ruine complète. Dès que la paix de Bretigny, qui ne pouvoit être entre la nation françoise et son ennemi qu'une trêve pour donner le temps d'aiguiser les armes, et qui auroit dû rallier plus que jamais la noblesse autour du trône, eut laissé croire à un moment de repos, les comtes de Foix et d'Armagnac s'attaquèrent avec plus d'acharnement. Jean d'Armagnac envoie le premier défier son rival. Une nouvelle lutte commence. Une seule bataille devoit décider de leur querelle. Le cinq décembre 1362, les bannières de Foix et d'Armagnac se déploient dans la plaine de Launac. Le comte de Comminges et les seigneurs de la maison d'Albret combattoient avec Jean. Le comte Bertrand de l'île Jourdain, les vicomtes de Castelbon, de Cardonne et de Consérans, et le seigneur de Paliès, s'étoient rangés autour de Gaston. L'habileté de Gaston l'emporta sur l'impétuosité de son rival, qui s'étoit jeté le premier dans la mêlée; Jean d'Armagnac resta son prisonnier, ainsi que le comte de Comminges, nombre de seigneurs, et d'autres chevaliers; si bien que, pour obtenir leur liberté, il leur fit promettre ou donner des rançons qui s'élevèrent à un million d'or, richesses qui vinrent accroître et fournir aux dépenses du luxe fastueux de Gaston à sa cour d'Orthez, dont nous ne parlerons avec quelques détails que lorsque nous décrirons le Béarn, et en donnant les dessins des derniers débris de ce château.

Dès ce moment, la puissance de Gaston *Phœbus* atteignit le plus haut degré de splendeur.

Lorsque le comte d'Armagnac eut recouvré sa liberté, il invita le prince et la princesse de Galles à visiter ses domaines : ils vinrent à Tarbes. « Gaston

« étoit à Pau, occupé à la construction d'un moult bel chastel tenant à la ville,
« au dehors, sur la rivière du Gave. Il vint tout de suite trouver le prince
« et la princesse, accompagné de six cents chevaux et de soixante chevaliers.
« De la venue du comte de Foix, furent le prince et la princesse fort réjouis,
« et lui firent très-bonne chère, et bien le valoit. » Là étoient le sire d'Albret
et le comte d'Armagnac, qui devoient encore à Gaston deux cent cinquante
mille livres pour leurs rançons. « Et fust le prince de Galles requis par le
« comte d'Armagnac de prier Gaston qu'il voulust quitter tout ou partie; le
« prince qui fust saige et vaillant, répondit que non feroit : car pourquoi,
« comte d'Armagnac? Vous fustes pris par armes et par belle journée de ba-
« taille, et mit notre cousin le comte de Foix, son corps et ses gens en aven-
« ture contre vous, il ne doit pas pis valoir. Par faict semblable monseigneur
« mon père ni moi ne saurions gré qui nous prieroit de remettre arrière ce
« que tenons par belle aventure et la bonne fortune que nous eûmes à Poi-
« tiers, et dont nous regrâcions notre Seigneur.

« Quand le comte d'Armagnac ouït cela, il fut tout ébahi; cependant ne
« cessa, mais en pria la princesse, laquelle de bon cœur requist au comte
« de Foix, qu'il voulust lui donner un don. Madame, lui dit le comte, je suis
« un petit homme et un petit bachelier; si ne puis faire grands dons; mais
« le don que vous me demandez, s'il ne vault plus de soixante mille livres,
« je vous le donne. » La princesse insista : « Madame, dit-il, à un pauvre
« chevalier que je suis, qui édifie villes et châteaux, le don que je vous
« accorde doit bien suffire (1). »

En vain la France en armes se levoit à la voix de Charles V pour effacer
la tache laissée à sa gloire par une longue suite de revers; en vain Duguesclin vengeoit les outrages de sa patrie; le comte de Foix, naguère si ardent à
poursuivre les aventures chevaleresques, ne prit aucune part aux nobles
dangers et aux triomphes de cette époque. Quelques écrivains ont prétendu
qu'il voulut épargner les souffrances de la guerre aux vassaux de ses domaines, et que la politique la plus habile dirigea toutes ses pensées pendant
cette courte période, qu'ils nomment brillante. Neutre dans ces discordes, il

(1) Froissart.

sut éloigner à la fois, de l'Ariége et du Béarn, les armes de la France et les armes de l'Angleterre, quoique l'une et l'autre puissance ne cessassent de solliciter l'appui de sa redoutable épée.

Toutefois, aussitôt qu'il s'agissoit de ses intérêts particuliers ou des anciennes haines, cette épée brilloit hors du fourreau, et, sur un frivole prétexte, se rallumoient des désirs de vengeance. Déjà l'une des villes de Gaston, Cazères, étoit au pouvoir de Jean. Le comte de Foix mande aussitôt ses chevaliers et arme ses vassaux, et, à la tête d'une compagnie de gentilshommes, investit cette place où son rival étoit enfermé. Jean d'Armagnac, que le fer ne soumettoit pas, fut dompté par la faim qui déjà menaçoit de faire périr toute la garnison; il fut une seconde fois forcé de demander merci, et capitula. A peine eut-il à prix d'or racheté sa liberté, qu'il courut aux armes.

Gaston et d'Armagnac soutenoient avec bravoure, et l'illustration de leur naissance et la célébrité de leur valeur; mais enfin ces combats alloient cesser, cette rivalité, ces haines alloient s'éteindre. Le pouvoir de la cour de Rome qui se lie à tous les événements de l'histoire du moyen âge, pouvoir si souvent et si violemment attaqué, et qui est faillible comme tous les pouvoirs humains, a fait pourtant un bien immense à la chrétienté et à l'humanité, malgré des oppositions, des luttes et des combats effroyables. A la chrétienté, il a conservé l'unité, base absolue des liens sociaux; à l'humanité, il a conservé l'amour de la confraternité sur la terre, et la douce espérance d'une vie meilleure dans le ciel. Frappée, abattue, mettant tour à tour sur le siége de saint Pierre l'ange déchu et le pur et saint vicaire de Jésus-Christ, la papauté n'en est pas moins restée, comme un fanal au milieu des tempêtes, pour signal aux chrétiens que le christianisme existoit encore, et que ses évêques pouvoient rallier le port de salut, eux qui sont chargés de conduire les peuples dans la voie de l'Évangile. Au travers de l'exaltation des passions de la cour de Rome pendant le moyen âge, tantôt sublime, tantôt remplie d'onction, presque toujours bienveillante et douce comme la morale de Dieu, quelquefois haineuse, méchante et cruelle comme l'esprit de Satan; dans ses luttes ambitieuses et vindicatives, où la papauté, forcée à de grands sacrifices, va trop souvent au delà du but du catholicisme pour s'assurer d'y

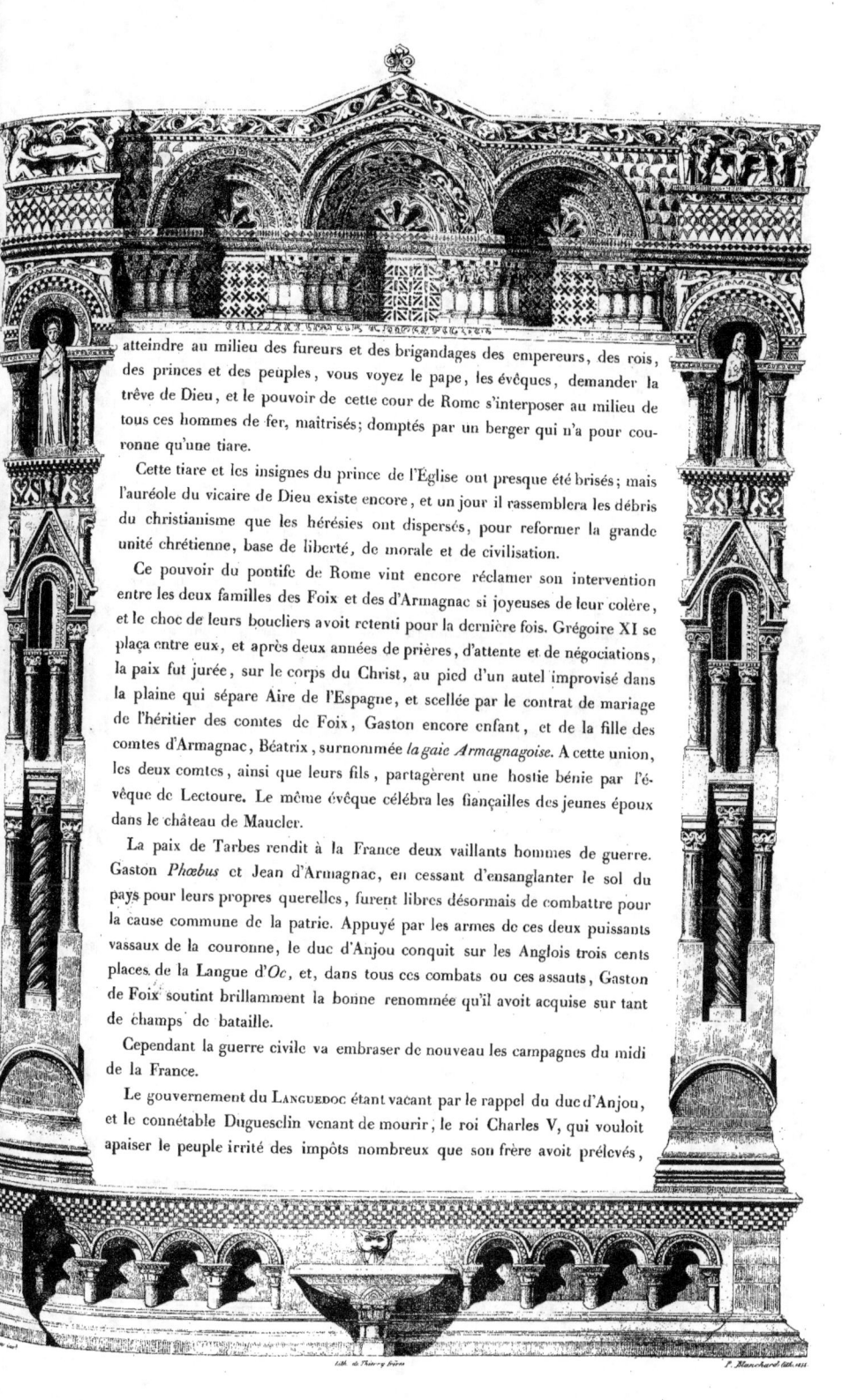

atteindre au milieu des fureurs et des brigandages des empereurs, des rois, des princes et des peuples, vous voyez le pape, les évêques, demander la trêve de Dieu, et le pouvoir de cette cour de Rome s'interposer au milieu de tous ces hommes de fer, maîtrisés, domptés par un berger qui n'a pour couronne qu'une tiare.

Cette tiare et les insignes du prince de l'Église ont presque été brisés; mais l'auréole du vicaire de Dieu existe encore, et un jour il rassemblera les débris du christianisme que les hérésies ont dispersés, pour reformer la grande unité chrétienne, base de liberté, de morale et de civilisation.

Ce pouvoir du pontife de Rome vint encore réclamer son intervention entre les deux familles des Foix et des d'Armagnac si joyeuses de leur colère, et le choc de leurs boucliers avoit retenti pour la dernière fois. Grégoire XI se plaça entre eux, et après deux années de prières, d'attente et de négociations, la paix fut jurée, sur le corps du Christ, au pied d'un autel improvisé dans la plaine qui sépare Aire de l'Espagne, et scellée par le contrat de mariage de l'héritier des comtes de Foix, Gaston encore enfant, et de la fille des comtes d'Armagnac, Béatrix, surnommée *la gaie Armagnagoise*. A cette union, les deux comtes, ainsi que leurs fils, partagèrent une hostie bénie par l'évêque de Lectoure. Le même évêque célébra les fiançailles des jeunes époux dans le château de Maucler.

La paix de Tarbes rendit à la France deux vaillants hommes de guerre. Gaston *Phœbus* et Jean d'Armagnac, en cessant d'ensanglanter le sol du pays pour leurs propres querelles, furent libres désormais de combattre pour la cause commune de la patrie. Appuyé par les armes de ces deux puissants vassaux de la couronne, le duc d'Anjou conquit sur les Anglois trois cents places de la Langue d'*Oc*, et, dans tous ces combats ou ces assauts, Gaston de Foix soutint brillamment la bonne renommée qu'il avoit acquise sur tant de champs de bataille.

Cependant la guerre civile va embraser de nouveau les campagnes du midi de la France.

Le gouvernement du Languedoc étant vacant par le rappel du duc d'Anjou, et le connétable Duguesclin venant de mourir, le roi Charles V, qui vouloit apaiser le peuple irrité des impôts nombreux que son frère avoit prélevés,

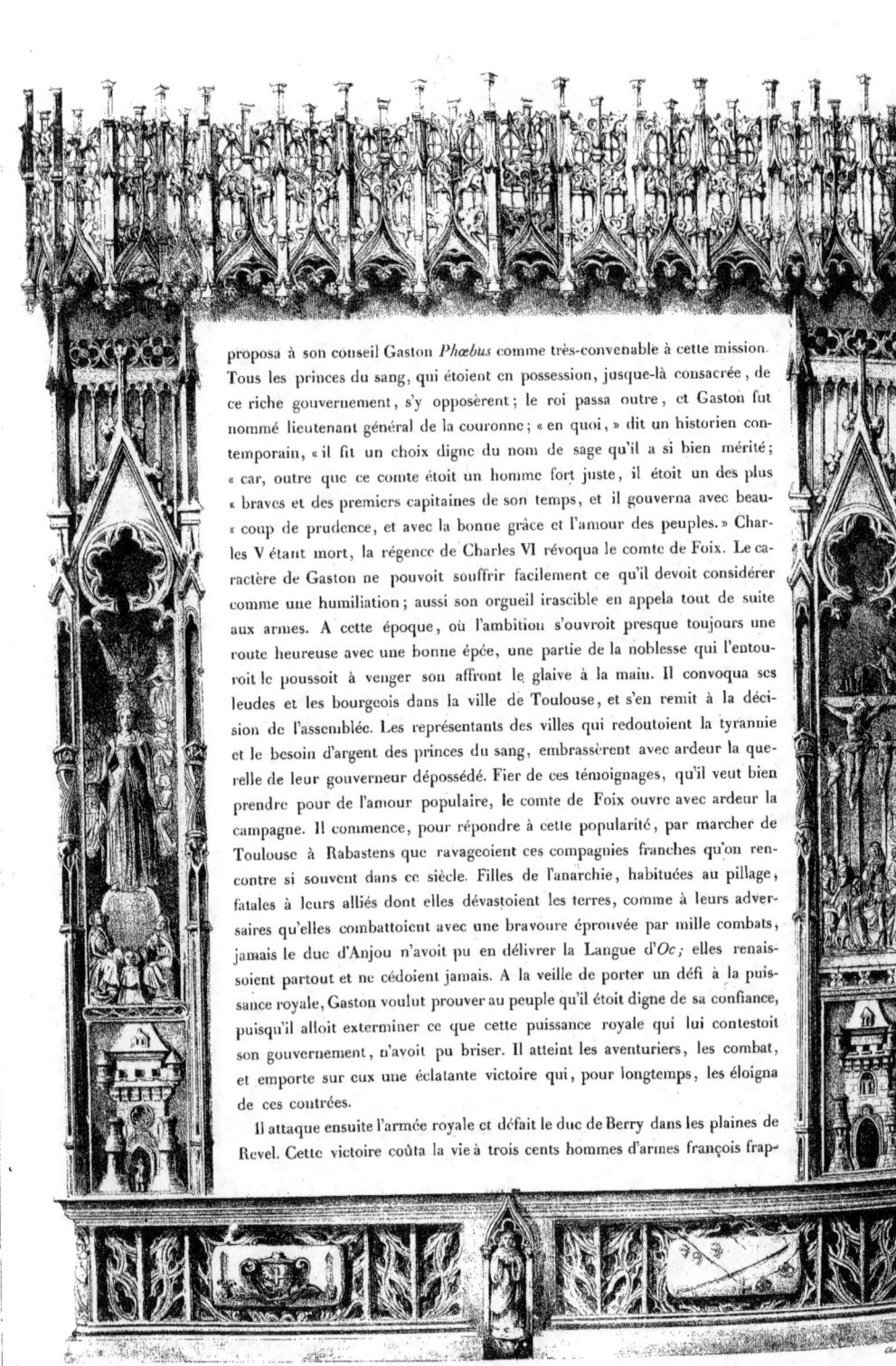

proposa à son conseil Gaston *Phœbus* comme très-convenable à cette mission. Tous les princes du sang, qui étoient en possession, jusque-là consacrée, de ce riche gouvernement, s'y opposèrent; le roi passa outre, et Gaston fut nommé lieutenant général de la couronne; « en quoi, » dit un historien contemporain, « il fit un choix digne du nom de sage qu'il a si bien mérité; « car, outre que ce comte étoit un homme fort juste, il étoit un des plus « braves et des premiers capitaines de son temps, et il gouverna avec beau- « coup de prudence, et avec la bonne grâce et l'amour des peuples. » Charles V étant mort, la régence de Charles VI révoqua le comte de Foix. Le caractère de Gaston ne pouvoit souffrir facilement ce qu'il devoit considérer comme une humiliation; aussi son orgueil irascible en appela tout de suite aux armes. A cette époque, où l'ambition s'ouvroit presque toujours une route heureuse avec une bonne épée, une partie de la noblesse qui l'entouroit le poussoit à venger son affront le glaive à la main. Il convoqua ses leudes et les bourgeois dans la ville de Toulouse, et s'en remit à la décision de l'assemblée. Les représentants des villes qui redoutoient la tyrannie et le besoin d'argent des princes du sang, embrassèrent avec ardeur la querelle de leur gouverneur dépossédé. Fier de ces témoignages, qu'il veut bien prendre pour de l'amour populaire, le comte de Foix ouvre avec ardeur la campagne. Il commence, pour répondre à cette popularité, par marcher de Toulouse à Rabastens que ravageoient ces compagnies franches qu'on rencontre si souvent dans ce siècle. Filles de l'anarchie, habituées au pillage, fatales à leurs alliés dont elles dévastoient les terres, comme à leurs adversaires qu'elles combattoient avec une bravoure éprouvée par mille combats, jamais le duc d'Anjou n'avoit pu en délivrer la Langue d'*Oc;* elles renaissoient partout et ne cédoient jamais. A la veille de porter un défi à la puissance royale, Gaston voulut prouver au peuple qu'il étoit digne de sa confiance, puisqu'il alloit exterminer ce que cette puissance royale qui lui contestoit son gouvernement, n'avoit pu briser. Il atteint les aventuriers, les combat, et emporte sur eux une éclatante victoire qui, pour longtemps, les éloigna de ces contrées.

Il attaque ensuite l'armée royale et défait le duc de Berry dans les plaines de Revel. Cette victoire coûta la vie à trois cents hommes d'armes françois frap-

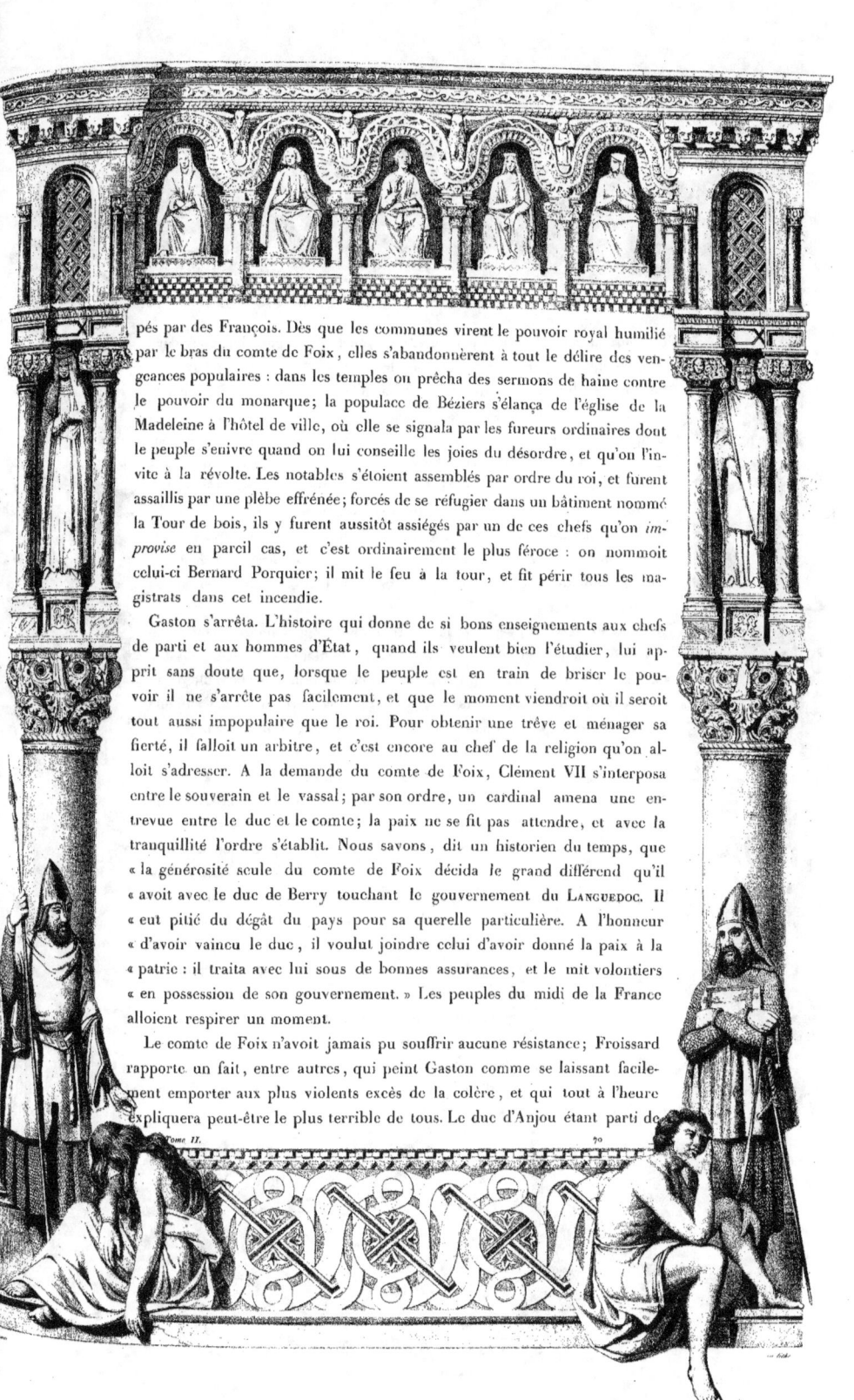

pés par des François. Dès que les communes virent le pouvoir royal humilié par le bras du comte de Foix, elles s'abandonnèrent à tout le délire des vengeances populaires : dans les temples on prêcha des sermons de haine contre le pouvoir du monarque; la populace de Béziers s'élança de l'église de la Madeleine à l'hôtel de ville, où elle se signala par les fureurs ordinaires dont le peuple s'enivre quand on lui conseille les joies du désordre, et qu'on l'invite à la révolte. Les notables s'étoient assemblés par ordre du roi, et furent assaillis par une plèbe effrénée; forcés de se réfugier dans un bâtiment nommé la Tour de bois, ils y furent aussitôt assiégés par un de ces chefs qu'on *improvise* en pareil cas, et c'est ordinairement le plus féroce : on nommoit celui-ci Bernard Porquier; il mit le feu à la tour, et fit périr tous les magistrats dans cet incendie.

Gaston s'arrêta. L'histoire qui donne de si bons enseignements aux chefs de parti et aux hommes d'État, quand ils veulent bien l'étudier, lui apprit sans doute que, lorsque le peuple est en train de briser le pouvoir il ne s'arrête pas facilement, et que le moment viendroit où il seroit tout aussi impopulaire que le roi. Pour obtenir une trêve et ménager sa fierté, il falloit un arbitre, et c'est encore au chef de la religion qu'on alloit s'adresser. A la demande du comte de Foix, Clément VII s'interposa entre le souverain et le vassal; par son ordre, un cardinal amena une entrevue entre le duc et le comte; la paix ne se fit pas attendre, et avec la tranquillité l'ordre s'établit. Nous savons, dit un historien du temps, que « la générosité seule du comte de Foix décida le grand différend qu'il « avoit avec le duc de Berry touchant le gouvernement du LANGUEDOC. Il « eut pitié du dégât du pays pour sa querelle particulière. A l'honneur « d'avoir vaincu le duc, il voulut joindre celui d'avoir donné la paix à la « patrie : il traita avec lui sous de bonnes assurances, et le mit volontiers « en possession de son gouvernement. » Les peuples du midi de la France alloient respirer un moment.

Le comte de Foix n'avoit jamais pu souffrir aucune résistance; Froissard rapporte un fait, entre autres, qui peint Gaston comme se laissant facilement emporter aux plus violents excès de la colère, et qui tout à l'heure expliquera peut-être le plus terrible de tous. Le duc d'Anjou étant parti de

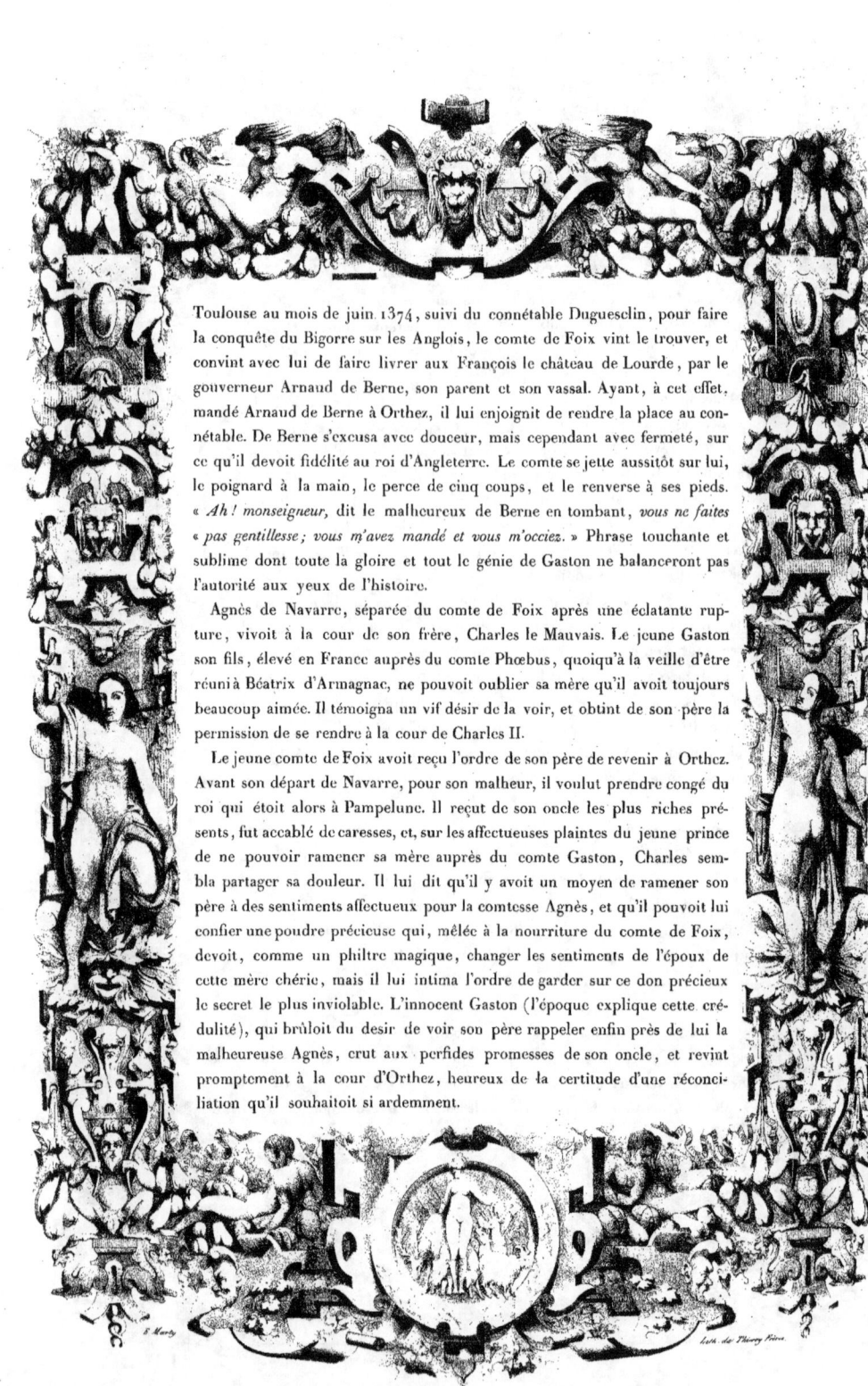

Toulouse au mois de juin 1374, suivi du connétable Duguesclin, pour faire la conquête du Bigorre sur les Anglois, le comte de Foix vint le trouver, et convint avec lui de faire livrer aux François le château de Lourde, par le gouverneur Arnaud de Berne, son parent et son vassal. Ayant, à cet effet, mandé Arnaud de Berne à Orthez, il lui enjoignit de rendre la place au connétable. De Berne s'excusa avec douceur, mais cependant avec fermeté, sur ce qu'il devoit fidélité au roi d'Angleterre. Le comte se jette aussitôt sur lui, le poignard à la main, le perce de cinq coups, et le renverse à ses pieds. « *Ah! monseigneur*, dit le malheureux de Berne en tombant, *vous ne faites pas gentillesse; vous m'avez mandé et vous m'occiez.* » Phrase touchante et sublime dont toute la gloire et tout le génie de Gaston ne balanceront pas l'autorité aux yeux de l'histoire.

Agnès de Navarre, séparée du comte de Foix après une éclatante rupture, vivoit à la cour de son frère, Charles le Mauvais. Le jeune Gaston son fils, élevé en France auprès du comte Phœbus, quoiqu'à la veille d'être réuni à Béatrix d'Armagnac, ne pouvoit oublier sa mère qu'il avoit toujours beaucoup aimée. Il témoigna un vif désir de la voir, et obtint de son père la permission de se rendre à la cour de Charles II.

Le jeune comte de Foix avoit reçu l'ordre de son père de revenir à Orthez. Avant son départ de Navarre, pour son malheur, il voulut prendre congé du roi qui étoit alors à Pampelune. Il reçut de son oncle les plus riches présents, fut accablé de caresses, et, sur les affectueuses plaintes du jeune prince de ne pouvoir ramener sa mère auprès du comte Gaston, Charles sembla partager sa douleur. Il lui dit qu'il y avoit un moyen de ramener son père à des sentiments affectueux pour la comtesse Agnès, et qu'il pouvoit lui confier une poudre précieuse qui, mêlée à la nourriture du comte de Foix, devoit, comme un philtre magique, changer les sentiments de l'époux de cette mère chérie, mais il lui intima l'ordre de garder sur ce don précieux le secret le plus inviolable. L'innocent Gaston (l'époque explique cette crédulité), qui brûloit du désir de voir son père rappeler enfin près de lui la malheureuse Agnès, crut aux perfides promesses de son oncle, et revint promptement à la cour d'Orthez, heureux de la certitude d'une réconciliation qu'il souhaitoit si ardemment.

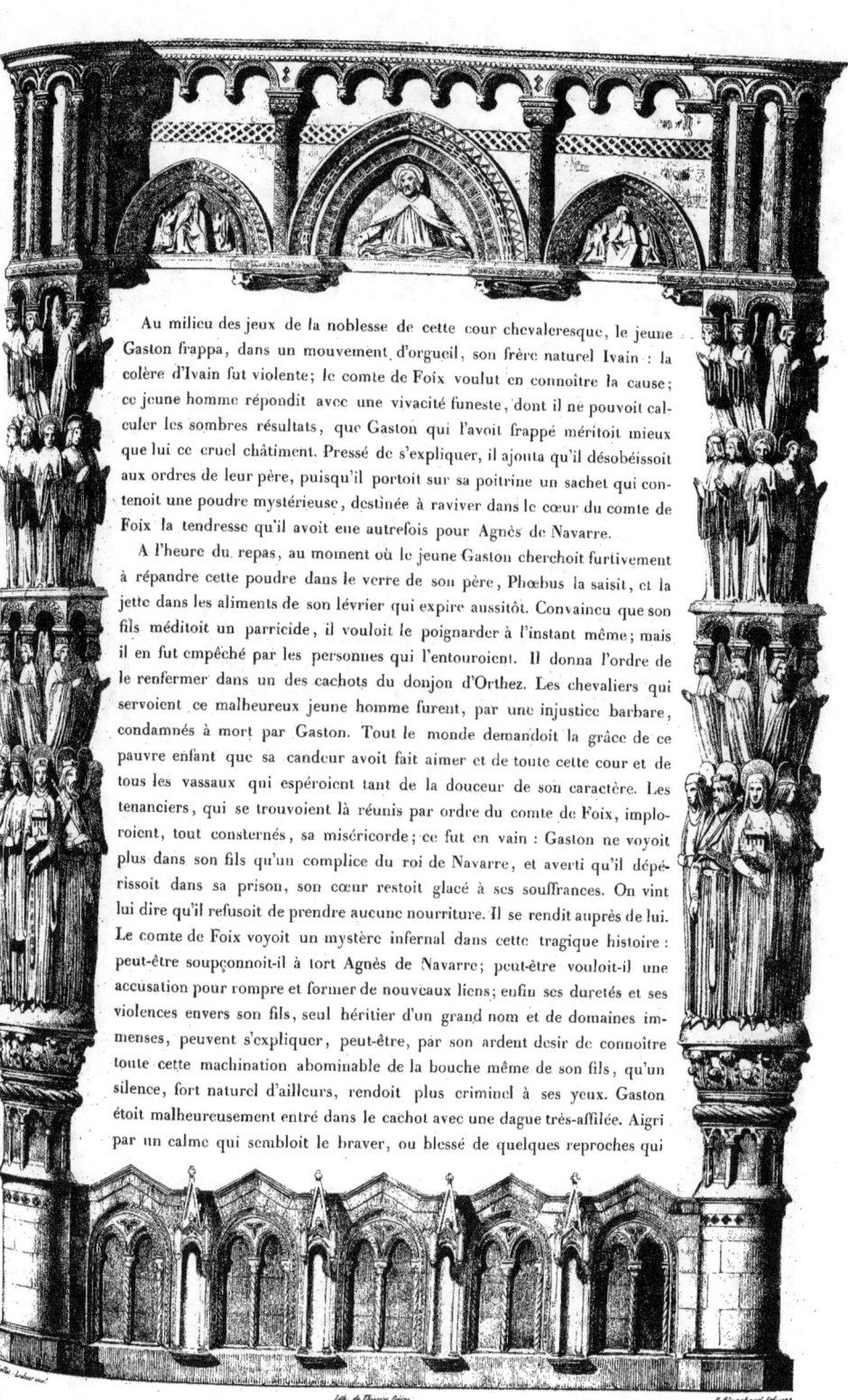

Au milieu des jeux de la noblesse de cette cour chevaleresque, le jeune Gaston frappa, dans un mouvement d'orgueil, son frère naturel Ivain : la colère d'Ivain fut violente; le comte de Foix voulut en connoître la cause; ce jeune homme répondit avec une vivacité funeste, dont il ne pouvoit calculer les sombres résultats, que Gaston qui l'avoit frappé méritoit mieux que lui ce cruel châtiment. Pressé de s'expliquer, il ajouta qu'il désobéissoit aux ordres de leur père, puisqu'il portoit sur sa poitrine un sachet qui contenoit une poudre mystérieuse, destinée à raviver dans le cœur du comte de Foix la tendresse qu'il avoit eue autrefois pour Agnès de Navarre.

A l'heure du repas, au moment où le jeune Gaston cherchoit furtivement à répandre cette poudre dans le verre de son père, Phœbus la saisit, et la jette dans les aliments de son lévrier qui expire aussitôt. Convaincu que son fils méditoit un parricide, il vouloit le poignarder à l'instant même; mais il en fut empêché par les personnes qui l'entouroient. Il donna l'ordre de le renfermer dans un des cachots du donjon d'Orthez. Les chevaliers qui servoient ce malheureux jeune homme furent, par une injustice barbare, condamnés à mort par Gaston. Tout le monde demandoit la grâce de ce pauvre enfant que sa candeur avoit fait aimer et de toute cette cour et de tous les vassaux qui espéroient tant de la douceur de son caractère. Les tenanciers, qui se trouvoient là réunis par ordre du comte de Foix, imploroient, tout consternés, sa miséricorde; ce fut en vain : Gaston ne voyoit plus dans son fils qu'un complice du roi de Navarre, et averti qu'il dépérissoit dans sa prison, son cœur restoit glacé à ses souffrances. On vint lui dire qu'il refusoit de prendre aucune nourriture. Il se rendit auprès de lui. Le comte de Foix voyoit un mystère infernal dans cette tragique histoire : peut-être soupçonnoit-il à tort Agnès de Navarre; peut-être vouloit-il une accusation pour rompre et former de nouveaux liens; enfin ses duretés et ses violences envers son fils, seul héritier d'un grand nom et de domaines immenses, peuvent s'expliquer, peut-être, par son ardent desir de connoître toute cette machination abominable de la bouche même de son fils, qu'un silence, fort naturel d'ailleurs, rendoit plus criminel à ses yeux. Gaston étoit malheureusement entré dans le cachot avec une dague très-affilée. Aigri par un calme qui sembloit le braver, ou blessé de quelques reproches qui

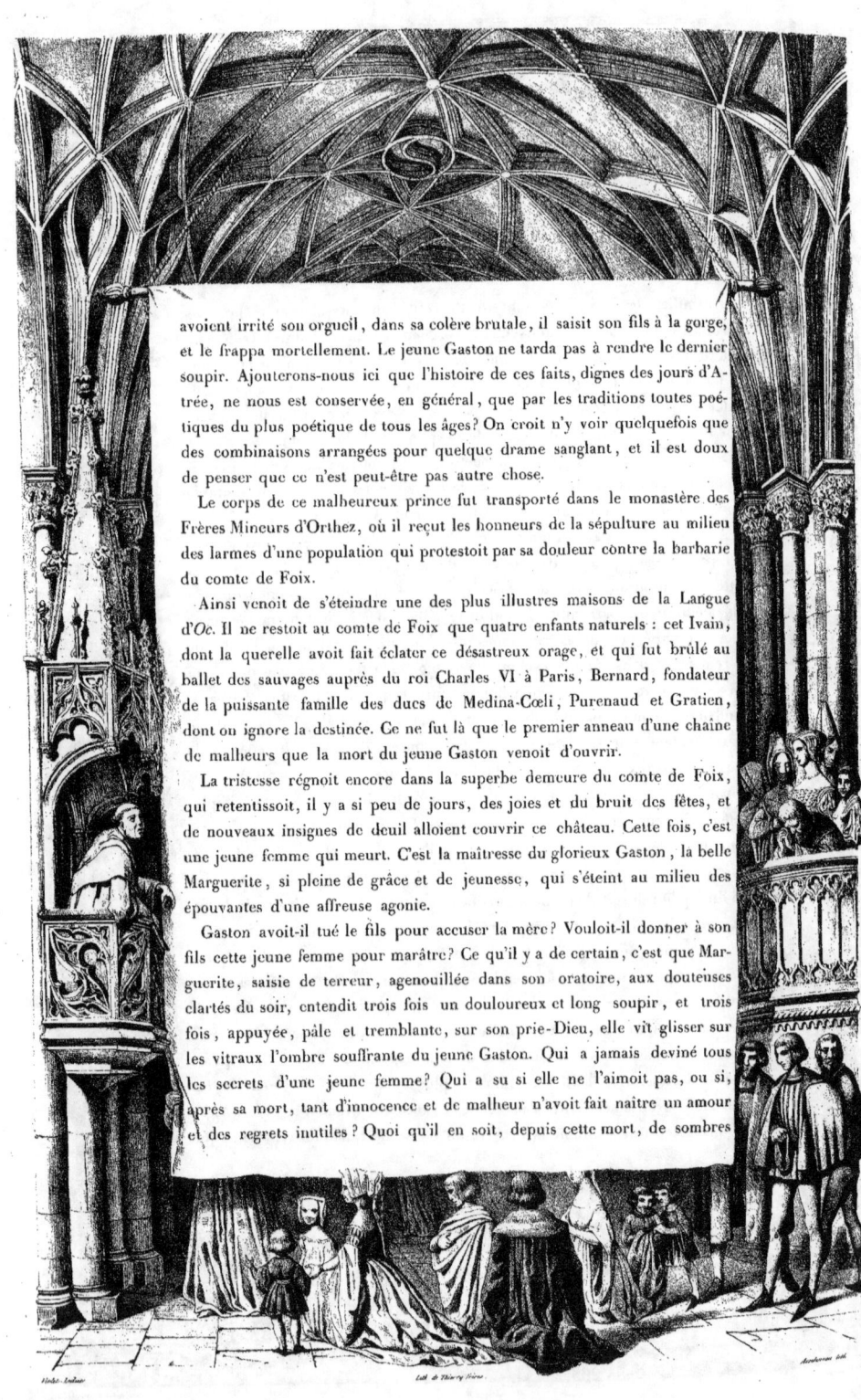

avoient irrité son orgueil, dans sa colère brutale, il saisit son fils à la gorge, et le frappa mortellement. Le jeune Gaston ne tarda pas à rendre le dernier soupir. Ajouterons-nous ici que l'histoire de ces faits, dignes des jours d'A-trée, ne nous est conservée, en général, que par les traditions toutes poé-tiques du plus poétique de tous les âges? On croit n'y voir quelquefois que des combinaisons arrangées pour quelque drame sanglant, et il est doux de penser que ce n'est peut-être pas autre chose.

Le corps de ce malheureux prince fut transporté dans le monastère des Frères Mineurs d'Orthez, où il reçut les honneurs de la sépulture au milieu des larmes d'une population qui protestoit par sa douleur contre la barbarie du comte de Foix.

Ainsi venoit de s'éteindre une des plus illustres maisons de la Langue d'*Oc*. Il ne restoit au comte de Foix que quatre enfants naturels : cet Ivain, dont la querelle avoit fait éclater ce désastreux orage, et qui fut brûlé au ballet des sauvages auprès du roi Charles VI à Paris, Bernard, fondateur de la puissante famille des ducs de Medina-Cœli, Purenaud et Gratien, dont on ignore la destinée. Ce ne fut là que le premier anneau d'une chaîne de malheurs que la mort du jeune Gaston venoit d'ouvrir.

La tristesse régnoit encore dans la superbe demeure du comte de Foix, qui retentissoit, il y a si peu de jours, des joies et du bruit des fêtes, et de nouveaux insignes de deuil alloient couvrir ce château. Cette fois, c'est une jeune femme qui meurt. C'est la maîtresse du glorieux Gaston, la belle Marguerite, si pleine de grâce et de jeunesse, qui s'éteint au milieu des épouvantes d'une affreuse agonie.

Gaston avoit-il tué le fils pour accuser la mère? Vouloit-il donner à son fils cette jeune femme pour marâtre? Ce qu'il y a de certain, c'est que Mar-guerite, saisie de terreur, agenouillée dans son oratoire, aux douteuses clartés du soir, entendit trois fois un douloureux et long soupir, et trois fois, appuyée, pâle et tremblante, sur son prie-Dieu, elle vit glisser sur les vitraux l'ombre souffrante du jeune Gaston. Qui a jamais deviné tous les secrets d'une jeune femme? Qui a su si elle ne l'aimoit pas, ou si, après sa mort, tant d'innocence et de malheur n'avoit fait naître un amour et des regrets inutiles? Quoi qu'il en soit, depuis cette mort, de sombres

pressentiments la poursuivoient sans cesse, et quelques mois s'étoient à peine écoulés, que Marguerite alloit rejoindre l'enfant mystérieux qui lui étoit apparu.

C'étoit à la suite des grandes terreurs qu'on devoit mourir dans ce manoir. Le frère du comte Gaston de Foix étoit atteint d'un mal terrible : au milieu des ombres de la nuit, un étrange délire s'emparoit de ses sens, et l'infortuné, armé de la tête aux pieds, combattoit d'invisibles fantômes.

Ainsi la fortune, après avoir comblé des dons de la gloire, de la puissance et de l'amour le noble châtelain d'Orthez, sembloit maintenant s'étudier à lui faire payer ses prospérités. Un profond chagrin s'empara de son esprit, et rien ne pouvoit le distraire des désastres multipliés qui sembloient si visiblement une punition de Dieu. En vain il courut, à la voix de Charles VI, pour oublier ses misères dans les combats; en vain sa main aguerrie eut-elle de nouveaux lauriers à cueillir sur le champ de bataille de Rosebecque; rien ne pouvoit refermer les blessures de son âme. Ce furent là ses derniers faits d'armes; assez de sang avoit rougi sa redoutable épée. Chevalier renommé par sa valeur et sa galanterie, sa vie fut trop romanesquement célèbre pour être heureuse. La campagne de Flandre n'avoit pu l'étourdir sur une vie où l'orgueil et la colère avoient causé de si grands malheurs. Les éclatantes faveurs que la cour aimoit à répandre sur la famille de ses anciens rivaux, les d'Armagnac, n'eurent pas même le pouvoir de rallumer en lui les sentiments éteints d'une ambition qui avoit été si fatale à la tranquillité du midi de la France. Pour se reposer de cette vie agitée, il veilloit avec une prévoyante sagesse et une politique habile à la paix de ses États et à la défense de ses sujets. Jamais les ressorts d'un gouvernement ne furent organisés, à cette époque, avec une plus adroite circonspection. Gaston de Foix étoit toujours le premier dans ses États à connoître les événements graves qui se passoient en Europe. Aussi les traditions populaires de la contrée ont-elles raconté qu'il avoit à ses ordres un génie invisible nommé Othon, qui lui servoit de messager dans toutes les parties du monde.

Cette sagesse porta les plus heureux fruits; lorsque le LANGUEDOC étoit ravagé par les Tuschins, ces révoltés du Midi que la souffrance et la tyrannie avoient armés, et que l'avarice du duc de Berry ne permettoit pas de com-

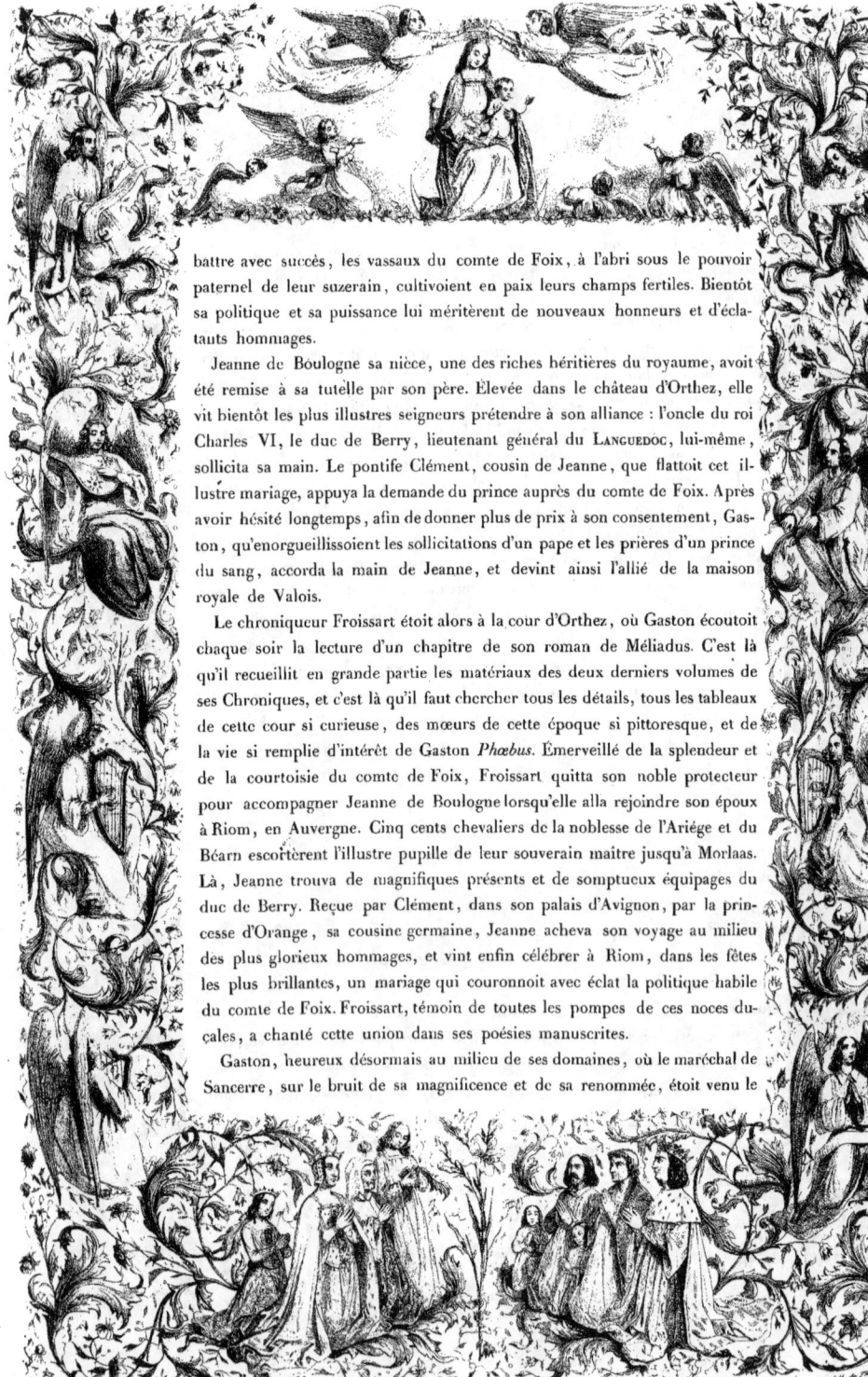

battre avec succès, les vassaux du comte de Foix, à l'abri sous le pouvoir paternel de leur suzerain, cultivoient en paix leurs champs fertiles. Bientôt sa politique et sa puissance lui méritèrent de nouveaux honneurs et d'éclatants hommages.

Jeanne de Boulogne sa nièce, une des riches héritières du royaume, avoit été remise à sa tutelle par son père. Élevée dans le château d'Orthez, elle vit bientôt les plus illustres seigneurs prétendre à son alliance : l'oncle du roi Charles VI, le duc de Berry, lieutenant général du LANGUEDOC, lui-même, sollicita sa main. Le pontife Clément, cousin de Jeanne, que flattoit cet illustre mariage, appuya la demande du prince auprès du comte de Foix. Après avoir hésité longtemps, afin de donner plus de prix à son consentement, Gaston, qu'enorgueillissoient les sollicitations d'un pape et les prières d'un prince du sang, accorda la main de Jeanne, et devint ainsi l'allié de la maison royale de Valois.

Le chroniqueur Froissart étoit alors à la cour d'Orthez, où Gaston écoutoit chaque soir la lecture d'un chapitre de son roman de Méliadus. C'est là qu'il recueillit en grande partie les matériaux des deux derniers volumes de ses Chroniques, et c'est là qu'il faut chercher tous les détails, tous les tableaux de cette cour si curieuse, des mœurs de cette époque si pittoresque, et de la vie si remplie d'intérêt de Gaston *Phœbus*. Émerveillé de la splendeur et de la courtoisie du comte de Foix, Froissart quitta son noble protecteur pour accompagner Jeanne de Boulogne lorsqu'elle alla rejoindre son époux à Riom, en Auvergne. Cinq cents chevaliers de la noblesse de l'Ariége et du Béarn escortèrent l'illustre pupille de leur souverain maître jusqu'à Morlaas. Là, Jeanne trouva de magnifiques présents et de somptueux équipages du duc de Berry. Reçue par Clément, dans son palais d'Avignon, par la princesse d'Orange, sa cousine germaine, Jeanne acheva son voyage au milieu des plus glorieux hommages, et vint enfin célébrer à Riom, dans les fêtes les plus brillantes, un mariage qui couronnoit avec éclat la politique habile du comte de Foix. Froissart, témoin de toutes ces pompes de ces noces ducales, a chanté cette union dans ses poésies manuscrites.

Gaston, heureux désormais au milieu de ses domaines, où le maréchal de Sancerre, sur le bruit de sa magnificence et de sa renommée, étoit venu le

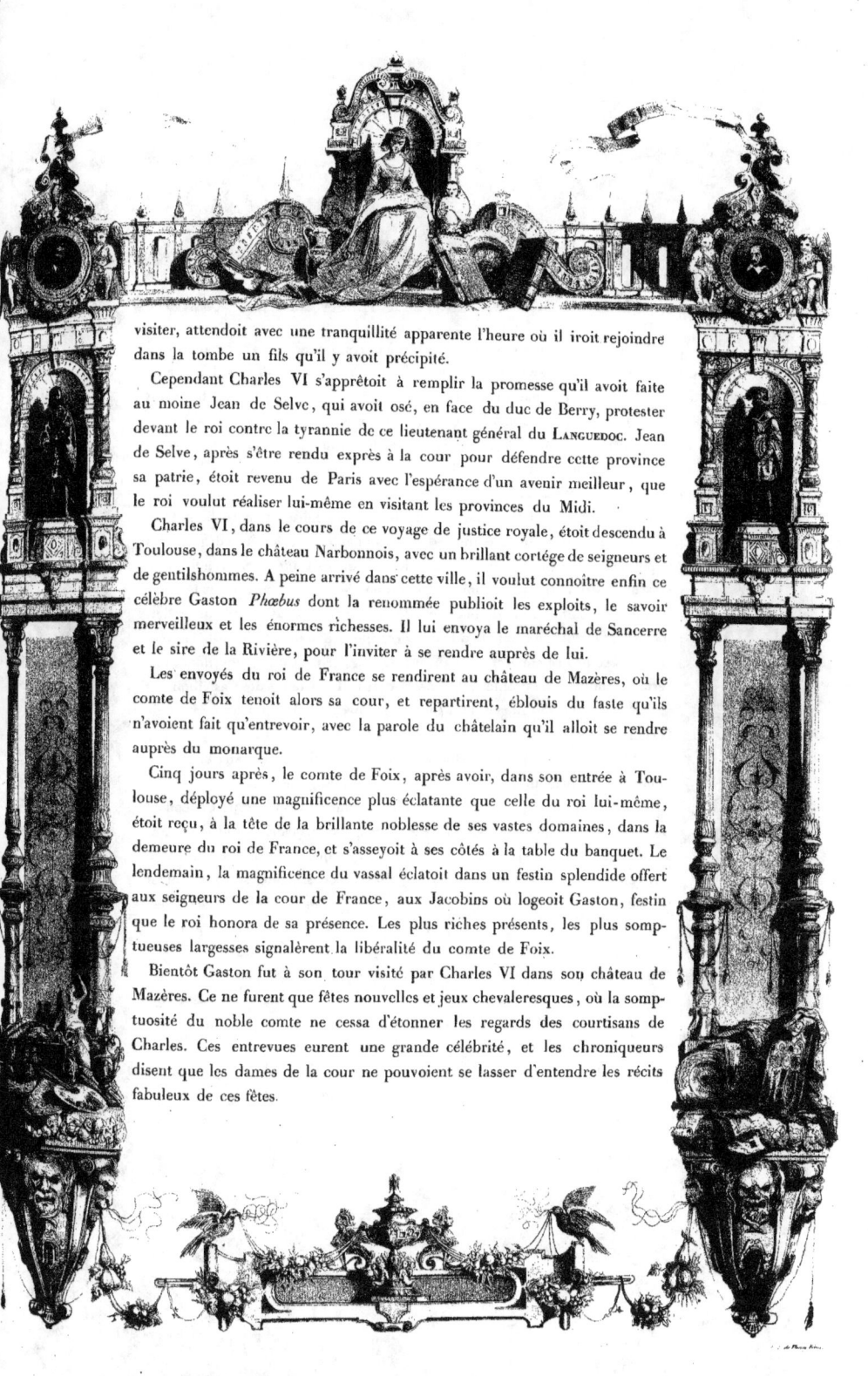

visiter, attendoit avec une tranquillité apparente l'heure où il iroit rejoindre dans la tombe un fils qu'il y avoit précipité.

Cependant Charles VI s'apprêtoit à remplir la promesse qu'il avoit faite au moine Jean de Selve, qui avoit osé, en face du duc de Berry, protester devant le roi contre la tyrannie de ce lieutenant général du LANGUEDOC. Jean de Selve, après s'être rendu exprès à la cour pour défendre cette province sa patrie, étoit revenu de Paris avec l'espérance d'un avenir meilleur, que le roi voulut réaliser lui-même en visitant les provinces du Midi.

Charles VI, dans le cours de ce voyage de justice royale, étoit descendu à Toulouse, dans le château Narbonnois, avec un brillant cortége de seigneurs et de gentilshommes. A peine arrivé dans cette ville, il voulut connoître enfin ce célèbre Gaston *Phœbus* dont la renommée publioit les exploits, le savoir merveilleux et les énormes richesses. Il lui envoya le maréchal de Sancerre et le sire de la Rivière, pour l'inviter à se rendre auprès de lui.

Les envoyés du roi de France se rendirent au château de Mazères, où le comte de Foix tenoit alors sa cour, et repartirent, éblouis du faste qu'ils n'avoient fait qu'entrevoir, avec la parole du châtelain qu'il alloit se rendre auprès du monarque.

Cinq jours après, le comte de Foix, après avoir, dans son entrée à Toulouse, déployé une magnificence plus éclatante que celle du roi lui-même, étoit reçu, à la tête de la brillante noblesse de ses vastes domaines, dans la demeure du roi de France, et s'asseyoit à ses côtés à la table du banquet. Le lendemain, la magnificence du vassal éclatoit dans un festin splendide offert aux seigneurs de la cour de France, aux Jacobins où logeoit Gaston, festin que le roi honora de sa présence. Les plus riches présents, les plus somptueuses largesses signalèrent la libéralité du comte de Foix.

Bientôt Gaston fut à son tour visité par Charles VI dans son château de Mazères. Ce ne furent que fêtes nouvelles et jeux chevaleresques, où la somptuosité du noble comte ne cessa d'étonner les regards des courtisans de Charles. Ces entrevues eurent une grande célébrité, et les chroniqueurs disent que les dames de la cour ne pouvoient se lasser d'entendre les récits fabuleux de ces fêtes.

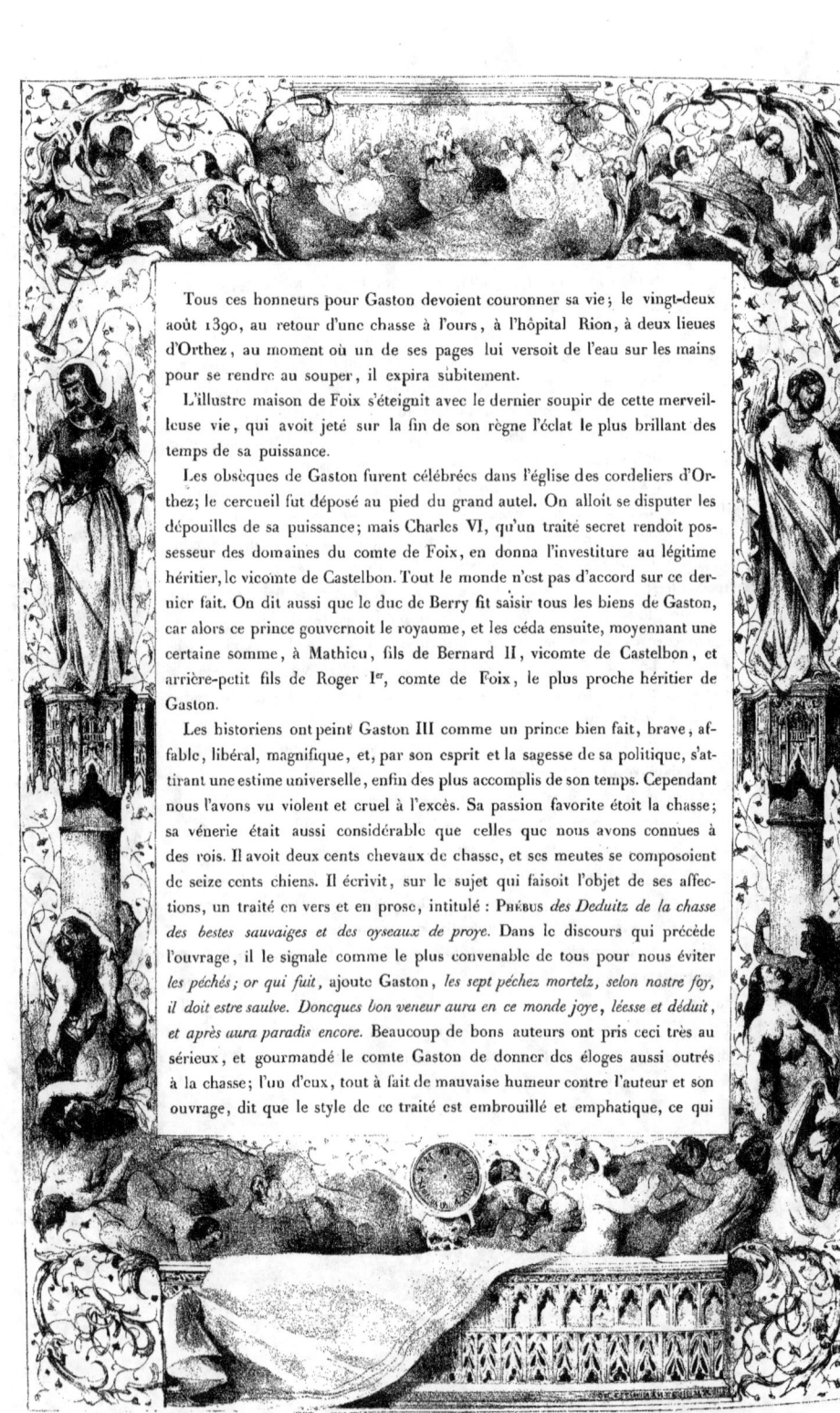

Tous ces honneurs pour Gaston devoient couronner sa vie; le vingt-deux août 1390, au retour d'une chasse à l'ours, à l'hôpital Rion, à deux lieues d'Orthez, au moment où un de ses pages lui versoit de l'eau sur les mains pour se rendre au souper, il expira subitement.

L'illustre maison de Foix s'éteignit avec le dernier soupir de cette merveilleuse vie, qui avoit jeté sur la fin de son règne l'éclat le plus brillant des temps de sa puissance.

Les obsèques de Gaston furent célébrées dans l'église des cordeliers d'Orthez; le cercueil fut déposé au pied du grand autel. On alloit se disputer les dépouilles de sa puissance; mais Charles VI, qu'un traité secret rendoit possesseur des domaines du comte de Foix, en donna l'investiture au légitime héritier, le vicomte de Castelbon. Tout le monde n'est pas d'accord sur ce dernier fait. On dit aussi que le duc de Berry fit saisir tous les biens de Gaston, car alors ce prince gouvernoit le royaume, et les céda ensuite, moyennant une certaine somme, à Mathieu, fils de Bernard II, vicomte de Castelbon, et arrière-petit fils de Roger Ier, comte de Foix, le plus proche héritier de Gaston.

Les historiens ont peint Gaston III comme un prince bien fait, brave, affable, libéral, magnifique, et, par son esprit et la sagesse de sa politique, s'attirant une estime universelle, enfin des plus accomplis de son temps. Cependant nous l'avons vu violent et cruel à l'excès. Sa passion favorite étoit la chasse; sa vénerie était aussi considérable que celles que nous avons connues à des rois. Il avoit deux cents chevaux de chasse, et ses meutes se composoient de seize cents chiens. Il écrivit, sur le sujet qui faisoit l'objet de ses affections, un traité en vers et en prose, intitulé : Phébus *des Deduitz de la chasse des bestes sauvaiges et des oyseaux de proye*. Dans le discours qui précède l'ouvrage, il le signale comme le plus convenable de tous pour nous éviter *les péchés; or qui fuit*, ajoute Gaston, *les sept péchez mortelz, selon nostre foy, il doit estre saulve. Donques bon veneur aura en ce monde joye, léesse et déduit, et après aura paradis encore*. Beaucoup de bons auteurs ont pris ceci très au sérieux, et gourmandé le comte Gaston de donner des éloges aussi outrés à la chasse; l'un d'eux, tout à fait de mauvaise humeur contre l'auteur et son ouvrage, dit que le style de ce traité est embrouillé et emphatique, ce qui

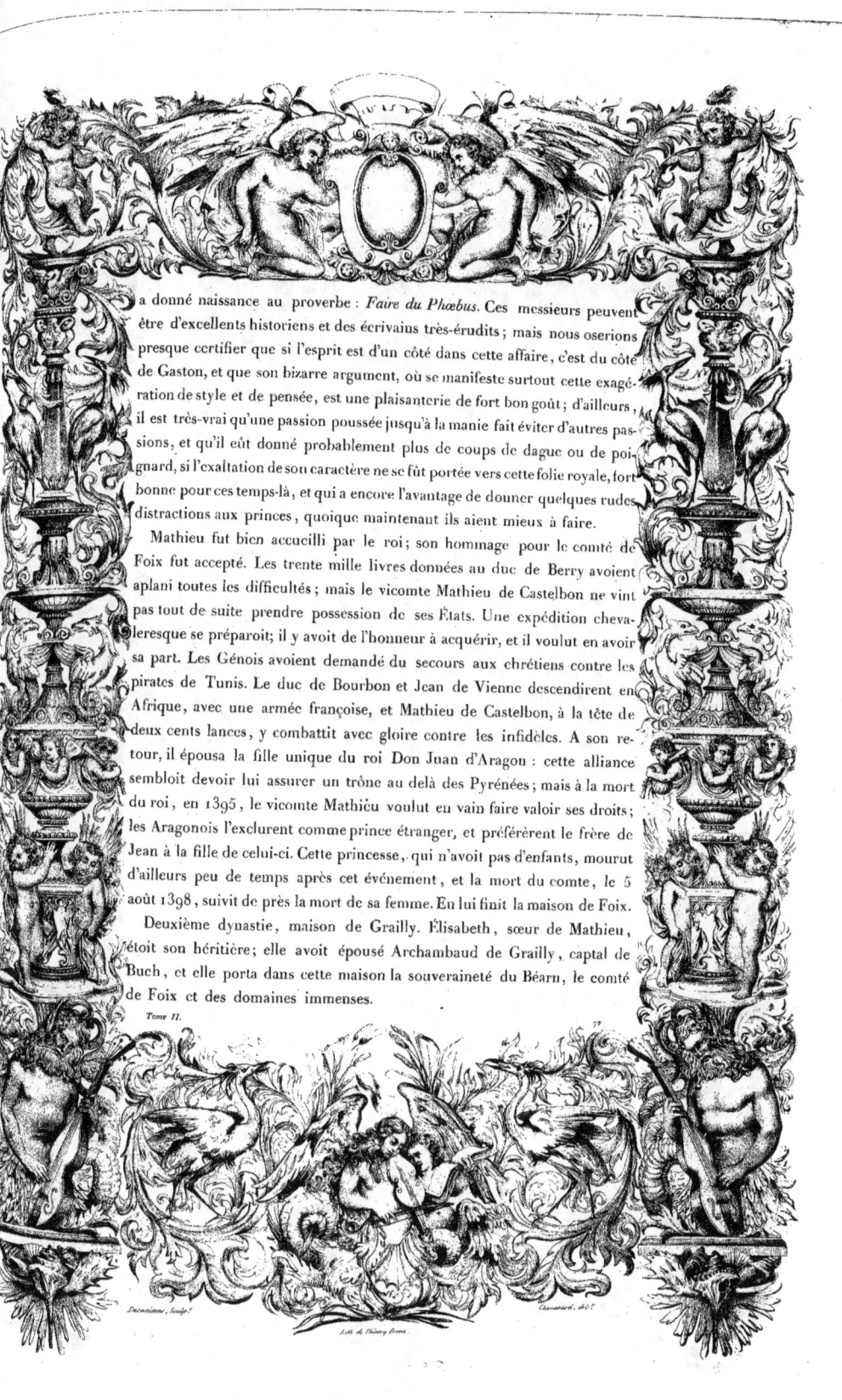

a donné naissance au proverbe : *Faire du Phœbus*. Ces messieurs peuvent être d'excellents historiens et des écrivains très-érudits; mais nous oserions presque certifier que si l'esprit est d'un côté dans cette affaire, c'est du côté de Gaston, et que son bizarre argument, où se manifeste surtout cette exagération de style et de pensée, est une plaisanterie de fort bon goût; d'ailleurs, il est très-vrai qu'une passion poussée jusqu'à la manie fait éviter d'autres passions, et qu'il eût donné probablement plus de coups de dague ou de poignard, si l'exaltation de son caractère ne se fût portée vers cette folie royale, fort bonne pour ces temps-là, et qui a encore l'avantage de donner quelques rudes distractions aux princes, quoique maintenant ils aient mieux à faire.

Mathieu fut bien accueilli par le roi; son hommage pour le comté de Foix fut accepté. Les trente mille livres données au duc de Berry avoient aplani toutes les difficultés; mais le vicomte Mathieu de Castelbon ne vint pas tout de suite prendre possession de ses États. Une expédition chevaleresque se préparoit; il y avoit de l'honneur à acquérir, et il voulut en avoir sa part. Les Génois avoient demandé du secours aux chrétiens contre les pirates de Tunis. Le duc de Bourbon et Jean de Vienne descendirent en Afrique, avec une armée françoise, et Mathieu de Castelbon, à la tête de deux cents lances, y combattit avec gloire contre les infidèles. A son retour, il épousa la fille unique du roi Don Juan d'Aragon : cette alliance sembloit devoir lui assurer un trône au delà des Pyrénées; mais à la mort du roi, en 1395, le vicomte Mathieu voulut en vain faire valoir ses droits; les Aragonois l'exclurent comme prince étranger, et préférèrent le frère de Jean à la fille de celui-ci. Cette princesse, qui n'avoit pas d'enfants, mourut d'ailleurs peu de temps après cet événement, et la mort du comte, le 5 août 1398, suivit de près la mort de sa femme. En lui finit la maison de Foix.

Deuxième dynastie, maison de Grailly. Élisabeth, sœur de Mathieu, étoit son héritière; elle avoit épousé Archambaud de Grailly, captal de Buch, et elle porta dans cette maison la souveraineté du Béarn, le comté de Foix et des domaines immenses.

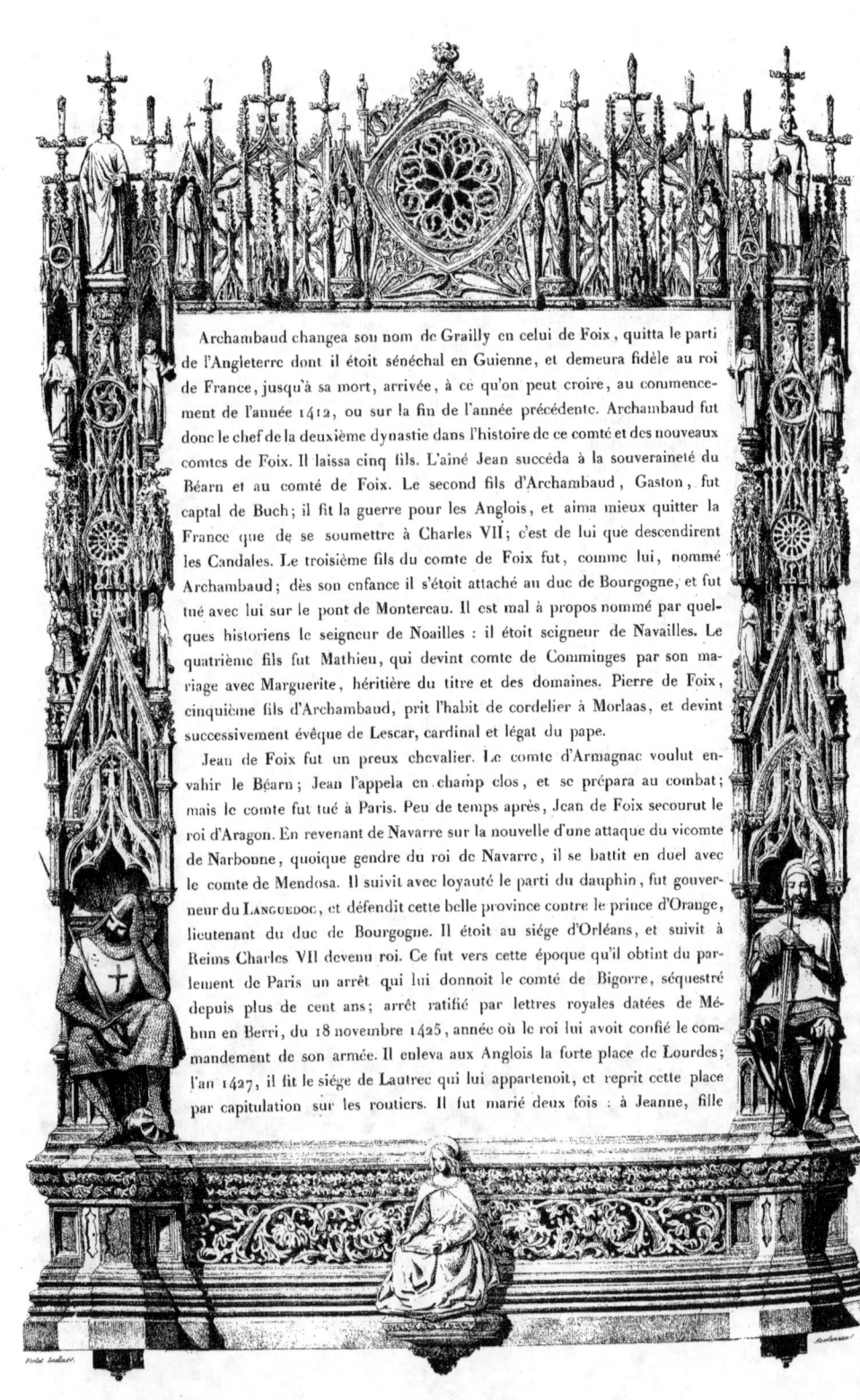

Archambaud changea son nom de Grailly en celui de Foix, quitta le parti de l'Angleterre dont il étoit sénéchal en Guienne, et demeura fidèle au roi de France, jusqu'à sa mort, arrivée, à ce qu'on peut croire, au commencement de l'année 1412, ou sur la fin de l'année précédente. Archambaud fut donc le chef de la deuxième dynastie dans l'histoire de ce comté et des nouveaux comtes de Foix. Il laissa cinq fils. L'aîné Jean succéda à la souveraineté du Béarn et au comté de Foix. Le second fils d'Archambaud, Gaston, fut captal de Buch; il fit la guerre pour les Anglois, et aima mieux quitter la France que de se soumettre à Charles VII; c'est de lui que descendirent les Candales. Le troisième fils du comte de Foix fut, comme lui, nommé Archambaud; dès son enfance il s'étoit attaché au duc de Bourgogne, et fut tué avec lui sur le pont de Montereau. Il est mal à propos nommé par quelques historiens le seigneur de Noailles : il étoit seigneur de Navailles. Le quatrième fils fut Mathieu, qui devint comte de Comminges par son mariage avec Marguerite, héritière du titre et des domaines. Pierre de Foix, cinquième fils d'Archambaud, prit l'habit de cordelier à Morlaas, et devint successivement évêque de Lescar, cardinal et légat du pape.

Jean de Foix fut un preux chevalier. Le comte d'Armagnac voulut envahir le Béarn; Jean l'appela en champ clos, et se prépara au combat; mais le comte fut tué à Paris. Peu de temps après, Jean de Foix secourut le roi d'Aragon. En revenant de Navarre sur la nouvelle d'une attaque du vicomte de Narbonne, quoique gendre du roi de Navarre, il se battit en duel avec le comte de Mendosa. Il suivit avec loyauté le parti du dauphin, fut gouverneur du LANGUEDOC, et défendit cette belle province contre le prince d'Orange, lieutenant du duc de Bourgogne. Il étoit au siége d'Orléans, et suivit à Reims Charles VII devenu roi. Ce fut vers cette époque qu'il obtint du parlement de Paris un arrêt qui lui donnoit le comté de Bigorre, séquestré depuis plus de cent ans; arrêt ratifié par lettres royales datées de Méhun en Berri, du 18 novembre 1425, année où le roi lui avoit confié le commandement de son armée. Il enleva aux Anglois la forte place de Lourdes; l'an 1427, il fit le siége de Lautrec qui lui appartenoit, et reprit cette place par capitulation sur les routiers. Il fut marié deux fois : à Jeanne, fille

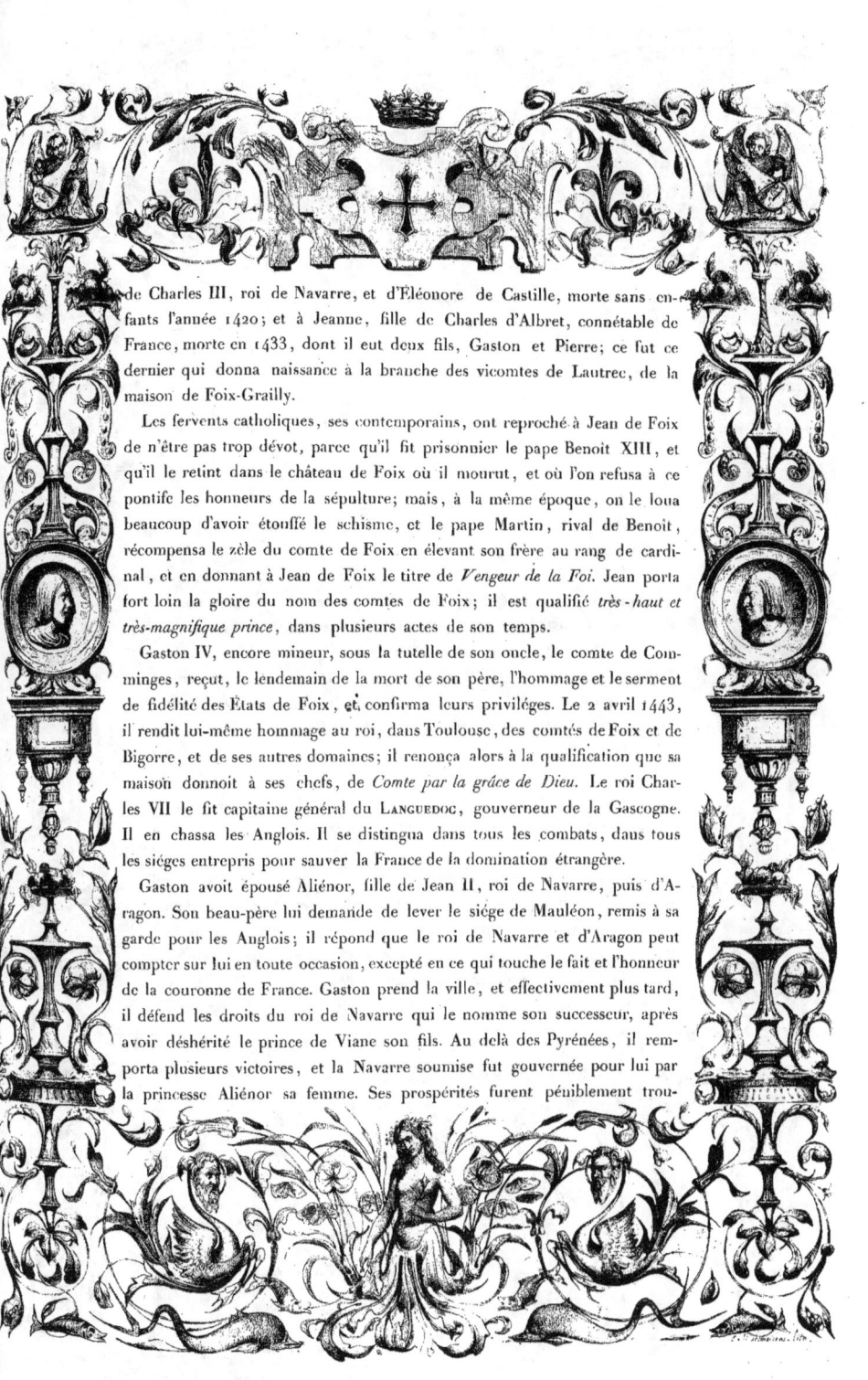

de Charles III, roi de Navarre, et d'Éléonore de Castille, morte sans enfants l'année 1420; et à Jeanne, fille de Charles d'Albret, connétable de France, morte en 1433, dont il eut deux fils, Gaston et Pierre; ce fut ce dernier qui donna naissance à la branche des vicomtes de Lautrec, de la maison de Foix-Grailly.

Les fervents catholiques, ses contemporains, ont reproché à Jean de Foix de n'être pas trop dévot, parce qu'il fit prisonnier le pape Benoît XIII, et qu'il le retint dans le château de Foix où il mourut, et où l'on refusa à ce pontife les honneurs de la sépulture; mais, à la même époque, on le loua beaucoup d'avoir étouffé le schisme, et le pape Martin, rival de Benoît, récompensa le zèle du comte de Foix en élevant son frère au rang de cardinal, et en donnant à Jean de Foix le titre de *Vengeur de la Foi*. Jean porta fort loin la gloire du nom des comtes de Foix; il est qualifié *très-haut et très-magnifique prince*, dans plusieurs actes de son temps.

Gaston IV, encore mineur, sous la tutelle de son oncle, le comte de Comminges, reçut, le lendemain de la mort de son père, l'hommage et le serment de fidélité des États de Foix, et confirma leurs priviléges. Le 2 avril 1443, il rendit lui-même hommage au roi, dans Toulouse, des comtés de Foix et de Bigorre, et de ses autres domaines; il renonça alors à la qualification que sa maison donnoit à ses chefs, de *Comte par la grâce de Dieu*. Le roi Charles VII le fit capitaine général du LANGUEDOC, gouverneur de la Gascogne. Il en chassa les Anglois. Il se distingua dans tous les combats, dans tous les siéges entrepris pour sauver la France de la domination étrangère.

Gaston avoit épousé Aliénor, fille de Jean II, roi de Navarre, puis d'Aragon. Son beau-père lui demande de lever le siége de Mauléon, remis à sa garde pour les Anglois; il répond que le roi de Navarre et d'Aragon peut compter sur lui en toute occasion, excepté en ce qui touche le fait et l'honneur de la couronne de France. Gaston prend la ville, et effectivement plus tard, il défend les droits du roi de Navarre qui le nomme son successeur, après avoir déshérité le prince de Viane son fils. Au delà des Pyrénées, il remporta plusieurs victoires, et la Navarre soumise fut gouvernée pour lui par la princesse Aliénor sa femme. Ses prospérités furent péniblement trou-

blées lorsque son fils aîné, Gaston, élevé à la cour de Charles VII, et gendre de ce roi, fut tué dans un tournoi, blessé par un éclat de lance, laissant deux enfants, François Phœbus et Catherine ; François Phœbus fut roi de Navarre et comte de Foix. Accablé par la perte de son fils chéri, Gaston paroissoit ne plus vouloir sortir du Béarn, lorsque la comtesse sa femme le rappela en Navarre pour y apaiser quelques troubles. Il partit avec une suite nombreuse, mais la mort l'arrêta à Roncevaux. Son corps fut inhumé dans l'église des dominicains d'Orthez. Il avoit servi le roi Louis XI avec le même zèle qu'il avoit montré pour le père. Le roi Louis le nomma capitaine général des troupes qu'il envoyoit au secours de Jean, roi de Navarre et d'Aragon, contre les Catalans rebelles, appuyés par le roi de Castille. Il s'empara du Roussillon et obtint du roi, pour récompense de ses services, l'an 1463, ce comté avec celui de Cerdagne, ou plutôt les droits que Louis XI y possédoit comme engagiste du roi d'Aragon.

Gaston eut beaucoup d'enfants. Nous avons dit comment l'aîné mourut. Le second fut gouverneur de Guienne et du Dauphiné. Il se distingua dans les guerres d'Italie, et surtout dans les champs de Fornove ; il eut la vicomté de Narbonne. Gendre de Louis XII, il fut père de deux enfants : Germaine de Foix, mariée à Ferdinand, roi d'Aragon et de Castille, et le célèbre Gaston de Nemours, l'ami de Bayard et le vainqueur de Ravenne. Le troisième fils de Gaston fut cordelier et cardinal ; le dernier enfin, un brave chevalier plein de valeur, dont la carrière fut courte, et qui mourut sans avoir été marié.

François Phœbus, fils de l'aîné des fils de Gaston IV, succéda à son aïeul ; il prêta serment aux États de Foix et de Béarn, et vécut peu de temps. Dans les premiers jours de l'année 1483, il tomba mort en jouant de la flûte. Ce prince avoit fixé sa résidence à Pau, et on voit encore sur l'une des portes de ce manoir royal cette inscription : *Phœbus me fi*. Par la mort de ce prince, la souveraineté du Béarn, les comtés de Foix, de Bigorre, de-

venoient la propriété de Catherine sa sœur. Pour prévenir les troubles, sa mère, Magdeleine de France, se hâta de la présenter aux états. Elle étoit la plus riche héritière de l'Europe. Le roi de Castille s'empressa de la demander pour son fils, mais Louis XI vivoit, et sa politique habile devoit s'opposer à cette union. Les états prirent l'initiative; ils choisirent pour époux à la jeune princesse Jean d'Albret, dont les vastes domaines touchoient à ceux de leur souveraine. Des troubles survinrent : le vicomte de Narbonne réclama les domaines que son neveu avoit possédés; une guerre eut lieu; la jeune princesse triompha, et son oncle vint enfin lui rendre hommage à Tarbes. Catherine fut mariée à Jean d'Albret en 1491, et les états le reconnurent pour leur souverain, comme mari de la princesse; mais ils bornèrent leur serment d'obéissance à la durée du mariage.

Nous arrivons à la troisième dynastie, famille d'Albret. Jean d'Albret et sa femme passèrent en Navarre, et, par leur conduite maladroite, donnèrent de la force aux factions. Roi d'un peuple jaloux de ses libertés, Jean d'Albret manqua de prudence, négligea ce qui devient en pareille circonstance un devoir, et s'en remit à un lieutenant, le connétable Louis de Beaumont, comte de Lérin, qui opprima les populations, fit couler le sang, et n'épargna pas même les amis et les serviteurs les plus dévoués du roi. Les clameurs qui arrivèrent de toutes parts jusqu'à Jean, lui firent prendre la résolution de tous les princes foibles, et, cédant aux factions qui renversent les rois, car elles les déconsidèrent, il sacrifia son connétable, et le fit condamner à mort. D'un gouverneur tyran, c'étoit le moyen de faire un traître. Le connétable se réfugia auprès de Ferdinand son beau-frère, auquel il remit les places qu'il occupoit en Navarre. Tous les historiens ne sont pas d'accord sur les circonstances de la trahison du comte de Lérin, et racontent tout différemment ses démêlés avec le roi Jean. D'après Pierre Vaysin, qui cite une chronique latine écrite par un Espagnol, Beaumont de Lérin prit lui-même le titre de connétable qu'avoit eu son père, décapité sous le règne précédent, titre qu'il réclama toujours en vain auprès de Jean d'Albret, ainsi que la restitution de ses biens qui avoient été confisqués. Pierre Vaysin ajoute que les refus constants de Jean d'Albret

le portèrent à se déclarer ouvertement en faveur de Ferdinand. Des discussions avec le pape, relativement à l'élection de l'évêque de Pampelune, amenèrent la cour de Rome à jeter un interdit sur le royaume de Navarre. Jean d'Albret se rendit auprès de Louis XII, pour unir les intérêts de la France aux siens; après cette entrevue, le roi de Navarre refusa à Ferdinand de Castille, alors en guerre avec le roi de France, de laisser ses troupes traverser la Navarre et le Béarn pour attaquer la Guienne, et il se déclara de plus, avec le roi de France, pour le concile de Pise, tenu contre le pape Jules II. Celui-ci lança une sentence d'excommunication contre le roi Jean, et abandonna son royaume au premier occupant. Toutefois les violences de ce pontife ne sont pas prouvées; on est incertain sur l'existence même de la bulle; Mariana et Zurita la datent du 18 février 1512, et Sandoval, du premier mars suivant : or, Jules mourut le 20 février de cette même année, à la suite d'une maladie longue et violente, ce qui rend la première date presque aussi suspecte que la seconde est fausse, puisque le pape n'avoit pu tenir, deux jours avant sa mort, le consistoire où l'on a supposé que fut rendu ce décret, que personne d'ailleurs n'a jamais vu (1). Le duc d'Albe, en 1512, entra à l'improviste en Navarre, et força le roi à fuir avant même de combattre. Ce royaume fut bientôt conquis : en vain une armée françoise, commandée par Lapalice, arrive au secours de ce roi inhabile ou victime d'une fatalité obstinée; le siége de Pampelune, entrepris par les François, est levé. L'année suivante, une trève est conclue avec la France et Ferdinand, sans que les intérêts du roi Jean y soient stipulés, et l'année 1515, Ferdinand réunit la Navarre à la Castille. La maison d'Albret perd pour toujours ses possessions dans les Pyrénées navarroises et au delà des Pyrénées.

Les occasions qui se présentèrent ensuite pour recouvrer cette couronne ne furent pas saisies avec assez de promptitude par Jean d'Albret, après

(1) *Art de vérifier les dates. Hist. des rois de Navarre.*

la mort du roi d'Aragon; Jean fit cependant quelques tentatives. En 1516, il leva une armée et vint se présenter devant Saint-Jean-Pied-de-Port, mais la résistance du duc de Najeira l'arrêta. Le maréchal de Navarre, qui venoit à son secours par une saison rigoureuse, après avoir franchi les montagnes couvertes de neige, se laissa surprendre dans la vallée de Roncevaux, lieu fatal dans les Vasconies pour la défaite des armées envahissantes; les Navarrois taillèrent en pièces ses troupes, et firent prisonniers le maréchal et ses principaux officiers. La nouvelle de ces revers force Jean à se retirer, et lui fait perdre tout espoir de conquête à venir. A la suite de tant d'infortunes, le chagrin abrégea sa vie; il mourut à Pau, encore dans la force de l'âge, le dix-sept juin 1516; Catherine le suivit huit mois après dans le tombeau : femme d'un grand courage, qui méritoit une autre destinée. L'histoire a conservé ces mots, qu'elle adressoit à son mari après la perte de son royaume : « Si nous fussions nés, vous, Catherine et moi, « don Juan, nous n'aurions pas perdu la Navarre. » Le fils aîné de Jean d'Albret étant mort en bas âge, son second fils lui succéda; on le nomma Henri; élevé par Alain d'Albret son aïeul, et conduit à la cour de France, il se fit remarquer par son goût, son instruction, et son aptitude aux exercices guerriers, il succéda à son père à l'âge de quatorze ans. Son frère Charles mourut au siège de Naples, en 1538; Isabelle sa sœur fut mariée, en 1536, à René, vicomte de Rohan, aïeul du premier duc de Rohan; et, de ses quatre autres sœurs, la première, Anne, fut mariée à Jean de Foix-Candale, comte d'Astarac; la seconde, Catherine, devint abbesse de la Trinité de Caen, les deux autres moururent religieuses.

Henri II voulant tenter de recouvrer la Navarre, sollicita l'aide de François Ier; on commença par des conférences tenues à Noyon, où se trouva un envoyé du roi d'Espagne. Un nouveau congrès, en 1518, s'assembla à Montpellier pour le même objet, sans résultat heureux pour Henri : alors, André de l'Esparre entreprend de soutenir à main armée

les droits légitimes du jeune prince son parent, et de le rétablir dans ses États. Le roi de France envoya des secours; de grands succès signalèrent d'abord cette campagne : le prince entra à Pampelune dont les habitants lui ouvrirent les portes; la Navarre étoit reconquise à ses armes; mais il fut battu et pris à la bataille d'Esquiros, près Logrono. A la suite de cette défaite, la Navarre, reprise avec autant de facilité qu'elle avoit été occupée, rentra pour toujours sous la domination espagnole. On dit que cette usurpation a causé des remords à Ferdinand, à Charles-Quint et à Philippe II, ce qui est assez douteux. Charles-Quint vint lui-même dans ce petit royaume pour s'en assurer la possession. Par son ordre, une armée franchit la frontière, et porta le ravage et l'effroi dans le Béarn, elle échoua devant Oléron, et se retira, après avoir pillé et démantelé les places qu'elle avoit soumises. Henri, ayant accompagné François Ier en Italie, fut fait prisonnier avec lui à la bataille de Pavie, mais il parvint à s'évader : comme il avait été blessé dans l'action, il feignit une maladie, et se mit au lit, la tête enveloppée; il concerta ensuite son évasion avec un page qui étoit resté avec lui, et qu'on nommoit Vivès; celui-ci se mit à la place du roi qui, ayant pris les habits du page, eut le bonheur de s'échapper. En 1526, il épousa Marguerite, veuve de Charles, duc d'Alençon, sœur de François Ier, cette illustre reine de Navarre, si célèbre dans les lettres, si spirituelle, si tendre et si dévouée à son frère, et dont la fermeté de caractère influa puissamment à Madrid sur le sort du roi prisonnier. Henri la perdit le deux décembre 1549; elle mourut au château d'Odos, en Bigorre. Henri lui survécut six ans; il mourut à Pau. Il ne restoit de ce mariage qu'une fille; c'étoit Jeanne d'Albret, l'ardente protectrice de la réforme, et la mère de Henri IV.

Henri avoit consulté les états sur le choix à faire pour donner un époux à Jeanne, et les états furent d'avis qu'il falloit rattacher les intérêts du comte de Foix et les droits du Béarn à la couronne de la basse Navarre, aux intérêts de la France; mais François Ier, qui avoit formé le dessein d'unir sa nièce au duc de Clèves, fit célébrer ce mariage à Chatellerault; le duc Guillaume de Clèves abandonna tout d'abord le parti de la France pour faire sa paix avec l'empereur, contre lequel il s'étoit d'abord déclaré; Jeanne, de son côté,

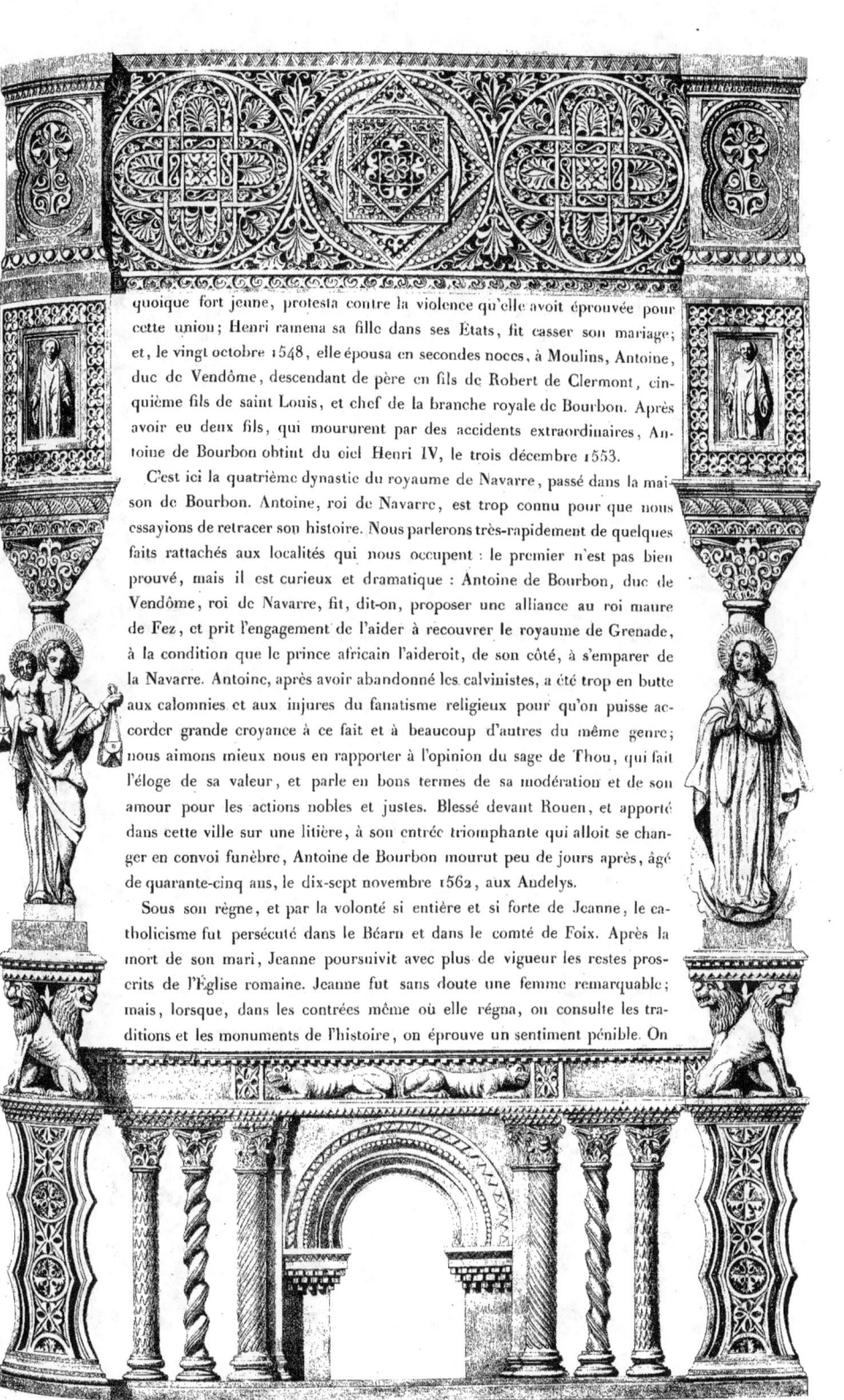

quoique fort jeune, protesta contre la violence qu'elle avoit éprouvée pour cette union; Henri ramena sa fille dans ses États, fit casser son mariage; et, le vingt octobre 1548, elle épousa en secondes noces, à Moulins, Antoine, duc de Vendôme, descendant de père en fils de Robert de Clermont, cinquième fils de saint Louis, et chef de la branche royale de Bourbon. Après avoir eu deux fils, qui moururent par des accidents extraordinaires, Antoine de Bourbon obtint du ciel Henri IV, le trois décembre 1553.

C'est ici la quatrième dynastie du royaume de Navarre, passé dans la maison de Bourbon. Antoine, roi de Navarre, est trop connu pour que nous essayions de retracer son histoire. Nous parlerons très-rapidement de quelques faits rattachés aux localités qui nous occupent : le premier n'est pas bien prouvé, mais il est curieux et dramatique : Antoine de Bourbon, duc de Vendôme, roi de Navarre, fit, dit-on, proposer une alliance au roi maure de Fez, et prit l'engagement de l'aider à recouvrer le royaume de Grenade, à la condition que le prince africain l'aideroit, de son côté, à s'emparer de la Navarre. Antoine, après avoir abandonné les calvinistes, a été trop en butte aux calomnies et aux injures du fanatisme religieux pour qu'on puisse accorder grande croyance à ce fait et à beaucoup d'autres du même genre; nous aimons mieux nous en rapporter à l'opinion du sage de Thou, qui fait l'éloge de sa valeur, et parle en bons termes de sa modération et de son amour pour les actions nobles et justes. Blessé devant Rouen, et apporté dans cette ville sur une litière, à son entrée triomphante qui alloit se changer en convoi funèbre, Antoine de Bourbon mourut peu de jours après, âgé de quarante-cinq ans, le dix-sept novembre 1562, aux Andelys.

Sous son règne, et par la volonté si entière et si forte de Jeanne, le catholicisme fut persécuté dans le Béarn et dans le comté de Foix. Après la mort de son mari, Jeanne poursuivit avec plus de vigueur les restes proscrits de l'Église romaine. Jeanne fut sans doute une femme remarquable; mais, lorsque, dans les contrées même où elle régna, on consulte les traditions et les monuments de l'histoire, on éprouve un sentiment pénible. On ne peut se dissimuler que cette reine, quoique d'un esprit brillant et orné, fut animée d'un fanatisme qui ne garda aucune mesure, et on sait qu'elle ne fut que trop bien secondée par ses généraux et ses serviteurs. La plus grande partie du comté de Foix, de celui de Comminges et de Bigorre, ravagée par Montgommery, et désolée tour à tour par les soldats huguenots, par les prêtres ou les religieux catholiques; une population ferme et exaltée dans sa foi, livrée au pillage, à l'assassinat, aux persécutions de tous les genres par l'implacable ministre des vengeances de la reine, voilà ce qu'un écrivain impartial trouve dans ce règne, qui ne dura que trop longtemps.

Jeanne étant à Paris pour l'alliance de son fils, meurt le 9 ou le 10 juin 1572, à l'âge de quarante-quatre ans, empoisonnée, dit-on, par une paire de gants de senteur qu'un parfumeur italien, de la cour de Médicis, lui avoit vendue; tout ceci est resté sans preuve. Dans Henri III de Navarre, qui devint Henri le Grand, roi de France, et qui n'avoit d'abord porté que le titre de comte de Viane, finit la suite des comtes de Foix et de Béarn; ce monarque refusa longtemps de réunir son patrimoine à la couronne de France, il y consentit enfin par son édit de juillet 1607; mais la réunion ne fut entièrement opérée que sous Louis XIII.

Avant d'entrer dans les hautes Pyrénées, nous devons un souvenir à Muret, ce lieu célèbre par la bataille entre Alfonse, roi d'Aragon, et le comte Simon de Montfort. On n'a pas encore donné en France de traduction de la belle chronique de Jacques le Conquérant, fils de cet Alfonse, roi d'Aragon, tué par Simon de Montfort (1). Le récit de cette bataille, fait par un prince qui y assista, est trop curieux pour que nous négligions de le rapporter; voici le récit de Jacques le Conquérant, qui fut fait prisonnier ce même jour:

« Simon de Montfort étoit à Muret avec six cents ou mille chevaliers;
« mon père vint l'y attaquer, accompagné des chevaliers aragonois don Miquel
« Delvesia, don Blascode Alagon, don Rodrigue de Liçana, don Lladro et
« don Gomez de Luna, don Miquel de Roda, don Guilleu de Pueyo, don
« Aznar de Pardo, et plusieurs autres gentilshommes de sa maison militaire

(1) Notre honorable ami, M. Gauthier d'Arc, consul de France à Barcelone, a fait de cette chronique une excellente traduction, que nous espérons voir un jour donnée au public; ce sera un nouveau titre à la considération et à l'estime que lui doivent les amis des travaux historiques et de la belle littérature espagnole.

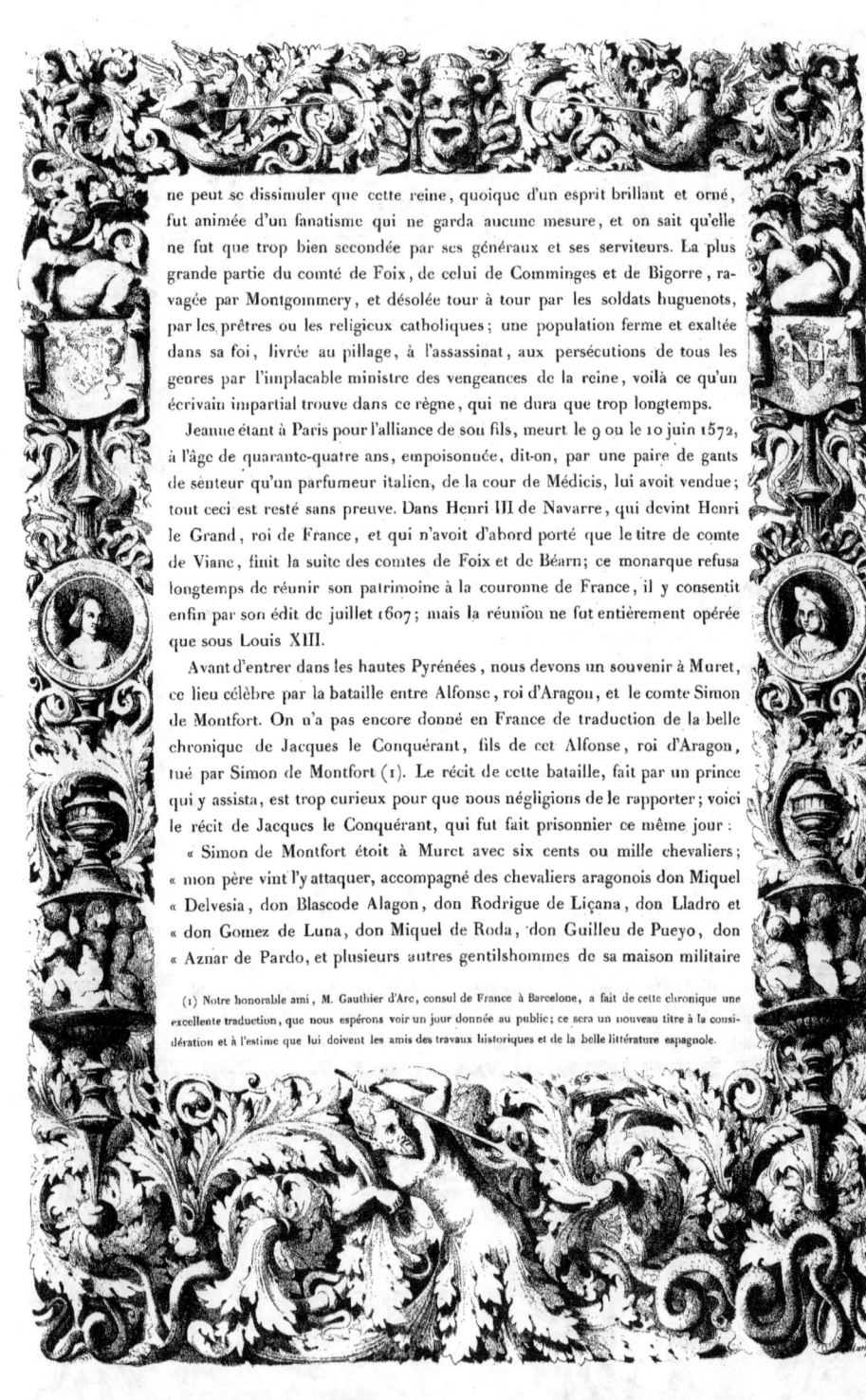

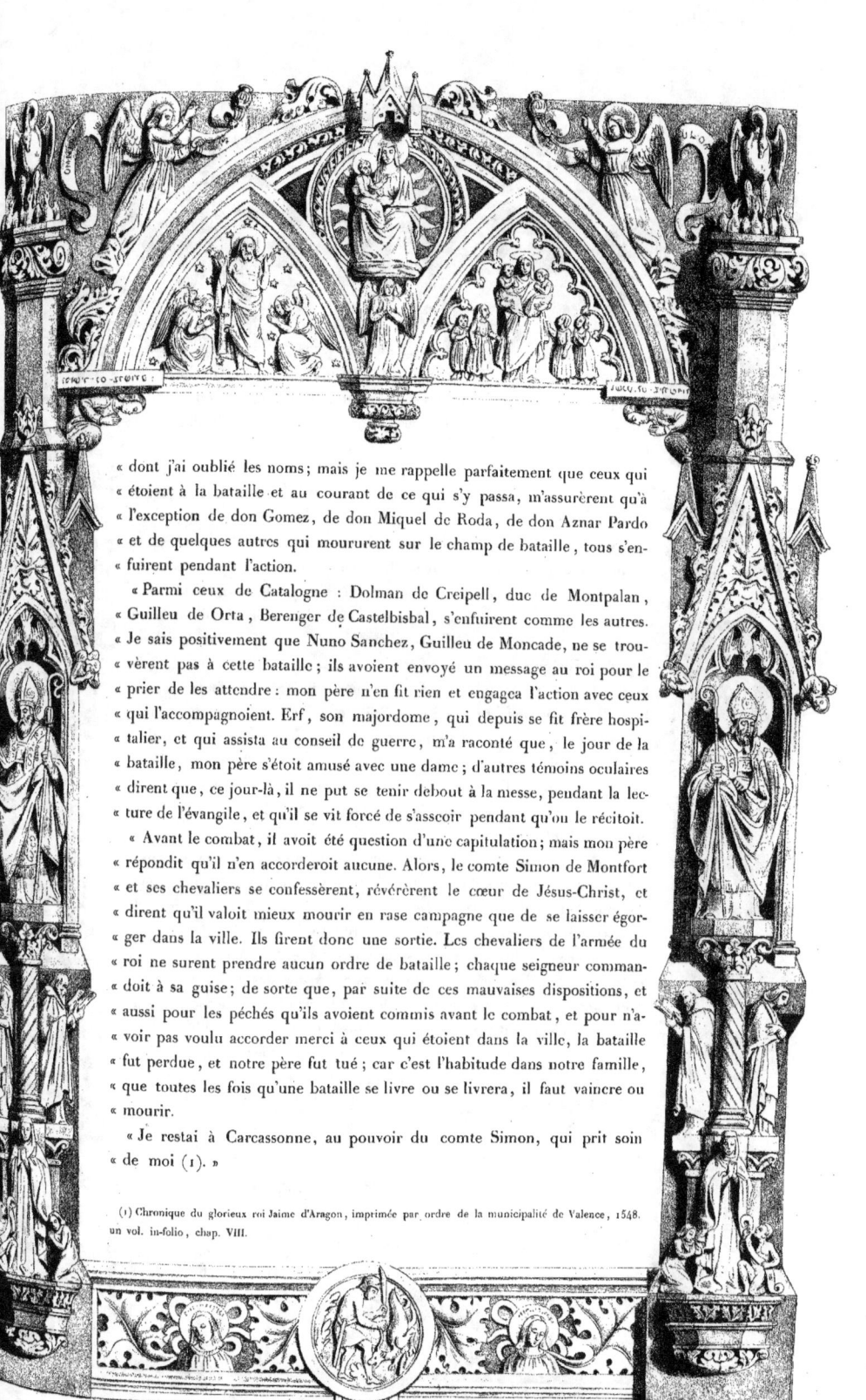

« dont j'ai oublié les noms; mais je me rappelle parfaitement que ceux qui
« étoient à la bataille et au courant de ce qui s'y passa, m'assurèrent qu'à
« l'exception de don Gomez, de don Miquel de Roda, de don Aznar Pardo
« et de quelques autres qui moururent sur le champ de bataille, tous s'en-
« fuirent pendant l'action.

« Parmi ceux de Catalogne : Dolman de Creipell, duc de Montpalan,
« Guilleu de Orta, Berenger de Castelbisbal, s'enfuirent comme les autres.
« Je sais positivement que Nuno Sanchez, Guilleu de Moncade, ne se trou-
« vèrent pas à cette bataille; ils avoient envoyé un message au roi pour le
« prier de les attendre : mon père n'en fit rien et engagea l'action avec ceux
« qui l'accompagnoient. Erf, son majordome, qui depuis se fit frère hospi-
« talier, et qui assista au conseil de guerre, m'a raconté que, le jour de la
« bataille, mon père s'étoit amusé avec une dame; d'autres témoins oculaires
« dirent que, ce jour-là, il ne put se tenir debout à la messe, pendant la lec-
« ture de l'évangile, et qu'il se vit forcé de s'asseoir pendant qu'on le récitoit.

« Avant le combat, il avoit été question d'une capitulation; mais mon père
« répondit qu'il n'en accorderoit aucune. Alors, le comte Simon de Montfort
« et ses chevaliers se confessèrent, révérèrent le cœur de Jésus-Christ, et
« dirent qu'il valoit mieux mourir en rase campagne que de se laisser égor-
« ger dans la ville. Ils firent donc une sortie. Les chevaliers de l'armée du
« roi ne surent prendre aucun ordre de bataille; chaque seigneur comman-
« doit à sa guise; de sorte que, par suite de ces mauvaises dispositions, et
« aussi pour les péchés qu'ils avoient commis avant le combat, et pour n'a-
« voir pas voulu accorder merci à ceux qui étoient dans la ville, la bataille
« fut perdue, et notre père fut tué; car c'est l'habitude dans notre famille,
« que toutes les fois qu'une bataille se livre ou se livrera, il faut vaincre ou
« mourir.

« Je restai à Carcassonne, au pouvoir du comte Simon, qui prit soin
« de moi (1). »

(1) Chronique du glorieux roi Jaime d'Aragon, imprimée par ordre de la municipalité de Valence, 1548. un vol. in-folio, chap. VIII.

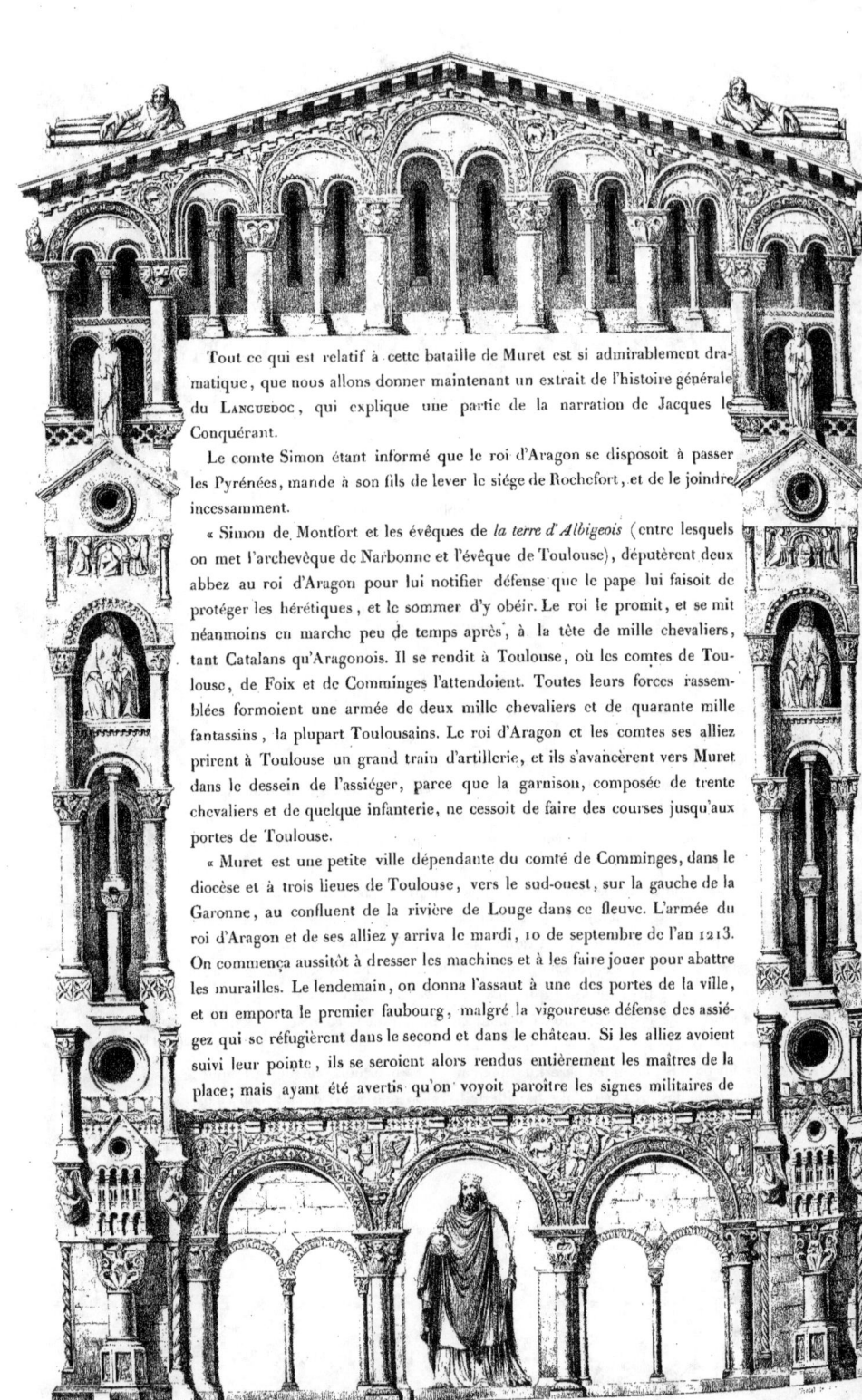

Tout ce qui est relatif à cette bataille de Muret est si admirablement dramatique, que nous allons donner maintenant un extrait de l'histoire générale du LANGUEDOC, qui explique une partie de la narration de Jacques le Conquérant.

Le comte Simon étant informé que le roi d'Aragon se disposoit à passer les Pyrénées, mande à son fils de lever le siége de Rochefort, et de le joindre incessamment.

« Simon de Montfort et les évêques de *la terre d'Albigeois* (entre lesquels on met l'archevêque de Narbonne et l'évêque de Toulouse), députèrent deux abbez au roi d'Aragon pour lui notifier défense que le pape lui faisoit de protéger les hérétiques, et le sommer d'y obéir. Le roi le promit, et se mit néanmoins en marche peu de temps après, à la tête de mille chevaliers, tant Catalans qu'Aragonois. Il se rendit à Toulouse, où les comtes de Toulouse, de Foix et de Comminges l'attendoient. Toutes leurs forces rassemblées formoient une armée de deux mille chevaliers et de quarante mille fantassins, la plupart Toulousains. Le roi d'Aragon et les comtes ses alliez prirent à Toulouse un grand train d'artillerie, et ils s'avancèrent vers Muret dans le dessein de l'assiéger, parce que la garnison, composée de trente chevaliers et de quelque infanterie, ne cessoit de faire des courses jusqu'aux portes de Toulouse.

« Muret est une petite ville dépendante du comté de Comminges, dans le diocèse et à trois lieues de Toulouse, vers le sud-ouest, sur la gauche de la Garonne, au confluent de la rivière de Louge dans ce fleuve. L'armée du roi d'Aragon et de ses alliez y arriva le mardi, 10 de septembre de l'an 1213. On commença aussitôt à dresser les machines et à les faire jouer pour abattre les murailles. Le lendemain, on donna l'assaut à une des portes de la ville, et on emporta le premier faubourg, malgré la vigoureuse défense des assiégez qui se réfugièrent dans le second et dans le château. Si les alliez avoient suivi leur pointe, ils se seroient alors rendus entièrement les maîtres de la place ; mais ayant été avertis qu'on voyoit paroître les signes militaires de

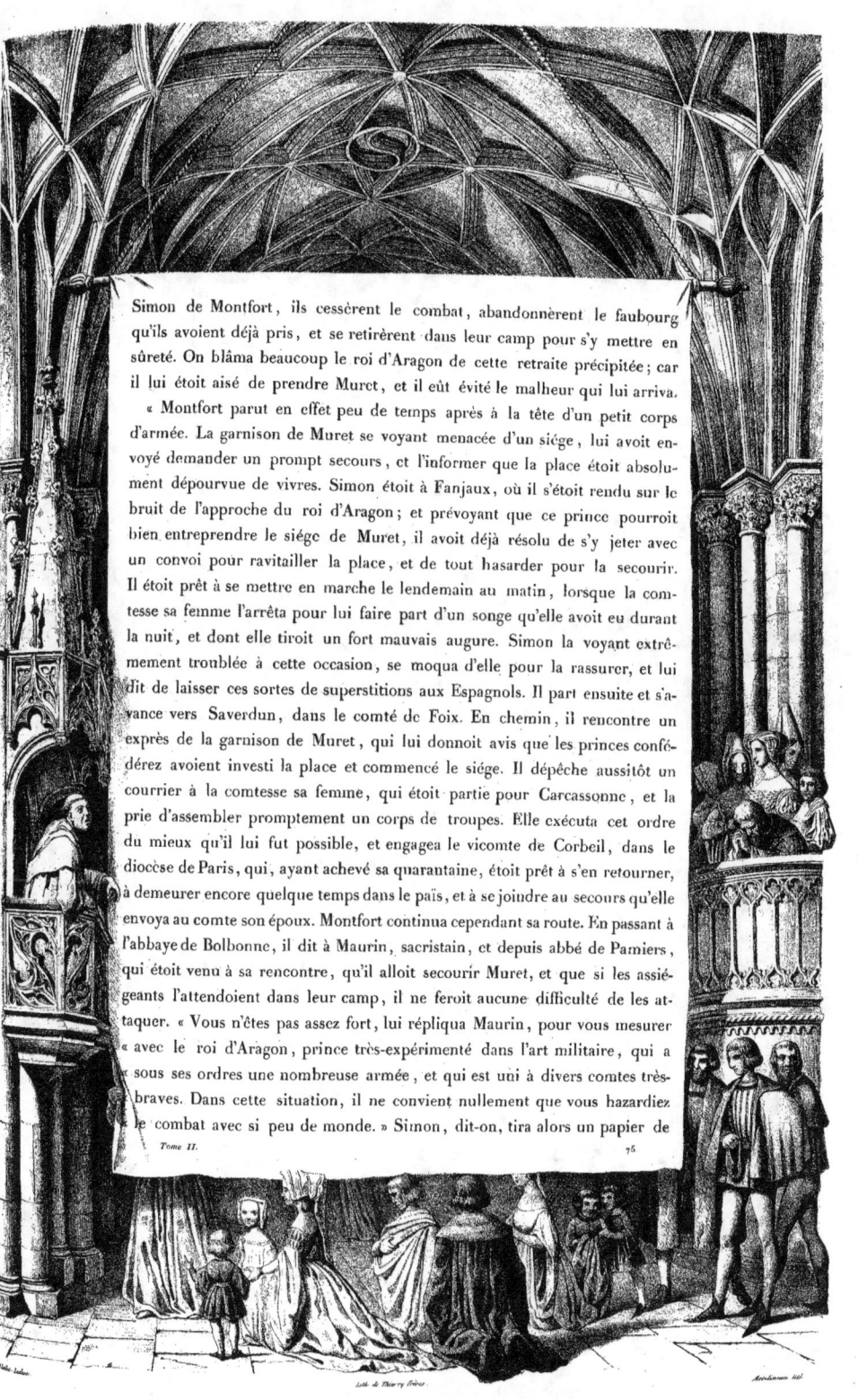

Simon de Montfort, ils cessèrent le combat, abandonnèrent le faubourg qu'ils avoient déjà pris, et se retirèrent dans leur camp pour s'y mettre en sûreté. On blâma beaucoup le roi d'Aragon de cette retraite précipitée; car il lui étoit aisé de prendre Muret, et il eût évité le malheur qui lui arriva.

« Montfort parut en effet peu de temps après à la tête d'un petit corps d'armée. La garnison de Muret se voyant menacée d'un siége, lui avoit envoyé demander un prompt secours, et l'informer que la place étoit absolument dépourvue de vivres. Simon étoit à Fanjaux, où il s'étoit rendu sur le bruit de l'approche du roi d'Aragon; et prévoyant que ce prince pourroit bien entreprendre le siége de Muret, il avoit déjà résolu de s'y jeter avec un convoi pour ravitailler la place, et de tout hasarder pour la secourir. Il étoit prêt à se mettre en marche le lendemain au matin, lorsque la comtesse sa femme l'arrêta pour lui faire part d'un songe qu'elle avoit eu durant la nuit, et dont elle tiroit un fort mauvais augure. Simon la voyant extrêmement troublée à cette occasion, se moqua d'elle pour la rassurer, et lui dit de laisser ces sortes de superstitions aux Espagnols. Il part ensuite et s'avance vers Saverdun, dans le comté de Foix. En chemin, il rencontre un exprès de la garnison de Muret, qui lui donnoit avis que les princes confédérez avoient investi la place et commencé le siége. Il dépêche aussitôt un courrier à la comtesse sa femme, qui étoit partie pour Carcassonne, et la prie d'assembler promptement un corps de troupes. Elle exécuta cet ordre du mieux qu'il lui fut possible, et engagea le vicomte de Corbeil, dans le diocèse de Paris, qui, ayant achevé sa quarantaine, étoit prêt à s'en retourner, à demeurer encore quelque temps dans le païs, et à se joindre au secours qu'elle envoya au comte son époux. Montfort continua cependant sa route. En passant à l'abbaye de Bolbonne, il dit à Maurin, sacristain, et depuis abbé de Pamiers, qui étoit venu à sa rencontre, qu'il alloit secourir Muret, et que si les assiégeants l'attendoient dans leur camp, il ne feroit aucune difficulté de les attaquer. « Vous n'êtes pas assez fort, lui répliqua Maurin, pour vous mesurer
« avec le roi d'Aragon, prince très-expérimenté dans l'art militaire, qui a
« sous ses ordres une nombreuse armée, et qui est uni à divers comtes très-
« braves. Dans cette situation, il ne convient nullement que vous hazardiez
« le combat avec si peu de monde. » Simon, dit-on, tira alors un papier de

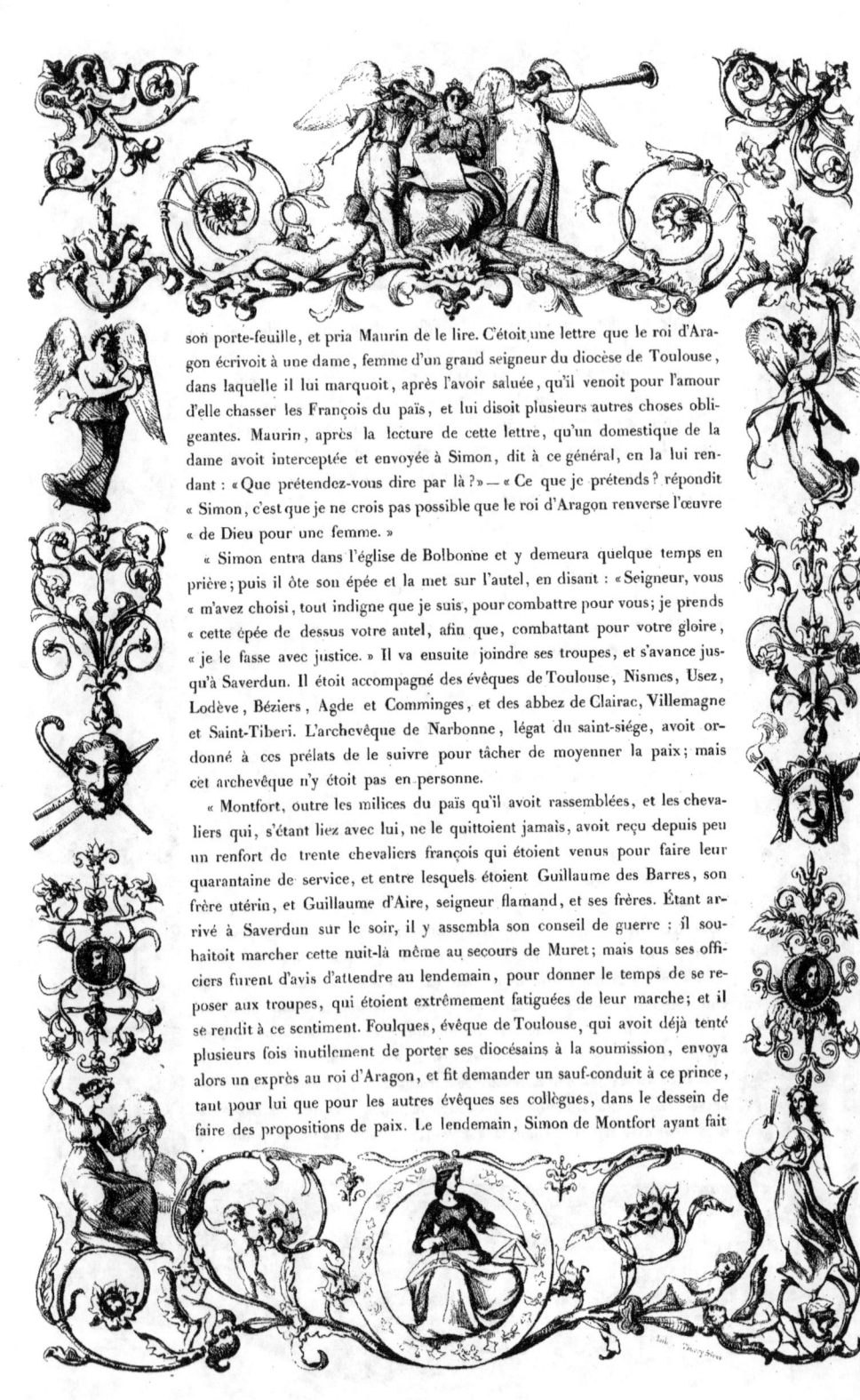

son porte-feuille, et pria Maurin de le lire. C'étoit une lettre que le roi d'Aragon écrivoit à une dame, femme d'un grand seigneur du diocèse de Toulouse, dans laquelle il lui marquoit, après l'avoir saluée, qu'il venoit pour l'amour d'elle chasser les François du païs, et lui disoit plusieurs autres choses obligeantes. Maurin, après la lecture de cette lettre, qu'un domestique de la dame avoit interceptée et envoyée à Simon, dit à ce général, en la lui rendant : « Que prétendez-vous dire par là ? » — « Ce que je prétends ? répondit « Simon, c'est que je ne crois pas possible que le roi d'Aragon renverse l'œuvre « de Dieu pour une femme. »

« Simon entra dans l'église de Bolbonne et y demeura quelque temps en prière ; puis il ôte son épée et la met sur l'autel, en disant : « Seigneur, vous « m'avez choisi, tout indigne que je suis, pour combattre pour vous ; je prends « cette épée de dessus votre autel, afin que, combattant pour votre gloire, « je le fasse avec justice. » Il va ensuite joindre ses troupes, et s'avance jusqu'à Saverdun. Il étoit accompagné des évêques de Toulouse, Nismes, Usez, Lodève, Béziers, Agde et Comminges, et des abbez de Clairac, Villemagne et Saint-Tiberi. L'archevêque de Narbonne, légat du saint-siége, avoit ordonné à ces prélats de le suivre pour tâcher de moyenner la paix ; mais cet archevêque n'y étoit pas en personne.

« Montfort, outre les milices du païs qu'il avoit rassemblées, et les chevaliers qui, s'étant liez avec lui, ne le quittoient jamais, avoit reçu depuis peu un renfort de trente chevaliers françois qui étoient venus pour faire leur quarantaine de service, et entre lesquels étoient Guillaume des Barres, son frère utérin, et Guillaume d'Aire, seigneur flamand, et ses frères. Étant arrivé à Saverdun sur le soir, il y assembla son conseil de guerre ; il souhaitoit marcher cette nuit-là même au secours de Muret ; mais tous ses officiers furent d'avis d'attendre au lendemain, pour donner le temps de se reposer aux troupes, qui étoient extrêmement fatiguées de leur marche ; et il se rendit à ce sentiment. Foulques, évêque de Toulouse, qui avoit déjà tenté plusieurs fois inutilement de porter ses diocésains à la soumission, envoya alors un exprès au roi d'Aragon, et fit demander un sauf-conduit à ce prince, tant pour lui que pour les autres évêques ses collègues, dans le dessein de faire des propositions de paix. Le lendemain, Simon de Montfort ayant fait

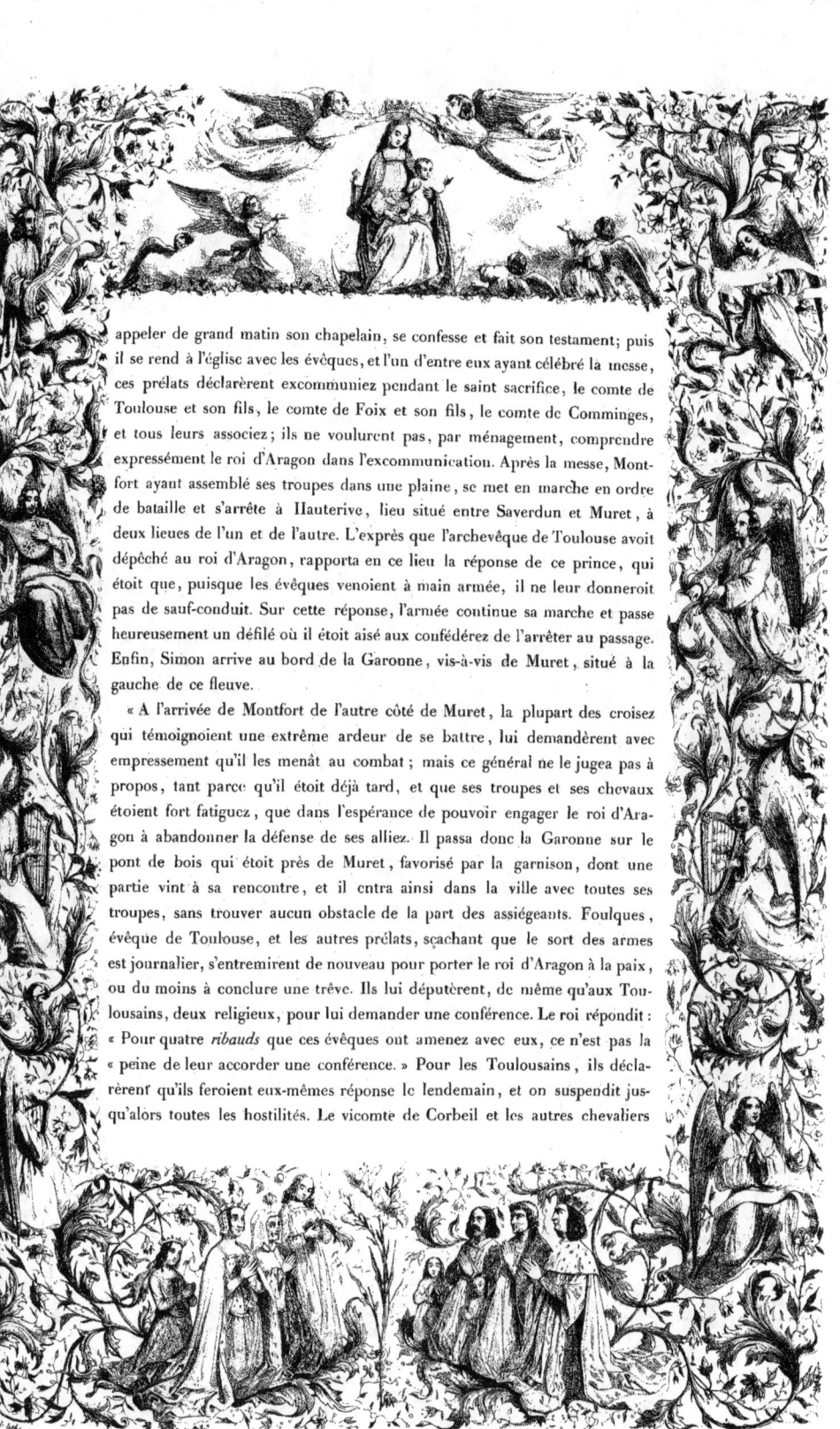

appeler de grand matin son chapelain, se confesse et fait son testament; puis il se rend à l'église avec les évêques, et l'un d'entre eux ayant célébré la messe, ces prélats déclarèrent excommuniez pendant le saint sacrifice, le comte de Toulouse et son fils, le comte de Foix et son fils, le comte de Comminges, et tous leurs associez; ils ne voulurent pas, par ménagement, comprendre expressément le roi d'Aragon dans l'excommunication. Après la messe, Montfort ayant assemblé ses troupes dans une plaine, se met en marche en ordre de bataille et s'arrête à Hauterive, lieu situé entre Saverdun et Muret, à deux lieues de l'un et de l'autre. L'exprès que l'archevêque de Toulouse avoit dépêché au roi d'Aragon, rapporta en ce lieu la réponse de ce prince, qui étoit que, puisque les évêques venoient à main armée, il ne leur donneroit pas de sauf-conduit. Sur cette réponse, l'armée continue sa marche et passe heureusement un défilé où il étoit aisé aux confédérez de l'arrêter au passage. Enfin, Simon arrive au bord de la Garonne, vis-à-vis de Muret, situé à la gauche de ce fleuve.

« A l'arrivée de Montfort de l'autre côté de Muret, la plupart des croisez qui témoignoient une extrême ardeur de se battre, lui demandèrent avec empressement qu'il les menât au combat; mais ce général ne le jugea pas à propos, tant parce qu'il étoit déjà tard, et que ses troupes et ses chevaux étoient fort fatiguez, que dans l'espérance de pouvoir engager le roi d'Aragon à abandonner la défense de ses alliez. Il passa donc la Garonne sur le pont de bois qui étoit près de Muret, favorisé par la garnison, dont une partie vint à sa rencontre, et il entra ainsi dans la ville avec toutes ses troupes, sans trouver aucun obstacle de la part des assiégeants. Foulques, évêque de Toulouse, et les autres prélats, sçachant que le sort des armes est journalier, s'entremirent de nouveau pour porter le roi d'Aragon à la paix, ou du moins à conclure une trêve. Ils lui députèrent, de même qu'aux Toulousains, deux religieux, pour lui demander une conférence. Le roi répondit: « Pour quatre *ribauds* que ces évêques ont amenez avec eux, ce n'est pas la « peine de leur accorder une conférence. » Pour les Toulousains, ils déclarèrent qu'ils feroient eux-mêmes réponse le lendemain, et on suspendit jusqu'alors toutes les hostilités. Le vicomte de Corbeil et les autres chevaliers

qui venoient de Carcassonne, et qui marchoient sur les pas de Simon de Montfort, entrèrent bientôt dans Muret.

« Le lendemain jeudi, 12 de septembre 1213, Simon, après avoir de grand matin visité le château, descend dans le bourg pour délibérer avec les principaux de son armée. »

« Ils étoient tous sans armes, parce que la négociation des évêques pour la paix duroit toujours. Un auteur contemporain assure que, durant cette négociation, Montfort offrit au roi d'Aragon de lui remettre le château de Muret avec tout le païs des environs; que le roi rejeta la proposition, à moins que ce général ne se rendît à discrétion avec son armée, et sur cela Montfort se détermina à vaincre ou à périr. Les Toulousains, de leur côté, envoyèrent dire à leur évêque, par les deux religieux qui les étoient venus trouver la veille, qu'étant unis avec le roi d'Aragon, ils ne feroient rien sans sa participation. Les évêques et les abbez étoient résolus néanmoins d'aller nuds pieds trouver ce prince pour l'exhorter à ne pas persécuter l'Église, et ils lui avoient déjà député un religieux pour lui annoncer leur arrivée, lorsque Simon, qui avoit fait ouvrir les portes de Muret pour laisser passer cet envoyé, se vit assaillir par une troupe de gendarmes : il les repousse; mais les assiégeants faisant en même temps jouer leurs machines et pleuvoir une grêle de flèches et de traits sur la maison où les évêques étoient logez, il dit à ces prélats : *Vous voyez que nous n'avançons rien, et qu'il y a déjà un grand tumulte : il est temps que vous nous permettiez de combattre.* Après avoir obtenu cette permission, il ordonne à chacun de prendre ses armes. En passant devant l'église du château, il voit l'évêque d'Usez qui disoit la messe; il entre, et interrompant le sacrifice, il se met à genoux, les mains jointes, et dit tout haut : *Mon Dieu, je vous offre et je vous donne mon âme et mon corps.* En voulant monter sur son cheval de bataille qu'on lui avoit amené, au sortir de l'église, le cheval se cabre et le fait reculer : les assiégeants qui virent ce mouvement de leur camp, se mirent aussitôt à faire de grandes huées. Simon, reprenant son cheval, monte dessus, et adressant la parole à ses ennemis, il dit tout haut : *Vous vous moquez de moi présentement par vos clameurs, mais je me confie dans le Seigneur, et j'espère de crier après vous jusqu'aux portes de Toulouse.* Il descend ensuite dans le bourg, où il trouve tous ses gens armez

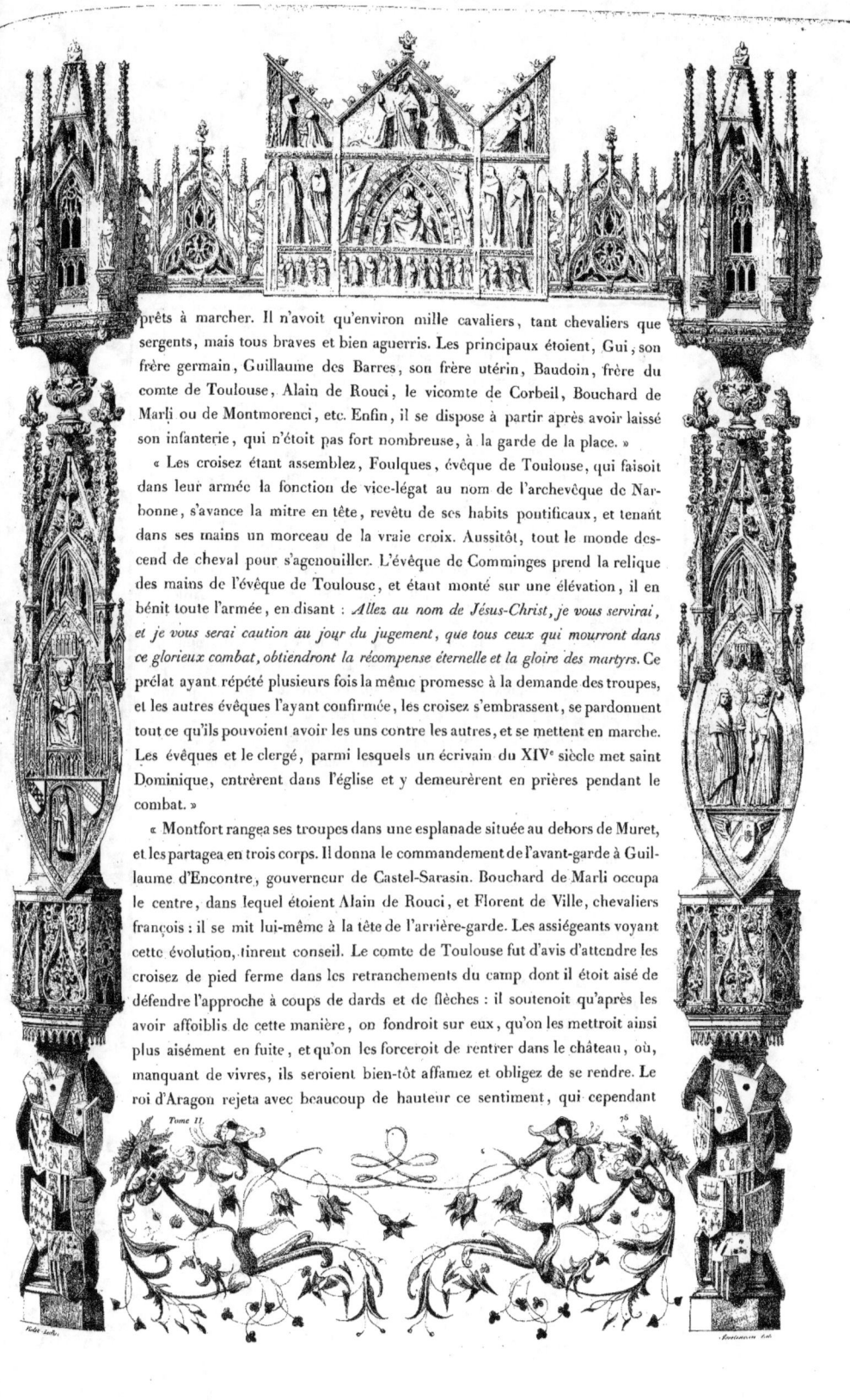

prêts à marcher. Il n'avoit qu'environ mille cavaliers, tant chevaliers que sergents, mais tous braves et bien aguerris. Les principaux étoient, Gui, son frère germain, Guillaume des Barres, son frère utérin, Baudoin, frère du comte de Toulouse, Alain de Rouci, le vicomte de Corbeil, Bouchard de Marli ou de Montmorenci, etc. Enfin, il se dispose à partir après avoir laissé son infanterie, qui n'étoit pas fort nombreuse, à la garde de la place. »

« Les croisez étant assemblez, Foulques, évêque de Toulouse, qui faisoit dans leur armée la fonction de vice-légat au nom de l'archevêque de Narbonne, s'avance la mitre en tête, revêtu de ses habits pontificaux, et tenant dans ses mains un morceau de la vraie croix. Aussitôt, tout le monde descend de cheval pour s'agenouiller. L'évêque de Comminges prend la relique des mains de l'évêque de Toulouse, et étant monté sur une élévation, il en bénit toute l'armée, en disant : *Allez au nom de Jésus-Christ, je vous servirai, et je vous serai caution au jour du jugement, que tous ceux qui mourront dans ce glorieux combat, obtiendront la récompense éternelle et la gloire des martyrs.* Ce prélat ayant répété plusieurs fois la même promesse à la demande des troupes, et les autres évêques l'ayant confirmée, les croisez s'embrassent, se pardonnent tout ce qu'ils pouvoient avoir les uns contre les autres, et se mettent en marche. Les évêques et le clergé, parmi lesquels un écrivain du XIVe siècle met saint Dominique, entrèrent dans l'église et y demeurèrent en prières pendant le combat. »

« Montfort rangea ses troupes dans une esplanade située au dehors de Muret, et les partagea en trois corps. Il donna le commandement de l'avant-garde à Guillaume d'Encontre, gouverneur de Castel-Sarasin. Bouchard de Marli occupa le centre, dans lequel étoient Alain de Rouci, et Florent de Ville, chevaliers françois : il se mit lui-même à la tête de l'arrière-garde. Les assiégeants voyant cette évolution, tinrent conseil. Le comte de Toulouse fut d'avis d'attendre les croisez de pied ferme dans les retranchements du camp dont il étoit aisé de défendre l'approche à coups de dards et de flèches : il soutenoit qu'après les avoir affoiblis de cette manière, on fondroit sur eux, qu'on les mettroit ainsi plus aisément en fuite, et qu'on les forceroit de rentrer dans le château, où, manquant de vivres, ils seroient bien-tôt affamez et obligez de se rendre. Le roi d'Aragon rejeta avec beaucoup de hauteur ce sentiment, qui cependant

étoit le plus sage; et le taxant de crainte et de lâcheté, il fit résoudre les autres généraux à sortir des retranchements et à marcher au devant des croisez. Toute la cavalerie des assiégeants au nombre d'environ deux mille chevaliers se mit donc en marche, et laissa à la garde du camp toute l'infanterie, qui étoit infiniment plus nombreuse, mais très-peu aguerrie, n'étant composée la plupart que des bourgeois de Toulouse et de quelques places des environs. Les anciens historiens ne nous marquent pas bien l'ordre de bataille de l'armée du roi d'Aragon et des comtes ses alliés ; ils se contentent d'observer que leur ordonnance étoit très mauvaise; que le comte de Foix, à la tête d'une troupe de Catalans, commandoit l'avant-garde; que le roi d'Aragon, par un effet de son courage, se mit au corps de bataille, au lieu que, suivant l'usage ordinaire des rois, il devoit se poster à l'arrière-garde, et qu'il changea ses armes avec celles d'un de ses chevaliers pour n'être pas reconnu dans l'action. Nous inférons de là que Raymond, comte de Toulouse, commandoit l'arrière-garde. Quant au fils de ce comte, comme il n'étoit pas encore en âge de combattre, il se posta sur une élévation, d'où il pouvoit être témoin du combat sans être exposé au péril. »

« Montfort fit défiler ses troupes par la porte orientale de Muret, située sur la Garonne, dans un ordre extrêmement serré. Il prit exprès ce chemin, tant pour donner le change aux assiégeants et leur faire croire que la crainte l'obligeoit à prendre la fuite, que pour éviter, s'il avoit marché droit vers leur camp posté du côté du couchant, d'exposer ses chevaux aux traits des Toulousains qui étoient demeurez à la garde des retranchements. Enfin, ce général ayant fait un détour et passé un ruisseau, il étend son armée dans la plaine, et va donner brusquement sur les princes confédérez; son avant-garde attaque la leur avec tant de force qu'elle l'oblige à se replier sur les ailes. Le corps de bataille, où étoit le roi d'Aragon, se voit alors exposé à la fureur des croisez qui, ayant reconnu l'endroit où étoit ce prince à ses enseignes, l'entourent de toutes parts et le pressent vivement. Le choc fut si violent que, suivant l'expression d'un ancien historien, le bruit des armes qui se fit en ce moment étoit semblable à celui que fait une troupe de bûcherons lorsqu'ils tâchent d'abattre à grands coups de cognée les arbres des forêts. La seconde ligne de l'armée des croisez étant survenue pour soutenir la première,

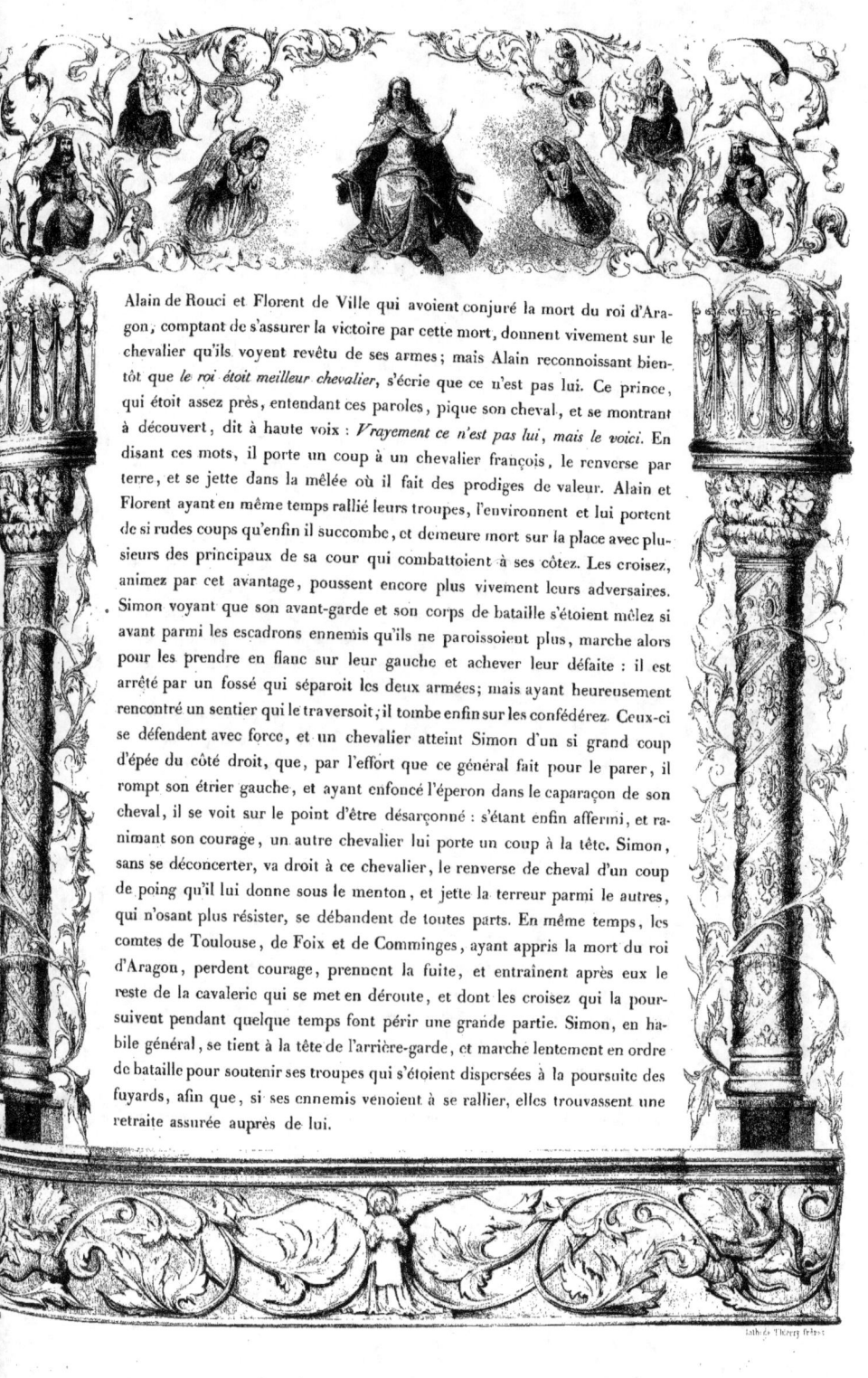

Alain de Rouci et Florent de Ville qui avoient conjuré la mort du roi d'Aragon, comptant de s'assurer la victoire par cette mort, donnent vivement sur le chevalier qu'ils voyent revêtu de ses armes; mais Alain reconnoissant bientôt que *le roi étoit meilleur chevalier*, s'écrie que ce n'est pas lui. Ce prince, qui étoit assez près, entendant ces paroles, pique son cheval, et se montrant à découvert, dit à haute voix : *Vrayement ce n'est pas lui, mais le voici*. En disant ces mots, il porte un coup à un chevalier françois, le renverse par terre, et se jette dans la mêlée où il fait des prodiges de valeur. Alain et Florent ayant en même temps rallié leurs troupes, l'environnent et lui portent de si rudes coups qu'enfin il succombe, et demeure mort sur la place avec plusieurs des principaux de sa cour qui combattoient à ses côtez. Les croisez, animez par cet avantage, poussent encore plus vivement leurs adversaires. Simon voyant que son avant-garde et son corps de bataille s'étoient mêlez si avant parmi les escadrons ennemis qu'ils ne paroissoient plus, marche alors pour les prendre en flanc sur leur gauche et achever leur défaite : il est arrêté par un fossé qui séparoit les deux armées; mais ayant heureusement rencontré un sentier qui le traversoit, il tombe enfin sur les confédérez. Ceux-ci se défendent avec force, et un chevalier atteint Simon d'un si grand coup d'épée du côté droit, que, par l'effort que ce général fait pour le parer, il rompt son étrier gauche, et ayant enfoncé l'éperon dans le caparaçon de son cheval, il se voit sur le point d'être désarçonné : s'étant enfin affermi, et ranimant son courage, un autre chevalier lui porte un coup à la tête. Simon, sans se déconcerter, va droit à ce chevalier, le renverse de cheval d'un coup de poing qu'il lui donne sous le menton, et jette la terreur parmi les autres, qui n'osant plus résister, se débandent de toutes parts. En même temps, les comtes de Toulouse, de Foix et de Comminges, ayant appris la mort du roi d'Aragon, perdent courage, prennent la fuite, et entraînent après eux le reste de la cavalerie qui se met en déroute, et dont les croisez qui la poursuivent pendant quelque temps font périr une grande partie. Simon, en habile général, se tient à la tête de l'arrière-garde, et marche lentement en ordre de bataille pour soutenir ses troupes qui s'étoient dispersées à la poursuite des fuyards, afin que, si ses ennemis venoient à se rallier, elles trouvassent une retraite assurée auprès de lui.

« Tandis que la cavalerie des deux armées étoit aux prises, les Toulousains et le reste de l'infanterie des alliez font une tentative pour emporter d'assaut le château de Muret; mais ils sont repoussez avec vigueur, et obligez d'abandonner leur entreprise. L'évêque de Toulouse députa alors à ces peuples un religieux pour les exhorter à mettre bas les armes, avec promesse de leur sauver la vie; et en témoignage de la sûreté qui leur promet, il leur envoye sa coule qu'il portoit toujours, parce qu'il étoit religieux. Les Toulousains répondent qu'ils savent que le roi d'Aragon a remporté la victoire, et que leur évêque ne cherchoit qu'à les faire périr; et ôtant la coule à cet envoyé, ils le maltraitent et le blessent dangereusement à coups de lance. Ils ne demeurèrent pas long-temps sans être informez du succès de la bataille; et voyant de loin les signes militaires des croisez qui revenoient triomphants, ils se jettent en foule sur les batteaux qui les avoient amenés par la Garonne : plusieurs s'échappèrent ainsi; mais tous les autres furent noyez, tuez ou faits prisonniers : en sorte qu'on compte que les princes alliez perdirent quinze à vingt mille hommes dans cette journée. »

« Simon, après s'être emparé de tout le butin du camp ennemi, d'où il remporta de riches dépouilles, ordonna qu'on gardât soigneusement tous les prisonniers, dont les uns moururent dans les fers, et les autres furent obligez de payer une grosse rançon. Il se rendit sur le champ de bataille, et là, il pria Motfred de Belveze et quelques autres chevaliers qui étoient présents lorsque le roi d'Aragon avoit été tué, de lui montrer l'endroit où ce prince étoit mort en combattant. Il reconnut bien-tôt son corps, qu'il trouva étendu tout nud sur la terre; car la garnison de Muret ayant appris la victoire des croisez, s'étoit empressée de sortir; et après avoir achevé de tuer les blessez qui étoient restez dans le lieu du combat, elle avoit entièrement dépouillé tous les morts. A cette vûe, Simon descend de cheval, fait enlever le corps du roi, et ne peut refuser, comme un autre David, des larmes sur la mort de ce prince : puis il quitte sa chaussure, se rend nuds pieds dans l'église de Muret, offre à Dieu ses actions de grâces pour la victoire qu'il venoit de remporter, fait vendre son cheval et ses armes, et en distribue le prix aux pauvres. La plûpart de ces circonstances sont rapportées dans une relation que les sept évêques et les trois abbez qui étoient à la suite de Simon, et qui demeurèrent

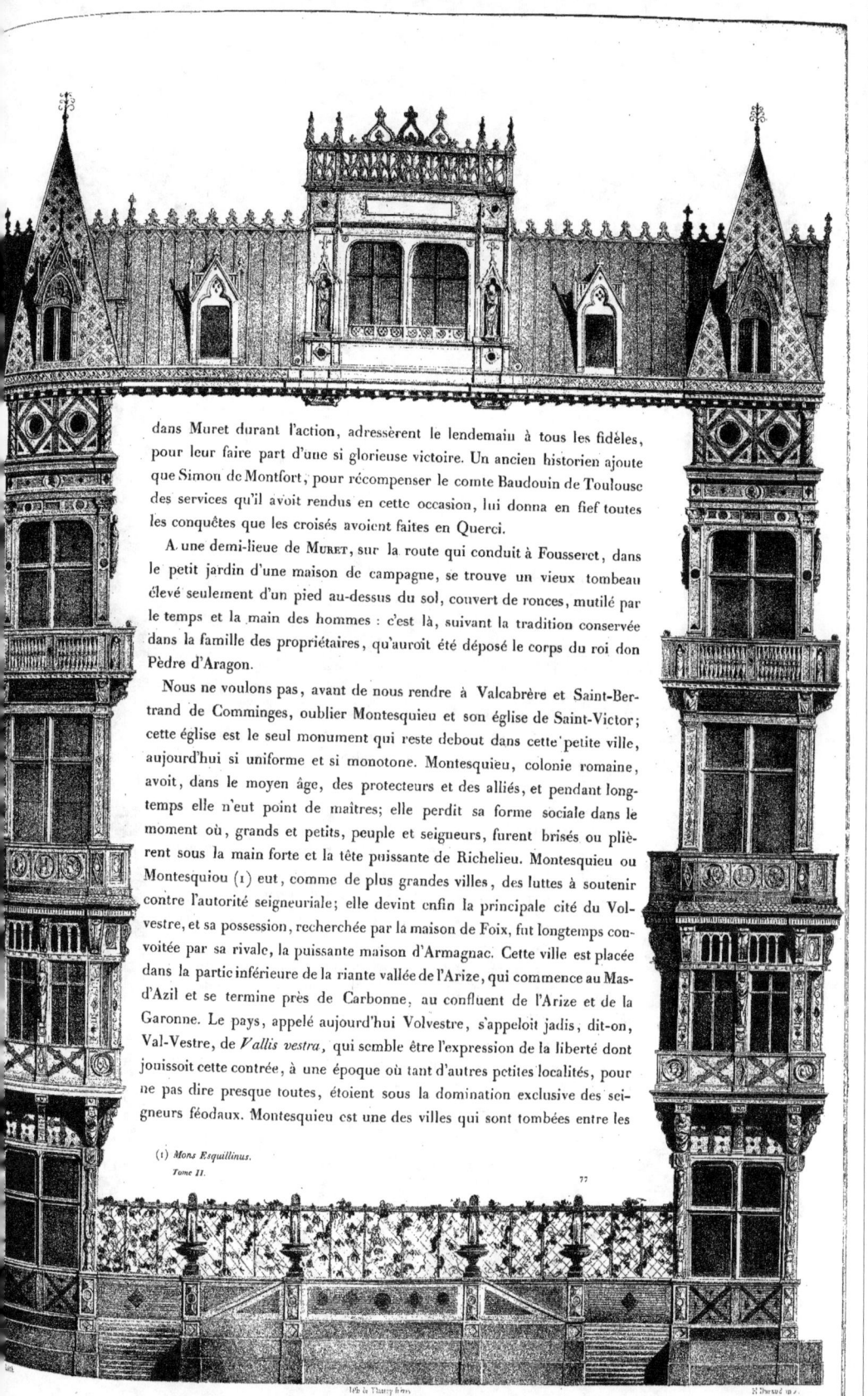

dans Muret durant l'action, adressèrent le lendemain à tous les fidèles, pour leur faire part d'une si glorieuse victoire. Un ancien historien ajoute que Simon de Montfort, pour récompenser le comte Baudouin de Toulouse des services qu'il avoit rendus en cette occasion, lui donna en fief toutes les conquêtes que les croisés avoient faites en Querci.

A une demi-lieue de Muret, sur la route qui conduit à Fousseret, dans le petit jardin d'une maison de campagne, se trouve un vieux tombeau élevé seulement d'un pied au-dessus du sol, couvert de ronces, mutilé par le temps et la main des hommes : c'est là, suivant la tradition conservée dans la famille des propriétaires, qu'auroit été déposé le corps du roi don Pèdre d'Aragon.

Nous ne voulons pas, avant de nous rendre à Valcabrère et Saint-Bertrand de Comminges, oublier Montesquieu et son église de Saint-Victor; cette église est le seul monument qui reste debout dans cette petite ville, aujourd'hui si uniforme et si monotone. Montesquieu, colonie romaine, avoit, dans le moyen âge, des protecteurs et des alliés, et pendant longtemps elle n'eut point de maîtres; elle perdit sa forme sociale dans le moment où, grands et petits, peuple et seigneurs, furent brisés ou plièrent sous la main forte et la tête puissante de Richelieu. Montesquieu ou Montesquiou (1) eut, comme de plus grandes villes, des luttes à soutenir contre l'autorité seigneuriale; elle devint enfin la principale cité du Volvestre, et sa possession, recherchée par la maison de Foix, fut longtemps convoitée par sa rivale, la puissante maison d'Armagnac. Cette ville est placée dans la partie inférieure de la riante vallée de l'Arize, qui commence au Mas-d'Azil et se termine près de Carbonne, au confluent de l'Arize et de la Garonne. Le pays, appelé aujourd'hui Volvestre, s'appeloit jadis, dit-on, Val-Vestre, de *Vallis vestra*, qui semble être l'expression de la liberté dont jouissoit cette contrée, à une époque où tant d'autres petites localités, pour ne pas dire presque toutes, étoient sous la domination exclusive des seigneurs féodaux. Montesquieu est une des villes qui sont tombées entre les

(1) *Mons Esquillinus.*

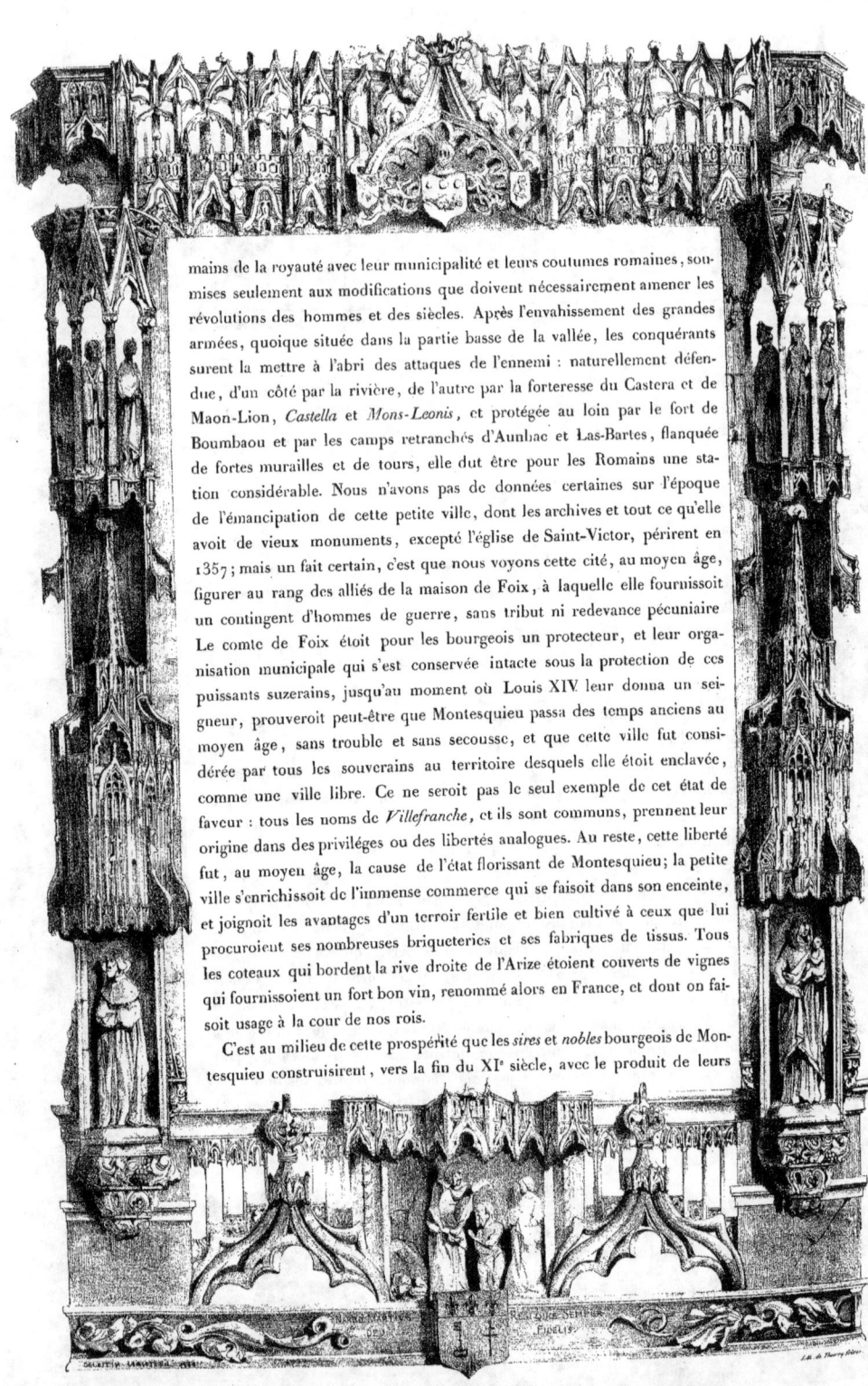

mains de la royauté avec leur municipalité et leurs coutumes romaines, soumises seulement aux modifications que doivent nécessairement amener les révolutions des hommes et des siècles. Après l'envahissement des grandes armées, quoique située dans la partie basse de la vallée, les conquérants surent la mettre à l'abri des attaques de l'ennemi : naturellement défendue, d'un côté par la rivière, de l'autre par la forteresse du Castera et de Maon-Lion, *Castella* et *Mons-Leonis*, et protégée au loin par le fort de Boumbaou et par les camps retranchés d'Aunbac et Las-Bartes, flanquée de fortes murailles et de tours, elle dut être pour les Romains une station considérable. Nous n'avons pas de données certaines sur l'époque de l'émancipation de cette petite ville, dont les archives et tout ce qu'elle avoit de vieux monuments, excepté l'église de Saint-Victor, périrent en 1357; mais un fait certain, c'est que nous voyons cette cité, au moyen âge, figurer au rang des alliés de la maison de Foix, à laquelle elle fournissoit un contingent d'hommes de guerre, sans tribut ni redevance pécuniaire Le comte de Foix étoit pour les bourgeois un protecteur, et leur organisation municipale qui s'est conservée intacte sous la protection de ces puissants suzerains, jusqu'au moment où Louis XIV leur donna un seigneur, prouveroit peut-être que Montesquieu passa des temps anciens au moyen âge, sans trouble et sans secousse, et que cette ville fut considérée par tous les souverains au territoire desquels elle étoit enclavée, comme une ville libre. Ce ne seroit pas le seul exemple de cet état de faveur : tous les noms de *Villefranche*, et ils sont communs, prennent leur origine dans des priviléges ou des libertés analogues. Au reste, cette liberté fut, au moyen âge, la cause de l'état florissant de Montesquieu; la petite ville s'enrichissoit de l'immense commerce qui se faisoit dans son enceinte, et joignoit les avantages d'un terroir fertile et bien cultivé à ceux que lui procuroient ses nombreuses briqueteries et ses fabriques de tissus. Tous les coteaux qui bordent la rive droite de l'Arize étoient couverts de vignes qui fournissoient un fort bon vin, renommé alors en France, et dont on faisoit usage à la cour de nos rois.

C'est au milieu de cette prospérité que les *sires* et *nobles* bourgeois de Montesquieu construisirent, vers la fin du XIe siècle, avec le produit de leurs

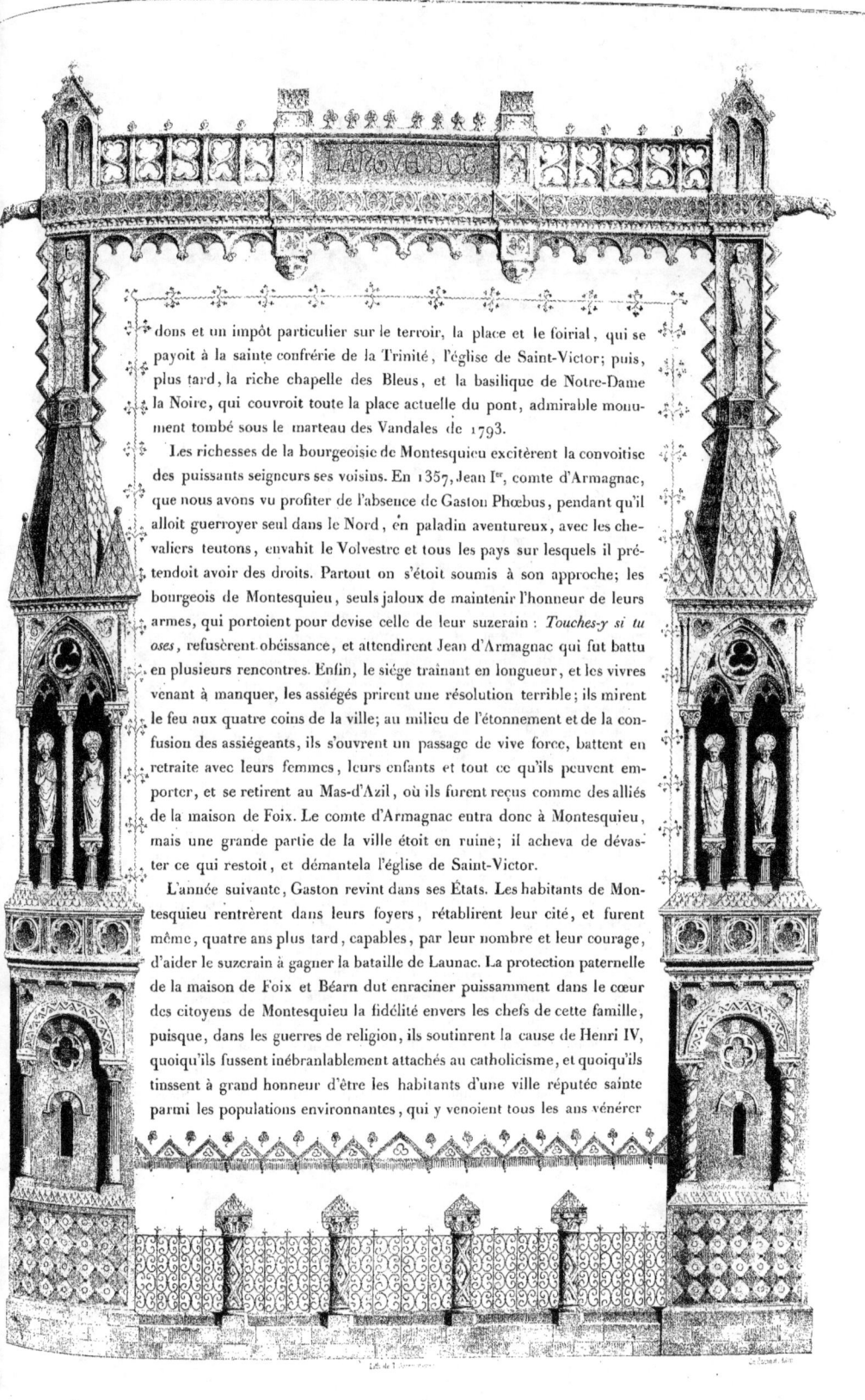

dons et un impôt particulier sur le terroir, la place et le foirial, qui se payoit à la sainte confrérie de la Trinité, l'église de Saint-Victor; puis, plus tard, la riche chapelle des Bleus, et la basilique de Notre-Dame la Noire, qui couvroit toute la place actuelle du pont, admirable monument tombé sous le marteau des Vandales de 1793.

Les richesses de la bourgeoisie de Montesquieu excitèrent la convoitise des puissants seigneurs ses voisins. En 1357, Jean Ier, comte d'Armagnac, que nous avons vu profiter de l'absence de Gaston Phœbus, pendant qu'il alloit guerroyer seul dans le Nord, en paladin aventureux, avec les chevaliers teutons, envahit le Volvestre et tous les pays sur lesquels il prétendoit avoir des droits. Partout on s'étoit soumis à son approche; les bourgeois de Montesquieu, seuls jaloux de maintenir l'honneur de leurs armes, qui portoient pour devise celle de leur suzerain : *Touches-y si tu oses*, refusèrent obéissance, et attendirent Jean d'Armagnac qui fut battu en plusieurs rencontres. Enfin, le siége traînant en longueur, et les vivres venant à manquer, les assiégés prirent une résolution terrible; ils mirent le feu aux quatre coins de la ville; au milieu de l'étonnement et de la confusion des assiégeants, ils s'ouvrent un passage de vive force, battent en retraite avec leurs femmes, leurs enfants et tout ce qu'ils peuvent emporter, et se retirent au Mas-d'Azil, où ils furent reçus comme des alliés de la maison de Foix. Le comte d'Armagnac entra donc à Montesquieu, mais une grande partie de la ville étoit en ruine; il acheva de dévaster ce qui restoit, et démantela l'église de Saint-Victor.

L'année suivante, Gaston revint dans ses États. Les habitants de Montesquieu rentrèrent dans leurs foyers, rétablirent leur cité, et furent même, quatre ans plus tard, capables, par leur nombre et leur courage, d'aider le suzerain à gagner la bataille de Launac. La protection paternelle de la maison de Foix et Béarn dut enraciner puissamment dans le cœur des citoyens de Montesquieu la fidélité envers les chefs de cette famille, puisque, dans les guerres de religion, ils soutinrent la cause de Henri IV, quoiqu'ils fussent inébranlablement attachés au catholicisme, et quoiqu'ils tinssent à grand honneur d'être les habitants d'une ville réputée sainte parmi les populations environnantes, qui y venoient tous les ans vénérer

Notre-Dame la Noire et les reliques de saint Jacques le Majeur. Ces reliques avoient pour protecteur et pour gardiens une confrérie fameuse, qui n'étoit formée que de fidèles munis d'un *Compostelle* : c'étoit le nom qu'on donnoit au certificat délivré par l'archidiacre de Compostelle à tous les pélerins qui avoient visité les reliques de saint Jacques. L'aristocratie bourgeoise de Montesquieu briguoit et considéroit d'ailleurs comme le plus grand de ses honneurs de siéger au saint conseil de la Trinité, corps religieux et politique tout à la fois, disposant des deniers de la ville, et dans lequel étoient choisis les consuls chargés de l'administration intérieure. Ces consuls, d'accord avec les habitants, dans les moments les plus difficiles des guerres de religion du XVIᵉ siècle, et lorsque Henri IV, foible et presque abandonné, vint, en juillet 1584, demander des secours aux états de Foix, sans renoncer à leur culte et à leur sympathie, reçurent le prince fugitif suivi d'une poignée de soldats, pour le tenir à l'abri d'un coup de main des ligueurs du LANGUEDOC qui le suivoient avec des forces capables de le battre et de le faire prisonnier.

Cet acte de fidélité coûta cher à ces citoyens : deux ans après, le maréchal de Joyeuse, à la tête d'un corps de la ligue, les somma d'ouvrir leurs portes ; le refus des habitants fut suivi d'une première attaque qui n'eut aucun succès. Joyeuse alors dirigea la plus grande partie de ses forces sur la porte du Pacheron, qui étoit le point le plus vulnérable et qu'on avoit peu fortifiée, parce qu'on la croyoit peut-être suffisamment défendue par les deux forts du Castera et de Maon-Lion. C'est là que le maréchal fit monter ses soldats à l'assaut, après avoir tourné les deux forts qu'il fit tenir en respect par le reste de ses forces, tandis qu'il s'avançoit dans le vallon situé entre ces deux positions importantes. L'action fut très-chaude, le combat très-long et très-opiniâtre ; mais enfin il fallut céder au nombre. Les gens de Montesquieu se replièrent sur la ville, et firent si bonne résistance, que le quartier qu'ils prirent pour point de défense, fut nommé *Carné*, champ de carnage, nom qu'il conserve encore aujourd'hui : ils se réfugièrent ensuite dans l'église de Saint-Victor, contre laquelle les ligueurs dirigèrent de l'artillerie pour pénétrer jusqu'à leurs ennemis. Ce fut ce

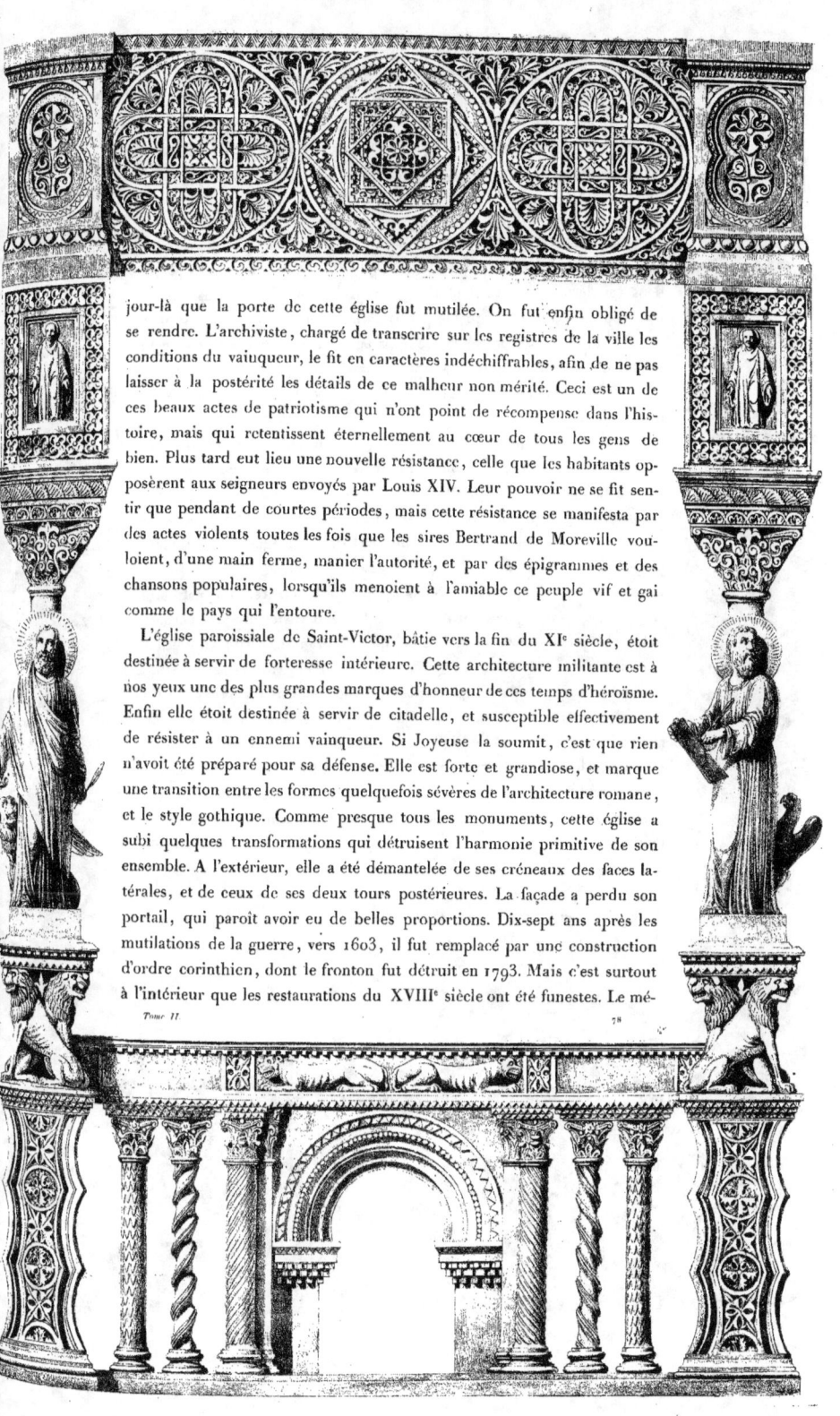

jour-là que la porte de cette église fut mutilée. On fut enfin obligé de se rendre. L'archiviste, chargé de transcrire sur les registres de la ville les conditions du vainqueur, le fit en caractères indéchiffrables, afin de ne pas laisser à la postérité les détails de ce malheur non mérité. Ceci est un de ces beaux actes de patriotisme qui n'ont point de récompense dans l'histoire, mais qui retentissent éternellement au cœur de tous les gens de bien. Plus tard eut lieu une nouvelle résistance, celle que les habitants opposèrent aux seigneurs envoyés par Louis XIV. Leur pouvoir ne se fit sentir que pendant de courtes périodes, mais cette résistance se manifesta par des actes violents toutes les fois que les sires Bertrand de Moreville vouloient, d'une main ferme, manier l'autorité, et par des épigrammes et des chansons populaires, lorsqu'ils menoient à l'amiable ce peuple vif et gai comme le pays qui l'entoure.

L'église paroissiale de Saint-Victor, bâtie vers la fin du XIe siècle, étoit destinée à servir de forteresse intérieure. Cette architecture militante est à nos yeux une des plus grandes marques d'honneur de ces temps d'héroïsme. Enfin elle étoit destinée à servir de citadelle, et susceptible effectivement de résister à un ennemi vainqueur. Si Joyeuse la soumit, c'est que rien n'avoit été préparé pour sa défense. Elle est forte et grandiose, et marque une transition entre les formes quelquefois sévères de l'architecture romane, et le style gothique. Comme presque tous les monuments, cette église a subi quelques transformations qui détruisent l'harmonie primitive de son ensemble. A l'extérieur, elle a été démantelée de ses créneaux des faces latérales, et de ceux de ses deux tours postérieures. La façade a perdu son portail, qui paroît avoir eu de belles proportions. Dix-sept ans après les mutilations de la guerre, vers 1603, il fut remplacé par une construction d'ordre corinthien, dont le fronton fut détruit en 1793. Mais c'est surtout à l'intérieur que les restaurations du XVIIIe siècle ont été funestes. Le mépris que l'ignorance des hommes qui pratiquoient alors les beaux-arts professoit pour les admirables monuments du moyen âge, les excitoit aux mutilations les plus barbares, et ce déplorable système a été suivi jusque dans ces derniers temps. Il n'existe plus qu'un sépulcre qui conserve encore son bas-relief remarquable par la variété et la fidélité des costumes. Si tant de malheurs pouvoient se réparer ou se pardonner dans cette église, le tableau de Girodet, représentant la Vierge tenant sur ses genoux le Christ au moment où il va être déposé dans le tombeau, seroit une expiation.

Nous ne ferons que traverser Martres, de l'ancien diocèse et comté de Comenges ou Cominges, bourg qui renfermoit un beau monument du moyen âge, à en juger d'après les morceaux de sculpture qui en proviennent et qui sont placés maintenant au Musée de Toulouse; et nous nous reposerons un moment à Saint-Gaudens, clef des montagnes par lesquelles on pénètre dans la partie orientale des hautes Pyrénées.

Saint-Gaudens s'appeloit autrefois le Maz de Cominges ou le petit Maz. C'étoit l'ancienne capitale du Nébouzan; les Onobusates avec les Tornates et les Campons étoient les habitants du Nébouzan (1). Cette ville prit le nom de Saint-Gaudens, du martyr de ce nom dont elle étoit la patrie, et qui fut mis à mort par Malet, gouverneur sous le puissant roi des Goths Euric, arien zélé, qui persécutoit les catholiques fidèles aux décisions du concile de Nicée. Il fit démolir l'église que saint Sernin, évêque de Toulouse, y avoit fait bâtir sous l'invocation de saint Pierre; mais les fidèles Maziens la rebâtirent et lui donnèrent, ainsi qu'à leur ville, le nom de leur compatriote, en lui conservant toutefois sa dédicace au prince des apôtres; sa fondation en fait donc une des plus anciennes églises de la contrée. Rebâtie encore au XIIe siècle, elle a des voûtes et des pleins-cintres à double archivolte qui doivent dater de cette époque; c'étoit une collégiale qui avoit un dignitaire et huit chanoines. Cette ville se rendit à Simon de Montfort en 1212. C'est la patrie de saint Raymond, fondateur, en Espagne, de l'ordre de Calatrava.

(1) Pline, liv. IV, chap. 19.

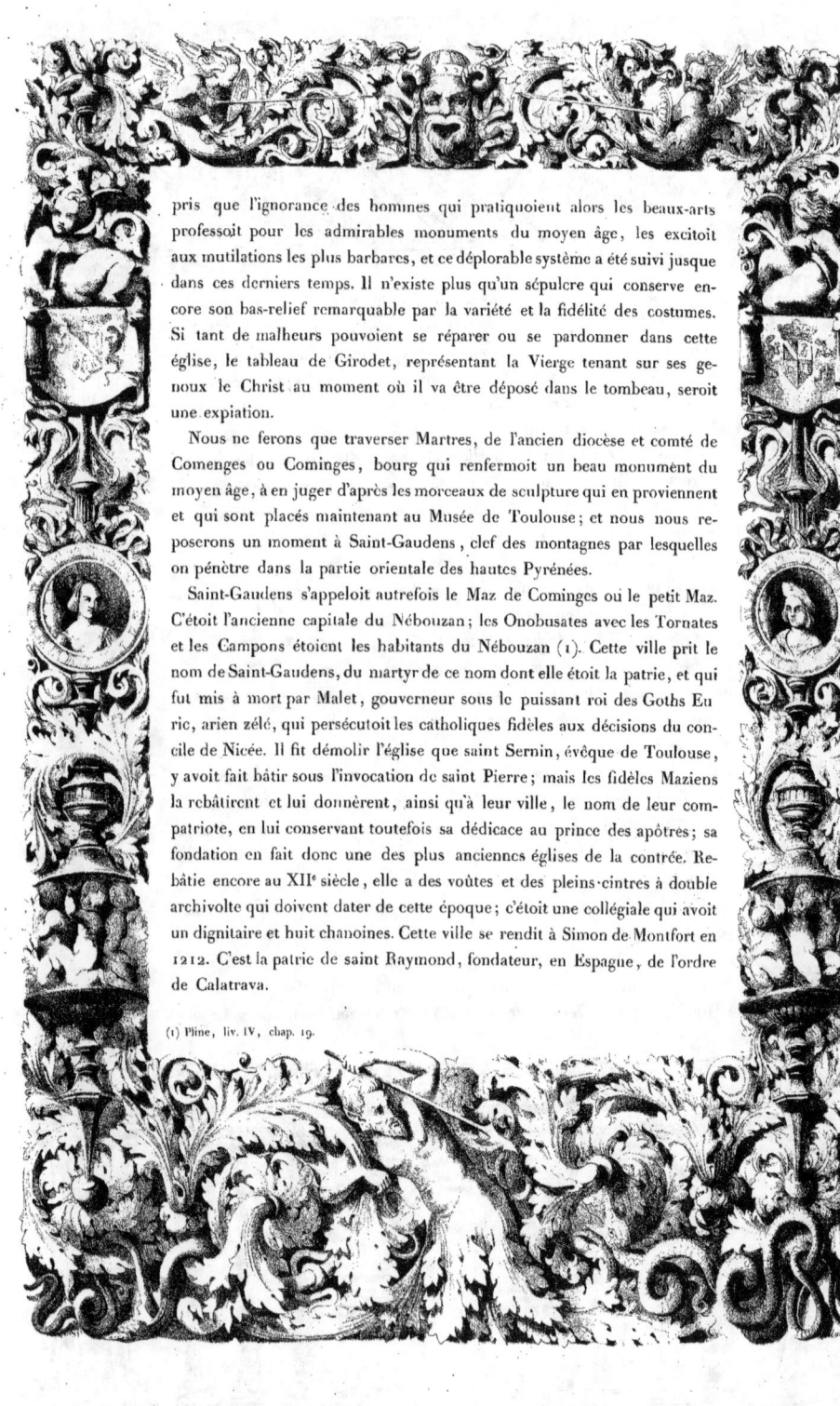

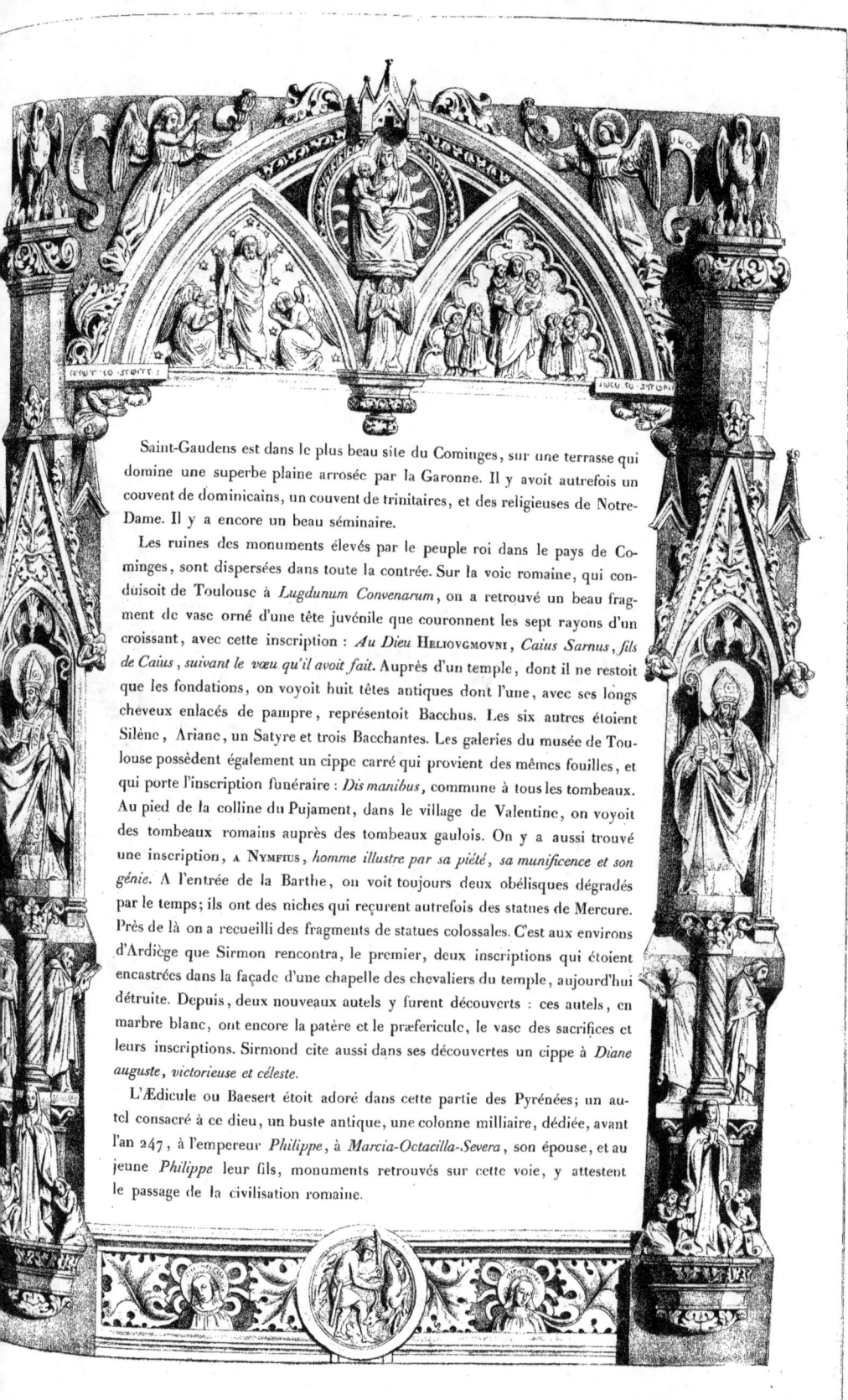

Saint-Gaudens est dans le plus beau site du Cominges, sur une terrasse qui domine une superbe plaine arrosée par la Garonne. Il y avoit autrefois un couvent de dominicains, un couvent de trinitaires, et des religieuses de Notre-Dame. Il y a encore un beau séminaire.

Les ruines des monuments élevés par le peuple roi dans le pays de Cominges, sont dispersées dans toute la contrée. Sur la voie romaine, qui conduisoit de Toulouse à *Lugdunum Convenarum*, on a retrouvé un beau fragment de vase orné d'une tête juvénile que couronnent les sept rayons d'un croissant, avec cette inscription : *Au Dieu* HELIOVGMOVNI, *Caius Sarnus, fils de Caius, suivant le vœu qu'il avoit fait.* Auprès d'un temple, dont il ne restoit que les fondations, on voyoit huit têtes antiques dont l'une, avec ses longs cheveux enlacés de pampre, représentoit Bacchus. Les six autres étoient Silène, Ariane, un Satyre et trois Bacchantes. Les galeries du musée de Toulouse possèdent également un cippe carré qui provient des mêmes fouilles, et qui porte l'inscription funéraire : *Dis manibus*, commune à tous les tombeaux. Au pied de la colline du Pujament, dans le village de Valentine, on voyoit des tombeaux romains auprès des tombeaux gaulois. On y a aussi trouvé une inscription, A NYMFIUS, *homme illustre par sa piété, sa munificence et son génie*. A l'entrée de la Barthe, on voit toujours deux obélisques dégradés par le temps; ils ont des niches qui reçurent autrefois des statues de Mercure. Près de là on a recueilli des fragments de statues colossales. C'est aux environs d'Ardiège que Sirmon rencontra, le premier, deux inscriptions qui étoient encastrées dans la façade d'une chapelle des chevaliers du temple, aujourd'hui détruite. Depuis, deux nouveaux autels y furent découverts : ces autels, en marbre blanc, ont encore la patère et le præfericulc, le vase des sacrifices et leurs inscriptions. Sirmond cite aussi dans ses découvertes un cippe à *Diane auguste, victorieuse et céleste.*

L'Ædicule ou Baesert étoit adoré dans cette partie des Pyrénées; un autel consacré à ce dieu, un buste antique, une colonne milliaire, dédiée, avant l'an 247, à l'empereur *Philippe*, à *Marcia-Octacilla-Severa*, son épouse, et au jeune *Philippe* leur fils, monuments retrouvés sur cette voie, y attestent le passage de la civilisation romaine.

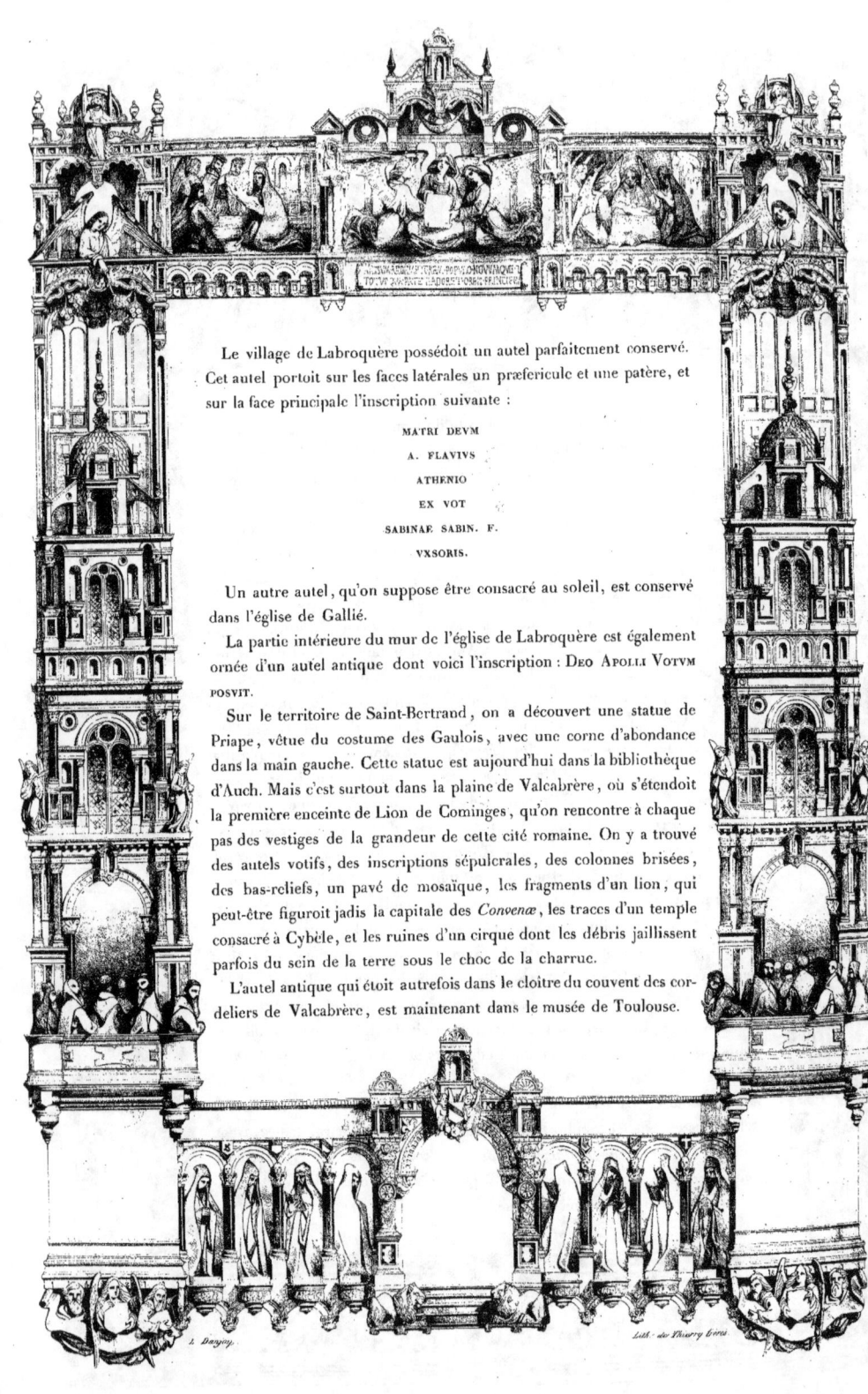

Le village de Labroquère possédoit un autel parfaitement conservé. Cet autel portoit sur les faces latérales un præfericule et une patère, et sur la face principale l'inscription suivante :

MATRI DEVM
A. FLAVIVS
ATHENIO
EX VOT
SABINAE SABIN. F.
VXSORIS.

Un autre autel, qu'on suppose être consacré au soleil, est conservé dans l'église de Gallié.

La partie intérieure du mur de l'église de Labroquère est également ornée d'un autel antique dont voici l'inscription : DEO APOLLI VOTVM POSVIT.

Sur le territoire de Saint-Bertrand, on a découvert une statue de Priape, vêtue du costume des Gaulois, avec une corne d'abondance dans la main gauche. Cette statue est aujourd'hui dans la bibliothèque d'Auch. Mais c'est surtout dans la plaine de Valcabrère, où s'étendoit la première enceinte de Lion de Cominges, qu'on rencontre à chaque pas des vestiges de la grandeur de cette cité romaine. On y a trouvé des autels votifs, des inscriptions sépulcrales, des colonnes brisées, des bas-reliefs, un pavé de mosaïque, les fragments d'un lion, qui peut-être figuroit jadis la capitale des *Convenæ*, les traces d'un temple consacré à Cybèle, et les ruines d'un cirque dont les débris jaillissent parfois du sein de la terre sous le choc de la charrue.

L'autel antique qui étoit autrefois dans le cloître du couvent des cordeliers de Valcabrère, est maintenant dans le musée de Toulouse.

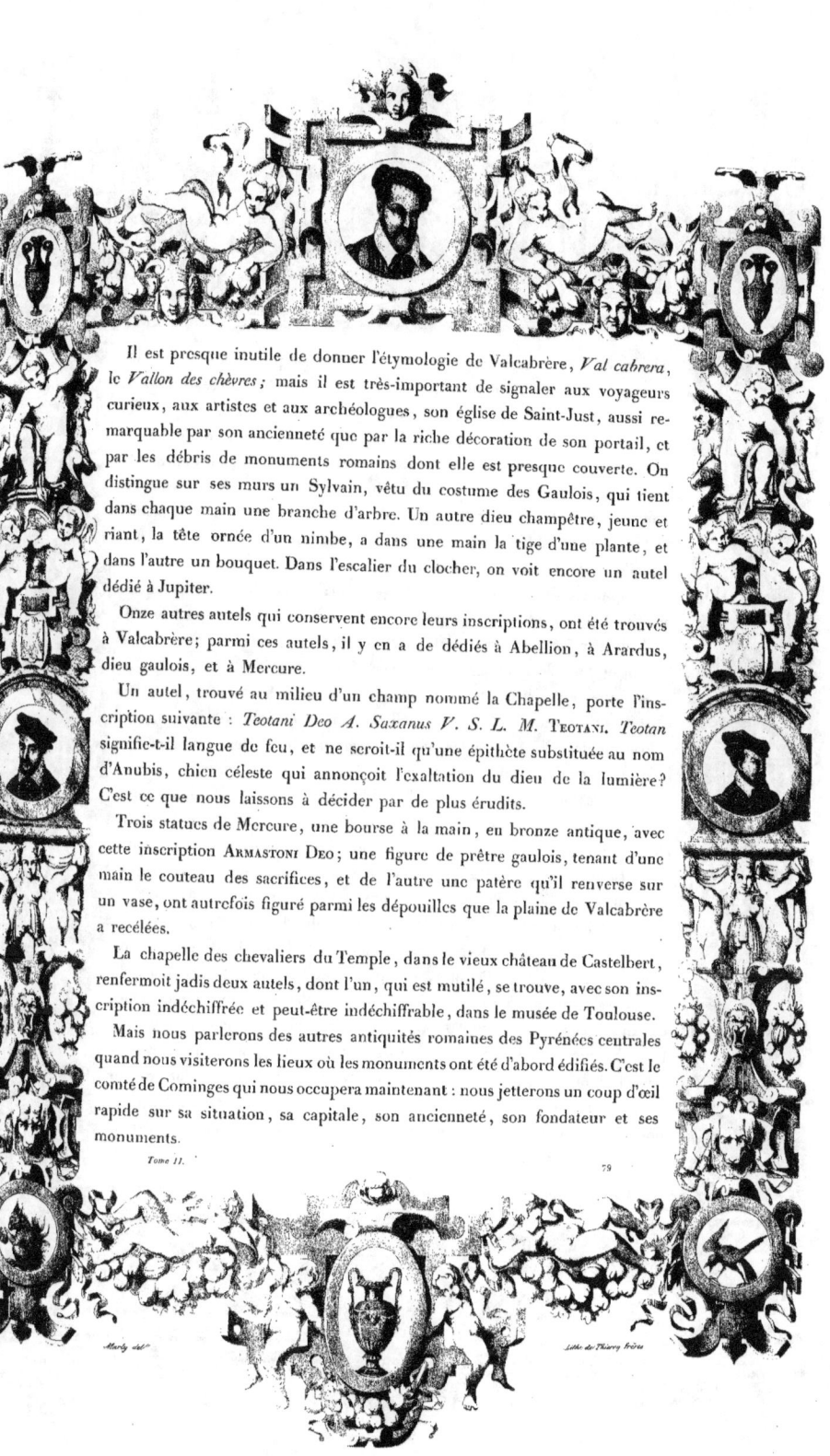

Il est presque inutile de donner l'étymologie de Valcabrère, *Val cabrera*, le *Vallon des chèvres*; mais il est très-important de signaler aux voyageurs curieux, aux artistes et aux archéologues, son église de Saint-Just, aussi remarquable par son ancienneté que par la riche décoration de son portail, et par les débris de monuments romains dont elle est presque couverte. On distingue sur ses murs un Sylvain, vêtu du costume des Gaulois, qui tient dans chaque main une branche d'arbre. Un autre dieu champêtre, jeune et riant, la tête ornée d'un nimbe, a dans une main la tige d'une plante, et dans l'autre un bouquet. Dans l'escalier du clocher, on voit encore un autel dédié à Jupiter.

Onze autres autels qui conservent encore leurs inscriptions, ont été trouvés à Valcabrère; parmi ces autels, il y en a de dédiés à Abellion, à Arardus, dieu gaulois, et à Mercure.

Un autel, trouvé au milieu d'un champ nommé la Chapelle, porte l'inscription suivante : *Teotani Deo A. Saxanus V. S. L. M.* Teotani. *Teotan* signifie-t-il langue de feu, et ne seroit-il qu'une épithète substituée au nom d'Anubis, chien céleste qui annonçoit l'exaltation du dieu de la lumière? C'est ce que nous laissons à décider par de plus érudits.

Trois statues de Mercure, une bourse à la main, en bronze antique, avec cette inscription Armastoni Deo; une figure de prêtre gaulois, tenant d'une main le couteau des sacrifices, et de l'autre une patère qu'il renverse sur un vase, ont autrefois figuré parmi les dépouilles que la plaine de Valcabrère a recélées.

La chapelle des chevaliers du Temple, dans le vieux château de Castelbert, renfermoit jadis deux autels, dont l'un, qui est mutilé, se trouve, avec son inscription indéchiffrée et peut-être indéchiffrable, dans le musée de Toulouse.

Mais nous parlerons des autres antiquités romaines des Pyrénées centrales quand nous visiterons les lieux où les monuments ont été d'abord édifiés. C'est le comté de Comminges qui nous occupera maintenant : nous jetterons un coup d'œil rapide sur sa situation, sa capitale, son ancienneté, son fondateur et ses monuments.

Le pays de Cominges est presqu'au centre et au pied des monts pyrénéens qui s'étendent de Perpignan à Bayonne. Il a pour frontière, au levant, les comtés de Foix et de Couzerans, au couchant ceux de Bigorre et d'Astarac, au sud la Catalogne et l'Aragon. Ce petit comté renferme un grand nombre de belles vallées, telles que les vallées d'Aure, de Louron, de Neste, de Barousse, de l'Ayrisse, de Luchon, de Larboust, d'Oueïl, de Frontignès, de Bavartez, du Gert, de Sort, d'Arau et de Cagire; et dans la plaine, les villes de Saint-Bertrand, de Montrejean, de Valentine, Saint-Gaudens, Saint-Martory, Saliès et Saint-Béat.

Sa capitale, Saint-Bertrand, est ainsi appelée du nom d'un de ses saints évêques, qui vivoit dans le XIe siècle, et qui la restaura du sac qu'elle éprouva en 584 ou 585, par Gontrand, roi de Bourgogne; elle étoit connue auparavant sous le nom de Lion de Cominges, *Lugdunum Convenarum*, d'abord à cause de sa situation entre la Neste et la Garonne, sur une hauteur et près d'un marais, et ensuite de *Convenæ*, peuples réunis, venus ensemble.

Presque tous les géographes des premiers siècles parlent du Cominges et de sa capitale; Strabon, en faisant la description de l'Aquitaine, cite les villes auxquelles les Romains accordèrent le droit latin, et met Lion de Cominges au nombre des cités romaines. Ptolémée, qui écrivoit dans le IIe siècle, lui donne le titre de colonie romaine. Pline, son contemporain, dit : « Les Comingeois sont d'anciens peuples rassemblés et réunis en corps et « en un même lieu. » Plusieurs écrivains anciens, et notamment saint Jérôme, attribuent à Pompée la fondation de la ville de Lion de Cominges.

Les chronologistes modernes fixent l'époque de la fondation de Lion de Cominges à l'année où Pompée, vainqueur de l'Espagne, et passant par le Cominges pour aller à Rome, y établit des peuples qu'il amenoit avec lui; certains désignent ces peuples comme des proscrits, et même comme des brigands que Pompée réunit pour en débarrasser son gouvernement, et auxquels il donna un territoire en deçà des Pyrénées; mais cette origine odieuse n'est aucunement justifiée par la bonne critique historique. Ce qu'il y a de positif, c'est que cet événement se passa vers la 680e année de la fondation de Rome, et conséquemment 72 ans avant la naissance de Jésus-Christ.

La délicieuse situation de Saint-Bertrand devoit faire aimer cette ville des Romains; ces maîtres du monde avoient hérité du goût des Grecs, qui ont orné les plus beaux sites de leur délicieux pays, de leurs beaux monuments. Les Romains ornèrent donc l'*Acropolis* de *Lugdunum Convenarum*, et toute la petite plaine où s'étendoit la ville, d'un grand nombre de constructions, dont les débris attestent le goût et quelquefois la richesse. Le nombre des inscriptions est surtout considérable : beaucoup n'ont d'autre intérêt que de rappeler des noms de familles romaines. Il en est une qui méritoit surtout d'être conservée; elle est gravée sur marbre blanc, et a été trouvée dans les constructions des masures de la ville. On l'a placée aujourd'hui sur le fronton de la porte principale de la cité :

C. IMP. XXVI. COS. V. P. P. CIVITAS CONVENAR.

C'est-à-dire : *A César vingt-six fois empereur, cinq fois consul, père de la patrie, la cité de Cominges.*

César embellissoit les villes considérables de l'empire agrandi par ses armes; il y envoyoit des colonies romaines; Lion de Cominges eut la sienne. Ce grand homme fit encore plus pour elle : il lui donna la légion qu'elle affectionnoit le plus, étendit ses fortifications dans la plaine, et les appuya de fortes tours; il en éleva une, entre autres, pour la garde d'une belle fontaine surgissant au pied de la petite montagne de la ville haute, à laquelle les habitants descendoient par un chemin couvert.

Après César, quand Auguste fit la nouvelle division de l'empire en provinces, la Gascogne, appelée jusqu'alors la troisième Aquitaine, fut divisée en douze circonscriptions, d'après les noms des douze villes capitales : Lion de Cominges, Auch, Lectoure, Acqs, Couzerans, Bayonne, Ortez ou Lescar, Aire ou le bourg de César, Bazas, Tarbes, Olleron, Eauze. De toutes ces villes, la plus distinguée par le souverain fut celle de Lion de Cominges. Octave Auguste étant venu dans les Gaules, et connoissant la fidélité des Comingeois, voulut être escorté par une centurie qu'il prit parmi eux, et qui fit plus tard partie de sa garde particulière (1).

(1) Suétone, Ohienard, etc.

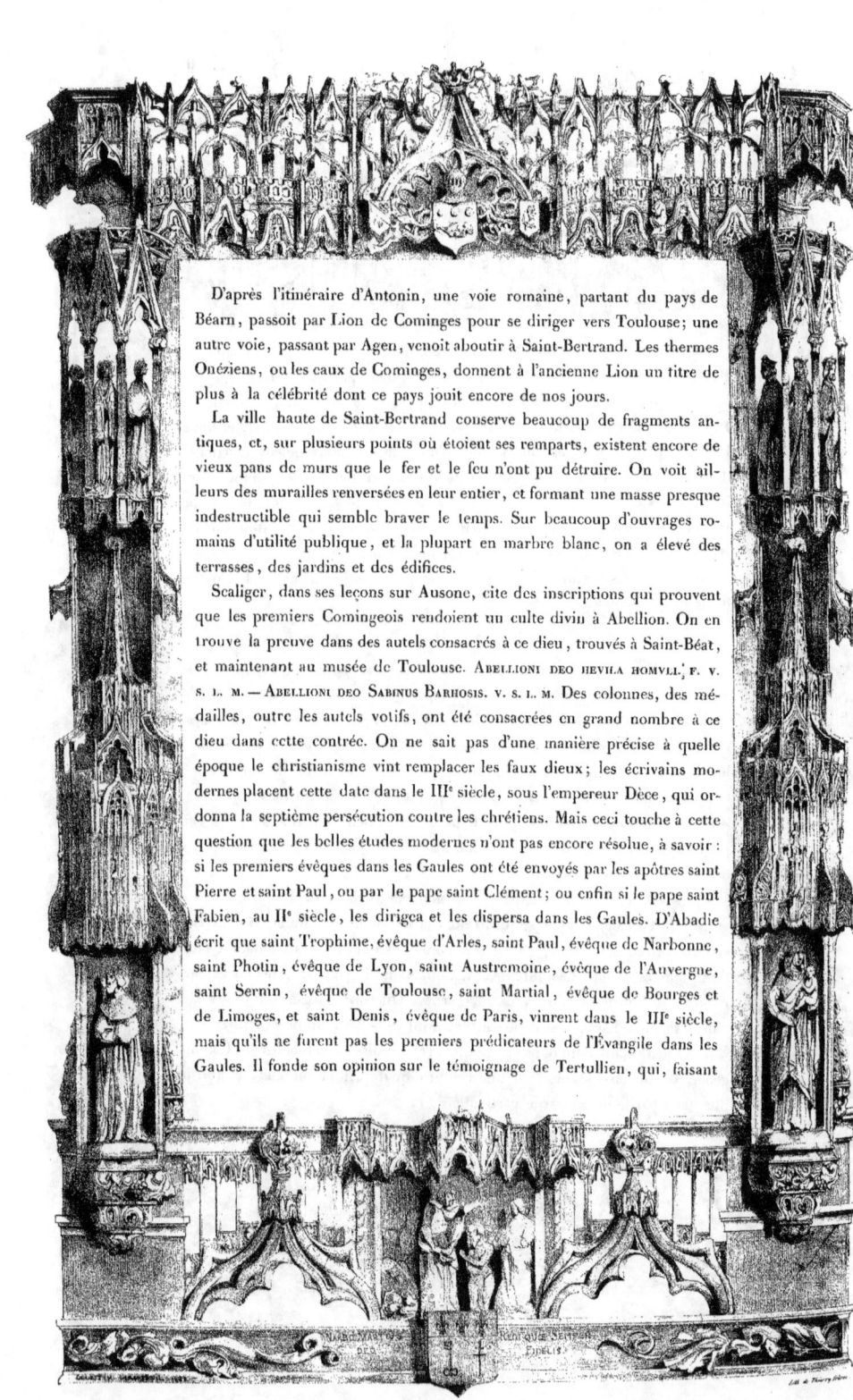

D'après l'itinéraire d'Antonin, une voie romaine, partant du pays de Béarn, passoit par Lion de Cominges pour se diriger vers Toulouse; une autre voie, passant par Agen, venoit aboutir à Saint-Bertrand. Les thermes Onéziens, ou les eaux de Cominges, donnent à l'ancienne Lion un titre de plus à la célébrité dont ce pays jouit encore de nos jours.

La ville haute de Saint-Bertrand conserve beaucoup de fragments antiques, et, sur plusieurs points où étoient ses remparts, existent encore de vieux pans de murs que le fer et le feu n'ont pu détruire. On voit ailleurs des murailles renversées en leur entier, et formant une masse presque indestructible qui semble braver le temps. Sur beaucoup d'ouvrages romains d'utilité publique, et la plupart en marbre blanc, on a élevé des terrasses, des jardins et des édifices.

Scaliger, dans ses leçons sur Ausone, cite des inscriptions qui prouvent que les premiers Comingeois rendoient un culte divin à Abellion. On en trouve la preuve dans des autels consacrés à ce dieu, trouvés à Saint-Béat, et maintenant au musée de Toulouse. ABELLIONI DEO HEVILA HOMVLL. F. V. S. L. M. — ABELLIONI DEO SABINUS BARHOSIS. V. S. L. M. Des colonnes, des médailles, outre les autels votifs, ont été consacrées en grand nombre à ce dieu dans cette contrée. On ne sait pas d'une manière précise à quelle époque le christianisme vint remplacer les faux dieux; les écrivains modernes placent cette date dans le IIIe siècle, sous l'empereur Dèce, qui ordonna la septième persécution contre les chrétiens. Mais ceci touche à cette question que les belles études modernes n'ont pas encore résolue, à savoir : si les premiers évêques dans les Gaules ont été envoyés par les apôtres saint Pierre et saint Paul, ou par le pape saint Clément; ou enfin si le pape saint Fabien, au IIe siècle, les dirigea et les dispersa dans les Gaules. D'Abadie écrit que saint Trophime, évêque d'Arles, saint Paul, évêque de Narbonne, saint Photin, évêque de Lyon, saint Austremoine, évêque de l'Auvergne, saint Sernin, évêque de Toulouse, saint Martial, évêque de Bourges et de Limoges, et saint Denis, évêque de Paris, vinrent dans le IIIe siècle, mais qu'ils ne furent pas les premiers prédicateurs de l'Évangile dans les Gaules. Il fonde son opinion sur le témoignage de Tertullien, qui, faisant

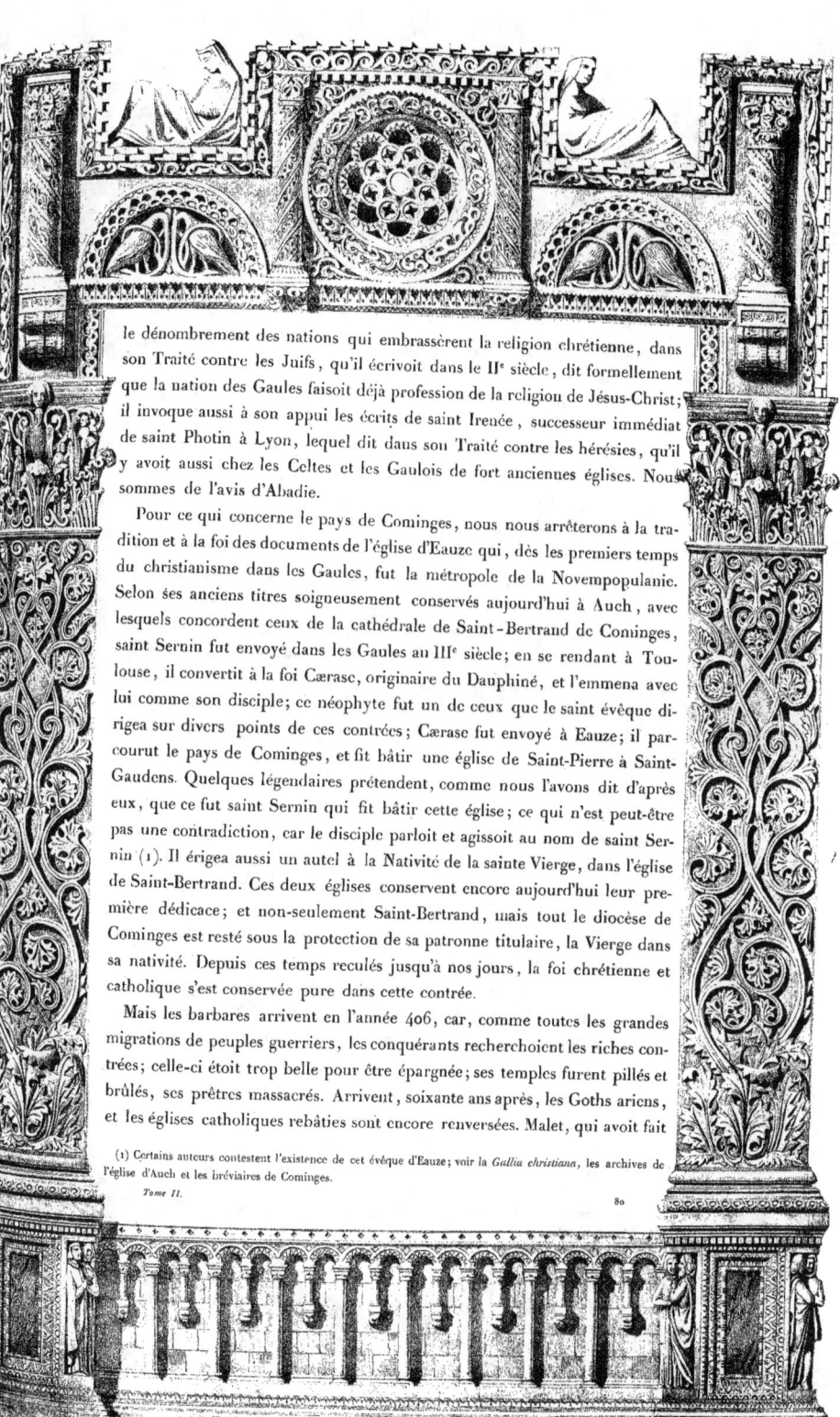

le dénombrement des nations qui embrassèrent la religion chrétienne, dans son Traité contre les Juifs, qu'il écrivoit dans le IIe siècle, dit formellement que la nation des Gaules faisoit déjà profession de la religion de Jésus-Christ; il invoque aussi à son appui les écrits de saint Irenée, successeur immédiat de saint Photin à Lyon, lequel dit dans son Traité contre les hérésies, qu'il y avoit aussi chez les Celtes et les Gaulois de fort anciennes églises. Nous sommes de l'avis d'Abadie.

Pour ce qui concerne le pays de Cominges, nous nous arrêterons à la tradition et à la foi des documents de l'église d'Eauze qui, dès les premiers temps du christianisme dans les Gaules, fut la métropole de la Novempopulanie. Selon ses anciens titres soigneusement conservés aujourd'hui à Auch, avec lesquels concordent ceux de la cathédrale de Saint-Bertrand de Cominges, saint Sernin fut envoyé dans les Gaules au IIIe siècle; en se rendant à Toulouse, il convertit à la foi Cærase, originaire du Dauphiné, et l'emmena avec lui comme son disciple; ce néophyte fut un de ceux que le saint évêque dirigea sur divers points de ces contrées; Cærase fut envoyé à Eauze; il parcourut le pays de Cominges, et fit bâtir une église de Saint-Pierre à Saint-Gaudens. Quelques légendaires prétendent, comme nous l'avons dit d'après eux, que ce fut saint Sernin qui fit bâtir cette église; ce qui n'est peut-être pas une contradiction, car le disciple parloit et agissoit au nom de saint Sernin (1). Il érigea aussi un autel à la Nativité de la sainte Vierge, dans l'église de Saint-Bertrand. Ces deux églises conservent encore aujourd'hui leur première dédicace; et non-seulement Saint-Bertrand, mais tout le diocèse de Cominges est resté sous la protection de sa patronne titulaire, la Vierge dans sa nativité. Depuis ces temps reculés jusqu'à nos jours, la foi chrétienne et catholique s'est conservée pure dans cette contrée.

Mais les barbares arrivent en l'année 406, car, comme toutes les grandes migrations de peuples guerriers, les conquérants recherchoient les riches contrées; celle-ci étoit trop belle pour être épargnée; ses temples furent pillés et brûlés, ses prêtres massacrés. Arrivent, soixante ans après, les Goths ariens, et les églises catholiques rebâties sont encore renversées. Malet, qui avoit fait

(1) Certains auteurs contestent l'existence de cet évêque d'Eauze; voir la *Gallia christiana*, les archives de l'église d'Auch et les bréviaires de Cominges.

de saint Gaudens un martyr, vint aussi à Lion de Cominges exercer ses fureurs ; mais, à la suite de toutes ces dévastations, la ville haute conserva ses murailles et la renommée de ville forte. Dans le VIe siècle, Gondebaud, le prétendant à la couronne de France, poursuivi par Léodégésile, chercha un refuge à Lion de Cominges ; cette ville fut promptement investie, mais il étoit difficile d'y pénétrer. Léodégésile agit de ruse ; il entama des négociations secrètes avec les habitants pour se faire livrer Gondebaud, en promettant pardon aux révoltés et récompense à ceux qui serviroient ses projets. Des traîtres habiles persuadèrent au fils naturel de Clotaire, trop confiant pour un prétendant à la couronne, de venir conférer avec le général de Gontran : Gondebaud se laissa tromper par les assurances de leur dévouement ; il partit entouré de ses perfides amis ; arrivé à la porte de la ville, appelée aujourd'hui Cabirole, Gondebaud sortit le premier ; mais Mommole et ses compagnons, au lieu de le suivre, poussèrent promptement la porte, la fermèrent sur lui et l'abandonnèrent à ses ennemis. Cet infortuné prince leva alors les yeux au ciel, invoqua la vengeance divine, et fut forcé de s'acheminer vers le camp ennemi ; à peine y eut-il fait quelques pas, que Allou, comte de Bourges, un des premiers informés, se jeta sur lui, et le poussa dans un précipice qui étoit tout près des murailles, et où il tomba presque mort ; les soldats accoururent, l'achevèrent à coup de pierres, traînèrent son corps autour du camp, et laissèrent son cadavre sans sépulture. Le lendemain, Léodégésile entra dans la ville avec les siens, la livra au pillage, et fit passer au fil de l'épée tous les habitants sans distinction ni d'âge ni de sexe ; les prêtres furent massacrés au pied des autels. Les chefs Mommole et autres furent gardés à vue jusqu'à la réponse de Gontran, qui ne leur fut point favorable ; il ordonna au contraire qu'ils fussent mis à mort, ce qui fut exécuté sur-le-champ. Sagittaire, l'évêque de Gap, qui s'étoit réuni aux partisans de Gondebaud, espéra un moment se sauver ; mais les soldats l'ayant reconnu, ils lui firent sauter la tête. L'armée ne se contenta pas du pillage et des massacres ; elle détruisit les édifices et jusqu'aux habitations des citoyens, et elle mit le feu à tout ce qu'elle ne put démolir. Enfin, cette ville si belle et si fière de ses monuments, de ses tours et de ses remparts, si forte depuis tant de siècles, n'offrit en peu d'heures qu'un monceau de ruines et de cendres. La

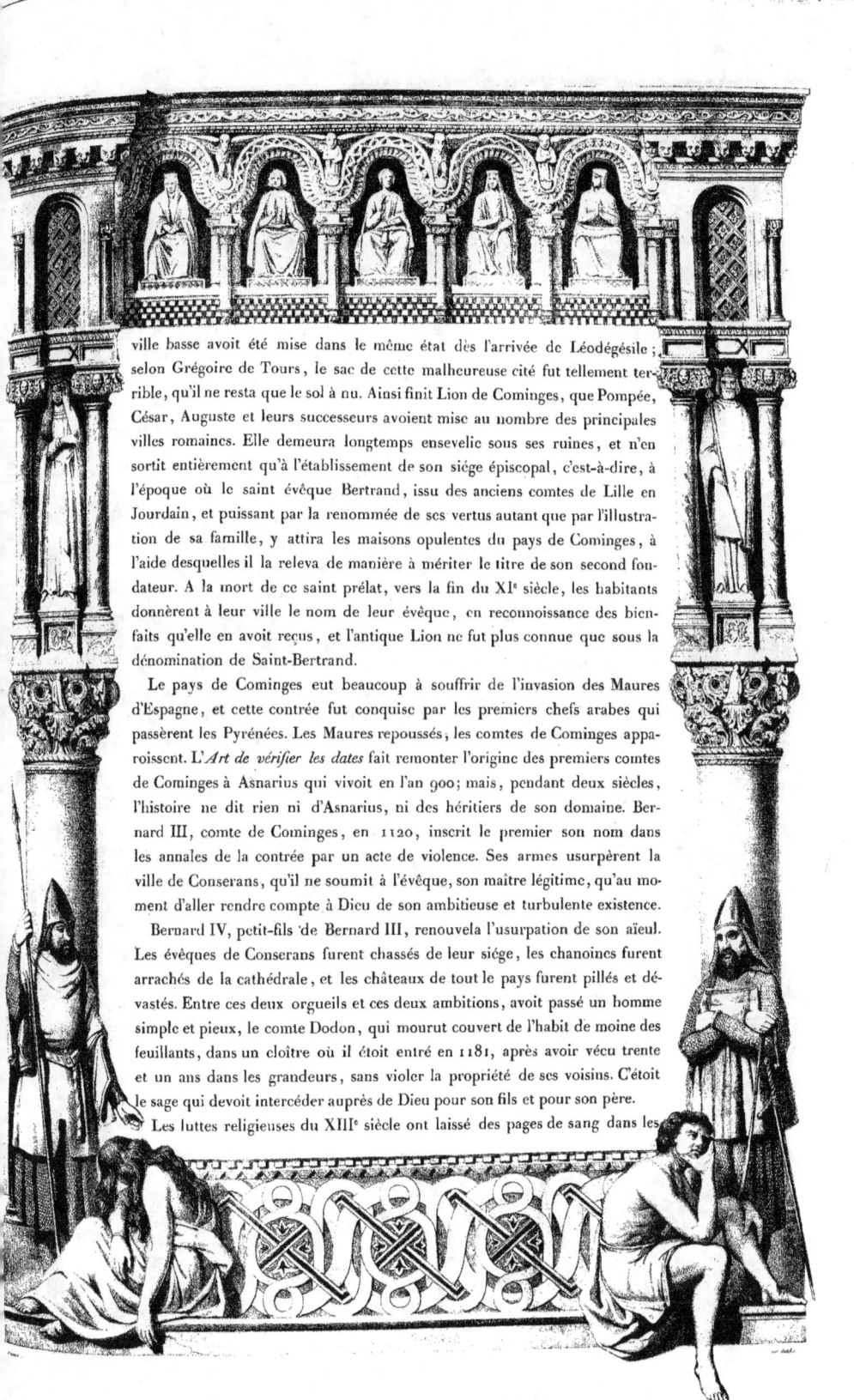

ville basse avoit été mise dans le même état dès l'arrivée de Léodégésile; selon Grégoire de Tours, le sac de cette malheureuse cité fut tellement terrible, qu'il ne resta que le sol à nu. Ainsi finit Lion de Cominges, que Pompée, César, Auguste et leurs successeurs avoient mise au nombre des principales villes romaines. Elle demeura longtemps ensevelie sous ses ruines, et n'en sortit entièrement qu'à l'établissement de son siége épiscopal, c'est-à-dire, à l'époque où le saint évêque Bertrand, issu des anciens comtes de Lille en Jourdain, et puissant par la renommée de ses vertus autant que par l'illustration de sa famille, y attira les maisons opulentes du pays de Cominges, à l'aide desquelles il la releva de manière à mériter le titre de son second fondateur. A la mort de ce saint prélat, vers la fin du XIe siècle, les habitants donnèrent à leur ville le nom de leur évêque, en reconnoissance des bienfaits qu'elle en avoit reçus, et l'antique Lion ne fut plus connue que sous la dénomination de Saint-Bertrand.

Le pays de Cominges eut beaucoup à souffrir de l'invasion des Maures d'Espagne, et cette contrée fut conquise par les premiers chefs arabes qui passèrent les Pyrénées. Les Maures repoussés, les comtes de Cominges apparoissent. L'*Art de vérifier les dates* fait remonter l'origine des premiers comtes de Cominges à Asnarius qui vivoit en l'an 900; mais, pendant deux siècles, l'histoire ne dit rien ni d'Asnarius, ni des héritiers de son domaine. Bernard III, comte de Cominges, en 1120, inscrit le premier son nom dans les annales de la contrée par un acte de violence. Ses armes usurpèrent la ville de Conserans, qu'il ne soumit à l'évêque, son maître légitime, qu'au moment d'aller rendre compte à Dieu de son ambitieuse et turbulente existence.

Bernard IV, petit-fils de Bernard III, renouvela l'usurpation de son aïeul. Les évêques de Conserans furent chassés de leur siége, les chanoines furent arrachés de la cathédrale, et les châteaux de tout le pays furent pillés et dévastés. Entre ces deux orgueils et ces deux ambitions, avoit passé un homme simple et pieux, le comte Dodon, qui mourut couvert de l'habit de moine des feuillants, dans un cloître où il étoit entré en 1181, après avoir vécu trente et un ans dans les grandeurs, sans violer la propriété de ses voisins. C'étoit le sage qui devoit intercéder auprès de Dieu pour son fils et pour son père.

Les luttes religieuses du XIIIe siècle ont laissé des pages de sang dans les

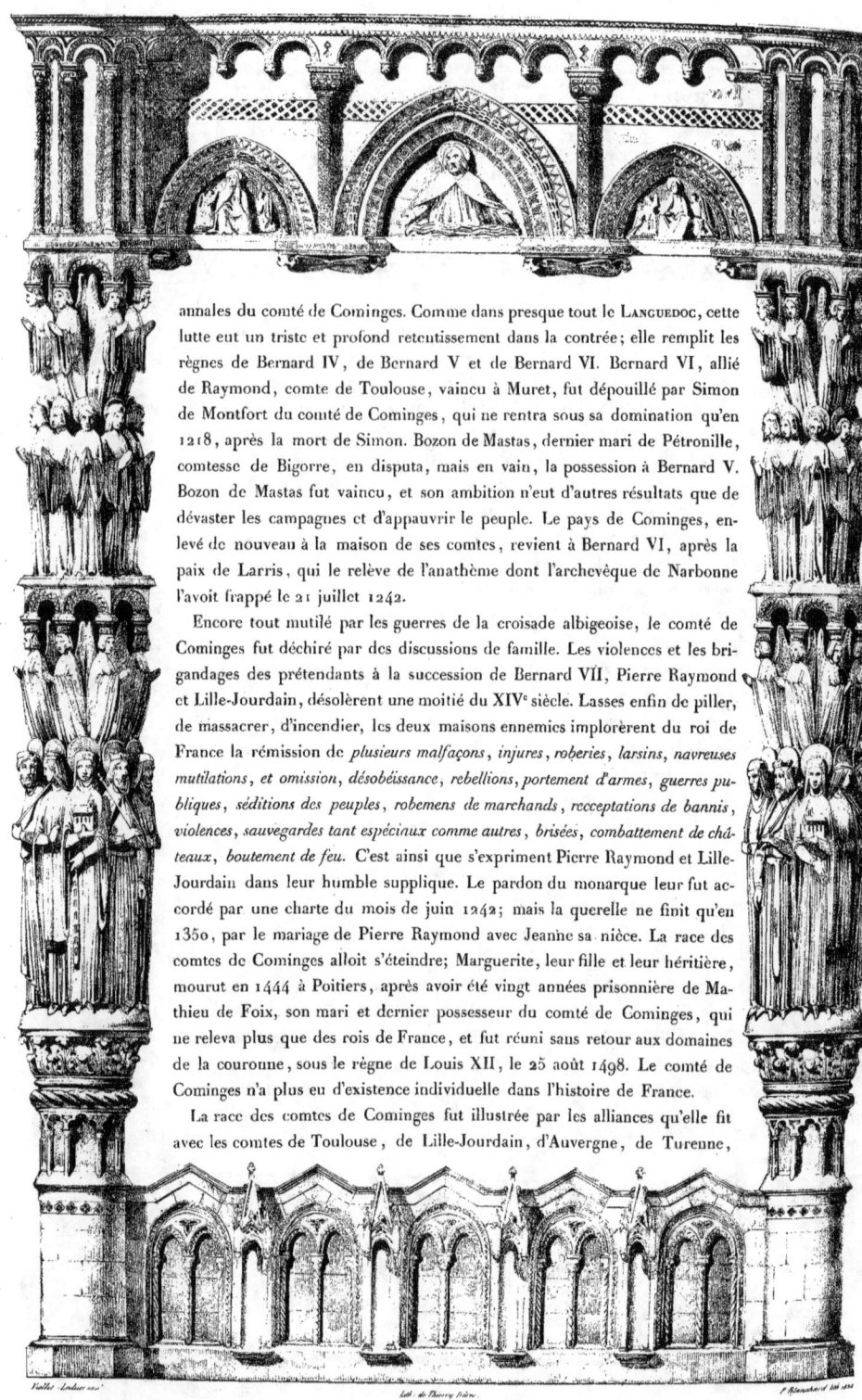

annales du comté de Cominges. Comme dans presque tout le LANGUEDOC, cette lutte eut un triste et profond retentissement dans la contrée; elle remplit les règnes de Bernard IV, de Bernard V et de Bernard VI. Bernard VI, allié de Raymond, comte de Toulouse, vaincu à Muret, fut dépouillé par Simon de Montfort du comté de Cominges, qui ne rentra sous sa domination qu'en 1218, après la mort de Simon. Bozon de Mastas, dernier mari de Pétronille, comtesse de Bigorre, en disputa, mais en vain, la possession à Bernard V. Bozon de Mastas fut vaincu, et son ambition n'eut d'autres résultats que de dévaster les campagnes et d'appauvrir le peuple. Le pays de Cominges, enlevé de nouveau à la maison de ses comtes, revient à Bernard VI, après la paix de Larris, qui le relève de l'anathème dont l'archevêque de Narbonne l'avoit frappé le 21 juillet 1242.

Encore tout mutilé par les guerres de la croisade albigeoise, le comté de Cominges fut déchiré par des discussions de famille. Les violences et les brigandages des prétendants à la succession de Bernard VII, Pierre Raymond et Lille-Jourdain, désolèrent une moitié du XIVe siècle. Lasses enfin de piller, de massacrer, d'incendier, les deux maisons ennemies implorèrent du roi de France la rémission de *plusieurs malfaçons, injures, roberies, larsins, navreuses mutilations, et omission, désobéissance, rebellions, portement d'armes, guerres publiques, séditions des peuples, robemens de marchands, recceptations de bannis, violences, sauvegardes tant espéciaux comme autres, brisées, combattement de châteaux, boutement de feu*. C'est ainsi que s'expriment Pierre Raymond et Lille-Jourdain dans leur humble supplique. Le pardon du monarque leur fut accordé par une charte du mois de juin 1242; mais la querelle ne finit qu'en 1350, par le mariage de Pierre Raymond avec Jeanne sa nièce. La race des comtes de Cominges alloit s'éteindre; Marguerite, leur fille et leur héritière, mourut en 1444 à Poitiers, après avoir été vingt années prisonnière de Mathieu de Foix, son mari et dernier possesseur du comté de Cominges, qui ne releva plus que des rois de France, et fut réuni sans retour aux domaines de la couronne, sous le règne de Louis XII, le 25 août 1498. Le comté de Cominges n'a plus eu d'existence individuelle dans l'histoire de France.

La race des comtes de Cominges fut illustrée par les alliances qu'elle fit avec les comtes de Toulouse, de Lille-Jourdain, d'Auvergne, de Turenne,

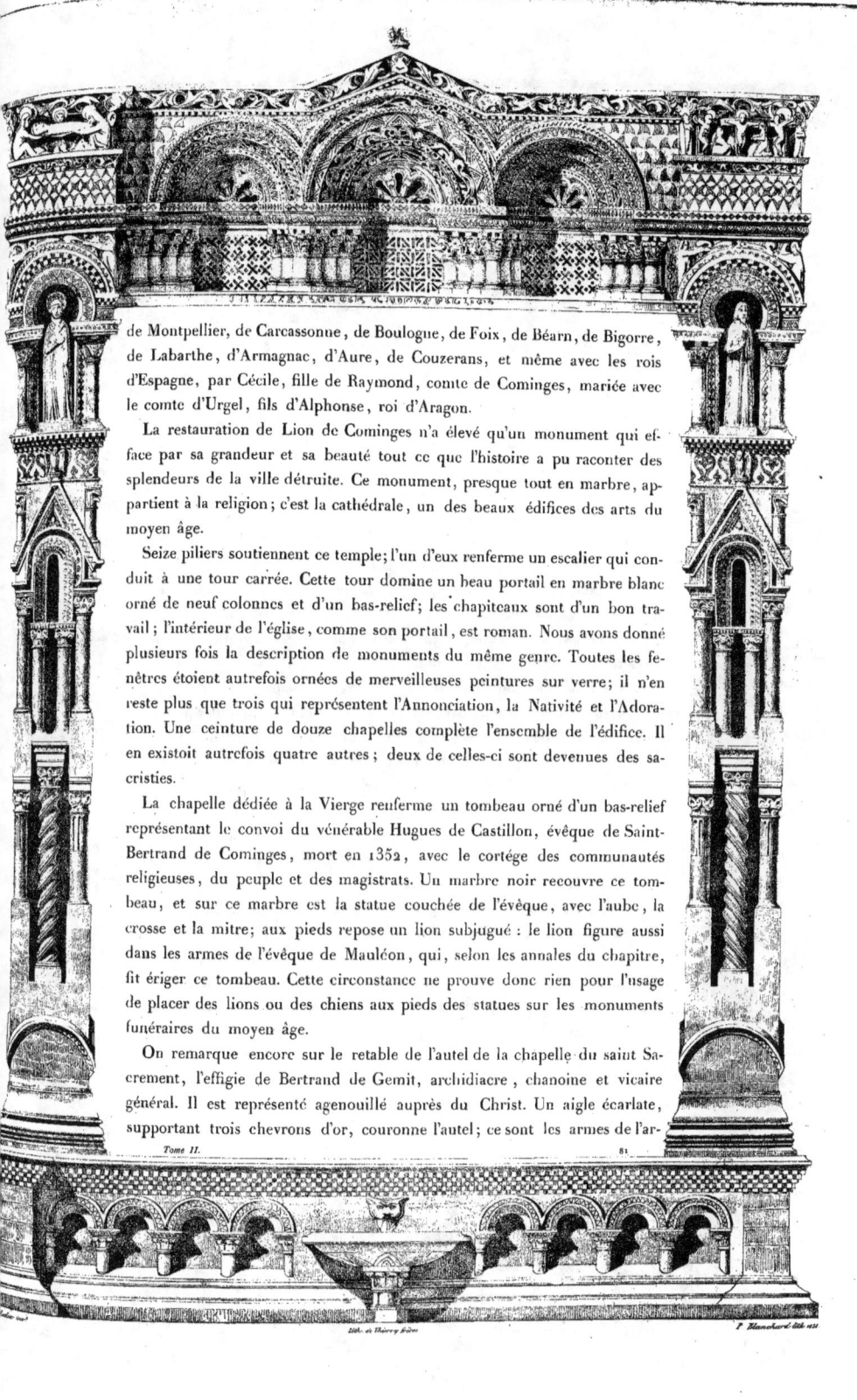

de Montpellier, de Carcassonne, de Boulogne, de Foix, de Béarn, de Bigorre, de Labarthe, d'Armagnac, d'Aure, de Couzerans, et même avec les rois d'Espagne, par Cécile, fille de Raymond, comte de Cominges, mariée avec le comte d'Urgel, fils d'Alphonse, roi d'Aragon.

La restauration de Lion de Cominges n'a élevé qu'un monument qui efface par sa grandeur et sa beauté tout ce que l'histoire a pu raconter des splendeurs de la ville détruite. Ce monument, presque tout en marbre, appartient à la religion; c'est la cathédrale, un des beaux édifices des arts du moyen âge.

Seize piliers soutiennent ce temple; l'un d'eux renferme un escalier qui conduit à une tour carrée. Cette tour domine un beau portail en marbre blanc orné de neuf colonnes et d'un bas-relief; les chapiteaux sont d'un bon travail; l'intérieur de l'église, comme son portail, est roman. Nous avons donné plusieurs fois la description de monuments du même genre. Toutes les fenêtres étoient autrefois ornées de merveilleuses peintures sur verre; il n'en reste plus que trois qui représentent l'Annonciation, la Nativité et l'Adoration. Une ceinture de douze chapelles complète l'ensemble de l'édifice. Il en existoit autrefois quatre autres; deux de celles-ci sont devenues des sacristies.

La chapelle dédiée à la Vierge renferme un tombeau orné d'un bas-relief représentant le convoi du vénérable Hugues de Castillon, évêque de Saint-Bertrand de Cominges, mort en 1352, avec le cortège des communautés religieuses, du peuple et des magistrats. Un marbre noir recouvre ce tombeau, et sur ce marbre est la statue couchée de l'évêque, avec l'aube, la crosse et la mitre; aux pieds repose un lion subjugué : le lion figure aussi dans les armes de l'évêque de Mauléon, qui, selon les annales du chapitre, fit ériger ce tombeau. Cette circonstance ne prouve donc rien pour l'usage de placer des lions ou des chiens aux pieds des statues sur les monuments funéraires du moyen âge.

On remarque encore sur le retable de l'autel de la chapelle du saint Sacrement, l'effigie de Bertrand de Gemit, archidiacre, chanoine et vicaire général. Il est représenté agenouillé auprès du Christ. Un aigle écarlate, supportant trois chevrons d'or, couronne l'autel; ce sont les armes de l'ar-

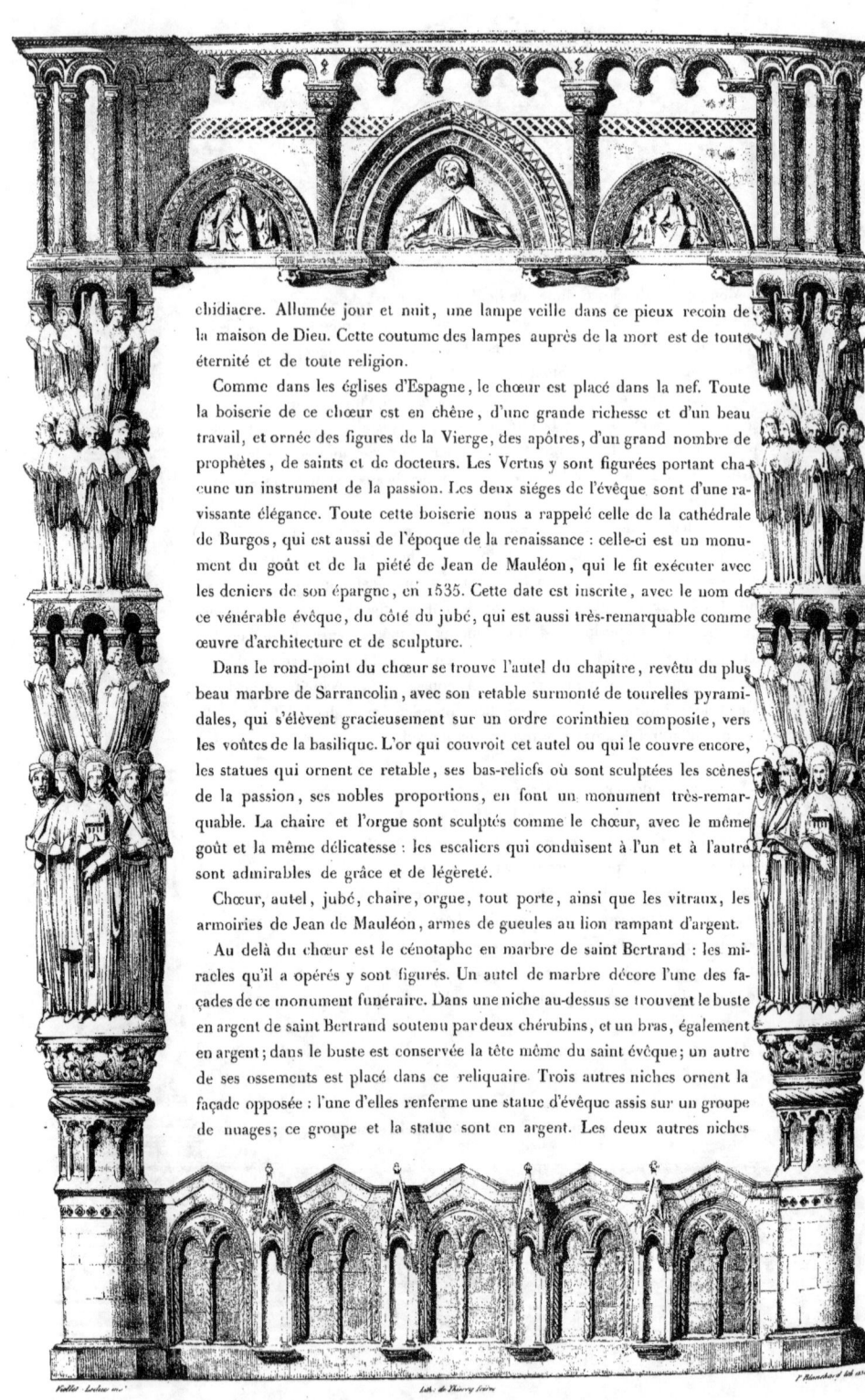

chidiacre. Allumée jour et nuit, une lampe veille dans ce pieux recoin de la maison de Dieu. Cette coutume des lampes auprès de la mort est de toute éternité et de toute religion.

Comme dans les églises d'Espagne, le chœur est placé dans la nef. Toute la boiserie de ce chœur est en chêne, d'une grande richesse et d'un beau travail, et ornée des figures de la Vierge, des apôtres, d'un grand nombre de prophètes, de saints et de docteurs. Les Vertus y sont figurées portant chacune un instrument de la passion. Les deux siéges de l'évêque sont d'une ravissante élégance. Toute cette boiserie nous a rappelé celle de la cathédrale de Burgos, qui est aussi de l'époque de la renaissance : celle-ci est un monument du goût et de la piété de Jean de Mauléon, qui le fit exécuter avec les deniers de son épargne, en 1535. Cette date est inscrite, avec le nom de ce vénérable évêque, du côté du jubé, qui est aussi très-remarquable comme œuvre d'architecture et de sculpture.

Dans le rond-point du chœur se trouve l'autel du chapitre, revêtu du plus beau marbre de Sarrancolin, avec son retable surmonté de tourelles pyramidales, qui s'élèvent gracieusement sur un ordre corinthien composite, vers les voûtes de la basilique. L'or qui couvroit cet autel ou qui le couvre encore, les statues qui ornent ce retable, ses bas-reliefs où sont sculptées les scènes de la passion, ses nobles proportions, en font un monument très-remarquable. La chaire et l'orgue sont sculptés comme le chœur, avec le même goût et la même délicatesse : les escaliers qui conduisent à l'un et à l'autre sont admirables de grâce et de légèreté.

Chœur, autel, jubé, chaire, orgue, tout porte, ainsi que les vitraux, les armoiries de Jean de Mauléon, armes de gueules au lion rampant d'argent.

Au delà du chœur est le cénotaphe en marbre de saint Bertrand : les miracles qu'il a opérés y sont figurés. Un autel de marbre décore l'une des façades de ce monument funéraire. Dans une niche au-dessus se trouvent le buste en argent de saint Bertrand soutenu par deux chérubins, et un bras, également en argent; dans le buste est conservée la tête même du saint évêque; un autre de ses ossements est placé dans ce reliquaire. Trois autres niches ornent la façade opposée : l'une d'elles renferme une statue d'évêque assis sur un groupe de nuages; ce groupe et la statue sont en argent. Les deux autres niches

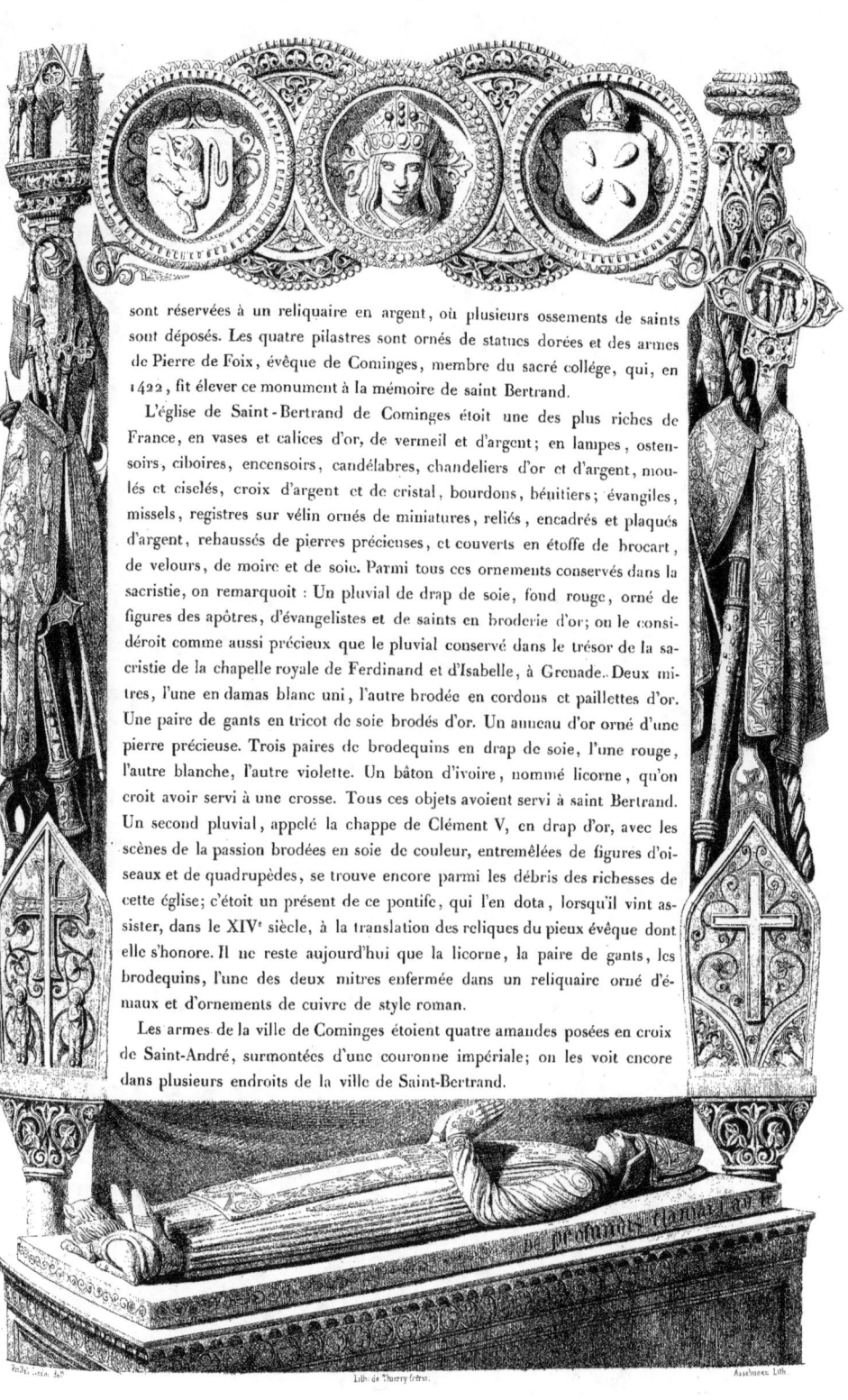

sont réservées à un reliquaire en argent, où plusieurs ossements de saints sont déposés. Les quatre pilastres sont ornés de statues dorées et des armes de Pierre de Foix, évêque de Cominges, membre du sacré collége, qui, en 1422, fit élever ce monument à la mémoire de saint Bertrand.

L'église de Saint-Bertrand de Cominges étoit une des plus riches de France, en vases et calices d'or, de vermeil et d'argent; en lampes, ostensoirs, ciboires, encensoirs, candélabres, chandeliers d'or et d'argent, moulés et ciselés, croix d'argent et de cristal, bourdons, bénitiers; évangiles, missels, registres sur vélin ornés de miniatures, reliés, encadrés et plaqués d'argent, rehaussés de pierres précieuses, et couverts en étoffe de brocart, de velours, de moire et de soie. Parmi tous ces ornements conservés dans la sacristie, on remarquoit : Un pluvial de drap de soie, fond rouge, orné de figures des apôtres, d'évangelistes et de saints en broderie d'or; on le considéroit comme aussi précieux que le pluvial conservé dans le trésor de la sacristie de la chapelle royale de Ferdinand et d'Isabelle, à Grenade. Deux mitres, l'une en damas blanc uni, l'autre brodée en cordons et paillettes d'or. Une paire de gants en tricot de soie brodés d'or. Un anneau d'or orné d'une pierre précieuse. Trois paires de brodequins en drap de soie, l'une rouge, l'autre blanche, l'autre violette. Un bâton d'ivoire, nommé licorne, qu'on croit avoir servi à une crosse. Tous ces objets avoient servi à saint Bertrand. Un second pluvial, appelé la chappe de Clément V, en drap d'or, avec les scènes de la passion brodées en soie de couleur, entremêlées de figures d'oiseaux et de quadrupèdes, se trouve encore parmi les débris des richesses de cette église; c'étoit un présent de ce pontife, qui l'en dota, lorsqu'il vint assister, dans le XIVe siècle, à la translation des reliques du pieux évêque dont elle s'honore. Il ne reste aujourd'hui que la licorne, la paire de gants, les brodequins, l'une des deux mitres enfermée dans un reliquaire orné d'émaux et d'ornements de cuivre de style roman.

Les armes de la ville de Cominges étoient quatre amandes posées en croix de Saint-André, surmontées d'une couronne impériale; on les voit encore dans plusieurs endroits de la ville de Saint-Bertrand.

Château de Lourdes

Château de Beaucens, vallée d'Argelès.
(Pyrénées)

Chapelle latérale de Notre Dame de Rodez.
Languedoc.

Église de Mur
Morbihan

Vue générale de St Laurent.

P. 196.

Chapuy del. Lith. de Thierry Frères. Villeneuve lith.

Vallée de Luz.

prise audessus de Saint Sauveur.

Languedoc.

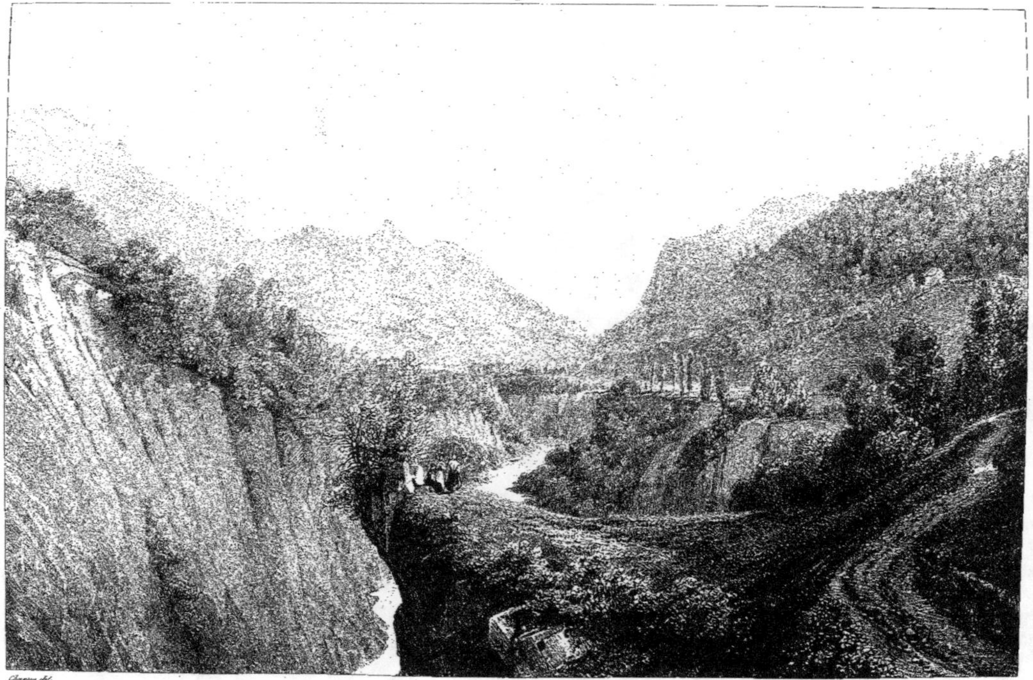

Pic d'Espade Bergeries au Tourmalet.

Attigny.
Figurines

Pag. 4

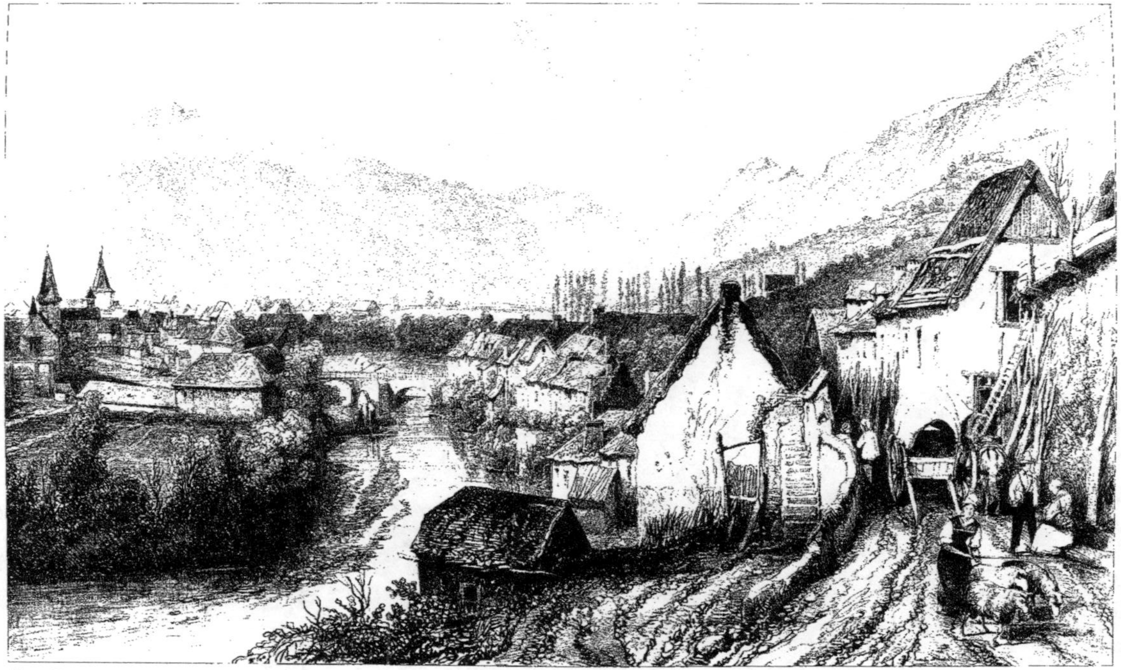

Villeneuve 1834

Vue générale de la Vallée d'Aran.

Pyrénées

P. 199

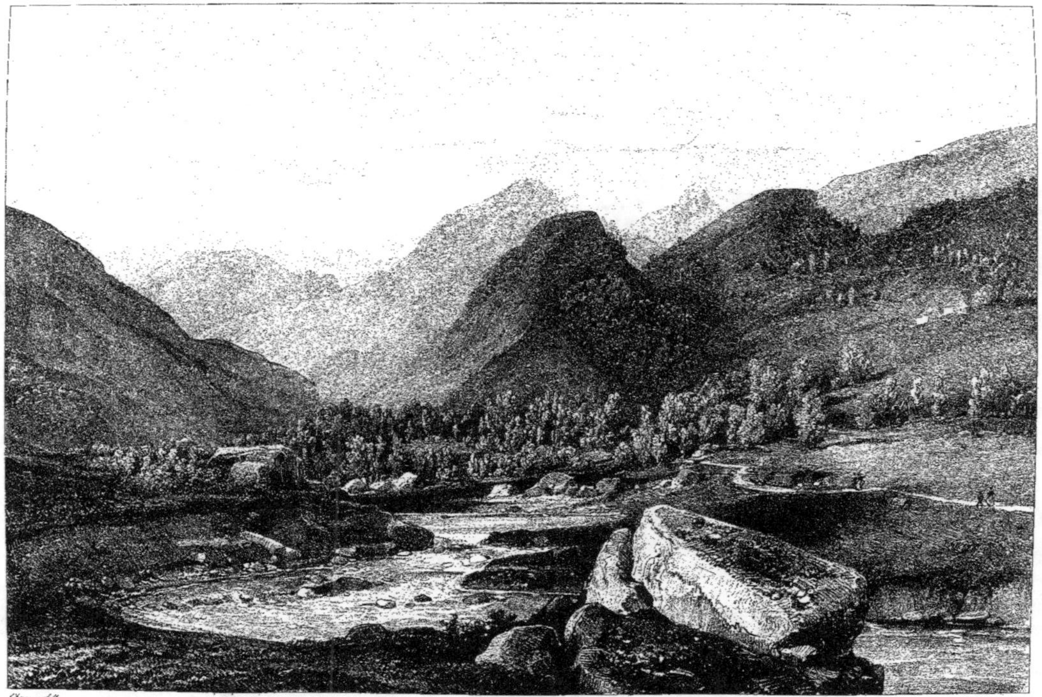

Chapuy delt. Lith. de Thierry Frères, Succ.rs de Engelmann Villeneuve lith.

Vallon de Pragnères

Pyrénées.

Grotte du Chaos de Chedro

Chapelle d'Véra Dalis de Quito

P. 202.

Villeneuve 1834.

Lith. de Thierry frères

La Peyrada ou le Cahos.

Pyrénées.

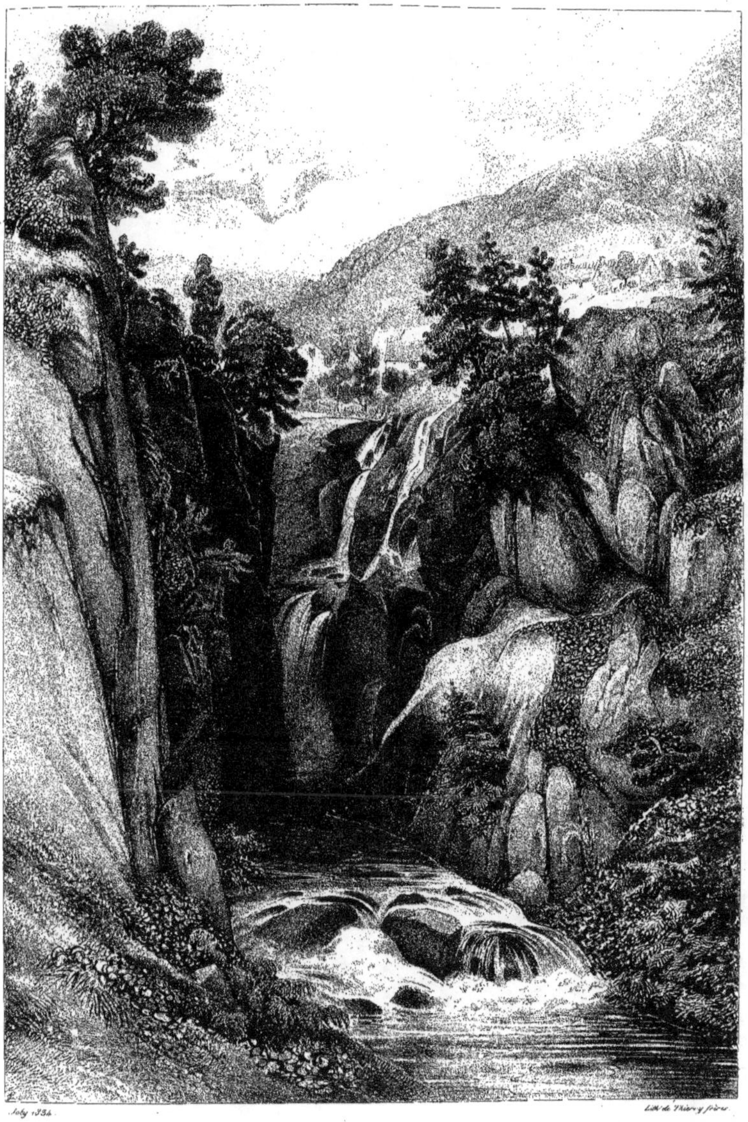

Joly 1834.

Lith. de Thierry frères.

Cascade du Gave au-dessous de Gavarnie.

Pyrénées.

Vue du Cirque de Gavarnie et du Marboré.

Chute du Gave de Labour (Hautes-Pyrénées).

Entrée du val de Géret.

Cascade du Ceriset, Val de Gavet.
Pyrenees Ariégeoises.

Cascade des Bossons.

Cascade du pont d'Espagne.
Pyrénées.

Vue générale du Val de Gzeret

Vue générale du Lac de Scutri.

Lac de Gaube en descendant au Vignemale.
Pyrénées Françaises.

Glacier du Riquemale

Cirque du Vignemale,
Pyrénées.

Saint-Aventin

Détails du Porche de St Aventin.
(Languedoc)

Lac d'Oncoulouse
Savoie

Vallée du Lys.

Vue des Sources de l'Adour au Tourmalet.

Cascade du Garrit.

Cascade de Tramesaigues.
Vallée de Gripp (Pyrénées)

Cabanes de Trousaniques, au pied du Pic du midi.

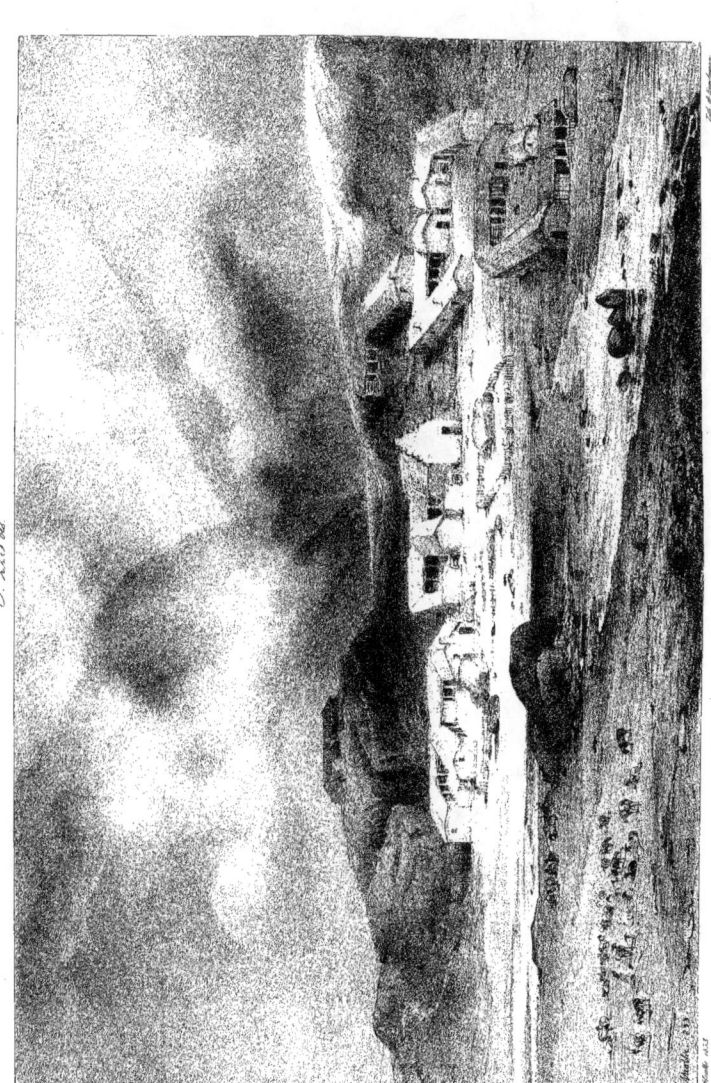

Bergeurs de Tramesaigues. Gave de Louvanegou.

P. 224.

Taylor 1835 — Lith. de Engelmann.

Vallée supérieure du Gripp.

Pyrénées, Languedoc.

Grotte de Vallclusa

Grotte de Campan.
Pyrénées.

Château d'Ansis Vallée de Carram.
Pyrenées

Cascade de Cour, Vallée de Campan.
Pyrénées.

Chapelle ruinée du Val du Spa.

Cascade du Lys.

Ruines du Château de Castel-Vieil
Pyrenees

Tour de Monstajou, près Luchon.

Eglise d'Oo.

Petit.

Sur l'Esparagne.
Grenade.

Lac d'Oo près Luchon
Pyrénées

Grande Cascade du Lac d'Oo.
Pyrénées.

Cascade de Juset.
Pyrénées.

Cascade de Montauban.
Pyrénées.

Carrière de Sarrancolin à Peyrède.

Pyrénées

Église de Sarrancolin

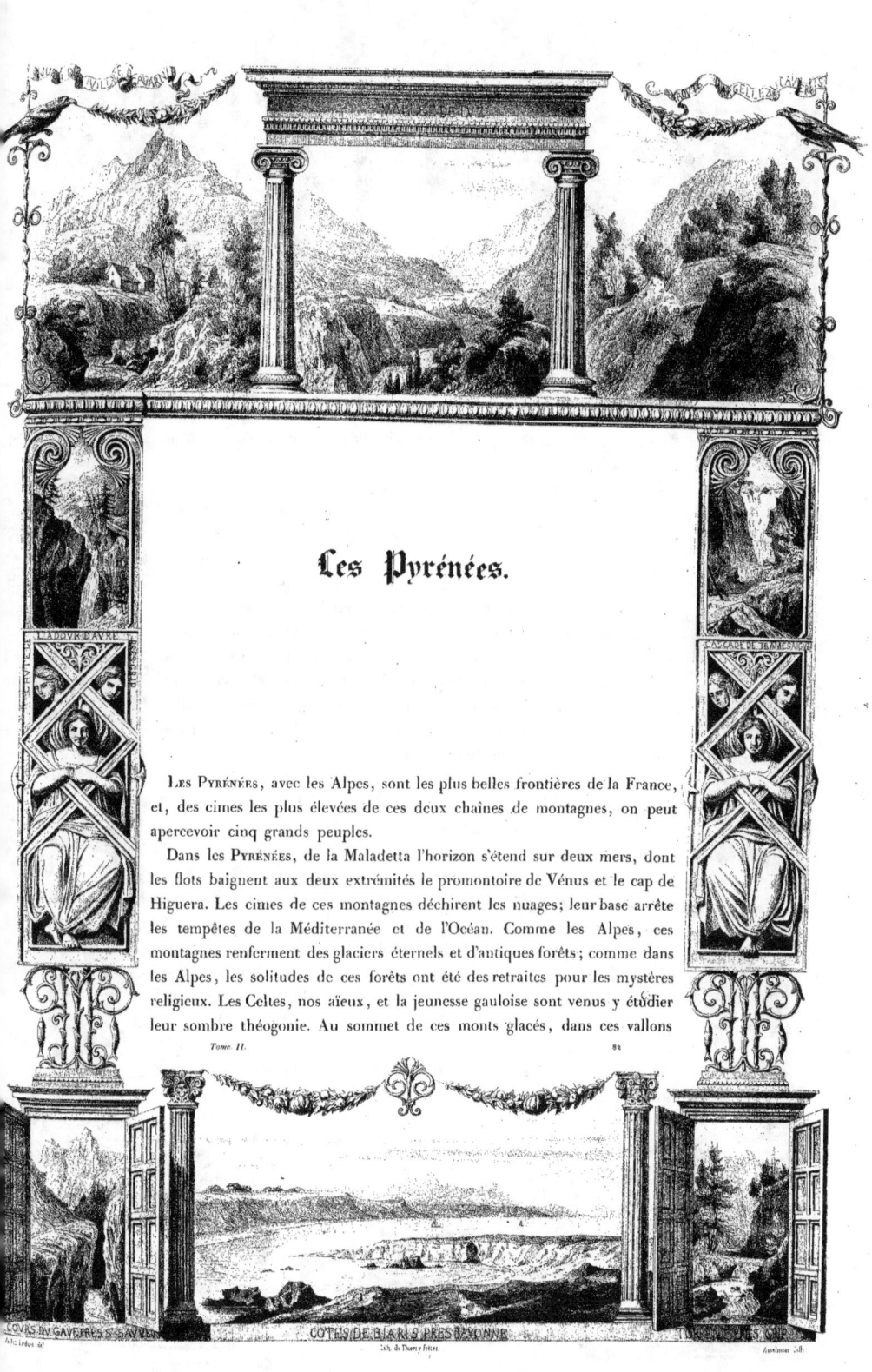

Les Pyrénées.

Les Pyrénées, avec les Alpes, sont les plus belles frontières de la France, et, des cimes les plus élevées de ces deux chaînes de montagnes, on peut apercevoir cinq grands peuples.

Dans les Pyrénées, de la Maladetta l'horizon s'étend sur deux mers, dont les flots baignent aux deux extrémités le promontoire de Vénus et le cap de Higuera. Les cimes de ces montagnes déchirent les nuages; leur base arrête les tempêtes de la Méditerranée et de l'Océan. Comme les Alpes, ces montagnes renferment des glaciers éternels et d'antiques forêts; comme dans les Alpes, les solitudes de ces forêts ont été des retraites pour les mystères religieux. Les Celtes, nos aïeux, et la jeunesse gauloise sont venus y étudier leur sombre théogonie. Au sommet de ces monts glacés, dans ces vallons

verdoyants, dans ces bosquets rafraichis par des eaux vives et argentées, l'imagination fière et poétique des anciens habitants a placé le séjour enchanté des merveilles de la féerie.

Dans les plus beaux sites de ces montagnes, aux lieux les plus solitaires, les vainqueurs des Gaulois sont venus construire leurs monuments éternels, et signaler les premiers les sources bienfaisantes de leurs thermes. Les Romains subjugués par les Goths, les Goths par les Arabes, et tous ces peuples repoussés par les Francs, y sont suivis par Charlemagne et ses paladins qui viennent à leur tour sur ces rochers sauvages, dans ces gorges imposantes, livrer des combats, et immortaliser les lieux les plus déserts par de sanglantes batailles. Que de faits éclatants à recueillir depuis les temps les plus reculés de l'antiquité! Les nations d'Afrique et d'Asie traversant ces monts, toutes les hordes du Nord les envahissant, tous ces peuples y laissant un héritage de gloire, et ces éternelles murailles qui se perdent dans le ciel, séparant et devenant enfin les limites de deux grandes nations!

La science avec ses mystères les plus merveilleux, et l'histoire avec ses plus imposantes réalités; la poésie avec ses créations les plus célestes, et la religion avec ses croyances les plus tendres et les plus naïves, ont consacré ce monument gigantesque de la nature. Ses annales se rattachent à tout ce qu'il y a de noble et de touchant, d'héroïque et de pur parmi les hommes. D'après les traditions mythologiques, Alcide, après avoir terrassé le triple Géryon, après avoir élevé les murs d'Alexia, fut vaincu par les charmes de Pyrène, fille d'un roi des Celtes, le terrible Bebrix. Alcide oublia quelque temps, dans les bras d'une femme, sa gloire et ses travaux. Cependant sa vertu se réveilla bientôt: il s'éloigna et poursuivit au loin sa lutte avec les monstres de la terre. Pyrène, abandonnée, cacha dans le fond des forêts sa douleur et ses larmes; et quand Alcide, rappelé dans ces lieux par l'amour, y revint chargé des dépouilles de ses nouvelles victoires, son amante avoit cessé de vivre. Il retrouva ses membres déchirés que des animaux sauvages venoient de disperser dans les cavernes de ces montagnes. Après avoir fait éclater ses

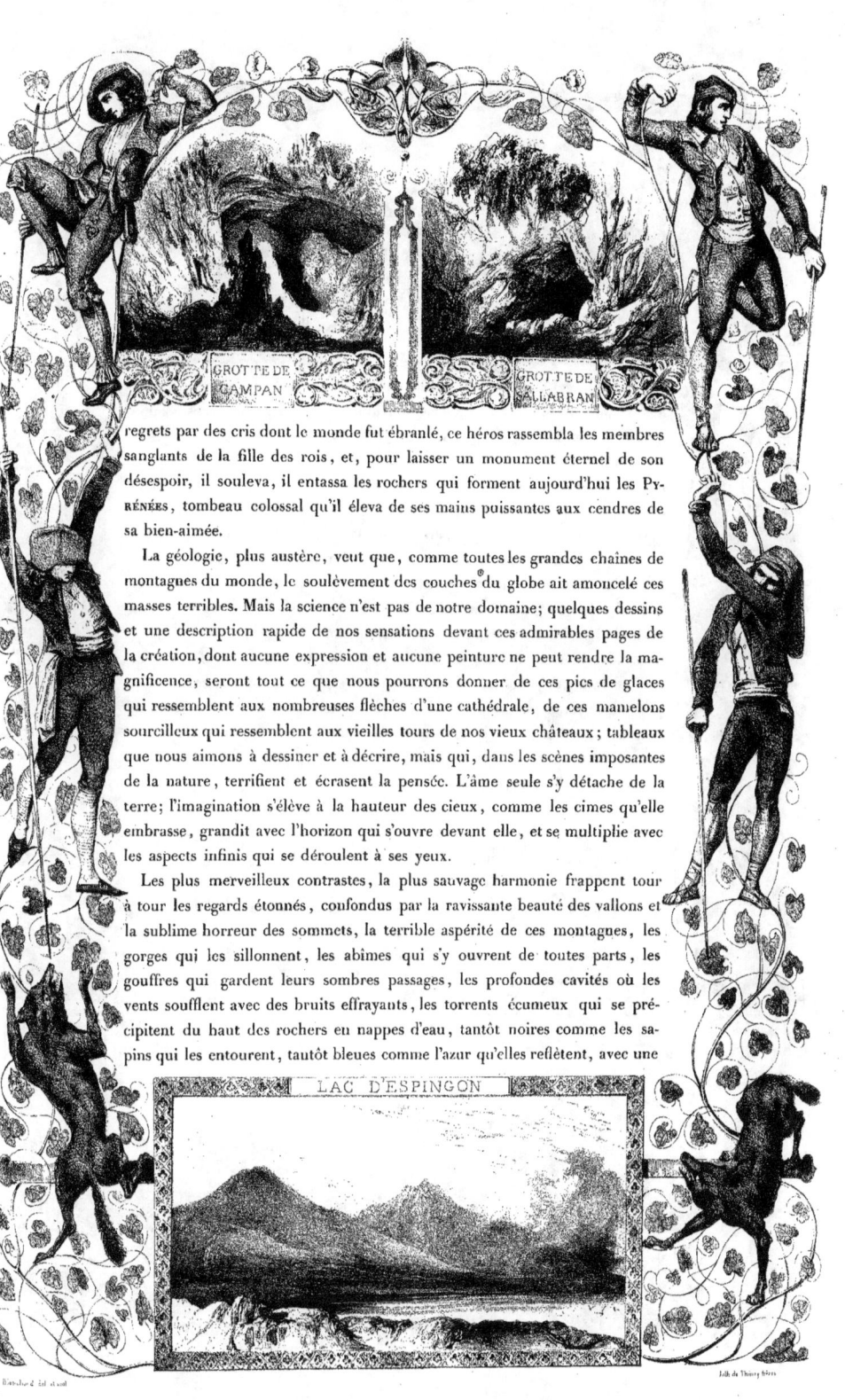

regrets par des cris dont le monde fut ébranlé, ce héros rassembla les membres sanglants de la fille des rois, et, pour laisser un monument éternel de son désespoir, il souleva, il entassa les rochers qui forment aujourd'hui les Pyrénées, tombeau colossal qu'il éleva de ses mains puissantes aux cendres de sa bien-aimée.

La géologie, plus austère, veut que, comme toutes les grandes chaînes de montagnes du monde, le soulèvement des couches du globe ait amoncelé ces masses terribles. Mais la science n'est pas de notre domaine; quelques dessins et une description rapide de nos sensations devant ces admirables pages de la création, dont aucune expression et aucune peinture ne peut rendre la magnificence, seront tout ce que nous pourrons donner de ces pics de glaces qui ressemblent aux nombreuses flèches d'une cathédrale, de ces mamelons sourcilleux qui ressemblent aux vieilles tours de nos vieux châteaux; tableaux que nous aimons à dessiner et à décrire, mais qui, dans les scènes imposantes de la nature, terrifient et écrasent la pensée. L'âme seule s'y détache de la terre; l'imagination s'élève à la hauteur des cieux, comme les cimes qu'elle embrasse, grandit avec l'horizon qui s'ouvre devant elle, et se multiplie avec les aspects infinis qui se déroulent à ses yeux.

Les plus merveilleux contrastes, la plus sauvage harmonie frappent tour à tour les regards étonnés, confondus par la ravissante beauté des vallons et la sublime horreur des sommets, la terrible aspérité de ces montagnes, les gorges qui les sillonnent, les abîmes qui s'y ouvrent de toutes parts, les gouffres qui gardent leurs sombres passages, les profondes cavités où les vents soufflent avec des bruits effrayants, les torrents écumeux qui se précipitent du haut des rochers en nappes d'eau, tantôt noires comme les sapins qui les entourent, tantôt bleues comme l'azur qu'elles reflètent, avec une

indomptable agitation ou un sourd mugissement dont l'écho va mourir dans les profondeurs de la terre ; ce vague amphithéâtre de rochers sans nombre qui, sous toutes les couleurs et sous toutes les formes, s'élève des plus humbles collines aux cimes les plus inaccessibles ; ces glaces éternelles amassées par les siècles, ces grottes de marbre, et ces ponts de neige, jeux admirables des frimas ; ces lacs où les feux du jour sont réfléchis avec un éclat splendide, ces vastes prairies qui parfois tapissent le haut des monts, ces forêts suspendues, et ces moissons qui se balancent sur les plateaux élevés ; ces vallées heureuses qui s'ouvrent soudainement dans l'âpreté des rocs, ces sources limpides qui coulent avec calme à l'ombre des arbres dont le feuillage abrite le berger et ses troupeaux, et quelquefois l'homme, dont la vie usée dans les villes redemande des forces nouvelles aux ondes bienfaisantes de ces contrées, et de nouvelles émotions à son esprit blasé, à son cœur qui ne peut retrouver de sensibilité et de foi que devant ces sublimes créations de l'Éternel, où tout est varié, pittoresque, coloré, grandiose, immense, imposant, comme toutes les grandes œuvres de Dieu !

C'est au milieu de ces merveilles de la nature que la magie des souvenirs possède une puissance inconnue. C'est là qu'on aime à évoquer les siècles éteints, les gloires passées. Les antiques annales des Pyrénées s'ouvrent à ces vastes migrations des peuples d'autrefois, qui ont jeté leurs colonies de guerriers et de pasteurs sur les versants des montagnes, sur les bords des fleuves qui en descendent, sur la lisière des forêts de la Gaule et de l'Ibérie.

Les marchands de Tyr et de Carthage ont pénétré dans le sein de ces montagnes pour y demander des richesses aux mines et aux troupeaux de ces régions alors sauvages. Deux siècles avant l'ère chrétienne, Annibal franchit

à l'orient la chaîne des Albères, et le génie de César et les victoires d'Auguste n'ont jamais eu le pouvoir de soumettre aux aigles de Rome ces Cantabres et ces Vascons qui longtemps balancèrent la fortune de Pompée dans les armées de Sertorius.

Les Vasques, persécutés par les rois d'Espagne, se réfugient sur les cimes des PYRÉNÉES; mais bientôt, du haut de ces monts, ils s'élancent dans les plaines, où, après de nombreux triomphes obtenus sur les armes des Francs, dans les luttes sanglantes qui s'établirent entre les derniers des Mérovingiens et les premiers des Carlovingiens, ils laissent pour héritage, aux habitants de la Gascogne, des champs fertiles et la renommée d'une éclatante bravoure. C'est encore au milieu des solitudes des PYRÉNÉES, au sein des gorges profondes, que vécurent longtemps ignorées des peuplades voisines, les farouches tribus qui, plus tard, ont occupé les pays de Bigorre et de Béarn, et d'étranges et problématiques républiques d'Amazones.

Dans les inscriptions mutilées, dans les lettres rompues des marbres brisés, on trouve des noms de villes qui s'élevoient dans ces contrées, et dont on cherche en vain la place, ou des noms de dieux dont le souvenir s'est perdu comme le culte.

Après les Barbares, les Arabes y plantent leurs tentes et y campent quarante ans. Ils descendent du haut des PYRÉNÉES dans les plaines de la France; battus par Charles Martel, ils seront bientôt précipités par Charlemagne sur les revers méridionaux, et ce héros laissera, du Canigou au pic du Midi, au milieu de ces gigantesques rochers, les traditions les plus homériques des peuples chrétiens. Le nom de Rolland est partout dans les PYRÉNÉES; les traditions du peuple, les chants du poëte et les fastes des nations, l'ont consacré dans ces montagnes par les ballades, par les chroniques et par l'histoire. On le trouve à Roncevaux; on le retrouve avec son tombeau dans les grottes de Bedeillac, lieu digne de conserver ses fabuleuses dépouilles par l'aspect de sa vaste entrée et les colossales proportions de ses stalactites; temple gigantesque

dont la physionomie s'accorde merveilleusement avec les idées qu'on peut se former de l'existence du plus célèbre des preux. Une colonne, d'où découlent quelques filets d'eau qui tombent dans un bassin formé par une élévation du sol, et qui est pour les habitants de ces contrées le bénitier de cette église, sortit un jour des mains de Dieu toute taillée dans une montagne. Ailleurs, des blocs détachés sur deux rangs d'une masse de pétrifications qui étoient suspendues à la voûte, figurent la procession des moines. Ici est sculpté dans le roc un confessionnal tout prêt à recevoir le prêtre qui dira l'éloge funèbre de Roland. Le fer du marteau fait rendre à deux stalactites d'une des chapelles, les sons prolongés des cloches, et deux blocs ont revêtu l'empreinte d'un ange et d'un géant, terribles gardiens de ce lieu sacré. Plus loin, dans le fond de cette grotte mystérieuse, on croit voir dans un bloc immense des orgues qui n'attendent que la main de l'artiste pour accompagner les hymnes des religieux. Mais le plus beau monument de ce séjour, c'est le mausolée où la poésie a déposé les cendres de Roland; il s'élève isolément au milieu de l'édifice, comme un grand souvenir dans l'histoire des nations.

C'est dans l'abbaye de Saint-Savin que Pulci fait arriver le Paladin qui, magnifiquement accueilli par les moines, les délivra de la tyrannie d'Alabastre et de Passamont, géants de ces montagnes. Morgante, leur frère, ne détourna l'épée du chevalier, prêt à lui donner la mort, qu'en lui demandant le baptême dans ce cloître.

Cette abbaye fut naguère un fort élevé par les Romains; après l'invasion des Goths, ce fort abandonné devint l'asile de pieux cénobites, dont les successeurs se réunirent, sous la règle de Saint-Benoît, dans un monastère fondé par Charlemagne. Les Normands le détruisirent presque aussitôt après

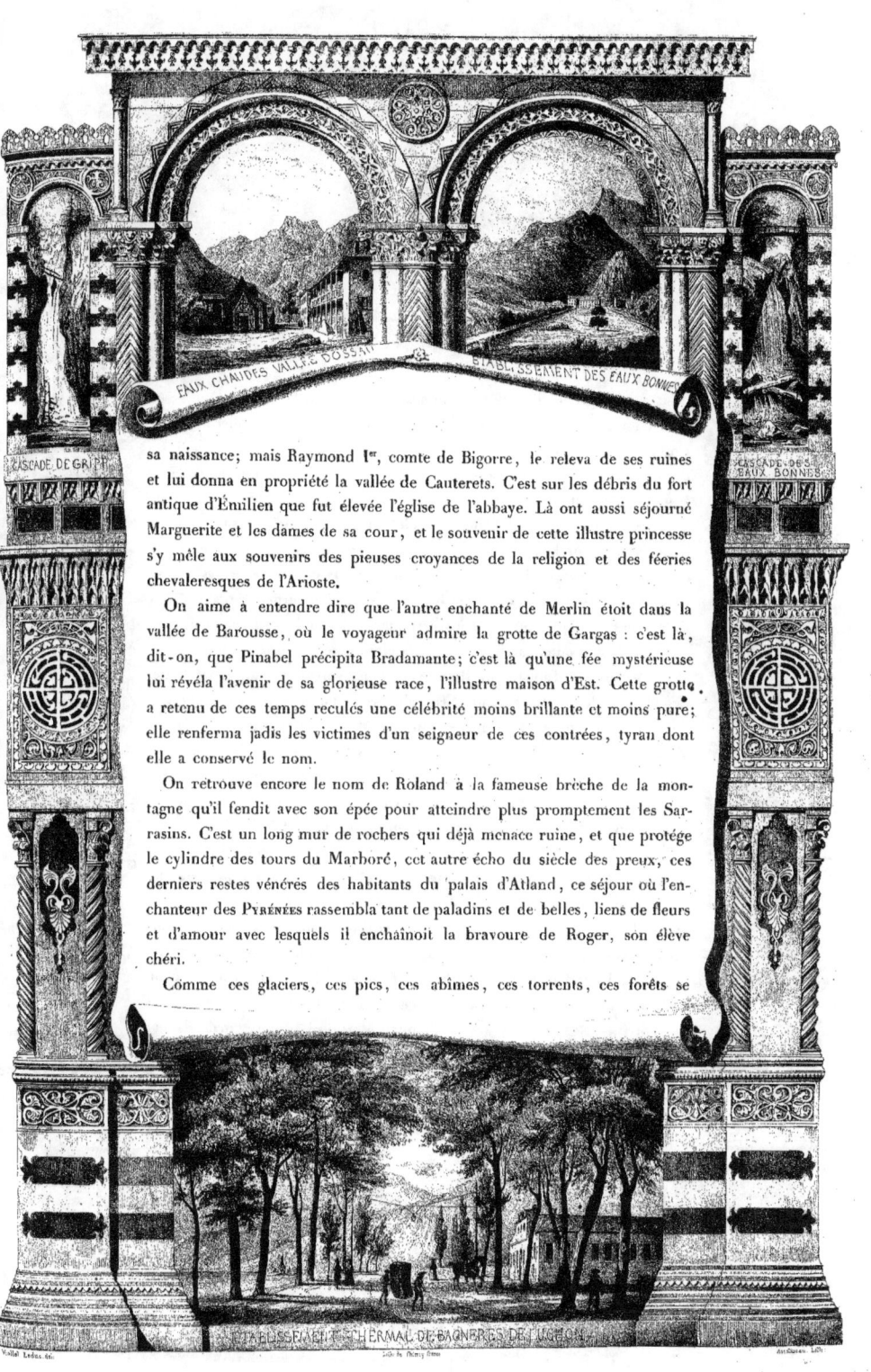

sa naissance; mais Raymond Ier, comte de Bigorre, le releva de ses ruines et lui donna en propriété la vallée de Cauterets. C'est sur les débris du fort antique d'Émilien que fut élevée l'église de l'abbaye. Là ont aussi séjourné Marguerite et les dames de sa cour, et le souvenir de cette illustre princesse s'y mêle aux souvenirs des pieuses croyances de la religion et des féeries chevaleresques de l'Arioste.

On aime à entendre dire que l'antre enchanté de Merlin étoit dans la vallée de Barousse, où le voyageur admire la grotte de Gargas : c'est là, dit-on, que Pinabel précipita Bradamante; c'est là qu'une fée mystérieuse lui révéla l'avenir de sa glorieuse race, l'illustre maison d'Est. Cette grotte a retenu de ces temps reculés une célébrité moins brillante et moins pure; elle renferma jadis les victimes d'un seigneur de ces contrées, tyran dont elle a conservé le nom.

On retrouve encore le nom de Roland à la fameuse brèche de la montagne qu'il fendit avec son épée pour atteindre plus promptement les Sarrasins. C'est un long mur de rochers qui déjà menace ruine, et que protége le cylindre des tours du Marboré, cet autre écho du siècle des preux, ces derniers restes vénérés des habitants du palais d'Atland, ce séjour où l'enchanteur des Pyrénées rassembla tant de paladins et de belles, liens de fleurs et d'amour avec lesquels il enchaînoit la bravoure de Roger, son élève chéri.

Comme ces glaciers, ces pics, ces abîmes, ces torrents, ces forêts se

balançant au gré de l'ouragan, dominés par le mont Perdu, sont une scène délicieuse, savoureuse pour l'imagination, quand on les parcourt avec l'Arioste! Homère a produit sur nous le même effet dans la Troade, et le Tasse dans la Palestine; le génie des grands poëtes est une divinité qui donne la vie à une pierre, peuple un désert, évoque les siècles passés, anime la nature entière, et fait descendre les délices du ciel sur la terre. Ici, la sublimité des lieux s'allie admirablement avec la majesté des souvenirs qu'ils réveillent; mais cette grande image de Roland, gravée dans toute la chaîne des Pyrénées, est surtout vivante dans le défilé de Roncevaux, plaine étroite où s'est livrée cette funeste bataille qui ravit à Charlemagne le plus chéri de ses neveux, et l'un des plus vaillants chevaliers de la chrétienté.

Les moines de l'abbaye de Roncevaux conservoient, lors de notre visite, deux boules de fer attachées par deux chaînes à une massue également garnie de fer et longue de deux pieds, qui servoit de masse d'arme à Roland, ainsi que la barre de fer dont il renversoit les bataillons ennemis; un de ses gants de mailles de fer, qu'il laissa dans l'abbaye, fait partie de ce trésor, qui, comme toutes les reliques des martyrs, des saints ou des héros, demandent pour leur entier respect l'enthousiasme de la foi.

Les pantoufles de velours rouge et les guêtres de soie cramoisie de l'archevêque Turpin augmentent encore le nombre de ces objets précieux, qui ont besoin, pour être vénérés, d'être vus sous la même impression que les armes de Roland. C'est avec cette humble croyance que nous avons examiné son épée à Rocamadour, quoique nous sachions que du haut des murs de Saint-Bertrand, il eut jeté la célèbre Durandal sur les rochers qui apparoissent au delà du donjon de Barbazan. Les hommes ne peuvent renverser les montagnes qui portent les noms des grands hommes de notre histoire, mais ils ont détruit le château de Ferragus; aux environs de Bayonne, le tombeau des

douze pairs, dans le défilé de Roncevaux, n'a été conservé que parce qu'il fait partie des rochers.

Ces siècles, fertiles en célébrités héroïques, ont laissé dans les PYRÉNÉES dont nous évoquons les souvenirs glorieux, la mémoire de quelques autres chevaliers illustres. Nous ne devons pas oublier l'infortuné chevalier Vidian, dont le nom se mêle encore aux chants sacrés de l'Église, ni le saint guerrier Missolin, pieux solitaire qui, au jour du danger, ceignit le glaive du soldat et repoussa par delà les monts les Arabes déjà maîtres de sa patrie. Missolin délivra des chaînes des infidèles ces vierges qu'Aben-Hamet avoit arrachées aux vallées de Bigorre; les jeunes filles de ces montagnes se le sont rappelé longtemps; elles célébroient sa victoire et couronnoient de fleurs sa statue placée dans l'église de leur village; mais la révolution a incendié le temple et brisé la statue. Non moins grand, mais moins heureux que Missolin, Vidian succomba sous le fer des Arabes, comme avoient déjà succombé les Olivier et les Roland. Vainqueur d'Abou-Zaïd, il rentroit dans Angonia, dont il venoit de sauver l'indépendance, il s'arrêta sur les bords d'une fontaine pour laver ses blessures. C'est là que, surpris par les Maures, il expira frappé d'autant de glaives qu'il y avoit de barbares; l'eau de cette fontaine est encore aujourd'hui teinte de son sang.

Dans la vallée d'Ossau, à l'extrémité d'une gorge étroite qu'étreignent de hautes montagnes de marbre gris, un oratoire de la Vierge rappelle le passage de la princesse Catherine, sœur de Henri IV. L'établissement des sources sulfureuses de Cadrac, dans la vallée d'Aure, a consacré le séjour de sa fondatrice, la reine de Navarre, fille de l'infortuné Jean : elle fut délivrée de la lèpre en 1350, par la vertu de ces eaux salutaires. Non loin de là, sur

GROTTE DE CAMPAN   GROTTE DE SALLABRAN

LAC D'ESPINGON

les rives de la Neste, les grottes de la montagne attestent des temps de guerre néfastes pour la France. Des fortifications y ont été construites par les Anglois à l'époque de leur domination passagère dans ces contrées. Un mur bâti avec solidité ferme l'entrée de l'une des grottes; un escalier est pratiqué dans l'intérieur de ce rempart : des parapets en pierres de taille conservent encore des embrasures.

Au milieu de ces monts austères, s'élevèrent des châteaux et des tours sans nombre. Chez un peuple fort et aimant la liberté comme tous les montagnards, les luttes entre les seigneurs féodaux et les vassaux durent être terribles. Sur ces rochers où les vieux manoirs sembloient une partie de la montagne, taillée et façonnée pour donner refuge à des hommes de fer, qui vivoient habituellement à la hauteur où les vautours font leurs nids, protégés par leurs épaisses murailles, tous ces barons durent facilement, et plus d'une fois, diriger leurs traits sur la poitrine nue du paysan insoumis, ou, descendant dans la vallée, frapper rudement de leurs épées tranchantes, sur la tête de cette plèbe sans casque, qui préféroit un coup de sabre à une humiliation : belle race qui existe encore dans toutes les PYRÉNÉES, sur toute la ligne du levant au couchant et sur les deux versants, au nord et au midi, en France et en Espagne. A côté des croyances de la religion sainte dont ils sont pénétrés, la vivacité de leur esprit a créé en quelque sorte une autre religion qui a ses monuments et son culte dans les ruines : ce sont des mystères et des légendes, que chaque famille se lègue, et qui se perpétuent par la terreur et l'intérêt qu'elles inspirent. Presque toutes ces tours, sans date et sans nom, qui ont cependant une histoire, sont habitées par des esprits des ténèbres, gardiens du trésor des châtelains, ou par quelque monstre qu'on ne peut jamais apercevoir que la nuit : encore, sa présence sur une de ces tours n'est signa-

lée que parce que ses yeux brillent comme des escarboucles; et ce monstre n'aime à sortir et à prendre ses ébats sur ces vieux créneaux, que lorsque l'ouragan gronde au milieu de ces montagnes, que l'orage augmente l'obscurité, et que les coups de tonnerre ébranlent la tour sur laquelle il est perché.

Les chapelles et les traditions pieuses viennent au jour calmer les frayeurs de la nuit. Ces chapelles, dédiées généralement à Notre-Dame, ont de plus douces traditions que les ruines qui ont été habitées par les hommes. Nous visiterons d'abord Notre-Dame d'Héas, élevée par la piété des pâtres et par les aumônes des pèlerins, dans un bassin ravissant où le Gave coule avec tranquillité sur un sol enrichi par la culture, tandis qu'au loin la majestueuse enceinte du grand cirque des PYRÉNÉES présente aux regards éblouis des parois chamarrées par les amas d'une neige éclatante et d'une glace azurée. La tradition rapporte que la Vierge et les anges présidoient à la construction de cette chapelle, qui, construite en forme de croix, est couverte d'un dôme. La porte et l'attique sont en marbre; un maître-autel doré et une statue qui représente la mère de Dieu et l'enfant Jésus, sont les seules richesses de cette petite église; ce qui ne l'empêche pas de recevoir un grand concours de peuple chaque année, le jour de l'Assomption. Une autre chapelle non moins célèbre, également consacrée au culte de Notre-Dame, orne la vallée de Bétharam, où, à la même époque, la foule des fidèles vient déposer l'hommage de sa piété sur l'autel de la Vierge des sept douleurs : bâtie près du Gave, au pied d'une colline couverte de chênes, qui ferme l'entrée de la vallée, elle est d'une architecture sans intérêt pour l'archéologue; mais des statues de marbre décorent sa façade : au-dessus du portail, celle de la Vierge indique le sentier par lequel on se rend sous un dais de verdure aux

neuf chapelles des neuf stations du calvaire; modèle, dit-on, de l'ancien calvaire du mont Valérien près de Paris.

Aucune contrée de la France n'est plus riche en croyances pieuses, et qui se sont conservées toutes parfumées de la naïveté du moyen âge jusqu'à nos jours. Aux douces doctrines de l'Évangile se sont mêlées toutes les fictions des temps intermédiaires, et jusqu'aux ombres des dieux qui ont été renversés par le christianisme; cependant, tout est recouvert par un pur amour céleste, par le sentiment de la poésie qui entoure ce peuple, de la religion qui le domine, qui font un peuple encore chrétien, plein de foi, d'une noblesse qui dérive de sa force, et d'une bravoure à toute épreuve pour défendre ses vieilles affections et ses vieilles croyances.

Ainsi les rochers, les cavernes, les lacs, les sources, les fontaines, les rivières, les fleuves, le hêtre, les six arbres, ont encore un dieu, des divinités malfaisantes ou bienfaisantes, que la vengeance et l'amour, que les bonnes ou mauvaises passions prient et révèrent comme aux premiers âges. Mais pour le savant, les mythes en sont inconnus. Les noms subsistent sur des fragments de pierre; le peuple oublie les noms; la bonté du Dieu ou sa colère se sont seules perpétuées.

Au milieu de la grande chaîne dont les deux extrémités baignent dans les deux mers, la Maladetta s'élève au-dessus des monts voisins comme un géant superbe au milieu d'une légion de colosses. Un des plus beaux fleuves de France s'élance de ces monts dans les vallées de l'Aquitaine. Sur la cime

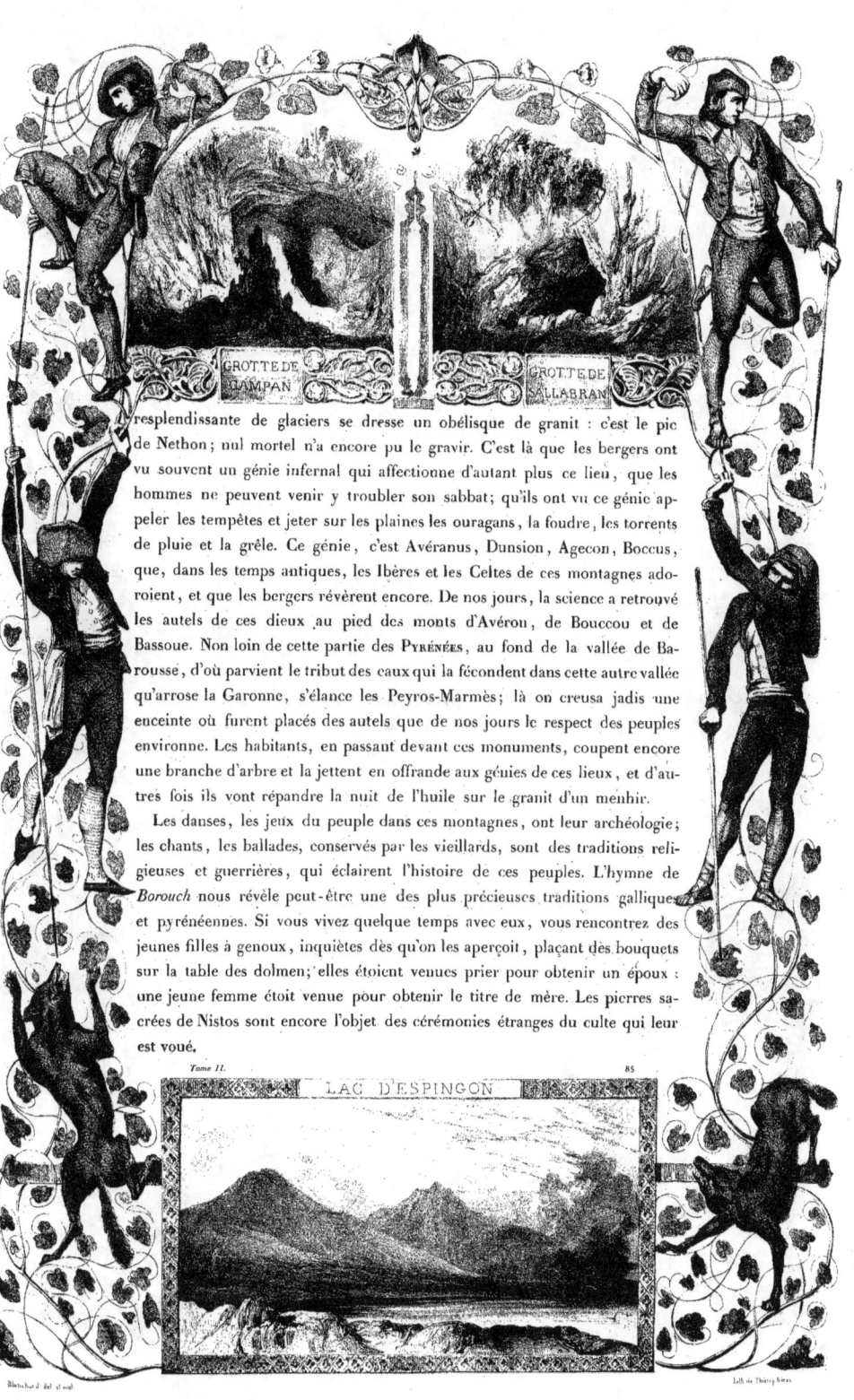

GROTTE DE CAMPAN   GROTTE DE SALLABRAN

resplendissante de glaciers se dresse un obélisque de granit : c'est le pic de Nethon ; nul mortel n'a encore pu le gravir. C'est là que les bergers ont vu souvent un génie infernal qui affectionne d'autant plus ce lieu, que les hommes ne peuvent venir y troubler son sabbat ; qu'ils ont vu ce génie appeler les tempêtes et jeter sur les plaines les ouragans, la foudre, les torrents de pluie et la grêle. Ce génie, c'est Avéranus, Dunsion, Agecon, Boccus, que, dans les temps antiques, les Ibères et les Celtes de ces montagnes adoroient, et que les bergers révèrent encore. De nos jours, la science a retrouvé les autels de ces dieux au pied des monts d'Avéron, de Bouccou et de Bassoue. Non loin de cette partie des Pyrénées, au fond de la vallée de Barousse, d'où parvient le tribut des eaux qui la fécondent dans cette autre vallée qu'arrose la Garonne, s'élance les Peyros-Marmès ; là on creusa jadis une enceinte où furent placés des autels que de nos jours le respect des peuples environne. Les habitants, en passant devant ces monuments, coupent encore une branche d'arbre et la jettent en offrande aux génies de ces lieux, et d'autres fois ils vont répandre la nuit de l'huile sur le granit d'un menhir.

Les danses, les jeux du peuple dans ces montagnes, ont leur archéologie ; les chants, les ballades, conservés par les vieillards, sont des traditions religieuses et guerrières, qui éclairent l'histoire de ces peuples. L'hymne de *Borouch* nous révèle peut-être une des plus précieuses traditions galliques et pyrénéennes. Si vous vivez quelque temps avec eux, vous rencontrez des jeunes filles à genoux, inquiètes dès qu'on les aperçoit, plaçant des bouquets sur la table des dolmen ; elles étoient venues prier pour obtenir un époux : une jeune femme étoit venue pour obtenir le titre de mère. Les pierres sacrées de Nistos sont encore l'objet des cérémonies étranges du culte qui leur est voué.

LAC D'ESPINGON

Les fées, vêtues de blanc, couronnées de fleurs, habitent encore le sommet du mont de Cagire ; elles y font naître les plantes salutaires qui soulagent nos maux. On les entend, la nuit, chanter d'une manière douce et plaintive, à Saint-Bertrand, au bord de la fontaine qui porte leur nom. Quelquefois elles entrent dans l'intérieur du pic de Tergous, et transforment en fils soyeux, en vêtements de prix, le lin grossier qu'on dépose à l'entrée de leur grotte solitaire. Celui qui veut des richesses doit adresser ses hommages à la fée d'Escout. Là, sous un chêne millénaire, s'ouvre un antre profond, et le vase déposé près de cet asile impénétrable, est rempli par cette fée puissante de métaux précieux ; mais il faut que la demande soit faite en termes qui lui plaisent ; et si l'on a su deviner cette forme de langage, le succès est certain. Au sommet de la vieille tour de Marguerite croissent des violettes ; sur ce donjon à demi ruiné, les fées viennent, pendant les nuits d'été, former des danses où nul mortel n'est admis. Sous leurs pas entrelacés naissent ces fleurs dont les suaves exhalaisons se répandent dans la pittoresque vallée que les flots de l'Ourse traversent avec rapidité en bruissant. Au dernier jour de décembre, chaque famille de cette région presque ignorée, attend les fées avec anxiété. Un festin sacré est préparé pour elles dans la partie la plus reculée de l'habitation. Elles viennent, disent les montagnards, au milieu de la nuit, visiter ceux qui les aiment. Le *Bonheur*, sous les formes gracieuses d'un enfant dont la chevelure ondoyante est couronnée de roses, est apporté dans leur main droite ; le *Malheur*, sous la forme d'un enfant qui porte un sagum déchiré, aux joues sillonnées de larmes et la tête couverte d'un diadème d'épines noires, dans leur main gauche. De nombreux troupeaux sur les montagnes voisines, des moissons abondantes, sont la récompense des habitants de la

chaumière qui les reçoit avec un amour fidèle et un faste rustique. Les désirs les plus secrets des jeunes filles des hameaux, connus des fées, en seront exaucés, si leurs mains ont soigneusement préparé le lait en crème ou durci, et le pain blanc dont elles aiment à recevoir l'hommage. Mais de nombreuses infortunes s'accumuleront sur ceux qui ne leur rendent pas un culte digne d'elles. Un incendie consumera leurs demeures, les loups dévoreront leurs troupeaux qui paissent sur le mont Sacou ou dans les prairies d'Yaourt et d'Erechède, la grêle brisera leurs épis jaunissants, et, bien loin du toit paternel, leurs fils mourront.

Les fées de ces montagnes, et partout où il y a des fées, presque tout le monde connoît leur goût et leur amour, choisissent pour demeure des fontaines les plus limpides. Mais ici elles ne se contentent pas d'une volupté stérile; elles entretiennent la chaleur bienfaisante des eaux thermales. On les voit guider de légères nacelles aux flancs bleus, à la poupe couverte de lames d'or, sur le beau lac d'Estoin, qu'environnent les monts de Solibiran, de Poey-Morou et de Mége. Voulant protéger les habitants des eaux, elles prennent souvent des formes monstrueuses pour épouvanter les pêcheurs qui jettent leurs filets dans les lacs d'Ovat et d'Omar.

On raconte qu'une fois Hérodiade, qui parcouroit les monts de Néouvielle, aperçut sur le lac d'Ovat l'élégante gondole des fées d'Ancizan. Elle leur demanda de s'y asseoir près d'elles. Sa taille gigantesque et ses traits inspiroient l'effroi. Les fées refusèrent une si terrible compagne : furieuse alors, elle arracha d'énormes morceaux de granit des flancs de la montagne, et les lança dans le lac où on les voit encore. La nef fut engloutie dans les ondes soulevées; mais Hérodiade ne put atteindre les fées, qui, pour se sauver plus

promptement, prirent la forme de biches, et se cachèrent dans les vastes grottes de Cibiran. Hérodiade, dont le nom indique sans doute une tradition chrétienne, est souvent rappelée dans les récits fantastiques qui charment près du foyer les longues soirées d'hiver.

Bensozia est une inspiration de l'antique Vénus des PYRÉNÉES, qui avoit un temple sur ce beau promontoire qui domine la Méditerranée. Ses longs cheveux blonds, tressés et relevés avec la grâce hellénique, supportent un diadème d'or et de fleurs des montagnes; des bracelets d'argent ornent ses bras arrondis. Pour former son corps, l'éternelle sagesse emprunta la taille de la fée d'Aliès. La nuit, montée sur un cheval blanc, elle parcourt les vallées. Devine-t-elle le rendez-vous de deux amants, elle frappe de sa baguette d'or la porte de la cabane : c'est la fée du bonheur, c'est Bensozia qui vient vous visiter. Elle vous promet de longues amours, d'heureux hyménées, de beaux enfants, une inaltérable santé. Mais vous lui devez vos hommages et vos offrandes. Chaque jour, durant le printemps et l'été, il faut jeter en secret et pour elle, la plus brillante fleur de vos jardins dans le lit du Gave, ou du ruisseau qui fertilise la contrée. Chaque nuit d'hiver, il faut répandre encore pour elle quelques gouttes d'huile sur la flamme du foyer. On se rappelle avoir vu des femmes de ce pays voyager avec cette fée dans les airs, et avant de rentrer dans leur chaumière, elles furent introduites dans le temple ignoré de Bensozia; elles en ont contemplé les ornements éclatants comme le soleil, les hautes voûtes revêtues d'or, et les murs étincelants de pierreries. Mais tous les Génies qui habitent ces montagnes ne sont pas bienveillants : sur le pic d'Anie, est un esprit mélancolique, solitaire, inhospitalier. Sa taille surpasse celle du plus haut sapin; son jardin, qu'il cultive avec soin, et d'où il écarte toujours les neiges et les frimas, est situé sur le haut du pic. Là,

croissent des végétaux dont le suc a des puissances surnaturelles; la liqueur qui en provient décuple la force des hommes, quelques gouttes suffisent pour écarter les démons, gardiens des trésors que renferment les cavernes et les vieux châteaux. Si des étrangers vouloient cueillir ces végétaux puissants ou visiter la demeure du génie, celui-ci susciteroit aussitôt d'effroyables tempêtes.

Les habitants de la vallée d'Aspe et du village de Lescun redoutent encore les terribles effets de l'implacable colère de ce dieu du mont escarpé.

Dans les profondeurs du lac de Tabe, habite un autre génie, non moins terrible. Ceux qui parcourent les bords de ce lac ne doivent prononcer que de chastes paroles, et malheur à eux s'ils troublent le calme des eaux en y jetant des pierres! On a vu, quand des voyageurs oublient ou méprisent ces ordres ou les avertissements de leur guide, un orage affreux envelopper la montagne, et quelquefois la foudre frapper l'incrédule; à défaut de tonnerre, des feux, sous ses pas, sortent de la terre, l'entourent et le consument.

Les pâtres de l'ancien comté de Foix révèrent encore aujourd'hui les fontaines de leurs vallées, et elles reçoivent toujours leurs offrandes mystérieuses.

Lorsque les neiges ont disparu, ces bergers se rassemblent aux premières lueurs du matin; ils montent sur le haut de la colline, se mettent en cercle et attendent en silence le lever du soleil; à peine a-t-il paru que le plus âgé commence la prière, et tous écoutent avec le plus profond recueillement; la prière achevée, le vieillard n'est plus le pontife de cette cérémonie; ce n'est plus qu'un pâtre. Alors les bergers partagent entre eux les montagnes et les cabanes qui y sont construites, et forment de petites tribus : chacun élit son chef; le pouvoir revient toujours aux cheveux blancs, et celui qui l'a obtenu a

GROTTE DE CAMPAN. — GROTTE DE SALLABRAN.

le nom d'ancien ou de père. Ensuite, les chefs s'assemblent; ils jurent d'aimer Dieu, de montrer la route aux voyageurs égarés, de leur offrir du lait, du feu, de l'eau, leurs manteaux et leurs cabanes, d'ensevelir les malheureux que la *tourb* feroit périr, de révérer les fontaines, et d'avoir soin des troupeaux.

On retrouve également dans les Pyrénées quelques-unes de ces femmes sacrées que le bon évêque de Couserans, Auger de Montfaucon, défendoit, en 1274, de mettre au nombre des déesses.

C'est aux environs de l'antique Lapurdum des Escualdanac, que jadis on révéra la plus puissante des fées, Ontasuna Maithagarria, ou Ontasuna l'aimable. Ses longs cheveux étoient noirs, ses yeux bleus; une tunique de pourpre voiloit son corps élégant sans en déguiser les formes; une ceinture d'argent pressoit sa taille gracieuse; des brodequins d'argent formoient sa chaussure, et sa main droite agitoit une lance d'or. Montée sur un cerf rapide, elle parcouroit les montagnes et les forêts; elle chassoit les loups loin des bergeries. Au mois de mai, lorsque la zone neigeuse se rétrécit, que l'herbe croît, et que les arbres reprennent leurs parures, chaque pâtre lui offroit la blanche toison d'un agneau.

Le nom d'Ontasuna réveille, parmi les bergers des Pyrénées, des souvenirs aussi tendres, aussi touchants, que les plus tendres et les plus touchantes fictions des vallons de la Grèce. Un jour (heureux le poëte qui raconte cette naïve fiction!), un jeune Escualdanac, Lousaïde, si beau, si timide, que ses compagnons l'appeloient Zuhurra, conduisoit les troupeaux de son père dans les prairies désertes qu'arrose l'Erreca. Il rencontra sur les bords du fleuve la fée puissante, et bientôt Ontasuna accueillit le naïf et premier hommage de Lousaïde; elle l'aima d'amour, disent les pâtres du pays. Le troupeau du jeune pasteur s'accrut avec rapidité, et sa famille fut enrichie

LAC D'ESPINGON.

avec une promptitude qui étonnoit ses voisins. Mais la vie de Lousaïde étoit liée à son amour. Les fées payent la constance de l'amant chéri par l'immortalité de l'existence et les biens du monde; mais elles punissent l'infidélité par une mort soudaine : ainsi l'a voulu un destin qu'elles-mêmes ne peuvent braver. Lousaïde rencontra sur le mont Aistaince, une jeune bergère de la vallée de Cize, moins belle peut-être qu'Ontasuna ; mais depuis longtemps la fée étoit absente. Lousaïde fut infidèle, et lorque Ontasuna revint dans la contrée, Lousaïde n'étoit plus. Le destin attaché à l'amour des fées l'avoit tué. Ontasuna pleura le jeune et beau pasteur, elle pleure encore; un voile noir a remplacé sa ceinture, et, pour éterniser le souvenir de ses regrets, elle donna le nom de Lousaïde à la vallée où repose son amant.

Le génie du mal, dont le culte est répandu dans ces montagnes, y devoit enfanter les terribles traditions du sabbat; aussi, sur toute cette chaîne, on retrouve ses mystères et les récits étranges de ces sataniques saturnales dont les rochers les plus aigus et les cavernes sont considérés comme l'asile effrayant.

Parmi les eaux des Pyrénées, déjà célèbres au temps de l'antiquité, les bains de Cauterets ou Coteretz, ont continué de mériter jusqu'à nos jours leur haute renommée, par la salubrité de leurs eaux et par les sites ravissants qui les entourent. A deux époques éloignées, elles ont été illustrées par la présence du premier roi d'Aragon, Abarca, et de Marguerite, la sœur de François Ier. Elle en parle à peu près ainsi : « Le premier jour de septembre, « que les bains des Pyrénées commencent à avoir de la vertu, plusieurs per- « sonnes, tant de France, d'Espagne que d'ailleurs, se trouvèrent à ceux de « *Caulderets*, les uns pour boire, les autres pour s'y baigner, les autres pour « prendre de la boue..... Vers le temps du retour, vinrent des pluies si

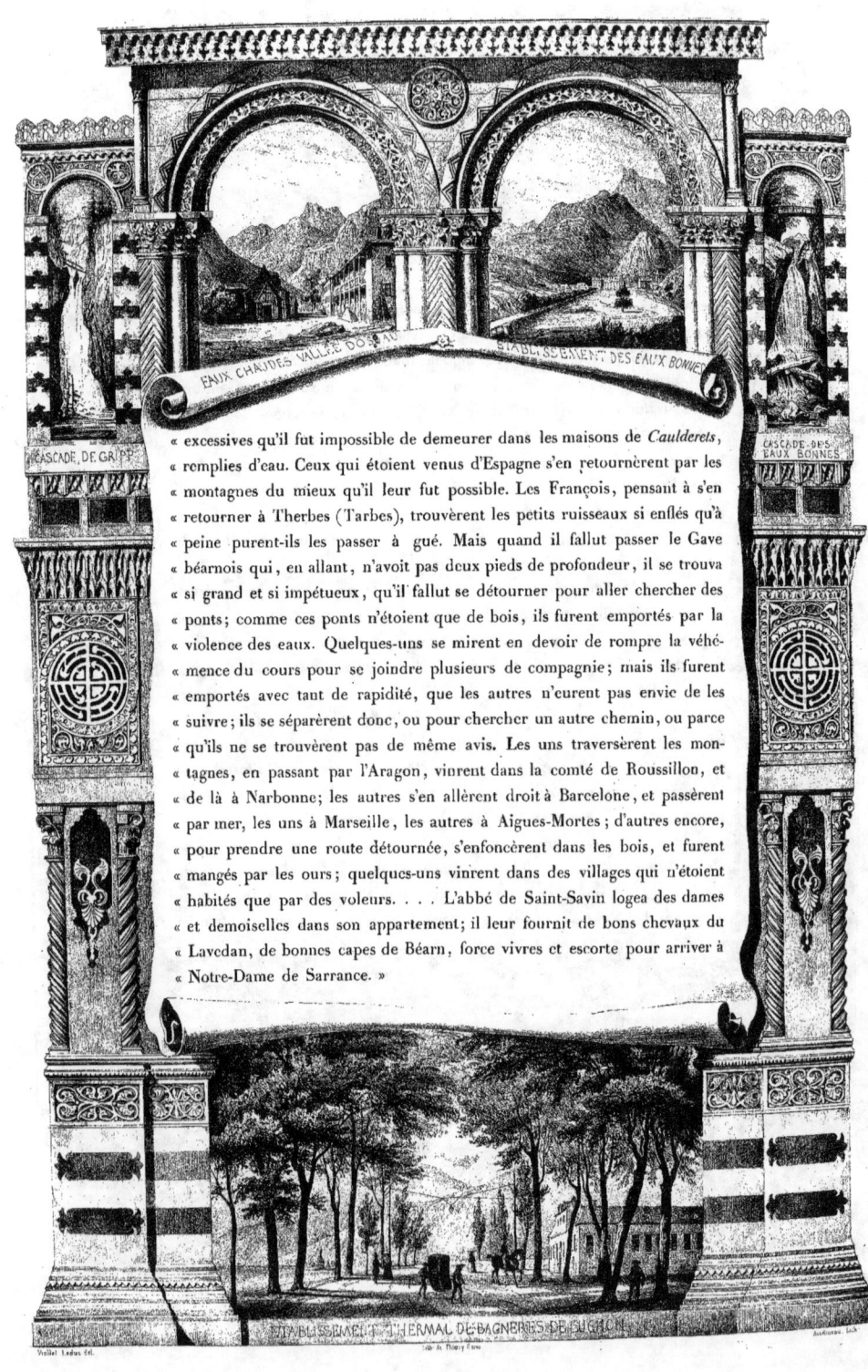

« excessives qu'il fut impossible de demeurer dans les maisons de *Caulderets*,
« remplies d'eau. Ceux qui étoient venus d'Espagne s'en retournèrent par les
« montagnes du mieux qu'il leur fut possible. Les François, pensant à s'en
« retourner à Therbes (Tarbes), trouvèrent les petits ruisseaux si enflés qu'à
« peine purent-ils les passer à gué. Mais quand il fallut passer le Gave
« béarnois qui, en allant, n'avoit pas deux pieds de profondeur, il se trouva
« si grand et si impétueux, qu'il fallut se détourner pour aller chercher des
« ponts; comme ces ponts n'étoient que de bois, ils furent emportés par la
« violence des eaux. Quelques-uns se mirent en devoir de rompre la véhé-
« mence du cours pour se joindre plusieurs de compagnie; mais ils furent
« emportés avec tant de rapidité, que les autres n'eurent pas envie de les
« suivre; ils se séparèrent donc, ou pour chercher un autre chemin, ou parce
« qu'ils ne se trouvèrent pas de même avis. Les uns traversèrent les mon-
« tagnes, en passant par l'Aragon, vinrent dans la comté de Roussillon, et
« de là à Narbonne; les autres s'en allèrent droit à Barcelone, et passèrent
« par mer, les uns à Marseille, les autres à Aigues-Mortes; d'autres encore,
« pour prendre une route détournée, s'enfoncèrent dans les bois, et furent
« mangés par les ours; quelques-uns vinrent dans des villages qui n'étoient
« habités que par des voleurs.... L'abbé de Saint-Savin logea des dames
« et demoiselles dans son appartement; il leur fournit de bons chevaux du
« Lavedan, de bonnes capes de Béarn, force vivres et escorte pour arriver à
« Notre-Dame de Sarrance. »

Ces beaux lieux ont bien changé depuis l'époque où la tendre et spirituelle Marguerite racontoit les désappointements de la belle compagnie de son temps, qui venoit chercher le plaisir et la santé dans les Pyrénées, et qui trouvoit les tempêtes, les ours et les voleurs. En 1761, on n'y entendoit plus que le roulement du tonnerre, la plus belle harmonie des montagnes. L'abbé de Voisenon qui, avec madame la duchesse de Choiseul, visitoit alors Cauteretz, et qui en donne, par lettres, une description fidèle à son ami Favart, n'y rencontra ni ours ni voleurs, quoiqu'il eût grande envie de prendre les habitants pour l'un et l'autre. La description romanesque de Marguerite peint délicieusement les impressions d'une femme; malheureusement pour l'abbé de Voisenon, la sienne ne peint que trop son époque, où la poésie n'étoit que de l'esprit gracieux et léger, et où l'on observoit la belle nature à l'Opéra-Comique, quand madame Favart représentoit les bergères avec des souliers de satin blanc à talons, une houlette ornée de rubans roses à la main, les cheveux poudrés, la tête couverte d'un chapeau de poupée, et tenant en laisse un mouton par une faveur. Ces lettres, qui étoient charmantes pour le siècle de Louis XV, n'ont que le mérite de représenter parfaitement le mauvais goût du temps.

Bagnères est encore peut-être plus célèbre que Cauteretz; il étoit déjà très-fréquenté sous le règne d'Auguste, sous le nom de *Vicus aquensis*, et Jeanne d'Albret y a laissé un souvenir intéressant de son passage, la construction du grand bassin et les belles allées d'arbres qui l'avoisinent. Bagnères a une vieille église dédiée à saint Vincent, martyr, qui est maintenant la paroisse du village, le clocher d'un cloître des dominicains, et les ruines d'un couvent des capucins. On y remarquoit aussi une église de Saint-Jean, qui avoit été élevée par les frères hospitaliers. Le bruit des guerres civiles a troublé le calme de ces belles contrées, au temps où le Bigorre tout entier

fut déchiré par nos tempêtes religieuses. Au milieu de ces sanglantes querelles Bagnères est resté attaché à la vieille foi de nos pères, et commandé, tantôt par le seigneur de Sarlabons, tantôt par le seigneur de Beaudéon, secouru par le comte de Grammont, il a vingt fois combattu pour la religion et la royauté des temps anciens.

Nous citerons pour dernier souvenir et pour dernière tradition de ces lieux sublimes, le pic de l'Espage qui renferme l'épée de l'un des plus braves chevaliers des temps héroïques de la chevalerie, et le pic de la Campana, qui recèle une cloche immense, couverte de marbre et de granit; c'est elle qui réveillera au jour du jugement dernier les ancêtres de ces montagnards qui dorment sous tous ces rochers, les accents de la trompette de l'ange ne pouvant parvenir jusqu'à leurs cercueils. Et de même que ce génie poétique vit encore dans la mémoire de ces peuples, les plus douces vertus semblent ne devoir jamais s'y altérer. La charité et l'hospitalité y sont en honneur comme aux temps anciens; c'est le moyen âge qui l'a élevé dans ces vertus; votre guide ou le pâtre des Pyrénées vous indique aujourd'hui, avec regret et avec respect, à l'entrée des ports, sur le sommet des monts, ou sur le bord des abimes, les ruines des chapelles, refuges des hospitaliers, et de toutes les fondations pieuses dont il a religieusement conservé la mémoire. Les chevaliers du Temple y avoient plusieurs fondations pour secourir et guider les pèlerins qui se rendoient sur les bords de l'Èbre combattre les infidèles, ou en Galice, à Saint-Jacques, pour l'accomplissement d'un vœu, pour remercier la Providence, pour expier une faute.

Nous avons parcouru et dessiné tous les lieux célèbres des Pyrénées, Lourdes, cette belle entrée de la vallée d'Argelès, et son château qui l'a longtemps

gardée, et les mille sites qu'on ne peut que nommer, car, pour les décrire, des livres plus longs que le nôtre ne suffiroient pas.

Le château de Lourdes est contemporain de Jules César : sa tour carrée, ses remparts crénelés, ses larges parapets, ont menacé longtemps l'indépendance des peuples du Lavedan. Le château de Lourdes changea souvent de maître; il vit tour à tour le règne des Goths, le passage des Vandales, les excursions des Normands, et les envahissements des Sarrasins. Comme partout dans les PYRÉNÉES, le souvenir de Charlemagne est écrit dans ses annales, et les chroniqueurs de son siècle racontent que le géant des vieux temps a conquis ses murailles. Mira commandoit l'armée des mécréants dans le château alors nommé *Mirambel*, Belle-vue. Un aigle y apporta dans son bec un grand poisson que Mira renvoya à Charlemagne, comme une preuve de l'abondance de ses provisions. Mais l'évêque du Puy, instruit du véritable état de la garnison, fit faire des offres de capitulation, qui furent acceptées. Mira, devenu vassal de l'église de Notre-Dame du Puy, lui fit hommage, soit par dérision, soit par respect, car l'offrande de Mira étoit quelquefois un cartel de guerre, d'une botte de foin. Bientôt il reçut, avec tous ses chevaliers, le baptême dans la ville de Lourdes. Tous avoient une botte de foin à la pointe de leur lance. Cette botte de foin figura longtemps dans les redevances des comtes de Bigorre à l'église de Notre-Dame du Puy; mais, en 1118, Centulle la remplaça par soixante-quatre sous morlans.

Mira reçut, avec le baptême, le nom de Lorres, et le château prit alors le nom de Lordes (1), que Belleforest écrivit le premier, Lourdes.

(1) Il est inutile de dire que cette conjecture sur le nom de la ville de Lourdes ne paroit pas appuyée sur des preuves suffisantes, et qu'il en est de même du nom du château de *Mirambel*, qui pourroit bien venir de Mira.

Longtemps le château de Lourdes fut un fief des comtes de Bigorre. C'est sous l'ormeau, près du porche de l'hôtel de ville, qu'ils recevoient les hommages de leurs vassaux. Là, les seigneurs d'Asté offroient au nouveau comte un épervier qu'ils perchoient sur une branche de l'arbre; quelquefois aussi les chevaliers donnoient à leur suzerain six sous morlans en échange de l'épervier. C'est encore dans le château de Lourdes que les comtes de Bigorre rendoient haute et basse justice aux nobles et aux vilains de leur domaine.

Le nom du château de Lourdes se trouve mêlé à toutes les guerres de la contrée; guerres de religion, guerres de famille, guerres de nation. Surpris par le comte de Leicester, donné par le fils de Simon de Montfort à Thibaud de Champagne, roi de Navarre, possédé, en 1292, par la maison de France, à l'époque du traité de Bretigny, en 1360, il passa sous la domination de l'Angleterre. En 1372, le duc d'Anjou voulut reconquérir cette citadelle, boulevard du Lavedan; mais il échoua dans cette tentative, et se vengea sur la ville, qui fut brûlée. Les titres de cette cité périrent dans un incendie, un demi-siècle après, en 1418. Jean de Grailly, fils du captal de Burch (Archambaud de Grailly, l'héritier de l'illustre maison de Foix), délivra la ville et le château du joug de l'étranger. Mais à peine la ville de Lourdes eut-elle fermé les plaies de ses guerres nationales, que la guerre civile déchira son enceinte. En 1503, le baron d'Arros y parut à la tête des religionnaires, et l'histoire, qui doit être juste et quelquefois sévère, démontre que, si on accuse Montfort, catholique fougueux, trois siècles avant la réforme, d'ambition et de cruauté, le baron d'Arros plus tard, dans le parti contraire, eut le triste honneur de marquer son passage dans ces montagnes par des traces de sang et d'incendie, et de n'y laisser que des ruines.

A une petite demi-lieue de Lourdes, dans la magnifique vallée qui s'appelle

tantôt Lavedan, Argelès, Barèges, Gavarnie, on rencontre un souvenir des Romains : c'est une voie antique dont le nom de *Strada*, *Strata*, est resté à une métairie moderne, seul vestige d'habitation qui existe encore au lieu où s'éleva jadis une ville, *Oppidum novum*. C'est au delà de cette métairie que les ruines de l'abbaye de Saint-Savin se détachent de riches guérets, de riantes prairies, de délicieux bosquets, au milieu du plus ravissant paysage.

Avant d'être le lieu de retraite de religieux chrétiens, Saint-Savin fut un palais romain qu'on nommoit le Palais Émilien, qui devint une forteresse, et qui fut abandonné au temps de l'invasion des barbares du Nord. La légende raconte que, vers le commencement du VIIe siècle, saint Savin, fils du comte de Poitiers, Hentilius, vint, avec un compagnon nommé Julien, demander aux ruines du palais désert le calme et la solitude. Les deux cénobites vécurent treize ans dans ce pieux hermitage, origine de la célèbre abbaye de Saint-Savin, qui s'appela d'abord *Villebancer*, et qui fut fondée par Charlemagne. Détruite en 843 par les Normands, elle se releva bientôt avec éclat par la munificence de Raymond Ier, comte de Bigorre. Dans l'enceinte de ses cloîtres, une église fut consacrée à la Vierge, et l'abbaye fut dotée de magnifiques priviléges. Raymond Ier lui fit don de toutes les redevances de la vallée de Cauteretz, et Louis, fils de Raymond, l'affranchit de toute servitude. Ce fut lui encore qui vendit à Garice, abbé de Saint-Savin, la suzeraineté du village. En 1167, cette riche communauté possédoit onze églises, neuf villages, et hors de France, des maisons, des jardins, et des vignes sur le territoire de Syracuse. La possession de tous ces biens lui fut confirmée par une bulle du pape Alexandre III.

Les récits merveilleux n'ont pas manqué à l'illustration de ce célèbre mo-

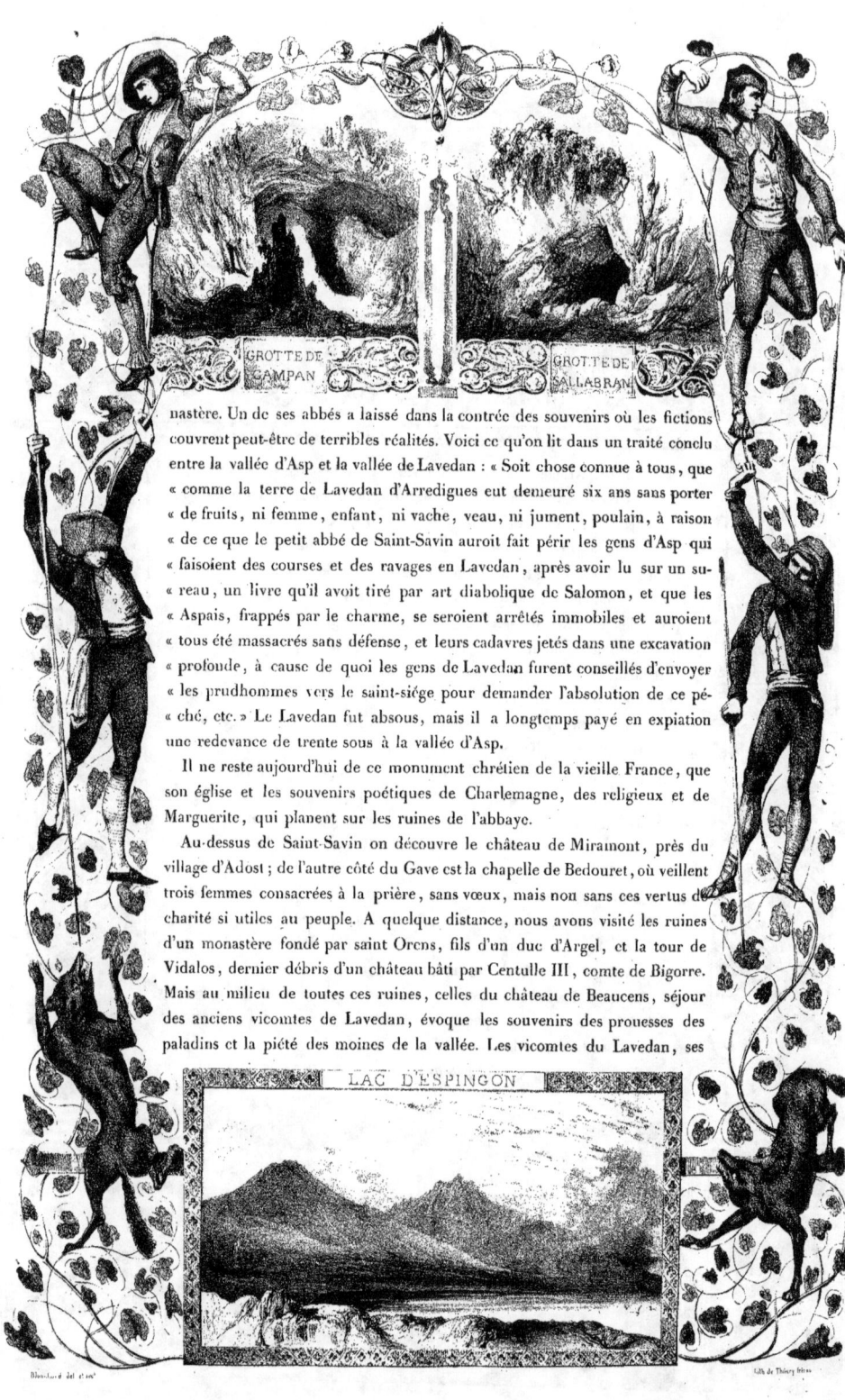

GROTTE DE CAMPAN

GROTTE DE SALLABRAN

nastère. Un de ses abbés a laissé dans la contrée des souvenirs où les fictions couvrent peut-être de terribles réalités. Voici ce qu'on lit dans un traité conclu entre la vallée d'Asp et la vallée de Lavedan : « Soit chose connue à tous, que « comme la terre de Lavedan d'Arredigues eut demeuré six ans sans porter « de fruits, ni femme, enfant, ni vache, veau, ni jument, poulain, à raison « de ce que le petit abbé de Saint-Savin auroit fait périr les gens d'Asp qui « faisoient des courses et des ravages en Lavedan, après avoir lu sur un su- « reau, un livre qu'il avoit tiré par art diabolique de Salomon, et que les « Aspais, frappés par le charme, se seroient arrêtés immobiles et auroient « tous été massacrés sans défense, et leurs cadavres jetés dans une excavation « profonde, à cause de quoi les gens de Lavedan furent conseillés d'envoyer « les prudhommes vers le saint-siége pour demander l'absolution de ce pé- « ché, etc. » Le Lavedan fut absous, mais il a longtemps payé en expiation une redevance de trente sous à la vallée d'Asp.

Il ne reste aujourd'hui de ce monument chrétien de la vieille France, que son église et les souvenirs poétiques de Charlemagne, des religieux et de Marguerite, qui planent sur les ruines de l'abbaye.

Au-dessus de Saint-Savin on découvre le château de Miramont, près du village d'Adost ; de l'autre côté du Gave est la chapelle de Bedouret, où veillent trois femmes consacrées à la prière, sans vœux, mais non sans ces vertus de charité si utiles au peuple. A quelque distance, nous avons visité les ruines d'un monastère fondé par saint Orens, fils d'un duc d'Argel, et la tour de Vidalos, dernier débris d'un château bâti par Centulle III, comte de Bigorre. Mais au milieu de toutes ces ruines, celles du château de Beaucens, séjour des anciens vicomtes de Lavedan, évoque les souvenirs des prouesses des paladins et la piété des moines de la vallée. Les vicomtes du Lavedan, ses

LAC D'ESPINGON

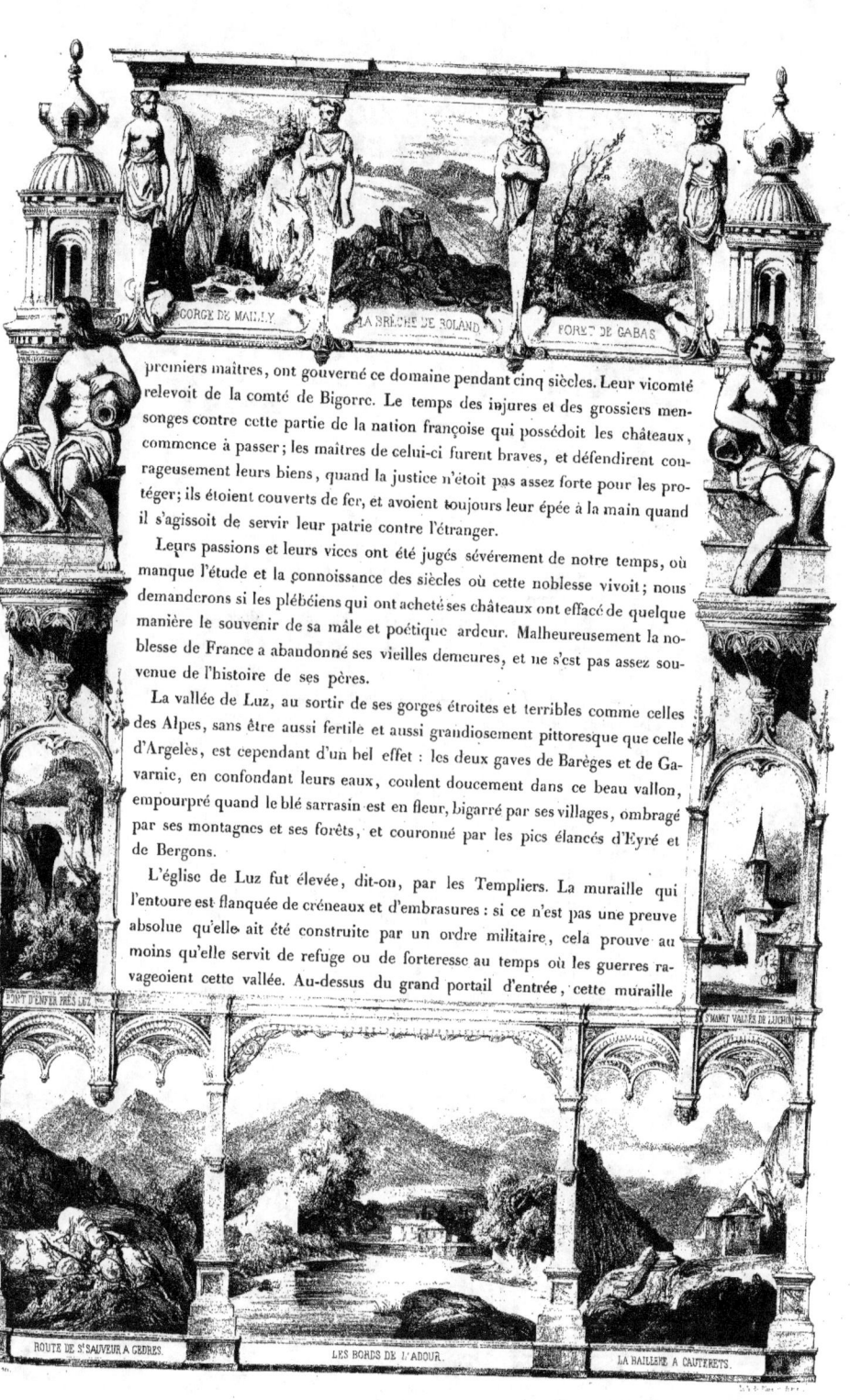

premiers maîtres, ont gouverné ce domaine pendant cinq siècles. Leur vicomté relevoit de la comté de Bigorre. Le temps des injures et des grossiers mensonges contre cette partie de la nation françoise qui possédoit les châteaux, commence à passer; les maîtres de celui-ci furent braves, et défendirent courageusement leurs biens, quand la justice n'étoit pas assez forte pour les protéger; ils étoient couverts de fer, et avoient toujours leur épée à la main quand il s'agissoit de servir leur patrie contre l'étranger.

Leurs passions et leurs vices ont été jugés sévèrement de notre temps, où manque l'étude et la connoissance des siècles où cette noblesse vivoit; nous demanderons si les plébéiens qui ont acheté ses châteaux ont effacé de quelque manière le souvenir de sa mâle et poétique ardeur. Malheureusement la noblesse de France a abandonné ses vieilles demeures, et ne s'est pas assez souvenue de l'histoire de ses pères.

La vallée de Luz, au sortir de ses gorges étroites et terribles comme celles des Alpes, sans être aussi fertile et aussi grandiosement pittoresque que celle d'Argelès, est cependant d'un bel effet : les deux gaves de Barèges et de Gavarnie, en confondant leurs eaux, coulent doucement dans ce beau vallon, empourpré quand le blé sarrasin est en fleur, bigarré par ses villages, ombragé par ses montagnes et ses forêts, et couronné par les pics élancés d'Eyré et de Bergons.

L'église de Luz fut élevée, dit-on, par les Templiers. La muraille qui l'entoure est flanquée de créneaux et d'embrasures : si ce n'est pas une preuve absolue qu'elle ait été construite par un ordre militaire, cela prouve au moins qu'elle servit de refuge ou de forteresse au temps où les guerres ravageoient cette vallée. Au-dessus du grand portail d'entrée, cette muraille

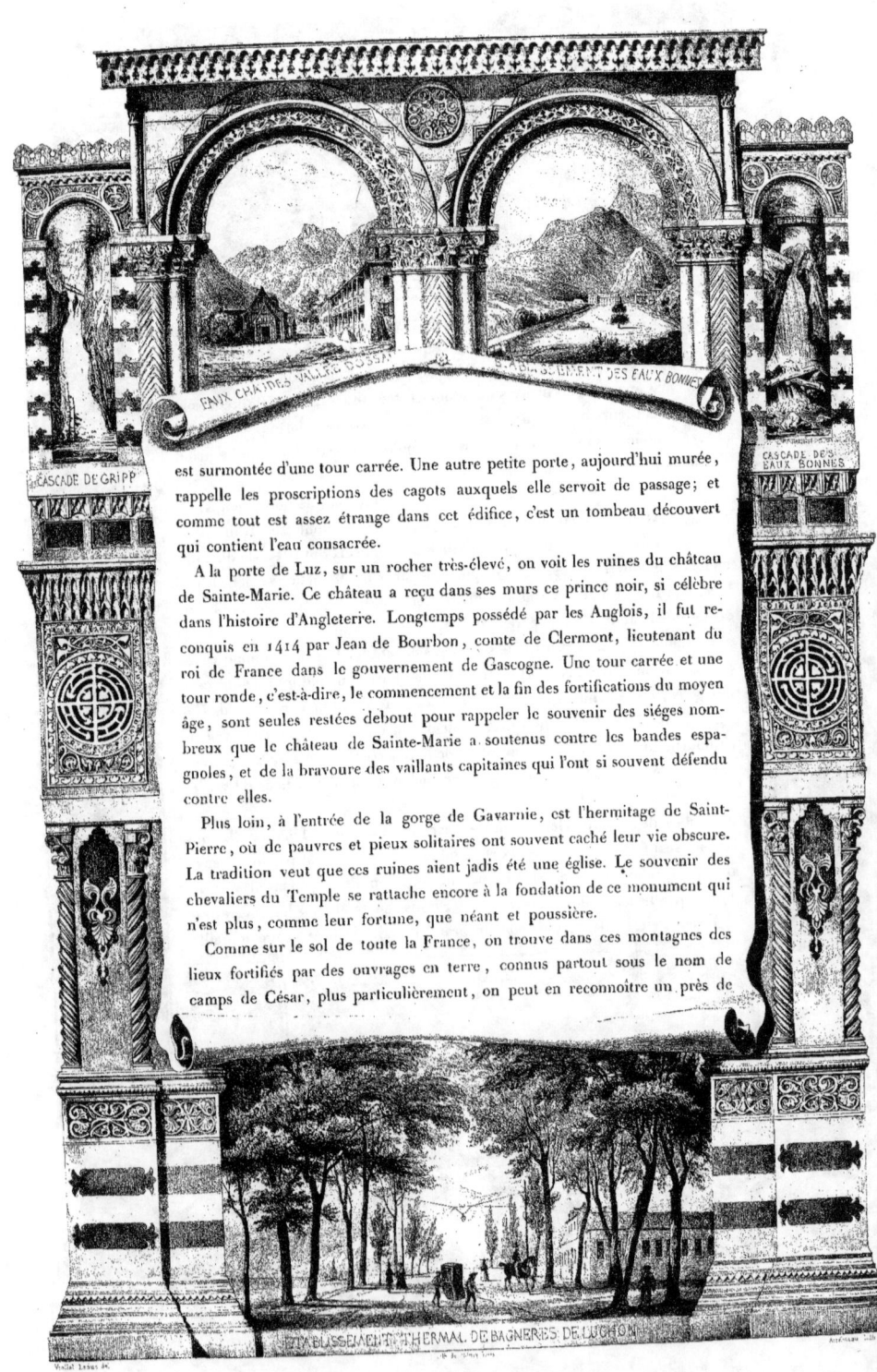

est surmontée d'une tour carrée. Une autre petite porte, aujourd'hui murée, rappelle les proscriptions des cagots auxquels elle servoit de passage; et comme tout est assez étrange dans cet édifice, c'est un tombeau découvert qui contient l'eau consacrée.

A la porte de Luz, sur un rocher très-élevé, on voit les ruines du château de Sainte-Marie. Ce château a reçu dans ses murs ce prince noir, si célèbre dans l'histoire d'Angleterre. Longtemps possédé par les Anglois, il fut reconquis en 1414 par Jean de Bourbon, comte de Clermont, lieutenant du roi de France dans le gouvernement de Gascogne. Une tour carrée et une tour ronde, c'est-à-dire, le commencement et la fin des fortifications du moyen âge, sont seules restées debout pour rappeler le souvenir des siéges nombreux que le château de Sainte-Marie a soutenus contre les bandes espagnoles, et de la bravoure des vaillants capitaines qui l'ont si souvent défendu contre elles.

Plus loin, à l'entrée de la gorge de Gavarnie, est l'hermitage de Saint-Pierre, où de pauvres et pieux solitaires ont souvent caché leur vie obscure. La tradition veut que ces ruines aient jadis été une église. Le souvenir des chevaliers du Temple se rattache encore à la fondation de ce monument qui n'est plus, comme leur fortune, que néant et poussière.

Comme sur le sol de toute la France, on trouve dans ces montagnes des lieux fortifiés par des ouvrages en terre, connus partout sous le nom de camps de César, plus particulièrement, on peut en reconnoître un près de

la route de Tarbes; il domine le château de Pouzac. Quelques savants attribuent aux Vascons la fondation de ces camps nombreux dans les PYRÉNÉES. La tradition mêle à leur histoire le souvenir des Sarrasins; peut-être les ont-ils occupés sans les avoir construits. Les monuments en pierre que les siècles marquent de leur style, ont souvent une origine très-difficile à constater; la date de ces camps ne peut donc que rester douteuse.

Nous avons encore à visiter les quatre vallées.

L'épée de don Sanche III, roi de Navarre et d'Aragon, délivra, dans le Xe siècle, la vallée d'Aure des ennemis de la foi chrétienne. Sa bravoure lui valut la suzeraineté des quatre vallées, qui resta longtemps aux membres de sa famille; mais ses descendants, après avoir été seigneurs indépendants sous le titre de comtes d'Aure, relevoient du comté de Bigorre. Othon Ier rendit hommage, en 1080, à Centulle IV, vicomte de Béarn, époux de Béatrix Ire, comtesse de Bigorre. Après la mort d'Othon II, la possession de ses domaines passa dans la maison des barons de Labarthe, nés de la même race, et investis, dans le XIe siècle, de la suzeraineté de la vallée de Barousse. Mais en 1339, Bernard de Labarthe abandonna tout ce qu'il possédoit à Bernard de Fumel, époux de sa sœur Brunissende, lequel régnoit déjà dans la vallée d'Aure. La maison des barons de Fumel conserva ce riche héritage jusqu'au cinq septembre 1398, époque à laquelle le pays des quatre vallées devint un des nombreux apanages des comtes d'Armagnac, par le testament de Jean Fumel de Labarthe, premier du nom.

Depuis cette époque, l'histoire des quatre vallées d'Aure, de Magnoac, de Neste et de Barousse, se confond avec l'histoire de cette maison célèbre, jusqu'au règne de Louis XII. Le huit juillet 1512, le pays des quatre vallées fut réuni à la couronne. La ville de Sarrancolin, habitée dès 1316 par les barons de Labarthe, de la maison de Fumel, commanda longtemps la vallée d'Aure;

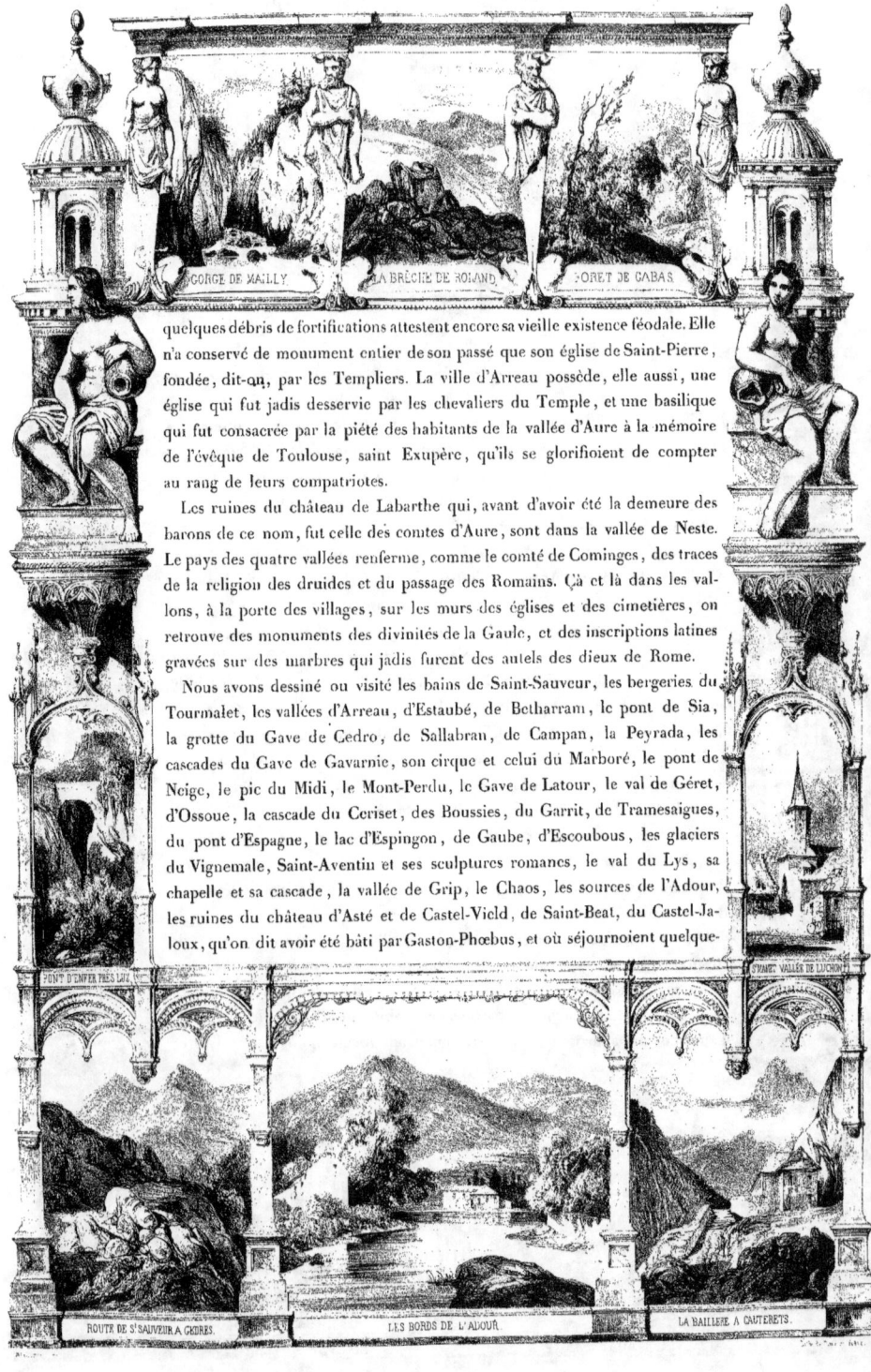

quelques débris de fortifications attestent encore sa vieille existence féodale. Elle n'a conservé de monument entier de son passé que son église de Saint-Pierre, fondée, dit-on, par les Templiers. La ville d'Arreau possède, elle aussi, une église qui fut jadis desservie par les chevaliers du Temple, et une basilique qui fut consacrée par la piété des habitants de la vallée d'Aure à la mémoire de l'évêque de Toulouse, saint Exupère, qu'ils se glorifioient de compter au rang de leurs compatriotes.

Les ruines du château de Labarthe qui, avant d'avoir été la demeure des barons de ce nom, fut celle des comtes d'Aure, sont dans la vallée de Neste. Le pays des quatre vallées renferme, comme le comté de Cominges, des traces de la religion des druides et du passage des Romains. Çà et là dans les vallons, à la porte des villages, sur les murs des églises et des cimetières, on retrouve des monuments des divinités de la Gaule, et des inscriptions latines gravées sur des marbres qui jadis furent des autels des dieux de Rome.

Nous avons dessiné ou visité les bains de Saint-Sauveur, les bergeries du Tourmalet, les vallées d'Arreau, d'Estaubé, de Betharram, le pont de Sia, la grotte du Gave de Cedro, de Sallabran, de Campan, la Peyrada, les cascades du Gave de Gavarnie, son cirque et celui du Marboré, le pont de Neige, le pic du Midi, le Mont-Perdu, le Gave de Latour, le val de Géret, d'Ossoue, la cascade du Ceriset, des Boussies, du Garrit, de Tramesaigues, du pont d'Espagne, le lac d'Espingon, de Gaube, d'Escoubous, les glaciers du Vignemale, Saint-Aventin et ses sculptures romanes, le val du Lys, sa chapelle et sa cascade, la vallée de Grip, le Chaos, les sources de l'Adour, les ruines du château d'Asté et de Castel-Vield, de Saint-Beat, du Castel-Jaloux, qu'on dit avoir été bâti par Gaston-Phœbus, et où séjournoient quelque-

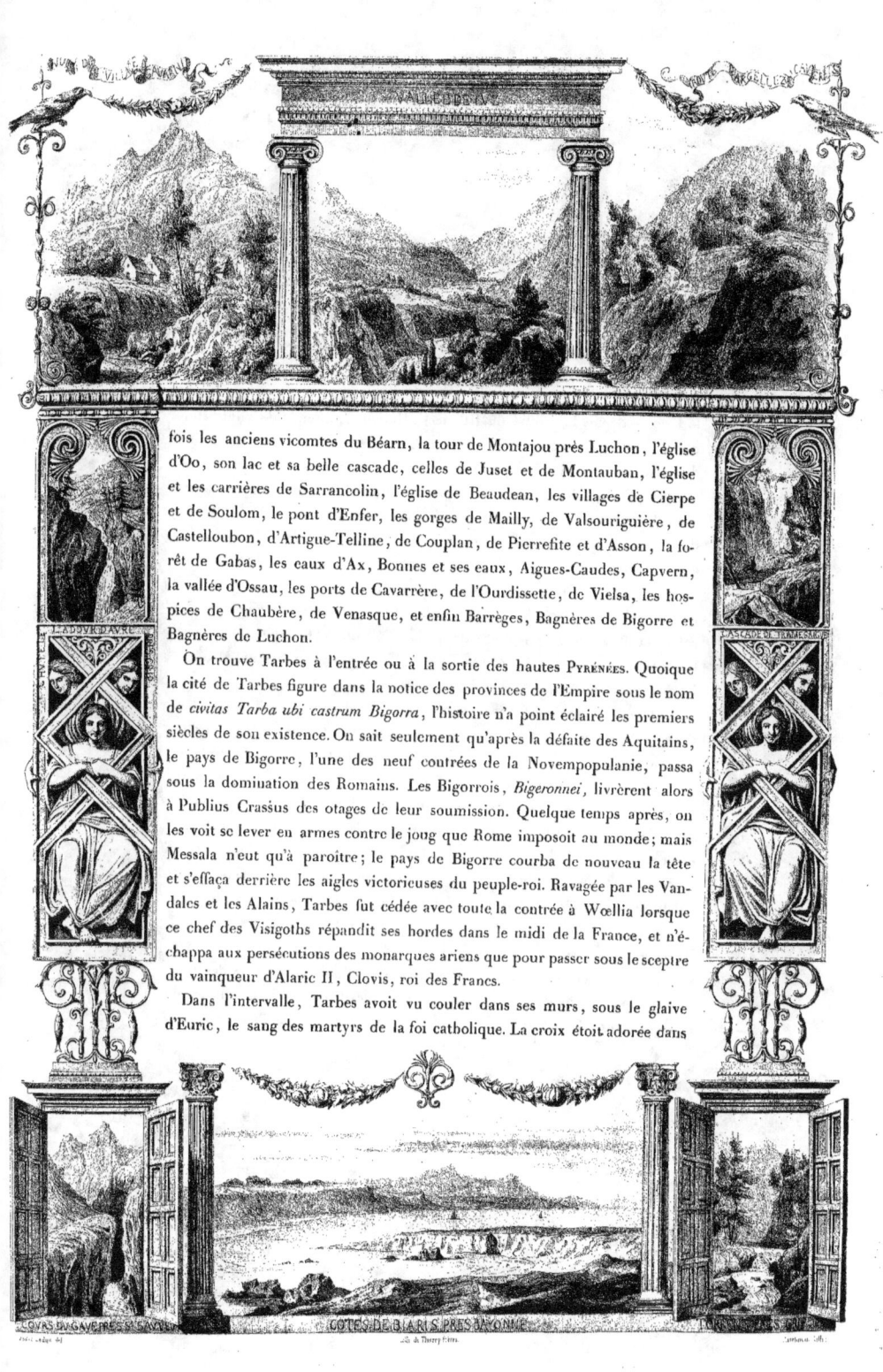

fois les anciens vicomtes du Béarn, la tour de Montajou près Luchon, l'église d'Oo, son lac et sa belle cascade, celles de Juset et de Montauban, l'église et les carrières de Sarrancolin, l'église de Beaudean, les villages de Cierpe et de Soulom, le pont d'Enfer, les gorges de Mailly, de Valsouriguière, de Castelloubon, d'Artigue-Telline, de Couplan, de Pierrefite et d'Asson, la forêt de Gabas, les eaux d'Ax, Bonnes et ses eaux, Aigues-Caudes, Capvern, la vallée d'Ossau, les ports de Cavarrère, de l'Ourdissette, de Vielsa, les hospices de Chaubère, de Venasque, et enfin Barrèges, Bagnères de Bigorre et Bagnères de Luchon.

On trouve Tarbes à l'entrée ou à la sortie des hautes PYRÉNÉES. Quoique la cité de Tarbes figure dans la notice des provinces de l'Empire sous le nom de *civitas Tarba ubi castrum Bigorra*, l'histoire n'a point éclairé les premiers siècles de son existence. On sait seulement qu'après la défaite des Aquitains, le pays de Bigorre, l'une des neuf contrées de la Novempopulanie, passa sous la domination des Romains. Les Bigorrois, *Bigeronnei*, livrèrent alors à Publius Crassus des otages de leur soumission. Quelque temps après, on les voit se lever en armes contre le joug que Rome imposoit au monde; mais Messala n'eut qu'à paroître; le pays de Bigorre courba de nouveau la tête et s'effaça derrière les aigles victorieuses du peuple-roi. Ravagée par les Vandales et les Alains, Tarbes fut cédée avec toute la contrée à Wœllia lorsque ce chef des Visigoths répandit ses hordes dans le midi de la France, et n'échappa aux persécutions des monarques ariens que pour passer sous le sceptre du vainqueur d'Alaric II, Clovis, roi des Francs.

Dans l'intervalle, Tarbes avoit vu couler dans ses murs, sous le glaive d'Euric, le sang des martyrs de la foi catholique. La croix étoit adorée dans

le Bigorre depuis la moitié du IIIe siècle. Honestus, disciple de saint Saturnin, y avoit alors porté les lumières de l'Évangile. Euric, élevé dans les erreurs de l'arianisme, voulut imposer sa croyance aux habitants de Tarbes. Adversaire infatigable de l'hérésie, l'évêque de cette ville, saint Faustus, après avoir langui dans un cachot, fut exilé ainsi que Glycerius. Dans la cité d'Aire, les temples catholiques se fermèrent. Sous le sceptre des Mérovingiens, Tarbes dépendit, tantôt du royaume, et tantôt du duché d'Aquitaine. Sa religion n'étoit plus menacée par l'arianisme; mais les Arabes parurent en 732 dans le Bigorre. Après une longue lutte tour à tour marquée par des revers et des victoires, un prêtre de Tarbes, Missolin, l'Évangile d'une main, le glaive de l'autre, se mit à la tête de ses frères, et livra combat aux Maures: les Arabes vaincus ne reparurent plus sous les murs de Tarbes.

Au temps des premiers rois de la race des Carlovingiens, la ville de Tarbes dépendoit du duché de Gascogne; mais après les défaites successives du duc Adalric, de Ximin son fils, de Gardimir son petit-fils, de Loup-Centulle et de Gersend ses petits-neveux, que Louis le Débonnaire dépouilla tour à tour de la Gascogne, le Bigorre devint un comté héréditaire. Donat-Loup, fils de Loup-Centulle, investi en 820 de cette seigneurie féodale, fut la souche de la première maison de Bigorre. Donat-Loup, issu du sang des ducs de Gascogne, citoit avec orgueil, parmi ses ancêtres, Clovis lui-même, dont Adalric se glorifioit de descendre. Le deuxième comte de Bigorre, Juigue, fils de Donat-Loup, ne gouverna pas longtemps cette contrée. Brave, entreprenant, chevaleresque, il fut appelé au delà des Pyrénées au secours des peuples de la Navarre, en chassa les Maures, et fonda la dynastie des rois de cette nation, dynastie qui occupa plus tard les trônes de la Castille et de l'Aragon. Daton-Donat, frère de Juigue, et troisième comte de Bigorre, régna

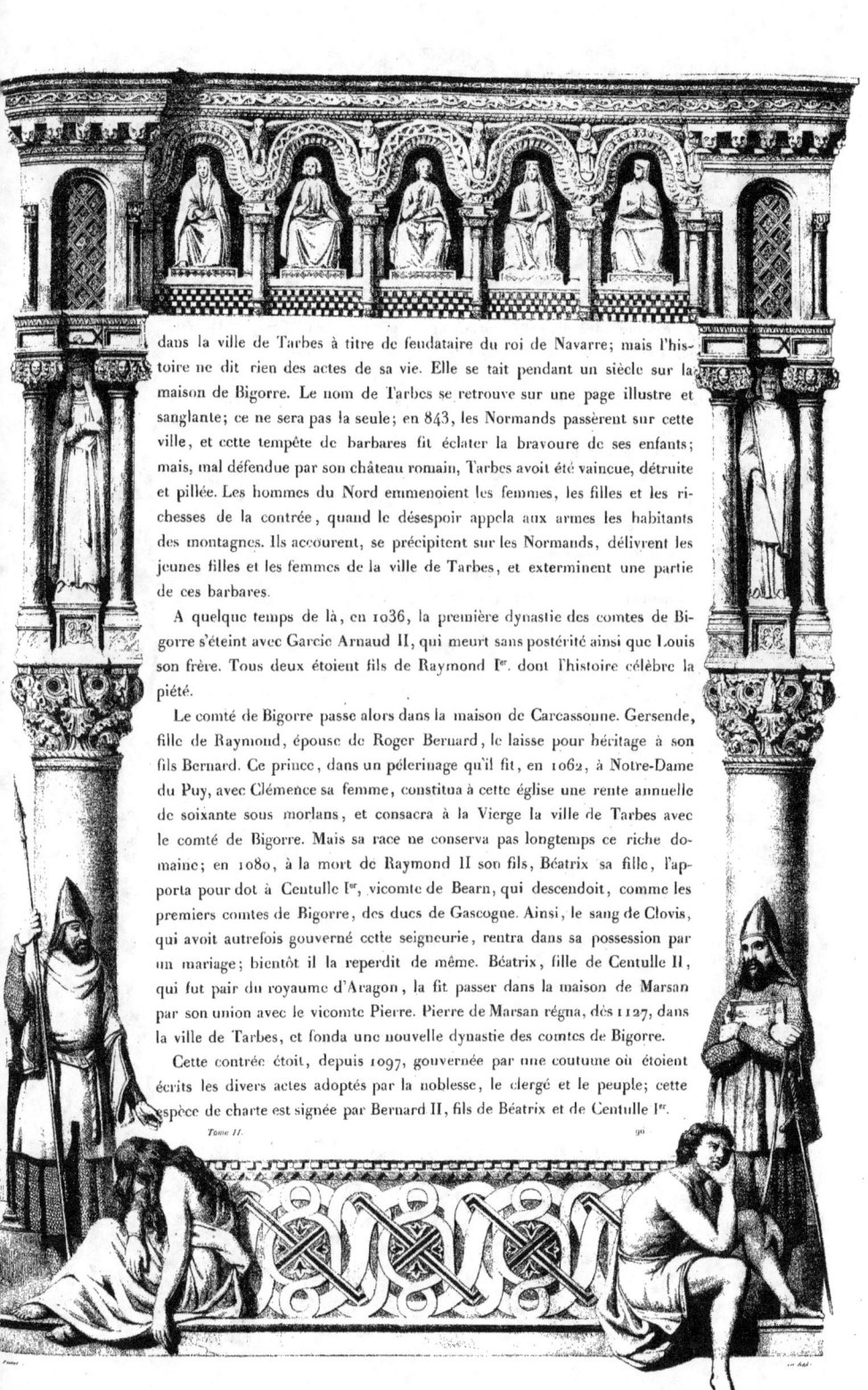

dans la ville de Tarbes à titre de feudataire du roi de Navarre; mais l'histoire ne dit rien des actes de sa vie. Elle se tait pendant un siècle sur la maison de Bigorre. Le nom de Tarbes se retrouve sur une page illustre et sanglante; ce ne sera pas la seule; en 843, les Normands passèrent sur cette ville, et cette tempête de barbares fit éclater la bravoure de ses enfants; mais, mal défendue par son château romain, Tarbes avoit été vaincue, détruite et pillée. Les hommes du Nord emmenoient les femmes, les filles et les richesses de la contrée, quand le désespoir appela aux armes les habitants des montagnes. Ils accourent, se précipitent sur les Normands, délivrent les jeunes filles et les femmes de la ville de Tarbes, et exterminent une partie de ces barbares.

A quelque temps de là, en 1036, la première dynastie des comtes de Bigorre s'éteint avec Garcie Arnaud II, qui meurt sans postérité ainsi que Louis son frère. Tous deux étoient fils de Raymond Ier. dont l'histoire célèbre la piété.

Le comté de Bigorre passe alors dans la maison de Carcassoune. Gersende, fille de Raymond, épouse de Roger Bernard, le laisse pour héritage à son fils Bernard. Ce prince, dans un pélerinage qu'il fit, en 1062, à Notre-Dame du Puy, avec Clémence sa femme, constitua à cette église une rente annuelle de soixante sous morlans, et consacra à la Vierge la ville de Tarbes avec le comté de Bigorre. Mais sa race ne conserva pas longtemps ce riche domaine; en 1080, à la mort de Raymond II son fils, Béatrix sa fille, l'apporta pour dot à Centulle Ier, vicomte de Bearn, qui descendoit, comme les premiers comtes de Bigorre, des ducs de Gascogne. Ainsi, le sang de Clovis, qui avoit autrefois gouverné cette seigneurie, rentra dans sa possession par un mariage; bientôt il la reperdit de même. Béatrix, fille de Centulle II, qui fut pair du royaume d'Aragon, la fit passer dans la maison de Marsan par son union avec le vicomte Pierre. Pierre de Marsan régna, dès 1127, dans la ville de Tarbes, et fonda une nouvelle dynastie des comtes de Bigorre.

Cette contrée étoit, depuis 1097, gouvernée par une coutume où étoient écrits les divers actes adoptés par la noblesse, le clergé et le peuple; cette espèce de charte est signée par Bernard II, fils de Béatrix et de Centulle Ier.

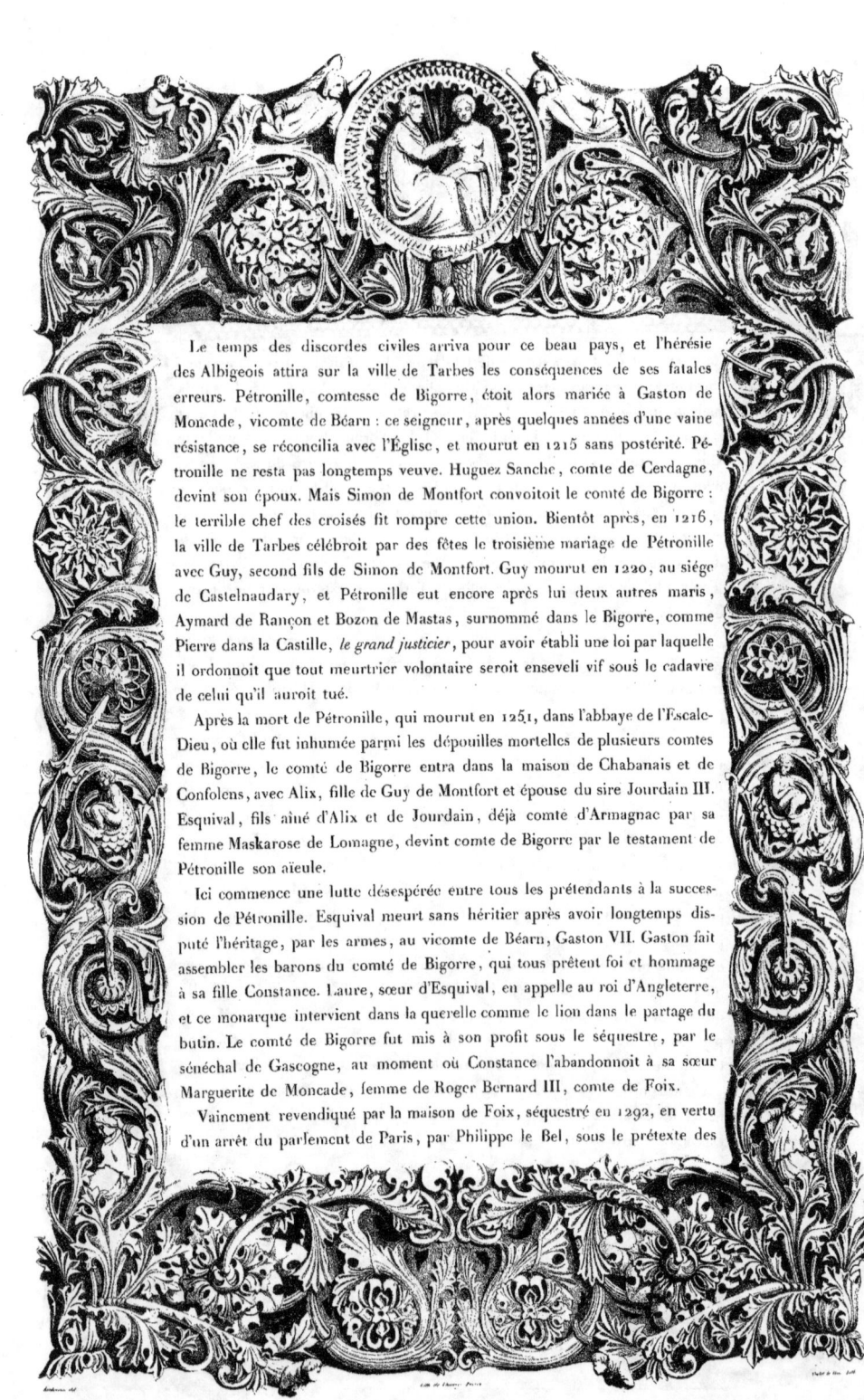

Le temps des discordes civiles arriva pour ce beau pays, et l'hérésie des Albigeois attira sur la ville de Tarbes les conséquences de ses fatales erreurs. Pétronille, comtesse de Bigorre, étoit alors mariée à Gaston de Moncade, vicomte de Béarn : ce seigneur, après quelques années d'une vaine résistance, se réconcilia avec l'Église, et mourut en 1215 sans postérité. Pétronille ne resta pas longtemps veuve. Huguez Sanche, comte de Cerdagne, devint son époux. Mais Simon de Montfort convoitoit le comté de Bigorre : le terrible chef des croisés fit rompre cette union. Bientôt après, en 1216, la ville de Tarbes célébroit par des fêtes le troisième mariage de Pétronille avec Guy, second fils de Simon de Montfort. Guy mourut en 1220, au siége de Castelnaudary, et Pétronille eut encore après lui deux autres maris, Aymard de Rançon et Bozon de Mastas, surnommé dans le Bigorre, comme Pierre dans la Castille, *le grand justicier*, pour avoir établi une loi par laquelle il ordonnoit que tout meurtrier volontaire seroit enseveli vif sous le cadavre de celui qu'il auroit tué.

Après la mort de Pétronille, qui mourut en 1251, dans l'abbaye de l'Escale-Dieu, où elle fut inhumée parmi les dépouilles mortelles de plusieurs comtes de Bigorre, le comté de Bigorre entra dans la maison de Chabanais et de Confolens, avec Alix, fille de Guy de Montfort et épouse du sire Jourdain III. Esquival, fils aîné d'Alix et de Jourdain, déjà comte d'Armagnac par sa femme Maskarose de Lomagne, devint comte de Bigorre par le testament de Pétronille son aïeule.

Ici commence une lutte désespérée entre tous les prétendants à la succession de Pétronille. Esquival meurt sans héritier après avoir longtemps disputé l'héritage, par les armes, au vicomte de Béarn, Gaston VII. Gaston fait assembler les barons du comté de Bigorre, qui tous prêtent foi et hommage à sa fille Constance. Laure, sœur d'Esquival, en appelle au roi d'Angleterre, et ce monarque intervient dans la querelle comme le lion dans le partage du butin. Le comté de Bigorre fut mis à son profit sous le séquestre, par le sénéchal de Gascogne, au moment où Constance l'abandonnoit à sa sœur Marguerite de Moncade, femme de Roger Bernard III, comte de Foix.

Vainement revendiqué par la maison de Foix, séquestré en 1292, en vertu d'un arrêt du parlement de Paris, par Philippe le Bel, sous le prétexte des

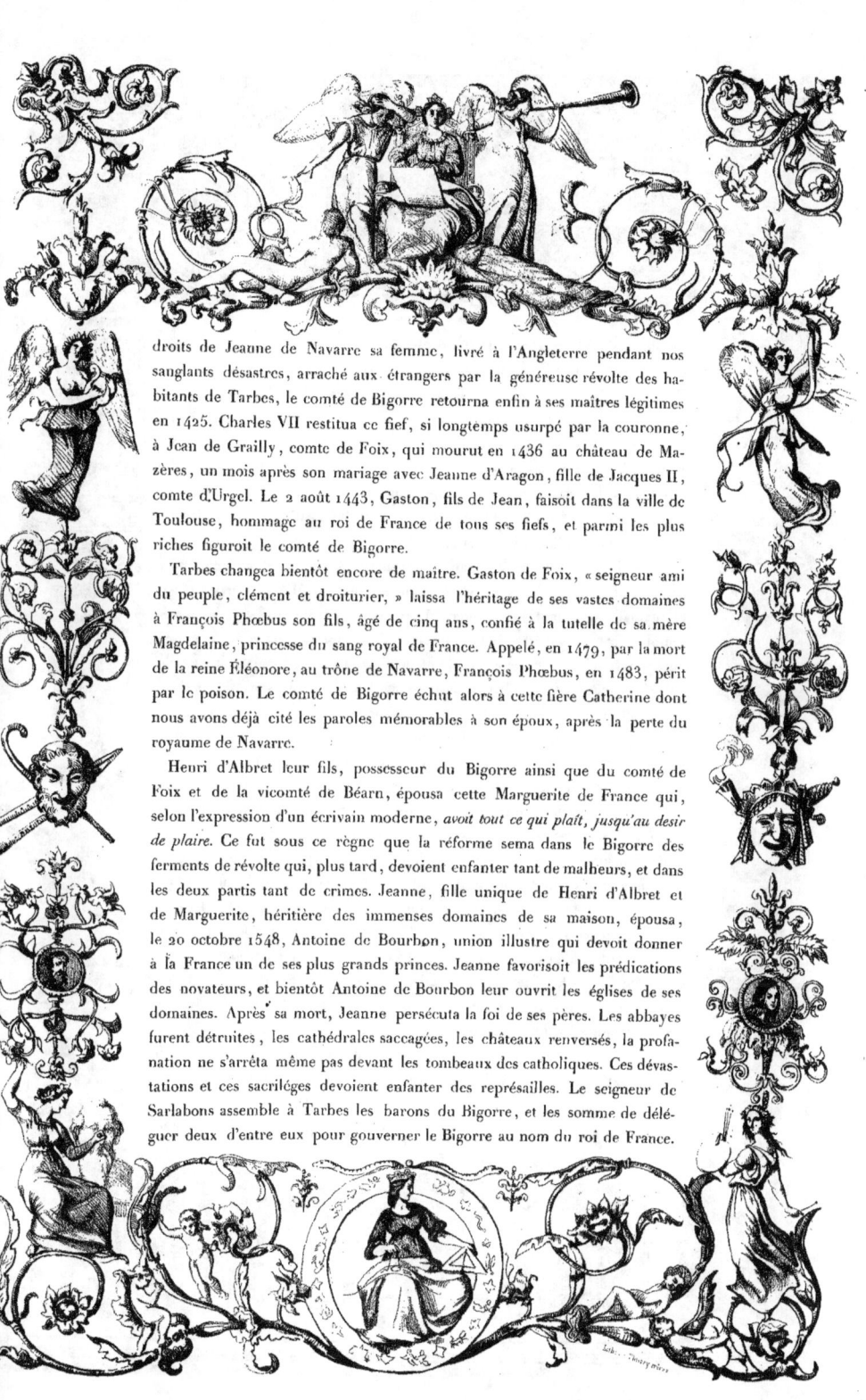

droits de Jeanne de Navarre sa femme, livré à l'Angleterre pendant nos sanglants désastres, arraché aux étrangers par la généreuse révolte des habitants de Tarbes, le comté de Bigorre retourna enfin à ses maîtres légitimes en 1425. Charles VII restitua ce fief, si longtemps usurpé par la couronne, à Jean de Grailly, comte de Foix, qui mourut en 1436 au château de Mazères, un mois après son mariage avec Jeanne d'Aragon, fille de Jacques II, comte d'Urgel. Le 2 août 1443, Gaston, fils de Jean, faisoit dans la ville de Toulouse, hommage au roi de France de tous ses fiefs, et parmi les plus riches figuroit le comté de Bigorre.

Tarbes changea bientôt encore de maître. Gaston de Foix, « seigneur ami du peuple, clément et droiturier, » laissa l'héritage de ses vastes domaines à François Phœbus son fils, âgé de cinq ans, confié à la tutelle de sa mère Magdelaine, princesse du sang royal de France. Appelé, en 1479, par la mort de la reine Éléonore, au trône de Navarre, François Phœbus, en 1483, périt par le poison. Le comté de Bigorre échut alors à cette fière Catherine dont nous avons déjà cité les paroles mémorables à son époux, après la perte du royaume de Navarre.

Henri d'Albret leur fils, possesseur du Bigorre ainsi que du comté de Foix et de la vicomté de Béarn, épousa cette Marguerite de France qui, selon l'expression d'un écrivain moderne, *avoit tout ce qui plaît, jusqu'au desir de plaire*. Ce fut sous ce règne que la réforme sema dans le Bigorre des ferments de révolte qui, plus tard, devoient enfanter tant de malheurs, et dans les deux partis tant de crimes. Jeanne, fille unique de Henri d'Albret et de Marguerite, héritière des immenses domaines de sa maison, épousa, le 20 octobre 1548, Antoine de Bourbon, union illustre qui devoit donner à la France un de ses plus grands princes. Jeanne favorisoit les prédications des novateurs, et bientôt Antoine de Bourbon leur ouvrit les églises de ses domaines. Après sa mort, Jeanne persécuta la foi de ses pères. Les abbayes furent détruites, les cathédrales saccagées, les châteaux renversés, la profanation ne s'arrêta même pas devant les tombeaux des catholiques. Ces dévastations et ces sacriléges devoient enfanter des représailles. Le seigneur de Sarlabons assemble à Tarbes les barons du Bigorre, et les somme de déléguer deux d'entre eux pour gouverner le Bigorre au nom du roi de France.

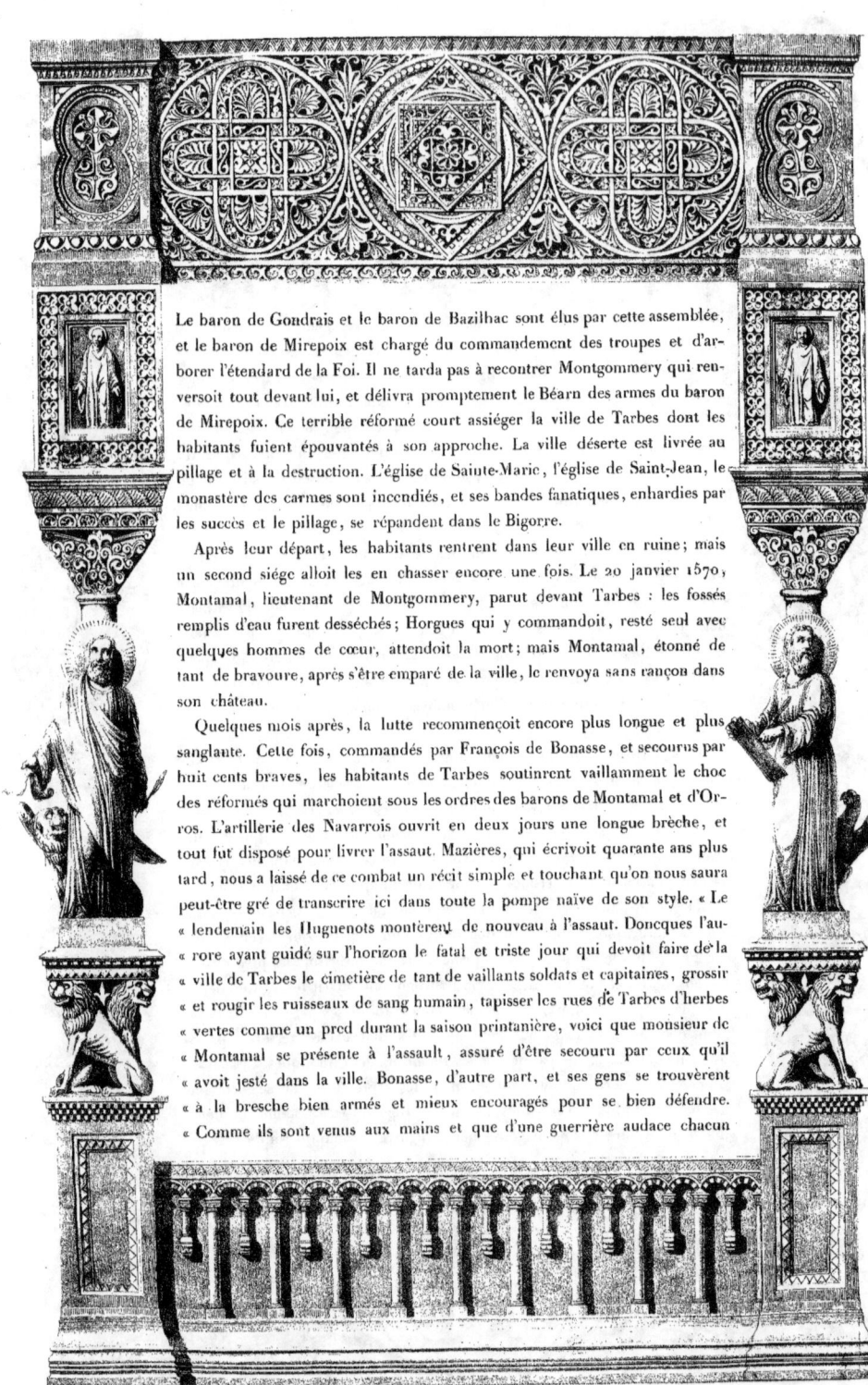

Le baron de Gondrais et le baron de Bazilhac sont élus par cette assemblée, et le baron de Mirepoix est chargé du commandement des troupes et d'arborer l'étendard de la Foi. Il ne tarda pas à recontrer Montgommery qui renversoit tout devant lui, et délivra promptement le Béarn des armes du baron de Mirepoix. Ce terrible réformé court assiéger la ville de Tarbes dont les habitants fuient épouvantés à son approche. La ville déserte est livrée au pillage et à la destruction. L'église de Sainte-Marie, l'église de Saint-Jean, le monastère des carmes sont incendiés, et ses bandes fanatiques, enhardies par les succès et le pillage, se répandent dans le Bigorre.

Après leur départ, les habitants rentrent dans leur ville en ruine; mais un second siége alloit les en chasser encore une fois. Le 20 janvier 1570, Montamal, lieutenant de Montgommery, parut devant Tarbes : les fossés remplis d'eau furent desséchés; Horgues qui y commandoit, resté seul avec quelques hommes de cœur, attendoit la mort; mais Montamal, étonné de tant de bravoure, après s'être emparé de la ville, le renvoya sans rançon dans son château.

Quelques mois après, la lutte recommençoit encore plus longue et plus sanglante. Cette fois, commandés par François de Bonasse, et secourus par huit cents braves, les habitants de Tarbes soutinrent vaillamment le choc des réformés qui marchoient sous les ordres des barons de Montamal et d'Orros. L'artillerie des Navarrois ouvrit en deux jours une longue brèche, et tout fut disposé pour livrer l'assaut. Mazières, qui écrivoit quarante ans plus tard, nous a laissé de ce combat un récit simple et touchant qu'on nous saura peut-être gré de transcrire ici dans toute la pompe naïve de son style. « Le « lendemain les Huguenots montèrent de nouveau à l'assaut. Doncques l'au- « rore ayant guidé sur l'horizon le fatal et triste jour qui devoit faire de la « ville de Tarbes le cimetière de tant de vaillants soldats et capitaines, grossir « et rougir les ruisseaux de sang humain, tapisser les rues de Tarbes d'herbes « vertes comme un pred durant la saison printanière, voici que monsieur de « Montamal se présente à l'assaut, assuré d'être secouru par ceux qu'il « avoit jesté dans la ville. Bonasse, d'autre part, et ses gens se trouvèrent « à la bresche bien armés et mieux encouragés pour se bien défendre. « Comme ils sont venus aux mains et que d'une guerrière audace chacun

« tasche d'abattre ce qu'il a devant, ceux qui estoient entrés, sortent à la
« rue et accourent furieusement envelopper les gens de Bonasse par der-
« rière. Les assiégés se voyant attaqués de deux endroits et ne sachant ce
« que ce pouvoist estre, furent bien estonnés et combastirent en confusion
« et désordre, jusqu'à ce que qu'estant pressés et oppressés de la multitude,
« ils n'eurent plus aucun moyen de se défendre, ains furent taillés en pièces
« ou faicts prisonniers de guerre. Bonasse mourut en combattant, après avoir
« veu défaict sa compagnie, et les autres capitaines, excepté le Grec de Pau-
« dias, auquel, par exprès de commandement de M. de Montamal les sol-
« dats sauvèrent la vie, l'ayant reconnu à la marque qui leur avoit esté baillée
« de son habillement de satin jaune.... Il n'y resta plus aucun de ceulx qui
« avoient soutenu le siége, qui ne feust tué ou détenu prisonnier, et les
« prisonniers furent après massacrés de sang-froid, et demeura la ville de
« Tarbes pleine de corps morts, le nombre desquels et de ceulx qui furent
« trouvés autour de la bresche feust d'environ deux mille, et pour les ense-
« velir, après que M. de Montamal se feust retiré dans le Béarn, les hommes
« et les femmes des prochains villages s'assemblèrent et comblèrent de corps
« morts les fossés et les puits, et employèrent environ de huit jours en ce
« funeste office. Cecy feust environ la feste de Pasques de ladite année 1570.
« Depuis en çà la ville de Tarbes demeura sans habitants et l'herbe crust
« parmi les rues comme en un pred, qu'estoit chose fort déplorable à voir, et
« passèrent trois ans entiers durant lesquels n'y eust aucune garnison, aussy
« n'estoit-elle desfensable à cause des ruines que le canon y avoit faictes. »

Après la mort de Jeanne d'Albret, lorsque Henri de Bourbon, devenu
comte de Bigorre, eut épousé Marguerite de Valois, Tarbes, dépeuplé par

la guerre, se relevoit à peine de ses désastres, que Lisier, capitaine d'une de ces bandes indisciplinées qui désoloient la contrée, surprit cette malheureuse ville, dont il eut peu de peine à achever la ruine; mais il devoit bientôt payer par sa mort les crimes de sa vie. Attaqué par le comte de Grammout, ce chef de bandes, qui venoit d'assassiner le baron de Beaudeau, fut attiré hors des murs de Tarbes; il fit une sortie : une sentinelle placée à l'arbre de Soyeaux qui dominoit la campagne, ne l'eut pas plutôt aperçu qu'elle en avertit les sires de Mun et de Lubret, cachés dans un vallon, auprès du village de Boulin. Aussitôt ils s'avancèrent avec leurs hommes d'armes, cavaliers et fantassins, et sur la lizière d'un taillis, ils rencontrèrent Lisier à la tête de ses soldats. Après une longue défense, blessé d'un coup de pistolet au genou gauche, Lisier parvint à s'échapper de la mêlée; il se dirigea vers la ville après s'être arrêté à la métairie de Dours; mais en traversant une prairie, son cheval s'embourba dans un marécage : alors, atteint par les sires de Mun et de Lubret, ce bandolero paya de sa vie l'assassinat du sire de Beaudeau, et son corps fut enseveli à côté du cadavre de son cheval, dans une même fosse.

Après la mort de Lisier, Tarbes ouvrit ses portes au comte de Grammont, et les familles exilées vinrent aussitôt rebâtir leurs demeures détruites.

A compter de ce moment, Tarbes se releva de ses ruines. Henri de Bourbon, comte de Bigorre, en laissa le gouvernement à sa sœur, Marguerite de Navarre, jusqu'au jour où, monté sur le trône de Valois, il réunit ses domaines de Bigorre, de Foix et de Béarn, aux domaines de la couronne de France.

La ville de Tarbes n'a conservé des vieux temps que le château ruiné des comtes de Bigorre, aujourd'hui devenu prison communale, et son église de

la Sède. Ces deux monuments ont subi tant de dévastations et de restaurations, qu'il est presque impossible d'y reconnoître les traces des arts du moyen âge. La tradition prétend que l'église étoit autrefois une citadelle dont les évêques de Tarbes ont fait leur cathédrale. Le chœur est orné de six colonnes de marbre d'Italie, et les marbres de diverses couleurs des PYRÉNÉES ornent tout l'intérieur, malheureusement sans goût, ou plutôt dans le goût de cette architecture italienne qui, pendant un siècle et demi en France, a gâté toutes nos églises.

Tarbes, si pauvre de monuments, si dépouillé maintenant, fut cependant une ville intéressante pour le voyageur artiste; Froissart en parle ainsi : « Tarbe est une belle ville séant en plein pays, en beaux vignobles; et y a « ville, cité et chastel, et tous fermez de portes, de murs et de tours, et « séparez l'un de l'autre, car là vient d'entre les montagnes de Béarn et de « Catelongue, la belle rivière de Lisse, qui court parmi Tarbe, et qui le « sépare, et est la rivière aussi clere, comme belle eau de fontaine. »

La belle rivière de Lisse est toujours limpide; mais ni les clochers des églises des monastères, ni son château, ni ses remparts, ni les tours de ses portes ne s'y reflètent plus; à ces démolitions de toutes les époques, Tarbes a perdu toute sa poésie. Tarbes n'est plus qu'une jolie ville.

TABLE DES ARTISTES.

PREMIÈRE PARTIE DU DEUXIÈME VOLUME.

Faux Titre.

Titre. La vignette est dessinée par M. Chenavard et lithographiée par M. Challamel.

Faux Titre orné du tome II, lithographié par M. Chenavard.

Planche 120. Château de Carcassonne, Languedoc, par MM. L. Haghe et J. Taylor.

Pl. 121. Murailles de la cité, vieille ville de Carcassonne, Languedoc, par M. Villeneuve.

Pl. 122. Porte narbonnoise et tour du trésor, Carcassonne, Languedoc, par M. Walton.

Pl. 123. Porte de Narbonne, cité de Carcassonne, Languedoc, par MM. L. Haghe et J. Taylor.

Pl. 124. Porte du trésor à Carcassonne, Languedoc, par M. Harding.

Pl. 125. Chemin couvert à Carcassonne, Languedoc, M. Mackenzie.

Pl. 126. Intérieur de la cathédrale de la vieille ville de Carcassonne, Languedoc, M. Chapuy del. M. Bouton sculpt.

Pl. 127. Castelnaudary. Languedoc, par M. G. Barnard.

Texte. Chapitre de Carcassonne et Castelnaudary, composé de six feuilles, 1, 2, 3, 4, 5 et 6.

Encadrements de la première feuille : première et deuxième pages, M. Chenavard del. M. Desmaisons sculpt.; troisième page, par M. A. Dauzats; quatrième page, M. Tony Johannot del. M. Weber. sculpt. On remarque à la troisième page une vignette représentant les tombeaux des comtes de Toulouse qui sont placés dans une chapelle près de l'une des portes de la cathédrale Saint-Saurin, à Toulouse, par M. Dauzats.

Encadrements de la deuxième feuille : première et troisième pages, M. Chenavard del. et M. Desmaisons sculpt.; deuxième et quatrième pages, M. Tony Johannot del. M. Weber sculpt.

Encadrements de la troisième feuille : première page, M. Viollet Leduc del. M. Desmaisons sculpt.; deuxième et quatrième pages, M. Tony Johannot del. M. Weber sculpt.; troisième page, M. Chenavard del. M. Desmaisons sculpt.

Encadrements de la quatrième feuille : première et troisième pages, M. Viollet Leduc del. M. Desmaisons sculpt.; deuxième et quatrième pages, M. Viollet Leduc del. M. Marly sculpt.

Encadrements de la cinquième feuille : première et deuxième pages, M. Viollet Leduc del. M. Desmaisons sculpt.; troisième et quatrième pages, M. Viollet Leduc del. M. Llanta sculpt.

TABLE DES ARTISTES,

Encadrements de la sixième feuille : première page, M. VIOLLET LEDUC del. M. MARLY sculpt.; deuxième page, par M. LEDOUX; troisième page, M. VIOLLET LEDUC del. M. ASSELINEAU sculpt. On remarque à cette dernière page une vignette représentant la fontaine qui est sur la grande place de la ville à Carcassonne, par M. VILLENEUVE.

Pl. 128. Porte de Perpignan à Narbonne, Languedoc, par M. A. DAUZATS.

Pl. 128 bis. Porte de Béziers, à Narbonne, Languedoc, par M. A. DAUZATS.

Pl. 129. Cathédrale de Narbonne, Languedoc, par M. ARKIS.

Pl. 130. Portique méridional de la cathédrale de Narbonne, Languedoc, par M. VILLENEUVE.

Pl. 131. Vue intérieure de la cathédrale de Narbonne, Languedoc, par M. L. HAGHE.

Pl. 132. Tombeau de Lasbordes, cathédrale de Narbonne, Languedoc, par M. A DAUZATS.

Pl. 132 bis. (Cette planche porte par erreur 138 bis.) Porche et cloitre de l'église de Saint-Just à Narbonne, Languedoc, par M. L. HAGHE.

Pl. 133. Tour du palais archiépiscopal à Narbonne, Languedoc, par M. DEROY.

Pl. 133 bis. (Cette estampe porte par erreur 123.) Intérieur des remparts, près la porte Narbonnoise, à Narbonne, Languedoc, par M. A. DAUZATS.

Pl. 133 bis idem. (Cette estampe porte par erreur 133 bis seulement.) Maison des nourrices à Narbonne, Languedoc, par M. J. OUVRIÉ.

Pl. 133 ter. Maison des nourrices à Narbonne, Languedoc, par M. J. OUVRIÉ.

Pl. 134. Portail des gendarmes dans le palais archiépiscopal à Narbonne, Languedoc, par M. J. OUVRIÉ.

Pl. 134 bis. Salle capitulaire de l'abbaye de Fontfroide, Languedoc, par M. A. DAUZATS.

Pl. 134 ter. Cloître de Fontfroide, Languedoc, par M. A. DAUZATS.

Pl. 134 quater. Intérieur du cloître de Fontfroide, Languedoc, par M. A. DAUZATS.

Pl. 134 quinquiès. Intérieur de l'église de l'abbaye de Fontfroide, Languedoc, M. J. TAYLOR del. M. L. HAGHE sculpt.

Pl. 134 sexiès. Coupes et plan de l'église de l'abbaye de Fontfroide, Languedoc, M. VIOLLET LEDUC del. M. BULTON sculpt.

Pl. 135. Fort de Salses, Roussillon, par M. L. HAGHE.

Pl. 136. Escalier du Musée de Narbonne, Languedoc, par M. J. OUVRIÉ.

Pl. 136 bis. 1. Tombeaux du Bas-Empire; jardin du Musée de Narbonne.

2. Tombeaux dans l'église de Saint-Paul à Narbonne.

3 et 4. Fragments dessinés dans le jardin du Musée de Narbonne.

5. Bas-reliefs de la cour des messageries à Narbonne.

6, 7, 8 et 9. Détails et plans de l'église de Rieux-Merinville, Languedoc, par M. J. OUVRIÉ.

Pl. 136 ter. Église de Rieux-Merinville, Languedoc, M. RAYNAL del. M. BARNARD sculpt.

Texte. Chapitre de Narbonne, composé de seize feuilles, 7, 8, 9, 10, 11, 12, 13, 14, 15, 16, 17, 18, 19, 20, 21 et 22.

Encadrements de la première feuille: première page, par M. DANJOIE; deuxième et quatrième pages, M. VIOLLET LEDUC del. M. ASSELINEAU sculpt.; troisième page, M. FEUCHÈRES del. M. ASSELINEAU sculpt.

PREMIÈRE PARTIE.

Encadrements de la deuxième feuille: première et troisième pages, M. FEUCHÈRES del. M. ASSELINEAU sculpt.; deuxième et quatrième pages, M. VIOLLET LEDUC del. M. ASSELINEAU sculpt.

Encadrements de la troisième feuille : M. VIOLLET LEDUC del. M. ASSELINEAU sculpt.

Encadrements de la quatrième feuille : M. VIOLLET LEDUC del. M. ASSELINEAU sculpt.

Encadrements de la cinquième feuille : M. VIOLLET LEDUC del. M. BLANCHARD sculpt.

Encadrements de la sixième feuille : première et deuxième pages, M. VIOLLET LEDUC del. M. ASSELINEAU sculpt. Troisième et quatrième pages, par M. MARLY.

Encadrements de la septième feuille : première et quatrième pages, M. VIOLLET LEDUC del. M. ASSELINEAU sculpt.; deuxième page, M. VIOLLET LEDUC del. M. BLANCHARD sculpt.; troisième page, par M. CHALLAMEL.

Encadrements de la huitième feuille : première, troisième et quatrième pages, par M. Célestin NANTEUIL. Deuxième page, par M. CHALLAMEL.

Encadrements de la neuvième feuille : première et troisième pages, M. VIOLLET LEDUC del. MM. ASSELINEAU et BLANCHARD sculpt.; deuxième page, M. VIOLLET LEDUC del. M. ASSELINEAU sculpt.; quatrième page, par M. LEDOUX.

Encadrements de la dixième feuille : première page, par M. Célestin NANTEUIL; deuxième page, par M. E. MARLY; troisième page, par M. LEDOUX; quatrième page, M. VIOLLET LEDUC del. MM. ASSELINEAU et BLANCHARD sculpt.

Encadrements de la onzième feuille : première, troisième et quatrième pages, par M. Célestin NANTEUIL; deuxième page, par M. MARLY.

Encadrements de la douzième feuille: première page, M. VIOLLET LEDUC del. M. ASSELINEAU sculpt.; deuxième page, M. SEIGNEUR del. M. Jules DAVID sculpt.; troisième page, par M. E. MARLY; quatrième page, M. VIOLLET LEDUC del. M. DESMAISONS sculpt.

Encadrements de la treizième feuille : première page, par M. L. DANJOIE; deuxième page, M. VIOLLET LEDUC del. M. DESMAISONS sculpt.; troisième page, par M. E. MARLY; quatrième page, par M. LEDOUX.

Encadrements de la quatorzième feuille : première page, par M. M. LEHNERT; deuxième et quatrième pages, M. CHENAVARD del. M. DESMAISONS sculpt.; troisième page, par M. Célestin NANTEUIL.

Encadrements de la quinzième feuille: première et deuxième pages, M. CHENAVARD del. M. DESMAISONS sculpt.; troisième page, par M. LEDOUX; quatrième page, par M. E. MARLY.

Encadrements de la seizième feuille : première page, par M. M. LEHNERT; deuxième page, par M. Célestin NANTEUIL; troisième page, M. VIOLLET LEDUC del. M. ASSELINEAU sculpt. On remarque à cette dernière page une vignette représentant une vue de Narbonne, par M. A. DAUZATS.

Pl. 137. Porte Notre-Dame du Castillet, à Perpignan, Roussillon, par M. VILLENEUVE.

Pl. 138. Palais de justice, à Perpignan, Roussillon, par M. A. DAUZATS.

Pl. 138 bis. Environs du Castillet, Perpignan, Roussillon, par M. Eil. HOSTEIN, fig. par M. V. ADAM.

Pl. 139. Maître-autel dans la cathédrale de Perpignan, Roussillon, par M. A. DAUZATS.

Pl. 140. Chapelle de Notre-Dame de la Con-

TABLE DES ARTISTES.

ception, cathédrale de Perpignan, Roussillon, par M. A. DAUZATS.

Pl. 140 bis. Autre chapelle dans la cathédrale de Perpignan, Roussillon, par M. A. DAUZATS.

Pl. 141. Ancien hôtel de la ville de Perpignan, Roussillon, par M. A. DAUZATS.

Pl. 142. Palais où mourut Philippe III, dit le Hardi, à Perpignan, Roussillon, par M. A. DAUZATS. Cette opinion n'est fondée que sur une tradition populaire, mais il est du moins probable que son corps y a été déposé.

Pl. 142 bis. Maison gothique, rue de la Main-de-Fer, à Perpignan, Roussillon, par M. A. DAUZATS.

Pl. 142 ter. Palais des rois de Majorque, à Perpignan, Roussillon, par M. A. DAUZATS. La porte romane que l'on aperçoit au milieu de la galerie à ogives, est l'entrée de la chapelle.

Pl. 142 quater. Bastion de Charles-Quint, citadelle de Perpignan, par M. A. DAUZATS.

Pl. 142 quinquiès. Tombeau dans la cathédrale de Perpignan, Roussillon, par M. A. DAUZATS.

Pl. 142 sexiès. Porte de l'église de la citadelle, à Perpignan, Roussillon, par M. A. DAUZATS.

Pl. 143. Portail de Saint-Jean le Vieux à Perpignan, Roussillon, par M. Oscar GUÉ.

Pl. 144. Volets de l'orgue de la cathédrale de Perpignan, Roussillon, par M. A. DAUZATS.

Pl. 144 bis. Buffets d'orgue du XVe siècle dans la cathédrale de Perpignan, et détails, Roussillon, M. VIOLLET LEDUC del. M. de LAPLANTE sculpt.

Pl. 145. Absides extérieures de l'église d'Elne, Roussillon, M. CHAPUY del. M. le comte TURPIN DE CRISSÉ sculpt.

Pl. 146. Cloitre d'Elne, Roussillon, par M. CHAPUY.

Pl. 147. Galerie de l'est, cloitre d'Elne, Roussillon, par M. CHAPUY.

Pl. 148. Vue intérieure de l'église d'Elne, Roussillon, par M. CHAPUY.

Pl. 149. Détails du cloitre d'Elne, Roussillon, M. CHAPUY del. M. VILLENEUVE sculpt.

Pl. 150. Chapiteau et bénitier de l'église du cloitre d'Elne, Roussillon, M. CHAPUY del. M. DUMOUZA sculpt.

Pl. 150 bis. Détails du cloitre d'Elne, Roussillon, M. JAUBERT DE PASSA del. M. G. MULLER sculpt.

Pl. 151. Piliers et cloitres d'Elne, Roussillon, M. J. TAYLOR del. M. BULTON sculpt.

Pl. 151 bis. Détails de différents monuments des Pyrénées-Orientales. Cloitre d'Elne. Saint-Martin du Canigou. Portail de Villefranche. Église d'Aix. Portail de l'église du Boulou. Église de Conat. Portail du monastère de Monesti del Campo, près Passa. Abside de la collégiale de Cornella, à Conflent, Roussillon, MM. F. JAUBERT DE PASSA et O. S. LÉVEILLÉ del. et M. G. MULLER sculpt.

Pl. 151 ter. Détails du cloitre d'Elne, Roussillon, M. J. TAYLOR del. M. DUMOUZA sculpt.

Pl. 152. Vue générale du port de Collioure, Roussillon, par M. G. BARNARD.

Pl. 153. Tour de Collioure, Roussillon, par M. WILLIAM WALTON.

Pl. 154. Collioure. (Cette planche porte par erreur le titre de Port-Vendres.) M. J. TAYLOR del. M. J. D. HARDING sculpt.

Pl. 155. Portail de l'église de Toulouges, Roussillon, par M. SABATIER.

Pl. 156. Tour de Roussillon, Roussillon, par M. G. BARNARD.

Pl. 157. Église de Cornella, Roussillon, par M. VILLENEUVE.

PREMIÈRE PARTIE

Pl. 158. Tour de l'église de Prades, Roussillon, M. Chapuy del. M. Villeneuve sculpt.

Pl. 158 bis. Portes de l'église de Villefranche, près Prades, Roussillon, par M. J. Guiaud.

Pl. 159. Croix d'Ille, Roussillon, M. J. Ouvrié del. M. Villeneuve sculpt.

Pl. 159 bis. Fontaine de Cautelets, Roussillon, par M. Mayer, fig. par M. Bayot.

Pl. 160. Portail extérieur de l'abbaye de Saint-Michel de Cuxa, Roussillon, par M. Léger.

Pl. 161. Ruines de Saint-Michel de Cuxa, Roussillon, M. J. Taylor del. M. Villeneuve sculpt.

Pl. 162. (Cette planche porte par erreur 163 bis.) Portail de la maison abbatiale de Saint-Michel de Cuxa, Roussillon, par M. J. Taylor.

Pl. 163. Chapiteaux du cloître de l'abbaye de Saint-Michel de Cuxa, Roussillon, M. J. Taylor del. M. Dumouza sculpt.

Pl. 164. Vue générale du Canigou et de l'abbaye de Saint-Michel de Cuxa, Roussillon, par M. Villeneuve.

Pl. 165. Portail de l'église de Coustouges, Roussillon, par M. Lianta.

Pl 165 bis. Portail de l'église de Coustouges, Roussillon, par M. A. Dauzats.

Pl. 166. Ruines de l'abbaye de Saint-Martin du Canigou, Roussillon, par M. L. Haghe.

Pl. 166 bis. Portail de l'abbaye de Saint-Martin du Canigou, Roussillon, par M. Villeneuve.

Pl. 166 ter. (Cette planche porte par erreur 162.) Ruines de l'abbaye de Saint-Martin du Canigou, Roussillon, par M. Chapuy.

Pl. 167. Ruines de l'abbaye de Saint-Martin du Canigou, Roussillon, par M. le comte Turpin de Crissé.

Pl. 167 bis. Ruines du monastère de Saint-Martin du Canigou, en arrivant du nord; vue générale; Roussillon, M. Mayer del. M. A. Joly sculpt., fig. par M. A. Bayot.

Pl. 167 ter. Ruines de l'église de Saint-Martin du Canigou, Roussillon, par M. Villeneuve.

Pl. 167 quater. (Cette estampe porte par erreur 167 ter.) Le Vernet, Roussillon, M. Mayer del. M. Lassalle sculpt.

Pl. 168. Serra-Bone, vue extérieure, Roussillon, par M. A. Dauzats.

Pl. 169. Église de Serra-Bone, Roussillon, par M. A. Dauzats. Presque toute cette partie de l'église est en marbre.

Pl. 169 bis. Détails de Serra-Bone, Roussillon, M. J. Taylor del. M. A. Dauzats sculpt.

Pl. 170. Cloître d'Arles, Roussillon, M. Gué del. M. Arnault sculpt.

Pl. 171. Pont de Céret, Roussillon, par M. Villeneuve.

Pl. 171 bis. Cloître du monastère del Campe, Roussillon, M. Jaubert de Passa del. M. H. Arris sculpt.

Pl. 171 ter. Portail de l'église d'Arles, Roussillon, M. J. Taylor del. M. A. Dauzats sculpt.

Texte. Chapitre du Roussillon, composé de trente-neuf feuilles et demie : 23, 24, 25, 26, 27, 28, 29, 30, 31, 32, 33, 34, 35, 36, 37, 38, 39, 40, 41, 42, 43, 44, 45, 46, 47, 48, 49, 50, 51, 52, 53, 54, 55, 56, 57, 58, 59, 60, 61, 62.

Les encadrements de la première feuille sont de M. Victor Adam.

Encadrements de la deuxième feuille: première et deuxième pages, par MM. Viollet Leduc et Victor Adam; troisième et quatrième pages, M. Viollet Leduc del. M. Asselineau sculpt.

Encadrements de la troisième feuille, première et deuxième pages, M. Viollet Leduc del. M. Courtin sculpt.; troisième page par

TABLE DES ARTISTES.

M. E. Marly ; quatrième page, M. Viollet Leduc del. M. Asselineau sculpt.

Encadrements de la quatrième feuille: M. Viollet Leduc del. M. Asselineau sculpt.

Encadrements de la cinquième feuille: première page, M. Viollet Leduc del. M. Asselineau sculpt.; deuxième page, M. Viollet Leduc del. M. P. Blanchard sculpt.; troisième et quatrième pages, M. Viollet Leduc del. M. Asselineau sculpt. On remarque dans ce dernier encadrement deux vignettes représentant, l'une le château d'Oultreira, et l'autre le château de Carolles.

Encadrements de la sixième feuille : M. Viollet Leduc del. M. Asselineau sculpt. On remarque à la troisième et à la quatrième page deux vignettes représentant les ruines de la tour de Prato et du château des Albas.

Encadrements de la septième feuille : M. Viollet Leduc del. M. Asselineau sculpt. On remarque à la première et à la deuxième page une vignette représentant une maison à Montfari et la tour d'Eyne dans la Cerdagne françoise. On remarque à la troisième et à la quatrième page la tour de Jacques le Conquérant, roi d'Aragon, et le tombeau d'un comte de *Montesquiou*.

Encadrements de la huitième feuille : première et deuxième pages, par M. Challamel ; troisième et quatrième pages, M. Viollet Leduc del. M. Asselineau sculpt. On remarque dans ce dernier encadrement deux vignettes représentant une église ruinée près de Montesquiou et l'abside de l'église de Cornella.

Encadrements de la neuvième feuille: première et deuxième pages, par M. Célestin Nanteuil; troisième et quatrième pages, M. Viollet Leduc del. M. Asselineau sculpt. On remarque dans ce dernier encadrement deux vignettes représentant la tour de Corsavi et la vue d'une vieille tour au fond de la vallée de Nyer.

Encadrements de la dixième feuille : première et deuxième pages, par M. Desmaisons ; troisième et quatrième pages, M. Viollet Leduc del. M. Asselineau sculpt. On remarque dans ce dernier encadrement deux vignettes représentant le pont de Céret et la grotte d'Estangel.

Encadrements de la onzième feuille, première et deuxième pages, M. Viollet Leduc del. M. Desmaisons sculpt.; troisième et quatrième pages, M. Viollet Leduc del. M. Asselineau sculpt. On remarque dans ce dernier encadrement deux vignettes représentant des tours isolées placées sur les montagnes dans les Pyrénées françoises ou espagnoles, et que l'on nomme Atalayas.

Encadrements de la douzième feuille: première et deuxième pages, M. Viollet Leduc del. M. Asselineau sculpt.; troisième et quatrième pages, par M. Perlet. On remarque dans ce dernier encadrement deux vignettes représentant, l'une la fontaine des neuf jets, et l'autre le portail d'une petite église romaine, à Oscilo, dans la Cerdagne.

Encadrements de la treizième feuille : M. Viollet Leduc del. M. Asselineau sculpt.

Encadrements de la quatorzième feuille : première et deuxième pages, par M. Challamel ; troisième et quatrième pages, M. Viollet Leduc del. M. Asselineau sculpt.

Encadrements de la quinzième feuille: première et deuxième pages, par M. Célestin Nanteuil; troisième et quatrième pages, M. Viollet Leduc del. M. Asselineau sculpt.

PREMIÈRE PARTIE.

Encadrements de la seizième feuille : première et deuxième pages, M. Viollet Leduc del. M. Asselineau sculpt.; troisième et quatrième pages, par M. Challamel.

Encadrements de la dix-septième feuille : première et deuxième pages, M. Viollet Leduc del. M. Asselineau sculpt.; troisième et quatrième pages, par M. Challamel.

Encadrements de la dix-huitième feuille: première et deuxième pages, M. Viollet Leduc del. M. Asselineau sculpt.; troisième et quatrième pages, par M Perlet.

Encadrements de la dix-neuvième feuille : première et deuxième pages, M. Viollet Leduc del. M. Asselineau sculpt.; troisième et quatrième pages, par M. Célestin Nanteuil.

Encadrements de la vingtième feuille: première page, par M. Challamel; deuxième page, par M. Célestin Nanteuil; troisième page, M. Viollet Leduc del. M. Desmaisons sculpt.; quatrième page, M. Viollet Leduc del. M. Llanta sculpt.

Encadrements de la vingt et unième feuille: première page, M. Danjoie del. M. Desmaisons sculpt.; deuxième page, M. Viollet Leduc del. M. Llanta sculpt.; troisième et quatrième pages, par M. Challamel.

Encadrements de la vingt-deuxième feuille : première page, M. Viollet Leduc del. M. P. Blanchard sculpt.; deuxième page, par M. Célestin Nanteuil; troisième page, par M. Desmaisons; quatrième page, par M. Marly.

Encadrements de la vingt-troisième feuille : première page, par M. Perlet; deuxième page, M. Viollet Leduc del. M. Asselineau sculpt.; troisième page, par M. Challamel; quatrième page, par M. Bohn Guermann.

Encadrements de la vingt-quatrième feuille: première et deuxième pages, M. Viollet Leduc del. M. Asselineau sculpt. On remarque à ces deux pages des vignettes représentant Notre-Dame del Col, Notre-Dame de Tanga, l'ermitage de Sainte-Catherine, près Baïxas, et la cour de l'ermitage de Saint-Ferreol, les ermitages de Notre-Dame du Coral, de Saint-Sébastien, de Notre-Dame de Joyegues, de Force-Réal, de Saint-Pierre, de Sainte-Marguerite, de Damanove, de Fontaine de Fontromeu; troisième et quatrième pages, M. Viollet Leduc del. M. Blanchard sculpt. On remarque à ces deux pages des vignettes représentant la fontaine de Consolation, Notre-Dame de Castell, Saint-Maurice, Notre-Dame de la Trinité, l'église de Planèze, l'ermitage de Sainte-Anne, Saint-Cisele près Perpignan, l'ermitage de Saint-Pierre, les ruines de celui de Saint-Vincent, une vue de Saint-Martin du Canigou, Saint-Saturnin, une vue intérieure de l'église de Saint-Martin du Canigou et Fontromeu.

Encadrements de la vingt-cinquième feuille : première page, M. Viollet Leduc del. M. Courtin sculpt. On remarque à cette page plusieurs vignettes qui représentent l'ermitage de Saint-Antoine de Galamus, la grotte de Saint-Antoine de Galamus, Notre-Dame de Peine et une vue générale de l'ermitage de Consolation; deuxième, troisième et quatrième pages, M. Viollet Leduc del. M. Asselineau sculpt. On remarque à ces pages des vignettes représentant le château de la Roque, les ruines du château de Cabrens, et d'autres vues déjà désignées.

Encadrements de la vingt-sixième feuille: première et deuxième pages, M. Viollet Leduc del. M. Asselineau sculpt.; troisième et qua-

TABLE DES ARTISTES,

trième pages, M. VIOLLET LEDUC del. M. BLANCHARD sculpt. Les titres des vignettes de ces quatre pages ont déjà été désignés.

Encadrements de la vingt-septième feuille: première page, M. VIOLLET LEDUC del. M. COURTIN sculpt.; deuxième, troisième et quatrième pages, M. VIOLLET LEDUC del. M. ASSELINEAU sculpt. Les titres de toutes les vignettes ont déjà été désignés.

Encadrements de la vingt-huitième feuille: première page, M. VIOLLET LEDUC del. M. ASSELINEAU sculpt.; deuxième et troisième pages, M. VIOLLET LEDUC del. M. ASSELINEAU sculpt.; quatrième page, par M. CHALLAMEL. On remarque à la première page une vignette représentant le pont de Céret.

Encadrements de la vingt-neuvième feuille: première page, M. VIOLLET LEDUC del. M. ASSELINEAU sculpt. Cet encadrement représente la Tova-Lolla (*Toalla*) brodée des mains de la comtesse Guisla, souveraine de Cerdagne, en 1009. Cette tapisserie a servi de devant d'autel à l'église de Notre-Dame du Canigou. M. Garco, membre du conseil municipal de *Castel de Canigo*, conservoit et montroit cette précieuse tapisserie aux voyageurs, lorsque nous avons visité les ruines de l'abbaye de Saint-Martin du Canigou; deuxième page, M. VIOLLET LEDUC del. M. ASSELINEAU sculpt.; troisième page, M. VIOLLET LEDUC del. M. DESMAISONS sculpt.; quatrième page, par M. CHALLAMEL.

Encadrements de la trentième feuille: première page, M. VIOLLET LEDUC del. M. ASSELINEAU sculpt.; deuxième page, par M. M. LEHNERT; troisième page, par M. CHALLAMEL; quatrième page, par M. DESMAISONS.

Encadrements de la trente et unième feuille: M. VIOLLET LEDUC del. M. ASSELINEAU sculpt.

Encadrements de la trente-deuxième feuille: première page, par M. Théophile FRAGONARD; deuxième page, M. VIOLLET LEDUC del. M. ASSELINEAU sculpt.; troisième et quatrième pages, M. VIOLLET LEDUC del. M. BLANCHARD sculpt.

Encadrements de la trente-troisième feuille: M. VIOLLET LEDUC del. MM. ASSELINEAU et BLANCHARD. sculpt. Les titres des vignettes ont déjà été désignés.

Encadrements de la trente-quatrième feuille: première page, M. VIOLLET LEDUC del. M. ASSELINEAU sculpt. On remarque à cette page une croix, qui est celle de Notre-Dame de Planèze; deux Notre-Dames de Planèze, dont l'une est parée en bois, en tête de la prière de Notre-Dame de Planèze, et dont l'autre est dessinée d'après une peinture catalane plus moderne; et le plan de l'église de Notre-Dame de Planèze; deuxième page, M. VIOLLET LEDUC del. M. BLANCHARD sculpt; troisième page, M. VIOLLET LEDUC del. M. COURTIN sculpt.; quatrième page, M. VIOLLET LEDUC del. M. ASSELINEAU sculpt. Les titres des vignettes de ces trois pages ont déjà été désignés.

Encadrements de la trente-cinquième feuille: première et quatrième pages, M. VIOLLET LEDUC del. M. ASSELINEAU sculpt; deuxième et troisième pages, M. VIOLLET LEDUC del. M. BLANCHARD sculpt.

Encadrements de la trente-sixième feuille: première et deuxième pages, M. VIOLLET LEDUC del. M. ASSELINEAU sculpt.; troisième page, M. VIOLLET LEDUC del. M. BLANCHARD sculpt.; quatrième page, par M. Théophile FRAGONARD.

Encadrements de la trente-septième feuille: pre-

PREMIÈRE PARTIE.

mière et troisième pages, M. VIOLLET LEDUC del. M. ASSELINEAU sculpt; deuxième page, par MM. TONY JOHANNOT et WEBER; quatrième page, par M. Théophile FRAGONARD.

Encadrements de la trente-huitième feuille: première page, par MM. VIOLLET LEDUC et BLANCHARD; deuxième page, par M. CHALLAMEL; troisième page, M. VIOLLET LEDUC del. M. COURTIN sculpt.; quatrième page, M. VIOLLET LEDUC del. M. ASSELINEAU sculpt.

Encadrements de la trente-neuvième feuille: première page, M. VIOLLET LEDUC del. M. COURTIN sculpt. On remarque dans cet encadrement deux vignettes représentant l'entrée du Vernet et le pic du Canigou; deuxième page, M. VIOLLET LEDUC del. M. ASSELINEAU sculpt.; troisième page, M. VIOLLET LEDUC del. M. COURTIN sculpt. On remarque dans cet encadrement une des ruines de l'abbaye de Saint-Martin du Canigou; quatrième page, M. VIOLLET LEDUC del. M. ASSELINEAU sculpt.

Encadrement de la demi-feuille, par M. Victor ADAM. La vignette représentant Notre-Dame de Planèze, d'après un tableau qui étoit autrefois dans cette église, est de M. WEBER; celle qui représente l'église de Notre-Dame de Planèze est de M. VILLENEUVE.

Les costumes qui ornent les encadrements du chapitre du Roussillon ont été généralement dessinés d'après nature, et représentent des Catalans, des Roussillonnais ou des habitants des montagnes dans les Pyrénées orientales.

Pl. 172. Vue générale des ruines de l'abbaye d'Alet, Languedoc, par M. A. DAUZATS.

Pl. 173. Extérieur de l'abside de l'église de l'abbaye d'Alet, Languedoc, par M. A. DAUZATS.

Pl. 174. Vue intérieure de l'abside de l'église de l'abbaye d'Alet, Languedoc, par M. A. DAUZATS.

Pl. 175. Chapiteaux de l'église de l'abbaye d'Alet, Languedoc, M. J. TAYLOR del. M. A. DAUZATS sculpt.

Pl. 176. Ermitage de Las Casas de Peña ou Penne, Roussillon, par M. CHAPUY.

Pl. 177. Ermitage de Peña ou Penne, Roussillon, par M. SABATIER.

Pl. 178. Église de Saint-Victor, Montesquieu de Volvestre, Languedoc, par M. VILLENEUVE.

Pl. 179. Église de Mirepoix, Languedoc, par M. A. DAUZATS.

Pl. 180. Saint-Antonin, cathédrale de Pamiers, Languedoc, par M. A. DAUZATS.

Pl. 181. Collégiale, Notre-Dame du Camp, à Pamiers, Languedoc, par M. A. DAUZATS.

Pl. 182. Pont de Foix, sur l'Ariége, Languedoc, par M. HAGHE.

Pl. 183. Château de Foix, Languedoc, M. J. TAYLOR del. M. HARDING sculpt.

Pl. 184. Portail de l'église de Saint-Bertrand de Comminges, Languedoc, par M. A. DAUZATS.

Pl. 185. Tombeaux dans le cloître de Saint-Bertrand de Comminges, Languedoc, par M. A. DAUZATS.

Pl. 186. Cloître de Saint-Bertrand de Comminges, Languedoc, par M. A. DAUZATS.

Pl. 187. Stalles du chœur de l'église de Saint-Bertrand de Comminges, Languedoc, par M. Justin OUVRIÉ.

Pl. 187 *bis*. Saint-Bertrand de Comminges, Languedoc, par M. A. DAUZATS.

Pl. 187 *ter*. Saint-Bertrand de Comminges, Languedoc, par M. A. DAUZATS.

Pl. 188. Stalles de Saint-Bertrand de Comminges, Languedoc, par M. A. DAUZATS.

TABLE DES ARTISTES,

Pl. 188 *bis*. Chape, mitre, gants et brodequins de Saint-Bertrand de Comminges, conservés dans l'église de Saint-Bertrand de Comminges, Languedoc, M. Justin Ouvrié del. M. Bulton sculpt.

Pl. 188 *ter*. (Cette planche porte par erreur *bis*.) Boiseries et détails des stalles de Saint-Bertrand de Comminges, Languedoc, par M. Nicolle.

Pl. 189. Portail de l'église de Saint-Just de Valcabrère, Languedoc, par M. Justin Ouvrié.

Texte. Chapitre d'Alet, Mirepoix, Pamiers, Foix, Muret, Valcabrère, Saint-Bertrand de Comminges, composé de dix-neuf feuilles, 63, 64, 65, 66, 67, 68, 69, 70, 71, 72, 73, 74, 75, 76, 77, 78, 79, 80, 81.

Encadrements de la première feuille : première page par M. Théophile Fragonard ; deuxième page M. Viollet Leduc del. M. Blanchard sculpt. ; troisième page, par M. Célestin Nanteuil ; quatrième page, par M. Challamel.

Encadrements de la deuxième feuille : première page, M. Viollet Leduc del. M. Asselineau sculpt. ; deuxième page, par M. Célestin Nanteuil. ; troisième page, par M. Desmaisons ; quatrième page, par M. Challamel.

Encadrements de la troisième feuille : première et deuxième pages, par M. E. Marly ; troisième page, par M. Lehnert ; quatrième page, par M. Challamel.

Encadrements de la quatrième feuille : première page, M. Viollet Leduc del. M. Asselineau sculpt. ; deuxième page, M. Viollet Leduc del. M. Llanta sculpt. ; troisième page, par M. Bohn Guermann ; quatrième page, par M. Desmaisons.

Encadrements de la cinquième feuille : M. Viollet Leduc del. M. Asselineau sculpt.

Encadrements de la sixième feuille : première page, M. Viollet Leduc del. M. Desmaisons sculpt. ; deuxième page, par M. Perlet ; troisième page, par MM. Tony Johannot et Weber ; quatrième page, M. Viollet Leduc del. M. Asselineau sculpt.

Encadrements de la septième feuille : première page, par M. Challamel ; deuxième page, par M. Théophile Fragonard ; troisième page, M. Viollet Leduc del. M. Blanchard sculpt. ; quatrième page, par M. Challamel.

Encadrements de la huitième feuille : première et troisième pages, M. Viollet Leduc del. M. Blanchard sculpt. ; deuxième page, par M. E. Marly ; quatrième page, M. Viollet Leduc del. M. Asselineau sculpt.

Encadrements de la neuvième feuille : première page, par M. Théophile Fragonard ; deuxième et troisième pages, par M. Challamel ; quatrième page, par M. Célestin Nanteuil.

Encadrements de la dixième feuille : première page, M. Chenavard del. M. Desmaisons sculpt. ; deuxième et quatrième pages, M. Viollet Leduc del. M. Asselineau sculpt. ; troisième page par M. Desmaisons.

Encadrements de la onzième feuille : première et deuxième pages, M. Viollet Leduc del. M. Asselineau sculpt. ; troisième page, M. Chenavard del. M. Desmaisons sculpt. ; quatrième page, par M. Challamel.

Encadrements de la douzième feuille : première page, M. Viollet Leduc del. M. Asselineau sculpt. ; deuxième page, par M. E. Marly ; troisième page, par M. Fragonard ; quatrième page, M. Viollet Leduc del. M. Asselineau sculpt.

PREMIÈRE PARTIE.

Encadrements de la treizième feuille : première page, M. Viollet Leduc del. M. Asselineau sculpt.; deuxième page, par M. Bohn Guermann; troisième page, par M. Challamel; quatrième page, par M. Perlet.

Encadrements de la quatorzième feuille : première et deuxième pages, M. Viollet Leduc del. M. Asselineau sculpt.; troisième et quatrième pages, par M. Challamel.

Encadrements de la quinzième feuille : première page, M. H. Durand del. M. Monthelier sculpt.; deuxième page, par M. Célestin Nanteuil; troisième page, par MM. H. Durand et Challamel; quatrième page, M. Viollet Leduc del. M. Asselineau sculpt.

Encadrements de la seizième feuille : première page, M. Viollet Leduc del. M. Asselineau sculpt.; deuxième page, par M. E. Marly; troisième page, par M. Fragonard; quatrième page, par M. Danjoie.

Encadrements de la dix-septième feuille : première page, par M. E. Marly; deuxième page, M. Viollet Leduc del. M. Asselineau sculpt.; troisième page, M. Viollet Leduc del. M. Desmaisons sculpt.; quatrième page, par M. Célestin Nanteuil.

Encadrements de la dix-huitième feuille : première et troisième pages, M. Viollet Leduc del. M. Asselineau sculpt.; deuxième et quatrième pages, M. Viollet Leduc del. M. Blanchard sculpt.

Encadrements de la dix-neuvième feuille : première et deuxième pages, M. Viollet Leduc del. M. Blanchard sculpt.; troisième page, M. Viollet Leduc del. M. Asselineau sculpt.

Pl. 190. Lourdes, Pyrénées, par M. R. L. Gale.

Pl. 191. Château de Lourdes, Pyrénées, M. de Bèze del. M. Villeneuve sculpt.

Pl. 192. Abbaye de Saint-Savin, Pyrénées, par M. G. Barnard.

Pl. 193. Château de Beaucens, Pyrénées, par M. Monthelier.

Pl. 194. Église de Luz, Pyrénées, M. Allom del. M. William Walton sculpt.

Pl. 195. Vue générale de Saint-Sauveur, Pyrénées, par M. R. L. Gale.

Pl. 196. Vallée de Luz prise au-dessus de Saint-Sauveur, Pyrénées, M. Chapuy del. M. Villeneuve sculpt.

Pl. 196 bis. Pic d'Espade, bergeries au Tourmalet, Pyrénées, par M. Mialhe.

Pl. 197. Arreau, Pyrénées, par M. Bichebois.

Pl. 197 bis. Vue générale de la vallée d'Arreau, Pyrénées, par M. Villeneuve.

Pl. 198. Pont de Sia, Pyrénées, par M. G. Barnard.

Pl. 199. Vallon de Bagnères, Pyrénées, M. Chapuy del. M. Villeneuve sculpt.

Pl. 200. Grotte du Gave de Cedro, Pyrénées, par M. Monthelier.

Pl. 201. Chapelle d'Héas, vallée de Cedro, Pyrénées, par M. J. D. Harding.

Pl. 202. La Peyrada ou le Chaos, Pyrénées, par M. Villeneuve.

Pl. 203. Cascade du Gave au-dessous de Gavarnie, Pyrénées, par M. A. Joly.

Pl. 204. Vue du cirque de Gavarnie et du Marboré, Pyrénées, par M. Villeneuve.

Pl. 205. Pont de neige et cascade de Gavarnie, Pyrénées, M. Chapuy del. M. L. Haghe sculpt.

Pl. 206. Chute du Gave de Latour, Pyrénées, M. G. Barnard.

Pl. 207. Entrée du val de Géret, Pyrénées, par M. A. Joly.

TABLE DES ARTISTES.

Pl. 208. Cascade du Ceriset, val de Géret, Pyrénées, M. CHAPUY del. M. TIRPENNE sculpt.

Pl. 209. Cascade des Boussies, Pyrénées, par M. A. JOLY.

Pl. 210. Cascade du pont d'Espagne, Pyrénées, par M. A. JOLY.

Pl. 211. Vue générale du val de Géret, Pyrénées, M. CHAPUY del. M. A. JOLY sculpt.

Pl. 212. Vue générale du lac de Gaube, Pyrénées, par M. VILLENEUVE.

Pl. 213. Lac de Gaube, en descendant du Vignemale, Pyrénées, M. CHAPUY del. M. MONTHELIER sculpt.

Pl. 214. Glacier du Vignemale, M. CHAPUY del. M. VILLENEUVE sculpt.

Pl. 215. Arque du Vignemale, Pyrénées, M. CHAPUY del. M. VILLENEUVE sculpt.

Pl. 216. Baréges, Pyrénées, par M. R. L. GALE.

Pl. 217. Saint-Aventin, Pyrénées, par M. BICHEBOIS.

Pl. 217 bis. Détails du porche de Saint-Aventin, Pyrénées, M. CHAPUY del. M. A. VILMIN sculpt.

Pl. 217 ter. (Le mot ter a été omis par erreur sur cette planche.) Lac d'Escoubous, Pyrénées, par M. NOUSVEAUX.

Pl. 218. Lac d'Escoubous, Pyrénées, par M. CHAPUY.

Pl. 219. Vallée du Lys, Pyrénées, par M. L. HAGHE.

Pl. 220. L'une des sources de l'Adour au Tourmalet, Pyrénées, par M. TIRPENNE.

Pl. 221. Cascade de Garrit, Pyrénées, par M. CHAPUY.

Pl. 222. Cascade de Tramesaigues, vallée de Grip, Pyrénées, par M. TIRPENNE.

Pl. 223. Cabanes de Tramesaigues au pied du pic du Midi, Pyrénées, par M. VILLENEUVE.

Pl. 223 bis. Bergeries de Tramesaigues. Gave de Rioumajou, Pyrénées, par M. MIALHE.

Pl. 224. Vallée supérieure du Grip, Pyrénées, par M. TIRPENNE.

Pl. 225. Grotte de Sallabran, vallée de Campan, Pyrénées, par M. George BARNARD.

Pl. 226. Grotte de Campan, Pyrénées, par M. CHAPUY.

Pl. 227. Château d'Asté, vallée de Campan, Pyrénées, par M. BICHEBOIS, fig. par M. Victor ADAM.

Pl. 228. Cascades de Cœur, vallée de Campan, Pyrénées, par M. VILLENEUVE.

Pl. 229. Chapelle ruinée du val du Lys, Pyrénées, par M. SABATIER.

Pl. 230. Cascade du Lys, Pyrénées, par M. TIRPENNE.

Pl. 231. Ruines du château de Castel-Vield, Pyrénées, par M. BICHEBOIS.

Pl. 232. Tour de Monstajou près Luchon, Pyrénées, M. de BÈZE del. M. VILLENEUVE sculpt.

Pl. 233. Église d'Oo, Pyrénées, par M. VILLENEUVE.

Pl. 234. Lac d'Espingon, Pyrénées, par M. TIRPENNE.

Pl. 235. Lac d'Oo, près Luchon, Pyrénées, par M. SABATIER.

Pl. 236. Grande cascade du lac d'Oo, Pyrénées, par M. VILLENEUVE.

Pl. 237. Cascade de Juset, Pyrénées, par M. BICHEBOIS.

Pl. 238. Cascade de Montauban, Pyrénées, par M. VILLENEUVE.

Pl. 239. Carrière de Sarrancolin, à Pérède, Pyrénées, par M. SABATIER.

Pl. 240. Église de Sarrancolin, à Pérède, Pyrénées, par M. MONTHELIER.

PREMIÈRE PARTIE.

Texte. Chapitre des Pyrénées, composé de dix feuilles, 82, 83, 84, 85, 86, 87, 88, 89, 90, 91.

Encadrements de la première feuille : première page, M. VIOLLET LEDUC del. M. ASSELINEAU sculpt. On y remarque des vignettes qui représentent les vues du village de Gavarnie, de la vallée de Luz; la route d'Argelès à Cotterets; la chute de l'Adour, près Grip; la cascade de Tramesaigues; le cours du Gave, près Saint-Sauveur; la côte de Biaris, près Bayonne; le torrent près Grip; deuxième page, M. VIOLLET LEDUC del. M. ASSELINEAU sculpt. On y remarque des vignettes représentant l'église de Baudéan; une vue prise à Grip; le village de Soulom; le Gave de la vallée du Lys; une vue à Cierpe; une fabrique à Soulom; le château de Saint-Béat; le pont de Cierpe; troisième page, M. VIOLLET LEDUC del. M. BLANCHARD sculpt. On y remarque les vignettes représentant les grottes de Campan et de Sallabran; le lac d'Espingon; quatrième page, M. VIOLLET LEDUC del. M. BLANCHARD sculpt. On y remarque les vignettes représentant la gorge de Mailly; la brèche de Roland; la forêt de Gabas; le pont d'Enfer, près Luz; Saint-Mamer; la vallée de Luchon; la route de Saint-Sauveur à Gèdre; les bords de l'Adour; la baillère, à Cauteretz.

Encadrements de la deuxième feuille : première page, M. VIOLLET LEDUC del. M. ASSELINEAU sculpt. Les titres des vignettes de cette page ont déjà été désignés; deuxième page, M. VIOLLET LEDUC del. M. BLANCHARD sculpt. A cette deuxième page, il y a une faute à quelques exemplaires. On y lit : *dans le roc un confessionnal tout prêt à recevoir le prêtre qui dira l'éloge funèbre de Rolland.* Le véritable texte porte : Ici est sculpté dans le roc une chaire toute prête à recevoir le prêtre qui dira l'éloge funèbre de Rolland. On y remarque des vignettes qui représentent une vue d'Argelès; la vue générale des eaux thermales d'Ax; le pont de Gavarnie; la cascade du Cériset; la rue du Hedas, à Pau; une vue à Arreau; le pont d'Arreau; une vue de Gèdre; la place du Trey, à Bagnères de Bigorre; une vue de Bagnères de Bigorre; troisième page, M. VIOLLET LEDUC del. M. ASSELINEAU sculpt. On y remarque les vignettes qui représentent les eaux chaudes; la vallée d'Ossau; l'établissement des Eaux-bonnes; la cascade de Grip; la cascade des Eaux-bonnes; l'établissement thermal de Bagnères de Luchon; quatrième page, M. VIOLLET LEDUC del. M. ASSELINEAU sculpt. On y remarque des vignettes qui représentent une gorge au-dessus de Fontanielle; la tour de Castel-Vield; Castel-Plana et Saint-Aventin; l'église de Baudéan.

Encadrements de la troisième feuille : première page, M. VIOLLET LEDUC del. M. ASSELINEAU sculpt. Les titres des vignettes ont déjà été désignés; deuxième et troisième page, M. VIOLLET LEDUC del. M. BLANCHARD sculpt. Les titres des vignettes ont déjà été désignés; quatrième page, M. VIOLLET LEDUC del. M. ASSELINEAU sculpt. Les titres des vignettes ont déjà été désignés.

Encadrements de la quatrième feuille : première, deuxième et quatrième pages, M. VIOLLET LEDUC del. M. BLANCHARD sculpt. Les titres des vignettes ont déjà été désignés; troisième page, M. VIOLLET LEDUC del. M. ASSELINEAU sculpt. Les titres des vignettes ont déjà été désignés.

Encadrements de la cinquième feuille : première

TABLE DES ARTISTES, PREMIÈRE PARTIE.

et quatrième pages, M. VIOLLET LEDUC del. M. ASSELINEAU sculpt. Les titres des vignettes ont déjà été désignés; deuxième et troisième pages, M. VIOLLET LEDUC del. M. BLANCHARD sculpt. Les titres des vignettes ont déjà été désignés.

Encadrements de la sixième feuille : première et troisième pages, M. VIOLLET LEDUC del. M. ASSELINEAU sculpt. Les titres des vignettes ont déjà été désignés; deuxième et quatrième pages, M. VIOLLET LEDUC del. M. BLANCHARD sculpt. Les titres des vignettes ont déjà été désignés.

Encadrements de la septième feuille : première et quatrième pages, M. VIOLLET LEDUC del. M. ASSELINEAU sculpt. Les titres des vignettes ont déjà été désignés; deuxième et troisième pages, M. VIOLLET LEDUC del. M. BLANCHARD sculpt. Les titres des vignettes ont déjà été désignés.

Encadrements de la huitième feuille : première et troisième pages, M. VIOLLET LEDUC del. M. ASSELINEAU sculpt. Les titres des vignettes ont déjà été désignés; deuxième et quatrième pages, M. VIOLLET LEDUC del. M. BLANCHARD sculpt. Les titres des vignettes ont déjà été désignés.

Encadrements de la neuvième feuille: première, deuxième et quatrième pages, M. VIOLLET LEDUC del. M. ASSELINEAU sculpt.; troisième page, par M. BOHN GUERMANN.

Encadrements de la dixième feuille : première page, M. VIOLLET LEDUC del. M. ASSELINEAU sculpt. Les titres des vignettes ont déjà été désignés; deuxième page, M. VIOLLET LEDUC del. M. BLANCHARD sculpt. Les titres des vignettes ont déjà été désignés; troisième page, M. VIOLLET LEDUC del. M. ASSELINEAU sculpt. On y remarque des vignettes qui représentent le pic du Midi à Pau; les bains Dubois; la grande grotte des Eaux chaudes; l'église de Soulom; la vallée d'Héas; le château de Beaucens; la vallée d'Argelès; le village de Saint-Savin; le château de Sainte-Marie près Luz. Tous les costumes qui se trouvent dans ces encadrements ont été dessinés d'après nature.

FIN DE LA PREMIÈRE PARTIE DU DEUXIÈME VOLUME.

Gr. Fol.
228
13

Bon TAYLOR

VOYAGES
PITTORESQUES
DANS
L'ANCIENNE FRANCE

LANGUEDOC

3

www.ingramcontent.com/pod-product-compliance
Lightning Source LLC
Chambersburg PA
CBHW071709300426
44115CB00010B/1359